辅导员要用心当

FUDAOYUAN YAO YONGXIN DANG

曲建武 / 著

大连海事大学出版社

图书在版编目(CIP)数据

辅导员要用心当 / 曲建武著. --大连 : 大连海事大学出版社, 2025.6(2025.10 重印). -- ISBN 978-7-5632-4699-1

Ⅰ. G645.1

中国版本图书馆 CIP 数据核字第 2025TR9496 号

大连海事大学出版社出版

地址:大连市黄浦路523号　邮编:116026　电话:0411-84729665(营销部)　84729480(总编室)

http://press.dlmu.edu.cn　E-mail:dmupress@ dlmu.edu.cn

大连金华光彩色印刷有限公司印装　　大连海事大学出版社发行

2025 年 6 月第 1 版　　2025 年 10 月第 2 次印刷

幅面尺寸:170 mm×240 mm　　印张:60.75

字数:964 千　　印数:1051~4060 册

出版人:余锡荣

责任编辑:刘长影　　责任校对:杨玮璐　孙笑鸣

封面设计:张爱妮　　版式设计:张爱妮

ISBN 978-7-5632-4699-1　　定价:182.00 元

序 言

我在大学里学的是政史专业,这使我在我的“拔节孕穗期”较早地、系统地学习了马克思主义。我还阅读了许多西方思想家的著述,在比较后我更加相信马克思主义。马克思从来不为自己说话;马克思主义不是空洞的理论;马克思理论源于实践;马克思清楚地知道他会得到什么……我学着《共产党宣言》写下了入党申请书,我要成为共产党员,做马克思主义的传承人。

我本来想毕业后到西藏、新疆这样的地方做政治老师,但毕业时因为没有计划便未能如愿。我被留校做了一名辅导员,上思政课,当时叫“共产主义思想品德课”。我觉得这样也好,同样可以传播马克思主义,当好大学生人生成长的指导者和引路人。我本来想做一辈子辅导员、上一辈子思政课的,但因为我的职务多次变动,当一辈子辅导员的愿望便没有实现,这是我的一个遗憾。但是上一辈子思政课的愿望我实现了,包括在任省委高校工委副书记期间,我仍然兼做马克思主义理论学科(思想政治教育方向)的博士生导师。

2013 年我辞去省厅级领导职务来到大连海事大学,继续做辅导员、上思政课,转眼又过去了 12 年。我从 2013 年 9 月到 2017 年 7 月担任了大连海事大学人文与公共管理学院 2013 级学生辅导员,满足了我带满一届学生的愿望。

辅导员有什么不好?现在一些辅导员总抱怨不被重视。42 年前我毕业做辅导员时被重视了?那时辅导员更不被重视,辅导员往往被认为是什么都做不了才做辅导员的。我留校做辅导员后,教过我的好几位老师劝我别当辅导员,让我教专业课。他们认为辅导员没有学问,但我不这样看。不能说辅导员没有学问,把自己的思想装进别人的脑袋里是最难的,这就是学问。

我要从省厅回到学校做辅导员的时候,领导关心地说:“能行吗?现在的学生好带吗?”我说:“就让我回去吧。我的心情跟足球队员一样,我想下场踢球,再不下场比赛就结束了,我不相信球踢不进对方的门。”

我非常欣赏美国诗人弗罗斯特在《未选择的路》一书中的这一段：黄色的树林里分出两条路，可惜我不能同时去涉足，我在那路口久久伫立，我向着一条路极目望去，直到它消失在丛林深处。但我选了另外一条路，它荒草萋萋，十分幽寂，显得更诱人，更美丽。虽然在这条小路上，很少留下旅人的足迹。那天清晨落叶满地，两条路都未经脚印污染。啊，留下一条路等改日再见！但我知道路径延绵无尽头，恐怕我难以再回返。也许多少年后在某个地方，我将轻声叹息将往事回顾：一片树林里分出两条路——而我选择了人迹更少的一条，从此决定了我一生的道路。我在辅导员这条路走了过来。“自信人生二百年，会当水击三千里。”人要具有挑战精神，走别人不敢走的路，看看自己到底能走多远！

青年兴，则国家兴。每代人有每代人的长征路。当代青年就是要听党话、跟党走，在青春的赛道上跑出当代青年的最好成绩。辅导员是大学生人生成长的指导者和引路人。辅导员工作意义重大、使命光荣。既然选择了辅导员，就应当用心做，为处在“拔节孕穗期”的青年学生系好人生的“扣子”；厚植爱国主义情怀，使他们坚定“四个自信”，立志做有理想、敢担当、能吃苦、肯奋斗的新时代好青年。虽然我们也有个人的利益，但是为了学生的利益，我们应当尽量少想些自己的利益。

我从2017年开始开通了我的微信公众号——仍然在路上，现有粉丝20多万人，绝大多数是辅导员、大学生、思政课教师。我和大家交流了四五百万字，交流的主题就是怎样当好辅导员、怎样读好大学、怎样上好思政课。2020年，在此之前我曾将在公众号上围绕这三方面问题推送的文章集结出版了《我与辅导员的交流》《我与大学生朋友们的交流》《我与思政课教师的交流》三本书。这次出版的《辅导员要用心当》《大学要用心读》《思政课要用心教》三本书，保留了已出版的三本书中的部分内容，特别梳理了2020年以后在微信公众号上的推文。我希望我的思考和实践能对广大辅导员用心当好辅导员有所启发，哪怕有那么一点点我也知足了。同时也欢迎大家对书中不足的地方提出批评。

值此书出版之际，衷心感谢大连海事大学出版社的同志们为本书出版所付出的辛苦！

祝大家一切都好！

曲建武

2025年3月

目 录

平等地对待每一个学生

2017-8-16

中华传统文化非常强调“平等”的思想。“不患寡,而患不均”,这样的理念深深地植根于每个人的心中。很多毕业生在谈到他们的大学生活时,辅导员的能力怎样他们并不太在意,但是辅导员如果对他们不公平,不能平等地对待每一个学生,他们会永远记在心里。所以,辅导员要想得到学生的尊重、做好学生的思想政治教育工作,就要平等地对待每一个学生。

平等地对待每一个学生是从分配学生寝室开始的(现在许多高校的寝室分配由后勤部门负责,学生工作部门应当介入,共同来制定寝室分配办法)。每年新生入学前,都会有新生家长通过各种关系找到学校、找到辅导员,希望能够把他们的孩子分到居住条件好一点的房间。比如在北方的高校学生寝室,朝阳的房间和背阳的房间温差很大;住在下铺的同学比住在上铺的同学要方便一些(也有愿意住在上铺的),因此一些家长就希望把自己的孩子安排在朝阳房间的下铺。而这样的家长一般都是有点“能量”的。我们有的辅导员就迎合了家长的要求。等新生来到学校之后,他们从老生那里马上就明白了寝室原来是这样分配的:谁住在哪个屋、睡在哪张床,都是由家庭背景和与辅导员的关系远近决定的。如果学生们真的有了这样的看法,那你的思想政治教育就像下围棋一样,已经输了“先手”。

我在学校当党委副书记和在省里做高校工委副书记的时候,经常到学生寝室走访。这时,我都会“有意”地询问学生,家是哪里的、父母是做什么的。通过我资助的学生,我也了解到寝室分配中的一些现象。像上文提到的那样条件好些的房间(床位)通常分配给家庭背景较好的学生。这是一种偶然吗?这里是不是也不同程度地反映了对学生的不公平?

辅导员切忌因为学生家庭背景的不同而给予不同的待遇。这样做不仅会让学生瞧不起,甚至那些得到“恩惠”的学生在内心也会轻视你。我在担任学院党总支副书记的时候,有个学生的家长是市委书记,他的舅舅是我们市的组织部部长,他得到的是我的另一种“关照”:我到寝室从被窝里把他撵到操场上做操;他在他舅家不按时归寝,我写信给他舅督促他按时返校,否则我就要处分他;我坚决改掉了他在学校吸烟的习惯。他毕业的时候,我已经离开了这个学院。他专程去我家,对我鞠躬感谢,并表示正是我的严格管理,才让他有了今天的改变。他的父亲后来成了正部级干部,给我拜年的时候总是客气地说:“小曲老师您好,我给您拜个年。”我在省教育厅工作的时候,他到沈阳,还专门请我吃饭表示感谢。这个学生现在发展得也很好,是位局级干部,他还专门到大连看过我。他说:“老师,我很感激您,若不是您当年那样管着我,我就没有今天这个样子。”

现在又到了给新生分配寝室的时候。辅导员一定要坚持原则。我也知道有的辅导员是不得已而为之,也是碍于情面和压力,才做了违心的事。这怎么办呢?我的看法是应当把学生的利益放在第一位,不能影响了对学生教育管理的效果。得罪家长、领导、同事、朋友、同学都是暂时的,最后也能够得到理解;得罪了学生却是不应当的,或许会使学生记一辈子,从而对他们产生不良影响。

每逢佳节倍思“贫”

2017-8-27

昨天我写了《出生于什么样的家庭是无法选择的，人生的价值是可以创造的》一文，那是从生活困难学生的角度来谈的。那是告诉他们抱怨生活是毫无意义的，必须“穷且益坚，不坠青云之志”，懂得“打倒你的只能是你自己”的道理。而从教育者的角度来看，我们就不能把贫困只看成他们自己的事，应当想方设法帮助他们克服困难，使每一个生活困难的学生都能时时感受到一种温暖、感受到爱与关怀。特别是在节假日，当我们在想去哪里、怎样过节的时候，一定要想想那些生活困难的学生怎样过节。思想政治教育是什么？它就是一种服务，就是要满足学生的需要。大道理要讲，小事情更要做。战争年代，当首长的哪怕给战士们盖一下被子，战士们就会感受到首长的用心。为了建立新中国，这些战士可以出生入死、奋不顾身。

我在担任省委高校工委副书记的时候，经常跟从事思想政治教育工作的同志讲：“当你们开着名车、戴着闪闪发光的金银首饰、穿着名牌在学生面前讲什么是社会主义、什么是集体主义的时候，有的学生正饿得头都抬不起来，这样的集体主义教育能有效吗？这不是说要你们管他们的学费、饭费，而是说你们心中要有学生。当学生病了的时候给学生买点水果的钱总是可以‘省’出来的吧？”我从事了35年的大学生思想政治教育工作，无论在哪个岗位上，我都把“每逢佳节倍思‘贫’”作为自己的工作理念，并在实践中力所能及地践行这个理念。

我刚毕业留校做辅导员的时候，正月里我到学生家家访。有个学生在山上弄花泥，我到大山里找到了他。临走的时候我给了那个学生10元钱，当时的10元钱占到我工资的1/3了。虽然我家也很困难，但是我觉得那个学生比我更需要。30多年过去了，那个学生，还有他的母亲，总是把那次过年期间的家访挂在嘴边，他们对我似乎有一辈子也“报答”不完的情。

我在辽宁师范大学当党委副书记的时候，中秋节的晚上，我将全校几百名家庭生活困难的学生集合在学校办公楼前的广场赏月。学校给每个学生准备了丰盛的月饼和水果。军训教官和学院领导、辅导员代表与这些生活困难的学生一起赏月。我还为学生们安排了精彩的文艺演出，他们一边赏月，一边欣赏着文艺节目。许多学生在谈到他们大学生活里难忘的一件事时，都提到了“中秋赏月晚会”。我在省教育厅工作期间，有一次在省政府开会，有个学生还跟我说：“那时候我们都认识您。您为我们生活困难的学生举办的‘中秋赏月晚会’令我们难以忘怀。”那时，元旦前夜我还组织生活困难的学生自己包饺子，大家一起过新年，欢歌笑语满校园。这些生活困难的学生找到了“家”的感觉。

在省教育厅工作期间，每年春节前夕，我都把走访困难学生家庭作为主要的工作。我尽量地多去一个学生家，这样这个家庭就可以得到一笔“慰问金”，就可以过个好年。

我还特别关注孤儿大学生都是怎样过年、过节的。我去过一些孤儿的家，了解到有的孤儿生活非常艰难。他们常常“躲年”，这是我的用语。有的孤儿没有地方过年，就到网吧过年；有的孤儿靠吃方便面过年。为此，我给省政府写报告，建议免除孤儿大学生的学费和住宿费。省里同意了我的建议，决定从2013年开始，对在辽宁省高校读书的孤儿大学生一律免除学费和住宿费。有的孤儿大学生知道这件事是我推动的，便通过辅导员向我转达谢意，表示决不辜负党和国家的关心，一定努力成才，以报答这份关怀。

中秋节的时候，我还在沈阳召开了驻沈地区困难大学生代表座谈会，几百人欢聚一堂，共庆佳节。这些生活困难的大学生切实感受到了思想政治教育工作者送给他们的那份诚挚的祝福，那份满满的爱。

我辞去省教育厅领导职务，回到大连海事大学做了一名辅导员。学校给我提供了很好的工作条件。学校聘我为二级教授，每年能有20多万元的收入,我很满足了。中秋节的时候我给每个学生买一份月饼;端午节的时候我给每个学生买鸡蛋和粽子;国庆节的时候我请没有回家的生活困难的学生吃饭;春节的时候我给生活困难的学生发红包。有个学生在给我的感谢信中说:“我在大学里不仅学到了知识,更学到了怎样做人。”她也要做个像我这样的人,把温暖送给别人。

应当说,这些年在帮助生活困难学生方面,国家、社会、学校做了大量的工作,包括思想政治教育工作者也在尽力地做。但是,做好这项工作还是有空间、有余力的。特别是作为一名思想政治教育工作者,我们是这些学生的人生导师,是他们的长辈,我们要过好节,他们也要过好节。这里虽然有经济上的花费问题,但这不是主要的,主要的还是要有“每逢佳节倍思‘贫’”这样一份情。学生是很懂事的,他们心里都有一杆秤,你心里只要有他们就可以了,你尽没尽力他们是能够感受得到的。

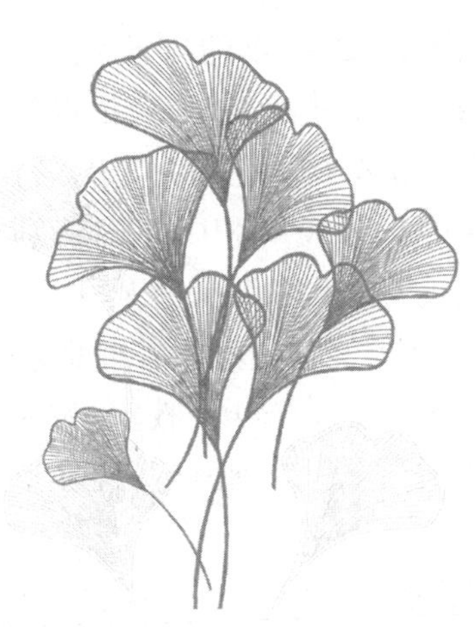

谈话法:思想政治教育最简便、最有效的方法

2017-8-28

方法,就是桥梁。想过河,就得有方法。思想政治教育的方法是什么?长期的思想政治教育实践使人们总结了无数的方法,也都取得了较好的效果,这些方法正被不断地加以运用。从我1982年毕业留校做辅导员算起,至今已经有35年的大学生思想政治教育实践经验。我个人的体会是:思想政治教育最简便、最有效的方法就是“谈话法”。所谓谈话法,就是与学生面对面地交流,用正确的理论帮助学生解疑释惑。谈话可以同单个学生进行,也可以同多个学生同时进行。

我有个学生现在在中华人民共和国澳门特别行政区办事处工作,是位厅局级干部。在他赴任前夕,正好也是我辞去省教育厅领导职务的时候,他给我写了一封长达几千字的信,信的题目是《我的精神导师》。他跟我说,他在大学读书期间,我同他在操场、教室、寝室、走廊谈了无数次的话。这些谈话我可能都记不住了,但是他一直记在心里。他从内心感谢我对他的人生引领。

我在1982年做辅导员的时候还带过这样一个学生:这个学生很偏激、很有主见,对许多问题都有自己固执的看法。这个学生有个特点,不胡搅蛮缠,愿意讲道理,但你必须让她心服口服。就这样,为了做通她的思想工作,我先后同她进行的仅时长一个小时以上的谈话就有28次。她服了。现在她是名教师,她的孩子也大学毕业参加了工作。有一次见到我的时候,她说:“谢谢老师当年耐心的开导,不然我不知道自己现在会是个

什么样子。”

那时我每天都第一个到教室，因为我和学生有个“课前五分钟”的集体谈话。我要求学生们每天提前10分钟到教室，我趁着学生还没有上课的时候把校内外发生的大小事情做一下分析，告诉学生哪些是对的、哪些是错的，哪些他们能做、哪些他们不能做。当四年大学生活结束的时候，全年级80个学生没有一人违反校规校纪；有10个学生考上了硕士研究生，而在1986年的时候，他们所学的专业还没有一个硕士学位点。这意味着什么，“你懂的”。后来他们中还有一人考上了北京大学的博士生。

我在大连海事大学做辅导员时，我坚持和学生的谈话不断。每个学生在新学期开始的时候，我都要和他们分别谈一次话。谈话时间根据具体的情况可长可短。我负责的年级有来自新疆和西藏的两名少数民族学生，四年里我同他们谈过的话不计其数。长的时候个把小时，短的就是见面的时候过问几句。像新疆那个学生，因为是个小伙子，我就经常拍着肩膀跟他说：“好好表现，有困难找我。”通过谈话，我可以及时地了解学生的思想变化，以指出他们应当注意的地方。

我在每学期开学的时候，都会对全年级学生进行集体谈话，我帮助他们总结上学期的表现，嘱咐他们这个学期应当做些什么。我还经常同生活比较困难的学生集体谈话，让他们正确地面对困难，增强战胜困难的勇气。我还提醒他们不要为了助学金的多少相互之间闹得不愉快。在同党员同学进行集体谈话的时候，我叮嘱他们一定不能违背在党旗下许下的诺言，做个有尊严的人。什么是有尊严的人？就是不违背诺言的人。不然多让人瞧不起啊！

和学生谈话要择机而行，就是要不失时机。新生刚入学，就是最好的时机，千万不能错过。这个时期的他们就像地里的庄稼，破土而出后生长得很快，而他们的生长环境是否“风调雨顺”，直接影响他们能否茁壮生长。军训不能都“放手”给教官，思想政治教育必须及时地跟上，不能有空当。

军训一开始的时候，我就在学生食堂轮流请学生吃饭。一次十几个学生，十几次下来和每个学生都“混”了个脸熟。我一边吃饭，一边和他们交谈我对大学的认识，谈对他们的期望，同时通过察言观色更多地了解学生在想些什么。

在军训间歇的时候，我还将学生集中起来。我告诉他们再坚持一会儿。我给他们讲“老乡会”是怎么回事，让他们把握好和老乡的交往；也给他们讲怎样看待学校里的社团。军训期间我还给学生做“大学·大学生·人生”“出生在什么样的家庭是无法选择的，人生的价值是可以创造的”“怎样看待中国共产党的六十四年”等讲座。总之，要让学生们的思想尽快地统一起来。若是一开始就散乱了，以后的教育管理就会格外地费劲，效果还不一定好。

学生的生日这天是和学生谈话的好机会，可以尽量选择在学生过生日的时候和学生谈谈话。“情理交融”是学生最愿意接受的方式。我带的年级里有个学生，就是我在他过生日请他吃饭的时候，他毫无保留地向我敞开了心扉。我了解了这个学生内心的苦闷、思想的痛楚。我决定到他家家访。就这样，我先后同他谈了无数次的话，我们之间还有十几万字的微信交流。这个学生的思想发生了根本性的变化，他要“植大木以立长天，处江湖以忧国民”，到西藏奉献他的一生。学生入党了、获得了奖学金等，我都找他们聊一聊，让他们不忘初心、再接再厉，不断取得更大的成绩。

和学生谈话要主动捕捉谈话的内容。我在学生刚入学的时候，就为他们建立了电子档案，把每个学生的情况都“记录在案”。辅导员要“吃透”学生档案中的信息，做到对学生了如指掌、心中有数，要常琢磨跟张三说什么、跟李四说什么。我找学生谈话的时候很多都是从他们家的情况谈起的，这样有亲近感，可以拉近和学生的距离。从档案中我了解到有个学生家里有姊妹三个，父母都是农民。我想她父母抚养她们姊妹一定不容易。我把这个学生作为谈话的重点对象，鼓励她好好学习，通过知识改变命运。我还力所能及地帮助她。这个学生后来发展得很好，不仅入了党，还以优异的成绩被保送到了一所“985”高校攻读硕士研究生。在新生刚入学的时候我就在新生中进行了问卷调查，我让他们写一下他们读大学的梦想和最关心的一个问题，这样在和学生谈话的时候我就有了思想上的准备。上面提到的新疆那个学生说，他最关心的是“民族平等”问题。本来我就重视新疆少数民族学生的教育管理工作。在省教育厅工作的时候，我还组织过给所有新疆少数民族学生的高校各派一名辅导员、集体到新疆学生家家访等活动。这个学生自然成了我谈话的重点对象。大学四年里，这个学生听从了我的引领，发展得很好。现在他已带着正确的价值观离开了学校。他说他要回去为民族团结做贡献。

和学生谈话要心平气和，不能盛气凌人，也不要训斥学生，更不要动怒。即便真是学生错了，也要让学生感受到你是在真心地帮助他改正错误。德国著名哲学家卡尔·西奥多·雅斯贝尔斯说过这样一句话："我是有罪的，因为当罪恶发生时我在场，并且我活着。"这反映出了一种教育境界、教育情怀。学生的错从教育的本质上说是我们都有"错"，到了错已经犯了的时候，再责怪学生就没有什么意义了。我们能做的就是帮助学生总结经验教训，避免再犯同样的甚至更大的错。

和学生谈话还要注意不能"没话找话"，尤其要注意不能让学生感觉你是在抱着猎奇的心态来窥探他心中的秘密的。对这样的谈话，学生会反感的，自然他们也就不会说出真心的话。

当然，谈话的效果除了上述这些之外，还有一个十分重要的保障条件，那就是学生对你的信任。没有信任，一切都无从谈起！

良心乎？党性也！

2017-8-31

又到了迎新季，辅导员们真是忙得晕头转向。现在的高等教育制度仍不完善，辅导员干了很多的杂活。尽管如此，广大辅导员还是表现出了较高的思想境界、职业素养，他们把学生的利益放在第一位，尽量克服困难，做好迎新工作。从这点来说，就应当为广大辅导员点一个大大的赞。不过，由此亦引发了一些辅导员发出这样的议论、那样的感叹。比如，有的辅导员说："辅导员工作就是一种良心活，多干少干就是凭着良心来。"其实这样的想法在辅导员平时的工作中也会常常出现，甚至成了个别辅导员的口头禅。

辅导员工作实乃一种"良心活"乎？这里首先要清楚什么是"良心"。百度里解释说："良心，汉语词语，儒家名词。良心就是被现实社会普遍认可并被自己所认同的行为规范和价值标准。良心是道德情感的基本形式，是个人自律的突出体现。"古有《孟子·告子上》："虽存乎人者，岂无仁义之心哉？其所以放其良心者，亦犹斧斤之於木也。"朱熹集注中说："良心者，本然之善心。即所谓仁义之心也。"可见，良心最简单的理解就是一种善心，也就是一种同情之心。有之，就会使你产生恻隐之心；缺之，则会使你产生冷漠之心。良心属于道德范畴，由自律而生成。良心"强"者，则行为善莫大焉；良心"弱"者，则善行不足；良心"无"者，则可能恶行滔天。

什么叫有良心？电影《辛德勒的名单》大家都看过吧，应当说辛德勒就是一个有良心的人。奥斯卡·辛德勒(Oskar Schindler)是位德国商人。第二次世界大战期间,他目睹了纳粹分子对犹太人区的清理并深感震惊。据犹太人索尔·乌尔巴克所说,辛德勒从那时起“改变了对纳粹的看法,决心尽可能多地救出一些犹太人”。他保护了上千名犹太人的生命,占波兰全部存活犹太人数量的四分之一左右。为了保护更多的犹太人免遭杀害,辛德勒用自己的钱财向纳粹分子行贿。到战争结束时,辛德勒的所有积蓄都已经在贿赂纳粹分子和在黑市为工人购买给养中耗尽。他已经需要接受犹太人组织的援助来生活了。作家赫伯特·斯坦豪斯(Herbert Steinhouse)曾于1948年采访过辛德勒,他对辛德勒的事迹做出了这样的评价:“辛德勒的卓越事迹只是源自基本的礼仪和人性。”辛德勒表示:“我觉得犹太民族正在遭到毁灭。我对此别无选择,必须帮助他们。”

辛德勒曾哽咽地说:“我花掉了太多钱……我本可以……这辆车——十条命……这枚胸章——两条命……”一位幸存的犹太人用自己保存下来的一颗金牙,这也是被辛德勒救出的众多犹太人战后仅存的唯一的财富,为辛德勒铸成了一枚戒指,并在上面刻了一句犹太法典上的希伯来经文:“救一条命等于救全世界(Whoever saves one life, saves the world entire.)。”1974年10月9日,奥斯卡·辛德勒逝世,享年67岁。他的遗体安葬在耶路撒冷的锡安山,是唯一一位得以葬在这里的前纳粹党成员。

1963年,以色列授予辛德勒“国际义人”称号,以表彰他在第二次世界大战期间挽救犹太人免遭大屠杀的功勋。此外,1966年德国政府还授予他联邦十字勋章。作为一位德国商人,只管发战争财不就得了,拯救犹太人的生命确实和辛德勒不太相干。他完全可以不做,他也可以少做,他更可以在保证自己不倾家荡产的情况下去做,尤其是他不应冒着生命危险去做,但是辛德勒做了。他不仅做了,而且确实是想更多地去做,确实是倾家荡产,冒着生命危险去做的。他哪来的那么大的决心和勇气？这里只能用“良心”诠释了:莫大的善性促成了他莫大的善举。

辅导员工作怎么能是一种“良心活”呢？辅导员工作说到底是做人的工作。辅导员工作的好坏从表面上是可以看出来的:多去或少去一次学生宿舍,多找或少找一次学生谈话,多组织或少组织一次学生活动,多家访或少家访一个学生等。

辅导员要经常凭着良心思考问题:这些学生付出了那么多并带着美好的愿望来到了大学,如果他们在大学里、在我们的身边不能很好地成长,我们不能帮助他们培养实现愿望的能力,反而使他们出了这样或那样一些问题,甚至彻底地毁掉了他们,作为辅导员、作为天天和学生在一起的人、作为学生人生成长的引路人,我们怎能看着此类问题的出现,怎能没有良心的刺痛?因此,对一些辅导员来说,他们会自律,从良心出发,尽量地做些帮助学生健康成长的事,对学生也表现出了热情,他们不愿意眼睁睁地看着学生的美好愿望化为泡影。可是,亲爱的辅导员们,我们的工作哪里是一个“良心”了得?哪里是一个我们愿意做就做、不愿意做就不做,愿意多做就多做、不愿意多做就少做的问题呀!我们不应当忘了辅导员制度是怎样来的,我们应当清楚地懂得我们是干什么的。2019 年年底,习近平总书记在全国高校思想政治工作会议上指出:“我们的高校是党领导下的高校,是中国特色社会主义高校。办好我们的高校,必须坚持以马克思主义为指导,全面贯彻党的教育方针。”这段话告诉了我们什么?这是告诉我们千万不要忘了我们的高校也姓“党”,高校的思想政治工作也是党的思想政治工作的组成部分。我们的高校必须下大气力引导我们的学生做社会主义核心价值观的坚定信仰者、积极传播者、模范践行者。这个事情太重要了!青年兴则国家兴,青年强则国家强啊!

亲爱的辅导员朋友们,你们还记得列宁同志说过的这句话吗?“忘记过去就意味着背叛。”什么是我们的过去?我们的过去就是马克思主义的过去,就是中国共产党人的过去,就是中国特色社会主义道路的过去。

让我们简略地回顾一下那些我们永远不应忘却的过去:马克思主义来到人世间的时候,一切反动派把它视为“幽灵”;马克思逝世的时候,一切反动政府但愿马克思的学说会“随着这个红色博士的死去而死去”;当巴黎公社诞生的时候,梯也尔反动武装进行了疯狂的反扑,他们血腥地屠杀了数以万计的巴黎公社社员;当十月革命胜利的时候,18 个帝国主义国家联手欲将第一个社会主义国家扼杀在摇篮之中;当第一次世界大战结束的时候,美国总统威尔逊在巴黎和会上提出了他的主张,由此“二十一条”出笼了,“一切强盗亡我之心不死”;当第二次世界大战还在进行的时候,丘吉尔说“我希望战争的最好结果是希特勒躺在坟墓之中,斯大林躺在手术台上”;当第二次世界大战结束的时候,又是丘吉尔发表了他的“铁幕演说”;当中国共产党欲建立联合政府、建设新民主主义国家的时候,美国政府极力地“扶蒋反共”;当东京审判的时候,是谁在阻挠中国人民发泄心中的仇恨?当毛泽东同志站在天安门城楼上庄严地宣告“中华人民共和国中央人民政府今天成立了”的时候，又是谁在继续阻挠着我们，以致到今天祖国还没实现完全解放？什么“钓鱼岛问题”“台湾问题”“南海问题”，这些本不是什么问题，可是一些别有用心的人硬是把它们变成了“问题”，这是他们蓄谋已久的。当在战场上打不过我们的时候，他们就打“无硝烟的战争”，他们提出了“和平演变”的战略。他们从骨子里不想看到社会主义的崛起和强大。苏联解体、东欧剧变，西方世界欢欣鼓舞，他们以为只剩中国了，也就好办了。但是在中国共产党的领导下，中国不仅没有像“多米诺骨牌”那样“顺势”倒下去，反而正沿着中国特色社会主义道路，朝着实现伟大中国梦的方向阔步向前。

我们共产党人的奋斗目标是实现共产主义，这就决定了社会主义与资本主义的较量是一个长期的过程，在这场斗争中我们无疑是要打胜仗的。这就要求我们必须把爱国主义作为思想政治教育的主线，一刻也不能放松。

爱国，就要爱党、爱社会主义。这就不是“良心”的问题，不是可做可不做的问题，而是党性的问题。辅导员必须为党的事业负责，必须努力培养社会主义事业的建设者和接班人，这项工作只能多做，不能少做。不然我们办大学干什么？强调我们的大学是共产党领导的大学干什么？要我们辅导员干什么？

辅导员应当有“良心”，帮助学生通过知识改变命运，使他们、他们的父母，乃至他们的后代都能过上幸福的生活。同时，辅导员应当具有崇高的党性。须知党性和人民性是一致的。只有国家强大了，我们才能少受欺负，才能从根本上保证人民过上美好的生活！

抓住新生入学教育这个环节

2017-9-3

这两天正值新生陆续到校,各高校对新生都开展了入学教育。及时地抓住新生入学教育这个环节对新生开展思想政治教育是十分必要的。毛泽东同志曾经说过:“一张白纸,没有负担,好写最新最美的文字,好画最新最美的画图。”大学伊始,新生就如同一张白纸,洁白无瑕,我们应当帮助他们描绘好他们的人生画卷。这就需要在他们入学的时候,就给他们的思想打上深深的烙印:来到大学就应当设计好自己的未来,排除掉头脑中原有的这样或那样的一些错误看法,最大限度地实现人生的价值。

前天晚上,我给辽宁中医药大学二〇一七届1400多名学生做了一场题为“大学·大学生·人生”的思想政治教育报告。我围绕“大学是个什么样的地方”,以及来到大学应当“崇真、向善、厚德、乐群、刚毅、惜时、慎独、健体”等内容跟大学生进行了近两个小时的交流。学生们给我送来了无数次的掌声。我好感动!报告结束后,有将近一半的学生加了我的微信公众号,有近百人给我发来了或长或短的感言。

甲同学说:“您好,曲老师!听了您的演讲我深受影响,我会努力学习,以后更好地回报社会,成为像您一样的大爱之人!”

乙同学说:“我非常荣幸地倾听了您的讲座,很激励人心,让我受益匪浅。我家也是农村的,家庭生活的现状目前是改变不了的,但是听完了您的讲座,我下定决心好好学习,将来报答父母。”

丙同学说:“我是一名大学新生,想家的情感特别浓烈,在8月31日听了曲老师的讲话,我更加坚定了学成之后回家的决心。我没有像曲老师那样的胸怀,但我能认识到我的责任,我会回到家乡,哪怕那里不富裕、不发达,我也要在家人身边尽孝,尽心给更多普通的人治病。”

丁同学说:“我是2017级新生××。昨天听了您的报告,慷慨激昂,我被感动得热泪盈眶。我觉得您不仅是一位有思想的学者,更是一位有影响力的传播者,传播您的思想、您的正能量。您足以成为我道德与修养的领导者;再或者,您足以成为改变我一生的人。我很尊重您,更佩服您所拥有的经验与阅历。但我知道,无论您多么高尚,您也是从我这个年纪过来的,所以人与人的不同,也许就在于努力与思想的高度。您的与众不同在于,别的老师教会我们知识,而您用厚德与向善教会我们走好人生的每一步,这才是我真正的必修课。总而言之,感谢您的教诲,虽然已无缘让您成为我的导师,但希望以后您的思想也会指导我的人生。”

戊同学说:“我是刚入学的大一新生,昨天晚上听了您精彩的演讲,我特别激动。您告诉我们作为一个大学生应该做的事情、应该有的胸怀和应该有的爱国情怀,其实以前的我觉得国家跟我个人是没有多大关系的。但是昨天晚上听完您的演讲,我彻底改变了自己的想法。我会为了国家尽自己的一分力量。谢谢您的教诲,也让我再一次燃烧起了为自己梦想奋斗的斗志,能听到您这样的演讲我真的特别荣幸。”

已同学说:“曲老师您好!我是2017级药物制剂专业新生××。在前天晚上,我有幸听到您在操场上的讲话。在听完您的讲话后,我深受感动!您让我看到了别样的人生,更有价值的人生,让我对未来的奋斗目标更加坚定。”

什么叫教学相长?学生们发自内心的感言对我就是最好的鞭策。军训期间正是新生比较疲劳的时候,但是学生们的表现告诉我们,他们需要我们的及时教育和及时引领。虽然累点儿,但是只要学生认为你是真心地对他们好,你说到了他们的心坎里,他们就会自觉克服军训疲劳等困难,悦纳你的教育,听从你的引领。四年前我在做辅导员的时候,就在新生军训期间给学生们做了报告,进行了集体谈话。我把在大学里他们应当知道的事情及早地告诉他们,帮助他们确立明确的人生方向。

那时有的学生一定会不理解,会在心里“犯嘀咕”:我们的辅导员真烦人。但是后来的大学生活告诉他们,军训期间我跟他们说的那些话都是

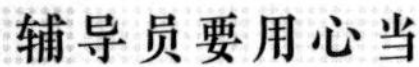

饱含真情的,是及时的、必要的。正是在我的引领下,一些大学生才度过了美好的大学生活,才描绘出了“最新最美的图画”。

思想政治教育就是个细致活

2018-1-6

有张照片这两天在网上爆红,就是国内某大学一间被学生改造过的男生寝室。网友们给出了各种各样的评论。校方现在已经要求将该寝室恢复原状。寝室不是自己的家,当然不可以由"室主"任意装饰。可是既然校方不同意随意改造寝室,这样一项违规的"宏大"工程,为什么能建造起来呢?显然,校方疏于管理是个重要原因。这里我无意去探究寝室应不应当这样装饰、谁应当负责管理,我要说的是,从思想政治教育的视角看,我们应当得到什么样的启示?

我想,思想政治教育一定不能像油浮在水面上那样,一定要细致入微,了解学生的所思所想。前些天,我写过一篇《大学生活是从寝室开始的》文章,讲的就是我们不能把寝室仅仅看成学生睡觉的地方,寝室更是思想的园地,通过学生在寝室的一些表现,可以"顺藤摸瓜"地了解到学生的思想。我刚留校做辅导员的时候,每天都到学生教室、寝室看看,跟学生打个招呼、道个晚安什么的。一次我看到有个女生的床边挂了副羽毛球拍,我想,这个学生不爱好体育活动,她也不会买一副球拍给大家用,那这副球拍是从哪里来的呢?是她爸妈带来的?她爸妈也没来学校呀!我判断是她交男朋友了。第二天我找她谈话的时候,她说她刚认识了一个男朋友,本来还想问问我怎样呢。我说了些供她参考的意见。现在这个学生的孩子已经上大学了,我们见面的时候她还谈到我当年的意见是对的。还有个学生在床边的墙上画了个问号,因为有其他同学在场,我就没有当面问她。第二天我找她到我的办公室。“你为什么要画个问号呢?”我这一问,这个学生把她从小学到大学憋在肚子里的许多话都倾诉了出来。我感到这个学生的思想比较偏激。为了转变她的思想,我跟她谈了很长时间的话。

应当看到,现在由于我们思想政治教育“高高在上”,使得思想政治教育留下了一些“死角”,寝室就是一个最大的“死角”。须知许多问题的产生都是在寝室“酝酿”的,有些就直接发生在寝室。从管理上看,由于男女生分楼,辅导员已经不能随意去学生寝室了,但是核心的问题还是我们工作的理念问题,即我们是否真正重视了寝室文化建设的重要性。我们有些辅导员也常到学生寝室去,但去的目的很明确,就是检查卫生。如果学校不对寝室进行卫生评比,恐怕他们也不会去寝室。我在我最近出版的《大学时节》一书中说过这样一句话:“床头是离你灵魂最近的地方,一定要挑选好摆放的物品。”为什么这样说呢?这就是从思想政治教育视角来看寝室文化建设的。有些学生把不雅的照片、书籍摆放在床头,晚上能休息好吗?不影响学习吗?思想政治教育要想收到“润物细无声”的效果,就要从细微处着手,从一定视角看,就要从寝室开始,寝室文化建设好了,许多问题都会被消灭在萌芽中。

有谁容易?

2018-2-9

辅导员们常挂在嘴边的一句话是:“我们不容易。”这的确基本是辅导员的真实写照。为此,有的辅导员产生了一定的情绪,对工作有所懈怠。这着实不应该。有谁容易?恐怕谁都不容易。我常想,你嫌弃的、抱怨的,或许正是别人羡慕的、想得到的。

昨天下午我参加了2017年度辽宁省公安系统“最美警察·最佳警队”评选揭晓晚会,安排我给获得特别奖的团队颁奖。颁完奖后,主持人让我讲几句颁奖感言。

我讲了这样几句话:“人民警察真是不容易。他们不只是心里想着人民,为了人民他们有时还要献出生命。他们就是我们新时代最美的人,他们就是我们新时代的楷模。我们什么时候都不要忘了人民。”

警察确实不容易。他们要抓捕罪犯,他们要抢险救灾,他们要维持秩序,他们要站岗守卫……

我觉得和警察比,辅导员还是轻松不少的,最起码辅导员还有两个假期,节日的时候还基本能休息,警察可就没有保证了。

我被授予了全国“时代楷模”荣誉称号。怎么说呢?从本意上讲,我是不愿意要这个荣誉的。我想做个这样的人:没有职务,我关心学生;没有名利,我同样关心学生;至于我死后那就由不得我了,愿怎样就怎样吧。

不是谦虚,新闻单位采访我的时候我都说过这样的话:“做好大学生的思想政治教育工作是我分内的事,就是说都是我应当做的。社会上宣传的很多道德楷模，都在做着本与他们不相干的事，他们为社会默默付出着，我比他们容易多了。辅导员不容易、警察不容易，医生容易吗？抢救病人的时候、奔赴灾区的时候，想一想，他们真的不容易。还有下矿的工人、种地的农民、边防哨所的战士……我们常常被这些人的事迹感动得热泪盈眶，他们也真的不容易。记者的职业挺“风光”吧？他们也要完成一个接一个的采访任务，有时要长途跋涉，有时要昼夜奔波，有时要冒严寒、顶酷暑……有谁容易呢？真是谁也不容易，相互理解吧。

总之，如果别人认为我们不容易，那可能就是不容易；如果我们自己认为我们不容易，那可能就有夸大的成分。容不容易都得过，何不图个乐呵呢？无论在什么情况下我们都需要保持良好的心态，不要抱怨自己的工作，这才是最为重要的。

珍惜和学生在一起的时光

2018-2-13

谢谢大家对我获得“全国优秀教师”荣誉称号的祝贺！实在没有时间一一致谢,特在此一并感谢！我们共勉！

作为一名老辅导员,我经常会听到曾经做过辅导员的同志谈论他们做辅导员时的感受。有的辅导员很后悔他们曾经没有珍惜和学生在一起的时光,现在学生都大了,有的发展得很好,但是与他们都没有什么联系。学生毕业后与辅导员关系的疏远一定有学生的问题,但更主要的还是辅导员个人的问题。一些学生认为他们在大学学习期间,辅导员给予他们的帮助太少,辅导员形同陌路人。一些辅导员当年和学生的关系就不密切,在学生的心目中就没有什么位置,就没被学生记住,如今学生毕业了,又怎么能不和他们疏远呢?

这些年,国家提出了建设职业化、专业化、专家化辅导员队伍的要求,但是任重道远,要实现这样的目标,我们还有很长的路要走。就目前来看,辅导员职业化、专业化、专家化建设还是理论层面上的设计,现实制度中还很难保证辅导员终身从事辅导员工作。特别是在当前机关不留人,辅导员工作界域不清,发展空间、条件还没有根本保障,只要本科学历就可以从事辅导员工作的情况下,辅导员的流动性很大。他们中有的很快被充实到机关部门,有的便另寻他路。很显然,他们的离开有的是自己努力的结果,有的是组织的安排。不管怎样,辅导员还是应当珍惜和学生在一起的时光,不然一旦离开了学生,再想弥补都来不及了。

我在大学做党委副书记的时候保持着一种工作习惯,就是每周至少一次约上几个学生工作部门的同志一起到学生食堂吃饭,了解学生的现实生活,感受学生生活的气息。有一次在食堂吃饭的时候,电视里播放歌曲《同一首歌》。我这个人有时感情比较脆弱,容易流泪。这也不一定是弱点吧。鲁迅先生讲:“无情未必真豪杰,怜子如何不丈夫。”我听着听着,眼角就情不自禁地流出了泪水。

我当时想到了两点:一是生活很美好,一定要认真地投入;二是我做辅导员的时候,一定要经常到生活困难的学生家家访。

记得在一次家访结束临走的时候,我给了学生的母亲10元钱。现在想起来,我当时为什么不给她11元钱呢?我的意思是一定要尽最大的力量帮助学生。我跟与我一起吃饭的几个同志讲,一定要珍惜和学生在一起的时光。做学生工作没有最好,只有更好。要对得起自己的工作,不能让学生离开你的时候就把你忘掉了。

有的辅导员“烦”学生。要开学了,有的辅导员便在心里嘀咕着:“倒霉”学生怎么又要来了;还没放假,有的辅导员便在心里嘀咕着:“倒霉”学生怎么还不放假?这怎么能带好学生呢?要知道在你“烦”学生的同时,学生也一定在“烦”你。

当然,珍惜和学生在一起的时光不是为了以后让学生记住你,更不是为了让学生回报你。珍惜和学生在一起的时光是为了珍惜帮助学生成长的机会。大学生正处在人生的紧要处,辅导员是大学生人生成长的指导者、引路人,大学生需要辅导员的解疑释惑,辅导员是否做好自己的工作,对学生的成长至关重要。因此,辅导员一定要处理好个人发展和学生成长的关系,千万不能把辅导员工作当成“跳板”。要“在其位、谋其政”,干一天像一天,即便真是到了离开学生的那一天(不管是组织原因还是个人原因),也要让学生能够理解、能够对你恋恋不舍。要让学生感到你的人虽然距离他们很远,但是你的身影、你的心却深藏在学生的心里,直到永远!

绝不能伤害学生

2018-3-30

对经典的“希波克拉底誓言”大家都很熟悉吧？那时从医的人都要发誓，一定遵守这一誓言。该誓言中有这样一句誓词：尽我的能力，遵守为病人谋利益的道德原则，并杜绝一切堕落及害人的行为。

每当想起这句誓词的时候，我就联想到作为一名教师岂不是也应当坚决做到这一点：绝不能伤害学生！

这里谈及的教师对学生的伤害与医生对患者的伤害有很大的不同，医生对患者的伤害往往是身体上的；而教师对学生的伤害尽管也有身体上的（这是极其个别的），但是更多的还是精神上的，或者说是思想上、价值观上的。尤其需要我们注意的是，这种伤害常常是在一些教师的满不在乎甚至打着“学术自由”的幌子下进行的。

作为一名教师，给学生以专业知识是必要的，帮助学生提升能力也是应当的。但是比这更为重要的还是要让学生的头脑增添精神的力量、装进正确的思想、树立正确的价值观。这也就是我们一再强调的，作为一名教师一定要教书育人。而事实上我们有的教师离这样的要求还有一定的距离。有的教师是没有认识到这一点，有的教师恐怕就是对学生不负责任。

我经常会听到有的学生谈论在课上老师都说了什么。有的教师在课上“信口开河”，想说什么就说什么；有的教师更是以己之好恶，肆意评价历史、现实中发生的大事和出现的人物，还美其名曰“学术自由”。

学生正在成长过程当中，这就像“秧苗”需要水分一样，需要及时给他们浇灌。但是教师也一定要给学生浇灌纯净之水，而不能给学生灌上“混浊”之水，不然，不仅不能解“秧苗”之急，反而会伤害到“秧苗”的生长，严重的会使“秧苗”从根烂掉。

我们常讲这样一句话，“学术讨论无禁区，课堂讲授有纪律”，这是对的。打个比方来说，夫妻间谈论的事总不能不加选择、不分场合地点、不管孩子的接受程度，都毫不保留地讲给孩子听吧！

当然，有些学生有一定的分析能力，对教师所讲的不对的地方会采取筛选的办法，或者拒绝接受；有的学生脑袋空空，“饥渴难耐”，也就失去了选择和判断能力，凡是教师讲的就奉为“真理”，就全部吸收，结果有的脑袋里就灌进了“混浊”之水，进而导致精神上受到伤害，思想错误、价值观扭曲。

我经常接到有的毕业生（也有学生家长）给我打来的电话、发来的微信，这些学生（还有家长）反映的一个比较集中的问题就是在大学读书期间他们受到了精神上的伤害，有的教师没有给他们正确的思想引领，给他们灌输了一些错误的价值观念。有个学生更是气愤地说，他今天的样子就是在大学时某某教师的不负责任造成的。

个别学生的看法或许有夸大其词的一面，但是有的反映却能够看出我们的确有个别教师的不负责任的言论对学生产生了不好的影响，造成了精神上的伤害。

教师是学生除了父母之外最为信任的人。教师不经意间的一句话就有可能影响学生的一生。因此，作为一名教师，在学生面前你一定要谨言慎行，时时考虑为学生提供正能量，千万不要因说错话而伤害了学生，这样学生会“记恨”你一辈子的。

思想政治教育要突出“思想政治”教育

2018-4-11

作为一名老辅导员,我非常理解辅导员们的辛苦,我就是这么过来的。

当年我做辅导员时恐怕比现在还要忙碌,那时谁家也没有电话,若是哪个老师的同学从外地来看他,就得有人到这个老师家去把这个老师找到学院来。我是学院里最年轻的教工,找人这个活“名正言顺”地落到了我的身上,我们系领导也常常理所当然地推开我办公室的门:“小曲,你去把××找到学院来。”每当这时我都心甘情愿地立马起身执行系领导的指令。

现在人人都有手机了,辅导员们,你们想干这活也干不上了,科技解放了生产力。毫无疑问,辅导员忙有其客观的原因,辅导员工作界域不清这点难脱干系。不过我想,随着大学制度的不断完善,一定会“各耕其田”,到那时辅导员眼下这种忙碌的状态一定会大有改观。

今天我说思想政治教育要突出“思想政治”教育,说的还不是辅导员们被动地做的那些本不属于辅导员工作界域里的事情,这里主要是想提醒辅导员们一定要“种好自己的田”,忙要忙到点子上。不然,一些辅导员虽然心甘情愿、乐此不疲地做了大量的学生工作,梳理后才发现,这里有很多本不属于辅导员的本职工作;或者说从思想政治教育学科来看,既然辅导员介入其中,那就应当实现思想政治教育所要实现的“思想政治”的教育目标、完成“思想政治”的教育任务,而不是其他。

毫无疑问,从学术的视角来看,学校的一切工作都可以归属于某个学科,都可以从某个学科得到管理支撑。例如,组织工作可以归属于党建学科;校办工作可以归属于管理学科;教务工作可以归属于教育学科;宣传工作可以归属于马克思主义理论学科;学生工作可以归属于思想政治教育学科。

当然,机关所有工作都涉及管理学科及其相关学科。就像学生工作,主要依托思想政治教育学科,但是教育学、心理学、法学、社会学、管理学等学科也都交互其中。孰轻孰重?这就看辅导员怎样把握了。从学科属性上来说,学生工作依托的是思想政治教育学科的理论支撑,因此,辅导员工作再忙、再杂,也要为思想政治教育学科服务,也就是说忙碌要体现在思想政治教育学科的本质要求这个点子上,即我们通常所说的要用马克思主义理论武装学生的头脑,帮助大学生系好人生的"扣子"。完成不了这个任务,或与这个问题不相干,那么辅导员的忙碌就真是瞎忙碌了,结果是"种了别人的田、荒了自己的地"。最终不仅自身的价值没有体现出来,反而轻而易举地被别人取代了。

从辅导员工作、思想政治教育学科属性来看,辅导员首先应当着急的不是学生的就业,而是学生带着什么样的价值观就业,价值观错了,即便学生百分之百就业了也没有什么意义。事实上很多辅导员都忙碌在帮助学生就业上,忽视了对学生的就业观的教育引导,这是本末倒置,到头来就是瞎忙乎。比如,学生因家庭生活贫困导致自卑的问题,这是心理问题还是思想问题?失恋了想走极端,这是心理问题还是思想问题?学习有压力,这是心理问题还是思想问题?生活困难就必然自卑?失恋了就必然极端?学习压力大就必然心理不适应?我说这里主要还是思想问题。出生在什么样的家庭是无法选择的,但是人生的价值是可以创造的。多少学生的成功都证明了这一点。

许多学生的失恋就是没有解决好恋爱观的问题,没有处理好理智和情感的问题。一些失恋后的极端行为也是因为没有责任感造成的,心中别说没有祖国,连父母都抛弃了,说到底这还不是思想上出了问题?完全可以把学习的压力变成学习的动力嘛。为什么学习、为谁学习这个根本问题解决了,恐怕就不会有学习压力了,也不会存在心理不适的问题,这还是思想的问题。因此,一个合格的辅导员、一个优秀的辅导员,一定是把思想政治教育放在首位的,一切工作的重点都应在学生的思想政治教育上,也就是帮助学生树立正确的价值观。

这是真功夫,也是学生真正需要的,更是建设职业化、专业化、专家化辅导员队伍的出发点和落脚点。现在一些辅导员总是忙于拿到这个证书、那个证书的,这对辅导员工作会有补充,但绝不是替代的关系。辅导员首先在思想政治教育上要合格,要有这方面的本事,多准备一些本学科的证书,这样你才具有了不可替代性,你才不会有“本领恐慌”,你才会游刃有余、潇洒自由地做好你的工作,你才能在职业化、专业化、专家化的道路上越走越远。

思想政治教育与心理疏导

2018-4-18

大家都清楚,辅导员的定位就是做大学生思想政治工作的,辅导员工作的第一使命和任务,就是不能让学生在思想政治上犯错误。特别是从20世纪80年代中后期开始,社会思潮泛滥,西方的价值观对青年学生的思想产生了很大的影响。一些大学生崇洋媚外,觉得“外国的月亮就是比中国的圆”,甚至天真地认为套用西方的民主制度,我们的一切问题就迎刃而解了。

那时曾有学生上街游行的情况发生。因此,高校把稳定工作当成了头等大事来抓。所谓稳定,就是要让学生们思想稳定,那时在大学生中深入开展了“坚持四项基本原则”教育。思想政治教育突出的主题就是让学生坚信党的领导不能动摇,坚信中国必须走社会主义道路不动摇。

应当说,在学生的政治观教育上还是有明显成效的,我们之所以保持了近30年的稳定,与高校长期坚持对青年学生开展的思想政治教育是分不开的,这其中自然与辅导员具体的思想政治工作分不开。

现在不叫政治辅导员了,是不是辅导员的工作重点和主要任务就发生改变了呢?不是的。现在只是思想政治教育的内容更丰富了。对辅导员来说,不仅要关注学生的思想政治状况,还要关注学生的心理状况;要让学生不仅成为政治上有追求的人,还要成为人格健全的人。虽然不叫政治辅导员了,但是辅导员对学生的思想政治教育仍然是排在第一位的。

在当代,作为一名辅导员,就是要用习近平新时代中国特色社会主义思想武装学生头脑，让学生坚定“四个自信”。这项工作做得怎样，是检验辅导员合格不合格、优秀不优秀的首要标准。这个问题解决得不好，其他问题解决得再好也没有意义。这一点辅导员一定要牢牢记住，要清清楚楚，绝不能含糊，不然辅导员队伍真就有“有没有必要存在”的问题了。有些同志不重视辅导员队伍建设，跟这点有一定的关系。在他们看来，既然辅导员做不了或做不好学生思想政治工作，那就没必要有辅导员队伍。

为了做好学生的思想政治教育工作，我们又提出了要加强对学生的心理疏导，这是必要的。一个人的坚定追求一定是以积极的心态为基础的，如果连活着的勇气都没有了，还会有学习的动力吗？还会有崇高的理想信念吗？但是这里需要注意的是，心理疏导绝不是思想政治教育的全部内容，更不是主要内容。从另一个角度来说，心理疏导也必须贯穿思想政治教育这个主线，为学生树立正确的价值观服务。因为单纯的心理疏导是一个中性概念，不仅我们有，西方社会比我们还普遍，各类群体也都有心理疏导。因此，如果只把心理疏导作为中性概念来看待，或者说不为思想政治教育服务，那让辅导员来做心理疏导就没有意义了。

现在客观上存在着重心理疏导、轻思想政治教育的情况。一些辅导员把两者的关系搞颠倒了。在他们看来，一切问题都是心理问题，包括有的“专家”甚至认为绝大多数的学生都有心理问题。有些学校，学生一进校，辅导员便对其进行心理排查，把学生的心理状态分为“轻重缓急”；一些辅导员也是一味地追求心理知识的掌握、提高，急于取得心理咨询师方面的证书。

这样做不是不可以。我想说的是，不管怎样，还是要先解决思想政治教育方面的问题，尤其是学生思想政治方面的问题，这是根本。我在学生一入学的时候就对其进行了问卷调查，在回答“你最关心的问题是什么”时，有个学生明确地说：“民族平等问题。”我找他前后或长或短地谈了许多次的话；我还通过微信同他进行了几万字的交流；放假时我也与他联系；他毕业了，我照样和他保持联系。这个学生的思想彻底转变了。

其实现在许多学生的心理问题都是思想问题，也可以说由于思想政治教育的弱化，一些学生产生了心理问题，这也凸显了心理疏导的重要性。从学生的现实情况出发，心理疏导还需要进一步加强。但是，心理疏导绝不能等同于思想政治教育，它一定是排在学生思想政治教育之后的。

这里我只是嘱咐辅导员们“解铃还须系铃人”。思想政治教育的问题,还是要通过思想政治教育来解决。你们不能只顾提升自己心理疏导方面的知识,你们更要提升自己的思想政治素质。就辅导员队伍的现实状况和所担负的使命与责任来看,后者的提升恐怕更迫切、更重要。

由“原件”到“复印件”

2018-4-20

有的辅导员说,相对学生来说,辅导员就是“原件”,而学生就是“复印件”。

这种比喻比较形象,表明了辅导员和学生之间的关系。一些大学生走向成功,不得不说与辅导员的影响和帮助是分不开的;同样,有的大学生走向了失败,尽管辅导员不愿看到这样的结果,但这又不得不说与辅导员工作的疏忽有某种联系。

辅导员是“原件”,学生是“复印件”,那么要想得到精美的“复印件”,对“原件”来说应当怎样来做呢?这里有两点需要把握好。

要想得到精美的“复印件”,首先就要“制作”出精美的“原件”。“原件”不精美,“复印件”不可能精美。有些辅导员从主观上来说,也希望学生这个“复印件”是精美的,但是自己这个“原件”不精美,“复印件”又怎么会精美呢?辅导员是大学里与学生接触最多的人,对学生的影响最直接,辅导员怎样,学生在很大程度上就会怎样。这一点有许多的实例可以证明。正所谓:要想推动别人前进,自己首先就应当是能够推动和鼓舞别人前进的人。

我在做学生辅导员的时候,我告诉他们我要每天都给他们发微信。他们过生日的时候我要送去我的生日祝福,少则写上几百字,多则写上上千字;遇到较大社会事件发生的时候,我会加以分析后给学生发微信,谈谈我的看法。一年后有个学生跟我说:“老师,您刚开始说给我们发微信,我

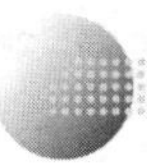

可在心里嘲笑您呢。”我问:“为什么?”他说:“因为我觉得您在吹牛,我不相信有人能做到这一点,后来我服了。我将来也要像您一样,做个工作忘我的人。”

即便辅导员这个“原件”很精美,但是也未必就能得到精美的“复印件”,这是因为再精美的“原件”,如果“复印设备”出了问题,自然就得不到满意的结果。这里的“复印设备”可以看成辅导员工作的技巧和方法。辅导员要想得到精美的“复印件”,就要研究辅导员工作的技巧和方法。有些辅导员工作也很卖力,但是结果常常是学生不买账,不愿成为辅导员希望的样子。

这就需要辅导员把主观愿望与实际工作统一起来。要深入实际、调查研究,和学生交朋友,不仅要以理服人,更要以情感人,努力获得学生情感上的认同,取得学生对你的信任,这样学生才会听你的话,才会按照你希望的样子去做。

一次我到一个学生家家访。当我离开时这个学生给我发了一条微信。这个学生说:“我妈在您走的时候掉泪了。我妈说哪有这么好的老师呀。我妈让我听您的话,按您要求的那样去做。”这个学生毕业时被保送硕士研究生。在她写给我的一封信中有这样几句:“感谢老师四年里对我的关心和帮助。不然我就不会是现在这个样子。我要像老师一样,做个温暖别人的人。”可以说,一件精美的“复印件”就是这样被“复印”出来的。

把对的事坚持做下去

2018-5-22

2018年5月19日,我在北京参加了由中国好人网主办的“全国第九届好人论坛”。本次论坛的主题是“坚持好人大团结大联合,共建道德建设共同体,交流助残经验,帮扶残疾好人”。会议的规格还是比较高的,中国残疾人联合会副主席李志军先生莅临了会议并发表讲话。

大家可能对中国好人网还不太了解,这里我简单地介绍几句,想了解更多的情况大家可以到网上查阅一下。

中国好人网是在国家工业和信息化部正式注册的中国第一个专门宣传好人、帮助好人的民间公益网站。它创办于2008年5月19日汶川地震全国哀悼日,以“说好人、帮好人、做好人”为宗旨,总部在广州的华南师范大学。创立10年来,中国好人网得到了社会的广泛认同,被中央电视台、中央人民广播电台、新华社、《人民日报》、《中国日报》、《南方日报》、中国文明网、中国社会科学网、中国新闻网、凤凰卫视以及英国《金融时报》、美国《今日美国》、新加坡《联合早报》等200多家媒体报道数百次。中国好人网是由华南师范大学马克思主义学院谈方老师个人出资2万元发起创办的。网站创办起初大家都不以为然,有的人还对谈老师冷嘲热讽。但是谈老师认为对的事就要坚持做下去。他克服了很多困难,把这个网站办得越来越大,影响力越来越广。特别是谈老师利用节假日奔走十几万千米,帮助了无数的好人,他还个人出资几十万元用于资助那些需要帮助的好人。在我看来,谈方老师就是个大好人。

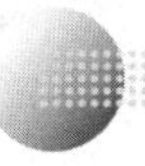

我和谈方老师比较熟悉。中国好人网刚创立的时候，我还专门从沈阳飞到广州参加了第一届好人大会，并给好人基金捐款5000元。后来有一次到广州开会的时候，我利用会议间歇时间到华南师范大学拜访谈方老师。我们一边吃饭，一边交流。谈到中国好人网、谈到他所从事的这份事业，谈老师信心满满，充满了期待。在帮助好人这条路上，谈老师已经走了整整10年。

今天在北京参加由中国好人网主办的"全国第九届好人论坛"，我有很多感触，其中一点就是一定要把对的事坚持做下去。正如鲁迅先生所说："惟其幼小，所以希望正在这一方面。"其实，人们许多时候不是做的事情不对，而是没有把对的事坚持做下去。

我在留校做辅导员后，有的老师很关心我，让我早点转到其他工作岗位上；我们院长就说过我做辅导员是人才浪费，他认为我能成为一名很好的专业课教师。我也认为我能教好专业课，但是我更看好的还是做辅导员，我最愿意上的一门课还是"思想道德修养与法律基础"课，因为我认为，辅导员、"思想道德修养与法律基础"课离学生最近，对学生的价值观影响最大。37年来，我有很多机会离开教育战线、离开学生工作，我都没有离开，我坚信的一条就是：我的选择是对的，要把对的事坚持做下去。

我在会议发言中祝愿中国好人网越办越好，祝谈方老师开创的好人事业更加红红火火。我也希望社会各界更多地关心中国好人网，对好人事业给予更多的支持和帮助。我和谈老师一样，相信中国好人网、好人事业的明天一定会更加美好！

中国残疾人联合会副主席李志军先生在致辞中所表达的思想也很让人敬佩。李主席在24岁正值青春最美好年华的时候，因在国防施工中发生了意外，他的双眼永远失去了光明。他曾不止一次地想到了死。而每每他又想到了活着的美好。他坚强地站立了起来，把"活着"这件对的事情坚持着做了下来。他的恋人很伟大，在他住院治疗的过程中，始终陪伴着他，并在他出院后，陪着他从病房走进了洞房。

以上这些都告诉了我们这样一个道理：是对的事就值得做，坚持做对的事就会有好的结果。如果说我今天的工作也算是有点成绩的话，不是因为我有多大的能耐，而是要感谢我把对的事坚持做了下去。

常想不如你的人

2018-6-26

在我国传统文化中,关于知足的语句很多,像“故知足不辱,知止不殆,可以长久”“祸莫大于不知足,咎莫大于欲得,故知足之足,常足矣”“知足常乐”“人心不足蛇吞象”等都属于这一类。英国文艺复兴时期的剧作家、诗人莎士比亚对于知足说过这样的名句:“当我们胆敢作恶,来满足卑下的希冀,我们就迷失了本性,不再是我们自己。”

遗憾的是我们有些后人只是把它们当知识学学、当故事听听而已,并没有把这些话语作为人生的启迪和借鉴。在现实生活中,一些人总是不满足,总感到自己这也不顺心,那也不如意,除了抱怨外不会做什么了。更有的人大肆贪污,金钱堆积如山,把自己送进了监狱。

人生还是要知足,一定常想那些不如你的人。我想起我上大学的时候,在《贵州青年》杂志上看过的一篇文章。文中说,有个大学生对学校的办学条件不满意,嫌学校吃的、住的不好。针对这个学生的不满意、发牢骚,作者说:“你有什么不满意的?你能有机会读大学就知足吧。中国不光你有才学,我们也有才学,只是没有赶上你们这么好的机会。”这个作者说的是对的。我们考虑问题一定要全面些。

我在辞去厅级领导职务回到学校做辅导员的时候,省委组织部的一个领导关心地对我说:“你没有了厅级待遇,将来看病怎么办?”我觉得这不是问题,我很知足。

要知足,就不要攀比,不要贪得无厌。要知道,当你因没有住上豪宅

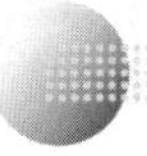

而烦恼的时候，想一想又有多少人还没有买上商品房；当你因没有买上名车而闹心的时候，想一想又有多少人还在骑自行车；当你因只能骑自行车而沮丧的时候，再想一想又有多少躺在病床上的人渴望能在微风中、夕阳下自如地行走在马路上。我弟弟就常跟我发牢骚，我说有什么可发牢骚的，生在大连就是幸福；我也跟学生们讲，看看那些战乱频仍的国家，生在中国就是幸福。

在给辅导员做培训的时候，我对辅导员们说，“双重晋级”对他们来说就是锦上添花的事。为了学生，辅导员就应当尽量地少想自己的利益，多想学生的利益。当然，大学生们也没有什么可发牢骚的。即便现在我国的高等教育入学率已经达到了大众化的水平，但仍有多少适龄青年依然圆不上大学梦？你们想的就应当是珍惜光阴，克服困难，好好培养自己。我小孩儿参加工作的时候，我让他记住的一句话也是“向上努力，常想那些不如你的人”。

谁都有不如意，谁都不容易。不要放大自己的痛楚，这会放慢你前行的脚步；也不要抱怨，把抱怨的时间用来追赶在你前面的人。

让学生带走有价值的东西

2018-7-2

一年一度的毕业季进入了尾声。我代表我们学校的教师在毕业典礼上讲了话。依我的性格,我真不愿意在这样的场合讲话。

讲什么?都是祝贺?显然我不能这样讲,我还要对有的学生提出批评。四年的大学都干什么了?就这个样子毕业了,对得起谁?

我也张不开那个口让学生感谢我们所有的老师,我们有个别的老师做得并不好。

毕业典礼上当我讲到这个地方的时候,我一个61岁的人,给学生们深深地鞠了一躬,我自己可从来没对学生做错过什么啊!学生们给了我雷鸣般的掌声。

没做调查,不知道我是不是有大学毕业典礼以来,在代表教师讲话时第一个替做得不好的教师向学生鞠躬致歉的人?我的讲话没有华丽的辞藻、没有刻意的修饰,讲的都是大白话、大实话,学生们给了我无数次的掌声。

有个学生在我的微信公众号中留言说:

曲老师,您好!

我是今天参加毕业典礼的一员,是一名外国语学院的毕业生。我感谢老师的谆谆教导,听着老师每一句真挚的祝福和教诲,我不自觉地泪流满面,能够感受到老师的每字每句,都是对我们未来的期望,生怕漏掉哪一部分,真的很感激。我从未听过老师的课程,今天看来这可能是一个遗憾。“听君一席话,胜读十年书”!我明后天就离校了,到大连一家外企工作,以后有机会一定要回学校蹭您的课。

祝老师身体健康、一切顺利!

也有的粉丝让我把在毕业典礼上的讲话推送给他们。在此,为满足粉丝的要求,我把在大连海事大学二〇一八届学生毕业典礼上的讲话推送给大家。

附文:

亲爱的大学生朋友们,也是可爱的孩子们,你们好!

当学校通知让我代表全校教师在今天这样一个隆重、热烈、庄严、神圣的毕业典礼上给你们讲话的时候,我的第一反应是:“这样一个重要的时刻我能讲好吗?”

这些天我一直在琢磨着我该讲点什么,虽然就一千多字,可是没少费神,真如同让我写一篇洋洋万言的学术论文一般!因为,这一千多字不仅要对你们过去的四年进行圈点,更为重要的是这一千多字要能为你们未来的前行带上有价值的东西,实乃诚惶诚恐也。不过我向你们保证:我所说的每一句话未必都是对的,但是我所说的每一句话都是含有真情的。你们长大了,你们有了判断和选择的能力,在你们即将离开这里的时候,希望你们能挑选几句有用的带上。

首先我要圈点你们过去的四年。还记得你们四年前来到大连海事大学的样子吗?那时你们还只是一个个急于打探世界的孩子,你们对大学的生活充满了渴望、充满了期待。校园的小路、教室、图书馆、操场、食堂……留下了你们匆忙的身影。四年,只是短短的四年,你们像一只只海燕,长硬了你们的翅膀,飞向了属于你们的大海!此时我代表全校老师祝贺你们,祝贺你们经过四年的苦读,圆满地完成了你们的学业,获得了你们人生前行路上必备的一个十分重要的证书!同时老师要提示你们,没有人会独自成功。

你们不能只记得自己的努力,忘记了老师们的付出,他们是指引你们前行方向、增添你们前行力量、值得你们用一生来尊敬和感谢的人。诚然也有个别的老师做得还不是太好,也希望你们能够谅解,多记他们的好。

他们一定会改掉不足,把你们的学弟、学妹培养好。这里我也代表他们向你们鞠躬致歉了。

大学对你们的一生十分重要。作为你们的老师,源于我内心的良知和情感也在呼唤我,不能只对你们的四年唱赞歌,我必须认真地提醒你们:当你们拿到毕业证的时候,不仅要看毕业证的大小,还要称一称毕业证的含金量。为此,我要对有的同学提出批评。知道你飞翔的翅膀为什么还不是那么坚硬吗?那是因为你把本应用来锻造翅膀的时间用来刷“抖音”了!我必须明白无误地告诉你们:没有剩余时间,就创造不出“剩余价值”,诸如刷“抖音”等肆意挥霍时间这样的坏毛病在你们即将离开校园的时候必须把它坚决地摈弃掉!

在你们即将离开母校、开启新的征程的时候,作为一名老师,我还特别想跟你们表达这样几点观点:

1.希望你们成为一个热爱祖国的人

大学就是爱国的产物。习近平总书记指出,爱国是第一位的。

你们要牢记习近平总书记的教诲,把祖国放在心中。祖国不强大,你们什么也不是。你们的学长,我带的一个被保送到哈尔滨工业大学攻读飞机发动机专业名叫××的学生,整个寒假都没有回家,年三十都是在实验室度过的。他说在未来中国航发的创造史上一定要留下他的名字。你们要向他学习。

2.希望你们成为一个感恩父母的人

可能因为我是全国“时代楷模”的缘故吧,一些家长给我打电话,他们真是替你们着急呀。有的家长恨不能来看着你们学习、替你们读书。他们不是为了自己着想,他们都是为了你们好。你们没有理由不为你们的父母着想。没有他们,哪有你们?记住:孝敬不能等待。你们还年轻,你们还有时间等,你们的父母越来越老了,他们不能等。你们不能读了这么多书,反而离父母却远了,这根本就不像接受过“大文化”教育的人。把爱送给爱你们的人,父母就是天底下最爱你们的人!

3.希望你们成为一个家庭幸福的人

家庭的幸福与恋爱的情感基础有关,更与经营婚姻的水平有关。很快你们就要成家了,一定珍惜在你生命最需要幸福的时候来到你身边的这个人。“大家”是由小家组成的,要顾及“大家”,也不要忽略了小家,要把两者很好地协调统一起来。接着你们就要有自己的孩子了。家庭是孩子的第一所学校,父母是孩子的第一任老师。你什么样,你的孩子就会是什么样。孩子的幸福需要你们的付出,孩子的幸福也是你家庭幸福不可或缺的部分。

4.希望你们成为一个勤奋踏实的人

社会是不会埋没你们的。不要工作没干多少,便咋咋呼呼,整天讨价还价,像谁欠你似的。记住,哪里都不会喜欢斤斤计较的人。就剩“最后一公里”了,甩开膀子加油干吧,国家好了,大家就都好了。

5.希望你们成为一个心中有他人的人

心就那么大,腾出点地方装一装别人吧。只有心中有他人,他人才能真心地容纳你。切记:社会不是为你量身定制的,自私自利的人必然被淘汰出局。

说了这么多,真不知你们记住了多少。你们总不能连你们是从哪里飞起的都忘了吧?老师就像你们的父母,你们离开得越久、离开得越远,越期盼着你们回家看看。老师会想你们的,也会每天在我的公众号——“仍然在路上”喊你们的。带上你们的成功、带上你们的幸福回来吧!老师会在这里等你们的,老师会等你们直等到连端一杯水的气力都没有!

亲爱的大学生们,也是可爱的孩子们!我们毕业不说再见!无论你们在哪里,你们都在老师的心里。

老师衷心地祝福你们一切都是那么的美好!

不能忽视自我教育

2018-7-9

这些年为加强和改进大学生思想政治教育,从国家层面、省级层面,到学校层面都在不断加强辅导员队伍建设。

这其中的一个重要举措就是举办辅导员培训班。通过培训,提高了辅导员对自身工作的认同,培养了他们从事辅导员工作的能力,坚定了他们在辅导员职业化、专业化、专家化道路上走下去的信心。

与此同时,有的辅导员养成了一种“依赖”习惯,把参加辅导员培训当成了提高自身职业素养的唯一途径。显然这种认识是不可取的。

教育过程是主客观相统一的过程,外界教育环境再好,主观不努力,那也达不到好的教育效果。反过来看,虽然外界教育环境并不如意,但是主观能动性发挥得好,也会取得较好的教育效果。从这个意义上讲,教育过程就是受教育者适应和改变教育环境的过程,心在哪,教育就在哪。有条件,要把条件充分利用好;没有条件,也要创造教育条件。所谓创造条件,这里指的是一定不能忽视了自我教育。

我于 1982 年毕业后做了一名辅导员。大家可以想象,那时辅导员队伍建设是什么样的情况,没有什么各级层面的培训,更没有什么集体参观考察。

但是我想,辅导员要有眼界,要比学生看得远、看得深、看得透,这就需要走出去。那时真的没有现在这样的条件,就这样,我利用假期自费去了很多地方。

我在中国历史博物馆看到了绞死革命家李大钊的绞刑架。站在绞刑架前,我的脑海里闪现出一个共产党人宁死不屈、大义凛然的身影。我作为一名共产党员,就要学习李大钊这种为共产主义事业奋不顾身的精神品格。我参观了圆明园,站在断壁残垣前,我的脑海里闪现的是我们中华民族曾经的辉煌、近代的落伍,增强的是我的责任感和使命感。我还参观过鸦片战争博物馆。林则徐身上那种"苟利国家生死以,岂因祸福避趋之"的爱国精神对我产生了深刻的影响。

应当说这种自我教育,为我坚定地从事大学生思想政治教育工作奠定了很好的思想基础。后来我还两次拜谒李大钊烈士的墓地,给他敬献花束。我在心里默默地说:"先辈,我来看您了,我一定继承您的遗志。"

我之所以能坚决地辞去厅级领导职务回到学校做一名辅导员、上思政课,是因为这种自我教育奠定的思想基础始终在影响着我。我们真是没有资格向党和人民讨价还价,若是讲个人利益真是应当感到脸红。

1983 年暑期,我还自费到华东师范大学学习了"青年学"课程。为期一个月的学习让我没少"遭罪"。我从大连这样一个夏季凉爽的城市突然到了闷热的南方城市,感觉就像待在桑拿房里。我夜里根本睡不着,总起夜到水房用自来水把浑身冲个透。虽然吃了苦,却丰富了我教育培养青年学生的理论,这为我做好辅导员工作打下了很好的理论基础。记得当时我们历史系每年暑期还担负着批阅高考历史卷的任务,参加批卷会得到一笔可观的收入。我们系主任对我很好,他劝我别外出了,若是外出的话,里外都是不小的损失。但我还是坚持要利用假期外出学习考察。假期的时候,我还结合家访考察各地的历史文化。

在辽沈战役纪念馆,我更加懂得了毛泽东同志所强调的"人民群众是真正的英雄"的道理。辽沈战役的胜利固然有军事指挥正确的原因,但说到底,关键在于人民群众的拥护。所以,我们无论什么时候也不能离开人民。不离开人民,对一名辅导员来说,就是要把学生放在心上。

我参观过习近平总书记下乡的梁家河青年点两次。这两次都不是集体组织的。我也下过乡,站在窑洞前,我能想象到习近平总书记当年克服了多少常人无法克服的困难。习近平总书记能够有今天这样伟大的政治抱负,那是因为他始终和人民在一起,和人民心连心。

现在的条件多好啊!辅导员要增强自我教育的意识,这很重要。这也是是否重视学习的一个表现。一个善于自我教育的辅导员,才能更好地把握自己,才能更好地做好自己的工作,也才会有更好的发展前景。钱,是个问题,又不能成为根本问题。有的辅导员说学校不给买书。学校越是不给买,你越要自己想办法买呀!

有的辅导员说学校不组织外出考察。学校越不组织,你越要自己想办法外出考察啊!要能多省一点就多省一点,能多看一个地方就多看一个地方,能多买一本书就多买一本书。想到学生的需要、想到发展的需要,钱,恐怕就不是问题了。

对学生千万不能抱着“恨不得……”的心态

2018-7-18

有的老师在学生犯错误的时候“恨不得”一棍子把学生打死，让他一辈子再也翻不了身。

我在做学校党委副书记的时候，有个学生犯了错，因偷窃，公安机关找到学校要追究她的刑事责任。我跟公安机关的同志讲能不能让我跟这个学生先谈谈，他们说可以。

那天我把这个学生叫到了办公室。这个学生一进屋便大声哭了起来。我让她坐到沙发上，给她倒了杯水，让她平复一下心情。这个学生跟我说，她父亲带病拉扯着这个家，她的母亲几乎双目失明瘫在床上，她有个弟弟在读初中。为了帮家里，她见到能吃能用的东西就顺手牵羊。就这样偷窃的物品累积起来折算成人民币的话达到了犯罪的数额。她说她父亲上班穿的鞋都是她偷的。她自己有颈椎病，从来不舍得花钱到医院看医生，更不舍得自己用钱。我问了一下她的辅导员，她说的情况属实。她几乎每个星期回家一次，把她偷的一些生活用品送回家。她欺骗她的爸妈说这些东西都是她打工挣钱买的。

我觉得这个学生的情况挺值得同情。我跟公安机关的同志商量能不能由学校处理。他们说需要跟他们的领导汇报一下。后来这个学生就交由学校处理了。学校有的同志觉得这个学生“可恨”，给学校带来了不好的声誉，主张把她开除学籍。我说还是给她留条路吧，好好跟她谈谈，让她吸取人生教训。

我找到了这个犯错误学生的辅导员，我批评了他。这个学生有时会把偷来的罐头、可乐摆放在寝室里。辅导员对这个学生的家里情况根本不了解，工作不深入、不细致，因为这个学生根本买不起这些东西。

我说这事的目的不是让我们在学生犯错了的时候大事化小、小事化了，而是告诉大家当学生犯错了的时候，一定要有同情心，要替他们惋惜。对学生千万不要抱着“恨不得……”的心态，不能简单化，更不能一棍子打死。要从挽救、教育的目的出发，特别是要举一反三，把问题消灭在萌芽中。

事实告诉我们，一个工作认真负责的辅导员，所带的学生犯错的就少，反之就多。辅导员要增强工作的责任心，想想这些学生多不容易，他们的家长多不容易，如果因为我们的工作不到位而使学生犯了错，多对不起这些学生，多对不起他们的家长。

要关心和爱护学生干部

2018-7-22

这两天中山大学因为学生干部“级别”的问题而成为舆论的焦点。

其实这种级别划分在高校并不新鲜,我读大学的时候我们学校学生会就设学习部、体育部、生活部等若干部门。

每个部不可能由一人组成,这几个组成人员又有不同的分工,要有一个负责人,这就自然而然地出现了“级别”的划分,每个部的主要负责人顺理成章地成为部长,然后是副部长、委员,我觉得这没有什么不可,不这样称谓难道还叫他们第一委员、第二委员、第三委员……如果是这样称谓的话,本质上与部长、副部长的称谓又有什么不同?

现在全国的大学基本上都是这样划分学生干部“级别”的。我理解中山大学学生会对秘书处标明级别的初衷,因为你标明级别了才能说明担任这个职务的人将负有什么样的职责,学生在竞选的时候才能明确选择。不是说“不想当将军的士兵不是好士兵吗”?学生想当学生会主席、部长级干部也不是什么坏事。

这里的关键是为什么要当干部。现在网上对学生干部有个“一边倒”的舆论,说他们都是些“为我主义者”,更有人说他们是“精致的个人主义者”,这有失公允。应当看到学生干部的主流,他们积极向上,关心集体、关心他人,做了大量和他们本不相干、没有什么好处的事。青年历来起着先锋和桥梁的作用,怎么到了现在都成了“精致的个人主义者”呢?对学生干部在协助辅导员工作、带领同学成长中所起到的积极作用,我们应当给予充分的肯定。

大学里的确有一些学生当干部的动机不纯,图的是将来做“大官”、谋私利。这也不奇怪。大学生不是生活在真空里,大学就是他们准社会化的过程,社会上的问题必然折射到大学里。社会上一些干部的腐败(包括有些学校里的腐败现象)会对他们产生负面的影响。这提醒我们一定要加强对学生干部的教育引导。

从学校来说,要加强对学生的理想信念教育,加强爱国主义教育,引导学生把个人的发展同祖国的发展紧密结合起来。要让学生们懂得,每代人有每代人的使命和责任,要为祖国而奋斗。离中国梦的实现不远了,我们一定要努力。从这个意义上说,我们就是要鼓励学生们干大事、挑大梁、担大任。

像张载讲的:“为天地立心,为生民立命,为往圣继绝学,为万世开太平。”如果学生们都缩手缩脚、都不出头、都“精致地只管自己的事”,那怎么能凝聚力量、形成共识,团结一心地实现中国梦?

要知道,青年是祖国的未来,实现中国梦需要他们的全程参与。学校是培养人的地方,我们必须努力地建设良好的生态环境。学生首先是从学校看社会的。广大教师,特别是广大干部一定要率先垂范,努力做到“立党为公,执政为民”,这对学生是最好的引领、最好的教育。学校既要建立公平的竞争机制,切实选好人、用好人,给每一个想展示自己领导才能的同学以机会,又要有科学的评价机制,要让那些切实一心一意为同学服务的学生干部得到认可,要把那些利用学生干部职位谋求个人利益的学生干部尽快淘汰出局。

学校是教育人的地方,学生都是受教育的对象,他们正处在世界观确立的关键时期。对学生干部的成长不能撒手不管,要“扶上马,送一程”,多关心、多过问他们的工作。对一些做得不好的学生干部要从教育爱护的角度出发,该批评的批评,该撤换的撤换,让他们在关爱中成长,把问题坚决消灭在萌芽中。

从思想上真正解决为什么当干部的问题。无论什么“级别”,都是为同学服务的,要在为同学服务中增长智慧和才干。要特别养成扎实的工作作风,求真务实,千万不能好高骛远、以权谋私。须知这样一些不好的东西会影响自身的发展,甚至会毁掉自己的一生。看看那些进了监狱的官员,他们有些在大学里抱有的认识就是错误的。他们为什么要入党?

为什么要当干部？他们想的就是将来个人有什么发展，能获取什么样的利益。

我在大学里第一年什么干部也不是。但是我每天都在为同学打水、扫地。第二年我打破了常规，班级重新选举了干部，我进到班委会中。虽然我的各方面表现还是比较突出的，但是我从没有谋取年级、学院、校级学生干部职务的想法。我为大家扫了四年地、打了四年水，到毕业，我的最高学生干部级别就是班级生活委员。毕业做辅导员后，我因为工作优秀，先后担任学生处处长、校党委副书记、教育厅副厅长、高校工委副书记等职务。2013 年 7 月，我坚决辞去了厅级领导职务，回到学校当了一名没有任何行政级别的辅导员。在我看来，级别不重要，重要的是你为人民做了什么。真是金杯、银杯，不如老百姓的口碑。这些年我能清者自清，我很感谢自己在大学里就没有追逐干部级别的想法。

蔡元培先生早年告诫北京大学的学子们："入法科者，非为做官；入商科者，非为致富。"同学们，你们一定要带着这样的认识当学生干部，这样才不会犯错误；即便将来你有了更大的权力，也不会被权力所"毁"，也不会被权力所"压倒"。做一个有尊严的人、一个让人瞧得起的人，而这可不是干部级别能够给你的，它取决于你是否用人民给予你的权力很好地为人民服务。

可惜的不只是学生

2018-7-27

我们总是告诉学生们要利用假期好好学习，浪费了时间很可惜，可是我们辅导员就没有这方面的问题吗？

我感到学习和责任是成正比的，辅导员责任心越强，其学习的动力就会越足，就会抓紧一切时间好好学习。

什么是责任？就是把学生培养好，不能让他们在价值观上出错。人的行为是受思想支配的，正确的思想产生正确的行为，错误的思想产生错误的举动。那些毁掉自己的学生，首先就是在思想上腐朽了。

我多次讲过，现在客观上看辅导员的杂活太多，这是外部环境需要不断加以改善的地方。可是越是这样，辅导员越是不能忘了学习，越是要发挥主观能动性，越是要和时间赛跑，越是要在有限的时间里取得最佳的学习效果。这不是你个人愿不愿意的问题，这是你自身工作的性质所要求的。不帮助学生解决价值观方面的问题，你的管理做得“再好”，在一定意义上也是管住了学生的行为而管不住学生的心，这与我们辅导员工作的本质要求相距甚远。有的辅导员说，现在就是这样要求的，只要学生不出事就行了。客观上的确是这样，可是作为辅导员你心中还是要有数的。你要清楚你是干什么的，不能满足在这样的水平上。你要相信，随着大学制度的不断完善，这种现状总是会改变的，不然就没有必要建设职业化、专业化、专家化的辅导员教师队伍了。

我从留校做辅导员那天起，就注重从思想上引领学生成长，再忙，我也要深入学生当中，了解学生的思想实际，把他们的思想梳理排队、分清轻重缓急，有针对性地对他们的思想加以引导。普遍性的问题集体谈话，个别的问题个别谈话，有的简单谈，有的反复谈。

我想，我不能以胜任这种管理现状来要求自己。我要学习、我要看书、我要写文章，我更要带着问题来做我的辅导员工作，不管别人对辅导员有怎样的要求、看法，我对自己的要求是学习不能和我分离。实践证明我是对的。

我只要有时间就学习，从不舍得睡午觉。我每天重复着最简单的两件事：工作和学习。我没有什么假期，假期对我来说是更好的学习时间。歌德讲："机遇不会光顾那些没有准备的头脑。"我有了准备，就有了机会。我当上了教授，当上了博导。不是此地无银三百两，我评职称时真的是一点被照顾的成分都没有。当时全校所有学科给了 18 个名额，经过投票我排在很靠前的位置，据说我还走了破格，没有占学校的名额。

辅导员朋友们，习近平总书记在北京大学师生座谈会的讲话中深刻指出："我们的教育要培养德智体美劳全面发展的社会主义建设者和接班人。"毫无疑问，建设者和接班人的首要条件就是价值观要正确。青年学生不可能天生就带有正确的价值观，这就需要从外部"灌输"。"术业有专攻"，辅导员不就是干这个活的吗？没让你干，那是因为有些同志对大学培养什么人、怎样培养人、为谁培养人等还缺乏正确的认识。辅导员教师队伍建设一定要回归的常识是，他们一定天经地义地是大学生的人生导师。检验他们工作好坏的重要标准，是看他们给学生指引的道路正不正，他们培养的学生的价值观错没错。真到这一天你觉得你会怎么样？你能胜任吗？真到这一天你现准备还能来得及吗？

对学习必须引起高度的重视，这是你工作的需要，也是你发展的需要。莫忘了"人无远虑，必有近忧"哇！假期刚刚开始，还有无数的假期在等着你，考虑好当前，规划好长远，只要你带着责任心去想学习的问题，你就会排除一切干扰、拒绝一切"搪塞"，一心地投入学习当中。你准备充分了，工作起来就会游刃有余、得心应用。无论环境怎样变化，你都可以以不变应万变。

要尽快地熟悉学生

2018-8-22

“知己知彼，百战不殆。”辅导员就像战场上的指挥员，要想打胜仗，就必须清楚自己所指挥的这支队伍的状况。这里包括物质状况和思想状况。

所谓“物质状况”，就是你所带的年级的自然状况。这些学生都来自哪些地区？他们的家庭（包括孤儿家庭、单亲家庭、农村家庭、城市家庭、从政家庭、经商家庭、教师家庭、富裕家庭、贫困家庭等）是什么情况？他们在中学有怎样的表现（包括担任学生干部、申请入党、参加社会实践、获得奖励等情况）？他们都是第几志愿来到了这所大学、这个专业的？多少男生，多少女生？多少复读生？年龄最大的是谁，年龄最小的是谁？他们都叫什么名字？应当越详细越好。

我在做辅导员的时候，自开始工作的当天，我就从学生处把学生档案借了出来，反复地熟悉学生的情况。有个学生来系里报到的时候，衣服扣子系串了，我很自然地叫出他的名字。我告诉他扣子系错了。这个学生后来跟我说：“老师您知道那次您给我的印象是什么吗？您这个人不是工作很认真，就是很难对付。”这个学生很听我的话，大学期间表现得挺好，现在是个副教授了。

熟悉了这些自然情况，和学生谈话的时候才能找准切入点，才能有共同的话题。若是连学生的名字都叫不上来，或学生的家在哪里都说不上来，学生在心里自然就会和你产生距离，就会疏远你，甚至会排斥你。思想是行动的先导。大学生活怎样度过,这取决于学生的头脑装进了什么样的思想。辅导员是大学生的人生导师,从某种意义上说,辅导员的一切工作都是为学生的思想服务的。熟悉学生的自然状况最终也是为思想服务的。因此,辅导员还要特别熟悉学生的思想状况。就像指挥员,想打胜仗,就要知道战士们愿不愿意打仗?他们为谁打仗?他们会不会冲锋陷阵?他们会不会成为“逃兵”?

一些思想问题可以通过问卷调查来了解。学生入学的时候,我问过学生最关心什么问题。有个学生说他最关心民族团结问题,他认为民族不团结,我便找他谈话。四年里我做了大量的工作,这个学生现在思想有了根本性转变,毕业晚会上他表示要回到家乡多做民族团结的工作。直到现在他还经常给我发微信,看得出来他在思想上还是很上进的。

一些思想问题可以通过谈话来了解。要尽快地安排时间和学生谈话,让学生感受到你对他的关心,让学生讲出他们的心里话。真心一定会换来真心。我的学生有什么想法都愿意和我讲,这也是因为我取得了他们的信任。

一些思想问题可以通过观察来了解。人的思想不都是用说话来表达的,有些是用肢体语言表达出来的。这就要深入学生的生活,了解他们的实际表现。辅导员一定要注意学生在寝室的表现。寝室不只是休息的场所,更是思想的园地。学生的很多消极思想都是在寝室暴露出来的。关注学生在寝室的表现,会有利于把握学生的思想脉搏。

学生产生的很多问题都与我们对他们不熟悉,尤其是对他们的思想状况不熟悉,因而工作不及时有关。现在,我们一些辅导员下功夫掌握了不少关于学生危机干预的“战术”,这很有必要。但是如果把工作前置,尽早熟悉学生,早点做好学生的思想工作,这些危机干预的“战术”是不是就派不上用场了?要知道,现在解决问题只需花十分的力气,到干预的时候恐怕花上百倍的力气,效果都不会尽如人意。

说到做到是最简单的道理

2018-8-24

思想政治教育没什么神秘的,说到做到就会有“疗效”。很多家长把孩子培养得很好,这是家长懂得“大道理”吗？可能恰巧相反,一些家长并没有懂很多大道理,但是他们懂得一个最基本的道理,就是说到做到。经常有辅导员问我:怎样才能当好一名辅导员？我回答得很简单,就是不要搞“双重标准”。

什么叫双重标准？就是要求学生一个样,要求自己另一个样。当你在做学生的时候,你在内心对辅导员一定有个期望值,即希望辅导员是个什么样子;现在轮到你当辅导员了,你就不按你在学生时期的期望值去做了,这自然是当不好辅导员的。

焦裕禄可学、雷锋可学、郭明义可学、无数英雄模范都可学,但是你值不值得学生学？那些典型离学生太远,绕过你学他们怎么能不打折扣呢？实践证明,用身边的典型来教育人最有效,作为辅导员,你理应成为学生身边最近的典型。

《焦点访谈》在宣传我的那期节目里,用了这样一句话做节目的标题:一个敢于喊出“向我学习”口号的辅导员。这句话是我说的。《焦点访谈》节目记者在采访我的时候问我做辅导员有什么体会,我说一名好辅导员,一定要敢于喊出“向我学习”的口号。辅导员离学生最近,辅导员是怎样一个人,自然会影响学生成为一个什么样的人。在一定意义上可以这样认为:有多少莘莘学子,在辅导员的教育引导下走向成功、走向辉煌;也有不少学子碌碌无为甚至走向毁灭，这又怎能说与辅导员的工作毫不相干呢？

不只是辅导员有说到做不到的问题，学校层面的思想政治教育工作者也有说到做不到的问题。学校要把立德树人作为根本任务。怎样叫把立德树人作为根本任务呢？一些学校说得太多，落实得太少。至今有的学校思想政治教育队伍建设离国家的要求依然相差甚远。思想政治教育常常是“喊起来重要，做起来次要，忙起来不要”，这显然是搞不好思想政治教育的。

还有以人为本的问题。什么叫以人为本？就是以学生的成长、学生的利益为出发点，帮助学生切实解决他们生活学习中存在的问题。有的学校用于学生活动的场地太少、太小；有的学校为学生生活服务的条件较差。教育学生爱校如家，那要让学生感受到进校如家，进校不如家怎能爱校如家？想让学生树立社会主义核心价值观，学校就要成为积极践行社会主义核心价值观的第一场所。学校就应当为学生着想，让学生尽量少花钱却得到最好的服务。

做永远比说重要，思想政治教育尤为如此。邓小平同志说过：“不干，半点马克思主义都没有。”2018 年 5 月，习近平总书记在北京大学与师生座谈时说，要做实干家。这里强调的都是做的问题。说到做到，每个思想政治教育工作者都懂这个道理，这里极为重要的是，要从自身做起，不仅要懂得道理，还要做出样子。

"扶上马,送一程"

2018-10-19

如今我国的高等教育已经进入大众化阶段的后期。截至2016年年底,高等教育毛入学率便达到了42.7%,再有几个百分点,高等教育就普及化了。面对如此庞大的学生群体,怎样进行教育管理呢?

当然这涉及学校的各个方面,但是不管怎样,辅导员在学生的教育管理中都担负着重要的职责。可是辅导员如果仅仅靠着自身的力量也是难以教育管理好学生的。按照教育部的有关文件要求,辅导员与学生的师生配比应不低于1∶200,而事实是怎样的呢?大家都清楚,还没有多少学校达到这样的比例。造成这种状况的原因也是多方面的,这在客观上就使得有的学校辅导员与学生的配比远低于教育部要求的配比。其实,即便达到了1∶200的比例,可以说一个辅导员要想完全靠自己的力量来教育管理好200个学生也是不可能的。

因此,把学生干部队伍建设好,就成了辅导员工作中一项迫切而重要的工作。总体来看,辅导员还是重视学生干部队伍建设的,从选拔到使用都有一套好的做法,使学生干部的作用得到了很好的发挥,这些学生干部真正成了辅导员的"左膀右臂",成了辅导员能够更紧密地联系学生的桥梁和纽带。

可是实事求是地讲,有些学生干部的作用发挥得并不好,有的不仅没有起到好的作用,反而帮了倒忙,辅导员的一些工作要求得不到很好的贯彻和落实。

这种情况的出现自然应当从学生干部自身寻找原因。你为什么要当学生干部？怎样当好学生干部？这是当好学生干部的重要前提。思想无序，行动必然慌乱。也就是说首先要解决好主观能动性的问题，不然不仅得不到培养和锻炼，还养成了夸夸其谈、华而不实、狐假虎威、咋咋呼呼的坏毛病。如果形成了习惯，那麻烦就大了。这样不仅做不成大事，早晚还要出大事。追溯起来，看看那些落马的干部，在大学期间基本上都有显耀的“官职”、靓丽的光环，他们的今天从某种角度来看，不正是从大学时养成了坏毛病开始的吗？

当然，学校是培养人的地方，辅导员是大学生的人生导师，学生干部也是学生，他们身上出现的一些问题跟辅导员的教育管理也是有着关联性的。我们有的辅导员对学生干部的管理放任自流，尤其是对学生干部过于“偏爱”，不严格要求。为什么有些学生干部不胜任工作、不能很好地发挥学生干部的作用？辅导员也要从自身寻找原因。

学生干部，尤其是新生干部，也有成长的过程。在他们成长的过程中辅导员不能撒手不管，一定要“扶上马，送一程”。该鼓励的鼓励，该表扬的表扬；同样，该批评的要批评，让他们弥补身上的不足。

我在 2013 年做辅导员的时候，采取公平竞争的办法产生班级和年级学生干部。学生干部产生后，我给学生干部开会，告诉他们一定要解决为什么当干部的问题，然后再解决怎么干好的问题。我让他们写出工作计划，不要写那些华而不实的东西。我审阅他们的工作计划，帮助他们一起制订工作计划。我参加他们的班会，指导学生干部工作的开展。有一次有个学生干部开学没有按时回来，我给她发了很长一段微信，批评她没有起到带头作用。这个学生说她以后一定注意，严格要求自己，给同学做榜样。后来她做到了，在同学中树立了很高的威信。

从一定意义上讲，学生干部就是辅导员的影子。辅导员怎样，学生干部就怎样。辅导员一定要从关心、爱护学生干部的角度出发，多过问他们的工作情况，多向普通同学了解他们对学生干部的看法，帮助学生干部提高成绩、弥补不足。这样既对我们的工作有利，也对学生干部的培养有利。辅导员和学生干部把“着力点”都共同作用到学生身上，学生就会感受到一股力量的推动，就会在前行的路上加快自己的步伐。

不要和学生发生经济利益关系

2018-11-2

辅导员负责几百个学生,会遇到各种不同性格的学生和不同类型的家长。

有的学生和家长出于感谢的目的,会给辅导员送礼物;有的学生和家长出于交往的目的,也会给辅导员送礼物,请辅导员吃饭,以便学生在大学期间一旦有点什么事能有个照应;更有个别的学生和家长出于个人利益的考虑,给辅导员财物,以图达到为个人"发展"铺路的目的。辅导员一定要把握好与学生及其家长的交往尺度,不要和学生发生经济利益关系。

我有一年正月十五去了一个学生家家访。我给这个学生买了年货,还给了他拜年钱。开学的时候,这个学生给我带了两袋羊肉片,说他母亲让他一定在第一时间找到我,以便我能喝上新鲜的羊汤。这怎么处理呢?我很感动。我又不可能让他把这两袋羊肉拿回去,我只能收下了。我想,以后再找"机会"还上这份情就是了。多年来,总有的家长为感谢我对他们孩子的关心、帮助,给我送比较贵重的礼物。这就要坚决拒绝了。辅导员的职责就是要帮助学生健康成长,你为学生所做的一切都是应当的。如果对学生和家长送给你的礼物不加区别地一律收下,就会养成接受学生礼物的习惯。那到头来不只会让学生瞧不起,还会导致犯大错。

我现在经常请学生吃饭。有时学生过生日个别请客,有时过节集体请客。我觉得我有这个条件。我们有的辅导员会说"我没有这个钱",这完全可以理解。辅导员没有请学生吃饭的职责,谁也没有叫你必须请学生吃饭。辅导员要做到的是一定不能让学生请你吃饭。我在省教育厅工作的时候,有个校友去看我。讲到他的辅导员的时候,他就记住了辅导员让学生请吃饭这件事。他说:“我的辅导员可差劲了。有一次让我们请他吃饭,他喝了两瓶啤酒。”你看,一名辅导员,可能工作也没少付出,但是被两瓶啤酒干倒了,这多不值啊!

至于想通过给予你好处“打通”你和他们关系的学生和家长,必须严肃地指出他们这种做法的错误。不能因为经济利益的诱惑而没有了党性、没有了原则、没有了做人的尊严。多大的利益值得你低下高贵的头?你要成为大学生的人生导师,看到学生不对的地方,要帮助他们及时改正,不能使学生在心灵深处种下这样不好的种子。如果你不对此加以制止,反而“悦纳”的话,这不仅会毁了你自己,也会毁了学生。他们明白过来后会记恨你的。

这两天,网上在炒作一学生举报辅导员贪污班费及奖学金的事。如果举报属实,那可完全是辅导员的个人主观问题了。辅导员无论如何不应当做这样违法违纪的事,这也只能自作自受。当然这件事也暴露出了这样的问题:我们对辅导员队伍建设还缺乏科学有效的管理机制。素质如此低下的人怎么还能当辅导员呢?这就告诉我们,一定要采取有力举措选拔优秀的人做辅导员。应当看到,这些年来,在上上下下的齐心努力下,一大批优秀的辅导员正在茁壮成长。他们爱生如子,很好地担任了大学生人生成长的指导者和引路人,受到学生的喜爱。也的确有个别的辅导员,只想自己,不顾学生的利益;没有原则,忘掉了一个共产党员的党性;忘记了一名教师应有的尊严,失去了教书育人的情怀。显然这与辅导员队伍建设的要求是格格不入的。

当下,辅导员队伍建设越来越受到重视,辅导员队伍正向着职业化、专业化、专家化的方向发展。我们有理由相信一定会有更多的高素质同志加入辅导员队伍中来,这是大学生思想政治教育不断取得实效的保证。不过我们也要清醒地认识到,不管什么原因,总会有思想不正的人混进辅导员队伍,这就要及时加以清理。只要我们弘扬正气、弥补不足,给予这支队伍应有的关爱和尊重,辅导员队伍建设必然会越来越好。

幸福的人一定睡得安稳

2018-11-5

什么是幸福？这是人人都关心的一个话题。

关于幸福是什么，大家给出了很多标准、很多答案，真是无法一一罗列。不过在无数的标准和答案中，有一个标准和答案大家一定认同：幸福的人一定睡得安稳。因为凡是睡得不安稳的人一定有闹心的事。闹心的人自然食之无味、睡之不香，也就谈不上幸福了。

当然闹心的事也不一定都是“自找”的，有的的确是别人带来的。比如，到商场买东西买到了假货；车被别人撞了，撞车那人还蛮不讲理；到饭店吃饭吃出了沙粒……不过这些都是小事，没那么重要，倒霉的事不会都让你赶上。这些“强加”在你身上的闹心事很快都会过去，它们对你的幸福不会产生什么影响。

这里我特别想说的是有些自找的闹心着实没有必要，那就是一些人把人生的幸福建立在对名利的追逐上。你若是一心想着名利，能不闹心吗？你还能睡得安稳吗？这又怎么能幸福呢？

中央电视台拍摄电视片《平语近人》第三集时，康辉采访了我。在我们的私下交流中，康辉问了我这样一个问题：您从辅导员做到厅级干部，又放弃厅级职务回到学校，能适应吗？我说我的初心就是做辅导员，从来没想过一定要做多大的干部。我都是不争而得。在我从省教育厅到学校当辅导员的时候，有个领导关心地说：“你没有了厅级待遇，将来看病怎么办？”我说没什么。我也不是出生就是厅级干部，我觉得回到学校做辅导

员,不会把自己送进苦海里。我有专车的时候,也没感到什么幸福,反而带来一些烦恼。我到学校开会、调研总要被“前呼后拥”着,有人还要给我开车门。我很不适应,真想悄悄地进到校园里,开完会在学生食堂吃个饭,但是我左右不了自己,常常“被动”地接受安排。

我觉得现在挺好,可以唱着《国际歌》自己开车上班。想想这一路走来,有组织的培养,有大家的关心和帮助,当然没有个人的努力也是不行的。我来学校的时候,刚开始学校领导不同意我做辅导员。我说我回来就是要做辅导员的。

当教师节大会我上台领取任务书的时候,校长说:“你怎么也上来啦?”我说:“我是新入职的员工,我要服从学校的管理,我一定完成学校交给我的任务,当好辅导员。”那一刻,我从心里感到幸福。人总想要权力管别人干什么?被别人管着又怎么啦?不是能少操不少心吗?我在大学一年级的时候也不是干部,但是并没有影响我为同学服务,我天天打水、扫地。在参加工作后,我经常跟要求入党和当干部的学生讲,一定要从思想上解决入党、当干部的问题。想为人民服务的机会有的是,不用非要有什么样的级别、非要在什么样的位置上。

2017年年底我被授予了全国“时代楷模”的荣誉称号,这个荣誉沉甸甸的。以我的本意我是真不希望宣传我。我跟学校和省委宣传部有关领导都谈过我的想法。我说我就想做个不图名利的辅导员,把学生培养好。宣传不宣传我都会一样做学生工作。没有这样的名利我会睡得更安稳。

为加强辅导员队伍建设,国家出台了相关文件为辅导员解决“双重晋级”的问题。这是对的。一定要加大力度,采取切实有效的举措建设一支职业化、专业化、专家化的辅导员队伍。从辅导员自身来看,还是要看透这些外部环境。“双重晋级”是领导们想的事,我们个人不要太当回事。职称、级别都是身外之物,关键是学生怎样评价你。你有了学生就有了一切。千万不要因为“双重晋级”而闹心,这样你就睡得不安稳了,你的幸福指数就要降低了。

预防比干预重要

2018-11-12

很多辅导员会问这样的问题:“学生出现心理危机的时候怎样干预?”有的辅导员为了掌握干预的技巧而四处“求学”,参加各种培训班,下了不少功夫。这样做不是不可以,不过这里有个问题还是应当搞清楚:不要把工作的重心放在学生心理危机干预上,最好还是把工作重心放在对危机的预防上,放在对学生思想的引导上。

其实很多学生的问题还是思想问题,并不是心理问题。比如,长得丑就不想活了,是心理问题还是思想问题?家里生活困难便没有了战胜困难的勇气,是心理问题还是思想问题?没有得到奖学金便闷闷不乐,是心理问题还是思想问题?我认为这些都是思想问题而不是心理问题。长得丑便不想活了显然是思想上出了错,心中没有父母,没有想到自己这种行为会给父母带来多大的痛苦;生活困难便没有战胜困难的勇气,这是没有责任感的表现,有了责任感就有了担当、有了胸怀,就不会把眼前这点困难放在眼里;至于没有得到奖学金便忧虑不已,这更是思想问题,这样的同学根本没有解决好名和利的问题。

我有个学生曾给我写过一封1300多字的感谢信,她说,以前她很叛逆,经常跟自己过不去。读完初中后,她就想辍学,原因有很多很多。以前她家也不怎么富裕,家里有三个小孩儿。初三时,她选择了离家出走,她还记得那时她给爸妈写了一封信,把信放在他们的枕头边,在信中写了很多她想告诉他们的话,离开了家,独自一个人去了很远的地方。就这样,她在外地待了一个星期。那一个星期里,她吃别人吃剩的饭,睡在台球桌底下,最后实在待不下去了,选择了回家。到家后,她妈因为她的离开而住进了医院,她爸不认她这个女儿。顿时,她也崩溃了,便选择了自杀。她准备割腕自杀,但最后还是放弃了。

一般来说,很多辅导员会把这个学生的情况看成心理问题,需要心理干预,不然就会发展到需要危机干预的程度。我觉得她就是思想上出了问题。于是我找她谈话,跟她用微信交流,给她买学习用品,帮她解决回家的路费,陪同她游览景点……这个学生彻底改变了。她坚强了起来,也有了自信。

毕业前夕,她向党组织写了入党申请书,专业成绩也提了上来。她说:

从小在山沟里长大的我,第一次受到这么多好心人的帮助,在这里我感受到了家庭的温暖,尤其是您——曲导,您对我的照顾,我无法用语言来形容。因为有了您,我摆脱了许多孤单、无奈。我真的很感谢您,在这里,您是我最亲的人,就如同我的爸爸。您对每一个学生都像对待自己的子女一样,我们在这里真的体验到了家的温暖。您说了很多令我们一辈子都铭记在心的话,您说"我绝不会让你们任何人饿着肚子上课"。当时,我流泪了,因为第一次遇到这么好、这么关心我们,为我们这么付出的老师,我真的很感动,这句话我一辈子都会记在心上。说实话,我在上中学时,没有人对我这么好。现在我满怀感激,我再也不像刚入学时那样孤单、寂寞了,很感谢在这四年中您一直陪伴着我。曲导,现在的我对自己很有自信,不像刚开始那样对未来失去信心。

毕业时我把这个学生送到了机场。她在毕业留言中说:"大家即将要各奔东西了。而我选择了回自己的家乡发展,因为那里更需要我们这些年轻人。我希望能有越来越多的孩子走出大山、走进课堂,接受更好的教育,也希望他们能走出大山看看外面的世界。走出去也是为了更好地回来。"我过生日这天,她给我送来了生日祝福:"曲导,生日快乐!我永远的父亲!"这是多么大的敬意呀!应当说这个学生思想的变化就是思想教育的成功案例。

许多辅导员在新生一入学时便加强了对学生心理的排查,却忽视了对学生思想的排查,这是本末倒置的。首先还是应当排查一下学生在思想上都是什么状况。思想是行动的先导,思想预防好了,恐怕就没有心理干预的机会了。我做辅导员时给学生建立电子档案、找学生谈话,对学生的思想状况了如指掌。要增强思想政治教育的主动性、针对性、实效性,这样也就避免了有的学生由思想问题发展到心理问题,更避免了出现需要心理危机干预的问题。

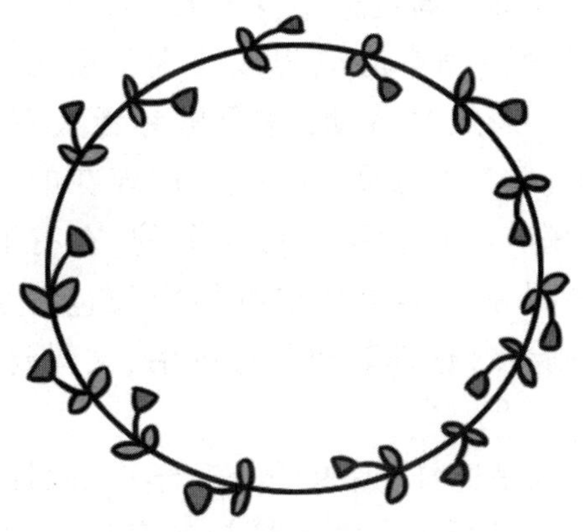

教育引导学生崇尚劳动

2018-11-14

可以说生活的美好都是通过劳动得来的。整个人类社会是这样,单体的个人也是这样。热爱劳动本应成为人区别于动物的重要特征。可是,在现实社会中,并非人人热爱劳动,好逸恶劳者大有人在。为什么会这样?这与我们对孩子(学生)的教育有关。在现在的家庭里,孩子都成了掌上明珠,当家长的哪有舍得让孩子做家务的,在有的家庭里,就连本应由孩子自己做的一些最基本的事情也都由家长包办了。有个学生说,他从来不端洗脚水和洗脸水,这都是他父母的活,父母这样做是为了给他节省时间用于学习。

现在的基础教育也是这样,追求的是升学率,同样不舍得花时间让学生参加劳动。有的学校甚至出现学生打扫教室这样的劳动也是由学生的家长代替的情况。这虽然是个案,却足以说明今天学校的劳动教育被忽略到何种地步。

现在大学的劳动教育和基础教育阶段没有太大的区别。一些大学虽然把劳动教育列入课表中了,但是并没有很好地落实,基本上都在走形式。特别是一些高校以社会化为由头,原来由学生做的很多劳动项目如清扫水房、宿舍、走廊、教室等都由社会化代替了。现在的学生真正做到了“两耳不闻窗外事,一心只读圣贤书”,说今天的学生“四体不勤,五谷不分”一点都不为过。在教师节期间召开的全国教育大会上,习近平总书记指出:“要在学生中弘扬劳动精神,教育引导学生崇尚劳动、尊重劳动,懂得劳动最光荣、劳动最崇高、劳动最伟大、劳动最美丽的道理，长大后能够辛勤劳动、诚实劳动、创造性劳动。”

这是对各级各类学校教育提出的新要求。高校作为学校教育的最后阶段，必须认真落实好习近平总书记的讲话精神，上好大学生劳动教育这一课，教育引导学生崇尚劳动。

坚定教育信心

2018-11-21

我从省里回到学校做辅导员的时候,有的领导跟我讲:现在的学生不好带,你带的学生要是出事了怎么办? 我想,只要工作做得细致些,学生一定会听我的,就不会出事。如今我带的学生圆满毕业,他们没有出事,他们已经平平安安地离开了。

毕业前他们说:“老师,四年里我们没少吃您的饭,能不能让我们请您吃顿饭。”我说:“这万万不可,我要请你们吃在校最后一顿饭。”就这样我个人出资为学生们举办了像样的告别晚会。学生们感谢我对他们的教育引导。四年里也没有一个学生给我弄得心烦意乱。学生们说:“我们会想您的,我们一定会回来看您的。”我说:“老师也会想你们的,我会在这里等你们,直到连端一杯水的气力都没有。”每每想起那些和学生在一起的日子,我心里总是充满了幸福和快乐,总是会再增添几分对教育的信心。

我时常听到有的同志讲,现在的学生都是“独立”的一代,不愿意接受我们的教育,这种观点是站不住脚的。不管是什么时代,哪有不愿意接受教育的学生? 即便是今天的学生,也是如此。一些教师不能给学生真正的教育,不能很好地教书育人;一些辅导员不能切实担负起大学生人生导师的任务,总是抱怨学生这也不好、那也不对,没有很好地从自身找原因。

作为教育工作者,你不把学生放在心上,学生怎么能把你放在心上? 你不在乎学生,学生自然也就不会在乎你了。有的同志工作还没做,便打起了退堂鼓,便想学生不会听我的,这只能使代沟越“挖”越深。大家常用德国著名哲学家卡尔·西奥多·雅斯贝尔斯的一句话来探讨教育的本质,即"教育就是一棵树摇动另一棵树,一朵云推动另一朵云,一个灵魂唤醒另一个灵魂"。

这句话告诉我们的是,一名教育工作者,必须增强教育的主动性,要有教育的信心,要有教育的原动力。你若没有信心、没有原动力,你怎能"摇动""推动""唤醒"另"一棵树""一朵云""一个灵魂"?

我从参加工作起,就对教育抱有坚定的信心。我相信,作为思想政治教育工作者,只要我们有一种孜孜以求的精神、有一种不教育好学生誓不罢休的精神、有一种爱生如子的情怀,学生就一定会听我们的,就一定会跟我们走。我的教育信心被我36年的思想政治教育实践反复证明着。就在前两天,在我给一所高校大学生做报告后,我在我的公众号后台看到这样一段话:

曲老师,您好!

真不知应该怎样感谢您,也不知我哪来的勇气给您写下这些话。可以说我本来以为我的心已经死了,我再也不会向别人诉说我内心的想法,可是此时我抑制不住内心的激动,我要把我的心里话说给您听。

我是个内向的孩子。内向,首先是我个人原因造成的,但是也与外界环境分不开。从我懂事的时候开始,我听到的声音都是"好好学习,将来考个好大学"。来到大学后,我看到的差不多都是在为自己忙乎的同学,老师告诉我们的和我在上大学前听到的差不多,就是学好专业知识,将来找个好工作。我迷茫过,甚至低沉过,我问过我自己:读大学就是为了找个工作?那天听了您的报告,我的心情豁然开朗。您说竺可桢校长告诉他的学生们:"乱世道德堕落,历史上均是如此,但大学犹如海上灯塔,吾人不能于此时降落道德标准。切记:异日逢有作弊机会,是否能'磨而不磷,涅而不缁',此乃现代教育试金石也。"您告诉我们要以德立生、以德立学、以德立业,这使我懂得了人生要有追求,不能只想自己在哪里工作,要想能为祖国做些什么。请您放心,我已经清醒过来,我知道了我的路在哪里、我要往哪里走,我一定积极向上,绝不能枉费了一生。

再次谢谢您!

读完这封信,我的眼前仿佛闪现出一个奋力前行的身影,我相信这个身影一定会走得很远、很远！

作为教育工作者，我们没有理由不坚定教育的信心。这信心不只关系到我们是否能全身心地投入教育学生的工作中，更关系到我们的学生能否继往开来地行进在实现中国梦的伟大征程中。

使命呼唤担当。我确信，只要我们充满坚定的教育信念，就一定会引领一批又一批青年学生紧跟在我们的身后前行。

和辅导员谈谈考博的问题

2018-12-14

辅导员考博是个热门话题。这些年教育部思想政治工作司在辅导员队伍建设方面下了很大的功夫,采取了许多举措推动辅导员队伍建设。

其中之一就是建立了教育部高校辅导员培养和研修基地、教育部高校辅导员发展研究中心(最近又重新申报评审,将这些基地和中心重新更名为"教育部高校思想政治工作队伍培训研修中心",并由原来的29个基地和中心增加到40个),面向高校辅导员招收博士研究生。这些年,已经有为数不少的辅导员通过基地培养获得博士学位,还有些辅导员正在基地和中心攻读博士学位。这一举措有力地推动了辅导员队伍的职业化、专业化、专家化建设。辅导员读博的劲头十足。

怎样看待辅导员考博的问题?有的辅导员讲,他现在一心想的就是考取博士。他说他想进一步提高学历,做好辅导员工作。对辅导员考博首先应当充分肯定,不过需要思考的是提高了学历就一定能把辅导员工作做好吗?恐怕这两者不是天然的等值关系。教育的关键是要有爱,没有爱也就没有教育,思想政治教育工作尤为如此。思想政治教育工作需要理论水平,但是即便有了理论水平而没有爱心也是做不好辅导员工作的。学生会认为你净讲大道理,他就不会悦纳你的教育。一名辅导员,如果有了爱生如子的情感,就会想方设法把学生培养好,就会主动了解学生的所思所想,就会自觉地掌握思想政治教育的相关理论,及时地为学生解疑释惑。况且,有的博士生导师严格说起来,其学术背景和研究领域并不属于思想政治教育学科，这就使有的辅导员费了好大的劲考上了博士，却只能跟着导师研究导师熟悉的领域，甚至是在帮导师“提升”，所研究的问题、写的博士论文对辅导员工作的指导价值并不大，有的还会相去甚远，这样的话，就算博士毕业了又能怎样呢？

如此说来，我是不是不赞同辅导员考博？不是的，前面我已经说了，对于辅导员考博应当充分肯定。我这里主要是希望辅导员要把读博和工作结合起来。特别是不要为了考博而耽误了工作，如果学历上去了，学生落下了，这是得不偿失的。当然还有的辅导员考博不是为了提升自己的工作水平，只是为了自己有个博士学位，等有了这个学位之后，便寻找机会转到其他专业课的教学中，这就是另一个方面的问题了。

不要为读博所累。有机会、有条件，能够处理好读博和工作两者的关系，读博没有什么不好；没有机会、没有条件也不要焦躁，读博不是为了更好地做好辅导员工作吗？没有博士学位就做不好辅导员工作啦？显然不是这么回事。

我就不看重学历。应当说我在读大学的时候学习算不错的。我的老师想推荐我读硕士。我认为如果我认真准备的话能考上硕士研究生，但是我放弃了。我那时是班级生活委员，每天打水、扫地，为同学们服务，我想我要是考研的话谁来打水、扫地？我想我就不考，我看能怎么样。我留校做辅导员后，要求自己绝不能让学生在思想上出错，因此我十分关注学生在想些什么。我了解到有个学生思想偏激，对民主、对法治、对社会主义、对党的领导都抱有偏见。为了纠正她的思想，我同她谈了 28 次话，每次都不少于一个小时，每次谈话我都认真做准备，要看很多书、查阅相关的资料，最后解决了她的思想问题。

我有 36 年做学生工作的经历。我与时俱进，随着学生的思想脉搏不断思考现实存在的问题，这使得我的思想政治理论教育水平不断提升。我的许多论文都不是因为读了博士而写的，我评上教授的时候没有博士学位。我是在 2000 年读的博士。那时候我已经是教授、校党委副书记，读博对我已没有什么大的“用处”，我为什么要读呢？

一是我的小孩儿马上要上初中了，我要给他做榜样，让他感到我本来是可以每天“歌舞升平”的，却要天天“爬格子”，我的博士论文写了二十六七万字。二是当时有些人想着法子“混”了个博士学位，然后印在名片上穷显摆，我想我也可以读博，能考上为什么不考？三是北京师范大学的培养模式很好,我们在职博士的课程一般都安排在假期里,这样基本不耽误工作。按照现在的通常做法,没有博士学位恐怕是当不上博导了,不过要是就想做好辅导员工作的话,不当博导又能怎样呢?

辅导员读博一定要想清楚你到底想要什么,怎样做才能得到。这些只有你自己最清楚,我的观点主要是:不管怎样,不能学问上去了,而学生被落下了。

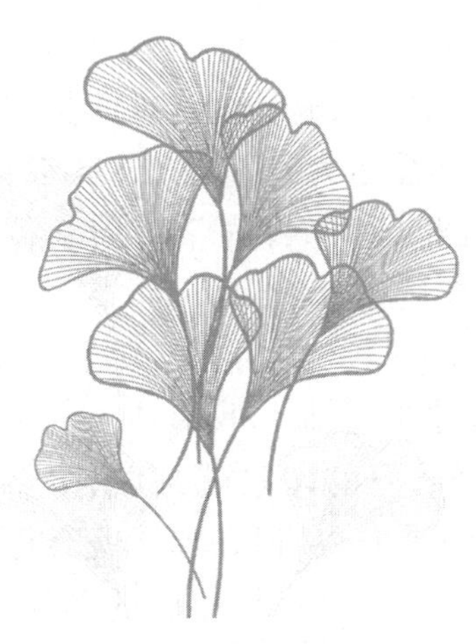

不说话就不“得罪”人啦？

2019－1－21

有位辅导员朋友跟我说，他不敢说话，尤其是在同事间讲评工作的时候。对学生他也不敢批评。他脑子里装着的是“讲话会得罪人”。

话总是要说的，关键看你为什么说、说什么，你的出发点是什么。记得我在学校做学生处处长的时候，为学生向学校反映食堂用过期豆油炸油条的事儿，得罪了学校后勤处的人。

后来我到省里工作的时候，同期有五六个省领导的秘书是我们学校的学生，有的学生我还给他上过课。我有事找他们协调时，他们都非常热情。他们说我在学校给他们的印象就是敢替他们说话。看看，当初我要是不说话，或许会讨好后勤的人，但是那样就会得罪这些学生。

我做校党委副书记的时候，每年年底的测评，都会有不称职票。对此我只是一笑了之。我问心无愧。说我不优秀可以，说我不称职那只能是小人之心。我敢保证，工作36年，我没有为个人利益向组织说过一句话。我在省教育厅做高校工委副书记的时候，找省委宣传部商量，为辅导员和思政课教师单独设立研究课题。我是博士生导师，算学术型领导，但我在省里工作了八年半，我没有申报过一个课题，不想让人觉得我以权谋私。

无论是在辅导员位置上，还是在学生处处长、党委副书记、省委高校工委副书记位置上，该我讲的话我必须要讲。有些话讲出来，别人未必愿意听，但是又不能昧着党性、良心不讲。比如，在党委会上讨论干部的时候，我会实事求是地谈我的意见，有的表态可能会得罪了要被提拔的那个干部,但心底无私天地宽。尽管有时或许还会得罪某个领导,但我也不会顾及那么多,我相信金杯、银杯不如老百姓的口碑。

大千世界,芸芸众生。每个人的成长环境、知识水平、个体体验、价值追求不同,想法会有很大的差异性,想众口一词是办不到的。而人性的一个“弱点”又是愿意听自己愿意听的话。这就难免出现讲不讲话都要得罪人的情况。你讲了,就会得罪不想让你讲的人;你不讲,就会得罪想让你讲的人。

就像我现在写公众号的文章,那些愿意听我讲的人会想,最好多给他们写一些,有的还点赞、打赏,给我邮寄家乡的特产“犒劳”我,他们还嘱咐我别累坏了身体;个别不愿意听我讲的人呢?恐怕就会恨不得把我“累死”,那我就再也不用唠叨了。因为想不让我讲是不可能的,所以他只能“取消关注”。但是那样解决不了他的问题,我还是会照样说着别人愿意听、他不愿意听的话。

说话是必然要得罪人的,但是不说话也是要得罪人的。我们所能做的或应当做的就是说正确的话,说该说的话,别为自己说话。我们讲话时尽量注意时间、地点、场合、方式。理解你的,自然就理解你了;不理解你的,也很难让他理解。心放宽些,我们是为真理而讲话,绝不要为讨好和巴结别人而讲话。

现在就可以考虑开学的事啦!

2019-2-6

有个辅导员给我拜年时曾说:“拜完年了,假期也过去了大半,心中顿时有一种马上就要开学的感觉。”

真别说,辅导员还真应当有这种感觉:现在是应当考虑开学的事了,别等到开学了再考虑开学的事,那还真有点来不及。

辅导员要利用好假期最后这段时间,多跟学生干部做些交流。这里有两件事可以早做:一是把你下学期的工作打算告诉学生干部,广泛地征求学生干部的意见;二是和学生干部沟通一下,问问他们都什么时候返校。学生干部是辅导员的左膀右臂,是辅导员联系学生的桥梁和纽带。可以说辅导员的工作很大一部分是要靠学生干部辅助完成的。一个会做工作的辅导员,一定是一个会充分调动学生干部工作积极性的辅导员。

辅导员在考虑工作的时候别主观武断,不要“拍脑门”,要集思广益,多听听学生干部的意见,这样可以统一思想,等开学的时候大家会很快地进入自己的工作角色,齐心协力地把工作做好。

有的辅导员工作得不到学生的认可,甚至有的学生干部存有抵触情绪,这就达不到教育管理学生的效果。辅导员早点把自己的想法告诉学生干部还有个很大的好处,就是学生干部可以根据辅导员的工作打算,尽早地制订班级、年级工作计划,这样就赢得了时间,避免了等开学再考虑班级、年级工作计划的被动局面。我们有的学生干部开学好长时间了也没有把班级、年级工作计划制订出来,其中一个重要的原因,就是他们不知道辅导员在该学期要做什么。一些辅导员在开学一段时间后才制订出自己的工作计划,学生干部等到辅导员制订完工作计划后再做班级、年级工作计划,自然就太迟了。

此外,现在学生购票都比较早(有的学生放假回家时就买好了返程票),辅导员可以提醒学生干部,特别是学生干部骨干,如果家里没有特别的事情最好能提前一天返校,不要等同学都返校了再返校。我们有些学生干部不被学生认可,原因是多方面的,其中的一个原因就是带头作用起得不够好。一些学生干部也就是学习成绩好些,别的方面还真看不出来比其他同学突出在哪里。

学生干部要想有威信、让同学瞧得起,就要做学生的表率。学生中能有什么惊天动地的大事呢?学生干部的带头作用通常是由习以为常的小事表现出来的。比如,开学时比其他同学早返校一天;放假时比别的同学晚走一天。早一天,可以把寝室的门窗打开通通气,把寝室同学的被褥晾晒一下。事情虽小,但能体现出一种为同学服务的精神,同学们就会感到学生干部心中有他们,当学生干部再布置班级、年级工作时,他们就会心甘情愿地做,并会努力做好。

记得我刚留校做辅导员的时候,有个学生干部在同学中威信很高。这个学生干部学习成绩不是年级最好的,同学们却很拥护她。这个学生干部的一个最大特点就是关心同学。每学期放假,这个学生干部都是最后一个回家。她把寝室收拾干净,把门窗关好,检查寝室电源安全与否。开学了,她都是提前一两天返校,帮助同学们晾晒被褥。当有的同学经过长途跋涉来到学校,躺在舒心的床上的时候,除了想自己的父母,再就是感激这个同学了。

我们有的学生干部还没有这样的意识,需要辅导员提醒。这也涉及怎样建设好学生干部队伍的问题。我从省里回到学校做辅导员的时候,有一次有个学生干部就没有按时返校。我批评了她。这个学生干部从此就注意了这个问题。

辅导员还是要力所能及地从长计议,早些打算平时的日子怎样过。这样才能增强工作的主动性、针对性,这样过起日子来才能得心应手、才能有滋有味、才能红红火火、才能朝气蓬勃。

辅导员怎么能不把学生的事放在心上呢？

2019-2-18

昨天网上有个《大学生假期私聊辅导员，两人互怼，大学生被拉黑，网友：没发红包》的帖子火了。我本不想说什么，我觉得这就是一个很正常的学生与辅导员的交往关系处理问题(也可以反过来说是辅导员与学生的交往关系处理问题)，很快就自消自灭了。有个同志把这个帖子转给了我，我觉得从一个老辅导员的角度说两句也是未尝不可的。

让我们先引用一下《召公谏厉王止谤》中的一句话："吾能弭谤矣，乃不敢言。"这句话的意思直译过来就是我们熟知的：我能够禁止非议了，人们不敢说了。这样好还是不好呢？自然是不好。老百姓有意见却不敢说，憋在肚子里。产生思想的"意识土壤"没有改变，这种不满就会不断发酵，最终的结局难免"不在沉默中爆发，就在沉默中灭亡"。当然，学生和辅导员之间还不是这种"剑拔弩张"的关系，但是"吾能弭谤矣，乃不敢言。"这句话所蕴含的寓意，还是适用于辅导员和学生关系的处理上的。

辅导员是干什么的？本质上就是为学生解疑释惑的。辅导员是大学生的人生导师、知心朋友，是大学里离学生最近的人，也可以说理应成为学生在大学里最亲的人。

学生来到大学，当他们有了困惑的时候，能够想到辅导员，说明辅导员在他们的心目中还是有一定的地位的，这是好事。如果学生把思想困惑都憋在肚子里，躲着辅导员走，那辅导员岂不成了摆设？那还怎么引导学生的成长？

为什么有的辅导员对学生中出现的问题常常感到突然或者不可思议？那是因为真实的情况被之前表面的祥和气氛掩盖住了。

所以，当学生有困惑找到我们的时候，我们应当感谢学生的这种信任，应当笑脸相迎。不仅如此，我们还应当主动出击，把思想问题消灭在萌芽之中。我对自己37年思想政治教育工作的首要要求是，绝不能让学生在思想上犯错。这就要有猎人般的眼睛、思想家般的敏锐。下面列举几个我给学生发的微信来说明这个问题：

其一，对于这个学生，我早上在朋友圈里看到她说了“我只是希望最近的事能顺利点”这句话。

××，你好！

早上看朋友圈，看到你说“我只是希望最近的事能顺利点”，不知你又遇上什么不顺心的事啦？其实生活中不顺心的事处处都在、时时都在，恐怕解决的办法就是你们在群里所聊的，一定要有好的心态。我若是每天都去在意那些不顺心的事，那早就被折磨死了，也就做不成什么事了。辩证地看，不顺心的事往往也是好事，它提醒你经常想一想自己还需要在哪些方面努力，避免由于自己的原因而发生一些不顺心如意的事情。

你考完试了吗？感觉怎样？还有最后一学年了，抓紧时间好好学习，完善自我，圆满结束你的大学生活。

身体没有什么不适了吧？（这个学生患急性阑尾炎时我带她看过医生）什么时候回家？向你父母问好。

祝旅途顺利！

曲导，谢谢您的关心，就是学习上有一些小问题，我会调整好自己的心态的。

其二，有个学生在群里说他夜里突然醒来，有件遗憾的事使他伤心地哭了。我早上看到后便给他发了这段微信。

××，你好！

什么遗憾的事让你那么伤心哪？鲁迅先生讲：“无情未必真豪杰，怜子如何不丈夫。”男子汉也是一样，该流泪的时候可以流泪。我母亲去世的时候我哭得死去活来,殡仪馆里男男女女中我可以算是哭得最伤心的了。我的内心只是在想:“母亲,您为什么不能再等等呢?您操劳了一辈子,我才刚刚开始孝敬您呢!”许多人流泪都是因为遗憾。问题是为什么会有那么多的遗憾?有些遗憾是不是真的应该成为遗憾?老师的意思是你这么年轻,有着美好的未来,一定好好发展自己,让人生少留下遗憾,特别是少留下由于你的原因而造成的遗憾。

你有健身的习惯,这很好。强壮的身体是你从事任何职业的根本保证。但是健身不是你的专业,你要把握好度。我了解到你做了些兼职,这我也不反对,但是正像以前我嘱咐你们的那样,一定把兼职的目的搞清楚,为了生活的补贴、为了了解社会等都是可以的,但最根本的还是要保证自己的学习。身体强健、知识丰富、价值观正确,这三者统一起来你就会无往而不胜。还有一年的时间了,看看你还缺什么,抓紧时间补上吧。

家里都好吧?有需要我帮忙的事情就告诉我。

祝天天都有好心情。

谢谢曲导的关心,我一定认真听取曲导的教诲。遗憾的是高二那年我父亲病危,我在距家70千米的学校不能及时赶回,没能见上他最后一面。母亲说父亲离开前的一分钟一直死死盯着房门说要等等我,很遗憾,我没有赶到。这是我的遗憾,也是父亲的遗憾。

昨晚不知怎么又梦见这个情景,所以我哭了。真心感谢曲导能够关注到我,您对我的关怀我铭记在心。

我能理解。大小伙子,要好好奋斗,不能再留下对母亲的遗憾,一定要让母亲晚年过上幸福的生活。

其三,2014年暑期我去美国考察大学文化的时候,给××发去了生日的祝福。

××,你好!

我在美国考察大学文化呢,我已经看了20多所大学了,虽然累些,但是很有价值,等我把网站建起来,你们就可以通过这个网站了解世界各地区的大学了。7月30日你过生日的时候我给你发了信息,祝你生日快乐,

可能是普林斯顿大学这个地方比较偏，信号不好，短信没有发出去。我现在到宾夕法尼亚大学了，这里位居市中心，信号较好，短信应当能发过去，收到回复一下。

你们年级中你是假期里第一个过生日的，这也是我第一次在国外祝贺别人的生日，对我来说是件挺有意义的事，感谢现代科技，感谢移动公司！

一学期的大学生活很快就结束了。你感觉怎样，还满意吗？朝着你梦想的方向又走了多远？你说你要拿到双学位，要考研究生，在大学里要学很多东西。这学期的学习成绩理想吗？我觉得双学位最好和你打算要考的研究生方向一致，不然会分散你的精力，意义也不是太大。考研是对的，每当我置身在国内外各所名校时，都会被那种磅礴、深厚的文化底蕴所震撼，我想我已经没有机会再入学了，但你们可以，你们可以使自己更加强大。

当然，学生在哪里，思想政治教育就在哪里。思想政治教育没有课上、课下，校内、校外之分。从对学生关心、负责的角度出发，从辅导员所应具有的精神境界来说，思想政治教育没有“假期”，辅导员就是要对学生的事上心。

当然，有些辅导员和学生之间的关系正变得疏远、紧张。从党性来说，主要责任还是在于辅导员。有些辅导员淡忘了初心，没有把自己的工作与党和人民的事业紧密地联系起来，因而也就缺乏那种吃苦、奉献的精神。从教育的原则来看，主要责任也在辅导员。在任何教育过程中，教师都是处于主导地位的。要想推动别人前进，自己就应当是一个能够推动和鼓舞别人前进的人。

但是，如果仅仅这样一味地责怪辅导员，也无益于问题的根本解决。辅导员也生存在现实的世界里，他们的思想和行为也要受到客观现实的影响，他们身边的环境怎样，对他们必然产生这样或那样的影响。从这个角度来讲，今天辅导员和学生之间的这种疏远、紧张的关系，难道与学校没有关系吗？要我说，这种疏远、紧张的关系，退一万步来说，也恰恰是“吾能弭谤矣，乃不敢言”的后果。

我们有的高校，辅导员队伍建设就是一件“皇帝的新衣”，只是谁也不去说穿罢了。

现在的大学里，只要和学生沾上边的事，就都成了辅导员的事。考研率上不去,找辅导员;就业率上不去,找辅导员;过级率上不去,找辅导员;听课率上不去,找辅导员……且问学校还有不和学生沾边的事吗?如果没有,那还称得上学校吗?辅导员成了“筐”,什么都往里面装。有的学校对辅导员缺乏关心、爱护。说得严重些,一些辅导员在学校里没有被尊重,谁都可以指责辅导员,辅导员成了校园里的“出气筒”,如果再出现个恶性事件,那辅导员就成了千夫所指的“罪人”。辅导员只能逆来顺受,这样下去,辅导员也受不了。

指责他们的是他们的老师、领导,他们也没有办法,只能憋着、忍着,可是气不顺时总是要难受的,他们也是要发泄的。这样,一些境界不高的辅导员就把他们的怨气撒向了学生。好不容易熬到了假期,“倒霉”的学生终于离校了,本想利用假期清闲一阵子,结果境界不高的辅导员和“不识时务”的学生又弄到一起了,那能不撞出“火花”吗?

学校一定要关心辅导员的成长,为他们创造良好的工作环境,学校让他们气顺了,他们对学生的气就顺了。

其实包括昨天那篇帖子里学生问的问题,我认为加强图书馆的信息化建设不就好了,跟辅导员有什么关系?我去过很多大学的图书馆,学生利用手机可以和图书馆实行无缝连接。我在我的公众号里连推了5篇文章来谈论辅导员队伍建设问题。我以为,就辅导员队伍建设而言,辅导员要有境界;但是学校,一定要有科学的管理制度。对广大辅导员来说,只靠觉悟是不可能建设起职业化、专业化、专家化的辅导员队伍的,因为市场经济已经是当今时代最大的环境特征。

大学生也要理解辅导员,他们确实不容易,有的比你们大不了多少。他们上有老,下有小。你们一定要加强自我教育,做到“慎独”,让辅导员省心。人生的路总是要靠自己来走的。大学生只有更强地培养自己的独立能力,才会终身受益。

至于《大学生假期私聊辅导员,两人互怼,大学生被拉黑,网友:没发红包》这个帖子本身,确实不值得大家去说什么。这本身就是个别人为了吸引眼球,抱有“看热闹不怕乱子大”的心态写的,哗众取宠。辅导员是有收学生红包的,还有占用学生班费的,克扣学生奖学金、助学金的,但是这些是主流吗?怎么,给辅导员红包他们气就顺啦?对于境界不高的辅导员,他们恨不得给学生红包,只要学生有什么事都不找他们才好呢!至于那些境界高尚的辅导员就不用说了,他们爱生如子,学生的事就是他们的事。他们把自己的青春和一生都奉献给了他们热爱的辅导员工作。一个无须争辩的事实是:在当今的中国大学里,最关心学生的教师队伍,当属辅导员教师队伍。

教育是有层次的

2019-7-6

毛泽东同志曾经讲过,凡是有人群的地方,都有左中右。大学生群体也是这样。由于每个人的家庭教育和基础教育环境不同,来到大学后,学生的人生追求就会有所不同。

思想政治教育所能起到的作用就是使每个学生从原有的台阶再上一个台阶。原来台阶低的,恐怕就比较难以达到制高点;原来台阶高的,就最容易达到制高点。当然不排除个别的学生实现跨越式发展,也达到了制高点,但这不是普遍现象。

常有辅导员问我:“您带的学生怎么都那么优秀?”其实,我带的学生也不是个个都优秀。有些原来台阶就高,我只是鼓励了他们,让他们没有松懈下来。像我前些天在公众号中提到的那个学生,中学时就入了党,基础很好,来到大学后我帮助她逐步解决了思想上入党的问题,毕业时她的信仰已坚定起来。

还有个学生曾经犹豫彷徨过,甚至想逃离原生家庭那个令他绝望的环境,后来实现了跨越式发展,他要“植大木以立长天,处江湖以忧国民”,去西藏奉献他的一生。

也有几个学生比较贪玩,偶尔翘课,玩游戏上瘾,若是想让他们在短时间里树立为祖国而学习的目标,甚至让他们树立坚定的理想信念,这恐怕就是“天方夜谭”了。

我在他们翘课的时候,给他们发了很长的微信,对他们提出严肃的批评;我找他们谈话的时候,要他们向我保证,一定要顺利毕业。

有个学生说,她来到大学的时候有的学姐告诉她,在大学一定要轰轰烈烈地谈一次恋爱,否则就是失败的大学经历。而我告诉她,凡是在大学里轰轰烈烈地谈过恋爱的,没有几人是不失败的。她说她觉得我说的是对的,要不然她一入学就谈恋爱了,弄不好会因失恋感到痛苦,甚至自杀。

有的辅导员说,一些学生"朽木不可雕",简直就是"油盐不进"。其实,这涉及教育的层次性问题。你要相信教育的有用性。教育怎么能没有用呢?那样的话教育还会传承到今天吗?只是有些学生的表现还没有达到你希望的样子;而对于有些学生,你没有从他们的实际出发。变,是普遍规律,只不过有些学生的改变甚至需要到了毕业或毕业若干年后才显现出来。不是说"十年树木,百年树人"嘛,所以辅导员对学生的教育一定要耐心细致,要相信教育的有效性,对教育不能"整齐划一",不管遇到了什么样的学生,都不要放弃教育的责任,你只管做你应当做的。

关键是心中要有学生

2019-3-11

中共教育部党组曾下发文件,要求学校领导深入基层联系学生、了解学生,为学生解疑释惑,解决学生提出的有关问题。

以学生为中心,这很有必要。学校因有学生才称为学校,不以学生为中心怎能办好人民满意的学校。只有深入学生,才能了解学生,才知学生所知、所想,才能增强工作的主动性、针对性。

我于1998年做了辽宁师范大学党委副书记,每年新生入学我都在第一时间给家庭贫困学生做"出生在什么样的家庭是无法选择的,人生的价值是可以创造的"励志报告,给全校新生做"为中华之崛起而读书"的报告,给入党积极分子做报告,给新选举出来的学生干部做报告,我还趁学生家长送孩子上学的机会给学生家长做报告……

我建议学校在学生食堂设立"爱心窗口",家庭贫困的学生凭着学生处发的证明卡到"爱心窗口"吃饭,每顿饭只交一元钱,主食随便吃,副食必须有两道菜和一份汤。我确立了"每逢佳节倍思'贫'"的工作理念,要求从事学生工作的同志,一定要想到生活困难的学生怎样过节。

中秋节的时候,我组织全校几百名生活困难的学生在学校广场举办'中秋赏月晚会',为生活困难的学生准备好月饼、水果、冷盘。我还为这些学生准备了高水平的文艺演出,他们一边吃着月饼、水果等,一边欣赏着精彩的节目。

我还组织全校的生活困难学生到食堂包饺子,学校还给他们几十元的零花钱。我在省教育厅工作的时候,去过很多困难学生家家访。我还特别对孤儿大学生的状况进行了调研:有的孤儿大学生“躲年”(没地方过年);有的孤儿大学生待在学校里过年;有的孤儿大学生吃方便面过年……

我找到省财政厅相关负责同志,我说我们应该为孤儿大学生做点事情。后来在省财政厅的支持下,我通过我的一个学生(省人大代表)在省人大会上递交了一个议案并获得通过:所有在辽宁读大学的孤儿(当时是1076个)的学费和住宿费一律免除,每个孤儿回家过年还给2000元的生活费、路费补贴。

把学生放在心中,就会有工作的着力点,即便没有文件规定,你也会发挥好作用。冬季的时候学校能不能给学生多供一天暖气?图书馆能不能为学生多提供一小时的服务?寒暑假能不能让学生留在学校?同样一道菜,你学校食堂的价格能不能是本地高校中最便宜的?

能不能为孤儿大学生提供切实的服务?迎新的时候能不能为学生提供免费喝的水?能不能为学生提供一定的科研经费?能不能在校园里更多地为学生提供勤工俭学的机会?能不能为学生提供更加舒适的住宿环境?能不能切实建设好辅导员队伍?能不能对教师的教书育人有科学的评价,把学术导向转向教学育人导向?……一句话:能不能让学生花最少的钱得到最好的服务?

我们总是教育学生要爱校如家,进校不如家怎能爱校如家?今天不爱校,明天又怎能爱国?真心希望大家能借助教育部的这个文件,好好反思我们的教育为什么还不是那么令人满意。

这里有学生的问题,更有我们教育者的问题,尤其是领导者的问题。我们没有理由不把学生的教育服务做得好上加好。把学生放在心上,领导者就要弯下腰来,把学生的事做实、做细,而不是讲在迎新致辞中、写在文件里。

还是尽量融入学生更好

2019-5-3

前几天有个辅导员给我写了下面这段话：

“曲老师早！刚看到您的朋友圈，工作中我也经常有这样的困惑。有时候大量的事情交织在一起，工作难免会本末倒置，为了应付迫切紧急的杂事而忽略了与学生进行更多的交流。还有个问题我想问问您，怎么样才能真正地和学生走到一块去？我总觉得跟学生走得不近，也困惑如果真融入学生后，学生还能不能管得住？您看是与学生保持一段距离好，还是尽量融入学生好？”

看了这个辅导员写给我的话，我给他做了这样的答复：

××，你好！

你在信中提到：与学生保持一段距离好，还是尽量融入学生好？同样的问题有好多辅导员也问过我。这还真不能说绝对了，关键是对远和近的尺度怎样把握。

我主张辅导员还是应当和学生走得近些。所谓“近些”，就是要把学生放在心上，把学生的事当回事。这就要多深入学生，了解学生的所思所想，对学生的事不能麻木不仁、无动于衷。“亲其师，信其道”，学生和你有感情，信任你了，一定会有利于辅导员工作的开展。但是近，并不是没有原则。辅导员发现了问题要及时解决处理,不能搞亲疏远近,一定要公平地对待每一个学生。不然的话,看起来你像交下了某些人,但你必然会得罪另一部分人,你的工作就会"摁下葫芦起了瓢",那也就失去了"近"的意义,你的工作就会事与愿违。

所谓保持一段距离是什么意思呢?辅导员不能,也没有必要故意和学生保持一段距离,不要以为这样做就会有威严,就会管住学生、让学生听你的。事实不完全是这样的。古语里有这样一句话:"吏不畏吾严而畏吾廉,民不畏吾能而服吾公。公则民不敢慢,廉则吏不敢欺。"这里可以引申出这样一层意思:学生怕不怕你不是因为你的"严",而是你对学生公不公、廉不廉。辅导员和学生之间的交往靠着严厉只能表面上看起来把学生管得规规矩矩。

最好的管理是内心的认同而不是表面上行为的整齐划一。思想政治教育要以理服人,以情感人。学生有了感情才会悦纳你的教育。记得前些年我到一个省调研辅导员队伍建设情况。这个省要求高校从转业军人中选聘辅导员。为什么?就是为了"管住"学生。结果如何大家都能想到:辅导员和学生的距离有了,但是感情没有了,并没有教育好学生。

现在很多辅导员都是按照管理型标准选拔的,这样就"天然"和学生有了距离,这正是需要我们加以改正的地方。从总体来看,当下辅导员和学生不是过于近了的问题,而是相对来说距离有点远了的问题,这是需要加以注意的。为了把工作做好,我主张还是尽量融入学生更好。

这个辅导员回复说:

谢谢曲老师的点拨!我也是像您所说的在困惑中摸索,今年是我做辅导员的第三个年头,很多事情处理起来会比刚开始游刃有余一些。有时候我确实不把自己当作那种有威严的老师,也尽量寻求和同学们比较轻松一点的沟通方式,今后也会把握好尺度!我挺喜欢学生的,也非常愿意为他们服务。今后我会更努力为学生着想,谢谢您在百忙之中的回复!

思想的,还是心理的?

2019-5-25

今天是大学生心理健康节。向辛勤耕耘在大学生心理健康园地的老师们问好,你们辛苦了!

大学生的心理健康问题越来越得到重视,这是对的。随着社会的迅猛发展,一些大学生跟不上社会发展的节奏,产生了心理问题,及时地帮助他们解决这些问题,会较好地保证大学生的健康成长。

问题是怎样看待大学生的心理健康问题。现在一谈到大学生的心理健康问题,就有点草木皆兵的感觉,有的人甚至认为没有几个人是没有心理问题的。他们也是有根据的。新生入学的时候,各学校要进行排查,把学生的心理问题进行分类,按照“量表”统计,确实每个学生都或多或少地符合“量表”设计的心理问题标准。

他们的结论应当就是从这里来的。大学生的心理健康问题真的普遍到了这种程度吗?我以为,目前我们不同程度地放大了心理健康问题。其实很多学生只是有思想问题,如果思想问题解决了,行为问题也就解决了。

当然从广义上看,思想也是心理的一部分,思想属于心理现象的较高层次部分。但并不能由此就将心理与思想混为一谈。尤其从思想政治教育的视角来看,思想引领是主旋律,心理疏导应服从或服务于思想政治教育,不能颠倒过来,更不能喧宾夺主。有的同志直言不讳地讲,为什么愿意把思想问题说成心理问题?因为这样做就省事了,学生犯了错,教育不过来也是正常的、可以理解的；而有的心理健康教育教师为了突出心理教育的重要性，也认同把思想问题归于心理问题。这样的结果，往往是思想问题被掩盖了，心理疏导也没有搞好。思想问题还是需要通过思想教育的方法来解决，这是根本。一些本属于有思想问题却被划到有心理问题的学生，通过心理疏导，一时问题会有所缓解，但并没有去根。因此，一旦有个"风吹草动"，他们的"疾病"就会复发了。

我在省教育厅工作的时候，有一次到一所大学开会，有个学生记住了我的电话。有一天，我正在办公室办公，这个学生拨通了我的电话，她哭喊着说她不想活了。我马上安慰她说："你别激动。你能把这样的想法告诉我，是对我的极大信任。我们一定要见上一面。"我让她到她学校附近的一个肯德基餐厅等我。

我放下电话就奔向了那里。见到我来了，她也不管旁边有没有人，拽着我的胳膊就哭了起来。我让她坐下，她拽着我哭了好长时间。等她平静下来后我问她为什么说不想活了。她说她的男朋友不爱她了，她失恋了。

这是心理问题还是思想问题？显然是思想问题。失恋了就自杀？想过生养她的父母吗？人只是为自己活着？我跟她说："同学，你这种情绪我可以理解，但是你想自杀就有点愚蠢了。爱是什么？爱是相互的，他都不爱你了，你干吗还要爱他呢？自杀干什么？你这是把痛苦留给了最爱你的人——父母。人生一定要活得有价值。越是失恋了，越要好好活着。爱是要爱一类人，不是一个人。将来找个爱你的人，生活一定会很幸福的。"这时她好多了。因为要开会，我说今天先聊到这里，等我再找你。我把她送到学校门口后才回到办公室里。第二天是周六，沈阳正好举办世博会。我不放心这个学生，便开车到学校接上她去了世博园散心，我一路都在开导她。在一个月的时间里，我还请她吃了两次饭。后来这个学生跟我说："老师，您放心，我会好好活着。"这个学生在毕业的时候又给我打了个电话。她说感谢我对她的关心和帮助。她还说她是学高护专业的，我要是有病住院了，她来护理我。她工作后我们还通过一次电话，因为忙，我就没再联系她。

思想政治教育一定要以思想教育为主，采取思想教育的方法。现在有些辅导员把精力过多地放到了心理教育上，这是需要注意的。有个辅导员说，她花了很多钱到社会上学危机干预。我说重点应当放在危机预防上,尤其要放在思想预防上。真到了危机干预的程度,有几个人能干预得过来?我几十年学生工作的自我要求是,绝不能让学生在思想上犯错。这就要求我要了解学生的所思所想。特别是在学生一入学的时候,要想尽一切办法把工作做细、做透。记者采访我的时候常常问我,有没有那种要死要活的把我也闹得不想活了的学生?我说没有,学生刚来的时候有在观望、犹豫的,甚至想走极端的,但是都让我给改变了。把思想教育做在前面,心理问题就会少多了,更不会发展到危机干预的程度。

今天是大学生心理健康节,说了这段不合时宜的话,只是为了提醒个别辅导员,不仅要注重心理健康知识的学习,更要增强思想政治教育的本领、提高思想政治教育的能力。虽然两者不可偏废,但还是有主次之分的。

莫形成心中的“堰塞湖”

2019-6-17

有个辅导员跟我说,每天心情都不舒畅,心里堵得慌。为什么呢?说来说去还是对有的问题(如评职称)没看开,影响了自己的心情。

评职称本是件好事,可是现在仍有的高校不给辅导员评职称。这怎么办呢?这确实不是辅导员个人能够解决的,在这种情况下辅导员就必须调整好自己的心态。给不给评是外部的事,并且要相信迟早是要给评的。辅导员个人应做的就是把学生带好。不然你每天憋着气工作,那得多难受啊!真是不值得。

我在留校做辅导员的时候很多老师都跟我讲别做辅导员了,免得耽误自己。连我们系主任都劝我去上专业课,这样可以评教师职称。

当时根本不给辅导员评教授。我想,不给评就不评,我把学生带好就行了。我工作还是比较努力的,没有自己的节假日,整天和学生“摸爬滚打”在一起。寒暑假期间我还到学生家家访,有的学生家我是在寒冷的冬季顶着刺骨的寒风、骑着自行车去的。工作虽然忙碌,也很辛苦,但是我每天乐此不疲、开开心心。

我坚持这样一条原则:工作再忙、再累,也不能放松了学习。不管别人怎样看,我清楚我的角色。辅导员就是学生的人生导师,要及时地为学生解疑释惑、为学生把握前行的方向,这就需要不断探寻学生成长的规律。

我在工作中,脑袋里始终装着问题,我要求自己把辅导员工作当成一门学问来做。我随身带着一个小本子,把我的思考乃至于在头脑中突然闪现的思想火花及时记录下来,然后认真地思考,等考虑成熟了就写成论文。

那时辅导员发文章更难,不过我想,笔在我的手里,思想在我的脑海里,还没有哪本杂志注明不发辅导员的文章。就这样,日积月累,我写了很多思想政治教育方面的论文。这里我要特别感谢《中国高教研究》给我的鼓励。我的第一篇国家级论文就是在该杂志上发表的。我总结了我在工作中关于学生寝室文化建设的经验,写了《论新老生同寝对大学生角色确立的意义》一文,该文的发表给了我极大的信心。机会不会光顾那些没有准备的人,结果属于我的机会来了。

我们校长很开明,允许辅导员和在机关从事思想政治教育工作的同志评教师职称,那时虽然没有实行"三单",但是比起今天仍不给辅导员评职称的高校真不知超前多少倍。开始报送职称评审材料的时候我还没在意。有一天晚上学校负责收集职称评审材料的同志在走廊看到我时问我:"为什么不报材料?"我说:"我够资格吗?"他说:"不评怎么知道够不够。"他让我抓紧时间把材料报上去。结果那年全校评了18个教授,不分专业,听说我排名还挺靠前。我就这样当上了教授。

我常想,自然世界形成的"堰塞湖"是无法抗拒的;人心中的"堰塞湖"却是可以避免的。何必自己把自己的心路堵住了。无论怎样,不要自己折磨自己,每天高高兴兴地活着。相信明天太阳会照常升起,属于你的那缕阳光谁也剥夺不去!

用网络实现和学生“无缝连接”

2019-6-21

大学生都被“网在中央”,思想政治教育必须面对这样的现实。问题是我们有的同志看到的只是网络带来的负面影响,没有积极地变被动为主动。

既然我们认识到网络是把“双刃剑”,那么我们就不能任负面那一“刃”磨得锋利,而正面这一“刃”却十分钝。我感谢网络时代的到来,它是我做好学生思想政治教育工作的重要平台,网络的出现使我很容易地实现了与学生的“无缝连接”。

我和学生建立了微信群,并在群里主动发声。我每天挑选一件历史上发生的重要事件或出现的重要人物进行评述,再通过微信发给学生们。

如在毛泽东同志生日的时候,我引导学生们正确地看待他的一生。在一些重要的日子,我也是及时给学生发微信进行思想引领。学生过生日的时候,我给每个学生都会送上生日祝福,有的生日祝福足有上千字,我告诉学生们,一定让自己的社会年龄随着自然年龄的增长而增长。每当社会上发生一些重大的事件,我也是及时谈我的看法。

我与一个刚来学校、思想比较消沉的学生先后有十五六万字的微信交流,不仅在平日里,在假日里也不断交流,这个学生的思想后来彻底发生了改变。

有个学生家所在的省份发生了地震,我在第一时间给这个学生发了微信,询问地震对她家有没有影响。这个学生说她家平安无事,谢谢我对她的关心。

有个学生放假在家期间，他所在的那个城市有家化工厂发生了爆炸，我马上给他发微信，并嘱咐他无论在哪里都一定要注意人身安全。

这些年我和学生之间有200多万字的微信交流，当这些文字摆在我面前时我都不敢相信。若是付钱的话，给我多少钱我能发这么多的微信呢？有写这么多微信的时间，我能写多少C刊论文呢？

可是我还是觉得这些微信有用，它在我和学生之间架起了一座心灵的桥梁，帮助学生在心灵深处埋下了真善美的种子。

有个学生跟我说："您开始说要给我们发微信的时候，我可在心里嘲笑您呢。"我问："为什么？"他说："因为我觉得您在吹牛，我不相信有人能做到这一点。后来我服了。"我最多的时候一天发过四五千字的微信。

我老眼昏花的，汉语拼音的基础也不是很好，常常拼一个字要好久，但我坚持了下来，我也挺佩服自己的。许多事就是这样，不要想能不能做，而要想应不应当做。为了和学生实现"无缝连接"，我做成了很多看起来不可能做成的事。

一定要自己看得起自己

2019-6-27

很多辅导员跟我讲,别人看不起他们,因此他们工作起来没劲头,总想早点离开辅导员队伍。这样想是不对的。别人看不起你,你就“趴下”了,就当“逃兵”啦?那不更让人瞧不起吗?我倒认为,别人越是看不起你,你越要看得起自己,不然就真的“趴下”了,永远站不起来了。

当哥伦布没有使鸡蛋立起来的时候,谁会相信鸡蛋能立起来?有几个人不认为哥伦布是在痴人说梦?当哥伦布真的使鸡蛋立起来了,谁还敢说哥伦布是在吹牛?许多事情必须用事实说话。

我有个朋友曾经也是一名辅导员。20世纪90年代初,他费了很大的劲去了澳大利亚。他很关心我,在他妻子回国探亲的时候,他让他妻子带给我一封信。信中劝我赶紧离开辅导员队伍,免得将来后悔。我不以为然。我觉得做辅导员没有什么不好。后来他在国外待不下去了,回到了国内,这时我已经是学校党委副书记、教授了,他说,我比他看得远。

很多同志一留校便想尽一切办法到机关工作,离学生远远的。我在做学校党委副书记的时候,常跟机关的同志讲,做辅导员挺好的,不要怕接触学生。在学校工作,最大的资源就是学生。你一天辅导员不做,眼下是清闲了,可是当你退休了,一个记着你的学生也没有,这是多大的遗憾!

我留校做辅导员的时候,很多专业老师看不起我,他们觉得辅导员就是“管理员”“消防员”“保姆”“警察”,什么都干不了的人才做辅导员。我不跟他们争辩,更不当“逃兵”,我默默地做。

我给学生上品德课(当时叫共产主义思想品德课),我认真备课,我的课很受学生欢迎。年底学生评课的时候,我的课排在了前几名。

我还带着问题开展工作,积累到一定程度我便把我的所思所想写成论文。结果评职称的时候,不分专业,我在全校所有参评教授的人员中排在前几位,我评上了教授职称。教过我的很多老师都在我之后评上了教授,有的退休了还是副教授。

有为才有位,现在更是如此了。我当上了二级教授;我也是国家社科基金评审委员;我评上了全国教学名师;我还当上了全国"时代楷模"。对于这一切荣誉的取得,我感谢组织的培养、大家的帮助,当然也离不开我个人的努力。从我留校到今天,无论是在哪个时期、哪个阶段,只要我气馁了、怀疑自己了,就不能在原有的台阶上再上一个新台阶。

我最欣赏的一个广告语就是:"我能!"我能什么?我相信我能做到在别人看来做不成的事情。"我能",就是我相信我不会忘了初心、被别人左右,不管你怎么看,我会在我选择的路上坚定地走下去!

当然,瞧得起自己不是狂傲自大,也不是目中无人,而是把自己的信心建立在科学的基础上,正确地认识自己。不要管别人瞧不瞧得起你。要想让别人瞧得起你,就得做出让别人不得不对你刮目相看的事。

把心沉下来

2019-6-29

一些辅导员工作没多久就急于求成,恨不能当上什么“长”;发表高档次的论文;评上什么职称,等等。哪有这么便宜的好事呢?

我于 20 世纪 80 年代做辅导员的时候和现在有点不同。我当上党总支副书记(副处级)用时不到 3 年,算是比较快的。但是那时候“百废待兴”,国家也十分需要干部。不过尽管如此,也不是所有的辅导员都能做到。

我是工作比较优秀的,在我们学校,工作十几年没有提到副处级别的人比比皆是。我工作的第一个寒假去一个学生家做家访,骑了十多个小时的自行车,到学生家的时候全身都冻木了。一到学生家,车子就扶不住了,若不是学生的母亲扶住我,我就会一头栽到院子里。

通过家访我知道这个学生的弟弟患先天性心脏病,正在医院住院。我让我母亲包了一饭盒饺子,我带着饺子骑车到医院看他。因为路滑,我小心翼翼地生怕摔倒了,结果还真摔倒了。那一刻我的第一反应是饺子别撒了。我抓起跌落在地上的饭盒,一看饺子安然无恙,感到庆幸极了。我学生的弟弟一边吃着饺子,一边流着感动的泪水。后来他不幸去世了。这个学生告诉我,他弟弟去世前对他说:“将来一定替我报答几个人:一是父母,二是曲老师。”

我工作很努力,无论是学生还是教工,他们都很喜欢我。学校党委顺应民意,任命我为政治系党总支副书记。这样我不争而得,在工作不到三

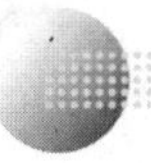

年的时间里便评上了副处级干部。千万不要争,大家心里都有杆秤,再说,争来的东西也会失去本来应有的味道。

科研也是如此,急不得。思想政治教育有其内在的规律性,不下一番功夫是不可能一下子就掌握的。尤其是辅导员搞科研,一定要了解和熟悉学生。你为什么搞科研?说千道万还不是为了学生的成长?因此一定要和学生打成一片,从实践中发现问题、研究问题。这样,研究才能顺理成章。现在有的辅导员说起科研就想搞"高大上"的,这种态度不可取。再不就是为科研而科研,追求文章数量,不求质量,也就是对现实问题的解决犹如隔靴搔痒,这样也就失去了科研的意义。

科研需要日积月累。真想搞科研就需要把在教育培养学生过程中得到的体验及时地记录下来,再丰富自己的理论知识,从理论视角审视你所从事的实践活动的科学性,以找到其规律性。

开始可以写一些"豆腐块"的文章,写多了,就觉得有很多的话要说了,也就不要急于追求发表刊物的档次了,循序渐进,这样才能搞出真学问。

我于 1982 年留校做辅导员,1996 年才发表第一篇国家级的论文,这时候我已经工作了 14 年。你或许可以快些,但也绝不至于快到一工作就发表国家级文章的程度。

职称是随着工作和科研走的。尤其干好工作是前提。道理很简单,思想政治教育的关键是要学生"内化于心,外化于行"。这是检验思想政治教育水平的最重要的标准。文章写得再多、发表的论文档次再高,学生教育管理却一塌糊涂,这样能评职称吗?有些学校现在能,当然有些学校已经改了,现在也不能了。但我相信很快就会达成共识,辅导员教师评职称,绝不能以论文为王,一定要变论文导向为业绩导向,这是由思想政治教育学科的性质和辅导员教师的特点决定的。

辅导员还是注意一下自己的装束为好

2019-7-9

人的思想不只是通过语言表达出来的，还会通过形体和装束来表达。辅导员想什么、做什么，对学生会有潜移默化的影响。道理很简单，你喜欢和赞同的，就不会反对和阻止。

在现今的社会上和校园里，流行穿破洞的牛仔裤，很多学生都追赶这样的时髦，有的很夸张，一条裤子破好几个洞，且破的洞好大。有的辅导员也穿这样的牛仔裤。萝卜青菜各有所爱，我本不应说什么，但是辅导员还是要注意场合和地点，在学生面前、在学校里还是应当尽量做到装束得体。

穿衣戴帽是个人的喜好，但其深层折射出的是一个人对一种文化的认同和追求。辅导员是大学生的人生导师，其核心就是要做大学生的人生引路人。怎样来做好人生引路人的角色？简单来说就是要始终代表先进文化，给学生积极向上的人生激励。现在高校没有统一着装的要求，当然也没有必要。但是辅导员还是应当有这样的意识，自己的装束就是一种文化符号，表明了一种文化欣赏、一种生活心态，对学生必会带来不同程度的引领。

人的精力是有限的，在这个方面用多了，在另一个方面可用的就少了。辅导员还是应当把精力更多地放在用先进文化引领学生的成长上，以积极向上的生活追求为学生做出榜样。穿衣戴帽是个人喜好，但是一些学生的思想变化恰恰就是从追求所谓的时髦、追求穿衣戴帽开始的，辅导员中恐怕也不乏其人。

一些学生虚度了光阴,荒废了学业,甚至走向了违法乱纪的道路,与其把精力过多地用在穿衣戴帽上不无关系。某高校有个大学生图虚荣、赶时髦,为了穿名牌、穿流行服装,四处骗钱,结果受到了法律的惩处。类似的案例也不少,辅导员不能视而不见。

要从细微处见精神。要及时地发现和解决学生思想上存在的一些不好的苗头,有些事情你给学生提个醒,哪怕做个暗示,学生就会明白,就会注意了,也就不会最后造成不好的结果。当然这首先就需要辅导员自身能够注意,你都满不在乎,甚至给予了学生以暗示、导引,那自然就不会在意学生穿衣戴帽这类个人喜好的事了。

前几天我到延边大学考察交流。早上该校校长和几个相关部门的同志来看我。马克思主义人文学院的院长穿着西装革履,扎着领带。我问他:“不热吗?”他说,他们学院要求所有的教师平时都穿西装。可以想到,以这样的装束站在课堂上给学生上马克思主义理论课,一定比穿着漏洞的牛仔裤给学生上课带来的影响要好得多。

谁也没让你请学生吃饭

2019-7-10

有个辅导员说,他有两个孩子,生活过得挺紧张,没有条件请学生吃饭,这还能做好辅导员吗?

思想政治教育有两个重要的原则,一个是以理服人,一个是以情感人。怎样理解以情感人?有的辅导员把以情感人片面地理解成了"以钱感人",认为以情感人就是为学生花钱,甚至看成了就是请学生吃饭。

以情感人不是让你请学生吃饭,这里关键是要有关心学生的情感,让学生感受到你总是把他们放在心上。我刚留校做辅导员的时候,学校给我在学生宿舍分了一间工作用房。虽然房间不大,我却没舍得自己独住。我当时带了三个班,我从每个班找了一个学生住在我的房间里。一个年龄最小,我担心他管不住自己;一个非团员,我担心他表现不好;一个性格内向,他说他和他妈妈都不怎么说话。

我和他们在一起住了两年时间。我是历史系的辅导员。我住的这个房间的楼层住的是中文系女生。怕这几个学生来来往往给她们带来不便,我还到那些女生寝室做解释。有个学生开玩笑地说:"老师,我们辅导员要是这样关心我们,住到我们房间都行。"后来我被调到政治系做党总支副书记,我原来带的历史系学生毕业的时候还把我当成他们的辅导员。那三个和我曾经住在一起的学生,现在一个是厅级干部,一个是局级后备,一个是副教授。他们对我说:"若不是老师当年那样关心我们,我们不会有今天这个样子。"

我从当辅导员那天起,就要求自己不能让学生在思想上犯错。思想错了,行动必错无疑。我常想,自己的孩子是孩子,别人的孩子也是孩子,要多关心学生们在想些什么。

我来到大连海事大学做辅导员的时候,和学生建立了微信群,实现了和学生们的“无缝连接”。每个学生过生日,我都会给他们送去生日祝福,少则百八十字,多则上千字。我告诉学生们在增长自然年龄的同时,一定要增长自己的社会年龄。这种情感打动了学生。

有个学生说:

“谢谢老师,您是我大学里最亲的人。”

还有个学生说:

曲老师,您好!

首先谢谢您的祝福!也希望您的生活能够和和美美,祝您万事如意!

说真的,您在百忙之中还能记得我的生日,我真的太感动了!确实,时间过得太快了……我也马上就要毕业了,大学生活中最幸运的事,绝对就是能遇到您这样的辅导员。不夸张地说,是您让我对大连有了一种像家一样的归属感,也是您,在一定程度上重塑了我的三观,让我更加乐观地看待这个世界,感谢您!

哪个学校也没有规定辅导员必须请学生吃饭;学生也没渴求辅导员请他们吃饭。对辅导员来说,关键是不能和学生发生经济上的关系,不能吃学生请你吃的饭。

当然,条件若是允许,辅导员请学生吃个饭也不是不可以,但是辅导员要清楚的是,你对学生之间的感情是用真心换来的,不是拿钱就能买来的。你对学生必须真心实意,三心二意不行,虚情假意更不行。

辅导员该不该帮助学生学习？

2019-7-12

前天有个辅导员给我写了一封信。她说："曲老师，您好！这个是我昨天写的，想与您分享一下辅导员的职业幸福感。一直看您发的文章，我真的很认同，以理服人，以情感人。我就想把这些小事分享给您看。"

曲老师，您好！

我是××大学的一名兼职辅导员××。虽然是兼职，但是工作量和全职是一样的，只是多了个学生的身份。这个身份拉近了我和同学们之间的距离，同为学生，许多事我也感同身受，可以和大家一起学习进步。

关于学生的学习，我之前做过一件事情，而这件事情现在有了好的结果，想和您分享一下。因为有些学生考试不及格的科目多，成绩差，受到两次学业警告，照这样下去，绝对是毕业困难户。那段时间我就在想，学生之所以是这样的状态，不是因为学不会，而是因为没有动力去学习。怎么给学生动力？我的想法就是同学生一起学习，同时让学生对学习有所期待。我开始与有十几门课不及格的 12 名学生谈心谈话，了解学生对待自己学习的态度。在他们不知道的情况下，为他们制作了一个爱心小本，记录每次与他们谈话的内容。也和他们说好，每周进行一次学习交流，聊一下这周的收获。很让人开心的是，那学期期末这 12 名学生的成绩都比之前要好很多，而且 7 名同学没有挂科；还有 1 名同学只挂了一科，新学期开学补考也过了；其他 4 名同学挂科了，补考也没过，我和他们一起找原因,并安慰他们,挂科少也是一种进步,毕竟还有机会。

因为每周都会聊天、谈心,我和学生的关系也好了起来。他们知道辅导员对他们好、对他们有期待,就会很努力地不想辜负辅导员、不想让辅导员失望。因为这个学期,学生每次有进步的时候总是会想到我,而他们能给我讲他们的进步之处,这让我很开心,我觉得自己的付出是值得的。

今天下午去办公室的路上,我迎面碰到这12名学生中的一名。看到我,他折回来,说要陪我去办公室,在路上聊一会儿,跟我说的第一句话是:"老师,我这学期没有挂科哦,平均学分绩点2.98,之前挂的科也都补回来了,不欠账的感觉很好,入校以来的平均学分绩点是2.1,我可以拿到学位证了。"(我们学校要求毕业前的平均学分绩点高于2.0才有学位证)。然后他又跟我讲:"这学期有门课应该考90多分的,结果看错题了,有个数字代入错了,结果没考好,得了85分。"听学生讲他考试的故事,那一刻,我感觉很幸福。

晚上,同样是这12名学生里的一名,把入校以来的平均学分绩点截图给我,2.02,他这次考试没有挂科,也同样把之前挂的科都补回来了。他还告诉我,他在成绩出来后便第一时间告诉了我。这名同学之前因为挂的科太多,要降级,我拦着不让。我心里清楚,如果降级到低年级,他可能会比现在更差,因为他要重新修课、融入新的班级。而且,以往年学生降级的经验来看,情况并不会好转,唯有心态转变才可以,而有了心态的转变,即使不降级,依旧可以毕业。于是我就让他先试着补补,然后一直跟踪他的学习进展。结果他也真的做到了,可以正常毕业了。

知道消息之后的那种作为辅导员的成就感,我无以言表。因为你做的事情,学生会记在心里,会因为辅导员的努力、关注、期待、陪伴而取得进步。他们的那种开心也让人感觉幸福。类似的事情还有很多,职业幸福感大概就是这个样子吧。一句话、一件事,真的可能会影响学生的一生。谢谢曲老师听我说这么多。这些事情好像只能对您讲,这是属于我和学生之间的,也是我选择这份职业的幸福。

您之前跟我们讲,学生会受您的影响而进步。这份职业真的就是这样,学生总是会时不时地让我们看到希望,让我们看到用心的付出会有收获。念念不忘,必有回响。辅导员心里想着学生,学生也一定不会辜负我们所望。

愿曲老师幸福。

学生:××

看了这封信,我想起不久前看过的一个辅导员在群里写的一篇文章,也是谈帮助学生学习的。不过有所区别的是,她不是“帮困”,而是助力考研。这个辅导员指导考研有一套办法,为了学生能考上研究生,她下了很大的功夫,一些学生在她的帮助下成功地考上了。我想给这个辅导员写封信,谈谈帮助学生学习的事。

××,你好!

看了你写给我的这封信,给我的第一感觉是你很用心,为了帮助这些学困生,你下了很大的功夫。这使我想起不久前有个辅导员在群里发的一篇文章,一些学生在她的帮助下考上了研究生。你们俩的共同点都是帮助学生学习,不同的是你帮的是“学困生”,她帮的是“考研生”。你们这种关心学生的情感、责任心是应当被充分肯定的,但是,我想借用你们说的这些,来跟辅导员们谈谈应不应当帮助学生学习的事。因为像你们这样把着力点放在帮助学生学习上的辅导员很普遍。

辅导员应不应当帮助学生学习?这是问题吗?现实中它已经成了问题。说它是问题,是因为很多辅导员着急的是学生怎样把学习搞得更好、能不能毕业、能不能考上研究生,而没有很好地帮助学生解决为什么要把学习搞得更好的问题。其实,说到根本,怎样把学生的学习成绩搞得更好的问题是教学部门的事,教务处应当抓好教师队伍的教学水平,加强教学管理,采取一套激励措施以充分调动学生的学习积极性。

辅导员主要是管学生的学习目的。要解决好学生为什么上大学、怎样上大学的问题,也就是解决好培养什么样的人、怎样培养人、为谁培养人的问题。

这个问题不解决,学习再好又有什么意义?弄不好会适得其反。有些大学生德行不够,能力却很强,这将来会不会帮助美国跟我们打贸易战?我们常说的一句话是“科学没有国界,但科学家有祖国”,说的不就是这个道理吗?所以辅导员不是不可以帮助学生学习,而是一定要在帮助他们达到了学习目的的前提下,再力所能及地帮助他们学习。

道理很简单,辅导员是人生导师,设立辅导员教师队伍,是为了帮助学生系好人生的“扣子”,给学生心灵埋下真善美的种子,也就是解决学生的价值观问题,不然就没有必要建立辅导员教师队伍。这一点,辅导员一定要记在心上。不能种了别人的“地”,荒了自己的“田”。

现在的辅导员都是硕士、博士毕业，这在客观上使辅导员有了学习(专业)特长且运用起来得心应手。不过千万不能以此替代思想政治教育。辅导员一定要学会另一手，而且是主要的一手，那就是做好学生的思想政治教育。要拿出帮助学生学习的劲头帮助自己，迅速提升自己的思想政治教育水平。当下一些辅导员思想政治教育水平还达不到应有的高度，甚至还存在着不及格的现象，恐怕这比学生考试不及格、考不上研究生更值得关注。

正确地看待辅导员职业技能大赛

2019-7-17

有个辅导员问我:“您对辅导员职业技能大赛如何看?”他认为比赛更多的是含有表演意义,一些嘴巴比较“笨”、脑子没有那么“灵活”的辅导员都没有机会参加。那么,应该如何看待这类比赛?我想做这样的回答:一定要正确地看待辅导员职业技能大赛。

这些年,由教育部思想政治工作司主办、全国辅导员研究会承办的辅导员职业技能大赛,在国内许多高校中举办。广大辅导员积极参赛,能力素质得到了很大的提升,对大赛应当给予充分的肯定。但是,应当注意的一个问题是,有的高校把大赛看得过重,乃至于举全校之力支持学校的选手参赛,为选手创造一切能创造的条件,大有势在必得的架势,以期获得好的名次,似乎这样就代表了学校思想政治教育的水平,显然不是这么回事。

学校的思想政治教育水平怎样,是通过全员、全过程、全方位体现出来的,一个辅导员职业技能大赛选手的比赛名次怎能代表呢?因此,参赛学校一定要做好、做实学校的思想政治教育工作,正确地看待辅导员职业技能大赛,把大赛看成推动队伍建设的一个平台,以带动学校辅导员队伍整体水平的提高,这是参赛的前提和目的,不然就失去了参赛的意义。

对辅导员个人更是如此。具有了参赛所要求的职业能力无疑是搞好学生思想政治教育的重要条件,但是这毕竟不是根本条件。从一定意义上讲,这些职业能力还带有纸上谈兵的特点,还是花架子,到底有没有用,

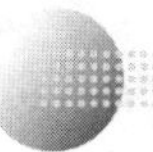

要到实践中检验。1942年2月1日,毛泽东在延安中央党校开学典礼上做了《整顿党的作风》的报告,强调:“马克思列宁主义理论和中国革命实际,怎样互相联系呢？拿一句通俗的话来讲,就是‘有的放矢’。”

什么叫“有的放矢”？有的放矢的真谛就是“拿马列主义的箭,射中国革命诸问题的靶”。这就要求辅导员一定要做理论与实践相结合的人。有了职业能力是好事,但是千万不能把它束之高阁,不然有这般“武艺”也是无用的。所以,有的辅导员虽然比赛成绩很好,但是并不一定能把学生工作做得最优秀;有些嘴巴比较“笨”、脑子没有那么“灵活”的辅导员,虽然他们没有机会参加辅导员职业技能大赛,但这并不代表他们就做不好辅导员工作,恐怕论起实际工作来,这些人的业绩比有些大赛获奖者还要更突出。

莫逼着学生干部向你反映同学情况

2019-8-24

前两天有个学生干部跟我说,他很苦恼。原因是他的辅导员动不动就逼着他反映同学的情况。若是跟辅导员说吧,他担心同学知道了会另眼看他,他和同学就不好相处了;不跟辅导员说吧,又怕得罪了辅导员,辅导员要是找他的麻烦怎么办?

学生干部是辅导员工作的助手,应当主动帮助辅导员开展学生工作。有些同学做错了事,学生干部要及时劝说和阻止,不能视而不见。不然不仅是不关心同学,最终还会害了同学。对于有些解决不了的问题,学生干部有必要及时反映到辅导员那里,让辅导员做同学的工作,以避免同学犯更大的错误。这样做有的同学会不理解,但是只要你是真心地为他好,同学一定会理解的,即便一时不理解,时间长了也会理解。

我们有些学生干部做事没有原则,和同学一团和气,这在一定程度上助长了同学犯错行为。等同学回过味了,不仅不会感激你,还会责怪和怨恨你。所以,学生干部该向辅导员反映的问题,一定要及时地反映。

辅导员的工作一定要做得深入细致。你或许做不到对每个学生每时每刻在想什么都了如指掌,但是对每个学生一般会想什么还是应当清楚的。

有的学生干部没有原则,工作不主动、不配合,甚至对同学的错误采取包庇的态度。对这类学生干部,该批评的要严肃地批评,该调整的要及时调整。这样徒有虚名的学生干部不仅对我们的工作没有帮助,还可能影响我们的工作。辅导员绝不能让学生干部与我们三心二意。

同时,辅导员也一定要为学生干部着想。他们和同学吃住在一起,如果同学有点事情他们就反映到辅导员那里,对辅导员来说,可能只是一时一事,可是对学生干部来说,有的确实就和同学结下了4年的怨恨,甚至更久远。

辅导员不能将工作简单化,学生的情况能自己了解和掌握,一定要自己了解和掌握,千万不要逼着学生干部反映学生情况,弄不好还会培养出"投机"分子,整天看着辅导员的脸色做事。

教育要为学生的一生负责。若是真培养出了这样的学生干部,等他们将来走上工作岗位,乃至于做了大干部,岂不是很可怕的事嘛!

保证公平的教育环境

2019-8-27

有个辅导员问我:新生开学了,辅导员最应当注意什么?我说从新生一入学,就一定要创造公平的教育环境。

什么叫公平的教育环境?就是公平地对待每一个学生。受多方面因素的影响,当然主要是自身追求的影响,有的辅导员做不到公平地对待每一个学生。有的辅导员也了解学生,但是看的是学生的父母能不能帮上自己什么;有的辅导员得到了学生的一点好处,便把其安排成了学生干部,或安排到了条件好些的寝室,并给予了更多的关照……这是辅导员工作的大忌。我写过这方面的文章,千万不要把学生分成“三六九等”。

辅导员一定要一切为了学生、为了一切学生、为了学生的一切。一些辅导员得不到学生的认同,不是差在能力上,主要是差在对学生的公平性上。许多学生毕业后和辅导员感情不深,这是重要的原因。

我从做辅导员的时候就非常注意这一点。我有 9 本工作手册密密麻麻地记着每一个学生的情况。我了解学生的家庭情况就是为了更好地帮助他们。尤其是对那些家庭生活困难的学生,我一般会给予他们格外的关心。

刚留校做辅导员的时候,我就去过许多学生的家,从有的学生家走时,我还尽量地给他们十块八块的。那时我每个月好像也就挣 48 元钱。有一次我去了一个生活困难学生的家,我一咬牙,给了这个学生母亲 20 元钱。这个学生的母亲念叨了我一辈子。2018 年我还去看望了这位 90

多岁的老人。

我曾到过一个学生家家访。这个学生家里经济很困难。我走后这个学生告诉我她妈掉泪了。她妈说："咱们家穷，没人瞧得起，谁也没来过咱家。你老师来了，你一定要听老师的话。"我鼓励她好好学习，用知识改变命运。这个学生以优异的成绩被保送到浙江大学硕博连读。

辅导员别太短视了，要培养大气的学生，让他们为祖国、为父母多承担责任。这样，学生有作为的时候，会多感激你！不然收受学生的"小恩小惠"，多让学生瞧不起。等学生离开了，你想弥补还没有机会了呢！

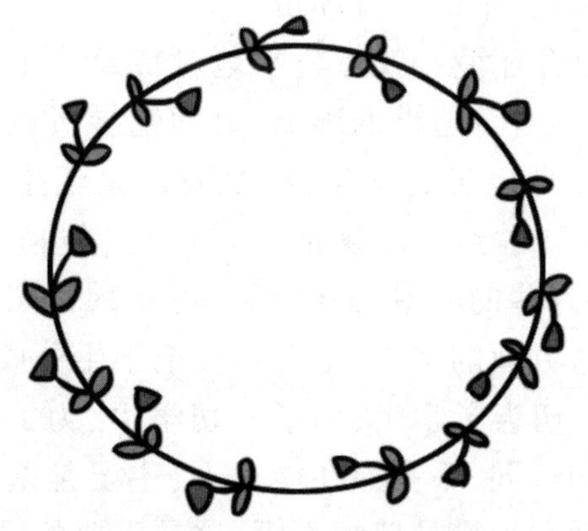

代沟不是因为年龄而产生的

2019-12-6

有个老辅导员给我写了一封信，信里谈到了代沟问题。很多辅导员谈到和学生有代沟。此前我写过这类文章，借这封信我再谈两句。

曲老师，您好！

我之前是在行政管理岗位工作，出于对辅导员工作的热爱，在2017年年底的时候转到了辅导员岗位。

我是真的喜欢跟学生打交道，想把辅导员这个职业作为自己的事业一直做下去。但是身边有很多很多刺耳的声音：有人说辅导员就是年轻的时候做一做还行，年龄大了跟学生之间有代沟了，就没法做了；还有人说，辅导员在学校就是最底层的岗位，没有追求的人才会一直做。

说实话，这些声音一度让我对自己的想法产生了质疑。今天听了您的报告，我更加坚定了自己的想法，我会坚守初心，努力做一名优秀的辅导员，无愧于自己、无愧于学生！

谢谢您。

代沟不是因为年龄而产生的。“代沟”一词的本义是因年龄而出现的代际沟壑，这是从自然的视角来说的。一些人把它原原本本地套用到思想政治教育当中，认为辅导员若是和学生年龄差大了，必然会产生代沟，这种结论是不科学的。

事实说明,在思想政治教育领域,即便辅导员和学生之间出现了代沟,也不是因年龄造成的。那是怎样造成的呢?原因是多方面的,其中一个重要的方面是因思想理论水平不够造成的。从某种角度来说,辅导员和学生之间的代沟恰恰不是因为年龄大,而是因为年龄小。

辅导员是大学生的人生导师,是要帮助学生把握人生方向的人。若是自己还在成长期、缺乏人生经验、思想理论不成熟,怎么告诉学生人生往哪里走、怎样走?现在这种"娃娃导娃娃"是产生思想沟壑的一个重要原因。有些大学生不愿意跟辅导员交流,是因为跟你交流了你又能告诉他什么?岂不是浪费时间?为什么有些辅导员虽然年轻,但把学生引导得很好,那是因为他注意学习,借鉴了别人的经验。

所以,千万别把代沟一言以蔽之为年龄造成的,更不能以此搪塞我们的教育责任。一定要加强学习,增加思想政治教育的本领,这是避免产生代沟的一个重要途径。

我在 20 世纪 80 年代做过辅导员,到现在又做了辅导员,没有因为年龄差大而使学生疏远了我。这里除了情感因素之外,很重要的是他们都"说不过"我,学生是愿意追寻真理的。我开通公众号之后,有很多学生想跟我交流,但我确定是没有时间,所以在公众号上我几次表示歉意,今天也算一次吧。我在学校里,很多学生都约我谈话,若是和我谈话了,他们会发朋友圈说"我和曲老师谈话了"。

非常高兴你能回归初心,又坚定了做一名优秀辅导员的决心,努力前行吧!

至于你谈到的有人认为没有追求的人才做辅导员,等我有机会再专门谈一下。

祝好!

思想政治教育要细致入微

2017-7-23

对大学生进行思想政治教育,一定要做到心中有数,防患于未然。这就要求我们及时发现和解决学生存在的问题,引导他们按照教育者的要求发展。

在我刚留校做辅导员的时候,我每天都要到学生寝室看一看,跟学生打个招呼、道个晚安。有一天,我看到有个学生床边的墙上画了一个符号,因为还有其他同学在场,我就没有当面问她。

第二天课间的时候我问她为什么要画这个符号。这一问不要紧,她马上激动起来。我赶紧把她领到办公室,给她倒杯水,让她坐下慢慢说。她像水坝打开了闸门似的,把憋在心中的怨气全部倾泻了出来。

刚开始,她说那天午间她刚要休息,有个同学把门"咣当"给关上了,就是不想让她休息。我说我找那个同学问问,若是故意的,让那个同学向你道歉。她说:"我知道她不是故意的(这个学生端着水盆要到水房,结果没把住门把手,门被风给关上了),这个社会就是坏人多。"她接着讲了在小学、中学、村里,大家都是怎么"欺负"她的,都不愿搭理她。她说有一次参加学校的支农劳动,老师安排别的同学跟车往地里送粪,却安排她在猪圈里掏粪。就是这样,时间一长,她养成了仇视社会、仇视他人的心理。

为了做好她的思想工作,我先后认真地同她谈了20多次话。在她过生日那天,我准备了一个笔记本,让她班上的每个人都写上一句生日的祝福语。晚上的时候,我和几个班级干部一起到她寝室,当面把这个笔记本送给了她。那天窗外还下着大雨,看到大家来给她送生日祝福,她感动地流下了泪水。她感受到了同学们对她的关心和帮助。有一次我还从别人那里要了两张电影票,陪她在学校礼堂看了一场电影。她的自信心回来了,这个学生圆满毕业了。谈起她的大学生活,她对我也很感激,她说若不是遇上我,她的人生命运不知会是什么样。

我在大连海事大学做公共管理与人文学院2013级辅导员的时候,首先从阅读学生档案来寻找“工作点”。有个学生的名字写得根本看不清楚,我当即给她发了一段短信:

××,你好!

我正在看你填写的入学登记表。你的名字写得不清楚,若不是知道你叫××,真看不出你写的是什么。

你们这代人生长在网络时代,加上各种考试需要书写速度,这使得你们的文字书写工整度被忽视了。我在我的母校工作时,有个单位要招聘一个员工,通过学校的介绍,用人单位对学校推荐的这个学生比较满意,想录用他(20世纪80年代还实行计划分配)。但是看了这个学生的档案后,用人单位不打算录用这个学生了。用人单位觉得这个学生不认真,自己的名字都写得乱七八糟。虽然这有点绝对,但从事物的普遍联系来看,还是有一定道理的。

你们都感到了今天社会竞争的激烈,激烈在哪里呢?有些需要惊天动地的较量,有些则在细微之处,正所谓细节决定成败嘛。要养成认真的习惯,举一反三,事情能做好的一定要把它做得更好!这不需要多付出些什么,关键要有好的态度!

你适应北方的天气吗?注意调整!祝好!

这个学生回复说:

“谢谢曲导!真没想到您这么认真。我记住了,以后无论做什么我一定都认真地去做。”

我们不是神。我们不可能知道学生每时每刻都在想什么,也不可能知道学生每时每刻都在做什么。但是,为了增强思想政治教育的实效性,需要我们尽量知道每个学生会想什么、会做什么。这就不能“想当然”，就要深入学生，与学生打成一片。也就是心中要有学生，把他们的事当回事。

辅导员就应当培养有格局的学生

2020-2-3

曲老师,您好!

打扰您了!今天我收到了维吾尔族学生去当志愿者的消息,我特别高兴。孩子们真的长大了,也有了社会责任感,在国家有困难的时候,能够主动去力所能及地贡献自己的力量。孩子说是受了我的影响,我特别欣慰。身为一名辅导员,能够言传身教,用自身去影响学生,让学生能够以你为荣,我想这就是幸福。

我现在带了14名维吾尔族学生,我把他们当自己的孩子一样对待,经常陪他们谈心,带他们吃饭。他们心情不好的时候、遇到事情的时候,包括家里有什么事情,都会第一时间跟我说,我们像一家人一样。

前两天,一个孩子家里有急事,需要用一万块钱,她跟我说了这个事情,我马上给她拿了钱。她在最需要帮助的时候,第一时间想到的是我,我觉得她从内心就把我当成了她最亲近、最信任的人。

对于我的维吾尔族孩子们,我不仅希望他们在我的教育下能够健康成长,更希望他们能够学有所成、成长成才,将来能够为国家和社会贡献自己的力量。

之前您写的两篇文章强调,不要总去寻找学生的缺点和要对学生好一点,我深有感触。孩子们都是单纯可爱的,如果辅导员能够教育引导好他们,能够发自内心地对学生好一点,那我认为学生们没有缺点,反而都很优秀。

我当辅导员已经12年了,我一直坚持全心爱我的学生,能够给予他们的关心和帮助,我都会毫无保留地给他们,不仅仅是因为辅导员的责任,更多的是对于辅导员工作的热爱。

我所面对的不仅仅是我的学生,还有他们身后的家庭,我要对学生负责、对他们的家庭负责,我想这也是对社会负责、对国家负责。我会以您为榜样,继续踏实地做辅导员,我也会继续用我的全部真心和爱,去真诚地爱我的学生、爱我的工作!

××,你好!

看了你写的信,我也被你的精神和行为所感动。今年年三十的时候,我写了关于新冠疫情方面的文章,就是希望我们每个人都能做好我们应当做的事情。作为一名辅导员,你很好地担负起了培养学生的任务。也正是你的这种付出,才结出了思想政治教育良好的果实,由此也彰显了我们辅导员队伍的价值所在,展现出了我们辅导员的风采!

您辛苦了!为武汉、为中国,加油!

不要总去寻找学生的缺点

2020-1-17

曲老师,您好!

我是××职业技术学院的××,算是半个专业课教师,因为教的课程是专业基础课建筑制图,但我同时也是一名班主任。今天上午听了您的报告,感触挺深,虽然我一直是本着对学生负责的态度去工作的,但是相对您来讲简直不值一提。

我们平时过多的是去发现学生的缺点,很少去关注学生的优点,导致一部分学生习惯了被指责,而失去了回归本真的机会。这几年我一直在学习中国传统文化,在学习的过程中收获很大,平时也会鼓励学生做回自我,也会引导学生去热爱我们的文化。

听了您的报告,我觉得您是真正做到了知行合一。对于广大的老师来讲"知"不难,难就难在"行"上,大部分都是"理论上的巨人,行动上的矮子"。如果能早几年听到您的教诲,我相信我会有更快速的提高,真心希望以后能听到您的品德课。

××,你好!

你写了这么多,今天才回复你,实在抱歉,希望理解。

著名教育家陶行知先生说:"千教万教教人求真,千学万学学做真人。"对一名教师而言,排在第一位的还是教育学生把人做好。为什么要有知识?说到底也是为做人服务的。人都没做好,知识学得越多恐怕对社会的危害越大。

你是班主任,对学生成为一个什么样的人有直接的影响,一定要有教育的情怀。我们现在有些班主任为学生做些事是不得已而为之,因为要评职称、有考核任务等。在大学里工作了一辈子,没有自己带过的学生应当是不圆满的。

你说的那一点也很有道理。不要总去寻找学生的缺点,要去关注学生的优点。尤其是对高职高专的学生来说,在当今以分取人的环境下,社会更是把他们看矮了、看低了,这是错误的教育观念。我多次讲过,人的崇高和学历没有半点关系。"最美奋斗者"张富清老人什么学历都没有,却站到了做人的最高峰。对学生就是要多鼓励、多引导,给他们信心。

要求学生知行合一,教育者首先就要知行合一。教育是互动的过程,教育者是动力源。教育者的初始力越强,对学生的推动力越大;教育者的推动力越持久,对学生的作用力就越久。希望你能成为给学生持久推动力的班主任。

飞机着陆了,我就写到这里。祝假期愉快!

曲老师,您好!

谢谢您的回复。

您的事迹就是我一生的奋斗目标,王阳明曾说过"破山中贼易,破心中贼难",实际上人的一生就是不断破"心中贼"的过程,破除心中的"小我",才能实现人生的"大我"。

我当初申报班主任职务的时候并不是为了评职称,因为之前的经历已经够评职称了,我只是觉得作为老师不接触学生就不能真正地上好课。只有了解了学生,讲课才能对症下药。每学期学生评课我都是全优。但是看了您的事迹,我觉得我的这点成绩根本不值一提。祝您老身体健康,好人一生平安。

在"麻烦"中奏响人生的乐章

2020-01-11

前些天在我做完报告后,有个工作了近15年的辅导员给我写了封信。我很感动,并给她回了信。

曲老师,您好!

很高兴认识您,我是××高职院校的辅导员××,下午听了您的课,被您的大爱和事迹深深感动着!

自我介绍一下:我出身教育世家,爷爷和父亲都是教师,所以我的理想就是当一名人民教师。2004年我毕业于××师范大学教育学专业,担任了一年专职思政课教师,从2005年开始担任专职辅导员兼任思政课教师,我也是因为喜欢学生而立志终身担任辅导员,其间有好几次从政的机会,都让我拒绝了。

虽然我从事辅导员工作近15年了,但是跟您比,我需要学习的东西实在太多了!我会时刻关注您的公众号和朋友圈,也许会随时向您请教问题打扰您的,还请您不吝赐教!

有个建议不知该不该提,现在国家有辅导员专项博士计划,不知道您有没有考虑开个专门培养辅导员的博士班?这样可以有充足时间和多种途径全面向您学习。如果您能培养出一批像您一样热爱学生的辅导员,跟您一起把爱传递给更多的学生,那将是多么美好的事情!

语无伦次说了这么多,也不知对不对,从您的课中我找到了很多共鸣,也找到很多我想做又不知该如何去做的事情的答案,您让我找到了学习的目标和方向,我会坚定信念,一直在辅导员岗位上干下去的!

××,你好!

看得出来你对培养学生还是有很深的感情的。你已经从事了近15年的思想政治教育工作,总的看辅导员队伍建设在不断加强,但是还有很多不能令人满意的地方,但是你却拒绝了离开的机会,这是难能可贵的。

我非常赞同你的这种选择。为什么非要离开辅导员岗位呢?辅导员怎么了?不就是“麻烦”事多一些吗?这又有什么呢?正是这些“麻烦”事奏响了辅导员人生的乐章,才让学生记住了我们。回想一下我的辅导员工作,往往越是“麻烦”多的学生和我感情越深。

你做了近15年的辅导员工作,算起来在辅导员工作岗位上你还会做20多年。想一想如果4年带一届学生的话,你起码还会带5届学生,一届若是200多人,这就是1000多名学生,这是多有价值、多值得从事的一份工作、一项事业啊!

谢谢你的认同!你有清晰的目标和方向,那就坚定地走下去。我相信你会做到的,也期待着你在辅导员工作岗位上不断取得佳绩。

飞机要着陆了,就写到这里,等一下就发给你。到大连联系我。

你把你的详细地址告诉我,我把我写的书签名、邮寄一本给你做纪念。

祝开心快乐每一天!

怎样看待辅导员开通公众号

2020-05-09

常有辅导员问我怎样看待辅导员开通公众号。我也一直想写一下我的看法。前些天有个辅导员写了很长一段文字问我这个问题,并且给我打了赏,我觉得这应当是个“真问题”了,有必要来谈谈,再说也得“对得起”这份“打赏”。

曲老师,您好!

我刚向“仍然在路上”公众号转了一点钱,这是我的一点小心意。特别要向您致敬!您的语言文字是有无限魅力和能量的。人的信念一旦坚定就只管风雨兼程,勇往直前!这是我从您身上感受到的满满正能量。

近日,我看到一篇文章,得知原来开原创公众号达到一定的阅读量是可以有额外收益的。但我在您的公众号没有看到任何的广告插入,您将思想政治教育做得如此纯粹、如此高贵。相反,我发现有的辅导员公众号运营得非常好,但是随着阅读量的增加,一篇篇推文广告越插越多。到底是为了广告收益运营公众号还是为了公众号基本运营得到保障而同意链接广告?对此,您怎么看?

××,你好!

首先谢谢你为我的公众号打赏。

从辅导员工作的性质来看,我是不主张辅导员开公众号的。

原因是:辅导员的主要工作对象是所带的年级的学生,主要做的是学生的思想政治教育工作。而要做好学生的思想政治教育工作,一个首要的前提是对学生了如指掌。辅导员不是常讲"两眼一睁,忙到熄灯;两眼一闭,提高警惕"吗?辅导员工作要细致、细致、再细致,深入、深入、再深入。从这个角度来看,辅导员是没有时间开通公众号的。

我从2013年暑期开始做年级辅导员到2017年他们毕业,我就没有开公众号。我和学生建立了微信群,我每天都和他们交流。我把历史上当天发生的大事、出现的重要人物进行评述后发送给学生;当学生过生日,我根据他们的情况,给他们写少则上百字、多则上千字的生日祝福;社会上发生了一些事情,我也会把评述发给学生;毛泽东诞辰日、"平安夜",我都给学生发过上万字的微信,让学生学习毛泽东、正确地看待宗教;有的学生在群里发了一张吃小吃的照片,我给她写了近千字的信息,她向我保证一定多去图书馆,她做到了;有个学生在群里发了一张她自己的穿着不太得体的照片,我跟她私聊我的看法;有个学生在群里的留言不恰当,我跟他私信交流……就是说,仅考虑这些,你就知道辅导员是没有时间打理公众号的事的。

在4年的时间里,我和学生之间交流了200多万字。很多微信都是我在等车、候机、坐出租车的时候写的。从参加工作那天起,我就要求自己:不能让学生在思想上犯错。另外,从群体上我不主张辅导员开通公众号,这是因为辅导员这支队伍比较年轻,我们目前只是希望辅导员职业化、专业化,没有从专家化角度考虑辅导员的学术背景,这就出现了两个"先天不足",一是阅历不足,二是理论素养不足。大多数辅导员难以对"公众"事务有"真知灼见",弄不好甚至会产生不好的影响。就像这段时间社会各界都在表达对"方方日记"的看法,没有一定的"功底",就会陷入"公说公有理,婆说婆有理"的怪圈,弄不好还会误导学生。

从辅导员个体来看,我还是赞同有能力的辅导员开通公众号。这是因为这些年国家对辅导员队伍建设越来越重视,一批阅历深、经验足、理论素养高的辅导员成长了起来,他们对社会上发生的"公众"事务有着较深刻的认识。另外,今天的教育已经是"大教育",早已跳出了学校范畴。

辅导员作为一支从事思想政治教育工作的队伍,理所应当对社会上存在的思想观念进行评判,这是构筑共同理想的需要,更是树立社会主义核心价值观的需要。

从一定意义上讲，只有社会这个大课堂风清气正，学校这个小课堂才能“理直气壮”。由此可见，不仅是辅导员，我们整个思想政治教育队伍的聚焦点、关注点也应当有所调整，要将小课堂与大课堂统一起来。习近平总书记的“六要”中为什么还强调了要“网上网下”一致？为什么提出要破“五唯”？这些都需要我们认真研究。

2017年7月，我带的那届学生毕业后，我正式开通了公众号。一开始我每天推送一篇原创文章；后来又改为节假日不定期推送；再后来我又改为一天推送一篇原创文章。

我克服了很多困难，推送了260多万原创文字。截至目前，粉丝有10多万。主要是家长、学生、辅导员、思政课教师等群体，给我留言几十万字(有的发在我的微信里)，大多是感谢我给他们提供了正能量。去年1月，应粉丝的要求，我开通了“打赏”功能，我承诺将所有打赏用于我设立的“励志基金”。到今年1月5日，共收到打赏8万多元，我个人又拿了1万多元，共10万元，我已经公布了截图。这次战“疫”中，我们学校有90多名家庭困难学生做了志愿者，我通过团委给了他们每人1000元的补助，还给了几名孤儿和家庭生活困难的新疆少数民族学生每人500~1000元的补助。到年底，我会把今年收到的打赏向大家公布，使用去向也会告知大家。

现在有的辅导员朋友开通了公众号，也有一定的影响力。刚才说了，从为社会和学生提供正能量的角度看，辅导员应当把公众号做好。不过确实有这样几个问题：

一是种了“公共的地”，荒了“自己的田”。我虽然不做年级辅导员了，但我还是主动地担当了我们学校新疆和西藏少数民族学生的指导教师。每个学生过生日，我还是要给他们写生日祝福的；他们有一些思想上的困惑，我还是要跟他们交流的；还有我任课的学生，虽然课堂教学结束了，我现在还是争取给每个学生写生日祝福，就是嘱咐一下他们，让他们有困难找我。

二是一定要突出主题。说简单些，就是主要为学生、为辅导员提供正能量。这次我对“方方日记”和一些“挺方”学术“大家”进行了评论，就是因为“方方日记”在境外出版，一些“大家”力挺，给学生包括有的辅导员的思想带来了一定的混乱，这直接影响到我对学生的教育，所以我认为我必须发声。而对房地产我就没有看法，那不是我的专业，离学生教育比较远，所以我就不发声了。我们有的辅导员的公众号有时偏离了“主题”，这就失去了开公众号的意义。辅导员千万不要为了开公众号而开公众号。结果下了挺大的功夫，却没有达到想要的效果。还有的公众号文章推送比较讲究形式，虽然这有一定的必要，但是形式还是要为内容服务。有的辅导员可能还组织了团队，弄不好还无偿占用了学生的时间，给学生带来了“利益”损失。我的公众号我只聘用了一个学生在后台给我推送，我给他劳动报酬。

三是处理好广告问题。自从开通了公众号，能有几十家广告商跟我商量商务合作的事。我希望多些钱，但是我没有时间跟他们商量。主要考虑商家不可能像我这样：为学生提供正能量，多给学生弄些钱。若是参与一些商业活动，我会不会被“绑架”？那就失去了我开通公众号的意义。就我个人的意见，我是不主张辅导员开通公众号搞商务合作的。如果是公益性广告，还可以适当考虑。尤其是一旦瞄上了商业价值，那思想政治教育的功能就将大打折扣。到头来，会不会“公共的地”和“自己的田”一起荒废掉？

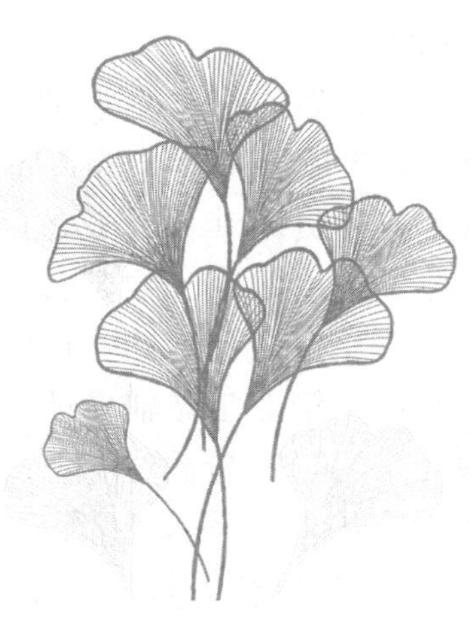

怎样看待河南大学招聘专职辅导员(博士)

2020-05-13

河南大学发布招聘专职辅导员(博士)公告后,网上对此引发热议,有的同事也问我怎样看待这件事。其实,这些年一些高校陆陆续续在招聘专职辅导员的时候,就出现过博士毕业生应聘的情况,有的学校还出台了博士优先的政策。像河南大学这样只招收博士毕业生做辅导员,并且一次招收15人还是不多见的。

辅导员应不应当由博士来做?这涉及对辅导员教师的定位,以及辅导员队伍建设的价值追求,也就是涉及辅导员到底是一支怎样的教师队伍的问题。从这个角度看,辅导员跟其他专业教师一样,也应当是博士毕业。这是因为,辅导员是大学生的人生导师,思想政治教育也是一门学问,没有学术素养,怎能为学生解疑释惑呢?自然也就做不好大学生的人生引路人。为什么现在招博士毕业生做辅导员会成为热门话题呢?主要是博士毕业生相对来说还是“紧缺”资源,用来做辅导员习惯上认为是“人才贬值”或“人才浪费”。我想,再发展些年,等高等教育普及后,博士毕业生也会相应地增加,这样只要从事高等教育工作的,恐怕就都要博士毕业了。管理也是学问,也需要专业人才,那时若辅导员需要博士毕业生,大家也就习以为常了。

那么河南大学是有“超前”的眼光吗?显然不是。要我说就是在“跟着感觉走”。从招聘条件来看,只有中共党员这个条件是从事辅导员的一个“硬性”条件,其他的除了学历可以认定外都是“虚的”。

如果按照辅导员工作也是学问、辅导员也是教师的原则来选聘辅导员,那是应当有思想政治教育学科及其相关学科背景的,这里显然是认为辅导员教师是谁都能当的。另外,招聘条件中也有明确说明:专职在辅导员岗位上连续工作至少4年。什么意思?4年后就可以转岗了。这哪有辅导员队伍建设职业化、专业化的制度设计?可想而知,这4年很多博士辅导员会做不是自己专职工作范畴的事,这就势必“身在曹营心在汉”。一些负责任的辅导员会把精力尽量多地用到学生身上;有的则从入职就开始想“出路”,辅导员工作就只能是在那应付着。

既然不是从职业化、专业化的角度考虑,为什么一些学校要求必须博士毕业生才能做辅导员呢?无非出于这样一些考虑:

1.满足了教师学历结构的需要。评估的时候,学校教师有博士学位的占比高,评分高。

2.满足了思政课教学和其他专业教学的需要。一些高校博士毕业的辅导员,一边从事辅导员工作,一边从事思政课教学和其他教学工作,多重身份。统计辅导员数量的时候,他们是辅导员;统计专业教师数量的时候,他们又成了专业教师。“周瑜打黄盖,一个愿打,一个愿挨。”

3.有的也确实是为辅导员“着想”,认为辅导员这个职业不能做一辈子,有了博士学位“出口”要“畅通”些。

4.有的博士毕业生想到高校工作,一时却没有合适的岗位,于是便为他们“开辟”了“迂回”的道路。

我以为,就目前来看,聘任辅导员的学历要求,没有必要必须为博士学位,同等条件下取得博士学位可以优先录用;辅导员聘任还是要从辅导员职业化、专业化的角度出发,考虑一下学科背景;辅导员聘任还应当笔试与面试相结合;解决辅导员教师发展的根本路径是承认他们的教师身份,按照辅导员教师的“教学特点”评职称;辅导员教师职称应有合理的结构,也就是一线辅导员教授、副教授、讲师、助教要有相应的比例;特别要随着大学制度的逐步完善来划清辅导员的工作界域。昨天我推送的公众号文章还提到了这一点:辅导员教师是高等教育不可或缺的一部分,一定要把这支教师队伍建齐、建强,使辅导员工作安心、舒心。要做到这样,除了辅导员自身的努力外,上面这些问题解决得如何尤为重要。

昨天教育部等八部门印发了《关于加快构建高校思想政治工作体系的意见》,其中特别强调了完善高校专职辅导员职业发展体系,提出建立

“职级、职称‘双线’晋升办法”。我也知道河南大学要“中部崛起”,那么能不能借招聘博士辅导员这样的“先手”,调整辅导员队伍建设思路,真正建强一支职业化、专业化的辅导员教师队伍?此前我在很多文章中阐述过,建一流的大学必须要有一流的人文教育。而高素质的辅导员队伍是建设一流大学不可或缺的。如果认识不到这一点,是不可能建设出一流的大学的。

我理解你,但是我替代不了你

2020-05-25

在辅导员问我的问题中,择业应当是占比在前几位的。关于择业,我也在我的公众号文章中多次谈到。不过我始终认为,择业和辅导员工作本来就没有什么本质的联系。

从工作界域上划分,辅导员是负责学生择业观教育的,不是负责就业率的。以前我多次说过就业率,说到根本,是经济发展问题,是教学质量问题。辅导员如果在学生的择业观上教育引导得好,对就业率一定会有帮助。但是,如果学生的择业观不正确,即便就业了,对社会也没有什么意义。因为教育是为学生的一生负责,是一项使国家长治久安的事业。所以,我常说,其实我们一些辅导员做的都是“无用功”。

当然,我也知道学生就业率是辅导员奈何不得的事情。这关键还取决于学校的办学思想,取决于学校领导的认知。

这个问题又是个连环的问题。我也知道有的领导也没有“办法”,上边也是把就业率当成了考核学校办学如何的“硬指标”,并且与经费拨款挂钩。这就出现了学校领导“压”学院,学院“压”辅导员的情况。

为什么不“压”专业老师呢?

首先在学生教育管理上,在大多数人的认知里,学生就是“辅导员的学生”,因此只要和学生相关的事便一股脑地推到了辅导员这里;更主要的是辅导员职业化、专业化队伍还没有建立起来,辅导员相对来说比较年轻,在学院里是“小字辈”的,因此可以被随意“支配”。你要是教授、副教授,也就“多年媳妇熬成婆”了。

因此,在大学制度还没有完善的情况下,在你还年轻的时候,别总是计较什么该干、什么不该干,只要对学生有好处,对学院的合理利益有好处,那就多做一些,我们不是讲团队精神吗?

辅导员是大学里离学生最近的人,也是学生最亲近、最信任的人。越是在还没有全员育人的情况下,我们越是不能置学生的利益于不顾。

我们有许多辅导员在帮助学生择业方面不辞辛苦地做了大量的工作,学生很感激他们。特别是今年的就业,又处在特殊的情况下。在刚刚召开的“两会”上,国家层面没有提 GDP 增长速度,却强调了优先稳就业保民生;教育部领导也是到高校调研推动就业工作,足见就业问题的重要性。

因此,在特殊时期,辅导员更应当把学生的择业观重视起来。当然,最好把择业观和就业率统一起来。这就需要早做工作。所谓两者的统一就是要先帮助学生确立正确的择业观,然后焕发出学生学习的动力,进而就会丰富知识、增强能力,让学生把择业当成实现人生价值追求的“桥梁”,这样就会“天生我材必有用”。

就业难受很多因素影响,学生自身能力素质也是重要的因素。我当年想去西藏做教师,择业观问题解决了,每天想的就是怎样提升自己。人的发展不是由智力因素决定的,是由“非智力因素”决定的,也就是取决于他的情感、责任和追求。我毕业做辅导员后,带了 80 个学生,我只带了他们两年多就调到另一个学院做党总支副书记了,我给他们打下了很好的思想基础。他们毕业的时候有 10 个人考上了硕士研究生,后来还有 2 个人继续读博,现在做了博导。而当时我们学校这些学生所学的专业没有一个硕士点。若是按照现在考研也算就业的话,我给学院增加了多少就业率?帮助学生就业一定要从学生一入学就开始,一定要从确立学生正确的择业观入手,等到学生毕业时再想起学生的就业,就已经晚了,说重些,这也是对学生的不负责任。

说几句辅导员教师出书问题

2020-05-31

随着职业化、专业化辅导员教师队伍建设的不断发展,一些辅导员教师的学术水平也在不断提升,出版的专著多了起来。有的是为评职称的需要,也有的是为工作的需要。

怎样看辅导员教师出书这个问题?

概括来说,这是好事,也是水到渠成的事,值得提倡。

辅导员是教师,把他们教学过程的实践加以梳理,由实践上升到理论,再用理论指导实践,这对加强辅导员教师队伍职业化、专业化建设,推动思想政治教育的发展大有裨益。

一些辅导员教师把他们出版的专著送给我阅读;有的希望我能给他们的专著写序。说实在的,有的问题我研究得也确实不深;有的我确实没有时间详细看书稿;有的观点我不是很认同,也就谢绝写序了。应当说,这些辅导员教师确实不容易,每一本专著都凝聚了他们大量的心血,有的专著也确实有实践基础、有理论支撑、有见地;有的则比较肤浅一些,像“流水账”,出版的意义不大。不过出一本专著毕竟要花很大的气力,甚至有的还要花费一定的财力,这就需要把好事办好。不然有的专著的出版就是劳民伤财。为此,我谈一下辅导员教师出版专著应注意的问题。

(1)为学科发展服务

出版专著一定要为学科发展服务。这就是要解决为什么出版专著的问题。

应当说,现在辅导员教师出版的专著,主要还是为了评职称的需要,因此往往追求“短平快”。结果是书出来了,职称评上了,该书的使命也就完成了。这是可以理解的事。

但是专著反映的是你对学术的追求。出版专著费了那么大的气力,不能只为解决一时之“饥渴”,要将你的学术追求体现其中。因为辅导员教师的学科背景是思想政治教育,这就要求专著要体现思想政治教育学科属性。其实,我们现在有的辅导员教师出版的专著,说好听的,既可以看成教育学、心理学、管理学、社会学等学科的成果,也可以归到思想政治教育学科;说不好听的,哪个学科都不像。思想政治教育学科需要借鉴其他学科的知识,就是说你的学术研究要以思想政治教育为主,在运用其他学科知识的时候,一定要为思想政治教育学科服务。

这是“主干和枝杈”的关系。只有研究了自己学科的问题,才有学术价值和意义,才有学术的延续性。我 1982 年毕业留校做了辅导员,1994 年出版了我的第一本专著——《理海泛舟》。我结合《邓小平文选》,结合马克思、恩格斯、列宁、毛泽东同志的有关论述,分析阐述了 44 个涉及大学生“四个自信”的问题。

昨天我又翻阅了这本书,对照一下美国社会的现实,我在书中分析的“资本主义到底是谁的民主”“资本主义绝不施舍民主”“‘三权分立’那一套我们不能搞”“不能抽象地谈论人权”“西方有什么资格谈论人权”“中国的事情只能靠自己来办”等问题,不用改动,放到今天同样适用。这就是学科属性问题、学术延续性问题、学科研究价值问题。

(2)要有专长

辅导员教师一定要有自己的学术研究专长。上面说了,辅导员教师学术研究大的方向就是思想政治教育。思想政治教育范畴又很大,有学校范畴、社会范畴。学校又有基础教育、高等教育。高等教育又有教师、学生等群体。我把自己定位在学生思想政治教育领域,其他研究都要为学生思想政治教育服务。

我独立出版的 20 部专著都是关于学生思想政治教育的。而在学生思想政治教育领域,我又主攻辅导员教师队伍建设、大学生爱国主义教育和学生思想政治教育管理模式领域。我的博士论文写的就是关于学生思想政治教育立体化(也就是全员、全方位、全过程的合力问题)方面的研究。理论思维可以“发散”,理论研究需要“聚焦”。就像有的院士是研究昆虫

的，他自然要懂得动物学、生物学、遗传学、化学等学科一样。学术研究不能"应景"，更不能急功近利，否则就是"黑瞎子掰苞米，掰一穗丢一穗"。辅导员教师要根据自己的兴趣和特长，早确立研究专长，并长期坚持下去，这样你的研究才会像酿造的酒，愈久愈香。

（3）理论与实践

辅导员教师一定要把握思想政治教育学科的属性。实践性应当是思想政治教育学科的根本属性。辅导员教师的学术研究一定要理论与实践相统一，要运用思想政治教育理论指导思想政治教育服务。因此，辅导员教师的研究就应当积极进行实践性的探索，坚持从实践中来，到实践中去。有的辅导员教师过于偏重理论研究，坚持从理论中来，到理论中去，结果"空对空"，其研究根本起不到对思想政治教育的推动作用。思想政治教育研究一定不能坐而论道。

我出版过专著《辅导员工作长效机制研究》，这是国家社科基金项目成果；出版过《学校教育与家庭教育相结合研究》文集，这是国家社科基金重点项目成果。这个研究的支撑是我去过 100 多个学生家庭、辽宁省辅导员教师去过 5 万多个学生家庭。我的一本专著《识读大学——一个老辅导员的心声》，获思想政治教育学科著作类一等奖，这是在我患癌症后对我 20 多年思想政治教育实践的总结。

这些有多高的理论水平吗？不是谦虚，离我们学科的学术大家有一定的距离，大家认可我的恐怕还是我的实践探索吧。

辅导员教师的研究一定要"围绕学生、关照学生、服务学生"，走进学生的心灵。上面提到我出版了那么多的专著，其实就是些工作体会，就是把每天经历的事记录了下来而已。我给学生、辅导员、思政课教师、家长写信就写了几千封，这能从不同的角度组合多少部书？我写家访的故事就可以写上百万字；写我和学生的故事那就更多了。38 年的思想政治教育实践，可写的东西真是太多了。

（4）严肃对待

出版的严肃性问题。出书跟写公众号文章不一样；跟研讨会发言不一样；跟做报告不一样；跟座谈会讲话不一样……也就是说，在这些地方能够讲的，写在书里就未必能出版。

所以，出书的时候著作人对自己的观点一定要认真地推敲。一旦出版了，就成为历史，永远地记载在那里。就像有的学者现在振振有词，但是拿出他十几年前或者几十年前的作品,可能其观点就“不攻自破”了。

辅导员教师出版专著,有用于评职称的,有用于评奖的,还有用于学科建设的,结果书出版了,许多观点立不住,甚至是错的,这就弄巧成拙了。

有的辅导员教师为了出版而出版;为了省钱;为了赶时间,于是便找“不正规”的出版社出版。这个“不正规”不是说不合法,而是说不专业。

思想政治教育类的图书,应当找有出版思政类图书能力的出版社出版。这样,从编辑到总编辑,都会对书稿提出他们的意见,就会避免一些错误的出现。

千万不要把学生分成“三六九等”

2020-06-02

经常有毕业生跟我谈他们在大学读书时的辅导员区别对待同学，也时常有学生在我的公众号和微信里反映他们的辅导员做事不公平。2019年，还有一个大连本地的学生，在某省一所本科大学毕业了。她到学校找到我，让我向她学校党委反映她的辅导员不公平。我告诉这个学校的学工部部长，提醒一下这个辅导员。

其实学生并不是很在意辅导员的工作能力怎样，但是一定会很在意辅导员是否公平。

公平如血液流淌在学生的躯体里，辅导员剥夺了本应属于他们的公平，这就犹如剥夺了他们的尊严。哪个学生该入党？哪个学生该评优？哪个学生该得奖学金？就连寝室床位的安排，学生都会在意的，他们也是看得清清楚楚的。你不公平，学生就会疏远你；你不公平，学生就会瞧不起你；你不公平，学生就会在内心鄙视你；你不公平，学生就会永远记恨你，等等。

千万不要把学生分成“三六九等”，每个学生都是你的“骨肉”。

学生的家庭背景怎样？甚至学生的相貌怎样？这些怎能成为你与不与学生谈话的理由？爱是可以放大的，你公平地对待了应该得到公平的学生，其他的同学都能感受到；恨也是可以放大的，你不公平地对待了应当得到公平的学生，其他同学也能感受到。

我现在也会经常得到我过去的一些学生的关心和帮助，虽然我以前没有直接帮助过他们,但是他们说,我是一个公平的辅导员,我帮助了应该帮助的每一个学生。不要把自己变得那么浅薄,那么没有层次,那么没有品位。你和学生的关系不是“买卖”关系,不能太功利了,不能太短视了。不然,你就彻底失去了你在学生心目中的位置。如果真是这样,眼下,你的工作会受到影响;未来,你就会成为孤家寡人。

越是有“背景”的学生,越是要严格管理。我刚留校做辅导员的时候,我年级有个学生的父亲是×市市委书记。我每周骑自行车回家看望父母都会从他家那里经过。我去了很多学生家家访,就是不去这个学生家。我还有个学生的父亲也是个市委书记。这个学生的舅舅是市委组织部部长。我们学校有规定,周一到周六必须出早操。这个学生偏偏周一早上才从他舅家回来,这样可以“躲过”周一的早操。我给这个学生的舅舅写了封信,我把学校的规定告诉了他,让他签字,证明他看过这封信。我说这个学生要是再违反规定,就要被处分。这个学生再也没有违反过学校出早操的规定。我还督促他养成好的习惯,这个学生后来有了很大的变化。毕业的时候,这个学生找到了我家。这时我已经不是他的辅导员了,我调到了学校机关工作。他进屋就给我鞠了一躬,接着又鞠了一躬,说这是替他父亲鞠的。他说他真正知道了谁最关心他,他代他父亲向我问好。这个学生的父亲后来当上了正部级干部。有些年一到春节他父亲就给我打电话拜年。我这个学生现在也是经常代表他父亲问候我。

“心底无私天地宽”,做事,一定要以学生的利益为衡量标准;一定不能失去公平,让学生心寒。

一些辅导员的不公平是其自身造成的。心里惦记着的是怎么能从学生那里得到些好处。这样学生就瞧不起你,这也只能怨你自己。我知道,有的辅导员也是“违心”地不公平,碍于面子,特别是有时还有领导的压力。这怎么办呢?确实让人很为难。我留校做辅导员的时候,就采取民主的管理办法,相信学生,锻炼学生。党员、班级干部的产生,三好学生的评选,助学金评定等,都是通过学生评议、选举的办法产生。我把这些“权力”都给了学生。我的任务就是为学生的成长创造公平的环境。

没有永远的领导,从这个角度看问题就是一定为自己活着,不要为领导活着。领导像走马灯似的,学生却永远是你的学生。“士为知己者死”,那些让你不公平的领导,本身就是对你的不负责任。所以,你也就没有必要为他“牺牲”那么多。真的,领导可以失去,学生不能失去。

幸福就是常想不如你的人

2020-06-10

我想起了我经历过的一件事。20多年前,我陪一个外地来大连旅游的朋友去一个景点游玩。在景点的入口处,我看到一个小姑娘手里拿着用线串起来的山梨,在不停地向来往的游客叫卖。我走了过去,“小朋友,这梨多少钱一串啊?”她告诉了我,具体的钱数我现在记不清了。我看到小姑娘的身上还背着好多串梨。“这些一共要多少钱呢?”小姑娘看看我,摇摇头。她没有懂我的意思。按照小姑娘告诉我的一串梨的价钱,我算了一下,她身上背着的那些梨应当值20多元吧。我说:“我给你50元钱,你把这些梨都卖给我吧。”小姑娘半信半疑地看着我,突然像反应过来了似的,赶忙要将身上的梨拿下来。“不用了。这些梨我给你了。你今天不用卖了,回家学习好吗?”小姑娘点点头。“回去吧。”小姑娘不是很“情愿”地走开了。下午我从山上下来的时候,我又看到了这个小姑娘在卖梨。我悄悄地离开了。我能想到,她的家太需要钱了。

为什么我们常常感受不到幸福?就是因为我们总在与别人比。我每天都感到很幸福,那是因为我的脑海里常常想起那些不如自己的人。

我刚留校做辅导员的时候,有一次到一个学生家家访,这个学生的家在很偏远的山沟里,连小车都进不去。那是一个炎热的夏天。我找到这个学生家的时候,已经是满头大汗。这个学生的父亲从院子的井里提了一桶水上来;学生的母亲端来了洗脸水。我在洗脸的时候,学生的母亲从箱子里找来了一条八成新的毛巾让我擦脸。因为交通不便,我只能在学

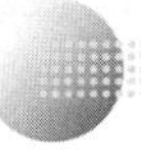

生家住上一晚。要吃饭的时候,学生的母亲突然想起来要抹一下桌子,连忙用擦脸的毛巾把桌子擦了擦。晚上我洗完脚,学生的母亲又想起了这条毛巾。就这样,这条毛巾被一日三次派上了不同的用场。我也不富裕,但是比这个学生的家还是要好许多。第二天离开的时候,我给了这个学生的母亲 10 元钱。我想,学生比我更不容易,我没有理由不好好培养他们。

有人会说那都是几十年前的事了。其实,由于发展的不平衡不充分,今天仍有为数众多的人的生活还是很艰辛。我在此前的公众号上推送了多个我家访的故事,那都是现在的事。不身临其境,真想不到学生有多难。

我在和辅导员交流的时候经常讲,辅导员的工作是忙碌些,可是我们想的是锦上添花,怎么才能更好;而学生呢,有多少没有生活的着落,他们需要雪中送炭。我们毕竟在城里、在大学里,这样你都感觉不幸福的话,那到哪里能幸福?

要相信学生

2020-07-04

前天有个新疆少数民族学生过生日,我给她写了一封信,祝她生日快乐！她也给我回了封信。读后我感到做教育一定要相信学生,这是教育的重要出发点。

××,你好!

老师早上起来有两件必做的事:一是看新闻,了解国内外都发生了什么事情;二是看你们新疆学生和我去年下半年授课年级学生的名册,看看谁过生日,每个过生日的学生我都会给他写封信,送上我的生日祝福,再借机嘱咐他几句。早上看你们新疆学生的名册,知道今天是你的生日,老师送上对你的祝福,祝你生日快乐!

时间过得真快,这半学期就这样过去了,大学 3 年也是一晃而过。我在和学生交流的时候常嘱咐他们要惜时如金,要充实地度过大学 4 年时光。

时间不只是用来增长你的自然生命的,更重要的是用于丰富你的社会生命,也就是在你自然年龄增长的同时,一定要增长你的社会年龄。越长大,越要有大了的样子。什么是大了的样子？这不是从你学了多少知识、有了多少能力来讲的。这里主要是从你的责任和担当来讲的。在小的时候,往往是和父母的情感占据了你的全部。有的学生读大学,就是为了报答父母的养育之恩,这是对的。前两天我在参加一个新疆少数民族学生辅导员婚礼讲话时就是这样说的,不能娶了媳妇忘了娘。没有父母的辛苦养育,哪有婚礼这幸福的时刻。我读大学时家庭条件不是很好,我母亲说能不能不读大学了,早点工作贴补家里。我理解我的母亲。努力学习改变现状,让父母晚年过上富裕的生活是我读好大学的一个重要动力。当然,随着知识的增加,我更加开阔了视野,有了更高的人生追求。我属于父母,更属于祖国。从此我便坚定了做一名好教师的信念。我爱我的祖国就是培养学生爱国,我的初心从未改变过。你也要随着年龄的增长,不断提升你人生的格局。

老师去过新疆三次。新疆现在也是发生了巨大的变化,但是与人民的期待还有距离。这就需要年轻的一代像参加接力赛一样,把接力棒从前人那里接过来,再传承下去。我们学校有许多毕业了的新疆学生,他们现在大多奉献在新疆这块生养他们的土地上。你也要向他们学习,学好本领,建设家乡,做一个对民族团结、祖国建设大有作为的人,无愧于这个伟大的时代。

你适应现在的学习环境了吧?越是这样,越要把时间损失减少到最低。马上要放假了,一定要把假期利用好。你们不是带薪休假的。每一分每一秒对你们来说都是要“付费”的,都要“物”有所值。“一寸光阴一寸金”,对你们来说更是如此,莫负光阴啊!

有事就联系我,我会尽力为你们做我能做的一切。

祝你开心每一天!

曲老师,您好!

近来身体好吗?一大早就收到了您的生日祝福,我真的非常感动,谢谢您在百忙之中给我写信!想着还有您像父亲一样心系着我们,我就感觉很暖很暖。我很幸运在大学里能有您这样的老师关心我们、照顾我们、鼓励我们,您是我们最好的榜样。您把自己献给了祖国、献给了学生,却不要求什么回报,只想着我们能好。您常常跟我们讲您的经历,这也让我们坚定信心,努力学习。感谢您在大学生活中给予我们父亲般的照顾,每一个节日您都不会错过,按时给我们送节日祝福和礼品,我想没有哪个大学的新疆学生会享受到这种待遇,所以我们非常珍惜。

说到这次在家里的学习生活,我还是比较顺利地结束了大三的课程,刚开始因为新疆有时差,上早课有些吃力,但是后来还是适应了,总体上线上学习的课程都顺利结束了，不过我还是更喜欢在教室里上课，在教室里能随时跟老师和同学交流，学习效率会更高一些，在家里会多多少少地受外部因素的干扰，学习效率就没有在学校的时候高，现在我们就是希望疫情能早点结束，能按时开学、按时跟老师和同学见面。最后希望老师能保重身体，祝老师一切都好！

看到这位同学的来信我又给她回复了一封信。

××，你好！

看到你的回复就仿佛看到了你的身影。谢谢你对我的点赞！老师很珍惜和你们在一起的日子，总想力所能及地为你们做些什么。这也是应当的。我爱我的祖国就是要爱你们这些学生。以老师这样的年龄，我深深知道你们此时的奋斗对于祖国的意义和对于你们人生幸福的价值。缘分使我们相知、相识。好好完善自己，实现人生的最大追求。

有需要找我。期待早日相见！

你需要的就是坚持

2020-07-10

曲老师,您好!

好久没联系您了!看您每天的推送,我深受教育!每当想放弃的时候,一想到您在前面的引领,我就会重拾信心。我的辅导员博士论文写得差不多了,因为新冠疫情让我多了很多时间来完成论文的大部分内容。我们学校从2016年就制定了相关规定:如果走辅导员(教学)系列,可以评教授,但不能担任学校各个部门的领导职务;如果走辅导员(管理)系列,就有机会去竞争学校各个部门的领导职务,但不可以评教授。我当时选择的是走辅导员(教学)系列,到现在已成为副教授8年多了。我们学校辅导员评职的政策也总在变化,不知道以后我还会缺少哪些评职条件,从我们学校目前的情况来看,我可能就缺少辅导员技能大赛的获奖,不是不敢去参加,实在是不好意思跟年轻同事一起同台竞技。

我的人生理想是做一名像您一样全心全意为学生服务的辅导员,最后在辅导员岗位上退休。每当想放弃的时候,我就会去看您的推送,让我重新振作精神,开心面对每一天!

谢谢您,曲老师!请您多注意休息,保重身体,有机会再见面!

××,你好!

谢谢你的认同!你很优秀,你现在需要的就是这种坚持。我认为你的选择是对的。你已经成为辅导员副教授8年了,放弃了多可惜,要往长远看。今天下午教育部有关司局召开部属八所高校思想政治工作情况汇报会,我非常荣幸能做点评专家,给了我一次难得的学习机会。我在建议中谈到了辅导员职业化、专业化的路径问题。我建议按照职称结构评聘辅导员职称。就是我以前在公众号上谈的,1∶200 的比例要求只是解决了辅导员的数量问题,没有解决质量问题。这样造成的结果就是辅导员像"割韭菜"一样,一茬又一茬地"更新",与辅导员要完成的思想政治教育任务还是有一定的差距。教育部领导在做会议总结的时候,再次强调了辅导员队伍的建设问题。部里还会加大辅导员队伍建设的力度。辅导员的明天一定会更好。

现在有些辅导员总是站在原点向后看,这就容易泄劲。一定要站在当下向前看,一切都会好起来的。想一想我 38 年前做辅导员的时候,那是怎样的环境。与今天真是不可同日而语。我说过,成功的人都是在对的路上坚持不懈朝前走。退一步说,即便没有职称又能怎样?我总说,有了学生就有了一切。眼下辅导员工作还存在界域不清的问题,这使得辅导员做了许多杂活。这也需要保持好的心态,不要总是发牢骚。大家在一起,能多做就多做些,别斤斤计较。我们教育学生要互相帮助,同事间不是也需要互相帮助吗?把学生培养好,职称的事都是水到渠成,可以不争而得。

谢谢你的关心。我一切都好,身体也很好。新冠疫情以来,我瘦了 18 斤,我每天都坚持跑步,能跑 3000 米啦。我跟同事开玩笑说,明年运动会我要是参加学生组 3000 米比赛,我保证不会跑在最后。

我又有一段时间没去哈尔滨了。相信相见的日子不远啦,我们共同期待着。有事就联系我。

祝一切都好!

谢谢曲老师的教导!我会坚持到底的!期待见面的日子!

不要把读博当成离开辅导员队伍的“跳板”

2020-07-13

前两天一个辅导员问我考辅导员博士的事,我把今天早上给他的回复推送给大家。

曲老师,您好!

我是××学院的辅导员××。我先向您介绍一下我自己。我自2015年开始在沈阳一所专科院校从事辅导员工作。其中,2015年7月在辽宁大学岗前培训听过您的讲座,2019年通过考试进入××学院担任辅导员,在大连海事大学培训的时候又见到您!我一直关注您的公众号,您对各种问题的解答都非常具有前瞻性,对这份工作有着独到的见解。

本人也有一些在职业发展上的困惑,想有机会向您请教。近年来,关于辅导员继续深造学习的专项博士,以辽宁省为例,辽宁大学和大连海事大学的专项博士都是得益于您的工作才得以落实。根据相关文件要求,硕士毕业,在编在岗,从事辅导员工作3年以上,在学校和上级主管部门推荐下可以报考辅导员专项博士。

我原本想在辅导员一线更加努力地工作,提升自己的能力,自身也有考专项博士的打算。可是在报考前,周围的人就有两种声音:一种是,这种专项博士,一般导师更倾向于有一定职称或行政职务的从事学生工作的工作者;另一种是,博士毕业后,就转岗去当思政课教师了,肯定不会再从事辅导员工作了。这些声音使我在选择这条路时有些困惑,想请您指

点一下。

我现在是助教,实际上我可以参评讲师了,但是因为换了工作单位,所以还是助教。关于辅导员专项博士是不是如他人所说,一般导师会愿意录取有职称或者有行政职务的辅导员?

××,你好!

你提的问题具有普遍性,今天把给你的回复推送到公众号上。

关于辅导员考博士的问题,我此前写过专门的文章,你可以到以前的文章中找来看看。辅导员考博士首先要解决的还是为什么要考博士的问题。众口一词、拿到“面上”的理由都是要把辅导员工作做好,需要提升自己。实际上有很多人内心想的还是怎样更有“面子”,怎样才能评上职称。特别在一些“双一流”大学,没有博士学位是很难评教授职称的。

如果真是为了把辅导员工作做好,那么不读博士也能做好,甚至做得更好。什么意思呢?读博士需要投入大量的精力,如果有写论文那样的时间和拼劲,可以了解多少学生,可以和多少学生谈话,可以去多少学生家家访,可以解决多少学生的实际问题。况且现在辅导员博士的学科建设不完善,一些辅导员博士的导师根本没有思想政治教育管理的学术背景,这样的辅导员读了博士,夸张点说,就是给导师打工。结果一是难毕业;二是即使毕业了,所学的理论很多也用不上。退一万步讲,你博士毕业了,职称评上了,学生却落下了,这会有助于提升辅导员的工作水平?这到底值不值得?更有的辅导员读博就不是为了把辅导员工作做好,那只是一个借口、一个理由,读博士恰恰是为了不想把辅导员工作做好,早日离开辅导员岗位,读博士是“精致”的自我设计。

大家都懂得,现在只有辅导员可以以硕士为起点聘用,其他专业的教师都是以博士为起点聘用。有的辅导员想搞专业教学,苦于没有博士学位,尽管硕士阶段学的不是思政专业,也只能硬着头皮读了博士。在他们看来,这是他们改变自己,“逃离”辅导员队伍的唯一机会、唯一通道。所以,不能说读了博士就能提升自己,就能把工作做好。真想把工作做好,就在实践中学,在实践中做。理论水平不够,就抓紧理论学习;实践经验不够,就多向有经验的辅导员学习。围绕学生、关照学生、服务学生,把学生放在心中,就一定会成为让学生喜欢的辅导员,同样可以成为大学生健康成长的知心朋友、指导者、引路人。

我是2000年读的博士。那时我已经是校党委副书记、教授、硕士生导师。我之所以要读博士,一是为了进一步丰富自己的教育理论。我读了北京师范大学高等教育经济与管理专业,师从谢维和教授。在导师的指导下,我更全面、细致地研究了学分制背景下大学德育模式的构建问题。为了写这篇毕业论文,我考察了国内外上百所大学,写了20多万字。我那时研究的成果,不谦虚地讲,很多观点今天仍具有前沿性。二是给孩子做表率。那时我小孩儿正读初中,我想要告诉他学习是一种追求、一种生活方式。上大学是学习,工作是为了更好地学习。

至于你顾虑的导师愿意录取什么样的学生,这不是问题。辅导员基地建立的初期,就是专招一线辅导员的。现在可以招党务干部,但是教育部有严格的规定,每年党务干部录取名额不能超过三分之一。这是为了保证一线辅导员能够占绝大多数。至于职称,那是学术水平的一个证明。有学术成果和没有学术成果面试的时候评价会有不同。有的学校把面试成绩作为重要的依据;有的学校只作为参考。你若真想考,就把学校的录取办法了解清楚。导师当然愿意招有研究能力的学生,这也是对学生的负责。别还没考就有这样或那样的顾虑,关键在于你的本心、你的追求。还有你大可不必担心转到其他岗位的问题。你想做辅导员,结果有了博士学位便被转到其他岗位了?如果你说什么也不转,谁会转你?

就聊到这里吧。我知道你是一名辽宁的辅导员,方便的时候可以到学校找我,我们再好好聊聊。做有格局的辅导员,要敞开心胸,把学生都放在心里;要把心思放在能培养出什么样的学生上,而不是自己有什么发展上。学生发展好了,你自然就跟着发展好了。

祝好!

离开了又能做什么?

2020-07-23

曲老师,您好!

我在路边急切地想给您写封信,因为我想和您沟通已经很久很久了,太过迫切,字里行间如粗陋,请您多包涵。

我是××学院的一名辅导员,来单位已经20年了,这20年里有19个年头与学生们同行,不敢说兢兢业业,但也算是勤奋努力吧!您在当省教育厅领导时来过我们学校做过报告,我印象很深刻。对照自己,感觉自己还是很愚钝的,做了19年的学生工作,近两年才刚刚体会到,如何才能成为一名真正的辅导员。我之前在自己的微信里写过:向"时代楷模"曲建武教授致敬!您感召着我从一名每天只想完成工作"作业"的学工人蜕变成为一名真正的辅导员,这里我得说声"谢谢您"!

现在我的职务是系副书记,负责学生工作。昨天我再一次听到您执着朴实的工作经验交流,深感自己做得还很浅,没有真正领悟到"辅导员"三个字的精髓,还需要做得更细、更多、更全。做辅导员时间久了,惰性也随之而来,有时候感觉自己是惯性前移,而非努力前进,如再遇上自己感觉不如意的事就会有退却的想法,比如说职称,您不要笑我。

我每天都看您的公众号,给自己打气鼓劲,希望自己能够成为一名优秀的学生工作者,一名真正的思想政治教育工作者。真希望您能在百忙之中给我一些指导和鞭策,哪怕就一句话,我也会保存到手机里,让它伴我继续走好立德树人之路。

××,你好!

实在对不起,拖了好多天才给你回复,在心里嘀咕我了吧?

谢谢你给我的那些点赞。我想和你交流两点:一是我感受到了你的渴望,二是我知道确有一些工作了快20年的辅导员不安于辅导员工作。工作20年了还想离开?离开又能做什么呢?既然已经工作20年了,那就把剩下的十几年做好。此前做得不好,就用这十几年弥补;此前做得很好,那就用这十几年把工作做得更好。最难的时候都过去了,怎么会轻易地放弃曾经的拥有?人生就是这么回事,看起来很长,实际上工作时间很短,一生能做好一件事就不错了。吹点牛讲,我的可取之处就在于我几十年不离不弃地只做了一件事:做大学生人生成长的指导者和引路人。38年算起来其中有17年是在一线做;21年是在学生处处长、党委副书记、省委高校工委副书记位置上做。2004年我到省委高校工委工作的时候,我们厅领导想让我管理干部,我想这不是我的长处,再说这样就和大学生思想政治教育工作隔断了,以后大家评价我就是我的干部工作做得怎样,这样我就丢掉了长处和我此前的积累。因此我拒绝了这个工作安排。现在来看,我是对的。38年没有一天离开大学生思想政治教育,全国也没有几人了,我再做几年,恐怕就是唯一的了。和学生在一起没有什么不好。越是到了老年,越觉得最有价值的是和学生在一起,我的选择和坚持是对的。

现在给辅导员评职称了。这里有两个方面的问题:一是你个人的条件够不够,二是够了能不能给你评。够不够是个人的问题,评不评是学校的问题。作为个人来说,还是应当本着不争而得的心态,好好准备,条件具备了评职称就是早晚的事。我们有的辅导员总是在原点上看问题。张口就是我们学校不重视。确实有这种情况。学校不重视难道是应当的、合理的?早晚还不是要改变的。大学是国家的大学,是共产党的大学,不是谁家的大学。大学不是谁想怎么办就怎么办的。我在省里工作的时候,在全国最早出台了《辅导员专业技术职称资格内部评定实施细则》,现在辽宁应当评了上千名辅导员副教授、教授。当时也有几所高校找各种理由不给辅导员评职称,现在也早改过来了,要用发展的眼光看问题。

退一步讲,辅导员可不能仅仅为了评职称才去做。要围绕学生、关照学生、服务学生。你是什么样的水平是由教过的学生来衡量的。我常讲这个观点,不仅是辅导员,所有的教师都是如此。不能自己的职称评上了,结果把学生落下了。这是不应当的,也是不划算的。那么多的学问没用到学生身上岂不可惜?前些天我写过关于辅导员读博士的文章,其中就说过,为了评职称读博士是不值得的。有写一篇C刊的投入时间和精力,能和学生谈多少次话,可以给学生发多少生日祝福,会有多少学生感激你、记住你,到底哪个更值得去做?

你现在做了总支副书记了,有了更大的为学生服务的平台,这就够了。你要多想怎么把工作做得更好,不要总纠结评没评上职称,总是患得患失会影响工作的。那些年没有评职称不是也过来了。当然该准备还是要正常准备,两者不矛盾。如果为了评职称而影响工作,那还是要好好权衡一下,到底评职称重要还是把学生工作做好重要。

晚安!祝好!

关键还是要写出水平

2020-07-24

曲老师,您好!

我想咨询一下您对于“非科班出身”的辅导员如何搞思政方向科研的建议。我本身是学冷门小语种的,研究生毕业那年阴差阳错地进入高职(专科)院校当辅导员,工作3年至今未发表一篇文章。我不是没写,是写出来的东西老是被批“不知所云”,渐渐没了信心。现在我的困惑:一是不知怎么选题,二是写了也不知怎么发。听说有的刊物要靠关系,我也没有关系,不知道哪里可以拉到关系。请您指点迷津。谢谢您!

××,你好!

现在给辅导员评职称了,所以辅导员对科研都重视起来了。前段时间我写过这方面的文章,你可以找来结合着看看。今天就你信中的问题谈谈我的看法。因为你提的这些问题,一些辅导员也在问。

1.“非科班出身”的辅导员怎样搞科研?术业有专攻。辅导员依托的学科主要是思想政治教育学科,其核心是帮助学生解决价值观方面的问题。因此,辅导员搞科研一定要有学科意识,这就需要学科素养,不然你就写不出属于本学科的论文。而学科素养是需要不断培养的。一些辅导员本科、硕士阶段学的就是思想政治教育专业,还有的学了像教育学、社会学、法学、伦理学等相关学科,相对来说,从事思想政治教育研究比你占了“先手”。越是在这种情况下,越需要你抓紧时间弥补你的不足。不是说“非科班出身”的就不能搞科研了，而是说你没有这方面的准备就很难搞科研。郑永廷教授是思想政治教育领域的著名专家，他的硕士专业是化学。好多思政专家都不是学思政的，关键是他们后天的准备。昨天我在和辅导员交流的时候还提到这个问题，比如，有的人认为，现在讲大数据、自媒体，学数学、计算机专业的人，搞科研就比纯学思政学科的人有优势。思想政治教育需要合力，物理学中力的原理就可以借用过来。

2.科研不能太急。你说你“工作 3 年至今未发表一篇文章。不是没写，是写出来的东西老是被批‘不知所云’”，你才工作 3 年，还不是学思政学科的，怎么能写出有质量的论文呢？写论文急不得，要日积月累。我 1982 年毕业留校做了辅导员，第一篇国家级的论文是在 2014 年发表的。不要年纪轻轻的就想旁门左道。什么“要靠关系，我也没有关系，不知道哪里可以拉到关系”，论文还是要靠实力说话。学术研究总有学术上的认同和不认同，同样一篇稿子可能会有几种评价。有的刊物没给发表的稿子，另一个刊物可能就给发表了。我写的文章也是有不予发表的，这是正常的。有的编辑我认识，给退稿了；有的编辑我不认识，给发表了。

3.你现在最需要的是学科认同问题。你说你“阴差阳错地进入高职(专科)院校当辅导员”，你都不知你在做什么，或者说你都不喜欢思想政治教育学科，自然你就不能写出好的论文。学科认同是科研的重要前提。要特别认识到思政学科实践性很强。尤其是辅导员工作，更要理论和实际相结合。你不爱学生，怎么会关心学生，又怎么会围绕学生、关照学生、服务学生呢？那你就不会发现问题，更不会解决问题，自然就找不到选题。在这样的情况下硬着头皮搞科研，你的科研只能空对空，闭门造车，瞎说一气。

形成家校合力

2020-08-01

眼下一些家长在忙乎孩子上大学,一些家长在忙乎孩子上中学,一些家长在忙乎孩子上小学,自然还有些家长在忙乎孩子上幼儿园。家长就是忙乎的命,尤其在当今中国的教育环境下,更助推了这种忙乎。这也没有什么不对,教育培养孩子本来也是家庭的重要功能,理应成为家长的重要职责。正所谓家庭是孩子的第一所学校;家长是孩子的第一任老师。常有家长问我孩子上学的事,不仅上大学,上中学、小学、幼儿园也有问我的。真是谢谢家长们的信任,我自认为上大学我能说得明白些,其他的还真说不明白。既然问到了我,那就说说我的看法吧,推送给大家。昨天有个家长问的就是孩子上小学的事。

曲老师,您好!

我有个个人问题想听听您的建议:我家孩子是男孩儿,阳历 10 月 22 日的生日,今年 9 月份是否读一年级让我很矛盾。我同事、同学、邻居家里相近年龄的男孩儿(生日在 10 月、11 月及年末)都打算明年读一年级,他们都准备去读幼小衔接,提前把一年级的拼音和数学学会,然后明年上学的时候孩子就能轻松些。有的人说男孩儿晚一年上学好,曲老师,我想听听您的建议。

××,你好!

忙忙碌碌才回复你,请谅解。孩子晚一点还是早一点上学都无所谓。关键看孩子愿不愿上学,做家长的希望孩子将来做什么。早上学一年自然要早毕业一年,也就是要早工作一年,早接触社会一年,或许早成家一年,早有孩子一年,这没有什么不好。不过男孩儿早上学往往有这样的问题,从某种程度上讲,受“锻炼”的机会少。

什么意思呢?现在的孩子一般早熟,尤其是女孩儿,在少年阶段本来就比男孩儿更懂事一些,这样从小学开始,安排干部一般年龄小一些的自然就排在后面,孩子本人也会觉得自己不如他人,于是凡事便不操心,不愿出头,管好自己了事。小学这样,中学也会这样,到大学更是养成了事不关己的心态,这样他的社会管理能力就要弱一些。不过若从另外的角度看,我觉得这也没有什么不好。我不主张孩子在小小的年纪就形成管人的想法,就要出人头地。如果心外无物,专心学习,做个好孩子、好学生,这没有什么不好。品德的培养和做不做干部没有什么关系。再则,从中国文化来看,恋爱年龄上一般都是男大于女,男孩儿早上学会有一种其他人都比他大,恋爱好像跟他无关的心理。这样他本人会缺乏主动性,别的女同学觉得他年龄小,自然也就不愿意打他的主意。你要是不主张他上大学谈恋爱,早上学应当会起到这个作用。

至于学习,现在从胎教就开始了。为了孩子的学习,全社会也是发起了全部力量。到底有没有必要?我觉得有那个智商,该学的孩子都会学会,孩子不想学、不想会的,即便你现在让他学了、会了,明天他也会忘掉,甚至厌学。一些少年班的学生,如果他们晚上两年大学会怎么样?就会错过发明创造期?有的可能会因为拔苗助长而失去了后劲。孩子还是应当全面发展,尤其要重视做人的培养,让孩子有快乐的童年。说千道万,还是我总强调的那句话,不要在乎孩子知识的起跑线输没输,一定要在乎孩子不能输在品德的起跑线上。跑在人生前列的都是品德线不输的人。小学落下这点知识,孩子若想学的话,很快就会撵上。前几天我还说过,上这个大学那个大学,读这个专业那个专业的,虽然重要,但是人做不好,这些又有什么用呢?自私自利,以自我为中心,恐怕把全世界都给他,他也不会满足。

有事就联系我。祝假期愉快!

希望你能坚持下去

2020-08-07

这是我和一个辅导员的交流。

曲老师,您好!

2018年夏天在辽宁大学培训,早上听了您的课,其间您问过我们在座的各位谁家访过100个学生家庭,一个举手的人都没有。那个时候我暗暗下定决心,争取两年完成100人访问量。如今两年过去了,由于只能访问省内学生家庭,我走遍了辽宁省内大小城市和乡村,感受学生家庭氛围,了解学生家庭情况,更好地指导了学生的学习和生活。昨天听到曲老师讲课,周围同事再次被感动,虽说近期中层调整,会有一批辅导员离开,但是我会坚定信心,学习曲老师的育人精神,争做心中有学生的优秀辅导员。2018年培训的时候,我还跟您合过影。希望有机会去大连当面拜访您,聆听您的教诲。曲老师一定多注意身体,祝您工作顺利!

××,你好!

谢谢你的认同!教育的过程就是爱的过程。所谓家访,也是体现爱的过程,让学生感受到他们总是在你的心里。谈到家访,一些辅导员的第一反应是学生不愿意我们去家访。的确会有这样的学生。问题是愿意接受家访的学生的家你去了吗?还有的辅导员说学生天南海北的怎么家访?和你住在同一个城市的学生家你去了吗?家访,既是一种责任,又是一种理念，就是要形成教育的合力，想方设法把学生培养好。大连理工大学的辅导员孙×，他家访了100多个学生家庭，每学期新生开学还利用家长送学生报到的机会举办家长培训班，收到了很好的教育效果。有爱，才有心、才有行、才有果。家访就是一个途径。思想政治教育需要我们举一反三，不断与时俱进，创造新的方式方法，走进学生心灵。

我主张建设职业化、专业化的辅导员队伍，并不是绝对地不能到机关工作。我希望辅导员把自己的工作当成事业做，当成人生的追求。有机会到机关工作也不是坏事，辅导员队伍也需要有人管理、有人建设，关键是不能抱着逃离辅导员队伍的心态。辅导员工作琐事多，从某种意义上讲，正是这些琐事才奏响了我们人生的乐章。我常说，没有这些琐事，学生怎么会记住你呢？希望你能坚持下去，成为让学生记住的辅导员。

欢迎到大连时联系我。告诉我你的详细地址，我把我写的书签名后邮寄一本给你做纪念。

祝一切都好！

谢谢曲老师。由于疫情常态化防控需要，各大高校都是线上开课，各种竞赛也是线上举行，我作为辅导员也主动带领学生参与其中，三创赛获奖三项，“互联网+”获奖两项，挑战杯获得进入省赛资格，指导学生暑期实践一项，我也有两篇论文等待发表，学生大一下学期五门统考课，两门305人全部及格，其他三门共有5人不及格，及格率接近99.57%。通过7月中旬省内给我们各大高校辅导员线上培训，我深刻感受到只有育人型+双创型+科研型的复合型辅导员，才能更好地引导学生解读大学本质。曲老师，很高兴能够收到您的回信，我一定反复拜读。我的地址是：××××××××。有机会您来我们这里，我带您看看我们学校，明年正好也是我们学校七十周年校庆，邀请您来做客。再次谢谢曲老师。

分清工作的缓急

2020-08-10

前些天一个辅导员问了我下面这样一个问题。因为忙,今天才给他做了回复。因为这个问题比较普遍,现在把我与他的交流推送给大家。

曲老师,您好!

我是工作才一年的辅导员。我现在主要负责管理专科学生,在参加工作之前,我没有想过我会管理专科学生,所以我觉得有些工作在他们身上很难开展。例如:入党积极分子问题,他们直接问3年之后会不会入党,而不会考虑自己会做哪些为同学服务的事情,自己又能承担多少。专科学生的思想政治教育如何开展?对此我想向曲老师请教。

××,你好!

你提的这个问题也具有普遍性。有一次有个高职高专主管学生工作的副书记来到我的办公室,他说有件事让他挺上火。即给全校学生上党课,学生认真听的很少,不是交头接耳,就是在耷拉着头。若是没有课堂不准带手机的规定,恐怕学生都会玩手机。我问他:“为什么要给全校学生上党课呢?”他说这是为了以党建带动学生工作。我跟他谈了我的看法。在大学里以党建带动学生工作是条经验,问题是怎样抓?对大多数学生来说,还是要抓好正确的人生价值观教育,也就是社会主义核心价值观教育,对少部分学生要抓好他们的政治教育,也就是努力把他们培养成青年马克思主义者。因此，学生一入学，首要的还是做人的教育，帮助他们系好人生的“扣子”。没必要马上就对全体学生进行入党教育，这样不会取得好的效果。教育要分层次，可以让各学院先做些前期教育，然后推荐学生到学校层面进行培训。

你明白我的意思了吗？对学院来说也是如此。新生一入学，首先要排查的是有没有家庭生活十分困难的，以及怎样帮助他们解决实际困难。饿着肚子又怎能要求学生进步呢？思想政治教育不全是政治思想教育，政治思想教育只是价值观教育的一部分，特别是对高职高专的学生来说，思想政治教育主要还是价值观教育。当然要启发他们的思想觉悟，对一部分学生要使他们在政治上有坚定的理想追求，早日成为党的一员，有更大的担当。有些学生受多种因素影响，功利思想比较重，把入党看成个人能得到什么好处，这正是需要我们引导和教育的。对党员来说，一定要解决思想上入党的问题。要教育引导学生成为一个崇高的人、令人尊敬的人，而这样的人与党的全心全意为人民服务的宗旨又是一致的。我们对学生党员的培养既要在理论上引导，更要让他们在实践中成长，就是在为同学、为社会服务方面检验他们的思想觉悟。现在有一种不好的倾向，只要学生学习好就替代了其他各个方面，这要加以注意。重视学习成绩并没有错，但在科技挑战面前没有真本事是不行的。人的学习确实有目的性问题。为了自己而学习，学习好就能很好地为人民服务？发展党员还是应当把政治觉悟放在第一位，这就要在实践中做好考察。不能仅仅看申请书写得怎样、看党课学习成绩优秀不优秀，更不能只看专业成绩。要坚持“成熟一个、发展一个”的原则，不能只图数量。列宁讲过：“徒有其名的党员白给也不要。”因为党员不起党员的作用，对我们党的事业只能带来损害。从这个角度来看，你真应当有对党的事业负责的态度，在抓好全体学生思想政治教育的基础上，更多地培养在政治上对党忠诚的人。党员队伍建设好了，必然会提升学生思想政治教育的质量。

关键是做好自我调适

2020-08-14

经常有辅导员问我职业倦怠了怎么办。我认为,解决的办法就是不忘初心,时常想一想谁都不容易。职业本身没有什么好坏之分,只有对待职业的态度之别。当然更重要的还是做好自我调适。前天有个辅导员给我写了一封信,我觉得她调适得就挺好,现在我把和她的微信交流推送给大家。

曲老师,您好!

我是来自××学院的一名辅导员,几年前还曾跟您通过电话,或许您早已不记得了,但您对我的教诲让我无法忘记。记得学校曾接到过文件,要求学习您的事迹,我跟支部党员讲述您的事迹时,既激动又自豪,因为我曾跟您通过电话。记得有个同事得到一个去大连海事大学交流学习的机会,带回来您签名的一本书,我如获至宝。今天想跟您聊聊我的经历,也想再次聆听一下您的指导和教诲。

当年我是因为学院有辅导员的缺口,服从组织安排转岗来当的辅导员,当时没有考虑太多利益、前途、发展等问题,单纯是因为组织需要,那么我便义不容辞。此外,以当时我对辅导员的初步理解,我觉得辅导员是一个非常有存在感的职业,因为会被那么多学生需要。所以我便开始了辅导员工作生涯。原因就这么简单。

我的第一届学生是 2013 级的,记得您也带过 2013 级。当了辅导员后,我的确体会到了这份职业的存在感。辅导员,这是一个可以看尽世间冷暖、喜怒哀乐的职业,也是一个责任重大的职业,这种重大的责任甚至会让责任心强的人更加有一种窒息感。渐渐地,身边的辅导员转岗、跳槽,换了一轮又一轮。这途中,我也曾有转岗机会,但我没去,我害怕离开这个岗位,我可能会因为其他工作不够"刺激"而感到寂寞。那个时候我觉得,我已经习惯与这个职业为伴了。

后来,在成为学工办主任后的一个聘期,是我成长最显著的一个聘期。在我的辅导员职业生涯里,我觉得我一直在闯关,在挑战自己,而工作的难度一直呈直线上升状态,从来没有过拐点出现。我不但已经熟练掌握了所有基本业务流程,还懂得了如何在千头万绪中捋出条理,如何处理复杂的人际关系,如何指导后来者进步……更懂得了作为党员干部的责任与担当、奉献与牺牲。

时光如白驹过隙。我做辅导员 7 年了,新的聘期又将开始。在爱情中有"七年之痒"的说法,在职业生涯中,也会面对职业倦怠,我想,这很正常吧。岁月不饶人,各方面的压力接踵而来,健康、家庭、工作量、科研……情绪崩溃的频率越来越高。出于对他人感受的在意,同事不能说,家人不敢说,只能憋在心里,多次把自己逼到了绝望的边缘。前不久,我做了一件事,假设自己要离职了,并写了一份离职申请。写的时候,我心如刀绞,这个模拟实验让我明白,或许我此生都离不开这个职业了。这可能真的如爱情中的道理一般,打打闹闹,分分合合,反而让感情更加牢固了,这便是生活吧。

小米 CEO 雷军的个人签名是"热爱是所有的理由和答案"。我想坚持下去,不仅仅是因为热爱,还因为我想看看这样热爱这份事业的我究竟可以坚持多久、走多远。不瞒您说,您的故事也是激励我一直坚持下去的动力,不知多年以后我会不会也成为一位"奶奶级"的老辅导员,我很期待。或许我并不优秀,但坚持足以让我变得优秀。

本想听听您对职业倦怠的见解和建议的,没想到我自己把自己给开导了,真是职业病啊。但依然期待能收到您的一些建议,在充满挑战的新学期、新聘期即将到来之际给自己打一针强心剂。我爱大连,若不是新冠疫情,这个暑假我很可能又去大连看海了。

真心祝您身体健康、工作顺利!

××,你好!

昨天整理我和大家交流的微信的时候看到了你此前给我发的微信,本想跟你打个招呼,正好也挺忙碌的,就想再找时间联系你吧。刚才跑完步回来,就看到了你发给我的这段微信。这些都是你内心情感的真实写照,也是许多辅导员经历过的心路历程。不同的是有些辅导员没有经受住这段路程的考验,放弃了曾经的追求,停止了前行的脚步。我很赞同你的选择、你的坚守。我在公众号文章中多次讲过,人生做不成几件事,能把一件事做好就可以了。辅导员工作值得拥有、值得一生追求。若总是摇摆不定,终将一事无成。希望你一直走下去。

我又出了新书,告诉我你的详细地址,邮寄一本我签名的书给你做纪念。若来大连可以联系我。

祝你一切都好!

谢谢曲老师的鼓励。对于一个处于职业倦怠期,但又热爱这份工作的辅导员来说,您的鼓励真的很宝贵。您是如此平易近人,那么用心回复每位师生的信息,真心敬佩。将来若有机会,一定再去大连,我也好想看看大连海事大学。这么晚了,您早点休息!

谢谢曲老师。期待看到您的新书。我的地址是:××××××××。

晚安,做个好梦!

初心不忘就难不倒

2020-08-16

曲老师，您好！

我是一名刚毕业新入职的辅导员，参加完入职培训，我深深地感到作为一名辅导员需要强大的责任感与使命感。我有很多想法想尝试，很多热情想迸发，但是现在有两个问题经常困扰我：一是我从学生步入辅导员行列，身份转换还没完全适应，尤其是昔日师者变成今日同事，让我感觉自己在办公室仍是一个学生，不敢发表自己的想法，每个老师都可以让我"打杂"。二是作为一个新人，我深感自己理论知识太匮乏，说不出口，写不出来，这也让我有种急迫感，我知道想要"树人"，必先要"树己"，到底新辅导员应该如何开始工作，希望得到您的指导。

××，你好！

你遇到的这种情况，或者说你的这些想法，应当说许多辅导员都遇到过，也都有过。一些辅导员也是信心满满地走上了辅导员工作岗位，结果做了没多长时间，初心"丢了"，失去了工作热情。这无疑有客观环境的问题，更主要的还是主观努力问题。我此前多次讲过，你是一个什么样的人，关键取决于你想成为一个什么样的人。马克思与谁讲环境？正是在客观环境十分恶劣的情况下，马克思创立了为最广大的劳苦大众服务的学说，从事了一辈子革命实践，并为此而献身。所以，你能认识到思政人的使命和责任这很好，但你更要认识到完成这种使命和责任是需要付出

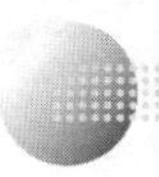

的。这其中就包括怎样发挥自己的主观能动性,把被动变成主动,克服工作中的不利因素,牺牲自己的一些利益。这就需要从思想上解决问题,坚定理想信念,追求人生的崇高。正如马克思所说:“面对我们的骨灰,高尚的人们将洒下热泪。”一些辅导员为什么把初心“丢了”,就是信仰动摇了。信仰动摇了,那一连串的问题就都来了。你刚走上辅导员工作岗位,一定要锤炼好自己,只要初心“不丢”,有什么能难倒你的?

你说你“从学生步入辅导员行列,身份转换还没完全适应,尤其是昔日师者变成今日同事,让我感觉自己在办公室仍是一个学生,不敢发表自己的想法,每个老师都可以让我‘打杂’”,这是正常现象。以前你对辅导员工作的认识是从学生的角度,现在你要从辅导员的角度来看问题了。刚入门,要多观察、多思考、多学习、少说话。少说话,不是不说话,该说的话还是要说的。关键不能为自己说话。为自己说话是说不出真理的,也经不起检验。此前我发在公众号上的这篇文章你可以找来看看,题目就是《不说话就不得罪人了?》。至于干“杂活”,这个你一定要有充分的心理准备。当你选择了在老师身边的时候,就已经决定了你学生辈的身份。这方面有老师的问题,关心学生就要为学生着想,尽量少让学生干“杂活”(在此也附带说一句,我们辅导员也是如此,自己的工作尽量自己做,不要把“杂活”都推到学生那里,对学生发展没有利的事不能让学生做。辅导员也是应当知道的,学生也是满肚子怨言)。但是作为学生辈的,也要为老师着想,甚至有必要主动帮助老师干些“杂活”。大家是个团队,相互的关心和帮助也是必要的。你要记住,你的工作能否被认可,一方面取决于你工作得怎样,另一方面还取决于你和大家的和谐程度。这就像嫁出去的一个媳妇,能力再强,进了婆家门就想主持这个家,那在情感上也不会得到家族认同的。多年媳妇熬成婆嘛。千万不要因为“杂活”影响了自身的工作。有的辅导员往往把“杂活”当成了借口,那最终影响的只能是你自己。这个比方不一定恰当,当年那些地下党员,哪个明里不是在干“杂活”,但是他们出色地完成了党交给他们的“主业”。关键还是在主观能动性上。

你说“作为一个新人,我深感自己理论知识太匮乏,说不出口,写不出来,这也让我有种急迫感,我知道想要‘树人’,必先要‘树己’,到底新辅导员应该如何开始工作,希望得到您的指导。”这里你说了两个问题,一是理论层面的,二是实践层面的。这两天我再找时间专门回答你提出的“到底新辅导员应该如何开始工作”这个问题。你深感你的理论知识匮乏，说不出口，写不出来。你有紧迫感，这是对的，应当有这种压力。辅导员工作职责排在第一位的就是做大学生人生成长的导师。这个任务相当的重。导师，就要比学生看得明白、看得远。由于阅历，也就是视野的问题，更由于你们的理论水平，加上我们现在对辅导员的选聘还是基于管理型的，这使得许多辅导员在理论知识上存在“天然”不足。没有办法，必须抓紧补上。这里有两个途径，一个是从理论中学。要把学习理论当成一种责任、一种生活习惯、一种生存方式。日积月累，必有所获。另一个是从实践中学。这里可以向优秀的辅导员学习，看看他们是如何教育引导学生的。更要从自身的实践出发，带着问题意识来工作。常问问我是谁？我在做什么？我将通向哪里？要主动在学生面前讲话，要有准备地讲话，有了实践，有了准备，你就敢讲了，你就知道讲什么了。现在辅导员中有种不好的学习倾向，认为学习是为了写论文、评职称。其实不然，只有围绕学生、关照学生、服务学生，才能写出好论文，也才能有论文可写。科研不能搞“短平快”，把学生落下了，就失去了科研的意义。不要“跟风”，不要“攀比”，养成好的学风，扎实地走一条属于自己的辅导员工作之路。

祝你有好的心情，一切都顺心如意！

辅导员工作从熟知学生开始

2020-08-24

这段日子里，很多高校和省教育厅有关部门，都在对新上岗的辅导员进行培训。有的辅导员问我："作为一名新入职的辅导员，怎样才能做好辅导员工作？"怎样做好辅导员工作这个题目很大，今天我先跟大家说这样一点：做好辅导员工作要从熟知学生开始。

记得我刚毕业做辅导员的时候，学校上午刚公布完毕业方案，下午我就到学生工作部将我带的那个年级学生的档案借来仔细阅读。我就像背课文一样，背诵着关于他们的一切信息。首先我开始熟记他们的名字。我把学生登记表拿在手里，看着他们的名字，脑海里与他们长什么样子对号；看他们的照片，逐一对上他们的名字。张三的家是哪里的；李四的父母是做什么的；哪些学生来自工人家庭，哪些学生来自农民家庭，哪些学生来自干部家庭，哪些学生来自知识分子家庭；哪些学生在中学做过干部；哪些学生有什么样的特长；每个学生的高考成绩是多少；每科考试成绩谁的最高；谁是学英语的，谁是学日语的……，努力做到对每个学生了如指掌。我们年级有两个非团员，一个男同学，一个女同学。学校给我安排了一个 8 平方米的工作室，我分别从我带的三个班级中，选一个学生跟我住在一个寝室。一个年龄最小，一个最内向，一个是那个非团员的男同学。通过他们，我对年级的情况有了更进一步的了解。

新生入学报到的那天，有个学生因为匆忙把衣服的扣子系错了。当他在报到处签名的时候，我喊了他的名字。我说："××，你怎么把衣服扣子系错了呢?"这个学生愣了一下,看了看我,心里在想:"他怎么知道我的名字呢?"我的同事告诉他,我是他的辅导员。我刚留校时是在历史学院做辅导员,我做了不到3年,学校党委任命我做政治系党总支副书记。在和学生分别的时候,这个学生跟我说:"老师,您知道您在我心目中是什么印象吗?"他说刚入学那天,他就在心里想:一是我这个人工作很认真,二是我这个人很难对付。那时候他就很敬畏我。我把学生各方面情况密密麻麻地记了好几个本子。我在和学生谈话的时候,就好像我们是非常熟悉的朋友。特别是当我能说出他们高考成绩是多少的时候,这些枯燥的数字像甘甜的汁液流淌进学生的心灵,学生觉得我是一个把他们放在心上的人。很多学生说:"老师,谢谢您对我们的关心,我们一定按您的要求去做。"

古语讲:"知己知彼,百战不殆。"我来到大连海事大学做辅导员后,继续保持这样的工作习惯。把熟知学生看成做好辅导员工作的首要前提。我也是从学校学生工作部把我带的学生档案借来认真翻阅的。我所带的学生中有一对是双胞胎。在档案中我还了解到这个学生的妹妹和她一起考上了大学,同时她的姐姐也正在读硕士,她的父母都是农民。我心想"这个书怎么读啊!"我在第一时间找到了这个学生。我告诉她,我会和她一起克服学习、生活中的困难。怕她不接受,我把我的计算机以借的名义送给她用。还有个同学,登记表填写得十分潦草。若是不知道她叫什么名字,你根本看不清她写的是什么。我找她谈话,我说:"你们都说现在竞争激烈,激烈在哪里?不是细节决定成败吗?自己的名字都写不清楚,会给人一种做事不认真、不踏实的印象。当年我在做学院党总支副书记的时候,有个省厅用人单位到学校来挑选毕业生。我把一个学生推荐给了用人单位。用人单位先是看了他的档案,感觉不满意。这个学生的入学登记表就写得非常潦草。我说这是他刚来到大学时的情况,现在改变了。可以让他当着你们的面把他的简历写一遍。后来这个学生来到我办公室,写了一下他的简历。用人单位放心了,感到很满意。现在这个学生已经是厅局级干部。若是当年失去了这个机会,他今天又会做什么呢?其实每个人都有成功的机会,只是有些人没有抓住而已。"

为了尽快熟知学生,我深入他们的宿舍、军训现场,和学生一起在食堂吃饭。我还在学生中搞问卷调查,了解学生在中学时都读过什么书;哪本书对他影响最大;他都知道哪些人物;他最敬佩谁;他的梦想是什么;他打算怎样实现他的梦想;他最关心什么问题;考不考研;想不想入党;谈没谈恋爱;打算谈恋爱没有;想不想当干部,等等。我们有些辅导员,甚至学生入学已经很长时间了,还叫不全学生的名字;有的还把学生的名字叫错了;再不就是把学生的籍贯搞错了;对学生的自然情况根本不了解……这样就会让学生感到你没把他们放在心上。你若是应付学生,学生就会应付你;你若不在乎他们,他们自然也不会在乎你。所以,想当好辅导员,一定要有严谨、认真的工作作风,而熟知学生就是这种工作作风的体现,就是辅导员工作良好的开端。

莫要自扰之

2020-08-28

我昨天收到了一个辅导员写的信。这个辅导员已经工作3年了。在信中他说他是高职院校的辅导员,他对现在的工作环境不满意,他认为这里影响了他的发展,并为此而感到苦恼。我给他回了信,我没有“顺着”他,从某种程度上说我是批评了他。我认为他的烦恼都是自找的。他的问题很普遍,这里我把我们的交流推送给大家。

曲老师,您好!

我是一名高职院校的辅导员,已经工作3年了。我也想在辅导员工作岗位上干出成绩,但是现在我有些烦恼。我们学校不是很重视辅导员工作,所以我想换个环境。我想问您辅导员博士怎么考,我想通过考博士到本科学校做辅导员,使自己有更好的发展。您能帮帮我吗?

××,你好!

看到了你写给我的信,我的第一感觉是你太“精致”了。做了3年辅导员,有了考辅导员博士的资格,便想赶紧考博,这3年是不是很难熬啊!

你哪来的烦恼?你不是好好的吗?你的烦恼纯是自找的。现在多少人想当辅导员,你那个学校尽管是高职院校,我想竞争也会很激烈吧?你应该算幸运的,当然你也是有实力,不然这份幸运也不会平白无故地降临到你的头上。正因为如此,你可能在得到了之后便患得患失了。觉得自己在高职院校做辅导员大材小用了。是这么回事吗？你要通过考博士来改变自己的工作环境,你认为在本科院校里会更好地做好辅导员工作。这不是你内心的真实想法吧？恐怕你的内心还是觉得本科院校听起来比高职院校要好听啊、要有面子啊、待遇要更好啊……读了博士就一定能做好辅导员工作？恐怕你内心的真实想法是读了博士,可以转到思政课教学,或者转到其他专业教学;不是做好辅导员工作,而是根本放弃辅导员工作。所以还是希望你不忘初心、安心工作,把学生培养好。无论是高职院校还是本科院校,辅导员工作的性质、地位、作用都是一样的。你不要觉得自己能力比较强,在高职院校里做辅导员工作“亏了”。你能力强,不是更有利于做好这项工作吗？况且做好辅导员工作,能力只是一个方面,更重要的是信仰、人生追求和教育情怀。

真的,你挺好的了。多少和你同龄的人在边防前线保卫着祖国;多少公安战士与歹徒搏斗英勇牺牲;多少消防战士为保护人民生命财产安全献出生命;多少医护人员奋战在救死扶伤第一线;多少教师在艰苦的环境里默默地奉献着他们的青春和热血。我们有我们的利益,我们需要好好地设计自己的人生,这没有错。但是我们面对着每一个正在成长的青年,他们是祖国的未来和希望。别太“精致”了,一定要多帮助学生好好发展,将他们个人价值的实现融入实现中国梦的伟大事业中。由此,也使我们变得崇高、变得更有价值。

真没想到曲老师那么忙还能够给我写这么多的回复。真是谢谢您啦。应当说这是在我迷茫的时候您给我打的一针“清醒剂”。我会记住您的话,反思自己,安心做好辅导员工作,不辜负您的期望。

谢谢！我们共勉！

首先把家庭生活困难的学生稳住

2020-08-30

恩格斯《在马克思墓前的讲话》中有这样一段话：正像达尔文发现有机界的发展规律一样，马克思发现了人类历史的发展规律，即历来为纷繁芜杂的意识形态所掩盖着的一个简单事实：人们首先必须吃、喝、住、穿，然后才能从事政治、科学、艺术、宗教等等；所以，直接的物质的生活资料的生产，从而一个民族或一个时代的一定的经济发展阶段，便构成基础；人们的国家制度、法的观点、艺术以至宗教观念，就是从这个基础上发展起来的，因而，也必须由这个基础来解释，而不是像过去那样做得相反。这里恩格斯深刻地阐述了人类社会的发展规律。大道至简，其实对生存的个体来讲也是如此，连生存都成了问题，自然也就没有心情做其他事情了。

由于发展的不平衡、不充分，我们有很多家庭还生活在贫困当中，一些大学生就是从这样的家庭来到大学学习的。作为辅导员，当新生入学后，其首要的工作就是把学生了解清楚，掌握家庭生活困难学生的情况，把这些家庭生活困难学生的心稳住，这是保证他们顺利读好大学的首要前提。

辅导员要仔细阅读学生的登记表，从中分析了解学生的家庭生活状况；可以通过调查问卷来了解学生的家庭生活困难情况；尤其要多和学生接触，深入宿舍、深入食堂、深入教室，观察和了解学生的生活情况。我在做辅导员的时候，给学生开的第一个座谈会就是贫困学生座谈会，由他们报名参加。我跟他们讲,从自然年龄上看,我是他们的父辈;从社会年龄上看,我不敢说我是他们的父辈,但是从今天开始,我会努力地成为他们的父辈。谁也不准饿着肚子要求进步,饿着肚子来上课,吃不上饭找我,我不敢保证他们吃好,但是我一定会管他们吃饱。他们读书期间,难免会有人患病。小病自己看,大病找我,我领着看,等他们父母来就来不及了,千万别耽误了。我还跟他们说,他们一定要答应我一个条件,那就是好好学习,努力成才,感恩父母,为祖国服务。

后来有个学生给我写了一封信,她说:“那一刻我真的被您感动了。我本来很犹豫,很担心自己能不能读下去。但是老师使我有了坚持下去的信心。”这是个少数民族学生,毕业前夕向党组织提交了入党申请书,学习成绩在本专业里排第二名。

我找家庭生活困难的学生谈话;开年级大会,我给学生做了“出生于什么样的家庭是无法选择的,人生的价值是可以创造的”讲座。我鼓励家庭生活困难的学生要有不怕困难的勇气。贫困是相对的、暂时的,如果被贫困困扰、吓倒,由此自卑,失去了奋斗的意志,那就会成为贫困的俘虏。越是贫困,越需要奋斗,越需要改变。很多成功的人,都是从贫困的家庭环境中走出来的。从国家层面来讲,我们是发展中国家,要实现中国梦;从个人层面来讲,孩子是父母过上幸福生活的希望。家庭生活困难的学生不要有攀比的心理,要比就比奋斗、比追求。要在年级里创造一种关心他人、尊重他人的氛围。特别是一些家庭生活富裕的学生,他们虽然没有义务去帮助那些生活困难的学生,但是他们更没有权利歧视、不尊重这些家庭生活困难的学生。对于不尊重别人的学生,要给予严肃的批评教育,绝不能在班级、年级里形成这样的风气。

不能失去教育信心

2020-09-01

曲老师，您好！

不知道您能否看到这封信，但我心里有些困惑，所以还是想通过这封信和您聊聊。我是一名来自贵州的辅导员，今年是从事这个工作的第四个年头，头两年是在独立学院工作，后来考到了一所高职院校当辅导员。因为我在学生时代就喜欢学生工作，自己当时的辅导员认真负责的态度又深刻影响了我，所以我立志要成为像她那样的人。四年里我一直抱着为学生负责的态度努力工作，把学生当作自己的兄弟姐妹，有时也因为太为学生考虑而被领导批评，但我不后悔，我一直认为一个老师的成就感不在于自己获得多少荣誉、得到多少领导的赞赏，而在于自己的学生在大学期间获得多少、成长多少，毕业后有多少人愿意和你分享毕业后的情况，和你成为亲人。

高职的学生和本科的学生有很大不同，这两年带他们，我觉得用以前带本科学生的方法有点行不通，所以最近我有点迷茫，迷茫在高职院校学生的培养目标和本科不同。我想要改变之前带本科学生的方法，可有点不知道如何改变。我们学校在我之前基本没有专职辅导员，年长的一些班主任带学生还是那种不出事就好的态度，因而我在本校没有学习的榜样。假期我也看了很多优秀辅导员的事迹，想去看些书可又不知道从哪里入手，突然有种对这个职业的陌生感，感觉自己之前带学生的那份自信荡然无存，内心产生了些许困惑和不安，请曲老师有时间给予点拨，谢谢您！

××，你好！

你写给我的信我看到了。我在外地，今天一早给过生日的一个学生写了生日祝福后，便给你写了这封信。

其实这两天我推送的公众号文章，跟你提出的问题都是有相关性的。那天一个辅导员对我说，他想考博士，然后到本科高校做辅导员。他认为高职院校影响了他的发展。这样的认识是不对的。高职院校与本科高校一样，都是在培养社会主义事业的建设者和接班人。自己都瞧不起自己的学生，怎么能培养好学生呢？实事求是地说，高职高专和本科是有些差别的，其中一个差别在于本科学生是"知识型"的，高职高专学生是"应用型"的，也就是大家习以为常认为的本科是"动脑"的，专科是"动手"的。当然最终还都体现在应用上。学习的目的就在于应用。由此就决定了我们的一个工作目标，就是对高职高专的学生不要用"知识型""学术型"的标准来要求和衡量。有的学校、有的辅导员也是替学生着急，想办法让学生"专升本"，认为这样学生才能有出息、有发展。甚至把"专升本"的比率作为衡量学校办学、辅导员工作的一个标准。这种认识是不正确的。说重些，这是"劳心者治人，劳力者治于人"的翻版。无论是"知识型"、"学术型"，还是"应用型"；也就是无论是"劳心"还是"劳力"，其实都是在做着同一件事情：都要懂得感恩父母，服务社会，有正确的人生追求，为自己的一生负责。

辅导员首先要给学生信心。要让学生认识到这种差别，不能由此气馁。有的人确实善于"动脑"，属于"学术型"的；有的人确实善于"动手"，属于"应用型"的。这就像有的人设计汽车不行，但是制造、修理汽车却很在行。显而易见的是，社会不能只有设计汽车的，一定还要有制造、修理汽车的。当然，这都是从技术层面讲的，作为辅导员，更重要的是要在精神层面教育引导好学生。昨天我推送的那篇《在伟大面前便能看到我们的渺小》中谈到的麦琼方，36 年挑断 18 根扁担，抚养 87 个孩子，20 人考上了清华大学、北京大学，被人们赞誉为"中国伟大母亲"。她的伟大和学历有什么关系呢？毛泽东同志在《纪念白求恩》一文中说："一个人能力有大小，但只要有这点精神，就是一个高尚的人，一个纯粹的人，一个有道德的人，一个脱离了低级趣味的人，一个有益于人民的人。"无数事实说明，人的伟大、崇高和学历没有关系；人的幸福和快乐与权力和金钱也没有必然的联系。辅导员一定教育引导好学生树立正确的人生观，懂得感恩、关爱他人、做事踏实、乐观向上，把身体锻炼好。我看这就够了。

把学生干部队伍建设好

2020-09-04

现在一个辅导员要带几百个学生,从某种角度讲,辅导员即使有三头六臂,要教育管理好这么多学生也是有难度的。不是为辅导员开脱,有时候学生中出点事也是难免的。当然,要看出什么样的事,要看是辅导员的工作没做到位、不细致,还是应当由辅导员做的事辅导员根本就没做。辅导员要想把工作做好,就要把学生干部队伍建设好。学生干部生活在同学中间,是辅导员加强与学生沟通的桥梁和纽带,把他们的作用发挥好了,他们就会成为辅导员开展学生工作的左膀右臂。

首先是选好学生干部。有的辅导员说他很犯难。选举学生干部的时候,总有人先打招呼,不知怎样处理。辅导员最好早定规矩,民主产生学生干部。想当干部可以,那就参加竞选。这样既可以避免"人情",也可以使自己养成好的工作作风,这很重要。不然你无论走到什么位置上,都会碍于这种"人情",被他人所左右,最后可能前功尽弃。辅导员一定要公平地对待学生。学生往往不在乎你的能力怎样,学生在乎的是你公平不公平。你"剥夺"了学生当干部的机会,就失去了学生对你的信任,这样学生怎么会听你的呢?我在新生一入学就跟他们讲清楚,班级(年级)干部实行选举制。想当干部就好好表现,赢得同学的信任。选举产生班级(年级)干部的时候,我参加他们的会议,我都没有投票权,找我根本没有用。

学生干部不是班级的摆设,要让他们发挥带头作用。要求同学做的事情,学生干部应当带头做。这对他们也是必要的培养。从长远来看,这也是“为党育人、为国育才”的需要。不能让学生干部年纪轻轻地就养成只说不做,只要求别人、不要求自己的坏毛病。学生干部只起到辅助作用。辅导员不能把工作都抛给他们。有些工作要亲自布置、亲自落实。特别是对极特别学生的情况的了解,更要采取科学的方法,千万别让学生干部打“小报告”。这样容易产生同学之间的矛盾,甚至发生不应该发生的事情。辅导员也要考虑学生干部的“难处”。学生干部可以采取“轮换制”,每年换几个。有的辅导员觉得有的学生能力不行,担心会影响工作。这是相对的。从某种意义上说,正是因为他“不行”,才要让他做,不然我们怎么放心他将来走入社会呢?“行的”我们就可以“放手”了。问题是现在有些学生不愿意做干部。这需要辅导员培养他们的担当精神。大学生不能只想自己的事情,成为“精致的利己主义者”。大学生要有视野、有格局。辅导员要教育引导学生在服务他人、奉献社会中实现人生的价值。

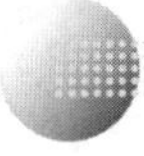

第一次班会讲什么

2020-09-08

有个辅导员在我的公众号后台留言，问我第一次班会讲什么。这个问题不会有统一的答案，可以根据具体的情况来安排。

社会学有个理论，人的第一印象会对他的发展产生重要的影响。应当说，第一次班会很重要，从某种意义上讲，第一次班会就是产生第一印象的时刻。比如，你告诉学生几点准时开会，结果你来晚了，你跟学生讲了一大堆理由。这理由还重要吗？事实就是你来晚了。同样，开班会的时候可能有的同学会来晚。他也会解释什么。辅导员就不要让他们养成做错了事总是辩解的毛病，这样到了工作岗位上是不行的。再比如，有的同学开会总愿意坐到后排，你可以提示他尽量早点参会，坐到前排。人的思想，不都是通过口头语言和书面语言来表达的嘛，有些思想通过形体语言也可以表达出来。坐到后排，给人的印象就是不关心这个团队，或者对做某事缺乏积极性，说重些就是对别人不在乎。这需要你引导他们，对你在不在乎不重要，重要的是如果一个人失去了对团队的依恋，变得对生活失去热情，对他人缺乏关切，这恐怕就是大事了。人，一定要在乎别人，要学会与人相处。坐在前排的人，自然更容易得到别人的了解。我在省教育厅工作了 8 年，开了无数次的辅导员会议，有些和我现在还有交往的辅导员，就是坐在会场前排的，我是在会前和中场休息时和他们交谈认识的。所以，第一次班会，辅导员一定要给学生留下美好的第一印象。上面的例子是要你告诉学生们，你是一个严于律己、关爱学生的人。所以第一次班会,首先你要介绍一下你自己,你有什么样的追求,你准备怎样和大家相处,怎样管理这个班级等。

第一次班会,重点是要告诉学生眼下学校、学院需要马上做的事情;要告诉学生你具体的想法和要求。尤其是要跟学生讲一下这样几件事情:一是大家一定要友好相处。世界70多亿人,大家能来到同一所大学一起学习,这要多大的缘分,尤其来到同一个寝室。要学会尊重别人,千万不要把在家里的一些个性的东西带到集体的环境里。二是让一些家庭生活困难的同学安心。我们管不了他们吃好,但我们可以想办法让他们吃饱,让他们处理好学业和勤工助学的关系。勤工一定是为了助学。有的学生有攀比虚荣的心理,勤工是为了"致富",改善生活,有面子。结果耽误了学业,得不偿失。一定"饿不死就读书",处理好眼前和长远的关系。三是嘱咐学生处理好和老乡的关系。老乡会不是正式的组织,老乡的素质参差不齐。有的学生就是受到了素质低的老乡的影响,结果大学生活过得一塌糊涂。让学生还是尽快融入班级这个大家庭。四是嘱咐学生注意安全。安全意识要时时有:走在马路上;使用电器;晚上在校园里谈恋爱;在外租房,等等。也要注意身体健康。

第一次班会也可以让班级临时负责人表一下态,他(她)打算怎样为同学服务。一定培养学生干部扎实的工作作风,这对形成良好的班风非常重要。前两天我写过公众号文章,谈到要把学生干部队伍建设好。如果你的班级(年级)实行选举制,第一次班会你也要讲一讲你准备怎样产生班级(年级)干部,要让学生懂得做干部就是要为他人服务的道理。

第一次班会确实很重要,算是你的第一次亮相。讲好了,对形成良好的班风会有积极的促进作用。因此,确有必要好好谋划,认真想好跟学生讲些什么。

一定教育学生从思想上入党

2020-09-13

经常有学生说：××入党前和入党后不一样了，有的做组织工作的同志也有这样的看法。为什么会是这个样子？这里反映的是有的党员思想上并没有入党。昨天有个刚毕业的党员，给我写了下面这段话：

曲老师，您好！

作为一名今年刚毕业的应届生，身为党员，毕业时我准备去一家外企就职，但因疫情延期，目前还没工作。虽然我是党员，但是总感觉对自己、对入党好像没有什么认识，感觉自己只是被一步步规划。在思想认识方面还有待提高，毕业前还参加支部活动，毕业后则很少参加活动，就更感觉不到入党的意义了。

这个党员还比较实在。当然，他也只是现在这样说，他的入党志愿书、思想汇报一定不是这样说的。这里的实质还是缺乏党员意识，没有解决思想上入党的问题。我们说要"为党育人、为国育才"，大学生的政治素质，尤其是学生党员的政治素质至关重要。我们做组织工作的同志，一定要从讲政治的高度，把学生党建工作抓实，教育学生在思想上入党。

列宁早就讲过："徒有其名的党员白给也不要。"苏联是在共产党员数量最少的时候建立了苏维埃政权，在共产党员数量最多的时候丢掉了苏维埃政权，这是一个极大的教训。大学生党建一定要抓住思想上入党这个根本问题。既要讲数量,更要讲质量。人的行为都是受思想支配的,他想什么总要在实践中表现出来。因此,做组织工作的同志,不能只看他入党申请书、思想汇报都写了什么,更要从实际中观察、了解他。

我做过学院党总支副书记,负责过学生的党建工作。对各支部推荐的党员发展对象,我都不打招呼地深入他们的学习、生活中,了解他们的现实表现。比如:我会到他们的寝室,看他们床头都摆放些什么;寝室的墙上都贴些什么;寝室的卫生怎样。有一次我去一个准备发展的党员的寝室,那时没有实行公寓化管理,寝室的门帘脏兮兮的。我就说本学期这个学生不能发展入党。我还去一个重点发展对象上课的公共教室,看看他的课桌里有没有垃圾。正是这些细微处,才折射出一个人有没有为人民服务的思想境界。现在我们发展党员的任务很重,量比较大。尽管如此,负责学生党建的同志亦可以做点抽查工作。你有了实事求是的工作作风,要求入党的学生就知道应当怎样做了。

记得网上热议"霸座男女"的时候,我课间问我的学生到不到图书馆霸座?有个学生说,他不去图书馆。我说你为什么不去呢?他说到图书馆霸座的都是要求入党的。霸座怎么和入党联系起来了呢?他说入党必须学习好,为了学习好就得到图书馆霸座学习。由此可见,这样的党员会给同学带来什么影响,霸座本身不也表明思想上没有入党吗?所以,即便再忙,做组织工作的同志可不可以到图书馆抽查一下,看看要发展的重点对象有没有霸座,这对帮助学生解决思想上的入党问题也会有所帮助。

总之,做组织发展工作的同志,一定要有对党的事业高度负责的精神,本着成熟一个发展一个的原则,把那些不仅思想上认同党的纲领,实践中更是自觉践行党的纲领的同志吸收到党的队伍中来,这样党的力量才会不断壮大。坚决防止有的人混进党内;避免有的同志年纪轻轻的就夸夸其谈,把马克思主义当成了说教,要求别人一个样子,对自己则是另一个样子。给我写信的这个党员能够认识到自身的不足这点很可取。无论在哪里工作,在什么样的环境下工作,重要的是要有党员意识,加强自我教育,不能忘了党员的身份和责任。

不要总站在"原点"看辅导员队伍建设

2020-09-14

曲老师,您好!

听了您的报告,又坚定了我的初心。我是一名从业8年,热爱学生工作的辅导员。我特别认同您的观点,辅导员工作的成果在学生身上、在日常的工作中,不是谁发表的论文多就做得好,我也是这么做的。但现在对辅导员的考核完全不看这些,这也是我困惑的地方。这几年我积累的各类随笔已经有两万多字了。为学生做的我都心甘情愿,但是自己不争不抢,领导就看不见,组织就不考虑,自己就没有更大的平台去做事情。特别希望能得到您的指点。

××,你好!

谢谢你对我的认同。辅导员队伍建设正在不断发展中,各项规章制度也是在不断完善中,还没有达到尽善尽美的程度。因此,便存在着地区和地区不平衡、学校和学校不平衡的问题。怎样评价辅导员工作,制定怎样的辅导员评职标准,对此还缺乏统一的认识,评价标准也就各不相同。辅导员的职称到底怎样来评?这里的核心问题是应当认清辅导员工作的特点和学科属性。辅导员工作是实践性非常强的一项工作,从这点来说,辅导员工作的好坏,或者说一个辅导员有没有工作的水平,当然不是看他发了什么档次的文章、主持了什么级别的课题,而是体现在对学生的培养上。我以前也说过,比如中宣部和教育部共同评选的最美辅导员;教育部评选的辅导员年度人物；各省评选出的各类优秀辅导员，他们能得到这样的评价是不是凭工作水平？有的辅导员所带的班级被评为全国三好班级（优秀党支部、优秀团支部等）、省三好班级（优秀党支部、优秀团支部等）；所带的学生被评为全国三好学生（学生干部、优秀党员等），这是不是一个辅导员的工作水平？毫无疑问，这就是辅导员的工作水平。这样的业绩怎么还能没有一篇C刊的分量重呢？辅导员评职称一定要把辅导员工作的业绩放在第一位。这是辅导员工作的特点和学科属性决定的。思想政治教育的根本任务就是立德树人，这是辅导员工作的出发点和落脚点。习近平总书记说要破除“五唯”，辅导员评职称应当率先破除“五唯”。文章写得再多，主持的课题档次和学历再高，学生教育管理搞得不好，又怎么能评职称呢？当然也不要把写论文、出版专著和辅导员的实际工作对立起来。学生的教育培养也是有规律的。围绕学生、关照学生、服务学生，有问题意识，从解决问题出发，把握学生成长规律，这无疑会促进辅导员工作。为什么我们说辅导员要职业化、专业化、专家化呢？也是希望辅导员们能够注重把握思想政治教育的规律，以科学的理论指导实际工作。现在有许多辅导员工作上爱生如子，学术上成了骨干，他们把工作和科研很好地统一了起来，这应当是辅导员的价值追求。

我们要历史地看问题，更要辩证地、发展地看问题，不要总是站在“原点”上看问题。曾几何时很多高校还没有辅导员呢！“中央16号文件”颁布以来，特别是党的十八大以来，尤其是全国高校思想政治工作会议、学校思想政治理论课教师座谈会以来，辅导员队伍建设有了大的发展。原来一些省份、高校不承认辅导员的教师身份，根本不给辅导员评职称，现在不是也改变了吗？这就大大地向前迈进了一步，而且现在很多学校辅导员评职称已经体现了破除“五唯”的要求。至于有的学校没有按照辅导员的工作特点和学科属性给辅导员评职称，这也是早晚要改的事。并且我认为，不仅辅导员评职称要改革，其他教师评职称都会改革的。在辅导员评职称方面，人们的认识一定会转向尊重辅导员教师工作特点和学科属性上来，你们学校的做法也会随着浩荡之大势而改变。大学不是个人家的，不是谁想怎么办就怎么办的。办大学必须遵循国家的大政方针、遵循教育规律、遵循人才成长规律。

至于你说如果不争不抢，就不会被领导看见，恐怕还是有些绝对。你不过才工作了8年，是不是着急“双重晋级”了？这里的关键还是要做到。

或许你会遇到不公平的领导,但是你不会总是遇到不公平的领导。你的工作不是干给领导看的,你的工作也不是由领导来评价的,是同事们评价的、学生评价的。所以还是要沉下心来,把工作做实,对得起学生这是根本。干到那个份儿上,自然就会得到承认。你想要更大的工作平台,带几百个学生这个平台已经够大了。你热爱学生工作,那就全身心地投入,让学生点赞、让学生记住你,这比什么都重要。

告诉我你的详细地址,我把我写的书签名、邮寄给你做纪念。到大连可以联系我。

祝一切都好!

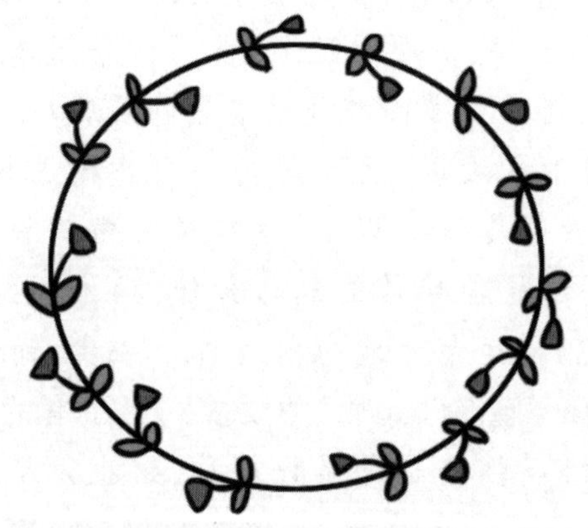

教育引导学生正确地表达诉求

2020-09-18

曲老师,您好!

我是一名刚入职的辅导员,刚刚完成由学生到老师身份的转变。近来有一个问题让我有些纠结。现在是网络时代,学校有些做法不妥时,学生第一时间总想往微博、朋友圈发,利用舆论给学校施压。站在学校的立场,我应该及时制止这种行为,以免对学校造成负面影响,但是站在学生的立场,他们可能是投诉无果之后,才选择了这个办法。对于学生的合理诉求,我觉得,他们有权利这么做。毕竟,学校可能也不会只听一个辅导员反映问题。所以,这让我很纠结,盼您解答。

××,你好!

你说的这种情况的确比较普遍,在网络时代,学生对学校的一些做法看不惯,认为影响了自身的利益,便通过网络把自己的想法发布出来,提出自己的诉求。那么,辅导员应当怎样对待这种情况呢?

1.不能和学生的情绪对立。从积极的方面看,应当肯定学生对学校的关心。我们的教育也要培养学生的民主意识。要让学生“国事、家事、天下事,事事关心”。大学生就应当“为天地立心,为生民立命,为往圣继绝学,为万世开太平”。如果大学生都“两耳不闻窗外事,一心只读圣贤书”,校园“寂静”得如一潭死水,那也不是我们的教育所要追求的。所以,不能把学生的一些诉求看成找事、惹事、给自己工作添麻烦。学生的诉求对改进学校的工作会有帮助,尽管有些诉求是从个人利益出发。即便有些诉求不合理,对做好我们的工作也是一种提示和警醒。

2.对学生的诉求关键是要做好教育引导。一定不能把学生的利益和学校的利益对立起来。让学生懂得他们的利益只有学校才能提供根本的保障。“家丑”真没有必要“外扬”。学校的名声坏了,学生能得到什么好处呢?要相信学校会维护学生的正当利益,只是有些问题的解决因这样或那样的原因需要时间;也有的问题是学生不了解情况,全凭主观上的一种臆断。当然,学校有关部门一定要及时解决学生的合理诉求,即便有的学生提出的诉求不合理,也要耐心地做好解释工作,千万不能“积怨”。学校出台一些和学生利益相关的大的政策的时候,一定要做好预判,把思想引导工作做到前面。要为学生的诉求提供正常的沟通渠道。辅导员要成为学生的“代言人”,及时反映学生的意见、建议;辅导员要告诉学生怎样有序地反映个人的诉求,教育学生一定要有法治思维。辅导员也要积极工作,深入学生,了解学生所思所想,将学生的一些“怨气”化解在萌芽状态。比如,有的学生反映晚上自习室日光灯坏了,后勤修理不及时。怎么坏啦?结果是日光灯的跳泡被有的同学拿到寝室用了。有的同学反映厕所堵了修理不及时。怎么堵啦?结果是有的同学把卫生巾丢到了下水道里。大学生应当管理好自己,尊重别人的劳动成果。修理不及时是问题,管理不好自己不也是问题吗?

3.辅导员一定要成为学生的知心朋友。辅导员是大学里学生的依靠,要让学生“靠得住”。所谓“靠得住”,就是要让学生遇到困惑的时候第一时间想到你。这就要赢得学生的信任,需要与学生“打成一片”,成为学生的知心朋友。这样,辅导员便成了学生的主心骨,学生就会悦纳他的引领。他们也会为辅导员着想,不愿意给辅导员“添麻烦”。为什么有的学生越不让他那样做,他却偏偏那样做?学校有关部门没有及时地解决和回答他们的诉求无疑是重要的原因,但是也不排除有的学生对辅导员工作不满意,想给辅导员添点麻烦。所以作为辅导员,在新生一入学就要跟同学们讲清楚你将怎样陪伴他们成长,一定扮演好学生人生引路人的角色。你关心他们、在乎他们,为他们着想,有了情感,再讲道理,学生就会听你的了。

一定要搞好寝室文化建设

2020-09-21

昨天,有个学生给我写了一封信。她说:“我现在大二,我真的感觉受不了宿舍生活了。我无数次尝试适应,但昨晚我感觉我的最后一道防线已经崩塌了。我室友大概一点钟睡,但是她又睡眠很少,起得很早,我提醒过她很多次,但也没什么用。我最近真的感觉很难受,常常感到心慌,尤其是洗头的时候,头发掉得很厉害,我很害怕身体和心理会出现什么问题,因为我妈妈和外婆都有心脏病。我本身就是一个内向且有些敏感的人。老师,我真的不知道怎么办了,我觉得自己的状态很差,好好休息都成为奢侈的事,这样已经严重影响了我的学习和生活。然而,貌似没有人可以帮我,除了自我调整。未来人生和学习的路都很长,我不想虚度光阴,可是现在……”

看了这封信,我心里很急。急的是这个学生陷入了如此痛苦之中,怎么能帮帮她,让她摆脱出来。我当时正坐在去会场的车上,利用这段空闲时间,我跟她在微信上聊了几句。我让她把情况跟辅导员老师反映一下。她说辅导员老师知道这种情况,建议她锻炼身体,调整自己。我也只能是安慰她几句。

我写过一篇推文:大学生活是从寝室开始的。寝室文化对大学生活会产生重要的影响,一定要搞好寝室文化建设。对寝室的管理,不能仅限于对卫生的管理,一定要注重文化的内涵,加强纪律教育。从同学自身来说,要懂得相互关心、相互帮助。世界上 70 多亿人,你们几个人能够住到一起，而且要住上四年，这是多大的缘分。大家相处得好，既有利于大学阶段的生活和学习，又有利于将来走上社会形成团队的力量。每个人都会有些个性，但是个性一定要符合社会性，在公共场所不能违背公共利益，寝室就是公共场所。同学相处要学会相互理解、相互包容，但是更要懂得尊重别人。寝室不是自己的家、自己的卧室，不能想做什么就做什么。从学校管理来说，有的学校宿舍归后勤部门管理；有的学校宿舍归学生工作部门管理。不管由谁管理，都要将和谐的寝室文化建设放在首位。辅导员要教育学生树立集体意识、法治意识。退一万步讲，在寝室里即便做不到关心别人、帮助别人，但也绝不能侵犯别人的利益。对那些在寝室以个人为中心、我行我素的学生，辅导员要给予严肃的批评教育，情况严重者可给予纪律处分。这既是对公共权益的维护，也是对那些不遵守公共秩序的学生负责。现在就养成了自私自利的品性，将来怎样立足社会？早晚会害人、害己。大学不仅要给学生传授知识，更要培养和谐的人。

打好寝室文化建设的组合拳

2020-09-22

这篇文章是我在火车上写的,也是想到哪儿写到哪儿。因为有些其他的事情急着处理,就没能再做修改。大家凑合着看吧。

昨天我推送了《一定要搞好寝室文化建设》一文,看得出来大家很关注这个问题,很多同志给我发微信、在公众号后台留言,让我围绕寝室文化建设再谈谈我的看法。那我就再说几句。

应当说,各高校对寝室文化建设是比较重视的,也确实采取了很多的办法。有的学校实行辅导员进公寓,在公寓里设有辅导员工作室;有的学校要求辅导员必须每周去学生宿舍几次;有的学校学生处就设在学生宿舍;有的学校辅导员轮流在宿舍值班;有的学校配备了宿舍辅导员,专门做宿舍学生的教育管理工作;有的学校搞“对口帮”,让高年级学生党员与寝室“结对子”;各高校也都对寝室进行评比,评比也是看学生的综合表现,比如一些学校也注重寝室文化,评比中不仅看寝室卫生情况,还看同学们的学习情况、获表彰奖励情况、遵纪守法情况;有的学校还评比文明宿舍……这些举措对搞好寝室文化建设都是有利的。

不过,为什么寝室文化建设还存在着那么多不如意的方面?与我们的期望值还有那么大的反差?这是需要我们不断总结、不断改进的。搞好寝室文化建设有这样几个环节必须加以注意。

一是学生干部必须发挥带头作用。我在做辅导员、学院党总支副书记的时候,对学生干部就有明确的要求,凡是学校、学院对学生的要求,学生干部必须首先做到。我把要求入党同学在寝室的表现作为入党考核的一项重要内容。我要求党员发展对象、班级主要干部放假的时候晚走一天、早回来一天,检查一下寝室的情况;将寝室透透气,给同学晾晒被褥。记得发展一个党员的时候,我找寝室的同学了解情况,有个同学说:"她够条件。晚上我躺在舒适的被窝里,真心感谢她。"

二是一定要公平地对待学生。这体现在各个方面,分配寝室就是重要的环节之一。这是寝室文化建设的基础。昨天有个同志还跟我讲,因为新冠疫情,今年学校不打算调换学生寝室了。一些住在阴面的学生就有意见。可见学生还是很在乎住在阴面还是阳面的。因为疫情,今年的情况比较特殊,特殊的时期一些问题就需要特殊的解决办法,同学们一定要为大局考虑。我在做学校党委副书记的时候,经常到学生寝室走访。我会"随意"地问住在阳面下铺同学的父母和住在阴面上铺同学的父母是做什么的。得出的结论是住在阳面下铺同学的家庭背景要好于住在阴面上铺同学的家庭背景,这纯属偶然吗?原因在哪里?一些学生家长在孩子没有入学的时候,就通过关系给孩子安排好了床位。我在做领导的时候,也有朋友找我,让我关照他们的孩子。我的态度很明确:不是希望孩子好吗?那就不要"抱着走"。什么都舒舒服服的,这对孩子的成长不利,同学也会瞧不起。我们有的学生干部、辅导员没有号召力、影响力,学生不愿听他们的,与辅导员给了他们"先手"不无关系。

寝室文化建设还有一种好的办法,就是实行新老生同寝。所谓新老生同寝,就是每个新生寝室选派一名高年级党员、要求入党的同学与新生同吃同住。像上面提到的那些寝室管理办法有个很大的不足,就是学生一"关上门",和我们的教育管理就隔开了。学生的很多思想表现都是在关起门后发生的。而由于大家都是初来乍到,谁管谁?怎么管?这样就容易各行其是,摸不着头脑。派到新生寝室的老生都是选派的,有丰富的大学生活经验,就可以很好地按照学校、学院、辅导员的要求全面引导新生,形成良好的寝室文化氛围。新老生同寝对老生也是一种培养途径。组织上可以将老生在寝室的引领作用发挥得怎样作为入党转正、发展入党的一项重要考核内容。我在做学生处处长的时候,就在全校实行新老生同寝管理办法。学生因不明原因在寝室熄灯 10 分钟后没有回到寝室,老生要汇报给辅导员;20 分钟没有回来,辅导员要汇报给学院副书记;半个小时没回来,学院要汇报给学生处,然后决定怎样处理。新老生同寝不是 4

年都这样，一学年就可“成型”了，有的寝室半年就行。此前我推送过一篇文章:《新老生同寝对大学生角色确立的意义》。这篇文章是我写的第一篇国家级论文，发表在《中国高教研究》上，这里不再赘述了。感兴趣的同志可以从我的公众号和这本杂志中找来看看。

加强寝室文化建设，还特别要加强纪律教育。对不遵守纪律的学生一定要严格管理，绝不能养成学生个人利益至上的坏品行。

另外，寝室长虽然职位不高，但确实很锻炼人，责任也很大，也不好做。做好寝室长也需要下些功夫的，可以将寝室长列入学生干部表奖序列。

做好新疆少数民族学生的教育工作

2020-09-23

我在省教育厅工作的时候,对做好新疆少数民族学生的工作高度重视。有一年暑假,全省凡是有在新疆招生的高校,每个学校派一名辅导员组团去新疆家访,目的是了解学生的情况,与家长共同配合做好学生的教育工作。我从省教育厅回到学校做辅导员后,我的年级中有一名新疆少数民族学生。刚来的时候他在思想上也有些困惑。我跟他交朋友,经常与他交谈,和他一起吃饭。古尔邦节的时候,我给他送水果,我还给他买了许多书。这个学生表现得很好,毕业晚会上他发言说感谢学校的培养,表示要回到家乡做好民族团结工作。我们之间有几万字的微信交流。今年教师节他还给我发来了很长的祝福文字。他说:

今天是教师节,首先祝您节日快乐!

由于最近的工作比较多,我没能给老师按时回信,实在不好意思。毕业这么长时间了还能收到老师的关心与慰问,每次心里都很感动,每次看到老师的消息,自己就会成长许多。今年是比较特殊的一年,年初的时候一场突如其来的疫情席卷了全国各地。在党中央的领导下,大家团结一致,控制住了这场疫情。7月底,新疆又出现了一些病例,政府及时采取措施进行控制,现在已经全面恢复正常的生活秩序了,但是由于疫情影响,我把婚礼延后到10月中旬了,希望到时候可以正常举办。5日收到您的来信,我心里特别感激,没想到老师还能记得那个日子。今年的工作强度比较大，也很辛苦，但是想想正是因为有这么一批人的付出，才能保证国家的安宁，我们国家有这样一套完善的机制保证人民的健康，这正是社会主义制度优越性的体现。虽然毕业很久了，但是老师对我们的教诲我却始终没忘，感谢老师对我们的帮助，才让我们少走许多弯路。老师平时工作比较忙，现在又进入了秋冬季节，还望老师能注意身体，劳逸结合。

最后再次祝老师节日快乐、万事如意！

我给他回了信。我答应去新疆参加他的婚礼，顺便进行家访、考察。关于做好新疆少数民族学生的教育工作，我有这样几点体会：

一是要增加认识。高校必须做好新疆少数民族学生的教育工作，不能嫌麻烦，特别是要正确地看待新疆少数民族学生。我从 2013 年 9 月到 2017 年 7 月完整地带完了一届学生后，又主动地做了我们学校新疆和西藏少数民族学生的指导教师。这些新疆少数民族学生积极向上，他们表达了强烈的民族团结愿望，希望新疆稳定发展；他们对民族分裂行径深恶痛绝，纷纷表示要学有所成，回到家乡做民族团结工作，把家乡建设好。这是主流。由于多方面的影响，会有个别学生在思想上存有偏差。越是这样，越需要我们多做教育引导工作，越是难做，越要做好。

二是要培养骨干，发挥好骨干的作用。很多高校新疆少数民族学生都由各学院管理。辅导员的教育管理是主要的，但是要培养好骨干，发挥好骨干作用。新疆学生地域观念比较强，他们非常“抱团”，有他们认同的“主心骨”。我带的那个新疆学生后来就成了我们学校新疆学生的“主心骨”，他帮助学校做了很多新疆少数民族学生的教育管理工作。

三是加强情感沟通。由于地域的差别、民族习惯的不同，新疆少数民族学生来到大学难免有些不适应。学校有关部门要多关心他们的学习、生活，及时为他们排忧解难。辅导员要多深入他们当中，力所能及地给予他们需要的帮助，成为他们的知心朋友。有了情感，工作就好做了。有个新疆少数民族学生跟我讲：“谢谢老师对我生活上的关心。您是我最信任的人。我愿意把我的真实想法告诉您。”

四是不能放任。新疆少数民族学生也是学生，他们在遵守学校管理制度上同样不能搞特殊。要把握好民族政策，执行好学校的管理制度。对于违反学校规章制度的新疆少数民族学生，也要及时地处理，把问题解决在萌芽状态。

辅导员怎么啦?

2020-09-26

曲老师,您好!

我是××大学的辅导员××,是在电梯口麻烦您帮我签名的那位。我是辽宁人,听着熟悉的乡音和您激情澎湃的报告,我深受感动。今年是我参加工作的第二年,我想我会一直热爱我的工作,并以此为终身事业。您今天的讲座让我这个决心更加坚定。我平时性格有点急,做事有些毛躁,在以后的工作中我要耐住性子,踏踏实实做事。见到您一直是我的梦想,希望以后有更多的机会向您学习。祝您身体健康、万事顺遂!

××,你好!

因为忙,今天才回复你,希望你能理解。

你说要把辅导员工作当成终生的事业,我为你点赞!起码你现在有这样的勇气,敢于表达这样的态度,这是做好辅导员工作的重要思想基础。有的辅导员从当上辅导员那天起,也没有想过把辅导员当成事业做,更没有想过做一辈子。他们之所以当了辅导员,是因为考公务员没有考上,想当专业教师没有博士学位,想进机关没有机会。所以,他们就先做了辅导员,等待机会,希望有一天离开辅导员岗位,这样辅导员工作也就大打折扣了。

辅导员怎么啦?去年国庆节我参加了国庆观礼。当习近平主席在天安门城楼上讲到"今天,社会主义中国巍然屹立在世界东方,没有任何力量能够撼动我们伟大祖国的地位,没有任何力量能够阻挡中国人民和中华民族的前进步伐"这句话的时候,我泪流满面。我想到新中国70年的不容易;想到为祖国我做了什么。我这辈子就做了一件事,和学生在一起,教育引领学生爱国。虽然我的工作岗位多次变动,但是心始终在学生身上。我辞去领导职务回到学校做辅导员,我觉得我做对了。每当节假日学生送来满满的祝福,他们感谢我的陪伴、我的教育引领的时候;看到学生在祖国各条战线上努力工作,为实现中国梦而拼搏的时候,我觉得辅导员工作可谓功在当代、利在千秋。我把辅导员工作当成一生无怨无悔的追求。我真心希望你能做到像你说的这样,把辅导员工作当成终生的事业。不过你还年轻,现在对辅导员工作还保持着满腔的热情,想保持住这些热情,还是需要不断提升自己的境界,尤其是政治素养要强,就是要有信仰。要想到辅导员工作与党的事业、与祖国和人民的命运紧密相连。马克思创立马克思主义的时候,不是为了"双重晋级",马克思是要为最广大劳动人民的幸福而奋斗。所以,要想做一辈子辅导员,就不能动摇这样的信仰。为什么一些辅导员做着做着就倦怠了,说到根本还是信仰的问题。习近平总书记说:"理想信念就是共产党人的精神之'钙',没有理想信念或者理想信念不坚定,共产党人精神上就会'缺钙',就会得'软骨病'。"有了信仰什么问题都没了;没有了信仰,自然什么问题都来了。

你说你工作急。工作急说明你想干事,这是好事。当然更要干成事,这就需要讲究方法。有了想干事的前提,方法就好办了,因为解决问题的方法总比问题多。辅导员一定要熟悉学生、了解学生,跟学生打成一片,要成为学生的知心朋友。这样,你就会从实践中来,到实践中去,把握学生成长的规律,有条不紊地开展你的工作。

你是辽宁人,我们是老乡。再开学或放假可以从大连走,我们就能见面了,我可以为你提供力所能及的帮助。你说得对,工作一定要做得扎扎实实,要深入、深入、再深入;细致、细致、再细致。学生工作来不得半点马虎。你要注意把自己做学生工作的体会积累下来,既要勤动脑,也要勤动笔。这样长期坚持下去,你就成为思想政治教育专家了。

飞机要着陆了,就写到这里。

祝你一切都好!

一定要多想想生活困难的学生怎样过节

2020-09-29

思想政治教育的方法多种多样,简单说来就是以理服人、以情感人。人的行为都是受思想支配的,因此一定要把道理说清楚,让学生认同、信服。而思想政治教育又有一个显著的特点,仅仅靠讲道理是行不通的,要想让学生认同、信服,还需要用情感来感化学生。为什么我们的教育与我们的期望有差距,情感不够是其中的一个原因。就像有的家长在理论上并不行,孩子却很听话,就是情感起了作用。所以理论教育要想取得好的效果,需要用情感来润色。这就要让学生感受到我们是在真心地关心他们,有了情感,学生就会悦纳我们的教育。尤其对家庭生活困难的学生,更要给予特别的关爱,特别是在节假日的时候。我在大学生思想政治教育岗位工作了38年,我始终坚持这样一个教育理念:每逢佳节倍思"贫"。

我在做省委高校工委副书记的时候,于寒假前召开沈阳地区家庭生活困难学生座谈会。我还从有关部门争取经费发放给家庭生活困难的学生,让他们回家过年;春节期间,我会选择一些家庭生活困难的学生去看望他们。有的学生通过辅导员转达他们的谢意,立志成为建设祖国的栋梁之材。在学校做党委副书记的时候,每年新年前夕,我都会组织家庭生活困难的学生包饺子,学校还给每个家庭生活困难的学生20元零用钱。有一年中秋节正值军训期间,我将全校几百名家庭生活困难的学生集中在主楼前的广场搞集体赏月,给他们准备月饼、水果。年级辅导员,军训教官和学校、学院领导一起参加。我还邀请了大连市其他高校的一些学生歌手现场演出。我在做辅导员的时候,中秋节也都会给学生准备好月饼,给他们送去节日祝福,嘱咐他们好好学习,感恩父母、报效祖国。我现在做我们学校新疆、西藏少数民族学生的指导教师,他们过本民族节日的时候,我都会给他们送礼物,有时间就和他们一起吃个饭,给他们写信祝福他们节日快乐。前些天我到义乌考察陈望道故居,感受到“真理的味道就是甜”。我还专门去了义乌国际商品批发城买了一批袜子让浙江师范大学的一个辅导员给送过来,待中秋节时分发给少数民族学生、孤儿学生、我授课年级家庭生活困难的学生。今天晚上我安排了中秋联欢晚会,全校新疆、西藏、孤儿学生集中在我们学校中心餐厅,大家在一起畅谈。前两天我在一所学校做报告,把报告费给了他们学校的孤儿学生过中秋节,有个孤儿学生给我写了很长的信,我回信鼓励他。我把我们的交流推送给了大家。记得有一次下午上思政课,正好第二天是“五一”,我让年级负责人把我上午做报告的费用给了年级里家庭生活困难的学生,让他们改善一下生活,买点学习用品。第二天,这些学生工整地给我写了感谢信,有的写了上千字。他们说,他们知道了为什么要上好思政课,明白了要做一个什么样的人。

思想政治教育要围绕学生、关照学生、服务学生;要落细、落小、落实。只要能让学生感受到我们尽心尽力了,学生就会听我们的,我们的教育就会收到预期的效果。

理直气壮地教育学生爱国

2020-10-02

习近平总书记在纪念五四运动100周年大会上的讲话中指出:“历史深刻表明,爱国主义自古以来就流淌在中华民族血脉之中,去不掉,打不破,灭不了,是中国人民和中华民族维护民族独立和民族尊严的强大精神动力,只要高举爱国主义的伟大旗帜,中国人民和中华民族就能在改造中国、改造世界的拼搏中迸发出排山倒海的历史伟力!”2017年12月,习近平总书记在给莫斯科大学中国留学生的回信中说:“青年一代有理想、有本领、有担当,国家就有前途,民族就有希望。实现中华民族伟大复兴的中国梦,离不开一代代青年的接力奋斗。希望你们弘扬留学报国的光荣传统,胸怀大志,刻苦学习,早日成长为可堪大任的优秀人才,把学到的本领奉献给祖国和人民,让青春之光闪耀在为梦想奋斗的道路上。”2020年2月,中共教育部党组印发《教育系统关于学习宣传贯彻落实〈新时代爱国主义教育实施纲要〉的工作方案》的通知,提出要以习近平新时代中国特色社会主义思想为指导,紧紧围绕中国特色社会主义伟大实践、“两个一百年”奋斗目标和实现中华民族伟大复兴的中国梦,深刻认识中国共产党团结带领全国各族人民进行的革命、建设、改革实践是爱国主义的伟大实践。在教育系统要扎实开展深入、持久、生动的爱国主义教育,教育引导学生从感性到理性、从自在到自为,激发爱党爱国爱社会主义的巨大热情,凝聚奋进新时代、努力成为德智体美劳全面发展的社会主义建设者和接班人,为实现中华民族伟大复兴的中国梦贡献力量。该通知的下发,有力地推动了大学生爱国主义教育进入了新阶段。辅导员一定要把爱国主义教育作为主旋律。学生不爱国还办大学干什么?大学本身就是爱国的产物。有的辅导员说:"不好意思对学生讲爱国。"问题出在哪里?一是认识不到位;二是讲少了;三是自身做得有差距。学生的内心深处都潜藏着一股力量,需要我们去挖掘、去唤醒,正所谓"教育就是心灵的唤醒"。当学生离开学校的时候,评价他们的标准不是就业率,而是择业观。只要我们坚持不懈,积极教育引导学生,学生就会跟我们走。昨天我推送了"写给毕业三年学生的生日祝福"一文,这个学生给我回复了很长的一封信。读了这封信,我更加坚定了教育学生爱国的理念。

曲老师,您好!

今天是伟大祖国母亲的生日,也是中华民族的传统团圆节——中秋节,双节同庆,月圆人圆,在这个美好的日子里,祝老师节日快乐、身体健康、阖家幸福!

谢谢老师的生日祝福,跟祖国母亲共庆生,我感到非常荣幸和自豪。今年公司假期长,昨天从西安坐车回老家了。今天上午去家里的葡萄地里帮父母剪葡萄,下午跟母亲坐车来看望外公外婆,微信消息回得不及时。看到老师在公众号里写给我的生日祝福,我非常感动、开心。现在在外婆家里给您写信,想起大学期间跟老师相处的点点滴滴,想起中秋节老师请留校的同学一起过节,想起老师的关心、爱护与谆谆教诲,心里非常温暖。老家的中秋节有祭月、吃西瓜泡月饼的习俗,今晚陪着外公外婆一起祭月、吃月饼,很甜很幸福。高中毕业离开家乡后,我这是第一次陪外公外婆过中秋节,今年的中秋节对我来说愈加珍贵。外公回忆起新中国刚成立、国家还很贫弱的年代,人们吃完的瓜碗都是反扣在路面上,减少水分蒸发,行路的人捡来可以解渴止饿……忆苦思甜,今日的中国发生了翻天覆地的变化,看我们的祖国如今多么繁荣昌盛,这更激发起我的爱国心,也深知当代青年人肩负的责任与使命。我们每个人都应该倍加珍惜今天的幸福生活,为了中华民族的伟大复兴,我们必须更加努力奋斗。记得国庆70周年阅兵,我是在单位看的直播,当看到五星红旗冉冉升起,看到老师在观礼台观礼时,我的心情非常激动,不仅为我们繁荣昌盛的祖国感到骄傲,也为老师感到骄傲和自豪。看到同学们在微信群里、朋友圈转发老师在天安门观礼台的照片,看到老师发的消息,我也非常振奋与感动。老师无时无刻不在言传身教，教导我们爱国，关心我们的工作与生活，您不仅是我们的老师，还是我们的引路人。当习近平主席庄严地向全世界宣告“今天，社会主义中国巍然屹立在世界东方，没有任何力量能够撼动我们伟大祖国的地位，没有任何力量能够阻挡中国人民和中华民族的前进步伐”的时候，我心潮澎湃，久久难以平静。我们这代人出生在改革开放的新时代，见证着中国走向繁荣富强，没有吃多少苦也没有受多少累，但我们也深知，祖国母亲的艰苦创业是多么不容易。“中国的昨天已经写在人类的史册上，中国的今天正在亿万人民的手中创造，中国的明天必将更加美好。”接力棒已交到我们年轻人手上。老师，您放心，您的孩子们不论在什么地方、什么工作岗位，都会努力奋斗，为我们的祖国母亲，为我们伟大的事业——建设社会主义现代化强国、实现中华民族伟大复兴而奋斗。老师，上次回大连，回到学校看望您是 2018 年 4 月份，转眼两年多又过去了，我非常想念您。我现在在西安一家国企工作，一切都很顺利。这家公司非常注重企业文化建设，坚守向上向善，优良风气创未来。老师，这跟您在大学时教导我们的向善乐群表达的意思是多么一致。学生会牢记您的教诲与嘱托，爱岗敬业，努力干好工作就是为社会主义建设添砖加瓦。老师，您一直是在辛苦工作，一定要多保重身体。期待老师下次来西安，也期待下次去母校看望您。

老师，实在不好意思，消息回复得有点晚，老家村子里网络信号不是太好。谢谢老师的祝福，祝老师节日快乐、身体健康、一切顺利！

××，你好！

昨天看到你的回复也很晚了，没有及时回复。老师感到你更加成熟了，能够把个人的发展和祖国的命运统一起来，对此老师感到很欣慰。教学相长。老师做辅导员就是为了和你们在一起，培养学生爱国。你们的表现对我也是一种激励，我要为实现中国梦培养更多的优秀学子，为此而鞠躬尽瘁、死而后已。

不用回复了。老师在大连等着你。再去西安，老师联系你。

祝一切都好！

谢谢老师，我不会忘记您的教诲，努力奋斗。

偶然还是必然?

2020-10-05

昨天我从学生宿舍回到家里浏览手机新闻,看到这样一则消息,湖北某中学一名男生在教室行凶,同班的两名女同学被杀死。单就报道来看,说是这个男生性格极其内向,遭到了讽刺,于是便做出了如此极端的行为。该男生为什么会变得如此内向?该女生为什么要去讽刺别人?说到根本,还是缺少人文的东西。前者不明确学习是为了什么,不能快乐地学习;后者不懂得去尊重、包容、理解别人。人文的东西少了,人性的东西就少了;人性的东西少了,人也就不像一个人的样子了。说来也巧,就在昨天下午我和我将授课年级的学生在宿舍交流的时候还谈到人文精神的问题。和我交谈的学生中有个湖北的学生,竟然不知道湖北有个“将军县”。这个县产生了223位将军,其中被授予上将军衔的8人,中将军衔的13人,少将军衔的58人,他们为新中国的建立立下汗马功劳。这个学生也不知道李四光是湖北人。李四光是著名的科学家,2009年当选为100位新中国成立以来感动中国人物之一。我参观过李四光和“将军县”有些将军的故居。我跟他们讲,学习一定要有正确的目的,要带上人文精神,也就是要关注祖国的发展、社会的进步、人类的命运。这些学生学的专业都和计算机有关。我说为什么要学好专业知识?如果就是为了将来好找工作,或者将来能挣大钱,只为自己着想,这样就会想钱想得头疼,就有可能把计算机作为“谋财害命”的工具。那么多的网络诈骗、那么多的黑客,不都是计算机“高手”吗?如果你想把计算机科学搞到尖端,把它和医疗结合起来，为延长人们的寿命、减轻病人的病痛、提高人们的生活质量服务，这就会大不一样。所以，学习过程一定要把科技和人文统一起来。爱因斯坦为什么说当离开学校的时候，不仅要成为一个专家，更要成为一个和谐的人，道理就在这里。我告诉他们，要开阔视野、提升格局；不要陷在狭窄的自我天地里，这样做不成大事，也不会有出息。国家在发展，过上幸福的小日子并不难，人生最大的缺憾恐怕还是到老年的时候感到自己没能创造出更大的社会价值。

交谈后，有的学生写下了这样的感言：

听了曲老师的座谈，我感到受益匪浅。一个人不能只有科学素养而没有人文素养。以后我肯定会多多了解中华民族博大精深的文化。我还知道了在大学里努力的重要性，不能只为了混张毕业证而没有真本事，所以努力提升自己是必要的。

曲老师的足迹遍及全国，对各地都有考察，每说出一个城市都能联想到自己以前经过时听过的传说、见过的名胜，人文地理记得一清二楚。在临走时还不忘告诫我们要和睦相处。读书行路，眼界的开阔是心境和思想的升华。志存高远，才能不以物累行。我要心系社会，不枉费一身本领，做个对国家有贡献的人。

曲老师平易近人地对我们进行学习教育开导，引导我们明确未来的就业方向，告诉我们科技只是学生学习的一小部分，更重要的是充实自己的文化底蕴，使我们知道学会做人才是学校教育的最终目的。

今日您来到英华五公寓，我有幸能听到您对我们的教导，感受十分深刻。您教导我们要熟悉自己家乡所拥有的传统文化。您走遍中国，对各个地区的文化与传统甚至美食了解得都要比当地人清楚，这一方面让我们感叹您的博识，另一方面让我们意识到人文教育的重要性。能和您第二次相遇是我的荣幸，感谢您在百忙之中抽出时间为我们上这一课！

感谢曲老师，今天和您交流后我才知道自己的格局很小，本来我是想着开学前几天也没有课就打打游戏、娱乐娱乐来消磨时间,认为这对自己学业没有影响,但是今天在与您交流后我明白了这个世界还有很多东西需要我去了解,如历史人物、文物、各地风土人情,等等。尽管目前不能前往参观体验,但是我可以利用这段闲暇时间上网搜搜相关资料来充实自己。

敬爱的曲老师,感谢您在百忙之中抽空来我们宿舍与我们这群不谙世事的大一新生交流分享经验,我深刻地感受到了您对我们的关怀与期望。能有机会与您交谈实属我的荣幸,我一定按照您给出的宝贵建议去做:珍惜时间,努力读书,勇于探索,报效祖国。

今天听过曲老师的教导后,我感受到了思想的重要性,明白了学习真正的意义,懂得了思考对于学习的重要性,知道了要成为一个有创造力的人,而不是一味地死读书。我要在读大学的过程中努力向上,成为对祖国有用的人。

习近平总书记在学校思想政治理论课教师座谈会上强调,思想政治理论课是落实立德树人根本任务的关键课程。青少年阶段是人生的“拔节孕穗期”,最需要精心引导和栽培。我们办中国特色社会主义教育,就是要理直气壮地开好思政课,用习近平新时代中国特色社会主义思想铸魂育人,引导学生增强中国特色社会主义道路自信、理论自信、制度自信、文化自信,厚植爱国主义情怀,把爱国情、强国志、报国行自觉融入坚持和发展中国特色社会主义事业、建设社会主义现代化强国、实现中华民族伟大复兴的奋斗之中。思政课作用不可替代,思政课教师队伍责任重大。作为一名思政课教师,就应当按照习近平总书记的要求,切实发挥好、上好思政课的关键作用。我们说加强学生的人文教育,思政课是人文教育中的核心内容。我们要想方设法上好思政课,为学生点亮理想之灯、照亮前行之路,让思政课真正成为学生真心喜欢、终身受用的课程。

引导学生把握住自己

2020-10-06

××,你好!

今天是你的生日,早上没有来得及给你写生日祝福。这是在飞机上给你写的,等飞机着陆的时候发给你。老师首先祝你生日快乐!老师更想借你的生日再嘱咐你几句。

我在给你们上思政课的时候跟你们聊了不少,就是希望你们能够很好地读大学。作家柳青讲过,人生的道路虽然漫长,但紧要处常常只有几步,特别是当人年轻的时候。你现在就处在这样的时期,必须把握住自己。大学不是只用来学习知识的,大学更是思想的园地。在大学找准人生的目标,确立正确的价值观是非常重要的。只有学习的目标明确了、端正了,学习起来才有意义、才有动力。中华文化讲厚德载物,说的也是这个意思。老师算是在大学里工作了一辈子,看到很多大学生就是因为德才兼备才走向成功的;也知道有的学生就是没有良好品德才“倒下”了。记得课上我也讲过这个例子:国内某重点大学一个医学硕士生,因犯杀人罪被判死刑。多可惜!多令人痛心!他在法庭上的最后一段话值得每个大学生警醒。他说:“当他的思想在自由世界的时候,他忽视了自己价值观的培养。”读了大学就要有读了大学的样子,就要有使命感,有责任担当精神,就不能只想自己。

转眼大学生活过去了一学年,特别是因为新冠疫情,你们还“少读了”半年大学,这对你们有些损失。越是这样,越是要抓紧剩下的时间,把损失的地方补回来。你们一定要惜时如金。没有“剩余时间”就不会有“剩余价值”,尤其是要想考研究生的话,更应当争分夺秒。同学之间要搞好团结。我常讲这句话,没有人会自己成功。等你离开大学的时候,带走的应当是一个团队。这就要关心同学,力所能及地帮助同学,和同学相处不要斤斤计较。你怎么样,同学都看在眼里,记在心里。你为同学的付出就像珍藏在深巷子里的老酒,时间越久,味道越香。你还要注意锻炼身体。有的同学比较懒惰、贪玩,不爱运动,这是短视的做法。年轻的时候就应当想老年的事,为老年做准备。人的身体就像生长的庄稼,需要施肥,需要阳光、雨露的时候就要给足这些,这样才会有好收成。不然,等上年龄的时候再追加“营养”,已经晚了,没有什么意义了。

老师今年63岁了,每天都很忙,总的看身体还能吃得消,这要得益于我在你们这个年龄的时候对锻炼身体的重视。我在读大学的时候,即便在寒冷的冬天,我也是每天早上早早起来锻炼身体。偌大的操场上常常只有我一个人在奔跑着。你愿意摄影,这个爱好很好。老师也喜欢摄影,不过我只能算是照相水平一般。我主要是收集资料。因为要建大学网站,我去了很多的大学、名人故居、名人墓地、博物馆、纪念馆……我要将我收集到的资料进行梳理,放到网站上,方便大家学习。等我联系你,看看你能帮助我收集哪些资料,我可以给你劳务费,为摄影提供些条件。这也是“双赢”。大学生活十分美好,但是需要认真投入。

祝你的大学生活圆满如意!

××,你好!

今天是你的生日,老师祝你生日快乐!

与其他同学相比,你应当算是快乐的了。你家在大连,你的生日又在国庆期间,可以全家人在一起既庆祝国庆,又庆贺你的生日。当然生日不只是用来庆贺的,还是用来思考的。又长了一岁,成没成熟点?我们说有的人总长不大,就是因为他只增长了自然年龄,没有增长社会年龄。人是社会中的人,应当把社会年龄放在自然年龄前面,不增长社会年龄,就会像通常大家说的那样,白活了一回。

想要增长社会年龄,大学这段时光就非常重要。大学是人生的“紧要处”,你们在这里可以得到全面培养。当然,这种培养不是天然的,不仅需要外部的环境,更需要你们自身的努力。一定要利用好大学的时光,把自已变得强大，这样走上社会的时候才能有所作为。你想考研吗？你还是应当有这样的打算并且要早做准备。你都大学二年级了，想做什么、应当做什么，必须清清楚楚。目标定下来了，就要奋力前行。大学四年，老师会陪伴在你们的左右。有事就联系我，我会尽力的。让你们读好大学是老师始终未变的心愿。

祝你一切都好！

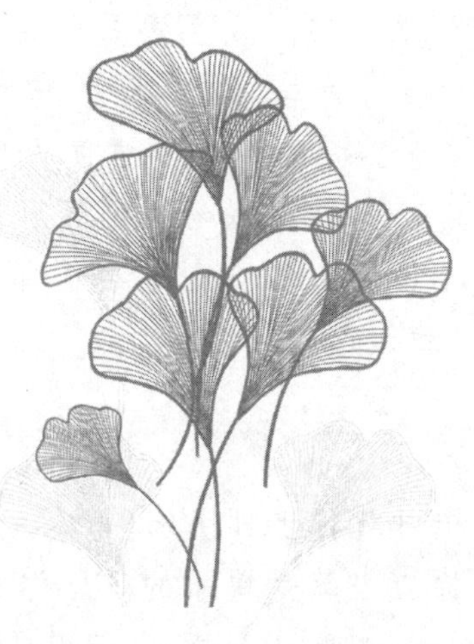

将民族团结的种子深深地种在学生的心里

2020-10-08

这个新疆学生刚来大学的时候思想有些困惑,我以理服人、以情感人。他在大学期间的古尔邦节我全和他一起过了;我们之间有无数次的交谈、吃饭;仅微信交流就七八万字,毕业后我还和他保持着联系。有一次我将一件冲锋衣送到他住的寝室楼下,我说老师不需要,大西北需要。他眼含热泪地说:“不是老师不需要,而是老师把我的需要看得比自己的需要还重要。”那一刻,我的眼角也涌出了泪水。他懂事了,我放心了。下面推送的是前两天他结婚前我们之间的交流。

亲爱的老师:

岁月荏苒,时光匆匆。一晃学生毕业已3年,我时刻铭记着您对我的期望,为民族团结多做贡献。我也时常想回大连去看望您,却始终未能如愿。老师,您就像我的父亲一样,在您的陪伴下,我度过了美好的大学时光。现在,我要结婚了。我怀着激动的心情,诚邀您出席我的婚礼(10月6日),期望您能够参加。

××,你好!

看到你的邀请,老师掉泪了。你要成家了,成为一个顶天立地的男子汉了!老师此前跟你说过,老师很重视新疆少数民族学生的教育。老师去过新疆3次,那里是祖国神圣的地方。新疆的发展稳定,对中国梦的实

现意义重大。当你来到我身边的时候,老师想,一定把你培养好,回到新疆做好民族团结工作。当在调查问卷中,老师看到你在思想上有困惑;当和你交谈时,老师感到你的思想还有些偏颇,老师想:一定要让你带着正确的价值观离开,在你的心灵种上真善美的种子。老师做了些工作,你也很努力,你的思想发生了根本性的变化。毕业晚会上你向大家表态,回到家乡一定好好工作,为民族团结做贡献。知道吗?那一刻,老师也掉泪了。4年里,你成就了一个强大的自我!特别是你在成为高年级学生后,把新疆少数民族学生团结在你的周围,为学校做了很多具体的工作,使大家团结互助,形成了积极向上的力量。老师很感谢你,学校也感谢你。我现在做我们学校新疆、西藏少数民族学生的指导教师。9月29日晚上,在我们学校中心餐厅三楼,就是你们毕业时我为你们举办晚会的地方,我为他们举办了迎中秋、庆国庆联欢晚会。我在讲话中还特别提到你,让他们向你学习。我还说争取参加你的婚礼。那时不知你定在10月。转眼你毕业3年了,你工作勤奋,得到了同志们的好评,你在扎扎实实地一步一步向前走,老师听闻后感到十分欣慰。就是要这样,一定做到知行合一,把学到的知识、培养的能力用到为祖国服务当中,这样才有出息,才不会白读了大学。

男大当婚,女大当嫁。你即将走进婚姻的殿堂,老师替你高兴,为你庆贺!老师十分愿意参加你的婚礼。你还把我看成你的父亲,老师感到无比的荣耀。老师多想飞到你的身边,我们一起回忆那些从你上大学开始,今天仍在继续的我们之间的故事;多想到你的身边,亲自感受你为家乡建设、为民族团结进步所做出的贡献;多想再找回我们在一起促膝交谈的感觉。不巧的是,今年国庆节学校放假4天,5日就开学了。而6日正好是我这学期要上课年级的第一次课。学校有严格的教学规定,为了参加学生的婚礼而调课是不允许的,我的身份更需要带头执行。这只能成为我们的一大遗憾了。但是从你上大学时老师就答应过你,老师一定会安排时间去你家看看。现在你参加了工作,又成家了,这更激发了老师第四次去新疆的愿望。我一定会尽快安排时间去新疆看望你,也顺便看看新疆的发展变化,看看我现在带的新疆少数民族学生的家,和我资助过的毕业后去新疆工作的学生。你结婚了,又多了一个身份,要处理好与父辈、与妻子、与同事的关系。你总看我的公众号,今年5月我参加你们一个新疆少数民族学生辅导员婚礼的时候我说的那些话,也是我送给你的

话。上次让你告诉我你的卡号,老师想给你打点钱过去,算作我的心意,你还没有告诉我。你现在告诉我,我给你打过去。

曲老师,您好!

看了老师的回信,我眼里都是泪水,您的身影一直在我眼前,没有离开过。今年比较特殊,婚礼的安排也很仓促,但是顺利完成了,成家是件大事,意味着要有责任和担当。

不要搞“双重标准”

2020-10-29

曲老师,您好!

我是××学院新入职的辅导员××。今天听了您的讲座,受益匪浅。我当时选择辅导员这个岗位也是因为我非常喜欢,非常想帮助学生们,为他们做一点自己能做的事情。因为大学的时候我也是因班主任和辅导员的帮助和点拨才收获了自己丰富多彩的大学生活,所以我也想将这份情怀传递下去。入职两个月,辅导员岗位的事情多且杂,有时候就会渐渐地忘了自己的初心。今天听了您的讲座,我觉得在繁忙的工作中也应当不忘初心,以生为本,发挥自己的价值,为学生服务就是最大的收获。付出才会有回报,真的非常感谢您今天的演讲。

××,你好!

很多辅导员问我:怎样才能做好辅导员?我说这里很重要的一点就是不能搞“双重标准”。就是你在做学生的时候希望辅导员是什么样子,你现在是辅导员了,你就按照那个样子去做。你谈到你想当辅导员就是因为受到了你的辅导员的影响,你现在当上了辅导员,那就不要改变自己,从学生的成长需要出发,多为他们服务。一些辅导员开始也有热情,做着做着就倦怠了。一是因为他们没有真正理解辅导员工作的意义和价值;二是为自己想得多了,忘记了初心,忘记了党旗下的誓言,忘记了竞聘时的承诺。辅导员工作事情多且杂,这又怎么了?战士在干什么?工人在

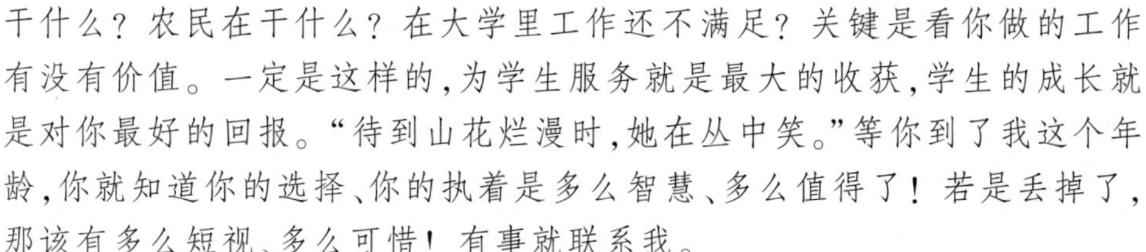

干什么？农民在干什么？在大学里工作还不满足？关键是看你做的工作有没有价值。一定是这样的，为学生服务就是最大的收获，学生的成长就是对你最好的回报。“待到山花烂漫时，她在丛中笑。”等你到了我这个年龄，你就知道你的选择、你的执着是多么智慧、多么值得了！若是丢掉了，那该有多么短视、多么可惜！有事就联系我。

祝好！

谢谢您的指导！我将不忘初心、砥砺前行。也祝您身体健康、阖家幸福！

确立正确的教育观念

2020-10-31

曲老师,您好!

这么晚打扰您了,刚才看您的公众号“仍然在路上”里面的文章,突然发现了您的微信号就试着加了,没想到真的通过了。自我介绍一下,我是××农业经济职业学校的一名辅导员,您曾经来我们学校做过报告,我还有幸与您合过影。

今天冒昧地加您,真的很不好意思,我在看文章的时候突然联想到我们学校的学生,有几点困惑想向您请教。我们学校是一个大专院校,个别学生的自我控制力和知识积累都很薄弱,甚至有的根本就不是来学习的。虽然我有自己的一套管理学生的办法,但是您说过教育不能缺少爱,所以我想请教一下曲老师,您能给我一些关于引导、管理高职高专学生的意见和建议吗? 曲老师,您刚出差回来,不用现在就回复我,早点休息,谢谢您能加我为好友。

晚安!

××,你好!

昨天晚上确实比较晚了,就没有回复你。早上我写了这段回复给你,因为你提到的这个问题具有普遍性,一会儿我在我的公众号上再推送一下。常有辅导员提出你这样的问题,认为高职高专学生知识层次比本科生低,自我管理能力比较差,因此不好教育。这里首先是要解决教育者教育观念、教育信心的问题。教育是什么？教育是心灵的唤醒，教育是帮助受教育者按照教育者希望达到的教育目标转变。没有不愿接受教育的学生，只有怎样教育学生的问题。真正的教育一定会使受教育者有所改变，这种教育信心必须有，不然还要教育干什么？当然教育一定要遵循两大原则：一是有教无类，二是因人施教。所谓有教无类，就是对每个学生都要进行公平的教育，不能偏着哪个、向着哪个，甚至抛弃哪个；所谓因人施教，就是要区别每个受教育者的情况，在总的教育目标下，帮助学生实现各自能够达到的目标。比如，培养青年学生入党，不可能每个学生都写入党申请书，都加入党组织中来，也没有那个必要，有的学生懂得感恩父母就很不错了；比如，为实现中国梦而刻苦学习，有的学生可以专升本、再考研，有的学生能保证毕业就可以了；比如，教育学生为社会多做贡献，有的学生能够成为守法的公民就行了……教育不可能千篇一律，也不是万能的。教育者要担负起教育的使命和责任，按照培养学生成为社会主义建设者和接班人的要求，努力使每个受教育者在原有的台阶再迈上一个新台阶。所谓教育不能缺少爱，是说教育过程一定要让受教育者感受到他们在你的心中，你是为了他们才来到了他们身边。你为什么要当辅导员？如果你把辅导员工作看成"饭碗"，整天想的是"双重晋级"，学生就感受不到你的爱，自然就不会悦纳你的教育。作为教师，尤其是辅导员，你是大学里离学生最近的人，理应成为学生的人生导师和知心朋友，这就必须自觉做到"捧着一颗心来，不带半根草去"，不然学生就会失去对你的信任，学生就会疏远你。正所谓"亲其师，信其道"也。

谢谢你对我的信任，在育人的路上我们共勉！

祝好！

这种观点是不对的

2020-11-01

为加强辅导员队伍建设,现在一些省份为辅导员增加了经费,每个月为500~1000元。怎样看待这笔经费?大多数辅导员感到欣喜,也有个别辅导员高兴不起来。他们说本来杂活就多,一些同志更是把本不应该属于辅导员的工作“名正言顺”地推到了辅导员那里。在一些同志看来,给辅导员加钱了,辅导员就应当多干。这种看法是不对的。

其实给辅导员加钱是比较复杂的事情。有的高校本身就不重视辅导员队伍建设,辅导员在劳动报酬上与同期参加工作的其他专业教师、机关干部相比有不小的差距。这次即便给辅导员加钱了,也并没有达到与其他专业教师、机关干部的收入相当的水平。所以,对这样一些高校来说,这是“补账”,这笔费用应当由高校自身解决。我现在担心的是,加上的这笔钱,会不会又被“统筹”啦?

给辅导员加钱,这是由辅导员工作本身的特点决定的。所谓加钱,应当指的是辅导员的劳动报酬与同期参加工作的其他专业教师、机关干部相当情况下额外的部分。这部分钱不应当算作辅导员的劳动报酬,而应当算作辅导员的工作条件费。也就是说,辅导员工作的特点需要这样一笔费用,而绝不是因为辅导员工作辛苦给他们的工作补贴,更不能把加钱当成增加辅导员劳动量的理由。我在任辽宁省委高校工委副书记的时候,负责起草了《辽宁省进一步加强和改进大学生思想政治教育的意见》。我在这个文件中明确提出每个月由省财政为辅导员发放200元工作条件费。在开始讨论的时候，有的同志就把这笔费用看成劳动报酬，看成辅导员工作的辛苦费。因此，他们不同意发这笔钱。他们说辅导员辛苦什么，有公安辛苦吗，有消防辛苦吗？不应加钱。我说公安辛苦，所用的枪不是用工资买的；消防辛苦，救火的云梯不是从家里扛来的。那是国家给他们准备好的，他们的工资是不用承担这部分费用的，而辅导员的工作特点决定了他们在学生病了的时候要看望学生；他们的手机要二十四小时开机；他们需要经常加班；一些学生遇到了生活上的困难，他们还要救急……为辅导员提供这样一些费用是应当的。这就像学校的人事处、离退休处，教师节看望教师、走访离退休教师的费用不能由在处里工作的同志来拿一样。有的辅导员说“能不能少给我1000块钱，我不干那么多的杂活了”，道理就在这里。从某种意义上讲，加钱也是辅导员工作特点的应有之义，而不应成为干杂活的理由。

现在大学都制定了“大学章程”，都在极力地使管理制度更加完善。辅导员作为高校不可或缺的一部分教师，他们的工作界域在哪里？这是必须清晰、必须完善的，这和加不加钱没有任何关系。当然，从辅导员自身来看，还是要有信仰、有追求，把“为党育人、为国育才”当成人生的追求；把辅导员工作当成毕生的事业来做。我们都是在党旗下举过手的人，我们要为共产主义事业奋斗终身。要奋斗就要有付出，甚至必然牺牲一些我们个人的利益，想想为了今天，多少共产党人献出了生命。我们在和平的年代里为党工作，这是多么幸福的事情！所谓的忙、难，都是相对的。有了坚定的马克思主义信仰，一切忙、难都能克服。从某种意义上说，不正是因为有困难才需要我们的忙吗？跟党和人民千万不要讨价还价。越是艰险，越要向前。每年评选出的“最美高校辅导员”“辅导员年度人物”，应当成为我们学习的榜样。有为才有位。辅导员一定要肩负起培养担当民族复兴大任的时代新人的重任。千万别让人家把我们看成一群给钱才干活的人。虽然一些人的看法不正确，但我们依然是要争气的。

“已是悬崖百丈冰，犹有花枝俏”，英雄们做到了。我们呢？况且我们正处在春意盎然的季节。没有什么可犹豫的，把学生培养好，走好“最后一公里”，辅导员理应成为无愧于伟大时代的人。“待到山花烂漫时，她在丛中笑。”有了学生，我们就有了一切；中国梦实现了，我们一切就都好了。

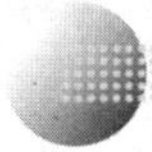

不要看不起学生

2020-11-03

曲老师,您好!

我是××大学二〇一九届研究生××。2019年5月20日,您在我们学校做了"给学生心灵埋下真善美的种子"主题讲座,我参加了。那时,您的故事感动了我,让我认识到,原来一个平凡的辅导员也可以干出不平凡的事业。特别是您说过的一句话:有了学生就有了一切。这句话深深地印在了我的心里。今年我参加了××职业技术学院的辅导员招聘考试,现在通过了初试、面试和体检,正在政审,我希望能顺利通过。虽然××职业技术学院只是个大专院校,但我相信:心中有学生,一样可以干得出彩。希望在今后的工作中,我能有机会和您交流学习,在新时代的背景下,为祖国富强贡献新青年应有的力量。也诚挚邀请您,有空来××职业技术学院走走,我还想再听您的讲座。

××,你好!

抱歉给你回复迟了,请谅解。祝贺你心想事成,即将成为一名辅导员,当然这也说明了你是有准备、有实力的。你现在要想的是怎样才能做好辅导员。做好辅导员仅仅有能力是不够的,比能力更重要的是要有情怀,要有对祖国、对人民的情怀。今日之中国正行进在实现中国梦的伟大征途上,实现中国梦需要一代代青年人的接力奋斗,辅导员就是培养接力奋斗者的人。这就要有信仰、有追求,要把学生放在心上。为了加强辅导员队伍建设,国家为辅导员开辟了“双线晋升”的通道,这体现了国家对辅导员的关心、关爱。辅导员应当把这些变成工作的动力。辅导员的价值还体现在培养学生上面,关键看学生记没记住你,有了学生就有了一切。做好辅导员工作还要有人民之情怀。习近平总书记说,教师是人民幸福的源泉。说的就是我们把学生培养好了,他们就可以用知识改变命运。辅导员一定要引导学生系好人生第一粒“扣子”,让学生懂得感恩,孝敬父母。读大学不能只想自己的事情。有的辅导员觉得大专院校的学生层次低,在这里做辅导员没有出息。这种认识是不对的。无论在本科还是在专科院校做辅导员,说到根本都是在培养人,而人的品德培养又是第一位的。中华传统文化告诉我们的是厚德载物,没有德,知识再多、能力再强又有什么用呢?你的认识是对的,只要心中有学生,在大专院校一样可以干得出彩。我期望并相信你一定会成为学生喜爱的辅导员。要为此而努力啊!告诉我你的详细地址,我把我写的书签名、邮寄给你做纪念。有事就联系我。

祝好!

曲老师,您好!

感谢您在百忙之中抽空回复我,我以为您没注意到我给您发的私信呢。我的地址是:××××××××。目前还没安排我入职,所以暂时租住在这里。不过学校已经公示了,我要去××干部学院培训3天。谢谢您这么忙还给我回复长文,我相信有您为榜样,今后一定会有越来越多的辅导员接下这个接力棒。我前两天也看了央视的《面对面》节目采访“千里背母上大学”的刘秀祥老师,她放弃月入过万的工作回到农村当特岗教师,为山里的孩子照亮前行的路,非常动人。为祖国有像您和刘秀祥这样的教师感到骄傲。我应该是11月份入职,心里有些忐忑,主要是自己还没有经验。如果后面遇到问题,还希望您多加指导。最后,祝曲老师身体健康、工作顺利!北方天冷了,您多加衣服。

辅导员工作是个细致活,只要上心、用心、有恒心,就一定能把它做好。

走在学生的前面

2020-11-04

当前高校正在对青年学生开展“四史”教育活动。有的辅导员说不好意思对青年进行“四史”教育,反映出这些年来这方面的工作做得不够。这种情况也不全怪辅导员。现在高校党委学生工作部与学生处基本都是两块牌子,一拨人马。事实是,学生处的职能一般都完成得很好,而学生工作部的职能却有待增强。加强“四史”教育,亦应当贯穿在学生工作部工作的全过程。因此,学生工作部应当组织好辅导员把此项工作做好。

曲老师,您好!

我是××职业技术学院的一名辅导员,非常荣幸在这一年多的时间里听了两次您的讲座。今天我非常激动,因为这是我入党9年来第一次给学生上党课,这其中还讲了您的故事,讲完后我感觉精神上又得到了升华。我现在敢跟学生讲爱国、讲专业、讲踏实做人,以前不敢讲,主要是因为自己做得不够好,怕所讲的和所做的不相符。这次我下定决心去讲,也是给自己一点压力,要让学生监督我,做一名合格的共产党员。我就是太激动了,想找个人说说。

谢谢你的点赞！习近平总书记在思政课教师要做到“六要”中把“政治要强”放在第一位,强调的就是有信仰的人讲信仰,才会使学生有信仰。有的辅导员说“不好意思和学生讲爱党、爱国”,说到根本就是讲少了,自己做得还不够好。你说得对,要敢于大胆地、理直气壮地对学生讲爱党、爱国,这本身对自己是压力,但也是动力、激励和鞭策。我就给自己增加这样的压力。中央电视台《焦点访谈》节目在播出我的那期节目中,题目中用了我说的四个字"向我学习"。当时采访结束的时候,记者问我:"能不能用一句话概括一下您30多年学生工作的体会?"我说不用一句话,我用四个字来概括:"向我学习!"播出我那期《焦点访谈》节目的题目是:敢说"向我学习"的辅导员!我跟我的学生说:"向老师学习,看看老师是怎样爱国的;老师是怎样敬业的;老师是怎样诚信的;老师是怎样友善的。走到老师身边来,老师和你们一起学雷锋。"辅导员是离学生最近的人,理应成为学生的人生导师,这就要走在学生的前面。教育学生千万不能让学生"给我上",要让学生"跟我上"。有了榜样的引领,学生才会步伐一致地跟你前行。辅导员一定要做到知行合一,要求学生做到的自己首先要做到,这也是思想政治教育取得实效的重要保证。

你对思想政治教育有了深刻的感悟,要把这种感悟运用到实践当中,并坚持下去,时间长了你就会成为一名优秀的思想政治教育工作者,也就自然会成为一名合格的共产党员,要为此而努力呀!有事就联系我。

祝好!

谢谢曲老师的教诲,我一定会向您学习,持之以恒、踏踏实实地把辅导员工作做下去,好好地教育学生、引导学生,真正做到知行合一,课堂上怎么讲,实际中就要怎么做!做好学生的引路人!您也要保重身体,好好休息!

我们共勉!

搞好少数民族学生的教育引导

2020-11-05

曲老师,您好!

我是××师范大学的辅导员××。今天听您的讲座受益匪浅,让我对工作有了新的认识与思考。特别感谢您!祝您身体健康、工作顺利!希望能有更多的机会听您的讲座。

××,你好!

从你的名字就能看出你应当是新疆少数民族学生辅导员。做好新疆少数民族学生的教育引导工作很重要。新疆地域辽阔,其发展和稳定与实现中国梦关系紧密。那要怎么做呢?要下功夫做好新疆少数民族学生的工作。要以理服人,跟他们把道理讲透;也要以情感人,关心他们的生活,只有情理交融,思想政治教育才会入心入脑。努力工作,争取工作的最佳效果!有事就联系我。

祝好!

是的,曲老师,我是一名新疆少数民族学生辅导员。收到您的信息我很开心、很激动,反复阅读了好几遍,深深感受到了自己身上的责任重大。感谢您的教导,我定会加倍努力、不忘初心,踏踏实实做好少数民族学生的思想政治教育工作,以情感人。今天真的是收获满满,非常感谢您!

把你的详细地址告诉我，我把我写的书签名、邮寄给你做纪念。谢谢你对我的认同，我们共勉！

太感谢您了，我的地址是：××××××××。

曲老师，您好！

我就是刚才找您合影的××大学少数民族学生辅导员××，维吾尔族，听了您好几次课，每次都有不一样的感受。我硕士毕业以后便当了公务员，后来有机会考到了××大学成为一名辅导员，感谢您为新疆孩子的付出和帮助。我会一直向您学习，虽然差距很大，但是我会继续努力，谢谢您通过我的微信好友请求。

我记得你。大小伙子，你很帅气。你能放弃公务员职务到学校当辅导员，说明你对学生工作还是有感情的。在大学读书期间你应当是得到过辅导员的帮助，由此对辅导员工作有了认识。希望你把这种情感转化到你的学生身上。我总是这样讲，新疆多重要啊！做好新疆学生的教育引领工作意义重大。希望你扎实工作，与学生“打成一片”，为学生成长点亮理想的灯，照亮前行的路。有事就联系我。把你的详细地址告诉我，我把我写的书签名后邮寄给你做纪念。

祝好！

谢谢您曲老师，麻烦您了，第一次听到您的名字是在处长开会的时候，我就觉得这位老师好厉害，后来又有机会听了您的讲座，更是觉得您太厉害了，所以我以您为榜样，希望多做点实事、好事帮助更多的孩子。也感谢国家能给我们到高校工作的机会，学到的都是收获。我经常看您的书，有时候会从书中的故事中感受到自己的局限，提醒自己继续努力，书中一些成功的经验我也经常借鉴，用在学生工作中，让我受益匪浅，谢谢。我不太好意思让您给我寄书，我去买吧。

谢谢您曲老师！

曲老师,您好!

我是刚入职的少数民族专职辅导员,之前在线上培训的时候听过您的讲座,昨天下午有幸见到您本人,我非常喜欢您。听说您也在做少数民族学生的工作,所以以后若我遇到问题,想跟您讨论和请教。老师辛苦啦!

××,你好!

这些年各个高校对新疆少数民族学生的教育引领工作更加重视。你应当是在这样的大背景下走上了辅导员工作岗位。做好少数民族学生的教育引领工作有着特殊的意义。你刚入职,一定要多深入了解学生,要和学生"打成一片",成为学生的人生导师和知心朋友,这样你才能体会到学生工作的乐趣。不要着急,要注意积累,要围绕学生、关照学生、服务学生,坚持下去,就会把握学生的教育规律,增强教育的针对性,进而取得实效性。有事就联系我。

祝好!

谢谢老师!我一定会努力做好学生工作的。

这种情况还真要管一管

2020-11-07

老师您好,不好意思打扰您了,今天早上八点上课,我早上六点五十六到教室,教室里没有人,但是教室里的前两排已经被人用纸条占好座位了。我英语不怎么好,所以想要往前坐一点,麻烦问您一下这种情况我应该怎么办呢?

有三种解决办法:一是再"忍耐"一下,把情况反映给任课教师,让任课教师强调一下,不准占座;二是反映给辅导员,让辅导员给协调一下;三是你直接坐在那里,与他(她)据理力争。但要防止发生辱骂、肢体冲突。

谢谢老师!因为这种情况已经有很多次了,我每一次都起个大早,结果也没有用,所以才冒昧打扰您,谢谢您!

看得出来,这个学生已经忍无可忍了。我做辅导员的时候,在年级会议上经常强调这一点:同学之间一定要相互尊重。每个人都有自己的个人利益,但是个人利益的满足绝不能建立在损害他人利益的基础上。比如寝室有按时熄灯的要求,有的同学在家有"开夜车"的习惯。可是这不是你家,不能随心所欲,要考虑其他同学的需要,到点就要熄灯。还有的同学到图书馆占座,也是为了满足个人利益而不顾他人利益的表现。像这个同学反映的上课占座的情况,同样反映了个别学生心中只有自己、对他人的利益漠不关心。为什么社会上会有“霸座男女”？为什么一些人总是不顾公共利益？他们中就有这样的大学生，之所以今天是这个样子，与他们在大学时我行我素不无关系。大学，不能为这种恣意妄为的行为提供土壤。我们说思想政治教育要贯穿教育教学全过程，要把思想政治教育落细、落小、落实，就是要每个人都担负起育人的责任。谁负责寝室管理？谁负责课堂教学？谁负责思想政治教育？学生在哪里，思想政治教育就跟进到哪里；问题出在哪里，思想政治教育就解决到哪里。没有规矩，不成方圆。一定要把学生身上长出的类似占座这样的“枝杈”早点修剪掉，这既是对学生个人的关心和负责，也是对其他同学的关心和负责，不然等这些“枝杈”长成“大树”了，再修剪难度就大了。大学是“止于至善”的地方，绝不能让类似占座这种没有德性，满足了个人利益，却损害了他人利益的行为充满校园的各个角落。类似占座这样的行为看起来是小事，不必大惊小怪、小题大做，实则不然，解决不好还可能酿成大祸呢。今天占座，明天占什么呢？

你想着学生,学生才会想着你

2020-11-15

我从事了38年大学生思想政治教育工作,我有很多体会,其中一点就是:你想着学生,学生才会想着你。

我的学生有从政的、从教的、经商的,可以说他们工作、生活在祖国的四面八方。每当过年过节,我都会收到他们发给我的节日祝福;平日里他们也是问这、问那的,总想帮我做些什么。学生为什么会这样做?就是因为你曾经为他们着想过。

你关心了学生,不仅学生想着你,领导也关心你。疫情防控期间,我们学校领导就几次给我打电话,让我注意防护,别太劳累了。

特别令我感动的是,交通运输部党组书记杨传堂,每年到我们学校给师生做报告,都要会见我,也嘱咐我一定要把身体保护好,别累坏了。

我获得全国"时代楷模"荣誉后,教育部党组书记、部长陈宝生会见了我。陈部长幽默地说:"你是活着的'时代楷模',也是60多岁了,一定要保护好身体,需要我帮你联系医生看病就找我。"

教育部部长助理刘大为,还代表陈宝生部长专程来我们学校看我,也是跟学校班子讲要关心我的身体。辽宁省委宣传部领导、大连市领导也是多次到我的办公室看望我,还有单位的同事们也嘘寒问暖的。你把学生放在了心上,学生怎么能忘了你,大家又怎么能不关心你?

辅导员,一定要从学生的利益出发,想学生之所想,急学生之所急,在学生的人生"拔节孕穗期",给足他们"阳光雨露",帮助他们健康成长。

虽然我们有个人的利益，但是为了学生的利益一定尽量少想自己的利益，不要与党和人民讨价还价，不要和学生斤斤计较。辅导员应当在服务学生中实现自己的人生价值，得到领导和同志们的关心和认可。

关键是能干事、干成事

2020-11-24

曲老师,您好!

我是一名民办高校的辅导员,很高兴聆听您的讲座。原本应该昨天第一时间回复您,可是忙完有点晚了,考虑到太晚会打扰您就没回复,很抱歉。您的讲座让我对辅导员工作有了一个新的认识,对自己的职业也有了更深入的理解。我原本对辅导员工作存在诸多疑问,看了您公众号的部分文章,我觉得很实用,解答了我的很多疑问,我会一直关注您的公众号。最后,我会不断向您学习,同时向您请教,祝身体健康、工作顺利!

××,你好!

因为太忙了,没有及时回复你,请理解。这些年高校辅导员队伍建设越来越被重视,尤其是自去年召开了学校思想政治理论课教师座谈会以来,不只是思想政治理论课教师队伍有了很大变化,辅导员队伍建设也得到了长足发展。原来一些民办高校辅导员队伍严重缺失,处于应付状态,现在情况有了很大好转,尽管还有很长的路要走。无论是“国办”(国家投资)还是“民办”,都是“党办”,都要“为党育人、为国育才”。不过实事求是地说,相对说来民办高校对辅导员队伍的重视程度比“国办”高校对辅导员队伍建设的重视程度要差一些,这就意味着在民办高校做辅导员的条件会差一些,工作难度要大一些。任何事物都具有两面性,在这种情况下,如果能更充分地发挥主观能动性,辅导员得到锻炼的机会就会更多

些，发展就会更快些。这里的发展指的不是“双重晋级”，而是能力培养。现在辅导员编制还有事业编与非事业编之别，将来随着人事制度的改革，这种“铁饭碗”的人事制度就会被打破了。等施行真正的人事聘任制后，不只是辅导员，所有的事业单位都要实行聘任制，那时就可以彻底实现竞争上岗。所以，不要看眼前是什么编制，关键是能干什么像什么，能干事、干成事。看得出来你现在还没有受到编制的影响，这是对的。你就坚持这一条：无论在哪里做辅导员，都要把学生培养好，都要注重自己辅导员能力的提升，解决根本的问题。现在一些民办高校的辅导员纷纷应聘到“国办”高校做辅导员，这可以理解，但未必是上策。什么是人才？需要就是人才。在民办高校辅导员得到锻炼培养的机会要更多些，只有羽翼丰满了，才会以不变应万变。希望你能像自己说的那样，对辅导员工作有一个新的认识，对自己的职业也有更深入的理解，把辅导员工作做得扎实有效，朝着民办高校学生工作职业化、专业化、专家化方向发展。有事就联系我。欢迎有机会到我们学校看看。告诉我你的详细地址，我把我写的书签名、邮寄给你做纪念。

祝好！

要有坚定的政治信仰

2020-12-07

常有辅导员谈到“倦怠期”“不安心”，我对此做过一些回复。昨天整理今年的微信，看到和一个辅导员的交流与这些问题有关，现推送给大家。

曲老师，您好！

我是××大学研究生辅导员××。我是研究生毕业不久、担任辅导员刚满一年的新人。但是特别有幸两次聆听您的课程和分享（2019年7月的××大学辅导员岗前培训，加上今天上午的培训），也关注了您的公众号。通过听您的经验介绍，看您的文章分享，我获益很多，并且有了努力方向，以后我会继续向您学习。欢迎曲老师有机会来我们学校，我们学校有好多和我一样受益于您指导的新入职辅导员。您忙着吧，不用费心回复我了，感谢您的指导，继续向您学习，一直在路上。

××，你好！

这些天我没有回复是因为我确实太忙了。你写了这么多，我总是要有个回应。很多人刚做辅导员的时候还是有热情的，有些更是信心满满，但是做着做着便倦怠了，想离开辅导员工作岗位。这种情况的出现是由主客观两方面造成的。从客观方面来说，这些年来，虽然辅导员工作的环境得到了很大改善，但还是不平衡、不充分，诸如辅导员教师身份问题、职称评定问题、工作界域问题、工作条件保障问题等，都没有得到很好的解决，这就使得一些辅导员“不识庐山真面目，只缘身在此山中”。做了一段时间的辅导员，才像“突然”发现新大陆似的，“辅导员原来是这个样子啊！”从主观方面来看，有些辅导员也是没有充分的思想准备，缺乏坚定的信仰追求。有些辅导员是“不得已而为之”：考博士没考上，先做辅导员吧；考公务员没考上，先做辅导员吧；想做专业教师没做上，先做辅导员吧；想去机关没去上，先做辅导员吧……“身在曹营心在汉”，想的就是创造机会离开辅导员队伍。还有的辅导员由于信仰不坚定，惧怕苦难，患得患失，自然也不会有长期坚守的打算。辅导员一定要从这样的视角认识自己的工作。

辅导员是大学生的人生引路人，所以，辅导员一定要信仰坚定，站位高远，把辅导员工作同党和民族的命运结合起来，就是要培养矢志不渝跟党走的人。不要管别人怎样，看看我们怎样；别人越不重视辅导员，我们越要重视自己。我在大学毕业做辅导员的时候，辅导员更不被重视。但是我重视我自己，从来不看轻自己的工作。我把捷克斯洛伐克反法西斯战士伏契克的这两句话写在工作手册的扉页上：为了生活的美好，我投入了战斗。我们为了欢乐而生，为了欢乐而死。每天以此激励和鼓舞自己。我觉得，我做辅导员，就是在培养马克思主义的传承者，这就是最美好、最崇高的事业，值得一生坚守。国内主要媒体都采访过我，在问到我“为什么对辅导员工作情有独钟”的时候，我都坚定地回答：“我爱中国共产党；我爱我们的祖国；我爱我的学生。”每每想到这些，我就浑身充满了力量，没有什么困难能够阻挡我前进的步伐。

找到幸福的源泉

2020-12-08

人生的幸福在哪里？作为一个六十几岁的人，我也算是个老人了。回过头来看，人生对幸福的认识可以划分为两个阶段。第一阶段通常“本能”地会把对物质的追求看得重一些，用现代的标准衡量就是有车、有房、有富裕的物质生活。有些人就是这样理解幸福的，因此把物欲的满足看成幸福的源泉，这样的人到头来物质的欲望满足了，结果并没有实现人生的幸福，只能说他得到了本能的满足。第二阶段追求精神上的满足，就是说把幸福给予别人的人才能真正体验幸福是什么。尤其到了老年的时候，有没有人祝福你；有没有人牵挂你；有没有人看望你；有没有人陪伴你……一个自私的人注定要孤独。一个孤独的人怎么能是幸福的人呢？所以，那些老年幸福的人，他们在青年的时候一定是“超凡脱俗”的，他们把幸福建立在精神快乐的基础上。辅导员如果能够懂得这样的道理，能够把幸福建立在为学生服务好上，那他就一定是幸福的人。我从省厅下来做辅导员的时候，省委组织部领导关心地说：“你这样是不是亏大了。”我说：“您就早些批准我吧。我是聪明人，我能把自己送到苦海里吗？”我到省教育厅工作前，在学校工作了 22 年，我培养了无数名学生，他们都对我很好。每逢父亲节、教师节、春节这样的节日，我回复他们的祝福都回复不过来。有个毕业多年的学生给我发过这样一条短信：“不是每一朵鲜花都代表爱情，玫瑰做到了；不是每一棵树木都耐得住饥渴，白杨做到了；不是每个人都这么想您啊老师，我做到了。”这是权力和金钱换不回来的啊！20多年过去了，每每想到这些，我都有一种被幸福包围的感觉。我回到大连海事大学到今天，又过去了6年半，我亲自带了一届学生，还做了我们学校新疆学生、西藏学生的指导教师，建立了“孤儿家庭”。我努力做到对学生好一点。过父亲节时学，学生说我是他们的父亲。新疆学生还送给我一面锦旗。他们说：“感恩曲老师，深爱新疆生。一如天山雪，润物细无声。”毕业晚会上，学生说老师我们会想您，会回来看您；以后您到全国各地讲学，我们陪您游览，请您吃饭。学生们总是不时地到学校看我。我还特别不忘的是我在去省教育厅工作的时候，因为调动时比较匆忙，我住到了省招办的招待所里。我小孩儿读高二，也跟我过去了。我在沈阳的一个学生听说了，把他住的一套153平方米的房子空出来让我住。后来组织上给我房补，我买了一套房子。这个学生说：“那套房子给您了。”我说：“不用了，这就很感谢你了。”有些学生到大连出差，有的还是领导干部，他们到学校都要先看我。我的学生有省部级的干部；有博导、教授；有各条战线的骨干，想到他们，我就觉得我很幸福。到我这样的年龄，冻不着、饿不着的，我常想，物质上我无法跟那些富豪们相比，若是比幸福指数呢？我能比他们差吗？有了学生就有了幸福；有了学生就有了一切。我应当是世界上最幸福的人！而这些都需要在年轻的时候去准备，需要从辅导员工作中去获得。

对学生要有情怀

2020-12-09

爱是教育的灵魂。培养学生的过程也是爱的过程,一定要让学生感受到你的情怀。现在的辅导员都是独生子,从小就被宠着养,得到的是父母无微不至的关爱,还不懂得怎样去关爱别人。辅导员离学生最近,也是学生最信任的人,理应成为学生最亲的人。大学生正处在"拔节孕穗期",这个时节对他们的人生成长十分重要。他们能否成长得挺拔、强壮,经得住风吹雨打,在一定意义上取决于他们是否吸收了足够的"阳光雨露",是否得到了你的爱。我刚留校做辅导员的时候,就住在学生宿舍一间8平方米的工作室里。就这么大的一个屋子我也没有"舍得"自己住。我从我带的三个班级中每个班挑了一个学生住在我的房间里。一个性格最内向,他说他跟妈妈都不愿讲话;一个年龄最小,我怕他管不住自己;一个是非团员,我怕他表现不好。这三个学生后来发展得都很好。性格最内向的那个学生现在是个厅级干部;年龄最小的那个学生是个局级后备;非团员那个学生现在是副教授。最内向和非团员的这两个学生我还去过他们家家访。现在是副教授的那个学生,我去他家家访时是在一个寒冷的冬天。当我进他家的时候,他父亲紧紧握着我的手说:"您怎么来了,我家孩子变了,我应当到学校感谢您的。"开学的时候,这个学生的父亲赶到学校,给学校党委送了一封用毛笔写在两张大红纸上的感谢信。他说:"辽宁师范大学培养了如此优秀的政工干部,这样的干部应当早提拔、早任用。我们家长一千个放心,一万个满意。"我到大连海事大学做辅导员后,无论学生有什么困难,我都力所能及地帮助他们。几十年我始终保持这样的情怀:每逢佳节倍思“贫”。元宵节、端午节、中秋节,我都给学生买元宵、粽子、月饼、水果等食品,我还尽量帮助家庭困难的学生解决回家的路费和生活费。我一直坚持家访。有个家在云南的学生说:“您走后,我妈说,这么好的老师很难得,一定听老师的话。”这个学生现在已经成为博士生。有了对学生的情感,你就不会觉得学生麻烦,甚至你会觉得麻烦越多越好。因为正是这些麻烦,才奏响了你人生的乐章。没有麻烦,学生就不会记住你;没有麻烦,就凸显不出你的本色;没有麻烦,还要辅导员干什么;没有麻烦,也就失去了辅导员的价值所在。哈哈,你说不用回复了。本想简单地回复你,可是一写起来就想起了我们那些年轻的可爱的辅导员们。我是真心希望大家能够深刻认识到自己的选择,一心一意、扎扎实实地把辅导员工作做好。做一个有信仰的人、懂得幸福的人、有爱生如子情怀的人。这样的人,祖国一定不会把他忘记;人民一定不会把他忘记;学生一定不会把他忘记!为此,努力前行吧!我从海口到大连,飞机着陆了。经停厦门的时候给一个过生日的学生写了生日祝福。整个航程都是在写回复。这也应当是我最长的一次回复了,真是“无心插柳柳成荫”啊!有事就联系我。

祝你的明天更美好!

曲老师,看到您长长的、耐心认真的回复,我好感动。不知道说什么才能表达我现在的心情,太感谢您了!您发来的话语我收藏了,我会认真解读、好好领会,争取在辅导员的道路上找到合适的方法,实现自己的价值,也找到和您一样的幸福!还是那句话,向您学习!快过年了,曲老师要多注意休息,保重身体,提前祝您和您的家人新年快乐,愿健康与您常相伴!

不为名利,而是为爱

2020-12-10

有一次我做完报告后,有个思政课老师给我留了一段话,她说她要当好思政课教师,“不为名利,而是为爱”。这八个字说出了上好思政课的关键所在。不能把我们的职业只当成“饭碗”、视作“名利场”,作为思政课教师,要在让思政课走进学生心灵上多下功夫。

曲老师,您好!

感谢您通过我的微信好友请求,以后在思政课教师的事业上,要多多向您学习、请教,以您为榜样,以学生为中心,当好一名纯粹的思政课教师。今天上午,您的讲座让我很感动,也激励我要做好一名真正的思政课教师,不为名利,而是为爱。

××,你好!

“不为名利,而是为爱”,这句话我非常欣赏,能够使我们砥砺前行的应当就是对党、对国家、对人民的爱了。近代社会以来,我们受了多少欺辱,遭受了多少不公。中国共产党不容易,中国人民不容易,我们的前辈更不容易,他们顶住了一切压力,终于走到了离中国梦实现最近的今天。美国受不了了;一些别有用心的人受不了了;一些不怀好意的人受不了了,说到根本不就是我们中国特色社会主义制度的优越性越来越充分地显现出来了吗?中国梦不会轻轻松松地实现,实现伟大的梦想需要进行伟大的斗争;进行伟大的斗争需要培养伟大的战士;培养伟大的战士思政课教师责无旁贷!所以说思政课使命光荣,责任重大!你说得对,要做好一名真正的思政课教师,那就要把对党、对祖国、对人民的爱贯穿在教学全过程,就要在让思政课走进学生心灵上多下功夫。千万不能把思政课只当成传授知识,那样就失去了思政课的灵魂。当然,在今天,上好思政课还是面临很多现实的问题,这就需要我们发挥主观能动性去克服。要有学科自信,要有正确的学术追求,只要真正做到不为名利,而是为爱,思政课就一定会成为学生十分喜爱、终身受用的课,望为此而努力!

您对我的期望,我会牢牢记在心上,我明白您的意思,思政课要有灵魂,那就是对国家和学生的爱!这次学习最大的收获就是聆听了您的讲座。以前都是在电视上看您,您的那期“平语近人”我从头看到尾,当时我为辽宁省能有您这样的好老师而感到骄傲。今天能见到您并听您做讲座,我感觉特别荣幸,您真的是用人格魅力征服了大家。

把你的详细地址告诉我,我把我写的书签名、邮寄给你做纪念!我们共勉!

太感谢了。我正想买您的著作呢。我的地址是:××××××××。我一定好好收藏,认真拜读。我在××大学马克思主义学院工作,如果您有机会来我们学校,请一定给我招待您的机会。

辅导员工作值得一生拥有

2020-12-11

曲老师,您好!

我叫××,是一名辅导员。听您讲座受益颇多,您不仅能看到辅导员工作的本质,还了解辅导员思政育人的重要性,您也始终践行用爱育人的信念。感谢您带来的这堂课,让我又找到了继续从事这份职业的动力。虽说辅导员事务性工作缠身,会影响学生工作实效,但看您这一路走来,我深觉是我们做得还远远不够。在今后的工作学习中,还望您能不吝赐教,为我们指点迷津。

祝您返程一路平安!

××,你好!

虽然你写的文字不多,但是能够看出你在辅导员工作上的用心。什么事都是如此,不用脑、不用心,是做不好的。从表面上看,辅导员工作被一些琐事笼罩着,甚至说是被湮灭了也不为过。可是剥开“面纱”,你会发现,正是这些琐碎的事奏响了辅导员人生的乐章。学生没事还要我们干什么?思想政治教育是什么?是服务。对学生的服务涉及方方面面,不仅有思想上的服务,还有生活上的关心,更有行为上的管理。大学生正处在人生的“拔节孕穗期”,而他们的基础教育阶段又处在片面追求升学率的氛围当中,很多家长在家庭教育中也只是关注孩子的学习成绩。对他们不引导行吗?有人说辅导员没有用,那说的是不用心的辅导员。一个优秀的辅导员对学生的成长至关重要。学生往往是辅导员的“复印件”，辅导员这个“原件”质量怎样，决定着“复印件”的质量。也有人说，美国大学没有辅导员。这有什么好奇怪的？辅导员是我们社会主义大学的一个重要特征。我们的教育原则是帮助学生系好人生的第一粒“扣子”，一切为了学生，为了学生的一切，为了一切学生。美国的好大学基本上都是私立大学，是追求利润最大化的。我考察过美国100多所大学。我看到过一份资料，美国只有23%的学生可以住在自己学校提供的宿舍里，并且费用很贵，一般都是一年级的学生可以申请，其余的只能自己租房住。我们只要办大学，高职高专也是如此，就要保证每个学生居住在学校里；我们还要求学校必须有操场，有的还有体育馆……辅导员是培养矢志不渝跟党走、实现中国梦的筑梦人；辅导员是大学爱国文化的传承者；辅导员是提升高等教育质量不可或缺的一部分。辅导员一定要坚定信心，明确方向，把丰碑建立在学生的心坎上。如果我有来生，我就做一辈子一线辅导员，和学生在一起，帮助他们解疑释惑，给他们人生引领，力所能及地给予学生帮助，这是多么有价值的事，不值得一生拥有？年龄越大越会真正懂得什么叫“付出才有回报”；什么叫“苦尽甜来”；什么叫“在乎别人，别人才能在乎你”；什么叫“为祖国服务的人，祖国不会把你忘记”。大家周边都会有这样的人，刚退休就开始有孤独感，有“人走茶凉”的感叹。那是因为他们从来没有沏过热茶；那是因为他们没有做过辅导员；那是因为他们即便做过辅导员，也还算不上优秀的辅导员。现在就开始孤独了，这才是“序曲”，若是真活上个百八十岁，那不麻烦大啦？我今年63岁了，愈加坚信，有学生就有一切，学生的成长就是我幸福的源泉。有的辅导员工作10多年了还要想方设法离开辅导员队伍，这是要干吗呢？以前如果做得不好，还来得及，赶紧弥补上；以前如果做得很好，那就坚持下去，丢掉了多可惜！

把你的地址告诉我，我把我写的书签名、邮寄给你做纪念。飞机着陆了，就谈到这里吧。

祝好！

曲老师，您的话我记住了，职业生涯最重要的是要有信仰，我们的信仰就是为学生服务，为国家育人。有作为才会有地位，只有自己发自本心地坚信辅导员工作有价值、有意义，才会获得别人的尊重和个人精神的富

足。辅导员工作或许可以有短暂的迷茫期,但不该有倦怠期,更不该退却。感谢您的谆谆教诲,有朝一日,我一定可以骄傲地跟您汇报我的辅导员工作实绩,我会继续努力。我的地址是:××××××××。感谢您慷慨赠书,我一定认真拜读,做到学以致用。天气愈发寒冷,祝您身体健康。

好的!我们共勉!书明天就邮寄。

谢谢您!

教育和不教育结果是不一样的

2020-12-15

曲老师，您好！

我是××体育学院的辅导员××，今年刚入职。我研究生毕业于××大学文学院。一直以来，我都想成为一名辅导员，今年终于如愿了。之前，无意中看到您在公众号里发的文章，觉得您是一位超级温暖的老师，昨天晚上听完您的讲座也受益匪浅。所以我迫不及待地想加上您的微信，向您学习。

最近有一些细节上的事情困扰着我，想向您请教一下。我是一名刚刚入职3个月的辅导员。我的学生是体育专业新生，他们总是满身活力，对于自己喜欢的体育运动能够全力以赴，但是身上存在着一个共性问题，那就是对学习不够重视、作息时间不规律。已经进入期末考试周了，通过走访宿舍和看同学们的朋友圈、抖音等，我看到还有很多同学心思没有放在学习上，部分同学晚上在宿舍喝酒，有的同学打球到关宿舍门还不回来，还有的同学总在微信朋友圈秀恩爱……他们总是在我面前表现得很好，但在宿舍和其他场所的行为却让我觉得被欺瞒，有的同学向我做出保证后还会再犯错误，以至于我不知道用什么样的方法对其进行管理和价值引领。因为我住校，也是新老师，就想多关注、了解他们一些，想快速地融入他们，所以总会去看他们上自习、跑早操，时常去他们宿舍转转。学生们说我管得太细了，觉得上了大学没有自己想象得那么自由。可能有时候我总用文化生的思维方式来看待他们的行为，总有“恨铁不成钢”的感觉,但是我真的很喜欢我的学生们。在体育场上他们会拿出很好的状态,但只要涉及理论学习和生活纪律,他们的行为表现就会打折扣。曲老师,我不知道对他们各方面严格要求有没有问题,同时也想向您请教引领和管理体育生的方式方法,谢谢曲老师。

××,你好!

谢谢你的信任,跟我说了这么多。体育生有他们的特点,即好动、讲哥们义气、行为随便些,还有好胜、不甘落后、有进取精神。做体育生的辅导员,首先你也应当选择一项体育项目坚持锻炼下去,这不是要求你也要有什么样的比赛成绩,而是要让学生感受到你对他们专业的认同,对他们的理解,取得情感上的共鸣。当然如果你再有点体育特长,那学生对你就会更加维护;你还可以多了解体育界的赛事、明星,最好能说出三四个。我当年做辅导员时,还上思想品德课,一些老师不愿意给体育生上课,觉得这些学生调皮,我给他们上。当时我是我们学校教工万米纪录的保持者;我足球踢得不好,但是评论"世界杯"很在行。记不清是哪届"世界杯"了,半决赛的四个球队我猜对了三个。追求美好是不分专业的。问题是怎样才能实现美好?体育绝不单纯是体育,而是体现了一种意志力,要有为国争光的拼搏精神。有些运动员技能很好,但是品德不行,结果不但没有给祖国带来荣誉,反而有损祖国形象;有些体育生,体育虽有特长,但是并没有得到人们的尊重,这都实现不了人生的美好追求。学体育的也不是必然伴随着散漫、不拘小节,这也是自我管理的问题、任性的问题。有些学生已经习惯了,改起来有些难度,但是我们帮不帮助他们改掉不好的毛病,其结果是不一样的。该管还是要管,要创设好的年级、班级、宿舍文化环境,经常"敲打敲打"他们,这没有坏处,恰恰如果放任他们,这对他们是一种不负责任。他们也要长大,也要走向社会,迟早他们会理解你。那些关心学生的辅导员终将得到学生的关心和思念。当然我们也要讲究方法,看看自己的工作是不是有不恰当的地方。体育专业的学生很抱团,要培养好骨干,建设好干部队伍,发挥他们的作用。要相信这样一条教育原则:教育和不教育结果是不一样的。你也不要着急,不能"恨铁不成钢"。每个人的成长环境是不一样的,每个人的思想和行为会表现出差异性。教育所要追求的是每个人都能在原有的台阶上再上一个新台阶。我们希望学生都齐刷刷地站到最高的台阶上,但是那又怎么可能呢?我们的底线是不能让学生又落下了一个台阶。有事就联系我。告诉我你的详细地址,我把我写的书签名、邮寄一本给你做纪念。

祝好!

哇,曲老师,您那么忙还回复了好长好长的微信,真的让人超级感动。我把您的话反反复复看了好几遍,觉得自己需要努力的地方还有好多好多,要多关注体育运动,要将自己的体育爱好发展为特长,要发自内心地认可我的学生们。您说教育和不教育结果是不一样的,这更让我坚定了对他们严格要求的信心,但确实也应该探索一些合适的方法。之前听您讲课时说,拥有学生就拥有了一切,这句话给了我强大的力量,我也想尽我最大的努力去让他们每一个人变得优秀,让他们真正成为德智体美劳全面发展的优秀青年大学生。很感谢曲老师在思想和方法上的指导,我会继续努力的;谢谢曲老师赠书给我,我一定会认真阅读的。我的地址是:××××××××。曲老师,最近天气寒冷,您多注意身体呀,祝好!

谢谢!我们共勉!

辅导员不应入职前后两个样

2020-12-17

前些天,有个学生给我写了下面这封信:

曲老师,您好!

我是××大学的本科生,在入学的开学典礼上我听过您的报告,感触颇深,十分敬佩您。您放弃了省教育厅的职务,来大学做一名基层辅导员的精神值得我们学习。如果辅导员都像您一样,那该有多好哇。我想向您抱怨一下,我们的辅导员是这几年转正的,他对我们不管不问,他秉承的原则就是,你别给我惹麻烦就行,你有事别找我。临近毕业季,他更加失误连连,不仅不帮我们,而且一些本职工作也做不好了。各种推诿,给人的感觉就是我找到稳定工作了,学校不能开除我了,我无欲无求了……

这个同学反映的情况或许是个例,但是确实反映了我们辅导员队伍中存在的一个问题,就是我们有的辅导员在入职前还是有积极性的,要想方设法当一名辅导员,但是入职后就像变了一个人似的,忘记了自己竞聘辅导员岗位时所许下的承诺。辅导员首先要想到自己的第一身份是共产党员,我们是在党旗下举起右手向党宣过誓的人,什么时候都不能忘了我们是党的人。辅导员工作绝不是一份简单的职业,更不能仅把辅导员工作当成谋生的手段,辅导员工作直接与"为党育人、为国育才"相联系,辅导员工作做好了,事关党之大计、国之大计。辅导员一定要自觉成为大学生人生成长的指导者和引路人。辅导员在培养学生坚定“四个自信”方面担负着重要的责任,可谓使命光荣、责任重大。所以作为辅导员,千万不能应聘的时候一个样,当上了辅导员就变成另一个样,这样既对不起共产党人的称谓,也让学生瞧不起。我常说这样的话:我们有的辅导员真应当好好想想,多大的利益让我们“卷着”舌头说话?一个人还能活两辈子吗?我带过的一个学生党员,中学就入党了,刚来时思想还不是很成熟,她说她有些气馁,觉得党员的口碑不好。我说党的宗旨从来就没有变过,变的是有些人忘记了党的宗旨,我们举起的右手即便粉碎了也不能放下。这个学生后来思想转变了,发展得很好。辅导员一定要坚定理想信念,为学生服务好,这是一名共产党员不忘初心,践行全心全意为人民服务宗旨的集中体现。

有的辅导员入职前后不一样,这也是短视的表现。辅导员应当认识到,现在高校对一些辅导员的选拔还是基于学生的管理角度考虑的,对学生的教育引领作用不够突出。这使得一些辅导员觉得自己还能够胜任本职工作,甚至绰绰有余。其实,这是一种“假象”,辅导员的第一职责是成为大学生的人生导师。导师就是比学生看得远的人;导师就是走在学生前面的人。有的辅导员显然没有达到这样的程度。辅导员必须认识到自身存在的“短板”,在做了辅导员之后,就应当尽快补齐“短板”,增强为学生服务的本领,就要努力把辅导员工作做好。有的辅导员以为自己是事业编了,谁也不能把自己怎么样,由此可以高枕无忧了,这也是太短视的表现。一切都在改革之中,一切都要尊重规律。随着高等教育改革的深化,高校教师的用人方式也必将发生变化。以事业编的身份,不管工作怎样,一劳永逸地“占据”教师的岗位,这种“不合理”的人事制度的改革指日可待。这里也包括辅导员教师队伍。当然,不管怎样变,干什么爱什么还是一切工作岗位最基本的条件要求,滥竽充数是不行的。

比“双重晋级”更重要的是对得起学生

2020-12-19

曲老师，您好！

很久没有联系您了，您最近好吗？一定要保重身体！

向您汇报一下我的近况，明天我就要去一个新的学院工作了。这些年来在您的呼吁和支持下，我们××学院的领导很重视辅导员队伍建设，这次学校干部调整，我非常幸运，成为我们学校第一批正处级辅导员中的一个。之所以这次我能够得到组织的认可，与老师多年来的指导和影响分不开，谢谢您！

我们学校不仅在干部调整时对辅导员队伍给予了倾斜，在职称评定的时候，即从去年起也真正实现了“三单”，去年有两名辅导员晋升到副高级职称，我也在努力中。

新冠疫情期间，因为这种特殊情况，我跟学生们的联系变得比以前更加紧密，在这个过程中我得到了更多学生的认可，同时也收获了更多的幸福和快乐。昨天我跟现在所在学院的学生在群里说了我要离开的事情，很多学生给我发了信息，这让我很感动，也让我更加深刻地体会到了辅导员工作的价值所在。

明天就要去另一个学院开始新的工作了，我对做好辅导员工作充满了信心。我相信，只要牢记老师的教诲，永远带着温度和正能量去对待每一个学生，我就能为我们的国家培养出更多的合格建设者而贡献出自己的力量，我会努力的！

这么晚打扰您了,祝您身体健康、开心快乐!

这些天比较忙,就没有及时回复你,请谅解。

党的十八大以来,把立德树人作为根本,这是辅导员队伍得以发展壮大的重要保证。你也算是较长时间在辅导员岗位上工作,为培养德智体美劳全面发展的社会主义建设者和接班人做出了较大贡献。现在对辅导员实行"双重晋级",这也是建设职业化、专业化、专家化辅导员队伍的需要,你能晋级也是理所应当。当然,从个人来看,我们还是要把这种晋级看成工作的动力。你又到了新的工作岗位,工作的任务又重了,不能辜负了组织的信任。我常讲,"双重晋级"是领导的事,我们所想的就是对得起学生,这比职称和级别重要得多。

你从我这里离开有几年了,不过你扎实的作风还是给我留下了深刻的印象。我相信你一定会把工作做得更好,为国家培养出更多优秀的人才。为此我们付出的再多也是值得的。

因为新冠疫情,我也是一年多没去黑龙江了,等明年春天再过去看看。好在现在通信发达,好像我们天天都在一起。有事就联系我。有朋友到大连需要我做什么,你也不要客气,我一定会尽到地主之谊。

祝好!

谢谢老师的鼓励!就像您说的,我们要始终把学生放在心里,只有真心地对他们好,为他们引好路,才无愧"辅导员"的称号,才能收获他们的信任与认可。这些年我一直坚持一个信念,就是要做到对学生"无害",不能因我的存在给学生的成长和发展带来伤害,在这个基础上,更要努力做到"有益",让学生因为遇到了我而有所收获和成长。我会继续努力的!老师明年来黑龙江的时候,一定抽空到齐齐哈尔做客,我们这里的辅导员很期待能够聆听您的教诲,到时请您品尝齐齐哈尔烤肉。祝老师健康、顺利!

谢谢!我们共勉!

你的付出学生都会记住

2020-12-20

曲老师,您好!

我现在差不多是您当时刚做辅导员的年纪,也正在带一届学生。今天听了您的讲座我深有感触,辅导员最大的成就感就是来自学生的肯定与感谢。看到您桃李满天下,我真的很羡慕,我会以您为标杆,向您学习!

××,你好!

你是刚入职的辅导员,真应当好好想想初心在哪里,忘了没有。一些辅导员只是看到了辅导员的辛苦,总是图轻松,这能做出什么业绩来?辅导员对得起学生最重要。对于辅导员的付出,学生看得清清楚楚,都会记在心上。我现在60多岁了,当年为学生做过什么有些早都忘记了。有一次我有个做博导的学生跟我说,他吃过我半根黄瓜。我还有个官至厅级的学生给我写了一封约5000字的信,他说我是他的精神导师。他能列举出在大学时我对他的点点滴滴的教育和帮助,而我哪能想起这些。现在看来,正是当年和学生在一起的那些琐事,才奏响了我人生的乐章!我要感谢他们给我带来的那些"麻烦",没有那些"麻烦",就没有学生心目中的我;没有那些"烦心"的事,学生真不会把我记住。谢谢你的点赞,我们共勉!有事就联系我。

祝好!

谢谢曲老师的警醒和勉励，确实不管是做学生兼职辅导员，还是正式成为辅导员，自己的初心都是做一名合格的教师，引导学生、帮助学生。去年在我作为教师的第一个教师节，收到了班级所有同学合在一起送的祝福贺卡，我真的很感动，感觉自己再苦再累都值得！就像您说的，我们带过很多学生，可能不一定记得为每个学生做了什么，但是真心对他们，他们就会记得我们做的每一件小事，对我们来说可能已经习以为常，他们却可能铭记一生，也可能顺势就会影响更多的人。我一定不会辜负曲老师的期望，谢谢您！

我常讲，在乎别人的人才能被别人在乎。我们有的辅导员总说学生如何不懂感恩，其实这样的辅导员应当问问自己为学生做了什么让学生感恩于己。辅导员可不能把让学生回报当成工作的出发点。辅导员是大学生人生成长的指导者和引路人，要多想为学生做了什么，千万不能和学生斤斤计较，与学生形成利益关系，那样就太短视、太没有格局了，这又怎么会培养出有作为、有出息的学生呢？

是的，您说得对，不能有追求回报的想法，不管学生有没有反馈，自己都得问心无愧，对得起这份事业。

在培养理想信念上下功夫

2020-12-21

现在一些高校正在加强辅导员队伍建设,一些博士生有毕业后做辅导员的打算,这是好事。前两天有个博士生与我进行了交流。

曲老师,您好!

我是××学院的××。硕士在××大学就读马克思主义理论专业,现在在上海××马克思主义学院攻读马克思主义理论专业博士学位,同时也是××马克思主义学院兼职辅导员。我以后想做学生工作。今天听了您满怀激情的讲座,我很感动,向您学习!

我们还算半个老乡。我在省教育厅工作的时候,在大连理工大学建立了辅导员培养基地,大连理工大学每年调剂5个博士,面向全省优秀辅导员招生,为辽宁省加强辅导员队伍建设做出了贡献。我多次在他们学校做交流,介绍思想政治教育情况,特别是阐释辅导员队伍建设的现实和长远意义。我们还组织博士辅导员和他们的导师到革命老区考察,坚定他们的理想信念,增强导师们立德树人的使命感、责任感,把学理性与实践性统一起来。我们还将大学生思想政治教育中迫切需要回答和解决的问题以委托课题的方式作为他们的博士论文,并且给他们经费支持,为的是进一步提升他们的学科意识、问题意识,增强他们解决实际问题的能力。这一切都是想通过这样的培养方式,让辅导员学以致用,在大学生培育和践行社会主义核心价值观上着力。你现在成了马克思主义理论专业的博士生,并且有志于做学生工作。我认同你的选择。不过要想做好学生工作应当这样准备,学好马克思主义理论无疑是重要的,但是对你来说,更为重要的还是对党的忠诚,对马克思主义事业的热爱、坚定理想信念,这是必须要解决好的。如果仅仅是为了找份工作,那在工作中遇到困难的时候就会抱怨、发牢骚,就没有战胜困难的勇气。做好思想政治教育必须解决好理想信念的问题。习近平总书记说:“理想信念就是共产党人精神上的‘钙’,没有理想信念,理想信念不坚定,精神上就会‘缺钙’,就会得‘软骨病’。”因此,你在学好专业课的同时,一定要在培养自己的理想信念上下功夫!现在一些辅导员抱怨的问题,说到根本,还是理想信念缺失的问题。我此前说过,有了理想信念,什么问题就都没有了;没有了理想信念,很多问题就都找上来了。辅导员是共产党员,所谓全心全意为人民服务,就是帮助人民群众解决问题。没有问题还要共产党干什么?没有问题还要辅导员干什么?为共产主义事业奋斗终身讲的不就是为人民的利益解决一切困难,哪怕不惜牺牲生命吗?

莫把科研和实际工作对立起来

2020-12-22

曲老师，您好！

我是××学院的辅导员××，做党总支副书记。有幸在7月份的时候和您交流过，很快大半年时间过去了。在这段时间里，我一直秉承着您的理念，在工作中不敢懈怠，建立了学院首个系级的辅导员工作室。我也在网络思政方面做了一些工作，算是有个小突破吧，突破的是在原有日常事务中能再进行理论研究，能有时间带新的辅导员一起成长。随着工作的开展，困扰也逐渐增加，出现了一些质疑：作为一线辅导员钻研于理论研究是不是实践工作做的就少了？忙于育人、品牌树立是不是就会忽略具体工作？天天忙着写东西是不是就会脱离学生呢？当有人问我这些问题的时候，我真不知道该如何回答，起初我还试着解释；工作的时间需要挤出来，中午你休息的时候我在给学生开会指导工作，周末你居家或者游玩的时候，我在给学生改能力提升培训。与学生的良好沟通才使得我系多年来成为学院学生危机事件发生最少的系，但后来我就不说了，也不解释了，因为我想起您的话："多想想把工作怎么能干好就行了。"不知道我这么想、这么做是否合适？今天到办公室，我就想向您汇报一下自己的思想，期望得到您的指引。

祝老师快乐、健康！

××,你好!

你提到的问题还是具有普遍性的。现在对辅导员队伍建设的程度比以往有了很大的提升,其中重要的一点,就是对辅导员评职称实行“三单”。为此,辅导员对科研重视了起来。但是一些辅导员讲,工作太忙了,没有时间搞科研。这是把科研与实际工作对立了起来,这种认识是不对的。科研是什么?百度上对科研做了这样的基本定义:一般是指利用科研手段和装备,为了认识客观事物的内在本质和运动规律而进行的调查研究、实验、试制等一系列的活动,为创造发明新产品和新技术提供理论依据。科学研究的基本任务就是探索、认识未知。依据这样的理解,辅导员科研是什么?这与辅导员工作所依托的学科属性、学术范畴有关。辅导员是大学生人生成长的指导者和引路人,这是辅导员工作的出发点和落脚点。由此规定辅导员科研就要围绕学生、关照学生、服务学生,以学生为中心,从学生的实际出发。实践性是思想政治教育学科的重要属性,也可以说是根本属性,而辅导员工作最能体现思想政治教育学科的实践性。现在一些辅导员的科研偏离了辅导员工作的出发点和落脚点;一些辅导员的科研过于“高大上”;一些辅导员的科研完全是为了评职称……这样的科研对提升辅导员工作质量意义不大,也就是说对学生的教育培养起不到应起的作用。一谈起辅导员工作,辅导员们能列出很多问题。这些问题是什么?就是辅导员科研的着眼点。一些辅导员说自己太忙了,没有时间搞科研。忙什么呢?难道忙是一回事,搞科研是另一回事?忙不就是忙在解决问题上吗?这本身不就是在搞科研吗?现在一个辅导员一届带几百个学生,如果带着问题意识来谈话,谈上几届学生,与上千个学生谈过话,再申请这样一个课题:《谈话法:增强思想政治教育实效性研究》,还可以写一本专著,这岂不就成了专家化辅导员?

辅导员科研一定要与实际工作结合起来,把两者割裂开来是搞不出真学问的。

把准辅导员工作室的定位

2020-12-26

为了加强辅导员队伍建设,发挥骨干辅导员的引领作用,提升大学生思想政治工作水平,各高校建立了诸多辅导员工作室。参与此项工作的辅导员同志,还是很努力开展工作的,力争取得最佳效果。总体来看,辅导员工作室的工作与预期的效果相一致,但是也有值得注意的地方。前两天有所学校让我听了一下他们学校辅导员工作室的建设情况。令我很感动的是,学校很重视辅导员工作室建设,为辅导员工作室的建设努力创造条件。广大辅导员也是积极参与辅导员工作室的建设工作,他们尽心尽力,在辅导员工作室建设上克服了很多困难,下了很大的功夫,辅导员工作室成为辅导员工作能力提升的重要平台,也成为加强大学生思想政治教育的载体。听完了他们的介绍,我借点评的机会,谈了下对辅导员工作室的定位问题。

曲老师,您好!

我是昨天第一个汇报辅导员工作室建设的辅导员。您的点评让我有了特别深入的思考:通过志愿服务进行育人时,应该突出爱党、爱国、爱人民、责任担当和奉献精神这些教育内容,应该重点做好身边公益、关爱校园里需要帮助的人,让我们的学生接受教育。感谢您提醒了我们要坚守辅导员工作的初心,要跟学生交心,这也是我以后做好工作的方向。

这个辅导员工作室的同志们工作还是很努力的,他们以志愿服务为主,开展了大量工作。项目负责人介绍说,他们有一个志愿服务的学生到小学志愿服务了八九百个小时。志愿服务是大学生成长成才的一个必要途径。志愿服务为谁服务?为什么要开展志愿服务?大学生志愿服务的根本还是要为自身的成长服务。我此前写过这样的文章——《社会实践首先是为了教育自己》,也就是说要通过社会实践了解社会,增强使命感、责任感,进而把这种使命感、责任感转化为强大的学习动力,增强服务社会、报效祖国的本领。从根本上讲,志愿服务与社会实践的道理应该是一样的。大学生通过志愿服务加深对国情的了解,得到一种情感的体验,这有助于培养自己的品德。因为人的品德的形成是一个知情行意相统一的过程,志愿服务会更好地加深学生对所学道德知识的理解,从而把道德认知自觉地转化为道德实践。我们有些志愿服务,被单纯地看成做好事,这与志愿服务的初衷有所偏差。比如,到养老院照顾孤寡老人。社会是有分工的。养老院的工作人员都干什么去啦?上超市购物啦?打牌啦?洗澡去啦?志愿服务不能搞形式主义。像刚才谈到的那个学生花八九百个小时做志愿服务,她有了情感的体验,就会把更多的时间用到专业学习上。在正确的学习目标激励下专升本、本升硕、硕升博,有了更大的担当,以后发挥的作用就更大了。所以,志愿服务首先要立足于学生、立足于学校。当然,社会上有些活动需要招募一些志愿者,那么作为大学生,应当有这种对社会的关切、关爱,把个人的发展和社会的需要结合起来。像北京奥运会、上海世博会都招募了大批志愿者就是这个道理,但是这和辅导员工作室的定位不是一回事。辅导员工作室要体现辅导员工作的特点,是为辅导员工作服务的;为辅导员工作服务,就是为大学生的成长成才服务。这是辅导员工作室建立的初心和落脚点。所谓把准辅导员工作室的定位,就是要我们不离我们的初心,以实现我们的目的为检验辅导员工作室工作的标准,任何偏移都要及时地加以矫正。不然我们又在为他人作嫁衣,虽然力没少出,但到头来许多都是白出力、无用功。

党的事业不允许“倦怠”

2020-12-29

曲老师，您好！

第一次听您的讲座，我感觉受益匪浅，打心里佩服您。我是××高职院校的一名辅导员，从学校出来到辅导员工作岗位已有4年，现在兼职团委干事。我在工作中有些迷茫，出现了您所说的“倦怠期”。听完您的讲座，我感受到了身上的使命和担子。做有信仰、有价值的人，心中有大义，这也是我以后的目标。我要为国家出力奉献，把今天听到的内容回去传达给我的学生。感谢曲老师，谢谢您！

谢谢你的点赞！辅导员的第一身份是共产党员，不能违背了党旗下的誓言，要为实现共产主义而奋斗终生，怎么没干几年便有“倦怠期”了呢？“党章”里有这个词吗？这一方面说明有些辅导员入党的时候思想就没锤炼到火候；另一方面说明一些辅导员还没有“活到老、学到老、改造到老”的人生态度。一定做有信仰的人，信仰坚定了，倦怠、烦恼、牢骚就很少了；反之则什么问题都来了。人和动物的根本区别就在于人是有思想的高级动物，人不能本能地活着，要追求至善性。我常打这样的比方：“1”是自然生命，“0”是社会生命，人应当追求的是社会生命。都成人了，“1”自然就有了，可后面一个“0”没有还不着急，那怎么行呢？弄不好把自己活成了负数，那人生不就成了一个笑话吗？学生就是我们的社会生命，培养得越多，我们的生命就越有价值。有事就联系我。祝好！

曲老师,您好!

我是××,在大连海事大学研究生毕业后考入××大学,做了4年的辅导员工作。在岗前培训时我就在大连理工大学听过您的报告会,从那时开始就以您为榜样,用心动情地与所带的300多名本科生相处交流,也乐于助力学生成长成才。到校团委工作后,我也经常抽时间、找机会与学生谈心、帮他们解惑。我一直以来通过公众号“仍然在路上”向您学习,很幸运有机会加您微信,希望通过微信得到您更多的指导。

谢谢你的认同!思想政治教育一定要入心、入脑。这就要深入、细致,不能像油浮在水面上。思想政治教育有多种方法,谈话法是其中非常有效的方法。与学生面对面、平等地交流,了解学生的真实想法,能够帮助他们解疑释惑。只有学生信任了你,感受到你是在真心地关心他们,他们才能敞开心灵的大门。把学生培养好是非常有价值、有意义的事,可以一生拥有!有事就联系我。

祝好!

曲老师,您好!

我是××大学的一名辅导员。4月份您来学校时我有幸得到了您的签名,7月在新乡也和您见了一面,今天再次聆听您的报告依然受到震撼,向您多学习!我工作还不到3年,您已经从事学生工作37年了,依然坚守并且乐此不疲,向您致敬!我自己也撰写网文,还请您多提宝贵意见。

××,你好!

半年多的时间我们3次见面,也算是有缘吧。你也是很有心的辅导员,坚持下去,把学生工作做好,时间越长,就越凸显我们辅导员的价值。

谢谢您的鼓励!也希望您能多提宝贵意见,我会在这个宝贵的岗位上继续用心、用情写好属于新青年的好故事,发出辅导员的好声音。我家在新疆,也欢迎您有时间去做客!曲老师,您多保重!

思想政治教育一定要有“味道”

2020-12-31

鲁迅讲,即便是天才,出生时候的第一声啼哭,也和普通的孩子没什么两样。这个学生我去过他家家访,虽然他的家庭生活不富裕,但是他有股坚强劲儿。我鼓励他好好发展,感恩父母,服务祖国。这个学生本科时我带过,在东北财经大学读的经济学硕士,现在已经联系明年去北京师范大学读经济学博士,他立志成为人民的经济学家。我们之间一直保持联系,我经常请他来我们学校吃饭。我们之间仅微信交流就有数万字。这里我把7年前他过生日和7年后我过生日的微信交流推送给大家,看到这些我就在想:思想政治教育一定要有“味道”。

2013年12月24日

××,你好!

今天是你的生日,老师祝你生日快乐!

你的生日和平安夜赶在了一天,是不是生日的喜悦每年都要被冲淡许多啊?有些事就是这样,由不得自己选择啊。但是你想成为一个什么样的人,却是别人无法决定的,只能由你自己来选择。

你在中学就光荣地成为一名共产党员,这多么令人羡慕,也可以让你自豪。可见,你已有了人生的设计、人生的追求。问题是你将怎样实现它们呢?不得不承认的一点是,太年轻就入了党,特别是在今天这样一个追逐应试教育的年代里，你的世界观、价值观、政治观的确立还缺乏生活的磨炼、社会的洗礼，在很大程度上还缺乏那种为了信仰的实现而应具有的无坚不摧的坚定性。你想成为什么样的人在一定程度上还有很大的模糊性。但是，这不要紧，这也不是你的错，正如你无法决定你什么时候出生一样，你也无法脱离你所处的生长教育环境。好在你还年轻，你还有很多时间来好好设计自己、磨炼自己。你又长了一岁，你的政治生命必然会注入新的元素。大学会给你什么？在关注你的知识增长的同时，你一定要更加关注你的政治生命的养成。党员确实不仅仅是个称谓，更要很好地发挥作用。今天，你或许没有什么轰轰烈烈的事情可做，但你确实可以在方方面面体现出你的存在、你的价值。要时刻想到你是一名共产党员，在这一点上你就与众不同。要敢于叫响我是共产党员，努力成为学生们的表率。大学的生活很快就会过去，珍惜每一天，随着自然年龄的增长，你一定使自己的精神世界更加丰富！

祝天天进步！

曲导，您好！

感谢您在繁忙的工作中还记得我的生日，在这半年的学习、生活中，您给予了我很多关心和帮助，从在综合楼前见您的第一面至今，我感受到了您对学生无微不至的关爱，还有您对于社会人文的关怀。我感觉自己是幸运的，在大学中遇到了您。您当时让我思考自己想要一个怎样的大学生活，我一直在思考这个问题，并且认真规划自己的大学生活。正如您说的，我在中学就入了党，还未经历过生活的磨炼，经验积累得少，在一些问题上思考得不到位，但我会积极地在知识中探索答案，在实践中积累经验，向优秀的党员学长和学姐学习，丰富自己的精神世界。

祝您身体健康、工作顺心！

2020 年 7 月 21 日

今天是您的生日，学生在这里祝您生日快乐！真心地祝愿您身体健康、平安喜乐、诸事顺遂，也真心地希望您在今后的日子里多留一些时间去休息，保重身体、照顾好自己，您的孩子们一直在牵挂着您！

今年是跟老师相识的第八个年头，时间过得好快，一晃 7 年时光已悄然而去！还记得那个平静的午后，在海大校园一角，"坚定"雕塑前，您给我们年级同学分别拍下了一张张纪念照，随着快门摁下，我们便印在了您的心里。从那一天起，我们这些孩子在大学、在大连的几乎所有事便成了您工作、生活的全部，即便我们放假回家您也时常关心、问候我们，甚至亲赴我们家中了解情况、排忧解难，这一切都牢牢地记在了我们的心里。随着了解的加深，我们也都感受到了您那朴实的爱，您也走进了每一个孩子的心里。大家喜欢找您沟通、乐意找您倾诉，更愿意听从您的建议。正是在您的精心呵护和谆谆教导之下，我们才能够尽早地懂得自己肩上的责任和时代赋予我们的使命，尽早地明确人生的方向。转眼间，我们也已经毕业3年了，大家在各自的岗位上默默地努力着、奋斗着，小伙伴们分散在了全国各地，甚至有的在海外留学，而幸运的我在毕业之后又留在了大连、留在了您的身边，这让我有机会继续聆听您的教诲、感受您对我们永远的关怀。同时，我也快到了再一次毕业的时候，这一路走来，是何其的幸运让我遇到了您，您一直在求学的路上给予我无私的关怀、温暖的鼓励和耐心的引导。正是由于您的引领和支持，才让我的求学之路走到今天，所以在毕业论文写作的后记中我写道："感谢我生命里的恩师——曲建武老师，感谢求学路上他一直的陪伴、关心和教导，从本科阶段的懵懵懂懂到硕士期间的怀揣梦想，在学习的道路上愈加觉得知识对一个人生命的塑造，渐渐懂得那句'只要饿不死就读书'的内涵，懂得生而为人肩上的责任！"感激前进的道路上一直有您的陪伴、支持和鼓舞，想到您匆忙的身影、语重心长的嘱咐和无所畏惧的精神，学生没有理由懈怠，也不敢懈怠，定当刻苦学习、加倍努力，朝着您指引的方向，大踏步向前走！

××，你好！

谢谢你在我生日的时候写给我这些心声，我好感动。这些是钱买不来的，也是权换不来的。我在从省里回到学校做你们辅导员的时候，领导关心地说："建武，你不要级别回去做辅导员图个什么？"我说："只要和学生在一起就能给我带来快乐。"有了学生就有了一切。如今7年过去了，你们都在各自的地方或工作或学习，实现着你们的追求。看到你们的成长，我很欣慰，更觉得自己的选择是值得的。特别是你，总是把我挂在心上，提醒我别累着、别热着，注意休息，每当节日都会给我送来满满的祝福，我过生日的时候也是如此。你们就像我的小孩儿围在我的身边，使我每天都沉浸在幸福和快乐之中。如今你们也渐渐长大了。把你们培养成能够担当民族复兴大任的时代青年是老师的使命和追求。老师几十年对教育情有独钟,就是因为老师觉得教育于民族和家庭太重要了。康辉采访我的时候问我这样一个问题:您为什么能够放弃正厅级职务回到学校当辅导员、上思政课?我说:"就是爱,爱我们的党、爱我们的祖国、爱我们的人民。"看看网上报道的被开除党籍的××,对国家、对家族、对他个人都是一种损失,令人惋惜。我做辅导员最关心的就是不能让你们在价值观上出错,那样知识学得再多也没有意义了。所以我说,你一定要朝着人民经济学家的方向努力,为人民讲话才能搞出真学问。马克思能够创立马克思主义,与他为最广大的劳动人民谋幸福的人生追求是分不开的。夸夸其谈,为自己说话,是搞不出学问的。老师非常欣慰的是,你思想纯正,又有坚定的学术追求,老师相信你一定会成为一个有作为的著名学者,为此还需要你不懈地奋斗。

家里都好吧?给你父母问好。在大连有事就联系我。下学期我们就可以常见面了。

祝一切都好!

曲导,您好!

这确实是7年来我们见面间隔最长的一次了,但好在科技的进步让我们能够随时保持交流,随时了解您的近况,并聆听您对当下关乎学生成长问题的看法。从步入大学校园的第一天起,您就多次告诫我们"输在知识的起跑线上并不可怕,可怕的是输在了道德的起跑线上"。在我们成长的道路上,您像一位慈爱的父亲精心呵护着我们这些孩子,让我们懂得一个人的成功不在于他所具有的学识抑或是所拥有的权势,只有热爱自己的祖国并能够为她奉献的人才会受到人们的敬仰。很庆幸,在大学这一关键的时间节点上,有您为我们树立正确的价值观,给我们系好了人生的第一粒"扣子",只有这样我们才能够行稳致远。同时,我想您对××等这类同学的遭遇更多的是惋惜吧,一个老师、同学们眼中的"好学生"、一个家长口中的"别人家的孩子"、一个被社会和国家寄予厚望的"接班人",竟然落得如此下场,这是他咎由自取的,但同时也是令人惋惜的。假如有人在他的成长道路上帮他剪掉长歪的"枝杈",替他排出思想的"流毒",引导他回归正确的思想道路,那么他就不会落得如此境地,这对他个人、对他的家庭甚至对我们的社会将是多么好的一件事情啊！正如您所说，大学时期的我们正处于“拔节孕穗期”，面对精彩纷呈的大学生活，我们接触信息的渠道多了，但看到的信息也变得杂了。刚刚脱离父母的约束来到大学，在思想上很容易存在一个空白期，假如这时候思想上没有得到正确的引导，坏的思想就会乘虚而入，结果不仅是自己的悲哀，也给自己的家庭甚至社会带来灾难。每每想到这里，我都特别地感激您，庆幸在刚刚步入大学校园时就遇到了您，帮助我们树立了正确的价值观，让我们懂得人不应当仅仅为了自己而活，知识性的学习是一种价值追求，高尚的道德品质才能引领人生走向成功。在人生的价值选择上，我们应当时刻与国家的发展联系在一起。我爱我的祖国，我忠实于我的祖国，我愿意同我的祖国站在一起。未来是我们的，中国梦需要我们这一代人去实现，我们一定要担负起历史的使命和责任，对得起饱经磨难又为我们遮风挡雨的祖国母亲，对得起历史长河里一代又一代中华儿女的不懈奋斗！

家里一切都挺好的，这一个特殊的“假期”，特别的漫长，但是在家里的这一段时间我也没有放松自己，按照您所说的“假期也是延伸的课堂”时刻要求着自己。一切终于都要过去了，等到 8 月末返校之后我就去中心看您！也希望您保重身体、心情舒畅！

回连见！

思想政治教育不能有季节

2021-01-02

因为新冠疫情,学生不能回家过新年,考虑到这一点,我给我授过课的四个年级家庭生活困难学生、全校的孤儿、西藏学生、有残障的学生,共156人,每人买了两双袜子。新年来了,穿新袜走新路。我还给全校新疆少数民族学生共70人,每人买了一份水果(中秋节已给他们买了袜子)。一些学生给我留言:

感谢老师对我们的关怀,让我们感受到了温暖,我们一定努力学习,完成学业。以后像老师一样关心需要关心的人。

老师,我是今天领了袜子的学生。谢谢老师在百忙之中关心我们。

老师的心意我们知道了,一定要做对社会有价值的人。

我也要像老师一样,做个温暖的人。

老师好,我看了您写给大学生的一封信,好感动。正像您说的,病毒无情人有情。今天又收到了您送给我们的袜子,在寒冷的冬天使我们感受到了温暖。

敬爱的曲老师：

晚上好！刚刚收到您的新年礼物，非常开心。今年收到的礼物真多啊，还有学校的水果礼盒、元旦餐券、口罩。这次的新冠疫情再次验证："学校就是我们的家。"不管是我们看得到的或者没有看到的，学校处处在为我们着想，与我们同在。这几天一直想给您写信报个喜，我评上大连市优秀毕业生了。这次疫情确实给我们带来了一些困扰，但是也让我们感受到了温暖，尤其是我们的辅导员，每天面对学生的很多要求和问题，身为两个小孩儿的妈妈回不了家，还每天工作到很晚，真的让人心疼，还有很多工作人员也在为我们的安全而努力工作着。对于我们来说，平静下来，服从学校的安排，安心学习才是最重要的。前几天让老师担心了，我生活上没有困难，只是学习压力有点大，有些不顺利。请老师放心，我会把压力转化成最好的动力，努力做好自己该做的。最后，再次感谢老师的关心，提前祝老师元旦快乐！天气太冷，老师多注意身体。

昨天我在文章中说，从今天开始就不在微信中推送文章了，有些粉丝还是希望我能推送一下，这样他们阅读起来便捷些，那就再推送一段，以后是否继续推送再说。

同学们好，老师就是希望你们能够成为担当时代大任的人，为社会提供正能量。这就是老师的心愿。老师提醒你们，生活是美好的，人间自有真情在。老师希望你们能够始终抱着积极的心态面对你们身边发生的一切。有需要我做的事就联系我，我会尽力去做。

在今年的新年致辞中，习近平总书记说："2020年，全面建成小康社会取得伟大历史性成就，决战脱贫攻坚取得决定性胜利。我们向深度贫困堡垒发起总攻，啃下了最难啃的'硬骨头'。历经8年，现行标准下近1亿农村贫困人口全部脱贫，832个贫困县全部摘帽。这些年，我去了全国14个集中连片特困地区……"心系人民群众是共产党人的不懈追求。高校思想政治教育也必须以人为本，围绕学生、关照学生、服务学生，时刻把学生的利益放在心上。尤其逢年过节的时候，更要想到那些生活困难的学生在哪里过节、怎样过节。原来一些家庭困难的学生通过假期打工缓解了部分生活和学习上的压力，在疫情防控期间怎样力所能及地帮助他们解决生活和学习上的困难？疫情无情人有情，人心是温暖的，思想政治教育不能有季节。越是在学生有需要的时候,越是要彰显思想政治教育的价值,“烹饪”出思想政治教育的“味道”。思想政治教育就是一个暖心的活,做到了,再冰冷的心也会被融化。

学生是你工作的“轴心”

2021-01-04

前两天有个辅导员给我写了下面这段话：

说到考核就生气，考核标准年年变，每变一次都会特殊照顾一些人。基层反映的事情都解决不了，还总是不断地提要求。再加上今年新冠疫情，许多政令朝发夕改，每次发通知结尾都是一句：辅导员要做好学生思想工作。让人感觉出了什么事都是辅导员思想工作没做到位。学工部门应该想想怎样替辅导员争取权利，别让辅导员处在全大学的最底层，被教师看不上，被机关人员看不上……学工部门也不要。总想着让辅导员做这做那，辅导员没本事是谁的错？还不如仔细考虑考虑辅导员培训的问题，培训比考核的效果要突出得多！

××，你好！

看了这段话，我仿佛能够看到你那生气的样子。“风物长宜放眼量”，你能跟我说这些，也是对我的一种信任。不过在我看来，大可不必为此伤了身子，“天生我材必有用”嘛。谁都想拥有尽善尽美的工作环境，事实上这样的工作环境是很难碰上的。因为道理很简单，社会也好，工作也罢，其本身就是一个矛盾体。那怎么办？那就干什么像什么，别以领导的喜好为重心。就在昨天，有个学生还问我，参加工作后领导要是让我陪他喝酒怎么办？我说我曾跟我的学生说过：那些喜欢让你陪酒的领导你早点离开,因为想让你陪酒的领导你永远陪不好,一定要以工作取胜,职业的生涯漫长,靠投机取巧或许能得宠一时,但绝不会长久。当然这里你遇到的还不是让你“陪好”的问题,不过这里也有一个与“陪好”本质上一样的问题,那就是你工作的出发点、落脚点应当在哪里?如果总是围着评价标准转,一旦评价标准错了呢?又有谁能保证这些评价标准的正确性呢?事实上事物总是要发展的,你从这些评价标准的改变中看到的是负面的东西。但是你应当相信,事物总是会向前、向上、向好的方面发展的,这是由事物的内在规律决定的。总违背事物发展的规律是不行的,是必须改变的。就像我此前说的,原来有的学校就是不配备辅导员,现在还有这样的学校吗?原来有的校长就明确讲,就是不给辅导员评职称,现在还有这样的校长吗?大学是共产党的大学,都要按照党的教育方针办大学。发展的不平衡性也是事物发展的一个重要特征,存在着差异性,不过趋于大同是不可阻挡的趋势。我几十年的工作体会是:学生工作就是要以学生为中心,把符合党的教育方针、有利于学生成长作为学生工作的“轴心”,无愧于党、无愧于人民。

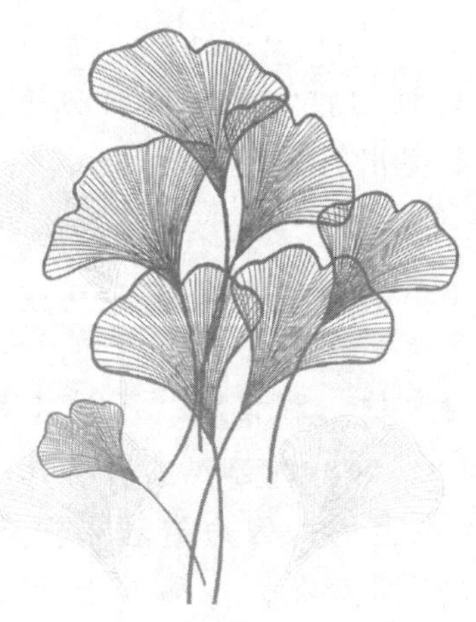

学生安全无小事

2021-01-06

今天大连下了一场多年未遇的大雪。从学校回家的路上我把车开得很慢,大家都开得很慢,但也还是见到有几辆车剐碰在一起。由此,我又想到了学生的安全问题。

每年高校里都会发生危害学生人身安全的问题。有些是天灾,有些是人祸,而人祸有些是别人造成的,有些是自找的。天灾不用说了,往往防不胜防;而一些人祸,特别是自找的人祸是可以防范的,也是不应当发生的。比如有个大学生违反了校规校纪,回寝晚了,怕门卫知道后上报到学校,便想爬水管进寝室,结果掉下来摔成了残废;有个大学生不走学校大门,翻墙走小道,结果掉到了马葫芦里摔伤了;有个大学生在做实验的时候,由于操作不当,引起了爆炸;有个大学生在寝室点蜡烛看书引起了火灾,把上铺的同学烧伤了;有对大学生在校园里偏僻的地方谈恋爱,被坏人欺负了……这段时间因为新冠疫情,外来人员一律不得进入校园,这自然包括送外卖的,这改变了一些学生的生活习惯,影响了一些生活富裕家庭学生的"生活"。为此有的学生就想违规使用电器,自己做点可口的饭菜。有个辅导员说他年级就有一个这样的学生,他在检查寝室的时候发现这个学生用电炉子做饭。起初他想放过去算了,后来还是按照校规校纪处分了这个学生。这是对的,安全无小事,不能有含糊。放过了这一回,会有更多的下一回。

大学生一定不要存有侥幸心理。有的学生说全校那么多的学生怎么

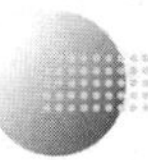

就能发现我？生活中确确实实发生过“万一”的事。人生容不得你总是抱有侥幸的心理。年轻的时候不要什么都想舒舒服服，吃点“苦”、吃点“亏”没什么，这也是一种磨炼、一种成长。苦尽甘来，没有这种比较，就难以真正品尝到生活的甘苦，真是没有必要冒着“危险”，抱着“侥幸”的心理做因小失大、悔之晚矣的事。大学生中就发生过因为违规用电，烧伤了别人，自己受到了处分，还要包赔人家损失的事。到了这个地步，真是谁也救不了你。当然，学校还是要把工作做细，要尽量为学生创造良好的生活环境，一定保证好学生的饮食、用水、供暖。昨天还有个家长给我留言说，非常理解学校的管理，但是他孩子的寝室温度只有17℃。我把情况反映给了这个学校。冷了，学生就会自想办法，就可能“铤而走险”，违规使用电器。今天午间我通过辅导员请了我授课年级两个生活最困难的学生吃饭，让他们帮我做些资料整理，我给他们提供点劳务费，以缓解他们生活的压力。因为疫情防控，许多家庭生活困难的学生原想通过假期打工贴补自己的学习生活，结果现在做不了了，使得这些学生难上加难。学校可以做些排查，分清轻重缓急，采取点特殊的帮扶办法。我在省教育厅工作的时候，到一所高校调研，这个学校为了解决冬季学生洗完澡头发吹干的问题，宿舍每个楼层都设立了一个公共空间，准备上简单的吹风用具，让学生吹干头发再进寝室，这就避免了学生在寝室违规用电的问题。

学生安全无小事，事事要上心。学校要把工作做细，学生本人更要做到“慎独”。

做好你能做的

2021-01-09

前些天有个辅导员给我写了下面这段话。这个问题大家都很关注,我谈一下我的看法。

曲老师,您好!

我是吉林省一所高校的辅导员,一直关注您的公众号,每次看完都会有很大的动力。有一个问题一直困扰着我,现在学生都比较早熟,上了大学之后谈恋爱的非常多,这个我们能够接受,也在一直做着恋爱观方面的教育,但还是会有女学生怀孕的事情发生。我想向您请教一下,应该如何加强这方面的学生教育。期待您的回复。

关于大学生恋爱的问题,我谈了很多。我的观点是一进大学就谈恋爱是不明智的选择,或者说有些大学生本身就把恋爱看成是“稀里糊涂”的事。有些同志说,现在的孩子早熟,中学就开始谈恋爱了,到了大学自然更可以谈了。我多次讲过,恋爱是什么?它意味着一种责任、一种给予。你拿什么爱你爱的人?恋爱不仅是一种个人行为,同时也是一种社会行为。为什么这么说呢?因为恋爱是婚姻的基础,而婚姻意味着一个新的家庭的诞生,意味着一个新的生命的降临。你准备好孩子的奶粉钱了吗?或者说你做好承担这份责任的准备了吗?做人要懂得感恩,且不说你对祖国的回报了,你想过怎样照顾自己父母晚年的生活了吗?大学是准社

会化的过程，大学怎样过，对今后的人生影响重大。是有这样的大学生，在大学里谈成了恋爱，学业、爱情双丰收，这是普遍的现象吗？我在省教育厅工作的时候，有个校长和我很熟，他说他就是在大学谈的恋爱，也没有影响当校长。我说："你那时要是不谈恋爱，把心思都用到学习上，凭你的能力，现在应当当上省长了。"谁说在大学里一定要轰轰烈烈地谈一次恋爱，在我看来，凡是在大学里轰轰烈烈谈恋爱的，没有几人是不失败的。也有的同志说："恋爱就一定成功啊？即便失败了，这些经历也是值得的。"等你各方面条件具备了，还会有这些失败吗？不是"大丈夫何患无妻""皇帝的女儿不愁嫁"吗？更有的把恋爱当成了"游戏"，这就根本不在我们道德的范畴里了。你谈到的女学生怀孕的情况确实存在，现在都允许大学生在校期间结婚了。有的家长就催促孩子在大学谈恋爱，"夫妻双双把家还"。恋不恋爱，怎样恋爱，家长会有嘱咐；学生个人也会有自己的选择和判断，辅导员就是尽一个关心、提醒的义务，解铃还须系铃人。当然我也不主张把恋爱完全看成大学生个人的事，任由他们的性子来。作为过来人，作为大学生的知心朋友，在大学生的情感旺盛期、困惑期，辅导员可以与大学生进行推心置腹的交流，以帮助他们确立正确的恋爱观。

对学生好一点

2021-01-15

曲老师,您好!

我是××学院的辅导员××。今天听了您的课,我感到受益匪浅。尤其是您最后说的一句话:"拜托你们,对学生好一点!"我感动得都要哭了!您真是太伟大了,当您的学生是多么幸福!回顾自己一年来的工作,在学生身上花的时间真是太少了,深感愧疚。我会谨记您的谆谆教诲,会更加爱我的学生。希望今后还能有这样的机会聆听曲老师的讲座。谢谢曲老师,祝您身体健康,开心每一天!

××,你好!

我这些天挺忙,就没有及时回复你,请理解。在看到你说当我说"拜托你们,对学生好一点"你感动得都要哭了,我也掉泪了。辅导员,大学生的人生引路人,他们怎么样,直接关系到我们党和国家的未来,关系到学生们的幸福。想一想我的思政路,我就抱定一条:对学生好一点。我要求自己绝不能让学生在思想上犯错,力所能及地帮助他们。为此,我付出了很多,也可以说付出了一辈子。我已经是60多岁的人了,每当和辅导员交流的时候,我都想:"我做不了几年了,关键是你们这些年轻的辅导员,你们将陪同青年学生一起实现中国梦,你们对学生一定要好一点。"所以,在和辅导员交流结束的时候,我常说这句话:"对学生好一点。"我现在已经比较平静了。刚开始说这句话的时候,我的眼角都会含着泪水,我的脑海中浮现的是我们祖国和学生的明天。我在做学校党委副书记的时候有个惯例,每周都要带几个学生工作部门的同志到学生食堂吃两次饭。一次在吃饭的时候,食堂的电视正播放《同一首歌》,我听着流泪了。团委书记问我:"书记,您怎么啦?"我说我想到了两点:一点是生活如此的美好,一定要认真地投入;另一点就是一定要对学生好一点。等学生离开的时候,再想对他们好一点就没有机会了。我刚留校做辅导员时,有一年春节期间到一个生活困难学生家中走访,临走的时候我给了这个学生10元钱,我"后悔"当时为什么不给学生11元钱呢?对学生好一点。你们虽然有的是机会,但是千万不要"错失良机",毕竟"机不可失,失不再来"。珍惜和学生在一起的时光,珍惜每一次为学生服务的机会,这样等你老了的时候,你才会问心无愧,才会感受到活着是如此美好!

祝假期愉快!一切顺心如意!

曲老师,您好!

非常感谢您在百忙之中给我回复这么长的信息,您辛苦啦!一直以来我都在关注您的公众号,看到您给好多人回复,没想到我也非常荣幸地成了其中的一员。我从事辅导员工作,繁杂的工作内容占据了我大部分的时间与精力,有时候甚至对辅导员这份职业有种倦怠感。听了曲老师的课,我认真进行了思考,产生这种倦怠感的原因可能是我没有真正和学生在一起,没有真正体验到和学生在一起的快乐。我一定会将"拜托你们,对学生好一点"这句话铭记在心里,并尽最大努力对我的学生好。再次感谢曲老师!提前祝您新春快乐!

祝好。

信念不能动摇

2021-01-23

这里推送的是昨天夜里有个辅导员给我的留言和我今天早上的回复。

曲老师,您好!

之前一个偶然的机会我关注了您的公众号,从您的公众号里汲取了很多有关辅导员工作的营养,对开展辅导员工作非常有帮助。我工作快满5年了,但是在辅导员岗位工作刚满两年。在从事辅导员工作之前我在管理岗位工作,一开始我是借调到辅导员岗位,半年后借调期满加上学校岗位大调整,我选择继续留在辅导员岗位。我带着热爱在这个岗位上努力工作,但是工作的这两年我遇到了很多的困惑、打击,深感无力、无助。有的时候我也会打退堂鼓,怀疑自己是不是选错了,是不是我不适合这个岗位。自从关注了您的公众号,很多的困惑解开了。感谢在职业生涯中能遇到您这样的好榜样,给我们这支队伍指明了前行的方向。我希望有机会现场聆听您的教诲。

××,你好!

我们本不相识,共同的事业把我们联系在了一起。有位革命领导曾说过:“只要你唱《国际歌》,就可以找到自己的同志和朋友。”我在和辅导员交流的时候说过:“欢迎大家到大连,只要你说你是辅导员,我一定会尽地主之谊,我们是朋友和弟兄,是一家人。”

你有什么无力、无助的呢？人间正道是沧桑。别太短视了，心胸开阔些，那些为祖国、为社会付出一切的人不“吃亏”，人民感谢他，不会把他忘记。我到北京劳动人民文化宫参观，时传祥的塑像矗立在那里。时传祥不就是个掏粪工吗？要知道，他为人民掏了一辈子大粪，“脏”了自己，“香”了京城。站在塑像前，我凝思许久，什么这个富翁、那个富婆的，他们再富有，能“富有”到可以在此买块矗立塑像的地方？我还知道有个辅导员，在她60岁生日的时候，来自祖国各地、世界各地的祝福像雪片一样飞来，她还收到了无数的鲜花。我的学生也曾跟我商量，要在我60岁生日的时候给我祝寿，我笑了笑说：“真心地谢谢啊！我还年轻呢。”请相信，你的力量来自人民，学生就是你的人民，而这力量需要用付出来凝聚！你现在还年轻啊，还没有付出到那个份上，“不积跬步，无以至千里”，走的路不同，领略的风景就不一样。

应当说，有些辅导员一开始走上辅导员工作岗位也是蛮有热情的，当然也有一开始就抱着观望甚至“混”的想法加入辅导员队伍的，这不在我说的范围内。为什么有的辅导员干着干着就困惑了呢？像你一时产生的想法那样：“怀疑自己是不是选错啦？”这里很重要的一点，这些辅导员初心是想好好为学生服务，可是一点点变得患得患失了，认为自己干得太多了，得到的太少了。每天是“两眼一睁，忙到熄灯；两眼一闭，提高警惕”，可是结果呢？不是没晋级级别，就是没晋级职称，他们把“双重晋级”排在了第一位。比如新冠疫情期间，是要格外忙碌些，可是再忙不也是在后方忙吗？前线的医生们每天不都是冒着生命的危险吗？因为岗位的不同，他们比我们付出得更多。我的脑海总是闪现出这样的情景：1983年的冬天，那是我留校做辅导员的第一个假期，正月里我到学生家家访。一天早上我在钢都本溪一个豆浆店喝豆浆。坐在我对面的一个矿工知道了我在大学工作，他的双眼立马露出无法掩饰的、羡慕的目光。他说：“你太幸福了，你是在阳光下工作的人。我每天下到矿里，能不能上来，再看到父母、妻子、儿女都是未知数。”“三人行，必有我师焉”，这个矿工哪里会知道他也是我的老师啊！这鲜活的场景永远是激励我在为学生服务的路上只争朝夕、奋勇前行的生动而难忘的一刻。我做报告的时候常跟辅导员们讲，看看大家处在多么好的环境里！在阳光明媚的日子里，在宽敞的报告厅，大家坐在这里学习，要知道此时多少战士在为我们戍边；多少农民在为我们生产粮食；多少工人在为我们制造产品……都是有人在为我们负重前行啊！特别是辅导员，不要忘了我们还是共产党员，什么别人怎么样，关键是我们怎么样！即便有牺牲，那也是我们在党旗下许下的铮铮誓言！忘了？怎能忘了！人，要活得有尊严，尊严就是对得起党旗下的誓言。这些都是大道理？不能这样看，初心改了，内心的信念变了，那就会走向私欲的世界，那结果是什么呢？烦恼、郁闷、牢骚、抱怨、永不知足……

谢谢你的认同，谢谢你的点赞！借你的信，我又说了这么多想说的话。有些话有的辅导员不一定愿意听，这也是我的一个风格，不愿意听我也要讲，我不是来扩大粉丝来了。讲话像搞学问一样，最为重要的一点是不能为自己讲话、为自己搞学问。马克思的学说能够成为科学，说到根本那是在为谋大多数人的利益讲话。我很少讲辅导员的工作方法，就是因为我觉得对辅导员的工作来说，最为重要的还是理想信念、人生追求的问题。这方面不"缺钙"，每天就会渴望着黎明的来临，因为又可以见到可爱的学生了。真心希望你把自己塑造成拥有坚定信念的共产党员，在辅导员这条路上坚定地走下去。随时欢迎你到大连来。你可以把你的地址告诉我，我把我写的书签名、邮寄给你做纪念。

一切都是那么的美好，只是需要认真地投入！

不要把名利看得那么重

2021-01-25

曲老师,您好!

我是××,有幸聆听过您的讲座。看到过很多关于您的介绍,知道您因教育情怀,毅然辞去厅级干部职务重做辅导员。说来晚生的经历和您相似,只是没有达到您的高度。我最初做过12年班主任,成绩尚可,在我们老家也算桃李满天下,社会、家长、学生认可度极高。因此我得以从区县转行到市委宣传部,工作4年,那一方三尺讲台总出现在梦里,所以我主动申请调入铜仁幼专,我的身份不是辅导员,但我总是主动承担,做兼职辅导员。有时候自己的管理理念难免与一些"形而上学"的形式主义相冲,私下里也常问自己,昨天的抉择是否值得。昨天,我有幸现场聆听您的讲座,醍醐灌顶,不仅解惑许多心中的迷惘,也找到一直困扰我的答案。曲老师,您是我所听过讲座或培训中最大牌却又最低调的一位。63岁了,您完全可以坐着讲,但您坚持站着讲,而且两小时没有喝一口水,这是我从未见过的。曲老师,看您做辅导员的工作过程,很多时候我也是那样做的,而且效果很好,只是没有做到极致,不会提炼总结。听了您"自信是成功的素养""辅导员的幸福在学生那里"等话语,我更加坚定了自己当初的选择,我有一点点多愁善感,昨天我几乎含着泪听完您的讲座。我本有问题想向您请教,奈何您时间太宝贵。"一日为师,终身为父",您今后便是我的老师,若不嫌弃,我由衷地想拜您为师,做您的弟子。不管怎样,我都要为您老点赞!向您学习,做好大学生"拔节孕穗期"的守护者,做有情

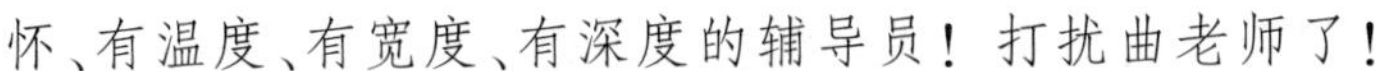

怀、有温度、有宽度、有深度的辅导员！打扰曲老师了！

××，你好！

看了你的信，能够感受到你浓浓的爱生如子的情怀。我常讲，我从来不是把辅导员工作仅当成一种职业做，更是当成一份事业做，当成对党的忠诚做，当成我人生幸福的源泉做。我也是38年的党龄了，我是看着《共产党宣言》写下入党申请书的，我要为实现共产主义而奋斗。既然我怀着崇高的敬意在党旗下举起右手宣誓，我就要兑现我的诺言。辅导员工作，说到底，就是为党的事业培养建设者和接班人，这项工作意义重大、使命光荣，怎么能像做了"亏心事"呢？我就是要有这种职业的自信，事业的执着。我从留校做辅导员那一刻起，就是带着这样的自信，迈着坚定的步伐，匆忙地行进在校园里。我想的是，你做你的教授，我做我的辅导员，辅导员功在当代、利在千秋。人生的幸福到底在哪里？这也是摆在我们面前的一个现实问题。毫无疑问，整天饿着肚子是无法探讨幸福的。问题是我们一些同志已经解决了基本的物质需求，仍然把幸福定位在更多的物质享受上，这恐怕就值得探讨了。现在对辅导员来说，有了"双重晋级"的规定，就解决了幸福问题？绝不是这么回事。如果把幸福建立在名和利上，那永远不能幸福，道理很简单，欲壑难填嘛。我对幸福的理解就是要对得起学生，有了学生就有了幸福。当年家访的时候很辛苦，有的学生家是我顶着寒风骑了十几个小时的自行车才到达的。有个学生家，我进了他家的院子就站不住了，学生的母亲扶住了我。今天我的学生可谓桃李满天下，他们送给我满满的祝福，这怎么不是幸福呢？这是权力和金钱换不来的。你比我年轻，在服务学生方面还有很长的一段路要走。我赞同你的选择，我觉得你是对的。不管别人怎样看，把学生培养好最值得，这是我们工作的出发点，也是检验我们工作的落脚点。谢谢你对我的点赞，我们共勉，在育人的路上我们并肩前行。告诉我你的详细地址，我把我写的书签名、邮寄给你做纪念。有事就联系我。

祝好！

曲老师，能在人生略感迷惘的时候，得到您的点拨，我很是激动，从您身上我明白了我内心到底想要追求的是什么、在乎的是什么。在此，晚生万分感激！您说得对，我只是用心做我的辅导员，其他与我无关。当一个

懵懂迷惘的孩子因我们而变得目标清晰、积极上进时，我觉得这就是最大的成就。无论走到哪里或每逢节庆时，总会有人喊你老师或送上祝福，我觉得是很幸福的。您说我爱生如子，对我的评价太高了。我一直在帮学生，不管是优秀学生还是后进学生、问题学生，我都看作是自己的孩子和家人，但做得还远远不够。我带的学生有考上北大、清华的，他们和我确实亦师亦友，因学习确实困难、自主创业的也有，他们都能记住我，我很满足。我也像您一样，帮他们做过媒、证过婚，那时那刻我也是幸福的。曲老师，我会牢记您给我的鼓励和对我说的话，我一定坚持到底，把做好辅导员工作当成毕生追求！再次感谢您的教导和馈赠，拜读您的走心之作，可以温暖我的人生，感谢感谢！我的地址是：××××××××。

好的。我们共勉！

感谢曲老师的精神食粮。改天聊，就不过多占用您的时间了。有问题，我会随时向您请教的。

曲老师，您馈赠的走心佳作我已收到，非常感谢您对一个萍水相逢、素不相识的无名小卒的关心和重视。作为一所高职高专院校的兼职辅导员，从您严谨治学的态度，单纯专一地对思想政治教育的坚守，我感悟到了您仁慈博大的胸襟和浓浓的家国情怀，您的所言所行体现的是大爱。晚生定当立志向您学习，您的鼓励和馈赠的精神食粮，我一定用心体悟、“细嚼慢咽”，力争学有所获、学以致用，在实践工作中落实落地见成效。功成之日，定当告知讯息，以感谢引路之恩！再次感谢曲老师！

民族团结非常重要

2021-01-29

2020 年年底,我到沈阳××大学做交流。学校党委十分重视做好少数民族学生的思想政治教育工作,为少数民族学生辅导员专门建立了工作室,××就是这个工作室的负责人。因为到年底了,我正委托一个家住义乌、在浙江师范大学工作的辅导员到义乌国际商贸城给我们学校新疆、西藏少数民族学生和我授过课的 4 个年级家庭生活困难的学生采购袜子,我便给沈阳××大学的新疆和西藏少数民族学生每人买了两双。我的寓意是,新年穿新袜走新路。前几天××给我写了这封信。

曲老师,您好!

我是沈阳建筑大学少数民族学生辅导员××。非常感谢您!您给我们学校新疆和西藏少数民族学生送的袜子收到了,并已经发给学生了。非常感谢您的新年暖心礼物,同学们非常高兴。他们早已经放假了,穿着您的暖心礼物回家了,家长听后也很高兴,说曲老师想得太周到了。有几个学生代表跟我联系说,想表达感谢,给您手写了感谢信,由于新冠疫情,学生所在地邮政快递邮不出来了,听说春节后才能恢复正常。也可以让学生写成电子版发给您。以什么样的方式发给您好呢?

××,你好!

几次去你们学校,你给我留下了深刻的印象,热情、开朗,像你的微信名字一样(他的微信名字叫阳光青年),阳光向上。作为当代大学生,你现在还是少数民族学生辅导员,就应当有理想追求,有责任担当,自觉成为矢志不渝跟党走、对祖国有所作为的人。

民族团结非常重要。我在省厅工作的时候,组织过由新疆少数民族学生的高校每校派一名辅导员,由思政处副处长带队赴新疆家访的活动,以了解学生的情况,加强与家长的联系,增强思想政治教育的针对性。我来大连海事大学带的学生中有一个新疆的少数民族学生,大学4年里我们无数次地交流,力所能及地帮助他解决学习、生活上的困难,我们成了好朋友,毕业后他回到家乡,为民族团结做贡献。本来我答应去年10月6日去新疆参加他的婚礼,结果因为疫情我们学校提前开学,遗憾的是我没能前往贺喜。我告诉他,我一定还会安排时间去看他。从他毕业后,我们之间就有上万字的微信交流。去年我倡议并承办了辽宁省少数民族学生辅导员培训班,为的也是加强你们少数民族学生辅导员的工作交流,提升你们的工作水平。我常讲,我们中华民族是一个大家庭,对少数民族学生的教育引导十分重要。西方一些敌对势力,国内一些别有用心的人,为什么总是不择手段地制造民族矛盾,说到根本,就是不想让我们过安稳、幸福的日子。

你的工作意义重大,一定要深入细致。你工作很努力,学校也很认可,要保持下去。不能还没干几天,就"想入非非"了:什么时候能"双重晋级"啊?要以赢得学生的信任、拥护为工作的标准,这也是最重要、最根本的标准。习近平总书记说要把论文写在祖国的大地上,对你们来说,就是把论文写在学生的心坎上。最好的学问体现在对学生的培养上。放假了,要继续保持和学生的联系,把每个学生像放电影一样过一下,找准工作的着力点。我现在是我们学校新疆、西藏少数民族学生的指导教师,过年过节给学生送点礼物,就是告诉他们老师在关心、关注着他们,希望他们好好培养自己。等我写封信,你把它转给你的这些学生,我要嘱咐他们今天莫负时光,好好学习,增强本领,明天感恩父母、服务祖国,为建设美丽新疆、美丽中国做出贡献。

祝假期愉快!

为什么总想离开呢？

2021-01-30

很多辅导员想离开辅导员岗位，有的已经工作10年、20年了。这里有客观的原因，也有主观的原因。客观上就不说了，主观上为什么不能再坚持一下呢？还剩十几年了，以前如果没干好，赶紧利用剩下的时间弥补上；以前干得很好，那就保持下去。离开了又能做什么？此前我回答过这个问题，这里再推送一下我和一个辅导员的交流。

曲老师，我是一个工作快20年的老辅导员，身边的同事换了一批又一批，有的去了机关，有的回院里当了教课老师……我热爱这个工作，很享受帮助学生解决问题后的成就感和帮助学生解决困难的价值感。我觉得奉献让我更快乐，这些年我一直在努力为学生付出，也心甘情愿地付出，工作这么久，我也在很多问题的解决方式上有了自己独特的方法。但由于这些年只忙于事务性工作，不善于总结，不善于学习，闭门造车，所以没有形成自己的工作特色和成果。我现在想进步，想把工作做得职业化、专业化，您能给我一些引导吗？我该怎么努力，才能成长起来？

你是对的。我经常跟辅导员们讲，别年纪轻轻的就想舒服，怕麻烦，一心要到机关去。到机关又能怎样？到组织部？不过就是领导下基层考核干部时帮助拎个包；到人事处？不就是评职称帮忙整理统计个表格……在学校怕接触学生，在学校一辈子，没有一个自己的学生，岂不是缺憾？看看校庆的时候，校友回校看的不都是辅导员？各学校经常有机关的同志、专业老师找辅导员帮助他们找毕业生协调些事情，到这个时候就知道辅导员“好”了。当然我这是从“低层次”来讲的，说得“高大上”些，辅导员工作就像你谈到的，在帮助学生的同时，你得到了你的幸福和快乐，实现了你人生的价值和追求，这多值得拥有！没人会拒绝幸福，那就到学生这里寻找。辅导员工作是在“为党育人、为国育才”，这项工作功在当代、利在千秋。一个民族如果没有一代又一代承前继后、为之奋斗的人，那岂不断代了？又何谈发展？眼下我们要实现中国梦，中国梦能否实现，说千道万是要看我们能否培养出矢志不渝跟党走的人。所以，辅导员工作意义重大。我们是党的人，我们是在党旗下向党许下承诺的人，即便辅导员工作“麻烦”些，我们又怎能逃避呢？那多让人瞧不起？多令人耻笑？你是对的，就应当在服务学生的路上一往无前！你谈不上闭门造车，你整天和学生在一起，就是鲜活、生动的思想政治教育实践。你可能专业方面的书看得少些。术业有专攻。思想政治教育是学问，需要学科支撑，一定要多看书。把你做的工作分一下类，如：寝室文化是怎样建设的，得失在哪里；学生干部队伍是怎样建设的，得失在哪里；社团是怎样建设的，得失在哪里；谈话是怎样进行的，得失在哪里；家访是怎样开展的，得失在哪里；班会是怎样开的，得失在哪里；社会实践是怎样开展的，得失在哪里……排列开这些，从中找到规律性的东西。成功都在坚持之后，愿你在对的路上坚持到底！

祝好！

曲老师，我刚看手机，您居然给我发了这么一大段激励我的文字，让我十分感动！正像您说的，我确实专业书看得少，工作不善于总结，我现在学还不晚，对吧？希望您多给我些指引，从来没有人指引我，都是劝我早点离开辅导员队伍，都是劝我辅导员不能干一辈子。可我想干一辈子，我想做自己喜欢做的事情。我会努力成长起来的，我想像您一样帮助更多的人，让世界充满爱！太开心了，有您的指引，我更有力量了！

谢谢！把你的详细地址告诉我，我把我写的书签名、邮寄给你做纪念。

太好了曲老师，我好激动。我的地址是：××××××××。

怎样打开学生的心灵之锁?

2021-01-31

前两天有个江西高校的辅导员留言说:

曲教授好,向您致敬!信念不能动摇,12年的辅导员之路,我一直这样激励自己!很多亲朋好友和大学同学都问我,为什么要做辅导员。我会笑着回答:“因为信仰。”这也是工作迷茫时的强心剂。

看了他的留言,我写了下面的回复:

××,您好!

贵在坚持!中国革命能够胜利,应当感谢江西人民。反“围剿”、红军长征取得胜利,江西人民做出了巨大贡献。我去赣南考察过,仅这里就牺牲了近30万人。我拜谒过方志敏墓。国民党抓住方志敏后高兴坏了,蒋介石下令不准枪毙,做劝降工作。但方志敏软硬不吃,宁死不屈,在狱中留下了《可爱的中国》。最终,国民党杀害了方志敏。信仰不同,行为各异。红军长征为什么能够胜利,也是因为有信仰。当年条件多么险恶,过草地,走着、走着人就没了;天上有敌机轰炸;地面有敌军围追堵截;战士们饥寒交迫,天亮的时候,有些战士就因为寒冷、饥饿在夜里死去;还有无数战士带着伤痛前行……习近平总书记指出:“理想信念就是共产党人精神上的‘钙’,没有理想信念,理想信念不坚定,精神上就会‘缺钙’,就会

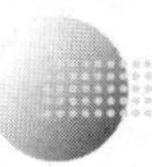

得‘软骨病’。”习近平总书记还提出:“希望广大党员、干部认真学习党史、新中国史,深刻认识红色政权来之不易、新中国来之不易、中国特色社会主义来之不易,牢记党的初心和使命,牢记党的性质和宗旨,坚定理想信念,坚定不移贯彻党的理论和路线方针政策,不断跨越前进道路上新的‘娄山关’‘腊子口’,在实现中华民族伟大复兴的历史进程中走好新时代的长征路。”你是对的,一定以信仰的力量做支撑,这是做好辅导员工作、能够坚守在辅导员工作岗位上的根本。常有人说,现在时代不同了,讲什么信仰、理想。不管别人怎样想,辅导员不能这样想。我们都是共产党员,都是在党旗下宣过誓的人。做人还要够格呢,况且作为一名共产党人。怎样才算够格?起码要说话算话啊!辅导员工作到底有多难?这就看你信仰的坚定性了。有了信仰,再难也不难,并且会以此为快乐;没有了信仰,说多难有多难,并且由此还会产生烦恼。我们生活在现实当中,我们都有个人的利益,我也做不到毫不考虑个人的利益而全部想着学生的利益。我还要考虑怎样让孩子、爱人生活得幸福(我和我爱人双方老人都过世了,不然还要考虑他们),但辅导员还是应当尽量地,或者说最大限度地为学生的幸福、祖国和民族的未来着想,这是我们的使命和担当。这不是什么高调,这是我们应当做到、也是能够做到的。常有辅导员说,我没有“条件”,不然我也会为学生做这做那。是这样吗?那些更多地为学生着想的辅导员是因为他们比你有“条件”?一些对学生还不那么关心甚至克扣学生的辅导员是因为他们的“条件”差?不能这样认为,说千道万还是信仰的问题。信仰才是万能的钥匙。信仰生“锈”了,就打不开学生的心灵之锁了。有的辅导员也常问怎样才能做好辅导员工作?有什么秘籍?秘籍就是信仰!为了自己的利益做了辅导员,必然患得患失,没评上职称,觉得亏了;没晋级上级别,觉得冤了,这就没有心思坚持了。相信你会带着信仰在辅导员工作这条路上走到底,也希望广大的辅导员朋友能够把信仰排在辅导员所应具有素养的首位。心中有信仰,脚下有力量!真心希望你们一切都好!

把你的详细地址告诉我,我把我写的书签名、邮寄给你做纪念。

祝假期愉快!

就在我要推送我们的交流信息时,这个辅导员告诉我,他还没有正式编制。

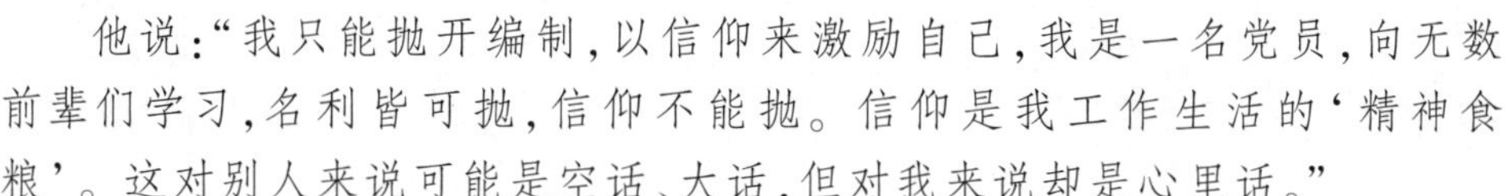

他说:“我只能抛开编制,以信仰来激励自己,我是一名党员,向无数前辈们学习,名利皆可抛,信仰不能抛。信仰是我工作生活的‘精神食粮’。这对别人来说可能是空话、大话,但对我来说却是心里话。”

“处理好和家庭的关系,坚持下去,有学生就有一切!”

“谢谢您!有信仰就有一切!”

珍惜你所拥有的

2021-02-02

昨天推送了《路,不是别人帮你选择的》一文后,有个少数民族学生辅导员给我写了这封信。这所学校的领导确实很英明,20 年前就选聘少数民族毕业生为少数民族学生做辅导员。这是什么概念?这时很多学校还没有辅导员,国家还没有“中央 16 号文件”,更没有现在这样加强辅导员队伍建设的环境。这个辅导员在辅导员岗位上已走过了 20 年的历程。

曲老师,您好!

一直以来我是您的公众号“仍然在路上”的忠实粉丝,这个公众号是我汲取营养的平台。看了此文,我有了很多感慨,但不会写、不知道如何描述内心的想法,只能大概说说了。在人生路途中,每个人根据自己的实际选择自己的路,我也是 20 年前做了选择,留在母校成为一名辅导员,是一个少数民族学生辅导员。这个在当年是高校里没有的词,是我们英明的校领导和学生处领导好像量身定做似的给了我这个机会。就这样从无到有,坚持在这个道路上一步一步地走了 20 年,留下了我一串串脚印。在这 20 年里,一批一批来自新疆、西藏的优秀学生毕业了,他们在各自的岗位上努力工作、脚踏实地、艰苦奋斗,为自己的家乡奉献着。每每看到这些,我更加坚定选择的路是正确的。工作这么久,倦怠感也会偶尔出现,但每当倦怠感出现时,我会告诉我自己,向优秀的前辈学习,也会不断地给自己的“短板”充电,很快倦怠感就消失了。语无伦次地说了一大堆,谢谢您一直引领着我们前进！

祝您身体健康！

××，你好！

看到你的信，我很感动。你说你不知怎样描述你内心的想法，其实已经足够了，20年的岁月足以看得出你对辅导员工作的执着和对辅导员工作的热爱。20年前，那时辅导员的工作环境是什么样子？你的领导英明，可是还有多少人在"模糊"中。有必要吗？辅导员是干什么的？直到今天很多人不是对辅导员队伍还颇有微词吗？这两天网上热议"武汉大学招聘博士毕业生做辅导员"一事。热议的一个焦点是博士毕业生做辅导员"大材小用"了。这是问题的关键吗？问题的关键在于高校到底应不应当有一支辅导员教师队伍，辅导员教师到底应当具有什么样的素质。博士毕业就能当好辅导员？辅导员教师不需要博士毕业？我相信，会有更多的博士毕业生进入辅导员队伍，因为人们会越来越清楚地认识到，辅导员教师是提升高等教育人才培养质量的保证。我常讲，大学是以人文起家的，大学没有人文就是工厂、就是技能培训中心。梅贻琦先生为什么说"所谓大学者，非谓有大楼之谓也，有大师之谓也"？说的是大学不能没有人文之师，否则就不是大学了。而育人是最高深的学问，是人文的核心，高校就应当把辅导员教师打造成人文之师，使辅导员教师切实成为大学生人生成长的指导者和引路人，这是解决好高校培养什么样的人、怎样培养人、为谁培养人的重要保证。

你20年前就做了辅导员，一路走来一定遇到过许多"否定"，来自自我的和外界的。但是你克服了这些，从未停止过前进的脚步，这点值得年轻的辅导员学习。现在一些辅导员还不安心自己的工作，这是不应当的。还是静下心来好好做吧。珍惜现在所拥有的。整天三心二意的能做成什么事呢？中华民族是个大家庭，做好少数民族学生的思想政治教育工作十分重要。望你再接再厉，在你选择的辅导员道路上勇往直前，直到永久。

你没说你是哪所高校的辅导员。你可以告诉我，若是有机会到你那里，我去看看你。告诉我你的详细地址，我把我写的书签名、邮寄给你做纪念。

我们是一家人。有事就联系我，欢迎到大连找我。

不能和学生赌气

2021-02-08

前些天有个辅导员给我写了下面这段话，因为忙，没有及时回复，今天我说几句。

曲老师，您好！

我关注您挺久了，一直默默看消息，今天实在忍不住了，就想着向您倾诉下。我从事辅导员工作4年，很喜欢这份工作，也喜欢跟学生相处，同时也自认为学生对我还是比较满意的。今天一名学生给我发QQ消息，我漏看了，一直没有回复。到了晚上他发朋友圈骂我，不堪入目。他还把我屏蔽了，是别人截图告诉我的。虽然后来他跟我道歉了，但是这件事仍然让我难以释怀。我都有点怀疑我工作的意义是什么了。以前，我总想着做好学生的工作，服务好学生，让学生满意就好；现在想来，好像也做不到。我觉得自己兢兢业业做工作，真真诚诚对学生，没想到到头来却因为漏回消息而被学生破口大骂。对于这名学生，我真的不想再跟他多说一句话。虽说要教育、要引导，但是我真的不想再理他。准确来说，对于一个骂我、否定我工作的学生，我不知道该怎么处理了。希望老师能给我一些建议。

祝老师安好。

我能理解你一时的怒气，不过凡事都要“制怒”，因为怒气冲天就容易失去理智，就会做错事，等平静下来的时候就觉得“冲动是魔鬼了”。

你才做了4年的辅导员工作，经历的事还是少了一些。现在高等教育大众化了，加上学生在成长过程中受到了一些不好的影响，使有的学生随心所欲，做事没有规矩甚至没有底线，这也正是思想政治教育存在的必要，凸显了辅导员工作的价值所在，不然还要思想政治教育干吗？还有必要有辅导员队伍吗？

不过，作为辅导员，也就是作为教育工作者，当与学生，也就是与受教育者发生矛盾的时候，我们还是首先应当从自身找原因。在教和学这对关系中，教育者要起主导的作用。你应当思考的是学生为什么能“公开”地否定你？只是因为这么点的小事就在他的朋友圈骂你？是不是还有你工作不细致、不到位的地方？甚至你有没有在工作中不自觉地表现出不公平的情况？退一万步讲，即便问题百分之百地出在学生身上，辅导员也要做好耐心细致的思想政治教育工作，绝不能和学生赌气。教育要为学生的一生负责，不是把学生“打发”出校门就完事了。教育不仅要为学生成为一个什么样的人，怎样成为这样的人把关定向，还要让学生走上社会后有更大的担当、更大的作为。大学是学生走向社会的最后一个“驿站”，在这个阶段，一定要下功夫帮助他们健康成长，当发现他们长出“枝杈”的时候，要帮助他们及时地砍掉。不然等“枝杈”长得粗壮了，到社会上再修整，不仅要付出更大的成本，而且恐怕也很难修整，那损失就无法估量了。

一定要有格局

2021-03-02

前些天有个辅导员给我写了下面这封信,我想到了“格局”这个问题。

感谢曲老师给我补寄的由您亲笔签名的书,年前邮过来的当天我正在回家的动车上,没法取;年后返岗后我及时取回,正在阅读学习之中。

虽然我只看了一小部分,但从您回复的每封书信之中,我都能感受到您深深的爱国之情,那种使命感、责任感和担当精神是我所没有的。您实现了对父母的承诺,我还没对父母承诺过什么,也没给过父母什么,有些愧疚。您对学生的关爱、帮助和付出是值得称赞的,以后有机会我要像您一样伸出援助之手。确实身体是革命的本钱,您在大学时就坚持跑步强身健体也是值得佩服的,虽然我是学医的,但也没能像您一样坚持锻炼身体……

从之前您给我的回复和最近我读了您部分书信之后,我初步认识到自己视野格局的局限性,没有融入“大我”中去。今后随着不断阅读您的书信和公众号文章,我要逐步提高自己的思想意识,把“小我”融入为祖国贡献的“大我”中去,带着责任去读书、学习、工作。不能光想着依靠外在的动力,得给自己一种内在的精神动力来促使自己不断砥砺前行;要懂得感恩,除了孝敬父母之外,还要感恩帮助过、开导过、指引过自己的人。天气慢慢暖和了,我要把锻炼安排到日程中,只有身体强壮了,所学所思才能运用到实际中来。

曲老师,不知不觉我也写了好几百字,不耽误您的时间了。一年之计在于春,我要趁着这股春风一路向阳,在牛年之际,学习由"孺子牛""拓荒牛""老黄牛"构成的"三牛精神",发扬"三牛精神"。

祝你牛年大吉、身康体健!

什么是格局?百度上的释义是:"格"是对认知范围内事物认知的程度,"局"是指认知范围内所做事情以及事情的结果,合起来称之为格局。不同的人,对事物的认知范围不一样,所以说不同的人,格局不一样。从思想政治教育的视角看格局,格局应当什么样?为什么要教育学生爱国?"皮之不存,毛将焉附",国家都不在了,我们存在还有意义吗?为什么爱学生?自己的孩子是孩子,别人的孩子也是孩子。有了学生就有了一切。为什么要锻炼身体?少得病,既减少痛苦、少花钱、少给亲朋好友添麻烦,又可多为党做工作、多挣钱孝敬父母、多享受美好生活,何乐而不为?有了格局就会把祖国放在心上,把父母放在心上,把学生放在心上。有格局就会忘我,就会不断翻越人生的一座座高峰。没有困难的阻挡?哪能没有呢。只是在有格局的人看来,一切艰难险阻不过是人生的"调味剂"罢了。泰山压顶不弯腰,方显英雄本色。

谢谢你对我的点赞。我们是同路人。让我们共勉!让我们携手前行!到大连联系我。

祝您一切都好!

自我教育很重要

2021-03-03

最近全党上下开展了党史学习教育，这十分必要。习近平总书记强调："我们党历来重视党史学习教育，注重用党的奋斗历程和伟大成就鼓舞斗志、明确方向，用党的光荣传统和优良作风坚定信念、凝聚力量，用党的实践创造和历史经验启迪智慧、砥砺品格。"教育活动必然会增强党员模范作用的发挥，进而增强党的战斗力。可是为什么总有一些党员，甚至党的领导干部会忘记党的宗旨，做出与党的要求格格不入的事情呢？在诸多的原因中有一个重要的原因：总是"被教育"，而没有自我教育，也就是说，主观能动性发挥得不够。

1983 年寒假，这是我工作后的第一个假期，我在正月里到了一些学生家家访，由此开始了我的家访历程。即便在做省委高校工委副书记期间，如在春节这样的节日里，我也去一些学生家家访。我先后去过 100 多个学生的家。家访使我懂得了一名辅导员、一名共产党员、一名党的干部应当做什么，使我明白了什么是人民满意的教育。1983 年暑假，我放弃了批高考卷所能获得的"优厚"待遇，自费到上海华东师范大学，冒着酷暑学习了《青年学》，我懂得要想为学生解疑释惑，自己首先就要明明白白。我还利用学习期间拜谒了岳飞墓、秋瑾墓，我懂得了教育学生爱国首先必须自己爱国。工作 39 年，我系统地学习过马克思主义理论；学习过习近平新时代中国特色社会主义思想；学习过思想政治教育理论及其相关学科知识。我利用各种机会考察了 100 多个红色景区，500 多个名人故居、墓地。

我拜谒过李大钊的墓,看过绞死李大钊的绞刑架;在夏明翰故居含泪读过夏明翰写给他妻子的信;在赵一曼故居读过她写给儿子的信;在瞿秋白故居看过瞿秋白与他家人的合影;去江西于都考察过红军出发地……我也是有妻子、孩子的人,是一名有着40年党龄的共产党员。我是为党做了些工作,可是在先烈面前我显得多么渺小!常常有的同志喊累。累"死"了又算什么!这与那些被折磨而死的先烈们相比,根本不在一个"量级"上,岂可同日而语。今天我们快乐地学习、快乐地工作、快乐地生活,只是有些党员同志自我教育不够,没有感受到而已。我就是这年11月调到省厅任高校工委副书记的。我把这本书放到我的床前,每天都会看到。李真35岁就是正厅级干部,因为贪污受贿被枪毙了。这多对不起党的培养、人民的养育啊!他的儿子不到10岁。死前李真痛哭着留下遗言,嘱咐儿子"爸爸因贪早早地……最好不要做官……你将来就是掏粪、要饭,也不要、不要贪……钱、权都不能带来快乐……一路走好……"这年我47岁,也是一名已经做了7年副厅级干部的人,我的小孩儿正读初三。

前几天习近平总书记在中央党校(国家行政学院)青年干部培训班开班式上发表重要讲话强调:"年轻干部要以先辈先烈为镜、以反面典型为戒,不断筑牢信仰之基、补足精神之钙、把稳思想之舵,以坚定的理想信念砥砺对党的赤诚忠心。"这岂止是对青年干部的嘱托,不也包括所有的共产党员吗?俗语讲:"脚上的泡都是自己磨出来的。"都是大人了,尤其作为一名共产党员,选择什么样的人生道路,实现什么样的人生追求,应当自己"做主"了。千万记住:总是"被教育"是不行的。这也算是一名老共产党员、老辅导员对年轻的共产党员、年轻的辅导员的一个忠告。

辅导员搞科研“十戒”

2021-03-04

现在辅导员对科研比较重视。有的是为了评职称,有的是为了推动工作,有的也是为了显示自己的“实力”……眼下很多辅导员都在申报教育部的思政课题,也有的想申报国家社科基金。辅导员搞科研是好事,这有利于把握思想政治教育的规律,把思想政治教育搞得扎实有效。不过事物都有两面性,如果不能正确地看待科研,恐怕就达不到科研为工作服务的目的。我看过有的辅导员的课题申请书,与有的辅导员在微信里做过交流,也了解一些辅导员的科研状况,这里我概括地说说辅导员搞科研的“十戒”。

一戒无病呻吟。科研是“溢出来”的,不是“挤出来”的,不能没话找话说,要说自己的话。

二戒眼高手低。不要贪大,要从具体的问题出发,可以“小题大做”。

三戒言之无物。辅导员科研一般都归属于“实然”研究,既要有“应然”的支撑,更应有“实然”的建构,也就是解决问题的路径。

四戒急功近利。科研需要厚积薄发,不要总想一口吃个大馒头。

五戒贪图虚荣。辅导员的工作水平主要还是通过业绩体现出来的,发文章、主持课题只是其中的一个侧面。工作不怎么样,文章发得再多、课题主持得再多,又有什么意义。

六戒浅尝辄止。发现规律需要“细嚼慢咽”,不能一个问题还没搞明白又研究起下一个问题。

七戒拾人牙慧。要选准方向,找准问题,形成自己的研究特色,不要人云亦云,总嚼别人嚼过的东西。

八戒劳民伤财。要研究真问题,属于思想政治教育学科范畴的问题,不能“种了别人的田,荒了自己的地”。

九戒主次颠倒。科研要为工作服务,不能科研上去了,工作下去了。

十戒叶公好龙。搞科研不能浮于表面,一定要注意理论的提升、实践的深入。打好基础很重要。

现在一些辅导员很累。累在哪儿?累在把科研和工作对立了起来。其实,科研的过程就是工作的过程,工作的过程也是科研的过程,两者紧密地联系在一起。所谓辅导员科研,就是找到帮助学生成长成才的办法,这就必须围绕学生、关照学生、服务学生。离开学生怎么搞科研呢?

相信学生就是相信未来

2021-03-12

未来是青年人的,青年人怎样,未来就怎样。辅导员、思政课教师、思想政治教育工作者一定要坚定教育信心,用爱的情怀,下大气力把学生培养成社会主义事业建设者和接班人。这是对党的事业负责、对民族和国家负责、对家长负责,也是对学生负责。我们有的同志缺乏这方面的信心,把学生看成“精致的个人主义者”,这不是唯物主义的观点。因为年轻,在学生身上难免有这样一些不足、那样一些问题,而正是因为如此,才体现出我们的价值,彰显出思想政治教育的意义。昨天我教过的一个学生过生日,我给他写了生日祝福,从这个学生的回信中,我更加坚定了这一点:当代青年大有可为、大有作为,中国梦一定会在他们的接续奋斗中实现!

曲老师,您好!

感谢您在即将开学之际给我送来的祝福,让我倍感荣幸,也十分感动。正如您所言,我们这届学生赶上了新冠疫情的特殊时期。疫情让我明白了我们伟大祖国的强大与无私,也让我为自己是中国人而感到深深的自豪。疫情中,中国共产党总是以人民利益为中心,那些抗“疫”战士们驻扎一线洞察危机,为我们点亮希望的灯塔,照亮前方的路,所以我认为作为大学生的我们也应该心怀祖国,不要总是把个人利益放在首位,应该努力学习,将来好好报效祖国!习近平总书记说过:“广大青年应不怕困难,勇于开拓,坚定理想。”我认为我们每个人都站在属于自己的起跑线上,虽然这条起跑线并非人人相同,但我们所仰望的目标都是前方,都是梦想。所以,作为大学生,我们现在的目标就是努力学习,追逐自己的梦想。但也要兼顾最重要的一方面,也是立人之本,就是一直培养自己良好的世界观、人生观、价值观。也正如您所言:“张载曰:‘为天地立心,为生民立命,为往圣继绝学,为万世开太平。’古人尚能够如此,吾辈当何如?”我觉得说得非常对,我们当代青年确实有不少人忽略了自我价值观的培养,将自我价值仅仅定位为好好学习,赚钱让自己过上好日子,其中也不乏有虚度光阴者,这些都是不争的事实。您的话让我感悟很深,我们确实应该努力学习,但不能“死学习”,不顾价值观的培养。我们要清醒地认识自我,知道自己的定位、自己的用处和自己的价值。个人与世界宛如叶与树的关系,每一个看似渺小的自我都是万物的凝结。我们认知自我的过程也是感知大千世界的过程,在这个过程之中我们就要学会价值的衡量,扣好这颗价值观的“扣子”。最后,再次感谢您给予我的祝福和对我的教诲,我一定会牢记于心,培养良好的价值观,虽然这是一个漫长的过程,但我会继续努力,不忘初心!

祝您身体健康、万事顺意!

××,你好!

谢谢你的祝愿!看了你写的这段话,我很感动,你对大学文化的本质已有正确的认识。这是使知识形成力量的重要前提。老师相信你一定能扎实地走好你今后的路,实现你心中的梦想!加油!别忘了锻炼身体!想成就一番事业,没有强健的体魄是不行的。给你们上课的时候我说过,我们不是一门课的关系,我们是四年的师生,一生的朋友。老师还有些余热,需要我帮助的地方,你不要客气。

祝每天都有好心情!

曲老师,您好!

谢谢您的信任与祝福!看到您的回话,我十分开心。我的大学生活已经过去了一学期,您的话使我心中奋斗的火花燃烧得更加旺盛,在接下来的学习与生活中,我会更加努力,不忘初心,在奋斗中不断充实自己,完善自我人格,提升自我品质。您说得对,我们是四年的师生,一生的朋友,能在茫茫学海中与您结识是我的荣幸，我真的特别开心能够成为您的学生！

祝您幸福安康、一帆风顺！

好的。我在上海，等我回去的时候请你吃饭，我把我写的书签名送给你做纪念。

好的，谢谢曲老师。

带上理想信念

2021-03-16

曲老师,您好!

今天听了您热情洋溢的讲座,感受到了满满的正能量,谢谢您的分享。不管是引导学生还是教育学生,我都会记得常常激励他们为祖国读书。

××,你好!

谢谢你的认同、点赞!

辅导员工作一定要带上理想信念。有的辅导员刚入职的时候也是满怀热情,可是没干多久热情就消退了。原因是多方面的,一个最为重要的原因,也是根本的原因,就是其理想信念动摇了。为什么要做辅导员?就是要“为党育人、为国育才”,要让青年学生矢志不渝地跟党走。辅导员有了理想信念还会怕困难吗?还会发牢骚、抱怨吗?还会烦学生吗?我参观瞿秋白故居的时候,看到一张照片,是瞿秋白临刑前照的。这张照片挂在墙上,如此高大,我站在下面凝思了许久。瞿秋白为了共产主义事业,宁死不屈,唱着《国际歌》走向了刑场。站在照片下面,我感到汗颜。此时我想起了“最美奋斗者”张富清老人。隐没功名六十载,哪里艰苦去哪里。记者问他:“你不怕苦吗?”老人伤心地哭了:“我死都没怕过,怕苦?”真可谓理想信念大于天!我经常讲,年轻人不要总是这也不满意、那也不顺心,要用理想信念来衡量自己的一言一行,不能忘记党旗下的誓言,不能忘了初心,更不能忘了许下的诺言。相对来说,学生工作是麻烦些、辛苦些,可是麻烦又能麻烦到哪儿去?辛苦又能辛苦到哪里?先烈们流的是血,我们只是少睡点觉而已。在大学工作还不幸福?和学生在一起还不幸福?那到哪里还能找到幸福?此时我们能安稳地工作、学习、生活,不正是因为有战士们在戍边、工人们在做工、农民们在种地吗?要知足,要想我们为祖国、为人民应当做什么?培养好学生就是对党、对祖国、对人民最好的回报。如果用理想信念来称一称,恐怕你就会感到我们做得太微不足道了。你年轻,在辅导员工作岗位上算是一个新兵,你可以靠理想信念在帮助大学生系好人生第一粒“扣子”方面,永不停歇地描上重重的一笔,这样你就会使自己的一生耀眼夺目,使学生的一生大放异彩。

有事就联系我。

祝一切顺心如意!

曲老师,谢谢您情真意切的回复,特别有力量!我会记在心里。祝您幸福安康!

考不考博？

2021-03-18

曲老师，您好！

我是××，是硕士研究生二年级学生。今天您说晚上要约以前带过的学生聚餐，我就想着先不来打扰您了，没想到您先与我打招呼了。关注曲老师的个人公众号“仍然在路上”已经有3年时间了，推送的内容都是您日常工作中的所见、所闻、所感，还有很多对一线辅导员、准辅导员的回信、回复。很多对大学生的建议和指导，读后让我很受用。曲老师编著的两部《我与大学生朋友们的交流》《我与辅导员的交流》既有思想理论高度也很接地气，我想这就是大量实践案例经验带来的具有真实价值的研究。在我的身边，我们很多研究生同学，也是对辅导员这份工作饱含很高的热情，而且相对一些理工科专业来说，我们在教育专业领域的知识储备，还是比较契合对学生的引领指导。当然，也会有更多的同学前往全国各地的中小学和高校任职，将自己所学奉献给祖国的基础教育和高等教育事业。您今天的报告给了我们极大的信心和鼓舞，无论将来身处教育战线的何处，为了我们的祖国，为了我们的人民，为了我们的学生，我们都要继续努力着！

我在本科的时候入了党，我是真心认可、喜欢学生工作，想为同学们的学习、生活做点事情，成为他们好的伙伴。前不久，我也开通了自己的公众号，里面记录了我选择坚持在学生工作岗位上的初心。曲老师，我大学学的是中文专业，目前研究生研究的方向是语文课程教学论，不是思想政治教育科班出身。目前我还想继续读博,多学点东西,提升自己。今天很想请教曲老师,您觉得如果我想今后从事辅导员工作,是跨考到思想政治教育专业读博呢,还是可以继续在我本专业领域内学精下去呢?现在考博是申请考核制,导师比较看重专业一贯性,我也怕自己专业课底子弱。我就想听听您的意见。您太忙了,若是有空的时候给我说上一两句就很感谢了。您注意身体,早些休息。

××,你好!

谢谢你对我的认同。我一直在忙,才给你回复,请谅解。

你想做一名辅导员,并且你现在的基础也不错。那么有没有必要再读博了呢?这要听从你内心的召唤。就是你想做辅导员的坚定性如何。就是说即便你读上了本专业的博士生,毕业后还是做辅导员的话,那你硕士毕业有机会当上辅导员,你直接当辅导员就可以。因为你读了博士,你的专业和辅导员工作联系也不大,到头来你还是要重新熟悉、重新开始。你可以做几年工作之后,再考辅导员工作领域的博士,当然不考也没什么。现在,尤其在上海,高校陆续有些博士生毕业当了辅导员,加上有的学校评职称要求有博士学位,使得有些辅导员有"紧迫感",其实这大可不必。辅导员工作的一个重要特点是实践性。理论重要,但是一定要与实践相结合。不是说有硕士学位就够用了,而是说有了博士学位对辅导员工作未必会有直接的帮助。就目前状况看,辅导员队伍不是博士学位的问题,主要还是学科背景离思想政治教育太远的问题。这使得许多辅导员就事论事、婆婆妈妈的多,说理能力差,对学生就是"管"。这一点,辅导员自身要有数。要想解决这个问题,考博虽然是一个途径,但是最主要的还是辅导员自身的理论自觉、问题意识。不管读不读博,辅导员都应当带着问题来工作,解决问题的过程也是理论水平提升的过程,边工作边学习,日积月累,同样可以提升理论水平。读博不是唯一的途径。

祝好!

谢谢曲老师详尽的回复!您回答的不仅是我个人的问题,也是一批人的问题。根据我个人的情况,依据您几十年看到的更广泛的、普遍的现实状况,您给了我这样的建议。它是不同于我专业课教师们的视角,是作为一位老辅导员的视角提出的,因此我觉得这些经验是非常值得我反复考虑的。现在在这样一个“跳一跳够得着”的位置上,家里人很支持我继续读书,自己也有求学的动力,我想多读书、多读理论是好事,或许我还是会抱着不想后悔的心态,试着申请一下。总觉得工作后在职读博,那时的精力和专注度不可和20多岁时相比了。但在专业选择上我会尽可能向思想政治教育方向靠拢,若顺利考取,在读博期间,我也会一如既往地多参与学生工作,为今后真正成为一名专业的辅导员积累经验。当然,若没有申请上,那我就更加坚定和专一了,好好准备笔试、面试,为自己顺利求职而努力。关键是在工作中积累实践的智慧,再把行动的经验加以思考和学理性产出,我会牢记您说的这番话。不管继续深造还是奔赴一线,真希望下一次的沟通,是我向您报告离理想的辅导员职业又近了一步!祝老师一切顺利,期盼与您再有线下见面的机会。

如果你能读上博士,能留在本专业教学,你未必就会选择辅导员工作了。你热爱学生工作,可以做一名班导师,也可以真正做到课程思政,这样会更凸显你的特色和优势。教育最难能可贵的是爱生如子的情怀。愿这份情怀永随你的职业生涯。无论是做辅导员教师还是其他专业教师,我相信你一定会成为一名优秀的教师。我再去上海的时候方便时会联系你。你到大连就联系我。

祝明天更美好!

谨遵您的叮嘱与教诲,其实我决定毕业后回到家乡××去工作。现在交通那么便利,从一地到另一地都是一张车票的事情,相信我们很快就可以再见面!再次向曲老师表达感谢,实实在在帮我理清了很多头绪。人就是要弄清楚怎么样才能过好幸福的一生,怎么样的一生才是有价值、有意义的。希望我也可以像您一样,为我的学生解决困惑,引领他们思想进步!

若思想政治教育没有用,还要我们干什么!

2021-03-22

我做了一辈子大学生的思想政治教育工作,深刻感受到思想政治教育的重要性。一个个实例告诉我,思想政治教育工作者一定要增强教育的信心。若思想政治教育没有用还要我们干什么!前几天我和一个学生的交流再次佐证了这个观点的正确性。

曲老师,您好!

我是××大学的××。自从周日听了您的讲座,我一直念念不忘。这次讲座让我非常感动。从前我一直被灌输着"一定要自己过得好,成为人上人"的观点,盲目而不知道人生的目标。直到听您说"为祖国而学习",我的思维一下子从那个狭小自私的角落被解放出来了。祖国生我、养我、育我、助我学习和生活,却很少有人能够自豪大声地说出"我为了祖国"。汲汲于名利的人太多了,以至于突然听到您追求自己的信仰,我数次泪目。我也相信,我会调整自己未来的目标,把私人的利益往后放一放,为祖国的建设贡献自己的力量。曾经的我,想过读研,想过留在上海,但是这两天我一直在仔细思考做什么才是在我目前的身份下对祖国最有利的。我觉得是毕业回省城工作,及时为祖国培养人才。我的家乡在西北,那里需要我!谢谢曲老师振奋人心的讲座,让我正视了内心,永远为祖国拼搏!谢谢您!

××，你好！

你的信我看了几遍，虽然没有泪目，也是眼含泪水。我在想，我39年的学生工作多有价值、多有意义啊，哪怕是只培养出一个、十个、几十个像你这样能够为祖国服务的学生也是值得的。当年我在高考报志愿的时候选择的就是师范教育，我想我要当一名老师，我的爱国就是教育学生爱国。那天在和你们交流的时候，看到你们都穿着红色的运动衫，我的眼前就像跳动着一簇簇燃烧的火焰，我多么希望你们能形成熊熊燎原之势。国家的强大说到根本在教育，教育的强大根本在教师。你们都是学师范教育的，你们就是保证国家强大的基石。所以你们千万不能看轻了自己。爱自己的国家吗？那就把基础教育搞好，做燃烧的蜡烛，燃尽自己，照亮别人。

我非常高兴地看到你明白了为祖国而学习的道理，并且立志回到西北做一名教师，为祖国培养人才。有人把你们看成"精致"的一代，有的学生是这样，但是我更相信大学生的主流是像你这样的，希望祖国日益强大。有个学生跟我讲："您告诉了我无论在哪里，都可以爱国。您放心，我一定会做个爱祖国的人。"这就是你们当代大学生的风采。人生就一次，何不做个有格局的人？有格局就是心中有祖国。不然读了那么多的书，只能说你有知识，不能说你有文化，文化是由知识转化成的素养。你现在还年轻，一定要不断丰富自己的知识，加强修炼，提升文化品质，努力成为令人点赞的人！

我建立了"励志基金"，其宗旨是"你为祖国服务，我为你服务"。你有需要就联系我。还有一点你一定要引起高度重视，就是要强身健体。强健的体魄也是成就事业的重要保证。钟南山院士今天所做出的贡献，很大一个方面得益于他强健的身体。先聊到这里，我要下火车了。

祝你一切都好！

不要被非主流的东西所迷惑

2021-03-29

曲老师，好久没跟您联系了，我很抱歉上次您在青岛的讲座我没能过去听。您最近工作忙吗？看到您在文章中说您生活越来越规律，身体健康硬朗，我感到内心舒缓而又敬佩。曲老师，这两天我听到各种关于辅导员备考“有点黑”的话题，虽然之前我也听过，但我心里很清楚，有些事情也没有那么绝对。所以我还是抱有信心，有一股冲劲儿的。但这两天我有点怀疑自己的选择了，也有些焦虑。所以，想跟您说一说。

刚刚又读了您的文章，每次读完，我内心的目标就会愈加坚定。虽未谋面，但总感觉您很熟悉，像是我身边的人。前段时间的焦虑、迷茫，也早已慢慢褪掉。选择成为一名辅导员，是我从下定决心考研就已经开始的梦想，我从没想过放弃，我也不会放弃。我会牢记曲老师的谆谆教诲。到时我定会向您汇报我的工作情况。我一直没收到您寄的书，也一直没好意思再跟您提起，但我这次实在太想拥有您写的书了。所以，想跟曲老师提个小请求。

哦，真是对不起，我给忘了。刚才我跟办公室的李老师说了，他这两天就邮寄过去。能看出来你对辅导员工作还是情有独钟的，那就坚定目标努力前行。至于你谈到的辅导员招聘中的问题，因为各种因素的影响会某种程度地存在，高校也不是独立于社会之外，但是人一定要坚定一种信念，那就是“人间正道是沧桑”。我在读大学的时候，同学常谈到个人奋斗与家庭背景的问题。我家生活比较困难,没有任何背景。一次饭后闲谈时,有个同学用手指着我的鼻子说:“就你家这个背景,奋斗也白搭。”我很平静地说:“我知道奋斗未必成功,可是如果我不奋斗,那我立马死定了。”我相信自己,相信未来。你一定不要被闲言碎语所左右,不要被非主流的东西所迷惑。做对的事情,把对的事情做到底。等你考上辅导员了告诉我,我再跟你好好聊聊怎样当好一名辅导员。若是有机会去你们那里,我一定联系你。你到大连就联系我。

祝顺心如意!

曲老师,我在回家的路上看到了您的信息,一边读一边眼泪在眼眶里打转。首先,特别感谢您回复这么长的信息,您说的话我也很认同。我身边的人包括我的老师都暗示我这个选择的艰难性,但我一点都不怕,甚至心里会想,我不相信他们所说的绝对性,我也一定要通过自己的努力来证明自己,不管外界的声音再大、再多、再复杂,我都不会放弃。您说得对,要相信自己,相信未来。做辅导员是我认为最对的事情,我一定会为之奋斗到底。还记得第一次跟您聊天时,您跟我说的一句话“我会一直关注你的”,让我心中有了信仰,同时,脚下也有了力量。特别感谢您,不知道用什么词语来表达我对您的崇敬和感激,只是感觉对我来讲,您是在我前方的一束光,照亮着我,指引着我。并且对我而言,这束光离我并不遥远,我也要努力地靠近光、追随光,然后成为光。曲老师,我要努力考上辅导员,然后去大连,我想专程拜访您。希望您好好保重身体,保持心情愉悦,这是我最希望的。

好好准备,我相信你能成为一名优秀的辅导员!我们共勉!

随时欢迎你到大连来。

不能只给学生知识

2021-04-06

这是我和一个中学教师的交流，现推送给大家。

曲老师，您好！

我是一名走上教师岗位没有多久的新人，也当了班主任。今天聆听了您两个多小时的讲座，真是受益匪浅，感谢您来我的家乡，让我在走出学校大门后第一次在心灵上受到了很大的洗涤。我也关注了您的公众号，向您学习，既然选择了自己热爱的职业，就一定要认真做好，谢谢您！

××，你好！

很抱歉，拖到今天才回复你，希望你能理解。

虽然我这一辈子都在从事大学生的思想政治教育工作，但是对基础教育也不陌生。这是因为，教育本身就是相互衔接的。每当新生入学的时候我都会通过他们了解基础教育的情况，我有很多学生在基础教育领域做教师，他们也反映了一些基本情况。不是推脱责任，其实大学生中的许多问题都是由基础教育带来的，到了大学不是“种植”，而是“矫正”。从某种意义上说，基础教育送来了什么样的“苗”，高等教育就会结出什么样的“果”，这就像“双一流”学校，他们的学生在知识掌握方面比同期学生就是要好一些，再加上后天的教育，他们就考上了研究生、当上了科学家……我在省教育厅负责大学生思想政治教育工作的时候，有一次会前有个同事拿着报纸跟我开玩笑说："看你是怎么管学生的，这个学生一进校就自杀了。"出现这类情况也不能说与高等教育一点关系也没有，不过从时间点上看，还是基础教育的问题。在一次学生座谈会上，我问他们和中学老师的关系。学生们几乎众口一词地说："摆平了。"什么叫"摆平了"呢？学生说老师给我们补课，我们给老师钱。那天讲座我为什么特别提到补课这件事呢？太伤学生的心了。现在师生关系疏远，都怨学生？我们教育者还是应当负主要的责任。我说这些也是为了说明基础教育对学生培养的重要性。可是在片面追求升学率和追求物质利益的驱动下，我们的基础教育不同程度地存在着"轰轰烈烈抓素质教育，扎扎实实抓应试教育"的情况，有的老师也是把教师职业当成了"名利场"，一味追逐物质利益，忽视了对学生品德的培养。什么"不能输在知识的起跑线上"，此口号不绝于家庭、学校、社会。无数实例证明：人生不能输在品德的起跑线上。即便成功之士，有几人没在知识的"起跑线"上输过？再看看那些输在了品德的"起跑线"上的人又有谁赢过？你是一名刚走上教师岗位的新兵，你是一张白纸，一定要好好描绘人生这幅大作。你做了班主任，这在你的人生画卷中已经描绘上了重重一笔，一定要好好润色。不要管别人愿不愿意做班主任，也不要管别人做得好不好。既然选择了自己热爱的职业，就一定要认真地做好，相信你一定会为此而奋斗。飞机着陆了，先聊到这里。

把你的详细地址告诉我，我邮寄一本我签名的书送给你做纪念。暑期新生开学我去做报告的时候会看到你，来大连可以联系我。

祝好！

曲老师，您好！

收到您的回信我十分开心，您辛苦啦！仔细研读了您给我发的信息，收获颇多，感谢曲老师的鼓励，我一定会认真做好自己选择的工作。非常开心我还可以再继续听曲老师的讲座，到时候一定参加。能够得到您签名的书实在是太荣幸了，我一定仔细研读。最近我也在看您的公众号，我一定好好学习，全力以赴投入到教学中，和学生们一起打好高考这一仗。谢谢您，曲老师！我的地址是：××××××××。

祝好！

再谈几句辅导员开公众号

2021-04-12

曲老师,您好!

我是民办高校的一名辅导员,有点事情想请教您。我带的都是同一个专业的学生,在您的影响下,我越发喜爱做一名辅导员,想做好一名辅导员。在今年开学后,我们专门为学生开了一个公众号,鼓励学生学以致用。学生投稿质量参差不齐,而我也不是专业的。收到一些稿子(关于考入民办高校的迷茫、不自信、焦虑或者是因为家庭环境或突发问题导致的一些问题)后,我的第一反应是浏览您的公众号的回复,因我一些方面的不足,包括我周围的老师多数是比较年轻的辅导员,使得目前有几篇稿子一直被搁置,未对其进行回复。想请教一下您,像这种情况,我怎么解决比较合适。

××,你好!

这两天忙来忙去也没有及时回复你,请谅解。

看得出来你对大学生思想政治教育还是有热情的,这很好,也很重要。热情是"助燃剂",旺盛的热情才能使思想政治教育这团火熊熊燃烧,希望你能始终保持这种对思想政治教育的热情。

关于你说的开公众号的问题,记得此前我在公众号里推送过相关文章,谈过这个问题,这里我再简单说几句。

现在大学生都被"网在中央",思想政治教育必须利用好网络平台。

习近平总书记也强调过要网上网下一致。思想政治教育怎样利用网络平台？或者说可不可以开通公众号？思想政治教育当然可以开通公众号，通过公众号平台使一些普遍性的问题引起大家的关注；使一些好的经验得以更广泛的传播；使一些错误的观点得以及时的澄清，这是必要的。目前，一些辅导员开通了公众号，还是较好地发挥了网络思想政治教育的功能。但是我也知道一些辅导员开通了公众号，开始还热闹了几日，转眼就冷冷清清、办不下去了。这里一个主要的原因是没有开通公众号的实力，这个实力主要指的是思想力和表达力，其他时间上的问题还是次要的。刚开始，一些辅导员也是有满腔热情的，集中火力回答、阐释一两个问题还可以，可是一旦多了，就回答不过来了。所以，总的来看，我是不赞同辅导员开通公众号的，或者说辅导员开通公众号一定要慎重，要量力而行，不然对于有些问题，不仅不能及时正确地阐述自己的观点，弄不好还会流露出不恰当的看法。辅导员能种好自己的"一亩三分地"就行了，可以和学生建立微信群，在群里回答和阐释你对一些问题的看法，当好群主，把握正确的舆论方向。至于组织学生开公众号更是不切实际，大可不必，这样也起不到网络思想政治教育的作用。这只是我个人的看法，供你借鉴。

曲老师，您好！

感谢您的认真回复，收到您的回复我很开心，我也很认同。作为一名新的辅导员，"精神食粮"不足是最明显的，这一点我已经深深地感觉到。像您说的，对一些问题的阐述及回答是否得体是无法回避的，这也是我不敢把公众号的发展方向单纯地定为思想政治教育的原因。我的实力无法支撑这个公众号走得长远，这也是我一直没做的原因。但因为一些其他因素，今年还是开通了。但我将公众号的定位转成了让学生在这个平台开展"诗词歌赋""咬文嚼字""原创作品""学习笔记"等活动，以此来锻炼学生的学习能力等。总的来说，我要认真做好本职工作，多学习、多实践。再次谢谢您的认真回复，祝您身体健康、万事顺心！

辅导员是思想政治教育教师，是大学生的人生指导者和引路人，主业是帮助学生树立正确的价值观。从这点来说，学生的学习是教务处的事，是其他专业教师的事，辅导员要在学生的学习目的上下功夫，而不是只关注学生的学习成绩，只有解决了前者，后者才有意义。

是的，曲老师。谢谢您的提醒，我自己也有点担心，怕忽视了本职工作。老师既然您说到了要在学生的学习目的上下功夫，我想再耽误您几分钟，学生的学习目的是什么，辅导员该怎么做，“不能违反法律、法规，伤害生命”等这些大是大非问题是一定要做好的。除了这些，辅导员要做的是什么？或许像老师之前所说的那样，您在您的公众号里回复过，您的书我也很喜欢，但消化的速度比较不理想，所以还是总在这里打扰您，谢谢您的耐心回复。

在我的公众号文章中我多次谈论过，这里不赘述了。

最好的教育是教育者给予的

2021-04-14

曲老师,欢迎您常来××学院,给我们师生多讲讲辅导员的育人故事,今天很感动,也很感谢您。我是2012年入校工作的,一直在二级学院从事辅导员工作,2020年刚到学校团委工作。我在很早之前就关注了您的公众号,也经常在里面寻找灵感和方法,受益良多。今天听了您的报告,我的思路更加清晰,非常感谢。我一定尽己所能向您学习,做一名好老师。

向您汇报一下我今天听完您报告的一些感受。您一直关心帮助并多次看望身患疾病的学生,鼓励学生战胜病魔,令人感动;同时您还带着自己的小孩儿一起去看望,送去加油和鼓励(这真是教育的好方法,画好人生"道德起跑线")。您还多次提到我的老家——江西的红色印记,比如井冈山、萍乡、南昌,比如甘祖昌将军和龚全珍阿姨、梅汝璈法官等,我感到非常亲切。我在日常工作和上思政课的时候也会提到这些,也只有现场感受、亲身体验后才能更加自信、真情实感地讲好红色故事,用好红色资源,更好地帮助学生扣好人生的第一粒"扣子",增强学生的爱党、爱国之情,培养学生的家国情怀……当然,还有许多的感动之处和体会、感受,以后会用于工作、生活,再次感谢您!

××,你好!

我在机场的时候由于处理一些事情就没有回复你,因为你写了这么多，我不能简单地告诉你我收到就完事了，我要跟你聊几句。

你做辅导员也有9年了，对辅导员工作一定有许多认识。你能调到学校团委工作，说明你还是比较优秀的。不过不论在什么位置上都是为学生服务，不能高高在上。就像我跟有的辅导员讲，学校有了教工食堂，有的辅导员从此再也不到学生食堂吃饭了，这怎么可以呢？做学生工作可不能有“逃离”学生的心理，要想办法和学生实行“无缝衔接”。我在学校做党委副书记的时候还要求自己每周必须到学生食堂至少吃两次饭，和学生在一起才能熟悉他们、了解他们，增强思想政治教育的针对性。辅导员一定要养成扎实的工作作风。

现在开展学党史活动，同学们进一步了解了我们党百年来涌现出的优秀儿女，这些优秀的共产党人的事迹非常感人，思想政治教育需要用榜样的力量感召学生，激发他们的奋斗精神。不过需要注意的是，榜样的力量要想持久发挥引领作用，就需要我们思想政治教育工作者自身先做好，让学生感受到榜样就在身边。不然先烈们的激励作用只是一时的，学生转眼就忘了。教育学生成为什么样的人，我们必须首先成为那样的人，这样的思想政治教育才有吸引力、感召力，才能真正内化为学生不变的信仰。

我昨天夜里11点入住酒店，写了几段回复，因为太晚了，怕打扰你休息，一早才发给你。有事就联系我。

祝一切顺心如意！

曲老师，您辛苦了。很高兴收到您的用心回复和悉心指导，今后我一定身体力行。谢谢您，也祝您健康顺意！

我在大连，随时欢迎你的到来！

谢谢，有机会我一定去拜访您。

思想政治教育要把握住时机

2021-04-15

曲老师,您好!

有段时间没向您汇报工作了。昨晚我跟一个想连任班长职务却失利的同学进行了两个多小时的交流。在之前的一次教育引导过程中,该生似乎明白了、听懂了,但实际上从她近几天的表现情况来看,并非如此。她还是不愿意面对现实,接受落选的结果,导致整个人心事重重,严重影响了自己的生活、学习和日常交往。于是,昨晚下班后,我们在办公室进行了第二次谈话沟通。在两个多小时的沟通中,我明显感觉到她的表情发生了变化,开始有了笑容,说话的声音明显清晰有力了,我想我们的交流谈话起到了作用。因此,我有了一些更深刻的体会,也想向曲老师沟通汇报一下。

首先是学生的事确实是无小事,站在老师的角度看起来很正常的事情,在学生那里就不是,学生会认为他遭遇了"天大的失败"。如果辅导员不及时观察到并及时去介入,就会错过最佳的引导时机,事后再想找补回来,就要花费更多的时间和精力,而且效果不一定明显。其次是现在的大学生生活在安全、稳定、平安、和谐的新时代,他们并没有经历过艰难的岁月,没有经历过苦难的磨炼,因此在大学生涯的每个阶段都应适当融入挫折教育,让大学生去经历挫折、感受挫折,"失败是成功之母",不能仅仅停留在这一句格言上。最后是经常阅读您的文章和观看您的讲座视频带给我最大和最重要的启发,即辅导员做工作一定要有爱。您经常引用陶行知先生的一句话,“捧着一颗心来,不带半根草去”,如果工作中没有带着爱,没有带着对学生的爱、对国家和民族的爱,那么上面的一切都不会发生,教育的力量也就不会显现出来,那么教育育人、教育强国就不可能实现。我知道您特别忙,唯愿您身体健康。

××,你好!

思想政治教育一定要细致入微,要熟悉学生、了解学生,知己知彼、百战百胜。你说得对,“好雨知时节,当春乃发生”。思想政治教育要把握住时机。你把握了学生干部改选后这个学生产生了思想情绪的时机,进而有效地教育引导了这个学生。另外,评选表彰后,有的学生容易产生思想情绪;发展党员大会和推免研究生后,有的学生也容易产生思想情绪……思想政治教育就是要紧紧围绕学生,结合学生的思想实际来进行。一些学生本来思想情绪波动还没有那么大,由于我们教育引导得不及时,结果一些负面的思想情绪在他们的头脑里扎了根,接着便成长壮大,以致到了不可收拾的地步,这时再来做教育引导工作就很费劲了,还不一定能取得良好的实际效果。这也提示我们,思想政治教育一定要抓“早”字,注意苗头。

谢谢曲老师这么长的回复,也谢谢您的耐心指导。您这样一说,我发现自己还有很多本是思想政治教育最佳的教育引导机会,却没有留意到,在这方面我还需要继续努力。另外,一个辅导员的力量是有限的,现在我也在尝试着定期培训每个班的主要班委,每个月和他们进行一次政治大学习;每周要求他们进行班委例会,我也会选择性参加,目的就是想把他们先锻炼出来。但他们都是大一的学生,很多思想行为都还没有发生转变。有时候我难免会急躁,有种“恨铁不成钢”的心态,当然我知道这是不合理的。所以对于一个带了六七个班级的辅导员来说,该如何科学合理地进行有效的思想政治教育呢?

这是对的。现在辅导员负责几百个学生,纵有三头六臂也难免在工作中出现差错。辅导员一定要发挥好学生干部的作用。辅导员不能把学生干部队伍建立起来就不管了,要“扶上马,送一程”。辅导员是要布置、检查学生干部工作的。事实证明,学生干部的作用发挥好了,学生教育管理就省了一半的心。

明白了,曲老师,我做的是对的,需要坚持下去。谢谢曲老师的指导。向您学习!您不用回复了。

我们共勉!

处理好学习和工作的关系

2021-04-16

曲老师，您好！

我是××学院的辅导员××。昨天听完您的报告，我心潮澎湃。一切关于辅导员工作的困惑都化繁为简、化阻为推。本想昨日就给您发微信，怕惊动您途中的休息，未敢打扰。

我是2011年专科留校的辅导员，因为学历的“短板”，到现在还未取得事业编制，今年正在努力完成研究生学业。这样的身份促使我将更多的精力投入工作，因为我不希望因为自身的“短板”而耽误工作、耽误学生。七天六夜不睡觉两赴江西救回传销学生，只因“我的学生一个都不能少”的信念；为了维吾尔族学生的成长成才，创新“紫藤计划”开展一对一帮扶；工作10年，创立2个校园文化品牌、1个工作室，也取得了全国辅导员年度人物入围奖、浙江教育新闻年度人物等荣誉。当然，这一切，都是在以您为代表的专家型、偶像级辅导员的感召下，在学校、领导、老师和同学们的鼓励、支持下取得的。而我现在最焦虑的是，自己的编制问题没解决，束缚住了自己工作的手脚。这段时间，我在准备研究生论文和事业单位考试，原本写得密密麻麻的工作记事本、安排得满满当当的工作进程表，被我人为地删减了，我内心很是挣扎、不安。明明有很多学生要去谈心谈话，明明有很多活动要去组织开展，我如今为了自己的成长而要暂时放下学生的成长。当然，我也明白，只有我自己成长好了，才能带动更多的学生更好地成长，但心头仍然难免有些纠结。

在您这里，事务性工作是育人，思想政治教育主业是育人、做学术做科研也是育人，任何在辅导员岗位上遇到的问题和困难，都是自己的“地基”还不牢靠。曲老师，您是全国辅导员的一盏灯塔，真心希望更多的辅导员能够厘清自己的初心和使命，也真心希望辅导员工作的大环境会越来越好，更衷心地祝愿您身体健康，越来越年轻。

我从小就唱绍兴地方曲艺。2019 年您参加完习近平总书记主持召开的全国思政理论课教师座谈会后，我也创作了一个绍兴莲花落小样，以此向您致敬，也向您这位业界“第一前辈”表达自己努力的决心。

思政课堂要争先！
立德树人放心间。
培养人，政治要强是关键，
情怀要深重实践；
鸿鹄志，思维要新走在前，
视野要广立标杆；
亲其师，自律要严学先贤，
人格要正意志坚。
乐为敢为更有为，
可信可敬可考验；
撸起袖子加油干，
勇立潮头担当显。

××，你好！

本应当早些回复你，因为想多说两句，便拖到今天，请谅解！

你还是很努力的，也取得了一些成绩，能够获得全国辅导员年度人物入围奖也很不容易了。你虽然在学历上有“短板”，但是你能够正确地对待它，不仅没有受到其太大的影响，反而更加努力地工作，这是对的。“短板”是“先天”的，只有通过努力来弥补，以事实来说话。如果被“短板”困住了，那就会止步不前，败下阵来。你现在已经是在读研究生，没有什么可犹豫的，那就下功夫把它攻下来。当然，学习和工作的关系还是要摆正。说到底学习也是为了工作，工作也是学习。能解决学历问题就解决，解决不了就在实践中学。现在有的辅导员没有摆正好工作和学习的关系，把考博放在首位，把学生工作放到了第二位，读博就是为了评职称。

这样的学习对工作的意义不大。比较重要的一点是,做辅导员工作一定要以问题为导向,要把辅导员工作当成学问做。这样日积月累,即便没有博士学位,也会很有学问,同样可以成为辅导员工作领域的专家。贵在用心!贵在坚持!贵在始终把学生放在心上。

祝好!

不管怎样都不能耽误了学生

2021-04-19

曲老师,您好!

听了您的讲座,受益良多。同时也感觉自己在工作中、在能力上有很大的欠缺。不仅理论不扎实,口才也不好,越学越觉得不足。我也问过其他老师该怎么办,但还是挺无力的。就像一个状态、一个层次,如果无法转变和突破,就会怀疑和否定自己。

××,你好!

你说的这种情况比较普遍,许多辅导员都说过这个问题。为什么会出现这样的问题呢?首先与我们对辅导员的选拔机制有关。我们现在还是按照管理型来选拔辅导员,有无教育能力往往被忽视了。而对于辅导员自身来说,虽然在学生时代对辅导员有感性认识,但是"绝知此事要躬行"。毕竟没有亲自做辅导员工作,这就造成一旦做了辅导员便产生了"不适应",感觉辅导员工作不像自己曾经想象的那么简单。那怎么办呢?既然已经做了辅导员,如果你真心想做好辅导员,那就赶紧弥补自身的不足。一是要加强学习。辅导员工作需要理论的指导,加强学习是提升理论素养的重要途径。不要找借口,即便你此前理论基础为零,从现在开始重视起理论学习,你的理论水平也必然会有所提升。也不要着急,理论学习需要日积月累,时间长了,也就有话说了。二是用情感来补。就像一些家长不懂什么教育理论,孩子却培养得很好,其中一个重要的原因就是情感到位。学生来到学校，往往把辅导员看成他们大学里最亲的人。可是我们有的辅导员没有这种感觉，没有这种情感，对学生漠不关心，这就冷了学生的心。如果这样，即便你的理论水平再高，说得再头头是道，学生也不会接受你的教育。三是用工作来补。所谓用工作来补，这里一个重要的方面是做事一定要公正。许多学生真不在乎你的工作水平怎样，但是他们会在乎你做事是否公平，能否一碗水端平。你不公平，也就失去了学生的信任，那就难以把工作做好。凡事在于用心。真心想把事情做好，还是会做好的。不要气馁，坚持下去，必有所得。

当然，不管怎样，不能耽误了学生。现在辅导员岗位还比较“热”，一些研究生瞄准了这个岗位。从入口选择职业的时候，就要好好分析自己到底适不适合做辅导员；一旦当上了辅导员，就要对自己应聘时许下的诺言负责。实在不安心、真是没有这个能力，那就早点主动离开，寻找适合自己的岗位，千万不能“身在曹营心在汉”“这山望着那山高”。我在做省委高校工委副书记的时候，对全省新上岗的辅导员进行培训。一次我在做报告的时候，有个辅导员坐在报告厅的后排专心致志地看书。400多人参加培训，他以为我看不到他。我下去了，我让他把书给我看一下。我想，他若是看《共产党宣言》也就罢了。他在看《经济学导论》。“你想考博士吧？”他支支吾吾不好意思了。我说我跟你们学校领导说一下，你不要做辅导员了，可以安心考博士去。耽不耽误你我管不了，你不能耽误学生。我通知了他学校的领导。后来他学校的领导告诉我，他承认了错误，表示一定做好辅导员，感谢我的提醒。还有一次我给某省辅导员上课培训。有个女辅导员看手机上瘾了。从门外进会场就看，我讲了10多分钟了她还在看，还不时地掩嘴笑，真是看得太投入了，我走到她身边的时候她还在看。“你出去专心看吧！”我把她撵了出去。我为什么要这样？就是觉得不能耽误了学生。耽误了学生就是罪过啊！我回到讲台的时候，我多少有些“歉意”，我想是不是应当提示她，给她一次改正的机会？但是事情做了就做了，这样或许就是一次机会。

好了，就聊到这儿吧。有事就联系我。

祝一切都好！

坚定理想信念

2021-05-10

曲老师,您好!

当初备考辅导员的时候,我就一直关注您的公众号,当时就渴望能有机会听您讲一次课。今天下午您的报告满足了我的愿望,略带遗憾的是我在日照校区工作,只能通过视频来学习。

虽然报告只有短短的两个小时,但我更加深切地体会到了您对辅导员工作的热爱和情怀,您的一言一行就是鲜活的入党誓词。虽然我从事辅导员工作时间并不长,也听到过很多关于辅导员工作繁杂、评职称难、提拔难之类的话语。在这期间,我也徘徊过、迷茫过,但当听到您说辅导员是一名共产党人的时候,我觉得自己眼前变得一片光明。辅导员的幸福就是把学生培养成一个又一个大写的人。并不是所有的学生都有大成就,只要他们将来能在自己的工作岗位上为实现中华民族伟大复兴贡献自己的一分力量,这对于辅导员来讲,就是最大的成就,就是幸福的源泉。我会在辅导员的岗位上继续坚守,体验这份源源不断的幸福。

曲老师,您每天都非常辛苦,一定要注意身体,期待着下次再聆听您的教诲!祝您身体健康、工作顺利!

××,你好!

看到你写的这段文字,我的脑海里闪现出一个共产党员为了党的事业奋力前行的身影,我相信你一定会以一名共产党员的视角来看待你所从事的辅导员工作,努力把学生培养成矢志不渝跟党走的人,让他们将来能在自己的工作岗位上为实现中华民族伟大复兴贡献自己的一分力量。

当前全党正在开展学党史活动,辅导员怎样学党史?了解党史只是最基本的,这是前提,关键是不忘初心,坚定共产党人的信仰。我多次讲过,辅导员工作是党的事业的重要部分,关系到培养什么人、怎样培养人、为谁培养人,关系到"国之大计,党之大计"。辅导员工作如此重要,辅导员必须从党性上看待自己的工作。有的辅导员动不动就说"不重视我们""这个难,那个难",马克思创立了马克思主义,是立上了课题,还是得到了科研经费?正是为人类的翻身解放,马克思不顾被开除国籍、遭到迫害的境遇,在资本主义的包围中创立了马克思主义。毛泽东说:"成千成万的先烈,为着人民的利益在我们的前头英勇地牺牲了。"不是吗?李大钊38岁就被杀害了;渣滓洞里,无数共产党人受尽折磨。我们作为一名共产党人,与先烈们来比,真是不知怎样形容好,我们是流了些汗,可是先烈们流的是血;我们是有些忙碌,可是我们不是也可以忙里偷闲地喝着茶水、欣赏着音乐、看着电影、吃着美食吗?我们不是有很多人开上了名车、穿上了名牌、住上了楼房、去度假旅游吗?我们在这么温馨、祥和的环境下从事党的事业,我们还需要什么?为什么会有那么多的抱怨、不知足?不就是理想信念不坚定造成的吗?习近平总书记说:"理想信念就是共产党人精神上的'钙',没有理想信念,理想信念不坚定,精神上就会'缺钙',就会得'软骨病'。"今日之中国正行进在实现中国梦的伟大征途上,我们对人才的渴求从来没有像今天这样如此迫切。辅导员一定要担负起自身的使命和责任,坚定理想信念,为党育人,为国育才,把幸福建立在培养好学生上,在服务学生中实现我们共产党人的人生幸福、价值追求。昨天我还推送了《越坚持行走得越远》一文,希望你能够成为在辅导员道路上行走得最远的人!我也会陪伴你一段路程的!有事就联系我。把你的详细地址告诉我,我邮寄两本我写的书给你做纪念。

谢谢你对我的关心、祝福!

祝你一切都好!

相信未来

2021-05-11

曲老师，您好！

我在辅导员岗位工作接近20年了，也时常被提拔和离岗等问题困扰。我内心不想离开辅导员岗位，因为最不舍得离开学生，但是学院党总支副书记岗位是全校科级干部竞聘，常常是机关部门的同志竞聘成功。我这个十几年的科级干部，在别人看来似乎是不成功的。但我不认为我的辅导员工作没做好，我被评为省级优秀辅导员，也有很多学生因为我的教育和影响走上了更好的路，我以此为傲。

最近学校又要调整干部了，我又一次产生了动摇：是哪怕不被提拔也要继续留在辅导员岗位，还是去努力争取一个副处级岗位。今天听了您的报告，我更加坚定了信心。

对于辅导员做科研，从您这里我也坚定了自己的想法：辅导员应该而且也必须搞科研，但是搞科研不等于发文章，搞科研是要去研究学生和学生工作的特点和规律，是为了更好地为学生成长服务，而不是把发文章当作评职称的工具。

××，你好！

我能理解你，你说的这种情况我很清楚，在很多高校都存在。每到学院缺党总支副书记的时候，有的做了多年辅导员的同志，干得也不错，本来轮也该轮到了，结果从机关派了一名同志过来。从学校领导的角度看，有的也确实是考虑该同志在机关工作时间比较长,派下去也是给他解决了级别的问题;有的就不是这么回事,说好听的就是“近水楼台先得月”。学校领导一定要从事业出发,做有利于事业发展的事情。应当有个制度设计,从理论和实际两个方面看,一天学生工作没做就被任命为党总支副书记负责学生工作确实不合适,如果再掺杂些个人的东西就更不应当了。你作为辅导员你有什么办法?你能做什么呢?你所能做的就是扪心自问:你到底对学生工作喜欢到什么程度?没有级别会影响到你做辅导员工作吗?事实上是这样的,级别越高,离学生越远,和学生朝夕相处的只有辅导员。我讲过这个问题,我若是有来生,还要做辅导员,一辈子能培养一批又一批学生有什么不好?就你的情况,我不赞同你为了副处级竞聘你并不喜欢的副处级岗位。你这么喜欢学生工作,做得也不错,即便你聘上了副处级岗位,你既不熟悉,也不喜欢这个岗位,那以后的日子怎样“挨”呢?眼下虽然没有当上党总支副书记,那也没有什么,你怎么样最终是由学生评价的,把丰碑建立在学生的心坎上。你即便当不上党总支副书记,对得起学生,让学生记住也可以了。

关于科研,我也说了很多。现在给辅导员评职称了,因此一些辅导员对科研重视了起来。这没有什么不对。问题是如果仅仅是为了评职称搞科研,那就会脱离学生、脱离工作的需要,那意义就不大了。职称和级别一样,早评上一年或晚评上一年没有什么了不得。搞科研一定要围绕学生、关照学生、服务学生,要从学生的实际出发、从工作的实际出发,有利于学生的培养、工作的推动。这样日积月累,才会更好地把握学生成长的规律,增强思想政治教育的时效性,不知不觉地你也就成了学生思想政治教育领域的专家。

非常感谢曲老师的回信。看到这封信,我仿佛看到了您在高铁上奋笔疾书的样子。这么多年,您一直把学生放在心上,把学生的事情放在心上,甚至把学生家里的事情放在心上,这是非常值得我自省的地方。我本来感觉自己是关心学生的,但跟您一比,我做的事情简直不值一提。

谢谢你的认同!我们共勉!告诉我你的详细地址,我邮寄一本我写的书给你做纪念。到大连可以联系我。

祝好!

忙来忙去到底为什么?

2021-05-12

曲老师,您好!

我是××大学辅导员××,聆听了您的报告我很受鼓舞,希望和您多学习、多交流。今天的讲座实在太精彩了!我受益匪浅!感谢曲老师!

我是一个从业10年的辅导员,目前遇到了职业迷茫期和“瓶颈”期,尤其是在职称晋升方面,感到压力巨大。有时我也想一心扑在学生身上,全心全意为学生服务。可是,看到其他辅导员职务晋升或者职称晋级了,心里难免觉得委屈。有时候我就在想,自己整天忙来忙去,到底为了什么?别人都在为了自己的前途开拓人脉、写论文、做项目,再看看自己,整天被学生的琐事缠身,真的觉得很迷茫,甚至怀疑自己的付出是不是值得?也有领导和我建议过,不能只低头干活,也要抬头看路。所以从现在开始,我在工作之余忙科研了。但是,在科研方面,我一直摸不到门道,每次写申请书思路都不清晰,越写越乱。我想请教您,如何增强自己的科研能力?

××,你好!

谢谢你的点赞!我们共勉!

我昨天推送的公众号文章的最后一段还谈到了科研问题,此前讨论的就更多了,你可以找来看看。你说忙来忙去,到底为了什么?这个问题没弄清楚怎么能搞好科研呢?科研是在清楚地知道自己在做什么、应当做什么、怎样做的基础上进行的。忙来忙去就是为了培养好学生，学生培养好了，科研就有了，你的科研水平是由学生的表现体现出来的。不要把培养学生与科研对立起来。辅导员搞科研就是要找到学生成长的规律，运用有效的方法实现思想政治教育的目的。显然这是一个理论与实践紧密结合的过程，离开了学生能搞出什么科研呢？科研“上去”了，学生落下了，这是搞的什么科研？这样的科研有意义吗？你会说他们职称上去了。这也是暂时的，是要矫正的。辅导员评职称一定会回归到业绩为主上来。这是不以个人的意志为转移的。实事求是是马克思主义活的灵魂。现在讲破“五唯”，思想政治教育学科属性决定了辅导员教师评职称要带头破“五唯”。至于你谈到的职务晋级更是看业绩了，应当说还没有哪个学校辅导员职务晋级只看科研水平的。工作做不好，怎么能晋级呢？你也不用怀疑自己，不要一揽子谈问题。你到底在培养学生上下了多少工夫？你到底是不是整天都在为学生而忙？如果真是这样，不发表文章又能怎样？习近平总书记说把论文写在祖国的大地上，你若是把论文写在了学生的心坎上，方向是对的，那你就应当坚持下去，坚持到底，必有所得。就怕你左右摇摆，三心二意，浅尝辄止，总是漂浮在表面，一会儿又要搞科研，一会儿要做学生工作，把两者对立了起来，根本不清楚自己到底应当忙什么、怎样忙，这就要两头耽误了。

关键看你追求什么

2021-05-13

曲老师,您好!

我是刚刚回答您问题的辅导员。我读过您写的书,受益匪浅,您是我们辅导员学习的榜样。

谢谢点赞!我们共勉!我可以邮寄一本别的书给你。你告诉我你的详细地址。

曲老师,不好意思这么晚还叨扰您。今天听了您的讲座,心里久久不能平静,您为学生所做的一切太令人感动了。我是研究生毕业以后在企业工作了5年,因为对教育事业的热爱和对辅导员这份职业的向往,又重新回到了学校。虽然做辅导员的这几年,多少会有一些心理落差,但看到因为自己的一些努力学生的学习态度有所转变,还是甘之如饴。我将以您为榜样,想学生之所想,急学生之所急,用心用情对待学生。

××,你好!

一些辅导员总是觉得自己付出的太多,得到的太少。为什么会有这样的想法?关键看追求什么。如果整天想的是职称、级别,那就会患得患失;如果把追求定位在一心培养学生上,那就会觉得自己付出的应当再多些。怎么能说付出的多,得到的少呢?付出的越多,培养的学生越多,学

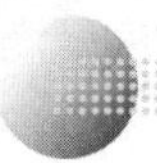

生的认同就越多。我常说的一句话是，有了学生就有了一切。你也不要有什么心理落差，就像你说的那样，当学生因你而改变的时候，这是多么快乐的事情。当你老了的时候，学生们成长了起来，他们感激你、祝福你，你就会觉得做辅导员是多么的值得。这是不是太遥远？“人无远虑，必有近忧”，转眼就是老年。我39年前做辅导员的情景就像是在昨天。辅导员，大学生人生成长的指导者和引路人，这是多么崇高的职业！在我辞去省委高校工委副书记职务回到学校做辅导员的时候，我有个学生已经是厅局级干部，他给我写了一封近5000字的信，题目是《我的精神导师》。看到这封信的那一刻，我感到为学生付出得再多都是应当的。我们有的辅导员动不动就是看别人怎样看的。别人怎么看的和你有什么关系？关键是你自己怎么看！39年前我做辅导员的时候，辅导员哪有今天这样的地位、这样的工作环境。很多人的心里想的都是“辅导员没有水平；好人还能当辅导员？”我没有瞧不起自己，反而是每天信心满满地走在校园的小路上。你当你的教授，我当我的辅导员。我把辅导员工作看成党的事业的重要组成部分，当成学问做，把“为党育人、为国育才”、让学生记住、不能让学生戳我们的脊梁骨，当成我的追求。“无心插柳柳成荫”，后来我也得到了提拔，且破格晋升为教授，我还当上了思想政治教育学科的博士生导师。“风物长宜放眼量”，今天想这个，明天想那个，人生能做成几件事？整天“想入非非”怎么能不耽误前行的路？现在有些辅导员不安心，甚至有些已经工作了十几年的辅导员也在想尽办法离开辅导员岗位，似乎离开了，一切就都好了。能好到哪里去呢？视野决定格局。当一个人把工作当成了“饭碗”、当成了谋生手段、当成了“名利场”的时候，在哪里都不会有大的出息、大的作为，也只能是随着岁月的流逝完结自己的“自然生命”。谢谢你对我的点赞！我们共勉！相信你一定能够做到想学生之所想，急学生之所急，用心用情对待学生，学生一定会记住你的。希望你把在服务学生中实现你人生的价值作为你坚定不移的追求！

我看到你告诉我的邮寄地址了。这两天我就把我写的书签名、邮寄给你做纪念。有事就联系我。

祝好！

把"小我"融入"大我"之中

2021-05-14

曲老师,您好!

我是××学院的××,虽未直接以辅导员身份带班级,但也在指导一个校级学生组织(校友服务社有70余人)。今天十分荣幸能够到现场聆听您的讲座,感谢您两个半小时充满激情和热情的分享,感慨您对于辅导员工作的热爱,感动您对于学生的热爱。我将会以您为榜样,真正做到用心、用情、用力地与学生相处,做好思想政治教育工作,热爱自己的这份工作,珍惜自己作为教师的身份,严格要求自己,积极上进,从各方面提升自己的综合能力。谢谢您,您辛苦啦。祝您身体健康、万事顺意、阖家幸福!

××,你好!

看了你这段话,我被感动了。你没有义务向我承诺什么。我所感动的是我们有一批像你这样的辅导员,他们摒弃了一些人对辅导员的不理解、偏见甚至不尊重,辛勤地、默默地给学生的心灵埋下真善美的种子、帮助学生系好人生的第一粒"扣子"。他们在想什么?他们为了什么?他们想的就是他们是共产党员,辅导员工作是党的事业的组成部分,他们要对党忠诚,不能违背党旗下的誓言,不能违背应聘会上自己许下的承诺,不能辜负学生们那一双双期待的眼睛。他们为的就是在实现中国梦的征途中,一定下功夫培养一批又一批矢志不渝跟党走的学生,让青年学生担负起历史的使命和责任,把"小我"融入"大我"之中,在奉献中展现靓丽的风采。他们也有个人的利益，但是为了党的利益、人民的利益、学生的利益，他们在尽量地少想自己的利益。既然我们选择了做辅导员，就要有个辅导员的样子，就要把学生的事放在心上，千万别让学生瞧不起我们，也不要祈求尽善尽美的工作环境，那是不现实的，也是不可能的，那样还要我们干什么！做任何事情都是需要发挥主观能动性的，等待、犹豫、彷徨必会影响前行的步伐；发牢骚、抱怨、责怪的行为积累多了，人自然会像泄了气的皮球蔫下来。我感受到了你心中那份蓬勃向上的力量，相信你在今后的工作中一定会做到像你说的那样，用心、用情、用力地与学生相处，做好思想政治教育工作。辅导员就应当这样，不要总让学生自己教育自己，辅导员更要自己教育自己。人若总是被别人教育，就很难有出息、有作为了。告诉我你的详细地址，我给你邮寄两本我写的书做纪念。有事就联系我。大连随时欢迎你！

祝好！

感谢曲老师的指导，我也会继续努力的！谢谢曲老师的赠书，有机会我一定去大连海事大学拜访您。

我的地址是：××××××××。谢谢您！

好的。我们共勉！明天就把书邮寄给你。

祝好！

信仰是根本,追求什么是关键

2021-05-17

曲老师,周末好!

打扰您了!我是××学院的辅导员××,十分有幸能到现场聆听您讲课,受益颇多!您为学生的付出,为辅导员队伍发展的大爱让我感动,您在讲课的同时还能关注到我的情绪,更是让我受宠若惊。

我是一名在辅导员岗位工作了十几年的辅导员,我比较幸运,获得了一定的荣誉,职称也有了晋级。可以说,从不被重视到得到认可,工作中间我有过迷茫,也有过怀疑,甚至这种怀疑到昨天之前还会存在。我会怀疑自己,跟学生之间的年龄差距越来越大,我还能不能走进学生的心里?我所学到的知识,还能不能适应这个时代的变化?作为一名载有荣誉的辅导员,我所做的够不够,还能不能满足大家的需求?这可能也算所谓的非理性内部竞争吧。可是听着您爱生如子的故事,感受您身为共产党员对信仰的坚定,我觉得我的迷茫和怀疑太狭隘了。您说"信仰是根本,追求什么是关键",那一刻,我就像是找到了辅导员职业的一束光,让我看到了自身的不足,也给予我今后做好辅导员工作的指引。我无法用言语表达对您的尊重和内心的感动,我会牢记您提出的铸魂育人的十四条建议,向您学习!锻炼身体,好好读书,眼睛向着学生,脚踏实地工作!衷心祝愿您身体健康、顺心愉悦!愿您在海南的旅程一切顺利!

××,你好!

今天我一直在忙,上午参观了博鳌亚洲论坛会址,下午参观了宋庆龄祖籍故居,现在在候机。回复有些晚了,请理解。

昨天在和你们交流时因为你就坐在前几排,我看得格外清楚。我注意到整个交流过程中你一直聚精会神地在听我讲,并且时不时地擦眼泪。能看得出来你是用心听了,我讲的引起了你的共鸣。我们虽然没交流几句,但我知道你是一位优秀的辅导员,获得过国家级的奖励,并且已经是副教授了。晚上吃饭的时候,你们学校领导还向我夸赞了你。

辅导员的确经历了由不被重视到逐渐被重视的过程,虽然现在已经有了很大好转,但是还没有根本好转。高校还没有拿出像抓“双一流建设”“双高”建设那样的劲头来抓辅导员队伍建设。我讲过,其他专业聘任老师即便是博士了,上课前还要左培训、右培训、左试讲、右试讲的、总是担心他们上不好课。辅导员呢,就不是这个样子了,许多刚硕士毕业,少量的本科毕业就做了辅导员,还有一些没有毕业的研究生兼职做辅导员,学校却很“放心”地让他们“毫无准备”地带200名或300名甚至更多的学生。这怎么能说是重视辅导员队伍建设呢?真正属于辅导员的春天还是需要一个过程的。但是应当相信,属于辅导员的春天一定会到来,因为这也不是因个人的意志而转移的,这是由青年学生的成长规律、高等教育的发展规律、完成“立德树人”根本任务决定的。眼下需要辅导员做的就是不要等待,不要祈求尽善尽美的环境,要发挥好主观能动性,做好自己该做的事情。

你的年龄根本不大。太年轻了做辅导员工作还真不行。即便有一定的理论水平,但是缺少人生阅历,就是缺少培养人的经验,这怎样引导学生呢?我们现在主要还是基于管学生的思路建设辅导员队伍的,真正把辅导员定位在大学生人生导师上,真正把思想政治教育作为辅导员工作的主业,就会改变辅导员的年龄结构,就会改变目前这种“娃娃导娃娃”的状况。我极力主张在1∶200的基础上设置合理的职称结构建设辅导员队伍,主要意图也在这里,这样才能真正建设一支职业化、专业化、专家化的辅导员队伍。

做好辅导员工作无疑要与时俱进,不断丰富理论水平,把握学生思想脉搏,为学生及时解疑释惑。所以辅导员一定要加强学习,把学习当成责任、当成追求,辅导员应当要求自己不能让学生在思想上犯错。不过对辅导员来说，最为重要的还是解决理想信念的问题。辅导员首先是共产党员，对党要忠诚，对党的事业要热爱、负责。不能在党旗下信誓旦旦，做起工作来却左躲右闪的，跑到了后边。有了理想信念就会有使不完的劲儿，就会想方设法把学生培养好。我们有的辅导员理论水平也不是很高，但是学生工作却做得很好，其中最为重要的原因就是其理想信念坚定，对党的事业负责，把学生放在心上。

辅导员工作永无止境。一定要围绕学生、关照学生、服务学生，不断创新工作方法。要有问题意识，把辅导员工作当成学问做。你还年轻，有理想信念，有人生的方向，有不懈的追求，就一定会把学生培养好，就不会辜负一名共产党员、一名辅导员的称谓。

谢谢你对我的认同和点赞！有事就联系我。告诉我你的详细地址，我把我写的书签名、邮寄给你做纪念。

飞机要起飞了，就写到这里。

祝好！

曲老师，非常抱歉！我看到您的信息有些晚了，所以现在才回复您，望见谅！您奔波了一天，这么辛苦，还在机场上给我回复信息，我真的很感动！

之前听说您要来，我就特别地激动，因为终于可以现场听您授课了。听您的讲课，我被您深深地感动了！我在感慨，是什么样的力量，让您能淡泊名利，能如此地倾囊而出！虽然讲课的时间有限，却足以让我感受到这种力量！特别是当您讲到您让学生“对祖国负责”，而把家事交给您来负责；讲到您对少数民族学生和家庭困难学生的付出，讲到您创建基金会的初衷和目的的时候，您的大爱实在让我震撼，也让我深感惭愧，我所苦恼的事情实在是太微不足道了……

我是在2008年入职的，应该说也是跟着辅导员队伍建设成长起来的。这些年，我能感受到国家对辅导员队伍的不断重视，我想这背后有曲老师您很大的功劳，是您让许多人看到了辅导员的重要性。我相信，在您和国内许多对辅导员队伍建设的有心人的助推下，辅导员的春天一定会到来，而且这一天不会太遥远！

您对我的肯定是我未来成长的力量。如您所说，这么多年的工作经历是我的宝贵财富，我应该把它充分利用起来。您说教育是有规律的，这也给了我很大的启发。我会在今后的工作中继续思考,围绕学生,坚定信念,努力工作!

曲老师,谢谢您的指导!如果您再来海南,可以随时联系我,我很乐意给您当向导。

祝您一切安好!

我的地址是:××××××××。能获得您的签名著作我深感荣幸!

我爱我的祖国,我的爱国就是教育学生爱国。高考报志愿的时候我想我无论身在何处,将来就当老师,把学生培养好。几十年我都没有动摇过这个信念。我已经让办公室的同志把书邮寄给你,请查收。谢谢你的点赞!我们共勉!有事就联系我。

祝好!

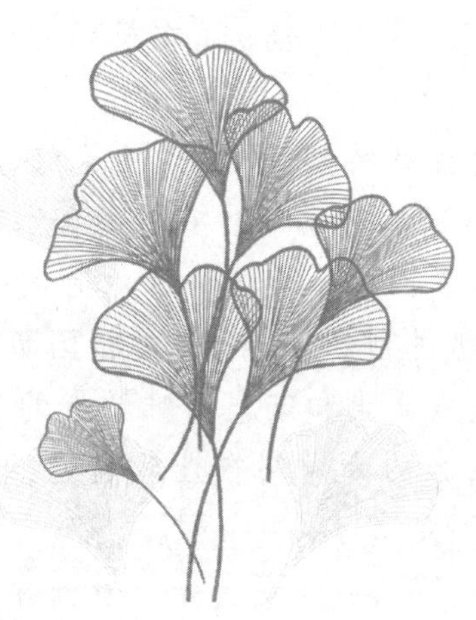

不要被“科研”所困扰

2021-05-27

曲老师,您好!

我是××学院的辅导员老师。昨天有幸听了您的主题报告,给了我很多的感触和启发,让我受益匪浅。尤其是您用真心去关爱您的每一个学生,并且记得他们每一个人的生日让我印象深刻。辅导员的工作既忙碌又烦琐,在这种情况下,您还能做出那么多的科研成果,做到培养学生与科研工作两不误,这些都让我敬佩不已。

我从2009年起至今,从事辅导员工作已有12年,目前职称还是讲师。看到身边有的同事,他们都在为了职称找门路、做课题、写论文、做项目。想想自己,虽然很喜欢辅导员工作,认真对待工作,积极为学生答疑解惑、帮忙服务,和学生相处融洽,但确实科研成果是自己的薄弱环节,为此领导也和我谈过,多次提醒我要加强科研方面的发展,争取早日评上副教授职称。本来我根本没有在意职称这事,只想专心于我很喜欢的学生管理工作、辅导员工作,一心想着关注学生,全心全意为他们服务,用心引导他们成长成才。但每次领导一和我谈到其他辅导员职务晋升或者职称晋级了,或者有关评职称的科研成果问题,我心里难免觉得压力巨大,甚至有点儿委屈。所以我想请教您,如何发掘自己的科研能力,创造出自己的科研成果,做到论文下笔成文呢?昨天我就想在您报告会结束后当面向您请教的,但我好紧张又很畏惧,庆幸记下了您PPT上的微信,所以迫不及待地加您为好友,向您请教,很抱歉打扰您了。

××,你好!

我能理解你的心情。现在给辅导员评职称了,但是还没有完全尊重辅导员工作的学科属性,对辅导员水平的评价,主要还是看主持了什么课题,发表了什么样的文章。辅导员工作的重要特点是理论与实践的统一,对自身是这样,对学生也是这样。夸夸其谈是不行的,关键要看把学生培养得怎样。现在很多人还处在"惯性思维"当中,这是应当改变的,也一定会改变的。所以,作为一名辅导员,还是要把论文写在祖国的大地上,也就是写在学生的心坎上,学生能记住你,你写的论文才是好论文,不然什么这个刊、那个刊的,将来都是废纸一堆。你不用委屈,你是对的,完全可以坚持下去,把为了评职称而写论文的时间用到学生工作上,恐怕更有意义、更有价值。另外,你也没有必要"压力山大",每个人的能力水平是有差别的,能力类型也有不同,写论文也是如此。有的人确实善于写"应然"的东西,逻辑关系、条理关系,论述的头头是道;有的人善于写"实然"的东西,体会式、总结式的。有些后者无论如何也写不出前者那样的论文。有没有必要不顾一切地达到前者那样呢?真没有必要。你完全可以像后者那样日积月累,你也同样可以写出好论文、好专著。我就属于后者。我要求自己写论文、写专著,一定要围绕学生、关照学生、服务学生,要接地气。我的论文、专著都不是大理论、大道理,都是积累的结果,是我有话说,而不是我要找话说。记住:论文和专著一定是"溢出来"的,不是"挤出来"的。只有前者才会源远流长;后者说枯竭就枯竭了。说起写思政论文,你还是"年轻"些。以前我在公众号上推送了不少这方面的文章,你可以找来看看。飞机要着陆了,就写到这儿吧。

祝好!

收到曲教授这么精准细致的解答,我激动得热泪盈眶。衷心感谢曲教授的指教。我会牢记您的谆谆教诲,一定要围绕学生、关照学生、服务学生,继续踏踏实实地努力工作,做好自己该做的事情,在实践中不断积累经验,积极关注学生的需求,用心用情地教育引导学生,让学生都能身心健康地成长成才。再次谢谢曲教授!您辛苦了,您注意身体、注意休息。欢迎并期待着您再来我们学校。祝您身体健康、阖家幸福、万事如意!

谢谢你的祝福！到大连联系我。

晚安！

做好平淡无奇的小事、琐事

2021-05-28

曲老师,您好!

我是××学院的辅导员××,谢谢您通过我的好友申请,能够近距离向您这位优秀的辅导员领袖人物学习,荣幸之至。

听了您的精彩报告,您的爱国情怀,您的理论高度,您的爱生情怀,您的激情热情,您的执着坚守,您的责任担当,您对于国家、对于学生深沉的爱,晚辈无法企及,相差甚远,但能现场聆听,感到幸运、幸福。

从2010年研究生毕业至今,我一直坚守在辅导员岗位,工作十几年以来尽心尽力服务学生,赢得了学生的口碑。但是我在事业上没有任何成就,就是一位普普通通、平平凡凡的一线辅导员。因为爱学校、爱学生,未来我还会继续坚守在辅导员岗位,初心不变!

向您致敬!

××,你好!

你硕士毕业十几年了,在高职院校做一名辅导员,能够始终保持这样的心态,你很不容易。一些辅导员总觉得自己亏了,没有评上副高的职称,级别没上去,整天抱怨这、抱怨那的,这也就影响了工作。辅导员还是要把心思用到学生培养上,不要总琢磨"双重晋级"的事。"双重晋级"是领导的事,是外部条件,辅导员应当多发挥主观能动性,要不争而得。我从当上辅导员那天起,就没想过评什么职称、晋什么级别,今天什么都有了。辅导员的工作水平不是职称体现出来的,也不是级别来评定的。有没有水平还是看把学生培养得怎样,学生忘没忘记你。职称、级别都是身外之物,谁也不可能永远当教授,关键是在学生的心灵上矗立不倒的丰碑,赢得学生的口碑。真做到了这样,恐怕你也就这也有了,那也有了;有了学生也就有了一切。不能说你在事业上没有任何成就、普普通通、平平凡凡,伟大孕育在平凡之中。学生工作表面上看起来是些平淡无奇的小事、琐事,而就是这些小事、琐事才奏响了我们人生的乐章。我有个学生现在是厅局级干部,他给我写过一封近5 000字的信,题目是《我的精神导师》。他说:"于我而言,您恰是我人生成长道路上的一位精神导师。"在信中,他说了许多我根本想不起来的小事、琐事。你热爱学生,这很难得。爱是最好的老师,没有爱,就没有教育;没有爱,怎能坚持到永久!我支持你坚守在辅导员工作岗位上,我为你的初心不改点赞!把你的详细地址告诉我,我邮寄一本我写的书给你做纪念。到大连联系我。

祝好!

曲老师,您的用心回复,让我泪目,感恩、感谢!我虽然不是您的学生,但是受您教诲、指引,您也是我的精神导师。您的一席话,更坚定了我在这个岗位上坚守下去的决心,感恩您给予我的力量!拜谢!

我的地址是:××××××××。

好的。我这两天就邮寄。

你在不在是由学生证明的

2021-06-02

曲老师,您好!

我可以向您咨询个问题吗?

自从听了您的报告,我就非常振奋,原来我坚守在辅导员岗位上快20年是值得的。培训给我攒满了继续向前的勇气,回来后动力满满。

这些天省里下发辅导员人物评选通知,我二话不说就报名了,不为获奖,只想去露脸展示一下自己这些年的成长经历。在叙述个人事迹时,我没把评委感动,但自己已哽住了,眼泪在眼圈里打转。不过很享受这个分享的过程,结果在我的意料之中,我只是芸芸众生中一个努力的辅导员,大家都很棒。

话说回来,作为一个在这个学校辅导员岗位上一直坚守的老辅导员,仿佛并没得到学校的用心培育,如果此次不去露脸,学校更不知道我在这个岗位耕耘着。我很努力,每年在自己负责的工作中都能获奖,但"优秀辅导员"永远是轮流后才有机会,我很讨厌这样的规则。淡泊名利是我努力在追求的状态,我也做到了很多,但是我一直坚守岗位不被重视,感觉自己想继续留下来的勇气一点点被磨没了。我很想坚守初心,您可以帮我理一理吗?

××,你好!

我能理解你的心情,工作快20年了,也没有取得令人瞩目的成绩,并且你在不在别人都不知道。由此你有了怀疑、困惑、烦恼,甚至有了动摇,没有了坚持下去的勇气。

你的初心是什么?是"双重晋级"还是"名利双收"?恐怕都不是吧!我想你的初心应当是和学生在一起,把学生培养好。不用怀疑,你做了近20年的辅导员工作,你取得了很多的成绩,那么多的学生在你的陪伴下成长起来,他们如今已经奋战在祖国各条战线上。我当辅导员的时候就想,一定要对得起学生,绝不能让学生戳我的脊梁骨。对于"双重晋级"我压根儿就没有想过。今天我更加坚定了这样的认识,名利都是身外之物,如果有来生,心安勿躁地做一辈子辅导员也没有什么不好。参加这个评选、那个比赛,到头来有什么用?有准备材料和填表的那个时间,莫不如找几个学生谈谈话、给学生发发微信、给学生送上几句生日祝福……相对来说你还是年轻,还想不到这一点。学校让你代表学校参加省里的辅导员年度人物评选,这本身也是对你的一个好的评价、一个认可。至于没有打动评委,这里有两个问题:一个是你的事迹可能还真是没有达到感动评委的程度;再一个是每个人的处境是不同的,限于多方面的原因,对同样的事物每个人的感受是不一样的,况且有的评委恐怕也没有你这样的辅导员经历。当然,最为关键的是,你在不在是由学生证明的,不是由领导、专家、评委证明的。你让我帮你理一理,我能理什么呢?有的辅导员也问我,是不是应当离开辅导员工作岗位。他们说他们已经工作快20年了。我有些无语,都工作快20年了还要离开,离开了能做什么?又能做好什么?我跟他们说,如果以前干得挺好的话,那就继续坚持下去;如果以前干得不好的话,那就用剩下的时间把以前的不足弥补上。都这个年龄了,哪有时间左右摇摆呢?你还是个做得不错的辅导员,忘掉初心实在可惜。我建议你彻底回归初心,不必太在意这个比赛、那个评选,把时间更多地聚焦在给学生的心灵埋下真善美的种子上。一分耕耘,一分收获。"待到山花烂漫时,她在丛中笑",莫忘"天下本无事,庸人自扰之"。

谢谢你的信任。告诉我你的详细地址,我邮寄一本我写的书给你做纪念。

祝开心、快乐每一天!

曲老师,您好!

谢谢您的回信,我知道我的问题在哪儿了。我没想过要离开这个岗位，我很喜欢我的学生，也很喜欢和我的学生在一起，因为他们是我的阳光。我的小烦恼是许多凡人都会经历的过程，没有经历这种挣扎，那又如何成长呢？周六、周日我沉下心来思考，我知道自己的初心了，好好爱学生，和他们在一起成长就好。我已经做好了准备，曲老师，您放心，我会越来越好，我的学生会比我更好。还要谢谢您的用心回复，我希望您能好好爱护身体，身体可是革命的本钱。

好的，这正是我希望看到的。

你应当坚守

2021-06-03

曲老师,您好!

我是××大学的老师××,就是今天下午和您交流学生入党动机的老师。今天晚上听了您的讲座,感觉您的讲座既有高屋建瓴的思想,又有深入实践的成果,给了我很多启发。我本科毕业后就开始从事辅导员工作,到现在差不多有13年了,但是最近几年突然对自己的工作有些怀疑,感觉现在的学生认知水平和能力越来越高,他们接受知识的方式也越来越多元,而自己学习的速度远远不够支撑现在的工作,有种知识枯竭的感觉,看着自己身边的同事不是被提拔就是离开了这个岗位,我感觉很迷茫,不知是应该坚守还是应该深造另谋出路。曲老师,您的经验和经历都很丰富,不知道您有什么好的建议?

××老师,你好!

这两天一直很忙,刚回复你,请理解。

你负责学生党建工作,在启发学生入党动机的时候,一定要注重他们在思想上入党的问题。在思想上入党,无论对党、对党员个人都有着极为重要的意义。苏联不就是在共产党员数量最多的时候丢掉了红色政权的吗?数量有意义,比数量更有意义的是质量。党建工作一定要下功夫让学生解决在思想上入党的问题。我带过的一个学生中学就入党了。我给她写信,跟她交流思想。她说她曾经气馁过。我说党的宗旨从来没变过,变的是有些人忘记了自己的宣誓,这让人瞧不起,我们不能这样。这个学生后来思想上成熟了许多,要做一名名副其实的共产党员。当今社会文化虽然多元,但是党员还是要坚持以马克思主义为指导,用习近平新时代中国特色社会主义思想武装头脑。和学生相比,你处在主导地位,又有多年的实际工作经验,只要高度重视学生的教育引导,学生还是会听从你的引领。但是要看到,想让每个学生都在政治上要求进步,积极创造条件加入党组织,这是不现实的,也是不可能的。

我还是主张把思想政治教育当成事业来做,就像我跟你们交流时谈到的那样。我能坚守下来,就是感到辅导员工作是党的事业的组成部分,辅导员对党要忠诚。既然我们选择了这份事业,就要踏踏实实地做好,教育引领更多学生矢志不渝跟党走,做担当民族复兴大任的时代新人。别人怎样是别人的事,关键是你怎样,你的心怎样。你的出路在哪里?无疑在做好眼前的工作上。一些同志不安心做辅导员工作,晃来晃去又能做成什么呢?我并不反对考博,但是我不赞同为了考博而考博。本来没有什么基础,就要准备几年,即便考上了还要再读个五六年,这就要影响辅导员工作了。还是从实际出发为好。水涨船高,在辅导员队伍中将来拥有博士学位的人一定会越来越多,但是现在讲破“五唯”,对辅导员的评价一定会注重业绩的,这也是思政学科的特点决定的。我常说,现在的许多辅导员,如果把读博的劲头都用到工作上,辅导员工作一定会干得很好,不是同样可以评职称吗?这不就有出路了?怕就怕有些人总觉得别人比自己好,但又不加倍努力,这恐怕什么都会耽误了。有事就联系我。

祝好!

曲老师,收到您的回复我很开心,这几天我也一直在思考您的话,我们真应当把自己塑造成真正的知识分子,不要总说学生“精致”,如果我们不“精致”,学生怎么懂得“精致”?这句话说得真好,我会努力向您学习。

思想政治教育不是“演出”

2021-06-04

现在有种现象需要注意,就是有的同志把思想政治教育当成了“演出”,形式上热热闹闹,又是编排,又是预告,“演员”间你演给我看,我演给你看,你比我精彩,我一定比你出奇。对于有没有学生看,有多少学生看,学生喜不喜欢,恐怕并不清楚。有的同志的着装也像个演员似的,每天都在“演出”状态(我想大家不会误解我的意思,爱美之心人皆有之,现在生活水平提高了,打扮得漂亮点也不是不可以,但是要得体,不然怎么和学生接触)。思想政治教育需要造势,需要一些“场面”,但是最为根本的还是要落细、落小、落实。即便是“演出”,也有为谁“演出”的问题,不能孤芳自赏,“演员”间相互捧场。“演出”的最终效果是由学生评价的,要看打没打动学生,走没走进学生心灵,一定要为学生而“演出”。学生在哪里,哪里就应当是剧场,“演出”就应当在哪里。学生在哪里呢?在寝室、在食堂、在操场、在教室、在校园的每个角落。因为一些高校宿舍归后勤管理,有的同志便很少去寝室了;因为有了教工食堂,有的同志从此便和学生食堂告别了;因为有了健身场所,有的同志再也不去操场了(有的根本就没有锻炼身体的习惯);有的同志端坐在办公室专等着学生找上门,结果还“纳闷”学生为什么不来找他。学生越不来找你,你不是越应当去找学生吗?不然你知道他去哪里了?坐在办公室能放心吗?说了这些,就是想给大家提个醒,思想政治教育有时需要艺术加工,把它当成“演出”来做,但是说到根本,思想政治教育常常需要“现场直播”,需要“立竿见影”“快刀斩乱麻”,把问题解决在萌芽状态,容不得换上“工作服”,更容不得“彩排”。谁第一时间发现了“素材”,谁第一时间赶到了“现场”,谁的“演技”扎实,谁就能“演出”得精彩。思想政治教育“演出”,一定是现实版的、走进学生心灵的,这是检验思想政治教育“演出”的基本标准,不然就会哗众取宠、劳民伤财,“演员”很累,学生照旧。

做好新疆少数民族学生辅导员

2021-06-08

他是一名通过微信交流结识的南京某高校新疆少数民族学生辅导员。前天我在南京,还专门约他到我居住的酒店一边吃饭,一边交流。我嘱咐了他几点,他信心满满地表示,一定会做好辅导员工作。下面是我们此前在微信中的交流。

曲老师,您好!

我是××大学新疆少数民族学生辅导员××。很抱歉,由于在处理一些学生的事情而没能及时回复您。我刚入职不久便有幸听到了您的讲座,真是受益匪浅。我当时就关注了您的公众号,后续在网上学习时也认真听了您的课程,同样收获满满。每次您推送的文章我都认真看,看完之后,对自己的工作岗位就会有新的认识,对自己的工作也更加热爱。我当时也刚好赶上党和国家的好政策,有幸成为一名内地高校的新疆少数民族学生辅导员。在以后的工作中,我会以您为榜样,坚守岗位,努力培养更多优秀人才。

××,你好!

这两天事情比较多,没有及时回复你,请谅解。

你是一名新疆少数民族学生辅导员,你的工作很重要,也很有意义。新疆的稳定,新疆的建设发展,需要各民族的团结奋斗,特别是需要来自新疆的少数民族学生回到家乡做贡献。因此,一定要下功夫把新疆少数民族学生培养好。你要多深入学生的生活实际,和学生打成一片,关心他们在成长中遇到的各类问题,力所能及地帮助他们解决这些问题。思想政治教育需要耐心、细致,特别是对思想困惑比较大的同学,更要不厌其烦地做好他们的解疑释惑工作。不要有畏难情绪,越难越要知难而进,要对教育有信心,相信学生一定会在我们的引领下成长为我们希望的那样。

为了培养少数民族学生,国家投入了大量的人力和物力资源,为学生的成长创造了很好的条件。要教育引导学生懂得感恩,没有党的领导,就没有如此规模的高等教育,很多同学就没有机会读大学;要教育引导学生珍惜时光,好好培养本领。“空谈误国,实干兴邦”,只有把自己变得强大,才能更好地感恩父母,服务祖国,奉献社会。

6月1日我在我的公众号上发布了通知,要评选一些来自新疆、西藏的优秀大学生,给他们颁发“励志基金”。会议在沈阳建筑大学召开,你注意网上通知,到时候你可以来参加,我们可以见个面。告诉我你的详细地址,我邮寄一本我写的书给你做纪念。先聊到这里。

祝好!

曲老师,您好!

这两天学生面临着毕业,忙着学生的事没能及时回复您,请谅解!您的建议和意见对我的工作很有帮助。我也在不断地探索、思考、学习如何更用心、用情做好学生的良师益友。我也非常享受跟学生打成一片的过程,在此过程中希望自己能够跟学生拉近距离,希望他们把我当成哥哥、朋友,希望他们能够跟我用心交流,这样才能了解到学生的真实想法,才能精准施策,帮助学生。从我考大学,大学期间的各类奖助学金,火车票的购买,到最后的就业都受益于党和国家的好政策,我一直怀着对党和国家的感恩之心努力工作,就是想燃烧自己的青春,为学生扣好人生发展的第一粒“扣子”。谢谢您的邀请,到时我想办法去看望您,参加颁发“励志基金”活动,也邀请您来南京指导工作。我的地址是:××××××××。

祝您身体健康!

××,你好!

也是巧合,我到南京有个讲学和考察,明天中午我就到南京了,到时我们可以见个面。

把水平镌刻在学生的心坎上

2021-06-11

曲老师,您好!

晚辈××,请多多指教!感恩您莅临我们××大学为我们做报告!让晚辈学到了太多太多……

谢谢!我们共勉!

您做的每一件事都是如此用心。

用心,才能做好事、做成事!

“唯有用心方可不忘初心!”这是我在您公众号后台的留言,我要好好学习您的每一篇分享。

曲老师,您好!

晚辈××,不仅是××大学的一名党员,更是一名辅导员,祖籍河南郑州。今天上午现场听了您能量满满的讲座,特别是您在讲座里6次提到了河南,让晚辈特别感动。讲座里,您谈到了和那么多学生一起进行的交谈,成为大家心中伟大的曲爸爸。您是一位老师,更是一位父亲,您用您的爱温暖了那么多需要帮助的孩子,用您的爱打开了那么多迷惘的孩子

的心灵,真是让人佩服!我也在努力这样做!特别是成立教育基金,帮助更多的孩子,我目前也在做,我为孤儿结缘到幸福的家,让他们感受到更多的爱与温馨!今后有机会,我一定再向您请教,我也在此承诺,我是一名党员,也是一名辅导员,我要用我的努力,为教育事业尽我的微薄之力。向您学习,向您致敬!祝身体安康、阖家幸福!

××,你好!

因为这两天我在外地,又比较匆忙,就没有看公众号后台的留言。我现在在候机,看到了你用微信转来的这段话,我很感动,谢谢你的点赞,我们共勉。

我为什么格外关心孤儿大学生,是因为他们读大学更加不容易。我在省教育厅工作的时候,去过许多孤儿的家;请过很多孤儿吃饭,了解孤儿的学习、生活现状。有的孤儿“躲年”,什么意思?有的孤儿没有地方过年,东躲西藏,正月里网吧一开业便买方便面躲到网吧过年。后来我整理了一份3万多字的报告,奔走了多个相关部门,通过全国人大代表给人大递交了一份议案,才获得通过。从2013年起,所有在辽宁高校读大学的孤儿一律免除学费和住宿费。我自己还资助过几个孤儿,其中有两个当了辅导员,她们说要把我对她们的爱传承下去。其中有个辅导员已经获得了副省级城市“优秀辅导员”荣誉称号。我资助的一对孤儿姊妹,她们的婚礼我都是以父亲的身份参加的,我帮助她们答谢了老师和同学。现在有些辅导员总说太忙。写一篇C刊的工夫能给多少学生写微信?能解决多少学生思想上的困惑?有的同志也总说自己没钱,买一辆降一个档次的车能给学生办多少实事?自己少花点,学生就可以多花点。你是对的,你要坚持下去。你的水平是镌刻在学生的心坎上的;你的幸福是来自学生发自内心的赞美!告诉我你的详细地址,我邮寄一本我写的书签上名给你做纪念。到大连就联系我。

祝一切都好!

太感动了,您是导师,您是父亲,您是我们的领路人……感谢您在百忙之中给我这么多指点!

当前心理健康教育需要注意的几个问题

2021-06-15

曲老师,您好!

您送我的书我收到了,谢谢您。昨晚拜读了您的书,再次接受了您的精神洗礼。我在××大学心理中心工作,以前学心理学专业时,来自西方的心理学理论强调咨询师要价值中立,这两天听了您的报告、看了您的书,我更加坚信在高校做心理工作不仅要解决学生的心理问题,还要在学生的价值和信仰上做引领,更要与思政工作结合好。我是您的老粉丝,感谢您对我们这支队伍的付出和关爱,祝您身体健康!

××,你好!

本来我就想写一下对当前心理健康教育的看法,正好你给我写了这封信,我借此写了这篇文章,等端午节后在我的公众号上推送一下。

心理健康教育在大学生思想政治教育中起着重要的作用,一定要把心理健康教育搞好。应当说,高校现在对心理健康教育还是比较重视的,有的学校辅导员没配齐,心理健康教育教师配齐了;辅导员教师的工作条件不充分,心理健康教育教师的工作条件还是很不错的。我去过很多学校考察,许多高校都谈到了他们是怎样重视心理健康教育的,并把学校的心理健康教育作为品牌,有的学校则把思想政治教育几乎就等同于心理健康教育来谈论。一些辅导员在学校的指挥棒下,更是把主要精力都放到了心理健康教育上。心理健康教育到底有多重要?到底怎样做好心理健

康教育？我以为，当前心理健康教育必须注意这样几个问题。

一是不能觉得心理健康教育等同于思想政治教育。大学生思想政治教育，主要还是要完成立德树人根本任务，让学生坚定“四个自信”，厚植爱国主义情怀，把人生追求定位在中国梦的实现上。心理健康教育要服从于思想政治教育的需要，要培养学生积极向上、公平正义的阳光心态；敢于坚持真理的坚强品格；顽强拼搏的奋斗精神；热爱生活、追求美好的人文情怀。从表面上看，心理健康教育调适的是每一个个体，其根本上还是要使每个个体都能够融入社会这个大家庭，在实现“大我”中满足“小我”。心理健康教育是大学生思想政治教育的补充，处在从属地位，绝不能将心理健康教育等同于思想政治教育，更不能相互取代。

二是绝不能随意给学生贴上有心理疾病的标签。学生中到底有多少人患心理疾病？有的同志说现在绝大多数学生都有心理疾病。依据是从哪里来的？有的是主观臆断，有的是依据“科学”分析，就是心理测试量表。现在高校在学生入学后，一般都马上进行心理测试，然后根据心理测试量表把学生心理问题分成等级。毫无疑问，这种排查会发现个别学生有严重的心理问题，但是不是都有，或大部分都有？我认为不能随意地把学生贴上有心理疾病的标签。说是依据科学的测试，到底有多科学？标准是什么？没有考上心仪的大学；没有读上心仪的专业；家里生活困难怕被人瞧不起；相貌差些担心找不到爱人；担心考不上研究生；担心找不到好的工作；不善于交往；不愿意管别人的事情……因而闷闷不乐。凡此种种，到底是思想问题还是心理问题？我认为这些都应当属于思想问题。机器是死的，人是活的。了解学生的心理状况，还是要通过耐心细致的思想政治教育来进行，不要迷恋机器。现在一些同志愿意把学生存在的问题说成心理问题，恐怕与这样的一些想法有关：学生有心理问题，说明有加强心理健康教育的必要性；学生有心理问题，增加了工作的难度；学生有心理问题，学生出现的一些问题便与我们无关了。学校不仅不能随意给学生贴上有心理问题的标签，从某种意义上讲，心理健康教育教师应当凭着自己在学生心目中“权威”的地位，帮助学生摘掉他们在来大学之前被不科学地贴在他们身上的那些有心理疾病的标签，告诉学生不要有什么心理负担，他就是有点儿思想问题，解决了就好了。不然一些学生本来没有什么心理问题，结果被我们的心理健康教育将一般的思想认识问题“暗示”和“转化”成了心理问题。应当在第一时间对学生进行思想梳理，了解他们都在想什么。不要把功夫放在“危机干预”上,而要放在“危机防御”上,即思想的引导上,不能让学生的心灵种上假恶丑的种子。

三是心理健康教育属于人文教育,应当带有社会主义大学的本质属性,说到根本还是为学生成为一个什么样的人服务。心理健康教育绝不可价值中立。比如我们要通过心理健康教育,培养学生刚毅坚卓的品格,使学生具有不怕困难的决心和勇气。中国梦不会轻轻松松、敲锣打鼓地实现。每代人有每代人的使命和责任,每个人都不能坐享其成,要让学生把“小家”和“大家”统一起来,在服务祖国、服务社会中实现个人的幸福,让学生懂得“苦难最不怕惧怕苦难的人,苦难最怕不惧怕苦难的人”的道理;让学生懂得没有一个人会随便地成功,培养其集体主义精神,使其学会与他人交往,不能封闭自己,不能“躲进小楼成一统”。

谢谢你的点赞！我们共勉！在服务学生的路上我们齐头并进！火车到站了,就聊到这儿吧。

祝一切都好!

曲老师,我很荣幸能提前拜读您的文章,感谢您直接指出当前心理健康教育工作中的问题,我一定努力去改善,将其改善成适合中国学生的心理健康教育。知道您在路上,注意安全,不用回复,日后有困扰再请您指导。

关键是用心、用理、用情

2021-06-17

曲老师,您好!

向您自我介绍一下,我叫××,维吾尔族,今年27岁,家在新疆伊犁霍尔果斯,毕业于新疆××大学,2017年毕业后留校担任辅导员。当了3年辅导员之后,为了给自己更好的平台和发展,为内地生活的新疆少数民族学生提供更好的服务和教育,我于今年3月顺利考上西北××大学学生处辅导员岗位,担任4个学院的新疆少数民族学生辅导员。我特别热爱这份工作,之前就听过您的感人事迹,这次有机会参加新疆高校辅导员网络培训,更是受益匪浅。听了您的课程,我对您的事迹有了进一步的了解。您对少数民族学生付出的奉献精神值得我们这一代人学习。在此,作为少数民族学生辅导员,作为享受着党和政府好的政策的少数民族的一分子,我要特别感谢您对少数民族学生的付出。您的课程中有些内容我重复听了3~4遍,对我个人很有启发,您的有些想法就是我想在未来5年内实现的,后期日常工作中我会更加努力做好每一名学生的日常服务和教育工作。

您这次为新疆、西藏的优秀大学生准备的“励志基金”启动会议,我想去参加,同时拜访一下您,希望跟您有更好的交流,向您学习。

上次讲座您说您要准备今年去伊犁,我假期就回伊犁,希望在伊犁也有机会见到您,希望能带您转转美丽的伊犁。

祝您身体健康、万事如意!期待跟您见面。

××，你好！

看到你的信就想给你写回信，因为这段时间事情较多，没能及时回复你，请理解。

看得出来你对做好新疆少数民族学生的教育工作情有独钟，我赞同你的选择。我在我的公众号中多次提到一定要做好新疆少数民族学生的教育引导工作，说到根本，新疆的发展稳定还是要靠他们。我多年来就比较重视与新疆少数民族学生的交往，力所能及地为他们做些事情。我年级有个新疆少数民族学生，刚来大学时思想有些困惑，在我的帮助教育下，他现在的思想有了转变。我们之间有六七万字的微信交流，他毕业3年了，我们仍然保持微信联系。我说要到伊犁，就是要去看他。本来去年我答应参加他的婚礼，结果因为疫情就没有参加上。我想去看他也是想当面送上我的祝福。另外，我现在也是我们学校新疆少数民族学生的兼职辅导员，我也想到几个学生家看看。在我和新疆少数民族学生的接触中，我感到他们积极向上，他们的愿望也是希望我们各民族像石榴籽一样紧紧抱在一起。有一个新疆少数民族的学生，我从她上本科就帮助她，今年她还考上了博士，成为我们学校第一个新疆少数民族博士生。她非常努力，很不容易。我们有的辅导员对做好新疆少数民族学生的思想政治教育工作信心不足，觉得他们的工作难做。越是难做，越要做好。其实新疆少数民族学生很有真情真意，辅导员要深入他们，与他们打成一片。思想政治教育就是这样，一定要取得情感上的认同，这样才会取得思想上的共鸣。

我们20日在辽宁建筑大学举办沈阳及其周边高校新疆、西藏少数民族优秀大学生“励志基金”颁奖大会。欢迎你来参加，交通费你先解决，等我之后给你报销。到这边产生的费用我帮你拿。

谢谢你的认同。辅导员工作意义重大，做好新疆少数民族学生的教育引导尤为重要。希望你努力工作，不断取得新成绩。你在大连有事就联系我。告诉我你的详细地址，我邮寄一本书给你做纪念。

祝好！

曲老师，您好！

中午因工作有点忙，看了您的信息后我不想回复得很仓促，所以这会儿才回复您。不好意思曲老师，我有好多想法想实现，我来这边工作之后发现很多方面都有发展空间，需要我们少数民族学生辅导员带领学生一起补充。对于工作，我也跟您的想法和思路一样，我自己也特别喜欢跟学生打交道，跟学生做朋友。我觉得辅导员就离不开学生，学生有任何事就应先联系辅导员，这样也有利于辅导员做好本职工作及思想工作。我特别想过去面对面跟您交流，跟您说说我的想法，同时也想听听您的宝贵经验。您最近在公众号里发布的关于做好少数民族学生工作的内容我都看了，感触很深，我们也需要您这样的老前辈的带领和引导！您确实对我们在新疆少数民族学生生活及思想工作方面的帮助很大，帮我们解决了很多实际的困难及问题。

曲教授，这次您的“励志基金”启动会议是本月的20日开始吗？麻烦您能不能给我提供一下会议手册，因为我没有去过辽宁，所以需要这个会议手册，这样比较方便，我也不想麻烦您太多！这次我参加会议的所有费用我自己来承担，谢谢您的好意，这是我去跟您学经验，不能让您报销。

如果是本月20日，我就跟领导请假，我一定争取参加，希望到时候能见到您，有个跟您交流的机会。

选择了就不要放弃

2021-07-05

今年七一建党节,我十分荣幸地在天安门广场参加了"庆祝中国共产党成立100周年大会"。7月2日上午,北京大学举办了新上岗班主任、第二班主任、辅导员培训。此前北京大学就邀请我给他们做报告,正好我1日参加完大会,2日上午我便前往北京大学做了这场报告。这是我第三次来北京大学做报告。

做报告前学校举行了开班典礼,我到会场的时候开班典礼还在进行,老师们表现出了昂扬的精神风貌,这使我多少有些意外。前两次我都是给辅导员做报告,这次会场上有很多专业教师,他们能够专心思政培训,聚焦教书育人,应当说这是党的十八大以来,特别是学校思想政治理论课教师座谈会召开以来,北京大学坚持立德树人的折射。令我感动的是,在我近两个小时的报告中,老师们不时投来赞许的目光,报告结束的时候,他们送给了我长时间的掌声,给了我最好的回报。有个专业教师给我留言说,此前没有往教书育人方向上想,觉得把知识传给学生就完成了任务,把自己当成了"教书匠"。今后要在引导学生担当时代大任上多下功夫。有个辅导员也是留言说,虽然自己做了几年辅导员了,但是心还没有安定下来。今天我明白了,既然做了辅导员,就要把它做好。辅导员工作同样有作为。下面推送的是我和一个新入职辅导员的交流。

曲老师,我是××学院专职辅导员××。我何其有幸能够聆听您的教导!

作为提前入职的一批辅导员，我刚带学生完成“鸟巢”会演重大活动，多日的疲惫感被您今天的演讲一扫而空。您的报告如同一针强心剂，让我重新燃起了选择留校当辅导员的初心。在您通过我微信加好友申请的几分钟前，我刚刚下单买了您的著作。这将是我7月书单中的一部分，一定能使我受益终身。您不仅仅是大连海事大学的辅导员，更是我的职业导师和人生导师。

祝您身体健康、一切顺利！

××，你好！

谢谢你的关注、认同、点赞。我们共勉！

这是我第三次到北京大学做报告了。我很愿意跟你们交流，我的感觉是北京大学对学生思政工作越来越重视。早上我和你们学校主管学生工作的领导做了交流，因为他要参加全校的“七一”活动，我们交流的时间并不长，但是在他的介绍中，能够看出学校在想方设法建设好辅导员队伍，努力帮助学生系好人生的第一粒“扣子”。特别是你们学校还配备了班主任，让老师们教书育人，更多地关心学生成长。今天会场上我看到很多班主任老师年龄都很大了，他们应当都是本专业的专家了，但是他们都能够担当班主任，安心地参加培训，我想这在以往还是不多见的，由此反映了北京大学这些年坚持立德树人、以生为本的方针，使广大教师的教书育人自觉性有所增强。我常想，人生总是会有遗憾，若是在北京大学做个辅导员是多么快乐的事啊！正如孟子所说，人生有三大快乐的事，其中之一就是“得天下英才而教育之”。北京大学的学生都是些高才生、学习尖子，如果让他们能够用正确的价值观引领自己，坚定人生的追求，把所学的知识用到建设祖国最需要的地方去，那他们会有多大的作为啊！交流中才得知你是博士，你却坚定地选择了做辅导员，放弃了本专业，对此我很认同，给你点赞！搞好专业教学可以爱国，当好辅导员不是可以同样爱国吗？而且辅导员与学生的联系最多，对学生影响最大，培养一批又一批学生爱国多有价值！选择了就不要放弃。我在39年前走上辅导员工作岗位的时候就是这样想的，一定要教育学生爱国，学生的爱国就是我的爱国。当然在目前的情况下，对辅导员的认识还有这样或那样的偏差，也就是辅导员队伍的成长环境还不是那么十全十美，有些方面还不能令人满意。越是在这种情况下越需要你的内心有强大的力量，不然就会被困难吓倒。为什么要当辅导员？初心在哪里？我上午说要从大学文化、政治制度、办人民满意的高等教育视角来认识辅导员工作的意义所在，提升境界，始终保持共产党人对党的忠诚，保持人民教师对人民教育事业负责的态度，而不能把做辅导员当成“跳板”“权宜之计”。昨天习近平总书记在“七一”大会上号召全体共产党员，要不忘初心使命，坚定理想信念，践行党的宗旨，永远同人民群众保持血肉联系。这对于我们辅导员来说，就是要不忘党旗下的誓言，精神上不能“缺钙”，要以生为本，在青年学生的“拔节孕穗期”，给学生的心灵种下真善美的种子，使他们“立大志、明大德、成大才、担大任”，努力成为堪当民族复兴重任的时代新人。我们应当为此而竭尽全力。

有事就联系我。告诉我你的详细地址，我邮寄一本我新出版的书给你做纪念。

祝一切都好！

曲老师，您的回复令我精神振奋！感谢您的赠书，万分有幸！如能得您签名，我将永远珍藏。我的地址是：××××××××。

发挥好主观能动性

2021-07-12

曲老师,您好!

这么晚打扰您很不好意思,但又很想得到您的指点,所以给您发了这条信息。我是××学院的一名刚入职一年半的辅导员,其实我一直有个困惑,您下午在交流会上说让我们不忘初心、铸魂育人,同时您也说到,辅导员也常常忙于日常工作。我现在的困惑就是:我自身语言表达能力和思想认识高度是不够的,加上我一直忙于日常的行政性工作,晚上也常常加班到八九点才能结束,用在学生身上的时间很少,跟他们交流的时间更是少之又少,即使有所交流,感觉我能给予学生的有用的东西基本为零。现在,我首先该做什么?我有点不知所措,感觉要做的事情有很多,可是又不知道先从哪方面入手,深怕给学生带来一些不好的影响。

××,你好!

常有辅导员提到这个问题。一言以蔽之,在这些辅导员看来,客观环境影响了他们做学生的思想政治教育工作,也有的辅导员说整天忙于事务性的工作,没有把精力放在思想政治教育上。现在许多大学制度还不完善,辅导员职业化、专业化建设还在路上,大学管理确实存在着界域不是很清晰的问题。不仅是辅导员工作,其他方面的工作也存在着这类问题,不过辅导员工作更突出罢了。辅导员成了"筐",什么都往里面装。另外，辅导员太年轻，很多都不是“儿子辈”的了，成了“孙子辈”，谁都可以指使两下，这也是造成辅导员工作界域不清的一个原因。不过应当相信，随着职业化、专业化辅导员队伍建设的深入，界域不清的问题会逐步得以解决。现在比我39年前做辅导员的环境要好得多。当然，想尽善尽美也是不可能的，这就需要发挥主观能动性了。年轻人不要养成发牢骚、抱怨的坏毛病，这对环境的改变无济于事。真的没有“一点”时间做学生的思想政治教育工作了？辅导员真的每天忙的都是“杂活”，与学生的思想政治教育无关？学生在哪，心就在哪。心中有学生，就会想方设法接触学生、了解学生、关心学生、帮助学生。我讲这样一个例子：现在高校都办了教工食堂，有的办得很不错。结果我们的辅导员再也不到学生食堂吃饭了。不用每天都到学生食堂吃饭，一周去一次行不行？都是吃饭，就是时间花在哪里的问题。食堂不去了；教室不去了；宿舍不去了；操场不去了；图书馆不去了……这些和干没干“杂活”有关系，又根本没有关系。如果不熟悉学生，不知道学生所思所想，思想政治教育从哪里下手呢？我做辅导员、上思政课，都准备两套学生登记表，一套放在包里，出差的时候经常拿出来翻翻；另一套放在床头，睡觉前翻上几页，穿衣服的时候也可以看两眼。如果学生的名字都记错了，还做什么思想政治教育？如果你能张口就叫出学生的名字，说出学生父母的名字、学生家庭的情况，学生自然会敬你三分，他们会把你看成把他们放在心上的人。什么叫“亲其师，信其道”，就是要让学生感到你在乎他。

现在对辅导员队伍建设的认识还不像建设其他专业教师队伍的认识那样高度地一致。教英语的教师一定会从学英文专业毕业的学生中选拔；教计算机的教师一定会从学习计算机专业的毕业生中选拔；教化学的教师一定会从学化学专业的毕业生中选拔；教物理的、教生物的、教文学的、教历史的……没有专业背景怎能当该专业的教师？而辅导员教师不是，似乎谁都能干，因此什么专业背景都行。这就造成一些辅导员跟学生只能婆婆妈妈，讲不出有实质性的“道理”。辅导员是大学生的人生指导者、引路人，自己若是对一些事物都看不明白，怎么帮助学生看明白？眼下急于达到辅导员与学生的数量为1∶200的比例，因此也就把数量放在了第一位，还没有从学科属性上来认识辅导员教师的学术范畴，也可以说是工作界域。不过辩证地看，这也是应当给予充分肯定的，这与原来很多高校辅导员“短斤缺两”来比，毕竟有人干了，这是前提。我想，随着对辅导员队伍建设认识的统一和加深，辅导员教师队伍素质也必然得以提升。我说了半天，似乎没有回答你的问题。其实不是的，我已经说得很清楚了。你的问题就是因为我们还没有按照辅导员教师的素质要求选聘造成的。好在你看到了你的“短板”，那就抓紧时间弥补上。就是要学习、学习、再学习，围绕学生、关照学生、服务学生，终身学习，向理论学习，向实践学习。总之，无论怎样都要重视学习，把学习当成使命和责任。不要找借口，忙不是放弃学习的理由。现在学习条件多好啊，有手机，要充分利用上。习近平总书记在庆祝建党百年大会上的讲话我自己朗读，录在手机里，利用“碎片化”时间反复听，有许多段落我都能背下来了。表达能力也是锻炼出来的，越不讲，越不敢讲，越不会讲，越没有东西可讲。讲多了，就敢讲了，也就锻炼出来了；熟悉、了解了学生，也就知道应当讲什么了，这时你就会“没话找话说了”。

告诉我你的详细地址，我邮寄一本《我与大学生的交流》给你，你好好看看，应当会对你和学生的交流有所帮助。

不要着急。做什么事只要扎扎实实就好。

祝好！

用心做就好

2021-07-16

曲老师,您好!

我是昨天听您讲座的一名普通辅导员,昨日听您讲座备受感染,希望可以向您不断学习。我叫××,在大学毕业后承蒙学院不弃,入校担任辅导员一职。我入职时间较短,在工作中,在与学生相处过程中,我发现自身存在诸多不足。昨日听老师一堂讲座,热泪盈眶,着实收获颇丰,感触良多。

入职一年以来,从事学生工作时还处于摸索阶段,我带的孩子们是普通高中上来的,由于各种各样的原因,他们没能如愿进入一所本科类院校。在专科院校学习过程中,可以感受到孩子们大多比较迷茫,没有明确的方向,浑浑噩噩的。在大多数时候我不知道从哪方面入手去鼓励他们,只是尽自己所能去与学生成为朋友,激励学生认真学习、相信自己、改变自己,在他们气馁的时候给他们鼓鼓劲。我认为更该教会他们的是责任和担当,是正能量。说实话,我从没有像老师您这样深入学生之中,也很少深入学生宿舍,身为新时代的青年辅导员,我自惭形秽。

我有幸称您一声"老师",冒昧加您为好友更多的是想向您学习,迷茫的时候多感受您带给我们的力量。昨日听到老师的讲座后,我发现自己的目光不够长远,格局过小,所要学习的地方太多了。在激励学生的同时我也要去"充电",要不断提高自己的业务水平和知识储备,立德方能树人,督促孩子们学习的同时更要培养他们的责任感和担当意识。下个学期,我初步打算努力深入学生之中,和他们一同学习,以身作则,在提升自己知识储备的同时带动大家。辅导员的道路对于我而言才刚刚开始,我深感自己能力和知识储备的不足,在学习成为一名合格的辅导员的道路上,我会不断努力,坚定理想信念,做学生的引路人和好老师。

最后,祝曲老师身体健康、阖家欢乐、万事顺遂!

××,你好!

你写了这么多,我本应更多地回复你,但确实因为太忙了,只能简单地回复一下。

做人要懂得感恩。感恩是多方面的。学校信任你,在竞争如此激烈的当下,学校将你留校做了一名辅导员,这里就有“恩情”的问题,就有回报的问题。不能应聘的时候信誓旦旦,结果聘上了之后便像换了一个人似的。你确实应当带着感恩的心去做辅导员工作,有多大的劲儿就使多大的劲儿,和学校、学生不能讨价还价、总怕吃亏。有些辅导员这方面做得就不好,应当加以注意。

我利用各种机会到学生家家访,足迹横跨全国22个省份。家访很好地助力了学生的思想政治教育,促进了学生的健康成长。做辅导员要有家访的意识,注重合力的形成。当然家访也不是让你挨家挨户地去,你没有这个条件,也没有这个必要。家访有多种方式,信访也是一种方式。不要一谈家访就是没有时间、没有经费,学校所在城市的学生家都家访过了吗?家访也是一种责任,要力所能及地开展家访活动,始终和家长保持联系,让学生和家长能够感受到你把学生(孩子)放在心上,这就够了。

一些学生来到高职高专,像泄了气的皮球,没了动力,没了方向。越是在这个时候,辅导员越是要和学生打成一片,取得学生的信任。人生是长跑比赛,只是大学这段比较重要罢了,但是大学也绝不是决定人生成败的唯一赛段。许多成功的人在大学这个赛段并不是赢家,但是后来他们赢了。为什么能赢?就是他们不气馁、不服输,在后来的赛段中他们坚持不懈。你可以鼓励学生专升本、本升硕,想提升科学文化知识水平,有很多机会。当然,人有没有出息,不在于在哪里读书,读什么专业。在哪里都可以爱国,在哪里都会有出息。看看这次表彰的“七一勋章”获得者,他们有多少人根本没有学历!告诉学生不要追名逐利,要干什么像什么,做个本本分分的人就好。

一定要常到学生中看看,尤其是到学生寝室走走。学生的许多思想和行为都发生在寝室,你只有了解学生,思想政治教育才会增强针对性,具有说服力。

必须坚持不懈地学习。要把学习当成一种人生的追求,当成一种生活的方式。辅导员是大学生的人生指导者和引路人,只有自己清清楚楚,学生才能明明白白。不管怎么忙,都不能放松学习,坚持数年,必有好处。

你把你的详细地址告诉我,我把我写的《我与大学生的交流》这本书签名、邮寄给你做纪念,在这本书里我回答了很多大学生关心的问题。你到大连联系我。

祝你一切都好!

感谢曲老师在百忙之中抽出时间为我解惑,定当谨遵老师教诲,不忘初心,不断学习。我的地址是:××××××××。

在机关又能好到哪去?

2021-07-26

很多辅导员干两年就想方设法调到机关工作,有的从当上辅导员那天起就琢磨着回到机关工作。为什么会出现这种情况?主要是我们的制度设计出了问题,当然也有辅导员自身价值选择、人生追求问题。前两天有个在机关工作的同志给我写了一封信,信中谈到了这个问题,借此谈几句我的看法并推送给大家。

曲老师,您好!

我是××,很幸运能听一次您的课,听完真的是茅塞顿开!我2006年毕业于××大学××专业,2009—2017年做了8年辅导员工作,也获得过市级的优秀辅导员荣誉。后来领导把我调离了辅导员岗位,现在我在学校机关工作了。我热爱辅导员工作,也爱我的学生们,今后如果有机会,我还会回到教学一线,做回我的辅导员。我要重新规划一下今后的工作和生活方向。再次感谢曲老师。

××,你好!

你工作优秀,被调到学校机关了。现在就是这样的舆论环境,调到机关工作的都是优秀的,没有调离的就不是优秀的,这是不利于辅导员队伍建设的。当然这是外部的问题,就辅导员自身来讲,还是应当考虑自己到底适合在哪里发展。我始终认为,在大学里做一辈子辅导员没有什么不好,培养一批又一批学生是很有价值的事。你现在的环境还由不得你,等由你来选择的时候我赞同你还选择学生工作。累能累到哪去?忙又能忙到哪里?只要心不累,身子就不会累。在机关如果摊上个正派的想干事的领导还好,如果摊上个整天发牢骚、抱怨的领导,能耐不大,架子不小,岂不闹死心了?干吗把命运交到别人的手里?那你就彻底废了。当个辅导员,自己带一个年级,带得怎样是水平问题,也用不着抱怨别人,不用看领导眼色行事。自己老了,学生长大了;领导不记得你,学生记得你。这有什么不好呢?人要想着老年怎样过,不能只看眼前,人无远虑、必有近忧嘛。有事就联系我。把你的地址告诉我,我邮寄一本我的书给你做纪念。

祝好!

曲老师您说得非常对,我再干两年,适当的时候回去当辅导员。

好的,真有那一天,你一定要告诉我,我为你祝福!

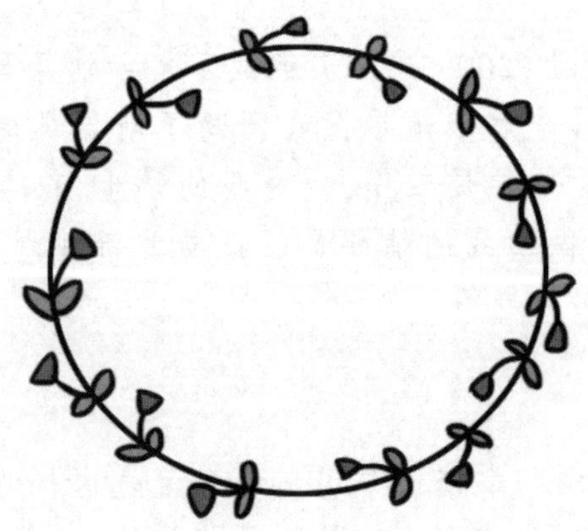

教育的成功就是让每个学生在原有的台阶上再上一个台阶

2021-07-27

曲老师,您好!

我是昨天下午听您报告的一个辅导员,确切地说,我是一位班主任。听了您的讲述,我感受颇多。以前总是会用自己的付出与身边其他同事做对比,认为自己的工作态度足够认真,得到的学生和家长的认可度已经很高了。但是听了您的讲述,我发现自己真的是差得太多了,今后我会努力向您学习,争取早日成为一位真正的教育工作者。浮云富贵非公愿,只望曲老身康健!

××,你好!

现在很多老师不愿意做班主任,怕麻烦,怕影响自己的发展,这就起不到班主任应当起到的作用。你愿意做班主任也着实难能可贵。从某种角度来看,班主任做学生的教育工作,学生更愿意接受,其中一个原因是学生会觉得班主任老师有专业知识、有水平,要发挥好班主任在学生思想政治教育中的作用。确实是这样的,不要和别人比,要听从自己内心的召唤,看自己有多大的能力。就像我跟你们说的,爱国人人有份。不要总盯着别人爱不爱国,别人为祖国做了什么,关键是自己爱不爱国,自己为祖国做了什么。格局大了,看问题的角度、层次就不一样了。谁都希望能够快乐地生活,如果格局不够,整天陷在狭小的天地里,被浮云遮挡了双眼,又怎么能看到满天的霞光？怎么能感受到阳光的温暖？

曲老师，您说得太对了，我们要遵从自己的内心，我很喜欢做班主任，因为可以深入到学生中。我真的是太喜欢和学生在一起了，刚工作时是因为自己年轻，和学生没有代沟，现在已经工作12年了，虽然和学生有了年龄差，但是和他们在一起，还是能够亲密相处，能够感受到那种朝气，真是一种幸福。我的学生都很普通，没有您的毕业生那么优秀，但是每当有已经毕业的学生回来探望我或是给我寄一些礼物时，我都会有一种成就感，在同事间也有一种荣誉感。觉得自己平时的辛苦付出都是值得的，我不是他们嘴里的傻子，学生也不是冷血的动物。大家都觉得我们的学生学习成绩不好，高考是落榜生，所以容易把这些学生的一切都否定了，但我真的认为我们的学生都很可爱，很重感情。只要我们能够耐心地引导，他们都会对社会有贡献，都会在自己的工作岗位做出贡献。我也算对祖国做出了贡献。我没有大本事，不懂得搞科研，但是能够为社会减少负担，为一个家庭带来希望，也是我的小小价值的体现了。

教育的成功是让每个学生在原有的台阶上再上一个台阶。总有些同志说他们的学生层次低，教育起来没有信心。这是不对的。监狱有惩罚的功能，更为主要的是教育、改造的功能，让罪犯重新做人。连监狱都是如此，学校岂不更应当担负起教育、引导的责任？高职高专的学生在高考这个赛段即便算是输了，也只是知识上的，对他们做人没有什么影响。我常说这句话，人生不要怕输在知识的起跑线上，关键不能输在品德的起跑线上，成功跑到人生终点的都是在品德线上不输的人。今年评选的29位“七一勋章”获得者，有多少是高学历呢？安心你的教育，帮助学生走正道，给他们向上、向前的力量就可以了。力，一定会相互作用的。有事就联系我，我把我写的书邮寄一本给你做纪念。

祝好！

谈几句研究生思想政治教育

2021-07-28

曲老师,您好!

我是2019年8月入职的一名辅导员,目前在××大学××学院与研究生一起共进步。今天听了您的课程分享后,对于我更像是打开了一扇门,里面的内容需要我去探索、去学习。在我工作一年的时间里,我感受到研究生辅导员与本科生辅导员之间工作方法的不同。刚开始的时候,我在想怎么样才能做好研究生辅导员,有一段困惑期,后来看到您公众号的推文,我感觉自己找到了宝藏,您每次分享的内容会让我的心有沉下来的感觉。谢谢您对于我们辅导员的这种思想与行动上的引领,未来可期,我会在这个岗位上让自己沉淀下来,与学生共同进步。我也希望能有机会继续聆听您的课程,向您学习,谢谢您!

××,你好!

因为忙,昨天没有回复你,请理解。

现在研究生的数量在增加,做好研究生的思想政治教育意义重大,相对本科生来说,他们是又高了一个层次的知识分子,知识越多,价值观上越不能出错,越要懂得科学没有祖国,越要传承"止于至善"的大学文化,越要增强做中国人的志气、骨气、底气。我们的"5G"、高铁、桥梁、北斗等技术在世界上是领先的,西方国家为什么要打压我们、排挤我们?不是市场经济吗?政府为什么要出面干涉?经济是政治的折射,说到底,就是不想让我们顺顺当当地实现中国梦。作为研究生,你们一定要有更大的担当,做真正的知识分子,把祖国的利益放在第一位。钱学森去世的时候,我在省委高校工委工作,我们和相关部门举办了钱学森事迹展览。在与钱学森的儿子钱永刚先生交谈的时候,钱永刚先生告诉我:“我父亲这一辈子就关心一件事,不能让中国人受欺负。”每个知识分子一定要记住这句话,不能让中国人受欺负,知识是用来为祖国服务的。不能知识多了,却只想自己的事,更不能出国跟我们打“贸易战”。针对研究生思想政治教育,首要任务就是让他们有坚定的理想信念,把爱党、爱国放在首位,这个问题解决好了,他们的知识掌握得越多、能力培养得越强,就越有价值。研究生思想政治教育要注重学术性,也就是要将思想政治教育融入促进学业发展中,激励他们向更高的科学高峰攀登。研究生思想政治教育与本科生的思想政治教育有很大的不同。在研究生的后面有个庞大的导师队伍,要充分发挥好研究生导师的作用,让导师们在传授知识的同时,更关注学生的价值追求,导师的一句话往往会起到决定性作用。做好研究生思想政治教育,当然也离不开以情感人。要与他们交朋友,了解他们的所思所想,力所能及地帮助他们解决在思想、学业、生活上存在的问题,成为学生的主心骨、知心朋友。研究生思想政治教育尤其不能搞“我打你通”,只是一味地要求,必须怎样怎样,要“润物细无声”,要让学生心服口服,要以理服人。

我没有做过研究生思想政治教育,既然你谈到了这个问题,我就想到了这几点。很多研究生辅导员也问过我怎样做研究生思想政治教育这个问题,这也算是一个回答吧,当然这个回答是有感而发,不是很全面。至于具体的方法,大家在实践中不断摸索吧。先聊到这里,我要出去跑步了。有事就联系我。

祝一切都好!

曲老师您谈到的这几点真是一针见血,导师与我们辅导员的同心同力确实很重要,有时候导师对同学的一句引导胜似我们对学生的帮助,所以导师与辅导员的这种导辅合力对同学的影响是持久的。在后续的工作中,我们会继续努力实践,真的太感谢您啦。

你很有追求,那就努力沉下心来好好探寻研究生思想政治教育规律,把研究生思想政治教育搞得扎实有效。你告诉我你的详细地址，我邮寄一本我签名的书给你做纪念。我现在把我们的交流编辑一下，今天推送给大家。

希望你能坚持下去

2021-08-05

曲老师，您好！

我是××学院的辅导员××，是××老师昨晚推荐我加您微信的。我在辅导员岗位工作近7年了，因为热爱学生工作，现在依旧在辅导员一线工作。

我一直很敬仰您，一直关注着您的公众号，您表达的很多观点我都非常认同，您的思想对我也有很大的启发和触动。记得2017年暑期时，您来广东给新进辅导员讲课，当时的我虽已不是“新兵”，但怀着敬仰之情，还特意去现场听您讲了一次课，您的人格魅力和一身正气，我至今历历在目。在现在物质丰富和网络发达的时代，青年大学生的世界观、人生观和价值观需要有辅导员这样的角色去影响；在青年人正处于思想成型、容易产生困惑的阶段，需要有辅导员这样的角色为他们解惑；在我们国家迈向共同富裕的征程上，也同样还有不少家庭经济不太宽裕的学生需要我们辅导员借助自己身上“事务性”的职能去帮助他们，为他们树立信心，走好人生路。

曲老师，下午好！

刚刚收到您寄来的《我与辅导员的交流》一书，我感到很高兴，也受到很大鼓舞！

我粗略翻看了一下这本书，感觉到书中的内容很丰富，涵盖面很广，很贴近我们辅导员的工作和生活实际，里面的文字跟您公众号其他文字一样，充满了温度和力量。

未来，在日常工作和生活中，我定当多翻阅曲老师这本书，多提升自我理论和工作水平，多提升自己的人格魅力，时刻将学生放在心上，做好大学生的人生引路人。

谢谢曲老师的鼓励！祝您身体安康、一切都好！

××，你好！

那天吴老师接我的时候跟我说起了你。她说你一直关注我的公众号，特别是你在知道她到机场接我的时候让她代你向我问好。这让我很感动。可以说我们本没有什么效果，我在大连，你在广州，可是你却如此地关注我，我真心地谢谢你！当然，我并不是因为得到了你的点赞便“飘飘然”了。我主要是想通过与你的交流，给辅导员们传递一种情怀：热爱辅导员工作，下功夫把学生培养好。当下，辅导员队伍建设在教育部有关部门的推动下，在地方有关部门和高校的努力下，得到了长足的发展。但是应当看到的是，在辅导员队伍中仍有为数不少的人存在心并不在辅导员队伍里的情况，他们的“初心”就是想尽早离开辅导员队伍。出现这种情况也不能全怪这些辅导员，有的地方、有的高校确实存在着对辅导员队伍建设还不太重视的情况，辅导员的工作界域不清、辅导员的发展环境不畅等因素对辅导员队伍建设产生了很大的消极影响。不过越是在这种情况下，辅导员越是要发挥好主观能动性。“岁寒，然后知松柏之后凋也”，事业都是干出来的，总是要有先吃螃蟹的人。做人还是要有骨气、有担当，“待到山花烂漫时，她在丛中笑”，这样的人生才值得回味。人，不能总想坐享其成。你做了7年辅导员了，还有这份热情，没有进入“倦怠期”，说明你对辅导员工作还是有坚定性的。做辅导员就应当有这种坚定性，像你想的那样，坚持立德树人，帮助学生系好人生的“扣子”。不管别人怎样，自己的人生自己做主。你说得对，做好辅导员一定要有人格力量。你希望学生什么样子，你若不是这个样子，学生就会产生质疑，就会摸不着头脑，不知如何是好。一些辅导员总想找做辅导员的“窍门”，其实没有什么“窍门”，真想做好辅导员，首先要在信仰上下功夫，带上党性、带上人民性，一切问题就会迎刃而解。实现中国梦多么需要青年学生有志气、骨气和底气啊！这能自然长成吗？无疑需要我们的引领。不要把眼睛总盯在

“双重晋级”上，要把工作重心放在学生培养上。到大连联系我。

祝好！

曲老师，您好！

好一句“岁寒，然后知松柏之后凋也”。谢谢曲老师的鼓励和指点！我在学生工作中是能深深感受到这份工作的育人价值的。

我会继续努力，做好自我提升，继续坚持为青年学生的成长成才努力，继续为增强青年学生的志气、骨气和底气努力，向曲老师学习！

那天听到吴老师说您上午讲学完，就会马上赶回大连，您这样奔波的行程，我想一定还有很多。身体是革命的本钱，曲老师务必保重身体！

谢谢！没问题。平时要注意锻炼身体，“人无远虑，必有近忧”。有好的身体才能为党多做工作；有好的身体就是为儿女的发展创造条件（你现在还体会不到这一点）；有好的身体才能陪伴相爱的人终身到老。把事业、家庭、人生统一起来。

好的，谢谢曲老师！我也会注意保持锻炼。

辅导员如何利用假期提升个人专业素养?

2021-08-06

我是一名工作两年的辅导员,本硕都读的工科专业,在辅导员职业相关的理论知识上感觉有所欠缺,工作中我时常感受到理论知识学习的重要性。进入暑假,难得有相对整块的时间来学习与思考,我很想抓住这个黄金学习期,但又不知道从何下手,从哪做起。

想问一下您,应该如何利用假期提升专业素养、开展理论学习?如何把学习成果转化为工作实效,做到育人育心、立德树人?

就辅导员工作来说,需要什么专业素养,也就是需要具备什么样的水平呢?

这无疑是多方面的,不过我以为,最为重要的还是解决好理论和情感两方面的问题。

辅导员工作绝不是婆婆妈妈就能解决问题的。辅导员是大学生人生价值观确立的引领者,是帮助学生系好人生“扣子”的人。学生确立什么样的价值观,很大程度上受辅导员的影响。

“不学礼,无以立。”想让学生树立怎样的价值观,辅导员首先就要确立这样的价值观,想让学生明白,辅导员自己不明白怎么能行呢?

因此,辅导员一定要把学好理论当成一种使命、一种追求,要用绝不能让学生在思想上犯错的责任感要求自己。

有些辅导员之所以对理论素养重视得不够,与没有认识到自身所担负的这种使命、责任有关。应当认识到,我们今天的辅导员队伍建设从某种程度上看,还是以管理型为主。

我经常讲,管理要为思想引领服务,不然管住了学生的行为管不住学生的心。这就使得一些辅导员在理论素养上天然存在着"短板"。发现问题是为了解决问题。所以辅导员一定要补上这个"短板"。现在一些辅导员对理论学习的认识有所增强,但是理论学习还存在着不扎实、不系统、急于求成的问题,甚至把为了评职称而写论文当成了唯一的理论学习。

理论学习一定急不得。辅导员工作依托的主要学科背景是马克思主义理论、思想政治教育,借鉴学科为社会学、法学、伦理学、心理学、管理学等。因此,辅导员应当首先系统地学习马克思主义经典作家、中国共产党主要领导人关于马克思主义的基本理论;关于思想政治教育的论述;当前要特别学习好习近平新时代中国特色社会主义思想,尤其要学习好习近平总书记关于教育的重要论述。

辅导员还应当系统地学习思想政治教育学科的知识。现在许多辅导员过于注重心理学科知识的学习,这不是不可,但是心理学科在思想政治教育中处于从属地位,要为思想政治教育服务。学理论,还是要先打下思想政治教育学科的知识基础。许多辅导员只是从网上学理论,就是把理论文章下载下来存在硬盘里,这有必要,但是更要把一些主要的理论观点存在脑海里。

要养成读书的习惯,特别是要买书读,有些书要反复读,有些观点要消化后背下来。现在有了手机,要把一些观点录下来,利用"碎片化"的时间反复听,这样就记住了,并且还会记得牢、用得上。习近平总书记"七一"重要讲话后,我就将这段讲话自己读了一遍录在手机里,锻炼身体的时候一边跑步一边听,基本的观点我都记住了,有些段落我都能背诵下来。

辅导员一定要有情怀,即对党、对祖国、对人民之情怀。

辅导员工作是党的思想政治工作的组成部分。辅导员要始终把对党、对祖国、对人民的忠诚和热爱牢记在心中,"坚定恒心韧劲,平常时候看得出来、关键时刻站得出来、危难关头豁得出来"。

越是伟大的事业,越是充满挑战,越需要知重负重。辅导员工作麻烦些、劳累些,但是与先烈们比,我们算什么。今年表彰的29位"七一勋章"获得者,他们都来自人民、植根人民,都是立足本职、默默奉献的平凡英雄。论能力,比他们强的人应当数不胜数,为什么他们能取得如此卓越的成绩、做出巨大的贡献,说到根本是因为他们对党、对祖国、对人民有深沉的爱。

在我们辅导员队伍中也是如此,许多辅导员工作出色,是因为他们的能力超群吗?不是,是因为他们把爱党、爱祖国、爱人民的情感转化为爱学生。有了这样的情感,还有什么样的困难会难倒他们,还有什么样的学生教育不过来?爱是教育的灵魂,没有爱就没有教育,辅导员一定要增进爱的情感。

辅导员首先要向榜样学习,每个“七一勋章”获得者的事迹可学可做,他们的精神可追可及,他们就是辅导员学习的榜样。人一定不要总是被教育,要主动自己教育自己。不能总是在感动中忘记了行动。

要读书、走路、做人。假期里做出合理的安排,力所能及地考察一下红色教育资源,陶冶自己的情操。我先后考察过上千个名人墓地和故居,他们的事迹总是在激励着我为培养好学生尽心尽力。

我在《光明日报》上发表过一篇文章,谈了这样一个观点:信仰比知识重要,情感比方法重要,践行比说教重要。

辅导员应当创造条件到学生家看看。家访也是增进情感的一条重要途径。我在辽宁省任高校工委副书记期间,开展了“千名辅导员万家行”活动,并把家访作为辅导员评职称的一项考核内容。至今,辽宁辅导员已走进五六万学生家庭,在谈到家访意义的时候,很多辅导员谈到家访拉近了他们和家长、学生的距离。

辅导员不容易,学生、家长更不容易。辅导员没有理由不好好培养学生。

记得有一年有个辅导员在全省辅导员家访经验交流会上说道:“当我要离开学生家的时候,学生的奶奶一下子给我跪下了。让我好好照顾她的孙子。那一刻深深地触动了我。不培养好学生怎么能对得起家长们的重托呢?”

我1983年冬天去一个学生家家访。那时交通不便,我凌晨四点到了学生家住的县城。为了不打扰家长,我在候车室等着黎明的来临。天气太冷了!我只好在不大的候车室里运动取暖。值班大爷出来了,他说:“你给我出去。”他以为我是疯子。“对不起,大爷,打扰您休息了。”“小伙子,你干什么?”“我要家访,怕打扰家长,没想到打扰您了。”“小伙子,你跑吧。”他刚离开转身又回来了，“小伙子，我给你生炉子。”我的眼里一下子涌出了泪水。“大爷，谢谢您！”炉子长长的，是用土坯垒的。因为没有多少柴火，炉子只有一点儿热气。我在炉子周围待了一个半小时！

在我们有需要的时候人民帮助了我们，现在他们把孩子送到了我们身边，我们做多少不都是应该的吗？我到学生家的时候，学生的家长紧紧地握着我的手说：“您怎么来了，我家孩子变了，我要到学校谢谢您！”

应当说那在炉子周围的一个半小时、那被家长紧紧握着的手，也是支撑我勇往直前的巨大精神力量！我常想，我还需要什么呢？我有点儿写不下去了。

辅导员朋友们，我们为什么要有专业素质？什么是我们的核心素质？现在为了提升辅导员的专业素质，上上下下举办了多种、多层次的比赛，这有必要，但是辅导员自身一定要认识到提升职业素质的本质意义。

切记：思想政治教育不是“演出”，不需要“演功”，但需要“做功”，千万不能把思想政治教育搞成“花架子”。

把学生培养好最重要

2021-08-16

此前有位辅导员以“一生不求名利收，唯愿学子各有为”为题，写了一篇关于我的文章，发表在学校网站上。这里我把我写给她的信推送给大家。

××，你好！

你写的那篇关于我的文章，我看到了，因为忙就没有及时回复你，请谅解。

这些年，这样的赞美很多，国内的主要媒体都采访过我，他们拍的片子、写的文章我都没有仔细看，有的就是知道有这么回事而已。我认为他们写文章、拍片子来宣传我，那是他们的职业，是他们工作的需要，我还是我，我做了什么，应当做什么，我心中有数就可以了。你的这篇文章我却认真地读了几遍，不是为了陶醉你的赞美，而是感受你的情怀，一个十分在乎别人存在的情怀。我和你本不相干，每天我做我的、你做你的，但是你却费了如此的笔墨、倾注了如此的心血来赞美我，这要给你增添多少额外的“负担”，这会“损失”你多少个人的“利益”，起码这个时间你可以休息休息，可以多陪陪自己的孩子，哪怕去一趟商场、看一场电影、做些梳洗打扮……在乎别人的人才能被别人在乎。我感动于你的付出，谢谢你的用心，我给你写回复，就是想告诉你，我能为你做些什么你随时告诉我，不要客气，中华文化讲究礼尚往来嘛。

来到大连海事大学快满8年了。当年我只想做4年辅导员，了结我的心愿，届时我正好60周岁，我就退休了，在辅导员岗位上画上我职业生涯的句号。可是因为我是博导，学校就没让我退。我无意于这个荣誉、那个荣誉。我追求的就是和学生在一起，把丰碑建立在学生的心坎上。都这把年纪了，最大的福分就是能为学生多做有益的事情，为他们的健康成长助力、加油。我是一名共产党员，我承诺过，为共产主义奋斗终身。从入党那天起，我就要求自己，绝不能违背自己的誓言。前几天我从学校人事处借来了我的《入党志愿书》，重温了一下39年前我对党说了什么，对照了一下我今天做了什么，我感到问心无愧。在我的入党转正申请中我写到，我要把辅导员工作当成事业做，虽然我有很多机会离开辅导员岗位，但是我就是铁了心要做辅导员，我想大家越是不重视，我越要重视。“岁寒，然后知松柏之后凋也。”这应当是我今天做好辅导员工作的一个重要思想基础。辅导员工作功在当代、利在千秋，值得一生拥有。现在有些辅导员还不安心，这可以理解。但是一定不能犹犹豫豫的，这不仅耽误了自己，更耽误了学生。耽误了自己是小事，耽误了学生就是大事了。实在不想干了就早点离开。辅导员工作也是人生的选择、活法的问题，到底怎样的人生才是有价值的？答案是五花八门的，做辅导员怎么就不是人生的一种活法呢？在我看来，最幸福的人生就是和学生在一起，他们的幸福就是我的幸福。明年65岁我就退休了，关键看你们年轻人了。我国正行进在实现中国梦的伟大征途上，这是一场伟大的斗争，需要成千上万名伟大的战士！他们从哪里来？大学责无旁贷，辅导员义不容辞。努力把学生培养好，这关系到“国之大计，党之大计”。为此我们不能懈怠，不容彷徨，广大的辅导员自应奋勇当先，在此一搏。有事就联系我！

祝好！假期愉快！

想清楚自己到底需要什么

2021-08-17

（一）

辛苦了曲老师！我是刚才和您合影的××学院的辅导员××，已经听了好几次您的报告，每次都特别感动，也深受鼓舞，您是我辅导员工作道路上的指路明灯，因为您，我坚定了在辅导员这条道路上走下去的决心，一辈子做一件事，做一辈子辅导员。上次已经在省委宣传部提前看了电影《高校辅导员》样片，我会如您一般，为了我们的祖国，做好我应该做的。

××，你好！

是这样的，人这一生做不成几件事，不要这山望着那山高。有的辅导员都干了十几年，还是想方设法离开了辅导员队伍。结果怎样呢？我赞同你的选择，扎扎实实把辅导员工作做好，一辈子就做这一件事，也是很值得、很有意义和价值的。

请曲老师放心！我会追随您的脚步，谨遵您的教诲，把辅导员这个职业当成党的事业来干！陪伴学生，培养学生，努力工作，落地有声！

（二）

曲老师，当年是您改变了我的命运，让一个普通农民家的孩子，成了父母眼中的骄傲，如今我一直用这份感激为我的学生服务，引导激励他们成长！我会把您传给我的爱延续下去，用这份爱去唤醒我身边的学生，让他们明白如何用自己的价值去爱人、爱家、爱社会、爱祖国！

祝您身体安康，点燃更多学子的生命之火，让这火光温暖祖国！

这是你奋斗的结果，没有奋斗就没有一切。我在读大学的时候，我们班有个同学几乎指着我的鼻子说："就你家这个背景，奋斗也白搭。"我很平静地说："我知道奋斗未必成功，但是我知道不奋斗一定不会成功。"你不容易，正是有了这种不容易，才要时刻想到学生的不容易。今天你用知识改变了命运，更不能辜负家长的重托和学生的期待。辅导员要成为学生人生成长的引领者、陪伴者，要让他们懂得他们不属于自己，他们承载着父母的重托、祖国的期待，他们没有理由不成长为感恩父母、服务祖国的人。

学生会谨记您的教诲，在学生管理岗位上教育更多的学生来回馈您对学生的厚爱，用这份爱完成您对祖国未来的期盼！

(三)

您好，曲老师，我是××学院的××。非常有幸听过您3次授课，每一次都让我受益匪浅，我也会以您为榜样去努力做好自己的工作。希望日后有机会多向您学习和请教！

谢谢认同！

努力工作，把学生培养好，实现人生的追求，做一名对党的事业无比忠诚的共产党员。

感谢曲老师的指引，学生一定铭记于心、见诸于行。您还要赶去机场，我就不过多打扰您了。您多保重身体！

(四)

曲老师，您好！

我是一名新入职的辅导员，本来我对于30多岁才入行感到非常迷茫，也经常焦虑，看不清方向。今天听了您的讲座，我收获了很多之前没听过的经历、思想、规划，感触颇深、受益匪浅！以后我也会随时关注您的朋友圈和公众号！谢谢您！

谢谢你的信任！一定要想清楚自己到底需要的是什么。为什么要做辅导员？就是为了“双重晋级”？这样干不了几年就倦怠了，想“躺平”了。推动一个人勇往直前、永不懈怠的动力主要是精神上的，也就是理想信念方面的东西。如果总觉得自己吃亏了，还会有干劲吗？如果总觉得做得不够，还能没有拼劲吗？毛泽东同志说人总是要有点精神的，就是这个道理。

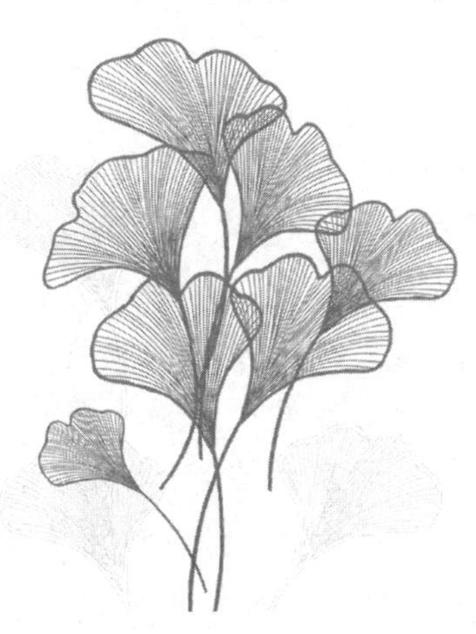

养成抱怨的习惯就不好了

2021-08-19

昨天下午有个辅导员说他有个学生因为新冠疫情不能按时上学在群里抱怨。正好我昨天上午和一个学生交流的时候谈到了这一点。我把我们的交流推送一下,算是个回答吧。

××,你好!

又有一段时间没联系了,因为疫情你们也没有返校吧?一些学校又开始了网上教学,对此有的学生心生抱怨。网上教学当然不如当面教学效果好,但是很多天灾人祸是不以我们的意志为转移的,网上教学也是为了更大限度地保证学生的利益,减少学生的损失。人生要自己把握,不要总抱怨客观环境,要把主观能动性发挥到最大限度。抗日战争期间,日本帝国主义要炸毁我们的大学,北京大学、清华大学、南开大学被迫迁移,先是到了长沙,后来又不得不迁移到云南,这所炮火中诞生的"西南联大",涌现了多少优秀的爱国知识分子。是那里的办学条件好吗?我参观过"西南联大",条件相当简陋,根本没有今天这样宽敞而明亮的教室,吃的、住的就更不用说了。但是学生们有了担当精神,他们把这种担当精神变成了强大的学习动力。不论在什么条件下,学习过程都是主客观互动的过程,再好的教学环境主观上不努力那也是白费。尤其是今天的学习,借用现代化的科技手段,家庭已经成了扩展的课堂;假期已经成了延伸的学期,从某种意义上讲,学习怎样的较量已经不是在学校、在课堂,而是在假期、在家庭。一定要惜时如金。你看，转眼你大学生活过去了两年，开学就大三了，明年就要考研究生了，每分每秒都要利用好。你还是比较努力的，最后关头要咬紧，决不松口。

因为疫情我也没能出去，等以后有机会到你们那里开会、讲学，我会去看你，你有什么需要我做的就联系我。家里都好吧？给你父母问好！那次家访后又是几年过去了，我们还会相见的。

祝一切都好！

曲老师，您好！

感谢您的来信，没想到疫情又再次影响了我们的生活，整个大学生活因为疫情变得不一样了，我们也学会了在适应疫情的情况下开展学习。您说得对，以前的学生在那样简陋的条件下都能开展学习，面对内忧外患的局势，将外在的压力转化成内在的精神力量，为了民族的、国家的未来而奋斗。时时想起前人的信仰是为了今日之中国，那么我们现在的信仰呢？当然是不能让前人的努力白费，读史使人明智，这个“智”或许就是家国大“志”吧。从7月5日我就开始在上海当一名审计实习生，想要在真实的职场历练一下自己，走在上海的街道上，常感叹于上海现代都市的繁华，可是谁又曾想到今日的大都市，近代以来却遭受了一次又一次的破坏，但也有无数爱国分子在这里寻求救国救民的药方，很多重大历史事件的发生都在上海。前些日子去“一大”会址，还有宋庆龄女士的故居进行了参观学习，去实地学习比看书本更有感触，仿佛已经穿越了时空，与他们来了一次更深层次的接触。优秀的共产党员始终是我们这些后辈学习的榜样，我也会积极地向党组织靠拢，好好珍惜现在的读书机会，把握好现今的青春时光！

谢谢老师您一路的指导，我也十分期待与老师的再次见面，老师也要保重身体，上次见您瘦了不少，一定要按时吃饭，注意休息。

××，你好！

你的思想更加成熟了。人就是要不断地教育自己，与时代共舞。特别是作为一名大学生，你更应当自觉担负起时代的使命和责任，千万不能总是抱怨这儿、抱怨那儿的。正好今天下午有个学生还在抱怨因为疫情不能按时开学了。明天我推送一下我们俩的交流，也算是对他的一个回答。

用欣赏的目光看待学生

2021-09-15

我们有的同志总是用嫌弃的目光看待学生,这是不行的。一定要用欣赏的目光看待学生,这是教育取得成效的一条重要法则。教师节期间我收到了无数条来自学生的祝福,这里给大家推送几条。

老师,节日快乐啊!朋友圈里看到了以您为原型的电影上映了,真为您感到高兴,等公映了我一定找时间去看一看。许久未见,但还是感觉老师一直都在我身边,想您啦!

××,你好!

我一直就想默默地做,没想被这样宣传。在大连海事大学工作期间,你大力地支持我的工作,我会始终记在心上。如今你也开始了你的征程,老师相信你一定会成为国家发展的坚强力量,这也是老师来到你们身边的初心。努力奋斗吧!大美的时代,做大美的人!

家里都好吧?给你父母问好!有时间我再去看他们。你要注意锻炼身体。等我去北京联系你。

祝好!

曲导，晚上好！

祝您教师节快乐！从大连海事大学毕业已有四年之久，时常和我的小伙伴们说起大学4年最珍贵的财富就是遇到一位如父亲般对我们好、令人尊敬的好导员。刚刚看到以您为原型的《守望青春》宣传片，往日您对我们的关怀与教诲一下子涌入心头。如今我远在贵阳，毕业后便未再回大连，如果有机会回去，一定去看望您。祝愿您身体健康、工作顺利，开开心心每一天！

××，你好！

这两天太忙了，才回复你，请理解。

谢谢你教师节送来的祝福，也谢谢你对我的点赞。我也是发自内心地感谢你们。我要辞职来到学校的时候，有的领导劝我说，现在的学生不好带，你这么大岁数了，何必呢？我始终相信教育的力量，相信没有不愿意接受教育的学生，关键看作为教育者应当给学生什么样的教育，应当怎样教育学生。我外出讲学、开会、上思政课的时候，常讲你们的例子。我觉得你们每个人都是那么积极向上，那么可爱，那么让人喜欢。我每天都是期盼着黎明的来临，这样我又可以来到你们的身边了。转眼你们毕业4年了，但是你们对母校的这份情，对我的这份意却历久弥新。

你在那里都好吧？我跟你们说过，世界70多亿人口，我们能相处4年，这要多大的缘分。我们是4年的师生，一生的朋友。大连这边有事千万不要客气。我下个月会去一趟贵州，若是时间宽裕我联系你，我们可以一起吃个饭，前年在贵阳我就和你们年级的几个同学一起吃了晚餐。老师也会在大连等待你的到来。

祝好！

曲导，晚上好！

谢谢您在百忙之中抽出宝贵时间回复我们的祝福，感动不已，也谢谢您的关心。我现在一切都好，今年刚研究生毕业参加工作，越是觉得生活难、工作难的时候，我就越能想起您曾经鼓励我们的那些话语，您对我们产生的影响力可远比您想象的大得多呢。期待与您的再次见面，期待再次聆听您的关怀与教诲。早点休息，注意身体！

曲导，我是××，刚看到了以您为原型的电影《守望青春》首映式的相关信息，不禁让我回忆起了大学期间您对我们的关心、关怀和关照，感慨万千。在图片中看到您比原来消瘦很多，十分心疼您，希望老师未来多注意休息，多吃饭，一如既往地多运动，累了就少干点儿活吧。昨天是我国的第37个教师节，学生送来迟到的祝福（好久没和您联系，说实话昨天没好意思给您发）。

祝老师身体健康、万事如意！

××，你好！

你一切都好吧？看到你的祝福，我很感动，我能理解你的心。大学4年，你踏踏实实地为同学服务，不争名利，为同学，也是为我做了大量有益的事情，同学看在眼里，老师记在心上。转眼你们离开我又是4年的时光，你们都在各自的岗位上为中国梦的实现努力工作着。不要管别人怎样，坚守自己做人的原则，凡是对国家、对社会，也就是对人民有利的事就做，反之，就坚决不做。一切都要本着不争而得的原则。你要把身体锻炼好，从某种意义上讲，人生这条路很漫长，要想走得更远，需要强健的身体。只要目标正确，坚持不懈，就能达到人生的终点，实现人生最大的价值。谢谢你对我的关心，我还是比较注意身体的。我在家的时候，每天早上都快走或慢跑几千米，身体所有的指标都正常。我也是从大学开始就锻炼身体当成了一种生活方式。我今天能够为党和人民做些事情，也要感谢有个好的身体。大连这边有事你就找我。

祝一切都好！

我现在一切都好，目前在家乡县城稳定了下来，非常感谢曲导的惦念。不过在工作和生活中必须要向曲导学习，工作认真负责，吃苦耐劳，多做对国家、对群众有益的事，平时也要像您一样，时刻坚持锻炼，拥有健康的身体，持续发光发热。欢迎曲导来我的家乡做客。

好的。有事就联系我，看看我能为你做些什么。

一生只做一件事

2021-09-16

曲老师，您好！

节日快乐！感恩老师！昨天我看到大连海事大学直播《守望青春》首映礼，春风化雨，温暖我心。“桃李不言，下自成蹊”“岁月无悔，不负韶华”。今年我被学校评为党员优秀教师、教学质量优秀教师了。

今天我向您的“励志基金”捐了1000元，向作者捐了200元，共捐出1200元，感谢党和国家给予思政课教师的1200元。我昨天看直播，深受激励，老师大爱无疆、一腔赤忱。《守望青春》即日上映，我一定去看。

衷心祝福老师：节日快乐、身体健康、吉祥顺意！生命之树常青！永远守望青春！

××，你好！

谢谢你在教师节给老师送来了祝福，这就够了。老师知道你现在生活也很拮据，老人有病，孩子上学，爱人失业，你很不容易了。我建立的“励志基金”其中一个项目就是为了帮助像你这样努力培养学生的思政课教师，你怎么还往基金里捐钱呢？真不用。你在思政课教学上虽然没有那么耀眼，没有那么显著的地位，也就是说你没有那么大的影响力，但是在我的心里，你却是我点赞的思政课教师之一。你默默付出、不计名利，你有着作为一名思政课教师上好思政课最应具有的素养。为了上好思政课，你省吃俭用，花费十多万元，几乎考察遍了全国所有的红色“基因库”。

你还多次到学生家家访,帮助生活困难的学生,我虽然不了解具体情况,不过我想,像你这样的思政课教师在全国也是凤毛麟角。我很认同你的选择、你的追求,有你这样的学生也是我的骄傲。习近平总书记说,把论文写在祖国的大地上,作为思政课教师,就是要把学问做到学生的心坎上。你也要多注意身体,有什么需要我做的就告诉我,千万别客气。

祝你一切都好!

曲老师,您好!

看到老师发来这么长的信息,我太感动了!捐这点钱,我惴惴不安,感觉还是太少了。虽然我从未富有过,但是捐点钱用在学生身上,我从未迟疑过。我做思政工作28年了,期待着思政30周年纪念奖,一生只做一件事,默默无闻就很好。走遍中国,自费考察,我想起辽宁大学生在线联盟梁士朋老师叫我“当代女徐霞客”,我上传1万多张照片,200多个思想政治教育主题相册,师生点击量过百万,这是对思政的热爱,让思政人的人生有了价值、有了诗意。当年看您写的《识读大学》,写到寒冬腊月,北风飘雪,您骑自行车去学生家家访,一进院子,连人带车差点都倒了……当时真是太感动了!希望有更多思政人跟随您的脚步前进!老师多多保重!

××,你好!

你在思政课教学岗位上已经很投入了,并且无怨无悔,这正是当下思政课教师需要的风采。你们学校有思政30周年纪念奖吗?我在省厅工作的时候做过,效果很好,现在不做了。我记得这事,到时候我给你发个纪念奖。

我现在正去你们那里,明天给中学做报告,后天上午我联系你,看看中午能不能找几个人一起坐坐。

好的。我们学校也做教书工作30周年纪念大会活动奖品,祝老师一路平安!讲学顺利!

写在《守望青春》首映日

2021-09-17

在中共辽宁省委宣传部的大力推动下，在大连海事大学的全力配合下，在全体演职人员的积极努力下，影片《守望青春》于今日与大家见面了。应当说这是一部广大辅导员期盼已久的影片，因为这是国内第一部以辅导员群体为主体，反映辅导员工作、学习、生活中的喜哀怒乐的影片。

该影片于去年这个时候开机，只拍摄制作了一年就上映了，由此看出所有人员做出的努力。该影片现在叫《守望青春》，最初也考虑过用我的名字，这个我没接受。我比雷锋、郭明义、黄大年差得很远。我说拍一部关于辅导员的影片我非常赞同。长期以来，广大的辅导员克服了无数困难，为培养德智体美劳全面发展的社会主义建设者和接班人洒下了辛劳汗水，要拍就拍高校辅导员群体，也不要以我为原型。所以开机仪式上电影的名字就叫"高校辅导员"，我也没有讲话。因为拍摄这部影片的最初动议是源于我的辅导员工作，虽然我没有同意以我为原型，影片拍摄时有关人员还是多次征求我的意见，我也对剧本中的一些问题谈了我的看法。影片在后期制作时，有关人员与我商量，还是希望我能同意这部影片以我为原型创作，因为这部影片也确实源于我，这样影片就会产生更大的影响力。我看了样片之后，虽然我感到为了追求艺术效果，影片中很多情节已经不是我之所为，有些夸张的地方，但是整部影片还是比较客观地反映了广大辅导员在立德树人中的辛勤付出，特别是我们省委宣传部的领导同志，对该影片的拍摄给予了高度重视，把该片的拍摄定位在完成习近平总书记自觉的十八大以来提出的高校要“立德树人”任务的一个重要举措，我签订了同意以我为原型拍摄这部影片的协议。上个星期，这部最后定名为“守望青春”的电影在我们学校上映了，我完整地看了这部影片，也被打动了。影片塑造了广大辅导员在立德树人路上战胜自我、排除万难、不忘初心、勇于担当的光辉形象。我想起我39年前当辅导员时的情景。那时许多人认为搞不了教学、进不了机关的人才当辅导员，我却是铁了心要当辅导员。辅导员确实不容易，有这样一个场景深深地印在我的脑海里。我年级有一个非团员，我担心他表现不好。为了帮助他，我把他和另外两个学生(一个性格最内向，一个年龄最小)安排在学校分给我的一间面积只有8平方米大小的寝室居住。在我工作的第一个寒假里，我决定到这个学生家家访。那天早上4点，我到了这个学生家附近的车站。为了不打扰家长，我只能在车站里等候着黎明的来临。天气十分寒冷，没有办法，我就在候车室内“运动取暖”。值班大爷出来了，“你给我出去。”他以为我是疯子。“对不起，大爷，打扰您休息了。”“小伙子，你干什么?”“我要家访，怕打扰家长，没想到打扰您了。”“小伙子，你跑吧。”他刚离开，转身又回来了。“小伙子，我给你生炉子。”炉子是土坯垒的，一米多长。因为没有多少柴火，炉子只有一点热气。我在炉子周围待了一个半小时。这一个半小时，凝聚成了我在服务学生路上勇往直前的强大力量。我到这个学生家的时候，学生的父亲紧紧地握着我的手说：“您怎么来了，我家孩子变了，我要到学校感谢您。”我当辅导员后，虽然我只要争取，就会有很多离开辅导员队伍的机会，但是每每想到这些，都会使我更加坚定前进的步伐。现在也是这样。我们有的辅导员第二天就要生育了，头一天还在工作岗位上；有的辅导员患重病，住院期间心中仍然挂念着学生；有的辅导员因为忙于学生工作，失去了太多陪伴家人的时间；有的辅导员去过120多个学生家家访；有的辅导员没有正式的编制，却从来没有把自己当成编外人员……他们有着一个共同的信念：不能耽误了学生的成长。他们淡泊名利、默默无闻、踏踏实实地耕耘在学生的心田，给足学生“阳光雨露”，帮助学生茁壮成长，成为大学生人生成长的指导者和引路人。我也想到我们仍然有一些辅导员不安心自己的工作。不过这也不能全怪他们，我们应当为辅导员的工作创造条件，为他们的发展提供空间。当然，辅导员还是应当讲境界、讲格局，应当不忘我们在党旗下发过的誓言，不忘我们在聘任时许下的承诺。

为了艺术效果,影片塑造了几个典型学生,他们就生活在学生中间。他们有一个共同点,都是出现了这样或那样的问题,然后辅导员再去努力做工作改变了他们,由此彰显辅导员工作的艰辛、辅导员爱生如子的情怀,这样的事例确实比比皆是。不过影片毕竟是一件艺术品,作为辅导员,在现实工作中,还是要把工作做在前面,也就是说很多问题一定要解决在萌芽之中,甚至连萌芽都不能让它产生,不然等问题出现了再解决那就要费大的功夫,并且有的很难解决,以致酿成大祸。所以,一个优秀的辅导员既要有解决问题的能力,更要有避免产生问题的能力。

广大的大学生、未来的大学生们亦有必要看看该影片。该影片可以帮助大家更好地懂得这样的道理:读什么大学、读什么专业固然重要,但是比此更重要的还是为什么读大学、为什么要学这个专业的问题,系好人生的“扣子”。读大学不能只学专业知识,更应当全面培养自己,不然知识学得再多也是没有用的,搞不好会毁掉自己。

该影片也值得家长一看。当家长的一定要了解教育是什么,不能只在物质方面关心孩子,更要关心孩子的全面成长,孩子在知识的起跑线上输了不要紧,绝不能让孩子输在品德的起跑线上。当家长的,培养孩子这个特长、那个特长都有必要,但是孩子最应具备的是做人的“特长”。家长一定要与学校形成育人的合力。

全社会都要关心青年学生的成长。青年是祖国的希望,民族的未来。从某种意义讲,青年学生怎样,民族的未来就怎样。关心青年,就要关心辅导员队伍建设。辅导员是大学里离学生最近的人,也是学生最亲、最信任的人。这支队伍的素质怎样,将直接影响到学生培养的质量。必须下大气力解决辅导员职业化、专业化的问题,提升辅导员的素质。当然作为辅导员自身,也不能等、不能靠,要积极有为,这样才能得到各方面的认同,才能更为有力地推进高素质的辅导员队伍建设。

我从事大学生思想政治教育工作 39 年。从 1982 年毕业留校做辅导员时我就在想,高校里一定要有一支辅导员队伍。大学是以人文起家的,做人文教育是大学教育的根本。辅导员是大学里不可或缺的人文教师,而且是管人文教育核心素养的教师。可以说,我为建设这样一支队伍奔走呼号了一辈子,如今几十年过去了,高校辅导员队伍越来越得到党和国家的高度重视。习近平总书记指出,辅导员队伍要源源不断,后继有人。我想《守望青春》必定会为高校辅导员队伍建设起到积极的推动作用。从

这个意义上讲,我也衷心地希望该影片能够更广泛地深入人心,进而为辅导员工作创造更好的条件。同时我也衷心地感谢中共辽宁省委宣传部、《守望青春》演职人员,他们为推动高校辅导员队伍建设做了一件实实在在的大好事。当然,我更希望广大的辅导员同志们,在立德树人的道路上坚定地朝前走,不犹豫、不彷徨,不管别人怎样看,坚信有为就有位,在服务学生中实现人生价值。

祝贺《守望青春》在全国上映!

向广大的辅导员朋友们致敬!

辅导员不要随意指使学生

2021-09-24

常有学生抱怨辅导员随意指使他们,他们“敢怒不敢言”。一些辅导员抱怨起干“杂活”,也是牢骚满腹,可是他们指使起学生时却忘了那种被指使的感觉。有的辅导员甚至把指使学生当成了“口头禅”——“我有学生”。学生是你的学生,但不是你的仆人,不能随意指使。

从某种意义上讲,学生到学校是学习知识和培养能力的,这是宗旨,是学生活动的轴心,我们让学生所做的一切都不能离开这个宗旨。很多学生本来是很有学习规律的,每天计划得好好的,结果总是被辅导员的指使所打乱。特别是有些学生被用“顺手”了,一有事辅导员就找他们,表面看起来是辅导员瞧得起他们,是辅导员“抬举”他们,但却弄得学生无所适从。不是说辅导员不能指使学生,核心是辅导员自己能做的事一定要自己做。这也是在养成好的工作作风和生活作风。辅导员不能当甩手掌柜,本来很简单的一些事情,却不管三七二十一就将学生从寝室、教室、图书馆喊来,不顾学生在做什么,总是自我感觉良好。当然,学生也不能一味地抵触辅导员的指使,有些事情靠辅导员自己做不了,或者辅导员一时脱不开身,需要你帮助做一下。比如要到医院看望患病的学生,让你买些水果什么的,这时辅导员找到了你,你还真应当积极地去做,这时就不能觉得是浪费自己的时间了。也有个别学生愿意被辅导员指使,希望以此“讨好”辅导员。学生也不要养成投机取巧的心理,一定要有真本事。辅导员也不能跟你一辈子,跟辅导员交往要不卑不亢,承认你能力的可以信赖,如果喜欢你“投其所好”的,你还真应当加以注意,别小小的年纪就在心底埋下了劣质的种子,这种子一旦发芽,最终可能毁掉的是你自己。辅导员不仅不要随意指使学生,也不要给愿意被指使的学生机会。比如自己的办公室一定要收拾得干干净净,不能专等学生帮助收拾,若是学生不做,还怪罪学生没有眼力件儿,这就会为愿意被指使的学生创造条件。

有了学生就有了幸福

2021-09-29

这是教师节前后我和几个毕业学生的交流。幸福在哪里？学生的牵挂、祝福就是最大的幸福。这份情、这份意，是发自真心的，是钱买不来、权换不来的。一些年轻的辅导员还没有体验到这一点。辅导员不要总想离开学生，应该把和学生在一起当成人生中非常幸福的事情。

曲老师，您好！

我已经平安到达××，请您勿念。相聚时光总是那么短暂，不过还会有下一次的，您多多保重身体，爱您！

您好好休息吧，这几天一直也没有闲下来。我和××给您买了一支筋膜枪，虽然我们知道您也不缺什么，但还是想表达一下感激之情，遗憾今天没时间送啦。看您平时一直出差，还经常运动，腿会酸的，可以有时间拿来按摩按摩。等过几天有机会，××给您送过去。您在我们心里一直是很重要的人，您的健康平安就是我们最大的福气啦！

××，你好！

谢谢你和××像女儿一样对我的细心体贴。作为一名辅导员，我一直在做着我应当做的，在践行着党旗下的誓言。辅导员是大学生人生成长的指导者和引路人，我来到你们身边，就是希望在你们的人生“拔节孕穗期”，给你们送上“阳光雨露”，助力你们茁壮成长。你们代表着未来，我们的祖国怎样,我们晚年能不能过上美好的生活,关键看你们怎样！所以,作为一名辅导员、一名共产党员,我没有理由不好好培养你们。老师做了一些应当做的事情,让老师感动的是你们很听话、很努力。你和××都加入党组织中来,都读了博士,老师相信你们一定会带上你们对党、对祖国炙热的情感,今天刻苦学习,增长才干;明天感恩父母,服务祖国。你们生活在多么美好的时代,莫负时代,莫负韶华,不管别人怎样,坚定地前行,在实现中国梦的伟大事业中实现人生价值。

强身健体不能放松!!

让每天都开心、快乐！

曲老师,您好!

早上收到您的长信,真的是既感动又心疼。看您每天都那么忙,不忍心占用您那么多时间。我和××能遇见您是我们的幸运。我现在养成的很多好习惯都得益于您在我们本科时代的教育。甚至我的价值观的养成也深受您的影响。您就像一盏明灯,在我人生道路的关键节点及时亮起,照亮了我前进的方向。我和××以后很可能也会走上教师岗位,您就是我们身边的榜样。我们会时刻勉励自己,做一个像您一样有一分热,发一分光的正能量的人,做一个爱国、敬业、有责任心的中国人！我们会一直努力的,这是我们肩上的使命！

谢谢曲老师的提醒,我们会注意锻炼身体的。您的言传身教,早就在我心里生根发芽啦。您别光想着我们,有时间也要好好陪陪师母。还望您以后能少忙碌一些,能按时退休最好啦。我们还和父母说呢,等我们博士毕业就不让他们再打工啦,太辛苦了。看您每天外出做报告来回奔波,我们也很心疼,您平时还承担那么多科研教学工作,对我来说简直不敢想象。

您要保重身体,在我和××心里我们早就把您当成了我们的父亲,我们会好好学习,不辜负您和我父母的嘱托。您也要好好照顾自己,免去我们的后顾之忧,我们会时常去看望您！

您不用回信啦,知道您会看到的,爱您！

××,你好！

我一直就想默默地做,没想这样地“演”。我跟有关领导说过,我死后组织愿意怎样宣传都行。他们说现在需要典型,就这样我被宣传了出去。在大连海事大学工作期间,你对我的工作给予了大力支持,我会始终记在心上。如今你也开始了新的征程,老师相信你一定会成为国家发展的坚强力量,这也是老师来到你们身边的初心。努力奋斗吧!大美的时代,做大美的人!

家里都好吧?给你父母问好!有时间我再去看他们。要注意锻炼身体。你一定等我,去北京联系你。

祝好!

辅导员工作与性别有关吗?

2021-09-30

曲老师,您好!

不知道是否有幸被您看到这条留言。我是一名2019年毕业的硕士研究生,目前在备考辅导员,我是在搜索辅导员考试公众号的时候关注您的。我看了下,您创建账号的时间并不长,但是却洋洋洒洒写了1500余篇的文章,我还没有拜读完。但是每读一篇,我都能感受到您内心对学生的关爱,对党和人民的赤诚之心,晚辈十分敬佩。您也知道,近两年来因为新冠疫情加上经济进入平缓期,毕业生大都集中往政府单位和高校"避难",导致辅导员岗位要求水涨船高,尤其男女分开招录,同样的分数男生可以录取,女生却面试都进不去(亲身经历)。我陷在这个境地里觉得非常难受,怕自己空有一颗想服务学生的心,却连个工作的机会都没有,也因此埋怨不公平的环境。每次情绪低落时,看看您的文章,总能再次打起一些精神。您说得对,与无数为了新中国牺牲的烈士们相比,我这点挫折又算得了什么呢?我会继续努力,希望未来能成为像您一样优秀的辅导员教师。若能上岸,我会来向您报喜,也期待着有机会聆听您的讲座。学生时代以后,我再也没有追过什么星,但您是我辅导员备考路上唯一的偶像。岁月如刀,明年您就要退休了,望您一定注意身体,祝您万事如意。

××,你好!

你给我的留言我看到了,只是太忙了,没有及时回复你,请理解。谢谢你的点赞、你的认同!我们共勉!

看得出来你还是有这份情怀的,要当一名辅导员,为培养学生服务。我想,只要认真地准备,总会有录用你的地方。

现在很多学校录用辅导员的时候明着不说(也有说的),实际录用时男性还是优先的。为什么会有这种"偏见"?其根本还是对辅导员工作的定位不准造成的。辅导员到底是干什么的?辅导员不是体力劳动者,而是脑力劳动者。辅导员首先是大学生的人生引领者。如果从这样的定位出发,其实女同志做辅导员比男同志做辅导员有着明显的天然优势。思想政治教育需要情感,正所谓没有爱就没有教育,而女性由母爱带来的那种情感,正是做学生思想政治教育不可或缺的。思想政治教育需要耐心细致,女性在对事物的观察方面要优于男性,特别是在耐心方面更是胜于男性的。其实我们现在很多辅导员工作表面上看来"井然有序",学生被"管"得规规矩矩,但是管住了学生的行为并没有管住学生的心。我们还要特别注意的是,大学文化是从寝室开始的,而现在我们的寝室文化建设是极为薄弱的环节,可以这样认为,许多学生的错误行为都是在寝室酝酿、滋生出来的。所谓辅导员工作要落细、落小、落实,一个重要的环节就是把寝室文化建设好。在寝室文化建设方面,女辅导员的优势更为明显。有个女辅导员说,为了搞好寝室文化建设,她常到学生寝室,很多问题都解决在萌芽中。而男辅导员呢?想进女生寝室就不行了。当然这也是我们应当研究解决的一个问题。

女性要生育。这在某种程度上对工作会有些许影响,但是这不能作为不录用女性做辅导员的理由。衡量一个辅导员是否优秀,不是看她与学生的物理距离有多近,而是看她与学生的心理距离有多近。当今已经进入了自媒体时代,有关爱学生的那份情,躺在病床上照样可以做学生的思想政治教育工作,年级学生同样不会"失控";反之,貌似天天在学生身边,同样会"按下了葫芦起了瓢"。

今天是国家设立的烈士纪念日。从1921年到1949年,牺牲的英烈能查到姓名的约有370万。毛泽东说:"成千成万的先烈,为着人民的利益,在我们的前头英勇地牺牲了,让我们高举起他们的旗帜,踏着他们的血迹前进吧!"做好辅导员工作最根本的素质,还是坚定的理想信念问题,与是男是女毫不相干。

期待你如愿成为一名高校辅导员。告诉我你的详细地址,我把我写的书邮寄一本给你做纪念。

人的崇高和学历一点关系都没有

2021-10-14

曲老师,您好!

听了您的讲座让我受益匪浅,也让我找到了作为一名教师的初心,一切为了孩子,为了孩子的一切。作为一名中职教师,我力争对每一名学生不抛弃、不放弃,从思想上感染着,从品德上培养着,从行为上引领着。希望潜移默化地改变人们对中职生的看法,以及中职生对自己人生的看法。

××,你好!

昨天一直很忙,没有回复你,请理解。

不论从事基础教育、中等教育,还是高等教育,教育的根本任务都是立德树人。因此,教师必须把帮助学生确立正确的价值观放在首位,只有价值观正确了,学习知识、培养能力才有意义。从某种意义上讲,知识是用来做事的,价值观是用来做人的。很多人论知识不少、论能力不差,但并没有对社会做出什么有意义的事情,甚至做出了危害社会的事,就是因为价值观错了,也可以说是“缺德”了。教育一定要给学生向上、向前的力量,不能把学生看扁了。每个人都有价值,都有其存在的意义,决不能以学历层次高低来判断。我经常讲,一个人的崇高跟学历一点关系都没有,跟人生的信仰、追求有关系。要教育学生懂得做人的道理,没有考上大学也没有什么了不得,不是有这样一句话吗?是金子在哪里都会发光。人的能力有大小,但是只要有追求、有奉献精神,尽力发挥自己的能力就可以了。现在有的老师有一点很不好,就是学生还没有怎样,他先沉不住气了:“你怎么考到这样的学校,这还能有出息吗?”考到这里又怎么样?做教师的应当告诉学生,人生有两条起跑线,一条是知识的,另一条是品德的,输在知识的起跑线上不要紧,关键是不能输在品德的起跑线上。前者输了,可以撵回来;后者输了,那可就毁掉了。

你还谈到了教育的一个重要原则,就是一切为了学生,为了学生的一切,为了一切学生。这方面我们有的老师做得也不是很好。他们不能平等地对待每个学生,他们把目光聚焦在表现好、听话的学生身上,忽视甚至冷落了一些他们认为有问题的学生。教育应当有教无类,越是有问题的学生,就越要格外关注,特别“关照”,要帮助他们克服自身存在的不足,不然他们养成了不好的习惯,再把这些不好的习惯带到社会上,那会成为什么样子。教育要为学生的一生负责,不能抱着把学生糊弄到毕业就完事了的心态,这样就不配教师的称谓了,更失去了党性、人民性。看得出你有诲人不倦的教育情怀,要把它保持下去。最美好的事情就是陪伴学生进步,帮助学生成人成才,这功在当代、利在千秋。人生不必好高骛远,培养了学生,做到问心无愧,也就值得了。

祝一切顺心如意!

加强与家长的沟通

2021-10-15

曲老师,您好!

今天上午听完您的报告我感到特别有收获,我曾经一直特别看重评职称这件事,听完您的报告我感觉自己的思维有所转变,“一切从实际出发”,不能只是为了评职称而写论文,更应该发现实际问题,挖掘学生的真正需求。只有跟实际联系和结合,研究才更有价值,并具有实际意义。

感谢您!老师一直站着讲课,很辛苦。愿您多注意身体。

是这样的。科研一定要围绕学生、关照学生、服务学生,不然就是“无病呻吟”、没话找话说,那就失去了科研的意义。最好的学问是帮助学生系好人生的“扣子”,帮助学生健康成长。不要徒有其名,要扎扎实实。习近平总书记说要把论文写在祖国大地上,你要把论文写在学生的心坎上。

学习到啦,谢谢老师的指点。辅导员不仅需要深入了解学生,而且还需要努力看书。

曲老师,记得我第一次带班,带的是2019级的新生,其中有一个患重度抑郁症的学生,父母离异,跟着爸爸生活。通过半年多的药物治疗和学校生活环境的影响,加上家长自身的转变,孩子变化特别大,身体状况基本平稳了。我曾经打电话沟通,让他爸爸多关心孩子,把重心放在孩子身上。后来由于工作调整,我不带这个班了,学生爸爸主动跟我联系表示感谢,说正是因为我跟他的沟通,他先转变,孩子才会越来越好。其实对于学生,快乐幸福的关键,一部分是学校,更多的还在于家庭,因为孩子的家庭生活时间更长,所以家长需要学习进步。

老师,2019年我曾想写一篇关于提升大学生人生幸福感的文章,拟了标题和大纲,后来搁置了。因为我发现幸福和幸福感不一样,幸福是哲学研究内容,幸福感是心理学研究内容。一是我混淆了概念;二是我发现哲学层面幸福的定义每个人都不一样,又属于价值问题,存在个体差异。并且,追溯个体差异的原因还是家庭影响更大。

老师,我也在尽力选择把博士论文题目跟工作相结合,今天听了您的报告,我还有一个想法,就是实用性还要多一点。以前想要从大的方向写跟道德相关的内容,听了您的报告后,想在大的方向不变的情况下,增加实用性。

还有一件事情想跟老师分享。有个学生在上报贫困生时,我没同意他报,昨天晚上他给我打电话问我别的班级同样条件的都可以报并且都能通过,我为啥“卡”他。先不考虑别的班级,只说他个人,虽父母离异,可每月2000元的生活费,在朋友圈里晒名牌衣服,向他了解情况时,他还理直气壮,毫无羞耻感,说:“我不差补助我差事。”但我在这方面管理得很严格,必须要真实才行。

其实,家庭真实贫困的学生问老师的时候会说:“老师,我想申报贫困生”,语气中底气还有些不足。而没有那么真实的投机取巧的学生会问:“老师,贫困生怎么报?需要啥条件?”,并且是理直气壮的。有时候特别想瞬间就把他们的价值观扶正。

这么晚,打扰老师了,感恩老师在百忙之中回复了。

××,你好!

你说得很对,学生教育一定要与家庭教育结合起来。我从毕业留校做辅导员开始家访,至今足迹横跨全国二十几个省份。当然家访不只是到学生家这一种形式,还可以有信访、电访等多种形式。家访就是要辅导员有这个意识,要保持与家长的沟通。你做得很好,及时地与家长联系,形成教育合力。确实是这样,有些学生的问题是从家庭中带来的,而有的家长却认识不到这个问题。当我们跟家长交流后,家长就会注意到这些问题,后来家长改变了,学生也就好转了。

你正在读博士，这里确实有个怎么写论文的问题。我们现在有些辅导员读博士为的就是一个学位，研究的问题不接地气，与工作没有联系，当然这与导师有关。我赞同你注重实践性。实践性是思想政治教育的根本属性，写出这样的论文能够用得上，和你的付出是等值的。

助学金不是简单地发钱问题。这里涉及相互帮助、相互关爱的问题，可以培养学生谦让的精神。助学金体现的是一种关心，不可能从根本上解决学生的生活困难问题，还是要引导学生正确看待困难，培养学生艰苦奋斗的精神。助学金也是对学生进行诚信教育的过程。有些学生确实有千方百计骗取助学金的情况，这需要辅导员把工作做细，对于弄虚作假的学生不仅不能享受助学金，还要给予严肃批评。你做得对，就应当把好这个关，这对其他同学也是个教育。

祝好！

谢谢老师，祝您身体健康、吉祥如意！

老师，我敬佩您走了那么多路，这么多年您仍热情不减，我深受感染。

老师，我一直认为贫困生自食其力，不坐享其成，自身具备独立面对这个世界的勇气和能力，是最重要的。今年我班有一个小姑娘暑假打工做服务员赚钱，她主动告诉我，不再申请贫困生助学金。我鼓励她专升本，逐步提升自己的能力价值，从体力劳动提升到脑力劳动，从而创造更多的人生价值。那一刻，我看到了她眼睛里闪烁着自信的光芒，对未来充满了向往和希望。

要读书、走路、做人。不忘初心、牢记使命，就会行稳致远。是这样的。这也是思想政治教育的力量所在、魅力所在、价值所在。

谢谢老师，我相信自己也一定能寻找到学术研究的精准切入点，能在学术有所成就的同时，对大学生思想教育有所贡献，要是能扩展到家庭教育和道德水平的提升方面，那就更有成就感了。我的博导正直、善良，对学术研究和教师职业有着一腔热血，我具有很好的研究空间和研究环境，我感到很幸福。

我一直对工作和学术研究的冲突感到迷茫，现在我有了更多热情，感谢老师的指导和鼓励。

我们共勉！

由学生吸烟说起

2021-10-25

曲老师,您好!

我是××学院的新进辅导员,加您微信主要是想向您学习!您是我们的偶像!

我有一个难题想请教您!我们学校是一个高职院校,好多学生都有吸烟的坏毛病。学校寝室是严令禁止吸烟的,但是好多学生在寝室吸烟,学生会抓到以后会报给我,刚开始我也只是把他们叫到办公室教育一下,说明利害关系,但是他们还是屡教不改,对于通报也已经不在乎了。如果给他们的档案里加处分,我又于心不忍!我想请教您有什么好的办法来解决这个问题,希望能得到老师的答复。

××,你好!

我先跟你讲一下在禁止学生吸烟问题上我的一些做法。

我毕业留校做辅导员的时候就跟学生约法三章,其中一条就是不准吸烟。吸烟不能做干部;不能列为入党积极分子;不能获得各种表奖;不能享受助学金;寝室有一人吸烟不能参评文明寝室;班级有两人以上吸烟便不能参评先进集体。学生干部、要求入党的学生要积极带头遵守这个规定。当时我带的年级学生没有吸烟的。我工作两年后,学校党委把我调到另一个学院做党总支副书记,负责学生工作。我刚去的时候,这个学院风气非常不好,学生吸烟成风,男生不吸烟的是少数。为了改变学生吸烟

成风这个不好的风气,我到任的当晚便召开了全院学生干部(包括寝室长)大会。我跟大家讲,这次会议就研究解决吸烟这件事。我问大家有没有不想当学生干部的?不想当的可以马上离开。大家面面相觑,没有离开的。我说:"既然没有离开的说明大家都想当。下面我讲当干部的条件,就一条,不许吸烟。能不能做到?做不到的可以离开。"大家又是左顾右盼,没有离开的。我接着说:"既然大家都能做到,那就散会。大家可以走了。""散会啦?"大家一脸茫然。"真散会了。你们不走我走了。"我转身离开了。见我真走了,他们相信真散会了,于是纷纷离开了教室。整个会议只开了5分钟。

我在教室外面站了一会儿,当他们都回到了居住的宿舍楼,我也进到了楼里。我从楼上往下走。在二楼见到一个吸烟的学生,我问他是学生干部吗?他"嗯嗯"应着。一看就是刚开完会回来的。我让他跟我来。等我走到一楼门厅的时候,又遇到两个吸烟的学生干部。我当晚就免去了他们3人的学生干部职务,并在门厅的墙板上做了公示。他们想让我给他们一次改正的机会,我说晚了。第二天早上,我利用全院学生出操的机会,开了全院大会,也是只开了5分钟,我专讲了不许吸烟这件事。谁若是吸烟,就要受到上面那些处罚。我在这个学院待了8年,使这个学院形成了良好的风气,各项工作都属于全校第一梯队的。我刚毕业带的年级有80个人,现在他们中有3位厅级干部,他们都不吸烟,这与我的教育管理是分不开的。

我到学校做学生处处长、党委副书记后,学生不许吸烟是学生管理手册里的一条明文规定。我们学校学生先进集体、先进个人评选,都有不准吸烟这一条,大家相互监督。我在做校党委副书记的时候,专门跟校团委老师强调过,校学生会成员绝不允许吸烟。我们学校两次本科教学评估都是德育被评为优秀,这与良好的学生精神风貌有直接的关系。

的确像你说的那样,一些学校、学院的学生吸烟成风,这给其他学生工作带来了负面影响。为什么会这样?除了外部原因之外,还有一些同志对此不以为然。我以为,吸烟成风主要还是工作不实造成的。既然有了规定,就要坚决执行,不然就不做规定;既然有了规定,干部、要求进步的同学就要带头执行。教育管理工作一定要注意这一点:千万不能说了不做,言行不一。因为吸烟给学生处分装进档案不一定合适,如果"兑现"了上面说到的那些条,吸烟的就一定是极少数的,对于极为个别的人,可以在毕业鉴定的时候写上一条，不能遵守学校学生不准吸烟的规定。真写上了这一条，后面的同学也就不敢了。当然还是要以教育引导为主。

一些学生把吸烟当成了一种交往手段。这是一种误解、一种假象，现实生活中不吸烟反而更有利于交往。因为社会越来越进步，人们的社会行为也会越来越文明。一个不遵守社会秩序的人，一定是不受社会欢迎的人。在一切条件都相等的条件下，我要是用人的话，吸烟的那个我一定不会录用，我想别人也是一样。在国外，很多公司都不愿意录用爱吸烟、喝酒的人，道理很简单。他们把爱吸烟、喝酒的人列入违规社会学范畴，虽然不违法，但是容易犯错。

什么不吸烟、不喝酒就写不了东西，这只是一种习惯，也可以说是一种借口。我就不吸烟、不喝酒，我到今天已经公开出版了1200万字的著述。我也没觉得这影响了我与人的交往，我的朋友遍天下。我下乡做知青的时候，男性劳力没有不吸烟的，吸烟成了"最合理"的逃避劳动的方式。我就坚决不抽。他们吸烟，我就干活。我们"青年点"建点8年后我到了那里，此前点里的知青拿到的最高工分是每天8个工分，而我当年就拿到过12.5个工分，全生产队只有我、生产队长和会计拿到了这个工分。

因为我不吸烟、不喝酒，我养成了很好的生活习惯，培养了高雅的生活情趣。我喜欢上了集邮。我在大学期间省吃俭用，把节省下来的钱购买了邮票。工作后，我挣钱了，除了花在学生身上一些，我把能省下的钱全投到了集邮上。从几角钱、几元钱的邮票到十几元钱的邮票，我都大量购买过，然后卖掉、再购买、再卖掉，这不仅为我带来了一些经济收益，而且小小的"方寸之地"，充满了丰富的精神文化，陶冶了我的情操。每当我学习累了的时候，我便翻阅那一本本厚厚的集邮册，仿佛时间在倒流，使我返老还童，一切像是新的开始，我的思绪又回到了我的学习中。我时常想：人，活的是心理年龄，而不是自然年龄。

谢谢曲老师在百忙之中给我的答复！我想我知道该怎么做了。

让学生有存在感

2021-10-28

曲老师,您好!

这么晚给您发微信,希望没打扰您休息。您不需要今晚就回复我。我是普兰店区××中心小学老师,有幸10月11日在大连教育学院思政培训班聆听了您的讲座。在听的过程中,我数次被您的事迹感动,几度热泪盈眶,从气力上我能感受到您的疲惫,但更能感受到您站着给大家做报告时,有使不完的气力和对思政课的由衷热爱。在短暂休息时,我们学员都去喝水了,而您却没有去喝水,于是我拿了纸杯将水端到您跟前,当晚,我和同事就加了您的微信。当时我俩特别兴奋,那种高兴劲儿也许就像现在有的年轻人见到自己的偶像那样激动。在听您讲您教育学生的事迹时,我就在想:当老师可以达到这种境界,真不是一般人能做到的。回去后,我也要好好工作,使劲干!加油干!现在想起那天您的讲话,我也依旧特别受鼓舞。我回来时,跟我们区教研员汇报工作,我谈的最多的就是从您那里得到的教诲。我跟教研员主动申请想给全区的道德与法治教师做个讲座,就是关于您的事迹。我觉得学习思政课、教好思政课,最重要的还是要从思想上改变一些老师的想法,然后教师才能真正有底气、有信心上好思政课。而我,在看您留给我们的PPT时,我真担心自己讲得不够准确。所以,我想冒昧请求老师,您有有关您事迹的文章吗?可以给我阅读一下吗?再结合您上次留给我们学员的课件,我想给全区的小学道德与法治课老师做个讲座,让他们看到榜样的力量,并且让大家知道我们如何才能做好小学道德与法治课老师。

打扰了,老师!现在回忆您的样子,觉得既亲切又心疼。是您的和蔼待人让人如沐春风、倍感亲切,但也因您的辛苦而让人感到心疼。

祝您健康长寿!

××,你好!

你写了这么多,让我感动。你真是用情、用心了,谢谢你!

我是一名思政课教师,这是管学生人生方向的,这多神圣、多重要啊!我从站在讲台上那天起,就要求自己绝不能让学生在思想上犯错。这就要有对学生负责的精神,就要与时俱进,不断提升自身的理论水平。为此,我从来没有也不敢懈怠,可以说每天都在思考、在学习。我从毕业到今天没有睡过午觉。当然上好思政课还不完全取决于具有的理论水平,还需要情感的滋润。尤其是思政课老师,心中一定要有学生,要让学生感受到他们在你的心中,这样学生才能认为你是在为他们上课,而不是为了评职称、拿课酬,学生才会悦纳你的教育。

我站着讲课一是尊重大家,二是锻炼身体。我从年轻的时候就这样。这无形中也是我对自己教学的一个要求。一般说来坐着讲可以依赖讲稿,很多观点知道了就可以,不必背下来;站着讲则需要熟练于心,运用自如。站着讲气势上就优于坐着讲,特别是对思政课来说,这往往需要以身体语言来助力。

从我被作为“时代楷模”宣传以来,国内的主要媒体都采访过我。但是我个人没有收藏一点儿关于这方面的文字、音像资料,大家都是在网上查找关于我的一些情况,你到百度里搜一下就可以。关于我对思政课的一些看法,等我找一下《我和思政课教师的交流》这本书,我把它签名、邮寄给你做纪念,告诉我你的详细地址。

还要特别感谢你对我的祝福!好人一生平安。我 2005 年 10 月患了癌症,颅外皮下长了一个恶性肿瘤,做了两次手术。我放弃化疗、放疗,缠着绷带没有拆线就出院工作了,我要把最后的时光留给学生们。16 年过去了,托大家的福,现在平安无事。

到大连联系我。

你也多保重!祝一切顺心如意!

好的。您的话我会谨记在心！您的真诚总是会感动每一个跟您接触的人。也许这就叫伟大的人格魅力吧！我知道您太忙了，所以不敢跟您交流太多，怕打扰了您。我要以您为榜样，即使虽不能至，也要怀揣教育的情怀而心向往之！谢谢老师您对每一个老师和学生的爱！我真的很感恩！

谁都没有来生，把属于自己的事情做好就可以了。我们共勉！

为学生的未来着想

2021-10-29

曲老师,您好!

我是××大学的××。感谢您今天的报告,让我汲取到了力量。

我们共勉!

谢谢您,希望您保重身体,以后在工作中遇到困惑时我再向您请教。

曲老师,晚上好!今天在学校观看了《守望青春》这部电影,给您点赞!在电影刚开始时,出现了那个自卑的男生,我的眼泪就掉下来了。我太明白一个这样的孩子有多需要别人的理解、支持和关爱,看着电影,我的脑子里全是我的学生们!

再次向您表达敬意,祝您和家人身体健康、平安喜乐!

××,你好!

谢谢你的点赞!是啊,多少学生需要我们拉他们一把、帮他们一下,哪怕一次谈话,一起在食堂里吃一次饭,一个微笑,一条生日的祝福,这些都不难做到的。可是有的辅导员为自己想得太多了,忘了学生的需要,这太不应该了。为学生做得再多也不多啊!这是在为党和人民的事业付出,都是值得的!

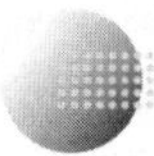

曲老师晚上好，看到您的回复我真高兴。学校今天有活动，我去学校加班了。活动结束后，我继续给新生开班会，我发现了一个不参选班委、啥也不想干的女生，我强制她必须参选，其实我是想帮她走出自己营造的小世界。后来我又单独和她聊了一会儿，慢慢地我把我的想法告诉了她，但她消化这些还需要一个过程。如果现在不改变，她4年后的样子我都能看到了。回家的路上，我又给一个学生打电话讨论班委选举的事。这个男生还问我："老师，我前两天看了电影《守望青春》，真有那样的辅导员吗？"我给他讲了您和学生的故事。

您是我的榜样，虽然我不一定能像您做得那么好，但我会尽力的。

现在有些学生愿意做干部，有些学生不愿意做干部。这里我们不做原因分析。你考虑的是对的。大学生要有责任意识，不能只想自己的事情。而当学生干部无疑有助于培养学生的责任意识。我知道很多这样的学生，刚来到大学的时候只想学习那点事，后来当了学生干部，觉得应当给同学做榜样，结果干部做得很好，学业也得到了提高。我也知道有的学生干部，总认为当干部会影响学习，因此坚决辞去了干部职务。由于思想上"放松"了，没有了紧迫感，学习成绩反而下滑了。事物都是有正反两个方面的。需要告诉学生的是，不要确立非此即彼的思维模式，要注意事物的相互转化，遇事多发挥主观能动性，有积极向上的思维才有助于事物向着有利于自身的方向发展。

曲老师，您说得太好了。和您交流真好。

教育要为学生的一生负责。大学是学生走向社会的最后准备阶段，就是要让他们全面培养自己。学生不能只学知识，成为"书呆子"，要有责任意识、有担当精神。人是社会中的人，谁也无法逃避社会，只能迎头而上。交往能力是为人处世的一项重要能力，从某种意义上讲，做学生干部是培养学生交往能力的一个有效途径。

希望你能坚守下去

2021-11-01

曲老师，您好！

第一次给您写信，我的内心非常激动。我是一名即将入职××大学的准辅导员，我叫××。在××大学读研期间，我所接触到的辅导员老师和我所从事的学生工作让我对辅导员这一职业无比向往，我认为这份工作非常有意义，尤其是对一些迷茫、内向、自卑、贫困等特殊的学生群体，辅导员老师的一句话、一个眼神甚至可以影响他们的一生。后来接触到您的公众号，了解到您的事迹，让我更加坚定地想要成为一名像您一样能真正帮助到学生的辅导员。

从研二下学期，我开始准备辅导员考试，2021年6月研究生正式毕业时我没能实现自己的职业理想，那时的自己无比沮丧。2021年4月底我去了××学院成了一名专业课老师，但我依然没有放弃我的理想，还是想近距离地与学生接触，还是想成为一名辅导员，为此我始终坚持学习。幸运的是，在2021年5月27日您来××学院做了一场师德专题讲座，那是我第一次见到您，那一次的讲座让我更详细地了解了您、了解了您的事迹，这又给了我很大的动力，终于在2021年9月我成功上岸，可以说这期间我从未动摇过、放弃过。

上个月，电影《守望青春》上映了，电影一上映我立刻去看了，电影中您的事迹让我感动，更让我敬佩，观影后我更是庆幸自己选择了这样一份有意义、有价值的工作，我相信自己有足够的爱和责任感，我一定会时时刻刻围绕学生、关照学生、服务学生，努力成为他们的人生导师和知心朋友。我也希望自己10年、20年、30年之后，依然坚守在学生工作的第一线，对得起党的教育事业，无愧自己的初心，无悔今天的选择！

但正是由于这个职业意义重大、责任重大，我更是有些担心，我怕自己经验不够、能力不足，在实际工作中不能像您一样把学生的事情处理得这么好，不能成为自己理想中那样的辅导员。所以，正式入职之前，激动兴奋之余，我特意给您写了这封信，既想和您表达一下自己的兴奋心情，更想听听您的嘱咐和教导。

谢谢曲老师！

××，你好！

电影《守望青春》中有这样一句台词：我年轻过，你没老过。我今年64岁了，我对辅导员的认识还是比较深刻的，不仅思考过，更经历过。

辅导员对大学生的成长至关重要。我在我写的《一个老辅导员的心声》一书的序言中说过：许多大学生的成功得益于辅导员的教育引领；一些大学生的失败，不能不说与辅导员有着关联。你能认识到这一点，说明你对走上辅导员工作岗位还是有一定的心理准备的。不过这是不够的，还需要不断地提升认识，尤其是当上了辅导员之后，再结合自身的实际，好好思考一下为什么当辅导员、怎样当辅导员。有些辅导员刚走上工作岗位时也是满腔热忱的，结果没做多久便开始抱怨了，有的还“逃离”了辅导员岗位。

希望你能够成为一名职业化、专业化、专家化的辅导员。对你来说虽然这个目标比较遥远，但路是走出来的，“不积跬步，无以至千里”。只要一步一步向前走，离目标的实现就会越来越近。

辅导员工作的确有一个积累的过程，急不得，但是又不能顺其自然，要把主观能动性发挥到最大限度。你年轻，既要向理论学习，也要向实践学习，要注意积累，把辅导员工作当成学问来做。

告诉我你的详细地址，我把我写的书签名、邮寄给你做纪念。

祝你一切都好！

曲老师，收到您的回复我非常感动！您在百忙之中还能给我写这么多的文字，我一定时刻谨记，在今后的工作中不断学习，不断提升自己的认识和技巧。我也一定以您为榜样,不忘自己的初心,争取做一名优秀的辅导员!

曲老师,您平时也要注意身体,祝您生活愉快!

非常期待您的签名书籍,我的地址是:××××××××。

这两天书就会邮寄到,注意查收。美好的明天在等待着你,就看你的努力了。

不争而得

2021-11-10

孔子曰:“吾十有五而志于学,三十而立,四十而不惑,五十而知天命,六十而耳顺,七十而从心所欲,不逾矩”。我今年64岁了,也可以静下心来好好地总结一下人生了。在我奉行的人生准则中,我非常认同“不争而得”这一条。我一直比较“中庸”,也说不上哪些事够得上“争”的必要,反正在有些人看来很值得“争”一下的事,在我看来根本没必要太上心。我常想,谁还能活两辈子?我去西安时参观了汉高祖刘邦的墓。刘邦的墓依山而建,耸立在一块平地里,可以想到当年一代帝王凌云驾雾的庞大气势。可是今天呢?他也只能孤零零地待在那里。当然这里的“不争而得”不是不思进取,一味地顺其自然,前提是该做的事情一定要做,而且必须做到更好,至于能得到什么就不要过于“计较”了。什么谁“亏”了,谁占“便宜”了,怎么说呢,“亏”能“亏”到哪儿去?又有多大的“便宜”可占?正所谓“塞翁失马,焉知非福;塞翁得马,焉知非祸?”不争而得,从哪里说起呢?还是按照时间的顺序选几件从我成人以来印象比较深的事说起吧。

我“不争而得”赚到了最高工分。1976年我中学毕业到乡下做了一名知青。那时我19岁。因为我的人缘还可以,加上我肯吃苦,“青年点”里就有人鼓励我当“点长”。因为当“点长”的工分比“青年点”里其他人的工分要高。我们“青年点”是1968年建的,在我来到这里之前,一直是这样。我没有去“争”。我觉得“争”的话多伤和气啊!既然人家当了“点长”，咱干吗去争着干呢？咱当好“点员”不就可以了嘛。这样我当了一个大家都不愿意当的，能为大家做具体服务的“伙食长”。虽然我没有当“点长”，年底算工分的时候，我却改写了我们“点”以往“点长”拿最高工分的历史。全村只有三个人每天给12.5个工分，其中就有我一个。另两个人一个是生产队队长，一个是生产队会计。而我们青年点“点长”历年最高工分才8.5个工分，其他的人都是每天6～7个工分的样子。我为什么能拿到这样的工分？我是玩命地干啊！举一个例子。收割玉米的时候，包括当地社员都是同时收割4垄，而我却同时收割6垄，即便这样，我收割了一个来回，他们有的还没有到那段的地头。还有冬天挖水库里的淤泥。淤泥冻得像铁块一样，只能用镐头一镐一镐地刨。衣服穿多了，干活不舒服；穿少了，又冻得慌。为了多劳动，我从“点”里一出来就扛着镐头一路小跑到工地，然后就一镐不停地刨淤泥块，用劳动“取暖”。大家休息我不休息，待收工的时候我再一溜小跑回到“点”里。给我最高工分，村子里的人都服气。

我“不争而得”上了大学。刚恢复高考制度的时候，我没有正确的认识。我觉得有些人考大学就是怕苦怕累，要逃离农村艰苦的环境，我不想跟他们一样，因此也就没做参加高考的打算。有一天劳动休息时，我们大队党支部书记问我：“你怎么不考大学呢？”我在大队里表现还是不错的，我是大队创业连二排的排长，书记知道我。“毛主席号召我们在农村这个广阔的天地里扎根干革命，我怎么能考大学呢？”我郑重其事地答道。我们书记说：“干革命的机会有的是，考大学的机会不多。你可以念完大学再回来嘛。”我们书记是全国劳动模范、我们国家第一头“千斤猪”的饲养者，毛主席几次接见他，他为中国农业的发展做出了贡献。我一听毛主席接见过的人都这么说，那还是应当考大学的。但是这时在大队报名的时间已经过了，不知道公社还能不能报上名。这样，我从劳动工地直接到公社去询问报名的事。到了公社一打听，这里也过了报名的时间。幸运的是我们“青年点”有个人在公社帮忙，她就负责报名这件事。她对我比较了解，她认为我能考上大学。那时没有电话，她跟我联系不上，也就没法问我。她就自作主张给我加上了。我一听，心底涌起一份感激之情。那时我们公社还不能速照证明相，没有办法，我又骑车到与我们邻近的公社去照。照相馆的人说照相可以，但是要等一卷胶片全部照完了才能洗，照片不能马上拿到。没办法，我多拿了些钱，“心疼”地把剩下的那些底片全包了。我在那里一直等到照片洗完后,又把证明相送到了我们公社负责报名的同志手里。我就这样办完了报名手续,后来参加了高考,我考上了大学。

我“不争而得”当上了学生干部。1978 年 8 月我上了大学。组建班级和年级干部队伍的时候,我没有被“挑选”上。原因很简单,虽然我的高考成绩还可以,但是我表现得不积极,“从政欲望”不强。新生座谈会上,一些想当干部的同学争着抢着发言,我只能“落”在了他们后面,而且我又不像他们那样一副“势在必得”的架势,我“甘拜下风”。他们的发言都慷慨激昂,我的发言则十分“低调”。我说:“大家来到一起不容易。我们要互相帮助。凡是大家‘争着’打水扫地的时候,我就不跟大家‘争’了;凡是没有人‘争着’打水扫地的时候,我打、我扫。”就这样,我们班一共 26 个人,有 13 个人当上了班级、年级的学生干部,自然也就没有我,我估计再挑选两个人的话也轮不到我的头上。我们学校分为南北两个校区,南校区因为急着用,供水设备还不完备就投入使用了。我虽然也不是什么干部,但是我每天早上从北校区拎着一桶水到教室把地扫干净;我还把老师上课喝的水准备好。到了大二的时候,班级同学,包括别的班的同学沉不住气了。改选!改选!改选成了班级、年级主流的声音,选举制度因为我而被废除了。一年的实践证明,只有我当初怎么说的就怎么做了,差不多班上的同学天天喝我打的水。就这样,我进了班委会。其实我的专业课成绩也是不错的,我做班长、学委应当也没有问题,不过我想我还是做生活委员吧,这个职位别人都不“争”。就这样,我当上了班级的生活委员。我很“珍惜”这个职位,一直坚持给同学打水、扫地到毕业,我再也没“争”着当什么年级、系里、学校的学生干部。我在大学里的最高职位就是班级生活委员。我留校工作后当过系党总支副书记、学生处处长、校党委副书记,我最瞧不起那种口惠实不至、本是为了自己的私利,却在那里说些冠冕堂皇的话的学生干部。我当了学生处处长、校党委副书记后,每当新生干部产生后,我都对他们进行岗前培训,我都要强调这一点,学生干部没有职位的高低,一定要名副其实、扎扎实实地为同学服务好。为了个人那么点私利“争抢”着当干部,虚头巴脑,多让人瞧不起。

我“不争而得”入了党。现在发展大学生党员的数量多了,全国在校大学生党员占在校大学生的比例接近 10%。我们那时候,年级除了几名来到大学就是党员的同学外,直到毕业前才发展了 3 名党员。我们年级

130多人,共4个班级,有个班级发展了2名,我们班级发展了我,另两个班级就没有同学被发展入党。我学着《共产党宣言》写下了入党申请书。我坚定地相信,共产主义必然胜利,资本主义必然灭亡。没有共产党就没有新中国。中国近代社会大大小小300多个政党、团体,只能由中国共产党来领导,因为中国共产党代表最广大人民的根本利益。我始终积极要求入党,按照党员的标准要求自己。在工作上,我是班级生活委员,但是我常常干了年级干部的活,只要我在,就不允许"长明灯"在。我常常在上百人的注视下,迈着坚定的步伐走到开关处,把"长明灯"关掉(在我大学一年级不是学生干部的时候我也这样)。我不是共产党员,可我要成为共产党员。在学习上,我十分刻苦,从来不"舍得"午睡,现在也保持着这个习惯。我的学习成绩在年级里也算前列。在体育上,我虽然没有身材优势,但是我有毅力,坚持长跑,即便在寒冷的冬季也不停止。学校的操场上,常常只有我一个人在奔跑着。我在母校学习了4年,工作了22年,至今我应当是在操场上留下步数最多的人。我成了一名业余万米跑运动员,为班级、学校在体育比赛中得了不少分、争得了荣誉。我创造过我们学校万米跑纪录。我们年级是一个支部。支部讨论谁入党的时候,我根本就不知道。这时我的"实干"起了作用。后来跟我谈话的时候支部的同志说:"大家一致认为你虽然不是班级、年级、学校的主要学生干部,但是你实干、肯干,如果不发展你入党就不公平了。"就这样,我"不争而得"地成为我们年级毕业前夕发展的3名党员中的一名。

注重学生思想引领

2021-11-15

曲老师,您好!

我是来自四川××学院的一名辅导员,我叫××。我很荣幸可以加到您的微信,感谢您上午的分享,我平时都在看您的公众号,想跟您说,您是我的榜样,潜移默化地影响着我。每每感到困惑或迷茫时,我都会去翻看您的文章,看完后能量满满。谢谢您的一路指引,我会努力跟随您的脚步,做一名用生命影响生命的好老师,谢谢您!

习近平总书记在庆祝中国共产党成立100周年大会上的讲话中指出:"中华民族拥有5000多年历史演进中形成的灿烂文明,中国共产党拥有百年奋斗实践和70多年执政兴国经验,我们积极学习借鉴人类文明的一切有益成果,欢迎一切有益的建议和善意的批评,但我们绝不接受'教师爷'般颐指气使的说教!中国共产党和中国人民将在自己选择的道路上昂首阔步走下去,把中国发展进步的命运牢牢掌握在自己手中!"从战略的视角考虑问题,实现中华民族伟大复兴,关键看当代青年怎么样,他们站立的方向,就是中华民族未来的方向。从这个意义上讲,"把中国发展进步的命运牢牢掌握在自己手中"的一个重要释义,就是一定要增强当代青年的思想力,特别是在高等教育已经普及化的今天,大学生群体的思想力对明日之中国起着更重要的影响作用。因为他们将成为社会各条战线的骨干力量,他们中的一些优秀分子还将走上党和国家的各级领导岗位。

正所谓“未来属于青年,希望寄予青年”。

人的崇高,首先是精神的崇高,崇高的精神追求会使人产生不竭的动力。可见,精神是行动的出发点,是一种价值观,也是人生前行的动力源。有了强大的精神力量,就不会惧怕前进道路上的任何艰难险阻。辅导员就是要成为大学生的人生导师,帮助学生树立正确的价值观,系好人生的“扣子”,给学生思想力。青年学生只有精神力量强大了,行动才能自觉、坚定、持久,才能懂得自身存在的价值和意义。

我在高等教育领域工作了39年,作为一名思想政治教育工作者、一名老辅导员,在工作中我深深地感到,在大学里学生们最需要的是精神的力量,这是他们前进的动力。精神有力量,行动才能坚定、持久,才能懂得自身存在的价值。大学不是工厂,不是培训中心;大学是文化的场所,是精神的家园;大学培养的是“人品”,而不是“产品”,“人品”和“产品”的最大区别在哪里呢?“人品”是“活物”,“产品”是“死物”,前者有精神世界,可以左右自己;后者只能被动地任人摆布。大学生正处在价值观确立的关键时期,他们的精神世界如何,对他们的影响不是一时的、几年的,很可能是终身的。习近平总书记指出:“我为什么要对青年讲讲社会主义核心价值观这个问题?是因为青年的价值取向决定了未来整个社会的价值取向,而青年又处在价值观形成和确立的时期,抓好这一时期的价值观养成十分重要。这就像穿衣服扣扣子一样,如果第一粒扣子扣错了,剩余的扣子都会扣错。人生的扣子从一开始就要扣好。”

经典的《希波克拉底誓言》大家都很熟悉。当年凡是从医的人都要发誓,一定遵守这一誓约。该誓约中有这样一句誓词:尽我的能力,遵守为病人谋利益的道德原则,并杜绝一切堕落及害人的行为。

每当想起这句誓词的时候,我就会联想到作为一名辅导员岂不是更应当做到这一点:绝不能伤害学生!这里谈及的对学生的“伤害”与医生对患者的伤害有很大的不同,医生对患者的伤害往往是身体上的;而辅导员工作做不好对学生的伤害则是精神上的,或者说是思想上的、价值观上的。辅导员给学生提供专业知识是必要的、帮助学生提升能力水平也是应当的,但是比此更为重要的还是要让学生的头脑增添精神的力量,装进正确的思想、确立正确的价值观。学生正处在“拔节孕穗期”,这就像“秧苗”需要水分一样,要及时地浇灌他们。辅导员一定要给学生的心灵浇灌纯净之水,而不能给学生灌上“混浊”之水,不然不仅不能解“秧苗”之急,反而会“伤害”到“秧苗”的生长,严重的会使“秧苗”从根烂掉。特别应当看到,一些大学生带着在基础教育阶段就形成的错误认识来到了大学,如果辅导员再不及时地帮助他们纠正,他们会继续放大这些错误,以致达到无可挽回的地步,这无论对学生还是对社会,都是一种伤害。大家还记得河北某中学的张某峰吗?我当时写了一篇文章推送在我的公众号上,其中写道:张某峰火了,××中学更火了,教育又被“热烤”了。一个高中生的演讲为什么能引起如此的“热议”?说到底,是张某峰触动了教育到底培养什么人、怎样培养人、为谁培养人这个最核心的神经。一个穷人家的孩子,穷惯了,也穷怕了,要通过自己的努力,收获“白菜”,过上优越的物质生活,不仅为父母省却了很多烦恼,而且还为父母的晚年提供了生活上的保证,应当肯定,这是他对自身生活环境的积极反应。张某峰会成为一个什么样的人?会不会收获了“白菜”忘了娘?会不会把收获“白菜”当成了人生的“终极”目标?甚至会不会为了收获“白菜”而不择手段,乃至于会不会真“拱了白菜”?网民们对此是有疑问的,有的更是断言他一定会。根据什么呢?根据他的“土猪”理论;根据他演讲时的夸张体态;根据他撂下的“狠话”。其实现在来下结论为时过早。人是环境中的人。张某峰到了大学会遇到什么样的老师,遇到什么样的同学,得到什么样的教育,能不能经得起新的环境的磨炼,这些是关键。多少踌躇满志的青年学子来到了大学,心中那团燃烧着的火焰熄灭了;又有多少带着忧郁、彷徨、抱怨来到大学的学子坚强了起来,扬起了奋斗的风帆。张某峰就是个孩子,我们要看到他身上的闪光点,帮助他克服掉身上的不足。对孩子既不能“捧杀”,也不能“棒杀”。就我个人来看,张某峰“狂傲”得还不够,格局还不大,如此小的年龄就有如此的才华,为什么不做真正的君子?《大学》开篇便是:“大学之道,在明明德,在亲民,在止于至善。”张载曰:“为天地立心,为生民立命,为往圣继绝学,为万世开太平。”只有真君子,才能得到人民的尊敬、赞美和怀念。袁隆平去世的时候,人们自发地为他送别,一簇簇鲜花汇聚成了思念的海洋。袁隆平说:“人就像种子,要做一粒好种子。”孩子,某峰同学,你赶上了多么美好的时代,这是大有作为的时代。你没有忘记偌大的北平曾经放不下一张书桌吧?“修身、齐家、治国、平天下”,你何不志存高远,甩开膀子大干一场呢?大丈夫何患无妻!你知道吗?你应当将“小我”融入“大我”之中,在实现“大我”中满足“小我”。不得不承认,我们的教育过度关注的是升学率、就业率,忽视了价值观。学生考上了名校就是好样的,找到了收入高的工作就是好样的,这能怨学生吗?是我们的教育出了问题。教育就是不能让学生自然地适应环境。教育更带有民族、国家属性。教育必须与国家和民族的命运紧密结合起来。是学生不愿意接受这样的教育吗?是我们没有给学生真正的教育。要知道一些学生在基础教育阶段,就是抱着不正确的价值观来到了大学。由此可见,辅导员多么有必要加强对学生思想的引领啊。无数实例证明,能跑到人生终点的人,都是"品德线"不输的人。一个心中有祖国的人,怎么能没有小家的位置呢?正如大教育家竺可桢先生所说:"大学教育之目的,在于养成一国之领导人才,一方提倡人格教育,一方研讨专门智识,而尤重于锻炼人之思想,使之正大精确,独立不阿,遇事不为习俗所囿,不崇拜偶像,不盲从潮流,惟其能运用一己之思想,此所以曾受真正大学教育者之富于常识也。"

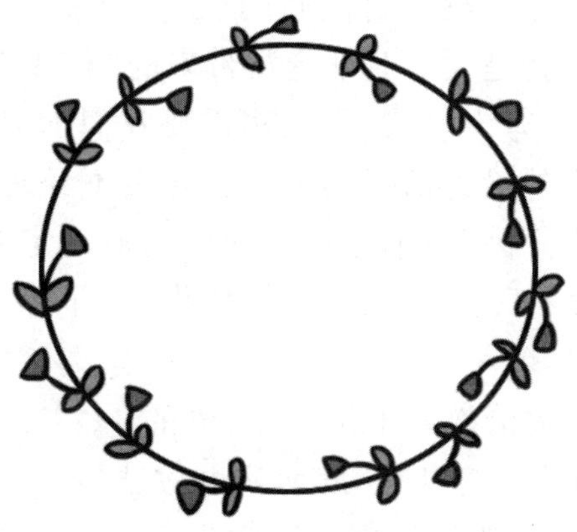

注重学生思想引领(续一)

2021-11-18

我经常接到毕业生(也有学生家长)给我打来的电话、写给我的微信、在我公众号后台的留言。在谈到辅导员的时候,他们更多的是感谢辅导员在思想上对自己(孩子)的教育引领,但也有对辅导员表示抱怨的,他们说在大学读书期间辅导员没有给他们(孩子)“思想力”,有个学生更是气愤地说他今天的样子就是大学时辅导员带来的“伤害”导致的。虽然这是极为个别的,也许有所夸大,但这也确实需要我们加以注意。辅导员是大学里学生除了父母之外最为信任的人。辅导员不经意间的一句话就有可能影响到学生的一生。因此,辅导员在学生面前一定要谨言慎行,时时考虑为学生提供正能量,千万不要因说话而“伤害”了学生,这样学生会记恨一辈子的。

现在的学生思想政治教育工作往往“管的”太多,特别是辅导员工作,整天大量的事务性工作“缠身”。此前我也写过《辅导员不是筐,不能什么都往里边装》一文,说的就是不能把和学生相关的事都往辅导员那里推,大学里还有和学生不相关的事吗?这种工作界域不清情况的出现,与现今的大学管理制度还不是很完善有关,当然与有些同志对思想政治教育的认识,特别是对辅导员工作的认识存在一定的偏差有关。辅导员一定要认识到给学生精神力量是思想政治教育的根本,要置种种不利的条件于不顾,“咬定青山不放松”。正像习近平总书记要求的那样:帮助学生系好人生的第一粒“扣子”,如果第一粒“扣子”系错了,后面的“扣子”就都会错。眼下辅导员还是要做到“胸中有数”：辅导员的本职工作就是思想引领，给学生精神力量。管理是为教育服务的，如果单纯管理的话，就没有必要下这么大的功夫建设职业化、专业化的辅导员队伍，也没有必要给辅导员划到教师系列了，放到管理系列不就好了？为什么辅导员的教师身份、职称评聘总是被“误解”，原因很多，有认识上的问题，也有辅导员自身给他人的“形象”问题。一些辅导员整天婆婆妈妈的，没有能力做思想引领工作，这就导致了学生与辅导员的心理距离加大。辅导员希望自己什么样是一回事，怎样才能实现自己的希望又是另一回事。

教育部关于加强辅导员队伍建设的相关文件中，都是把辅导员首先定位在大学生的人生导师上，这就是说辅导员一定要注重学生的思想引领，要让学生懂得学习知识不仅有个人的需要问题，更有祖国的需要问题。辅导员要理直气壮地对学生进行思想政治教育，不能一味地迎合学生。学生是明白好坏的，并且学生最感谢、最记在心里的还是那些能给他们的前行方向指明道路的辅导员。我在我的公众号“仍然在路上”中推送过多篇文章，提醒辅导员要注重对学生的思想引领，就是希望辅导员要处理好日常管理和人生导师的关系，一定要把两者统一起来，特别是后者，尤其不能忽视。须知，辅导员队伍存在的意义最终还是体现在人生导师上，不然就具有了可替代性，就会失去自主性，也就难能有主动权，说得严重些，还真应当考虑辅导员的必要性了。为什么有的辅导员“恐慌”，担心年龄大了就不能当辅导员了？恐怕这是一个重要的原因。这就看怎样设计自己、想怎样发展自己了。对自己缺乏长远的设计，便容易抱怨各方面的条件，进取心不足，慢慢地就被落下了，等明白过来也就晚了。大学生正处在价值观确立的关键时期，他们的精神世界如何，对他们的影响不只是一时的，甚至是终身的。我决定从省厅辞去领导职务回到学校工作时，我大学刚毕业留校做辅导员时带的一个学生请我吃了顿饭。席间他跟我说，吃饭不是目的，他要送我一封信。这封信好几千字，其中有这样一段：的确，在大学里与学生接触最多的应该是辅导员，彼此之间的距离也应该最近，但实际做起来则要看他的心是否愿意真正贴近学生，是否愿意把时间花在学生身上。我们当然不能期望总是在老师的护佑下生活，我们终要独立地成长起来，然而在这成长过程中，无疑需要一个精神导师的正确指引。于我而言，您恰似我成长路上的一位精神导师。他认为，在大学里他带走的最有价值的东西就是我输送给他的精神力量。这个学生现在是正

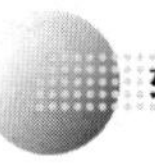

厅级干部。我看完这封信的时候，掉泪了。一个辅导员，对学生的影响真是太大了。你的一言一行学生都看在眼里、记在心上。说过的很多话辅导员自己可能早都忘记了，可是学生却一辈子记在了心里。可以说，我对这个学生思想上的引领就是一生的。

当前，给学生精神力量具有更为现实和深远的意义。习近平总书记在党的十九大报告中明确提出：到本世纪中叶，要把我国建成富强民主文明和谐美丽的社会主义现代化强国。这个时间节点意味着当代大学生要全程参与到实现中华民族伟大复兴的实践当中。“中华民族伟大复兴，绝不是轻轻松松、敲锣打鼓就能实现的。”从国内来看，我国社会主要矛盾已经转化为人民日益增长的对美好生活的需要和不平衡不充分的发展之间的矛盾；从国际来看，我们正在行进的发展道路，并不是一条笔直的坦途。100 年前，一群新青年高举马克思主义思想火炬，在风雨如晦的中国苦苦探寻民族复兴的前途。100 年来，在中国共产党的旗帜下，一代代中国青年把青春奋斗融入党和人民的事业，成为实现中华民族伟大复兴的先锋力量。新时代的中国青年要以实现中华民族伟大复兴为己任，增强做中国人的志气、骨气、底气，不负时代，不负韶华，不负党和人民的殷切期望！这就需要辅导员一定要把对学生的精神塑造放在自身工作的突出位置，用习近平新时代中国特色社会主义思想武装学生头脑，切实为学生提供强大的精神力量。这样，才能为学生点亮理想的灯、照亮前行的路，以推动和鼓舞学生前进。

在辅导员工作中，我十分注重对学生的思想引领。新生入学期间，我第一时间给学生做了“中国共产党为什么‘能’，马克思主义为什么‘行’，中国特色社会主义为什么‘好’”“为中华之崛起而读书”“树立社会主义核心价值观”“培养集体主义精神”“出生于什么样的家庭是无法选择的，人生的价值是可以创造的”等专题报告，启发学生的思想觉悟，丰富学生的精神世界。有个学生党员刚来校时思想上有些气馁，我同这个学生党员仅通过微信就交流了几万字。我跟她说：“同学们就是通过你来看我们的党，你一定要有个党员的样子。对党要忠诚，举起的右手即便粉碎了也不能再放下。”这个学生对党有了正确的认识，提升了思想境界，在年级里很好地发挥了一名共产党员的作用。

辅导员给学生思想力量，要“润物细无声”。强大的思想力量不可能一蹴而就，需要培养的过程。在当今这样一个政治多极化、经济全球化的大背景下，加上自媒体时代的到来，学生内在的思想世界与外部世界已经实现了“无缝连接”，这就使得他们的思想世界变得“色彩纷呈”。毫无疑问，其中有些“色彩”是“黯淡无光”的，与他们人生成长的“主色”不相符，会影响他们的人生绽放绚丽的光彩。这就需要辅导员帮助学生选准铸就他们人生辉煌所必备的“色彩”。

作为一名辅导员，我知道自己难以知道学生的思想世界里所“存储”的每一种“色彩”，但是我必须清楚这个学生现在所追求的人生“主色”是什么，必须最大限度地帮助学生分清那些在他们思想世界中会“混淆”其“主色”的“色彩”，尤其是对那些极为“黯淡的”、对“彰显”其人生“主色”有绝对“破坏”作用的“色彩”，辅导员要帮助学生坚决、及时地处理掉。

注重学生思想引领(续二)

2021-11-19

在做辅导员工作时,新生一入学我便对他们进行思想状况问卷调查,从中了解学生的思想世界。有个学生在问卷中说,他来大学后便没有了方向,不知下一步应当怎样走。通过我的帮助,这个学生确立了人生追求,他要成为一个对社会有用的人。

我经常深入学生的宿舍、教室、食堂,随时和学生进行思想交流;每学期开始的时候,我都要和学生谈一次话,对学生的思想世界加以把控,以使学生的思想世界始终充满正能量。学生在写给我的微信中说:

今天我们有幸与亲切、和蔼的曲老师进行了面对面的交流。这次谈话,让我真真切切地感受到了学习的重要性。曲老师就像父亲一样反复嘱咐我们要以读书为快乐,为国家做贡献。他还为我们讲述了各个省份的伟大人物与历史故事,引导我们向这些英雄伟人学习。从中我能感受到曲老师对我们的关心与期望,我定会努力上进,不辜负曲老师的期望。听了您的讲话,感触颇深,也明白了许多,谢谢您!

敬爱的曲老师,感谢您在百忙之中抽空来我们宿舍与我们这群不谙世事的大一新生交流分享经验,我深刻地感受到了您对我们的关怀与期望。能有机会与您对座交谈实属我的荣幸,我一定尽力做到您给出的宝贵建议:珍惜时间,努力读书,勇于探索,报效祖国。

今天听过曲老师的教导后，我感受到了思想的重要性，明白了学习真正的意义，懂得了思考对于学习的重要性。我要成为一个有创造力的人，而不是一味地死读书，希望在大学生活中努力向上，成为对祖国有用的人才。

尊敬的曲老师，今天听了您的讲话我触动很大，那是一种于平淡生活中的伟大智慧。您让我知道，自律是一种多么难能可贵并且重要的品质，少说多做是多么的不易，聆听您的教诲，我一定会努力学习，坚持自律、运动，投入无限的为人民服务当中。

曲老师，您好！

从步入大学校园的第一天起，您就多次告诫我们“输在知识的起跑线上并不可怕，可怕的是输在了道德的起跑线上”。在我们成长的道路上，您像一位慈爱的父亲精心呵护着我们这些孩子，让我们懂得了一个人的成功不在于他所具有的学识抑或是所拥有的权势，只有热爱自己的祖国并能够为她奉献的人才会受到人们的敬仰。很庆幸在大学这一关键的时间节点上，有您为我们树立正确的价值观，给我们系好了人生的第一粒“扣子”，只有这样我们才能够行稳致远。

正如您所说，大学时期的我们正处于人生的“拔节孕穗期”，面对“精彩纷呈”的大学生活，我们接触信息的渠道多了，但看到的信息也变得杂了。我们刚刚脱离父母的约束来到大学，在思想上很容易存在一个空白期，这时候思想上假如没有正确的引导，坏的思想就会乘虚而入，结果只能是自己的悲哀，甚至给自己的家庭和社会带来灾难。每每想到这里，我都特别地感激，感激在刚刚步入大学校园的时候就遇到了您，您帮助我们树立了正确的价值观，让我们懂得人不应当仅仅为了自己而活。知识性的学习是一种价值追求，高尚的道德品质才是决定成功的关键，在人生的价值选择上，我们应当时刻与国家的发展联系在一起。

我爱我的祖国，我忠诚于我的祖国，我愿意同我的祖国站在一起。自新中国成立以来，在中国共产党的领导下，一代又一代的中华儿女为我们今日的锦绣山河流下了辛勤的汗水甚至流血、牺牲，无数英雄们用生命捍卫的国家尊严容不得半点玷污，近代饱经欺凌而今凝聚一心的民族感情容不得半点欺骗！“未来是我们的”，中国梦将在我们这一代人的身上实现，我们一定要担负起历史的使命和责任，对得起饱经磨难又为我们遮风挡雨的祖国母亲，对得起历史长河里一代又一代中华儿女的不朽奋斗！

辅导员给学生思想力量，要处理好“灌输”和“疏导”的关系。从思想世界的形成来看，大学生正处在思想世界的确立时期，他们的头脑里不可能天然地具有强大的思想力量。辅导员要坚持“灌输”这个思想政治教育原则，积极主动地帮助学生丰富思想世界。但是，在具体的方法上一定要灵活多样，要结合学生的特点，采取他们喜闻乐见的方式“寓教于乐”，不然学生对我们的“灌输”会采取“排斥”的态度，甚至关闭他们思想世界的“闸门”，拒绝我们的一些思想力量的进入。我做辅导员时，在年级里成立了“读书社”，组建了理论学习小组。学生们经常组织读书报告会，我做指导教师，对学生的读书体会进行点评。我还购买了《习近平总书记系列重要讲话读本》等书籍分发给学生，让学生丰富自己，增添他们思想世界的力量。

思想政治教育要“突出思想政治教育”，这不是同义词的反复。一些辅导员挂在嘴边的一句话是“两眼一睁，忙到熄灯；两眼一闭，提高警惕”。这里虽有些夸张的成分，但是这也确实是当前辅导员队伍工作状态的基本写照。作为一名老辅导员，我非常理解大家，我就是这么过来的。我刚留校做辅导员时恐怕比现在还要忙碌，那时谁家也没有电话，若是哪个老师的同学从外地来看他，就得有人到这个老师家去把这个老师找到学院里。我是学院里最年轻的教工，找人这个活“名正言顺”地落到了我的身上，我们院长也就常常“理直气壮”地推开我办公室的门：“小曲，你去把××找到学院来。”现在人人都有手机了，辅导员们，你们想干这样的“杂活”也干不上了，科技解放了生产力。

这里我说的思想政治教育要“突出思想政治教育”，说的还不是辅导员们“被动”地做的那些本不属于辅导员工作界域的事情，这里主要是想提醒辅导员们一定要“种好自己的田”，忙要忙在点子上，不然一些辅导员虽然心甘情愿、乐此不疲地做了大量的学生工作，梳理后发现，这里有很多本不属于辅导员本职工作的要求，或者说从思想政治教育学科来看，既然辅导员“介入”到其中，那就应当实现思想政治教育所要实现的教育目标、完成的教育任务，而不是其他。

毫无疑问，从学术的视角来看，学校的一切工作都可以归属于相应的学科，都可以从某个学科得到学理支撑。例如：组织工作可以归属于党建学科；校办工作可以归属于管理学科；教务工作可以归属于教育学科；宣传工作可以归属于马克思主义理论学科；学生工作可以归属于思想政治教育学科。当然，机关所有工作都涉及管理学科及其相关学科。就像学生工作，主要依托思想政治教育学科，但是教育学、心理学、法学、社会学、管理学等学科都交互其中。孰重孰轻？这就看辅导员怎样把握了。从学科属性上来说，学生工作依托的是思想政治教育学科的理论支撑，因此，辅导员工作再忙、再杂，也要为思想政治教育学科服务，也就是说，忙碌要体现在思想政治教育学科的本质要求这个“点子”上，即我们通常所说的，要用马克思主义理论武装学生的头脑，帮助大学生扣好人生的“扣子”、完成不了这个任务，与这个问题不相干，那么辅导员的忙碌就真是“瞎忙”了，结果是“种了别人的田，荒了自己的地”。最终不仅自身的价值没有显现出来，反而轻而易举地被别人取代了。

我在决定辞去厅级职务回到学校做辅导员的时候，有的朋友跟我说：“别当辅导员了，现在的学生不好带。你都这把年纪了，学生和你之间会有代沟的。”我想这里是有个和学生间年龄差距的问题，但是代沟不是因为年龄形成的，而是由于情感，也可以说是境界不够形成的。我只要把学生放在心上，为他们着想，他们怎么能不听我的，怎么能不信我呢？

果然学生们很信任我，有些心里话也愿意跟我说。我力所能及地帮助他们，把学生的事看成自己的事。我们之间跨越了时空的“阻隔”。有一次我到一个学生家家访，这个学生的父亲告诉我：“俺家孩子说了，她毕业不回家了，她要在大连工作。她要像女儿一样照顾您的晚年。”那一刻，我的眼角涌出了泪水。哪有不懂事的学生（孩子）？恐怕只有不爱学生的老师吧。

习近平总书记在与北京师范大学师生座谈时说：“爱是教育的灵魂。这是教育的最高境界。”有了这样的境界，在我们和学生共同“编撰”的人生字典里，还会找到代沟这样的词汇吗？没有了代沟的阻隔，你不仅不会被落下，还一定会成为在“终点”等着别人的人！

我把主动从思想上引领学生成长当成了我工作的主旋律，再忙，我也要深入到学生中，了解学生的思想实际，把他们的思想梳理、排队，分清轻重缓急，有针对性地对他们的思想加以引导。普遍性的问题集体谈话，个别的思想问题个别谈话；有的简单谈，有的反复谈。我刚留校做辅导员时，有个学生思想比较偏激，我有准备地同她谈了20多次话，每次谈话不少于1个小时，谈话的内容涉及政治、经济、历史、社会、校园生活等诸多方面。我们那时的管理任务比现在要重得多。那时学校食堂普遍拥挤，每天我们都要到食堂维持就餐秩序，辅导员基本上就是“保姆”“消防员”“警察”，学校对辅导员基本上就是“管住”就行，这就看自己怎样把握了。有的辅导员说客观条件影响了做学生的思想引导工作，怎么说呢？这要看你怎么看待了。这是不是就像谈恋爱似的，爱她，有一万个理由；恨她，也有一万个理由。关键是怎样把握自己。

辅导员朋友们，习近平总书记在北京大学和师生座谈时明确提出，我们的高校要培养德智体美全面发展的社会主义建设者和接班人。毫无疑问，建设者和接班人的首要条件就是价值观要正确。“术业有专攻”，辅导员不就是干这个活的吗？没让你干那是因为我们有些同志对大学培养什么人、怎样培养人、为谁培养人还缺乏正确的认识。辅导员教师队伍建设一定要回归“常识”，那就是辅导员一定是大学生的人生导师。检验辅导员工作好坏的首要标准，是看他们给学生指引的道路正不正，他们培养的学生思想错没错，学生听没听他们的话。真到这一天你们觉得你们会怎样？你们能胜任吗？真到这一天你们现准备还能来得及吗？

建设好学生干部队伍

2021-11-24

我在1982年刚留校做辅导员的时候,我国的高等教育还处在“精英”教育阶段,那时一个辅导员带上百八十个学生就不少了,这是常态,社会开放程度也没有现在这样高,学生的思想也没有现在的学生活跃。如今高等教育已进入到大众化教育阶段,到2020年年底,我国高等教育的入学率已经达到54.4%,加上自媒体时代的到来,真正实现了“秀才不出门,全知天下事”。学生的思想难于统一,步调难于一致,来自四面八方的声音都灌输到学生的耳朵里,他们听谁的?也由于现在的辅导员缺编,若是按照1∶200来带学生这是“福分”了,一般都要超过200,还有带300、400的,甚至还有更多的。从某个角度讲,真不是给辅导员们开脱,辅导员即使有三头六臂,要教育管理好这么多的学生也是有相当难度的,况且有些辅导员就是刚毕业的硕士生,先不说他们有没有辅导员工作的素养,单在教育管理上,他们就缺乏经验,恐怕他们带的学生不出事都难。当然,要看出什么样的事,要看是辅导员的工作没到位、不细致,还是应当由辅导员来做的工作辅导员根本就没做。所以一个好的辅导员,会做工作的辅导员,要想所带的学生不出事、少出事,就不能当“光杆司令”孤军奋战,不能只跳“独舞”,要学会“借力”。借谁的力?就是学生干部们的力。辅导员要善于建立团队,发挥好学生干部的作用,使学生干部成为辅导员开展学生工作的得力助手。学生干部与同学有着天然的联系,是辅导员与学生沟通的桥梁和纽带。事实表明,学生干部作用发挥得好,辅导员的指令就会通畅地贯彻到年级学生当中,年级学生的风貌就会积极向上;学生干部的作用若是不能很好地发挥,辅导员的指令就会发生“阻断”,整个年级就会处于群龙无首的状态。我在大连海事大学做辅导员时,我是博士生导师,担负本科生的教学任务,还经常外出开会、做报告,但年级从未“失控”过,这要得益于学生干部的支持。平日里这些学生干部各负其责,做好他们应当做好的事情,使年级、班级各项工作有条不紊地运行。就在毕业那年,我们年级里的两名中队长,一名男同学、一名女同学,他们本来去向已定(一个签约了、一个保研了),但是他们俩没有“完事大吉”、忙自己的事,他们想的仍然是怎样替我做好工作,为同学服务好。

我刚留校做辅导员不到3年就被党委派到另一个学院做党总支副书记。我的工作能够得到组织的认可,我十分感谢学生干部们的支持和帮助,他们很好地发挥了带头作用,成为我与学生联系的桥梁和纽带。近40年过去了,一些学生干部的身影仍然不时地闪现在我的脑海里。

××同学,他是班级团支部书记,朴实无华、乐于助人,可以说没有什么个人利益追求,心里装的都是同学。我给大家讲述这样一个小故事:历史专业有门课叫历史地理,学这门课需要会画图,那时的教学用具不像现在这样齐全。因为没有便捷的用具,同学们画起图来就比较费劲。××同学就冥思苦想怎么才能帮助同学解决这个问题。就这样,他用铁皮条制作了一种专门画图用的卷尺,画起图来既方便又准确。尺发明出来了,他就到商店从丢弃的铁盒上弄这种铁皮,利用午休时间为同学做这种尺,可以说是有求必应,同学们都叫他活着的刘文彦(刘文彦是20世纪80年代的一名大学生,为救人壮烈牺牲,当时全国正在号召大学生学习他)。他们班有名同学说:“××如果牺牲了,我也能写出长篇通讯,事迹比刘文彦还感人。”他在班级中威信很高,发展他入党时,有的同学说用共产党员的标准来要求他早就够格了。他做团支部书记时,工作任劳任怨,我把工作交给他非常放心。

我经常召开学生干部会,对他们提些工作上的要求,让他们在各方面起带头作用,可以说这些学生干部确实做到了在各方面都走在前面,要求学生做到的事情,学生干部都能带头做。学校号召无偿献血,班级干部全部积极报名,主要学生干部都献了血。系里举办运动会,无论有无特长,学生干部都积极报名参加。有个学生干部,身体素质不是很好,她带头参加了“一二·九”长跑,一跑到终点就摔倒了。在她的带动下,她的班级取得了较好的名次。

有个班级在班干部的带动下,积极地开展争创“三好班级”的活动。全班没有一人无故不出早操;没有一人无故旷课;没有一人违反晚归寝规定;没有一人吸烟、喝酒。全班同学互相帮助,从未发生过谁和谁闹矛盾这样的事情,同学们就像一个大家庭里的成员一样,欢欢乐乐,天天向上。

大学生寝室有的朝南,有的朝北;有的靠门,有的邻近水房,每学期都要调换一次。每到这时,学生干部们都自觉地把较好的床位让给其他同学。有个学生干部几年都住在较差的床位,同寝的同学过意不去,便趁她不在,把她的东西搬到了较好的床位。这个学生干部最后还是把这个床位让给了其他同学。俗话说,锅碗瓢盆难免有碰碰撞撞的时候,这个寝室的 8 个同学就没红过脸,她们非常团结、互相帮助,就像亲姐妹一样。每学期放假,学生干部都自觉地比其他同学晚回去一两天,他们要把本班级最后一名回家的同学送走才走;每学期开学,学生干部自觉地比其他同学早回来一两天,他们要把同寝室同学的被褥晾晒一下,为后来的同学做好服务。

有一次,我出差回来,3 个班长一起找我汇报这样一件事情。有位任课老师,由于教学水平不高,学生们都不愿意听她的课,于是这 3 个班长就一起研究是否要组织学生罢课的事。甲班长说应当罢,反正曲老师不在,出事了与曲老师无关;乙班长认为,越是曲老师不在越不能罢,否则一旦给曲老师添麻烦怎么办;丙班长说,我同意乙班长的意见。就这样才没有罢课。罢不罢课的诱因是教师的教学水平,最终罢不罢课的决定因素却是考虑对我有没有影响,我很感激这些学生干部,他们服从我的管理,听从我的劝导。

以上虽然说的是 20 世纪 80 年代学生干部的情况,但是辅导员应当调动学生干部的积极性,发挥学生干部的引领作用这一原则至今仍不过时。

辅导员要想怎样才能把学生干部队伍建设好。辅导员是大学里最熟悉和了解学生的人,建设好学生干部队伍又恰是辅导员的一项具体工作,因此,学生干部队伍建设得如何,辅导员是最为关键的环节。选好干部,“苗子”很重要。第一年的学生干部什么样,实际是在为后几年的学生干部“打样”(我是主张学生干部实行轮换的)。开始搞好了,后面就好做了,特别是到了最后两年基本上就可以“顺过来”了。要想选好“苗子”,就要认真地翻阅学生的档案材料,从字里行间了解学生的具体情况;就要细致地观察新生来校时的表现。人的思想不都是通过口头语言表达出来的,通过形体语言也可以折射出来。学生干部的一个重要条件,也可以说最主要的条件就是愿意为同学服务。只有那些真心为学生服务的学生干部才有威信,才能得到学生的拥护,辅导员的"意图"也才能通过这些学生干部贯彻到广大同学当中,不然一定"走样"。

学生干部实行"选举制"好,还是"委任制"好?其实一个学生表现怎么样,适合不适合当干部,同学心中最有数。辅导员难免有看"走眼"的时候,因为一些想当干部的同学往往在辅导员面前一个样,在同学面前另一个样,如果这样的同学被委任为干部,必然起不到学生干部应起的作用。许多辅导员新生入学后,愿意采取任命的方式产生班级干部,这种做法不太妥当,最好是先指定班级负责人,待大家熟悉后,再民主选举。"选举"这种方式对学生的民主意识是一种培养、对学生的能力也是一种锻炼。辅导员不要贪恋"委任"这点"权力",尤其在当今这种社会文化环境下,有的学生当干部就是为了入党"加分"、为保研"加码",为此有的学生家长会动用一切社会关系找到学校、找到辅导员,为他们的孩子当干部说情,这会使辅导员很"为难"。做还是不做?不做,似乎得罪了谁;做,又让学生不服、瞧不起,辅导员不能从根上就把学生干部队伍弄糟了,这样会其乱无穷。如果实行"选举制",会涉及谁当干部辅导员做不了"主"的情况,这没有什么,培养锻炼了学生能力比什么都好。从某种程度上看,"选举制"对辅导员开展工作也是一种利好。

建设好学生干部队伍(续一)

2021-11-25

学生干部应实行轮换制,不要搞“终身制”。每学年开始的时候,让想当干部的学生在同学面前陈述,然后进行新一届学生干部的选举,每届都要换掉一定的比例,以使更多的学生得到锻炼。当不当干部,管不管点事是不一样的,“无官一身轻”,在其位就要谋其政,不谋其政,就要撤换掉。通过学生干部这样一个职务,就可以使更多同学得到培养。我年级有个学生干部,当选之初一说话脸就红,感到压力很大,睡不好觉,后来就锻炼得很好。有的辅导员担心新换上来的干部不如原来的素质高,因而不愿意轮换干部,也有的图省事。其实一些学生越是能力不行,越说明“轮换制”是对的。我们的教育要一切为了学生,为了学生的一切,为了一切学生。教育一定是面向全体学生的,不是为了哪几个人,越是不行,越要下功夫培养,越不能怕麻烦。班级、年级、学校、中国、世界,辅导员要以“三个面向”的眼光看待学生,以博大的胸怀培育学生,既然已经知道××现在不行,那我们怎么还能放心把他送到社会上去呢?事实上有许多学生,没当干部前并不像个干部样,但当上了之后还真有点样。这是因为他们在实践中得到了锻炼。要建立公平的竞争机制,切实选好人、用好人,给每个想展示自己领导才能的同学以机会;更要有科学的评价机制,要让那些切实一心一意为同学服务的学生干部得到认可,要把那些利用学生干部职位谋求个人利益的学生干部尽快淘汰出局。

许多辅导员不仅负责自己年级的学生干部队伍建设,还要负责学院的学生干部队伍建设。学院一级的学生干部队伍怎样建设,有这样一点同大家商榷:原则上可否一律由三年级以下的学生担任学生干部?这跟班级干部的“轮换制”差不多,这样可以使更多的学生干部在更高“级别”的干部岗位上得以锻炼。

辅导员要关心和爱护学生干部。此前××大学因为学生干部“级别”问题成为舆论的焦点。其实这种级别划分在高校并不新鲜,我读大学的时候,我们学校学生会就设有学习部、体育部、生活部等若干部门。每个部不可能由一人组成,这几个组成人员又有不同的分工,要有一个负责人,这就自然而然地出现了“级别”的划分,每个部的主要负责人顺理成章地成为部长,然后是副部长、委员,我觉得这没有什么不可,不这样称谓难道还叫他们第一委员、第二委员、第三委员……

现在我国的大学基本上都是这样划分学生干部“级别”的。我理解××大学学生会把秘书处标明级别的初衷,因为你标明级别了才能说明担任这个职务的人将负有什么样的职责,学生在竞聘的时候才有个选择。不是说“不想当将军的士兵不是好士兵”吗?想当学生会主席、部长级干部也不是什么坏事。这里的关键是为什么要当干部?现在网上对学生干部有个“一边倒”的舆论,说他们都是些为我主义者,更有人说他们是“精致的个人主义者”。这有失公允。应当看到学生干部的主流,他们积极向上,关心集体,关心他人,做了大量和他们本不相干、没有什么“好处”的事。青年历来起着先锋和桥梁的作用,怎么到了现在都成了“精致的个人主义者”呢?对学生干部在协助辅导员工作、带领同学成长中所起到的积极作用应当给予充分的肯定。

至于上面提到的大学里也确有一些学生当干部的动机不端正,图的是将来做“大官”,这也不奇怪。大学生不是生活在真空里,大学就是他们准社会化的过程,社会上的问题必然折射到大学里。社会上有一些干部腐败,这提醒我们一定要加强对学生干部的教育引导。

对辅导员来说,要加强对学生干部的理想信念教育,加强爱国主义教育,引导学生干部把个人的发展同祖国的发展紧密结合起来。要让学生干部们懂得,每代人有每代人的使命和责任,要为祖国而奋斗。我们要鼓励学生们干大事、扛大梁、担大任。“为天地立心,为生民立命,为往圣继绝学,为万世开太平”。如果学生们都缩手缩脚,都不“出头”,都“精致”地只管自己的事,那怎么能凝聚力量,形成共识,团结一心地走完“最后一公里”?要从思想上真正解决为什么当干部的问题。无论什么“级别”,都是为同学服务,在为同学服务中增长智慧和才干。要特别养成扎实的工作作风,求真务实,千万不能好高骛远、以权谋私。须知这样一些不好的东西会影响到自身干部作用的发挥,甚至会毁掉自己的一生。看看那些进了监狱的干部,追根溯源的话,有的在大学里他们抱有的思想认识就是错误的。为什么要当干部?恐怕想得最多的就是将来个人有什么发展,能获取什么样的利益。干部没有大小之分,都是为同学服务。我在大学读书时第一年什么干部也不是。但是我每天都为同学打水、扫地。第二年班级重新选举了干部,我进到班委会中。虽然我的各方面表现比较突出,但是我从没有谋取年级、学院、校级学生干部的想法。我为同学扫了4年地,打了4年水,到毕业,我的最高学生干部级别就是班级生活委员。毕业做辅导员后,我因为工作优秀,先后任学生处处长、校党委副书记、省教育厅副厅长、高校工委副书记等职务,没有因为大学时我只是班级里的生活委员影响我的发展。辅导员要教育学生干部一定要带着这样的认识当学生干部,这样才不会犯错误。即便将来真有了权力,也不会毁在权力上,也不会被权力所压倒。做一个有尊严的人,一个让人瞧得起的人,一个有益于党和人民事业的人,而这些可不是干部级别能够带来的,它取决于是否用人民给予的权力很好地为人民服务。

从一定意义上讲,学生干部就是辅导员的影子。辅导员怎样,学生干部就怎样。辅导员一定要从关心、爱护学生干部的角度出发,多过问他们工作的情况,多向普通同学了解他们对学生干部的看法,帮助学生干部发扬成绩,改正不足。这样既对我们的工作有利,又对学生干部的成长有利。辅导员和学生干部把“力”都共同作用到学生身上,学生就会感受到一股力量的推动,就会在前行的路上加快自己的步伐。

对学生干部要求要严,这是对他们最好的关心、最好的爱护,这也是做好辅导员工作必不可少的环节。辅导员不能惯着学生干部、护着他们,该批评就批评。有的学生干部有吸烟的习惯,我发现了就让他们把烟戒掉,不然就撤换他们。我刚在辽宁师范大学政治系负责学生工作的时候,学习风气非常差,干部带头吸烟。我到任的当天晚上就召开了学院学生干部大会。我跟大家讲,这次会议就研究解决吸烟这件事。我问大家有没有不想当学生干部的?不想当的可以马上离开。大家面面相觑,没有离开的。我说:“既然没有离开的说明大家都想当。下面我讲当干部的条

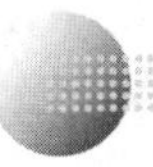

件,就一条,不许吸烟。能不能做到?做不到的可以离开。”大家又是左顾右盼,没有离开的。我接着说:“既然大家都能做到,那就散会。大家可以走了。”“散会啦?”大家一脸茫然。“真散会了。你们不走我走了。”我转身离开了。见我真走了,他们相信真散会了,于是纷纷离开了教室。整个会议只开了5分钟。等这些学生干部回到学生宿舍,我也到了学生宿舍。一进宿舍楼我就看到有个学生在吸烟。“你是学生干部吗?”他认出了我,“我不抽了。”我笑呵呵地说:“来,来,到这来。”我领他到走廊的板报前,当着他的面在板报上写下了免去他干部职务的通告。这一晚上我先后免掉了3个学生干部的职务。我在学院工作了8年,很好地建设了一支学生干部队伍。拿吸烟来说,可以说从根本上除去了学生干部的这个习气。那时和我在一起的学生干部,现在有的当上了副省级干部,也没养成吸烟的习惯;包括经商的吸烟的也少。学生们说,这都是让我当年给“管的”。什么不吸烟影响交往?不吸烟影响思路?我就不吸烟影响什么了?我带过的很多后来做领导的学生,在大学做学生干部时就不吸烟,现在仍然不吸烟,影响他们什么啦?

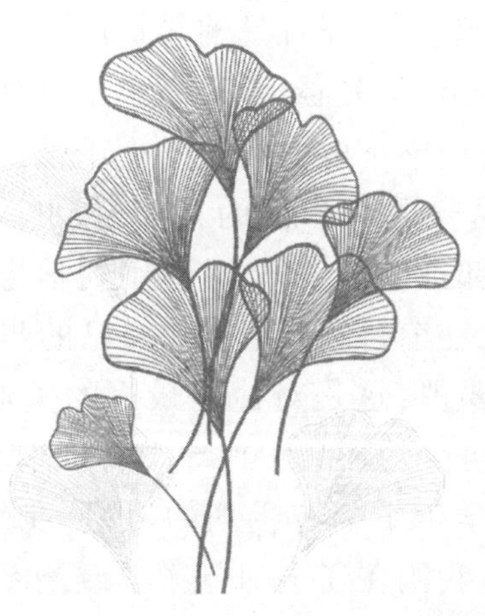

建设好学生干部队伍(续二)

2021-11-26

我在大连海事大学做辅导员时,有一次有个学生干部因为考驾照导致开学时没有按时报到,我给她写了很长一段微信,批评她没有起到带头作用。

××,你好!

虽然这么长时间没看到你了,但是我的心还是始终惦念着你。你是一名党员,又是年级主要学生干部,你的言行会对年级同学产生很大的影响。我很在乎你的表现。这学期开学返校的时候,我第一个问的就是你回来了没有。在我的心里是希望你能成为年级里第一个到学校的人。同学告诉我说你在家考驾照。不知是不是这个原因,反正你是没有按时到校。在我看来,按时返校就像一场战斗的命令,你必须按照要求及时赶到指定地点。作为一名年级主要学生干部、一名党员,你对自己的要求还是应当更严格些,要处处起到表率作用。如果真是因为考驾照的问题没有按时返校,我要对你提出严肃批评。

你有很好的思想基础和很强的工作能力,你有很好的发展平台,你的发展目标应该定得高些,要有更长远的考虑、更大的抱负,你一定行!未来的竞争是很激烈的,这其中就包括一个人意志力、品格的竞争。一定要培养自己拥有一种坚韧不拔的精神和严于律己的品格。这是党的事业、人民的事业的要求,也是实现自身价值的要求。除非是有不可抗拒的原因来晚了，否则都不是理由。

优秀的品质需要一点点培养。我在辽宁师范大学做辅导员的时候，每学期开学的时候，都要求学生干部提前报到。他们要给同寝室的同学晒晒被子、晾晾衣服，把宿舍收拾一下。其他同学来到学校之后，躺在温暖的被窝里，旅途的疲劳顿时就消除了。这就是党员，这就是学生干部与普通同学的不同之处。我对你寄托着厚望，你必须处处严格要求自己。这样才能把自己培养得更加坚强、更加强大，才能为人民、为党的事业做更大的事情。说得不对的地方请指正。

曲老师，您好！

个中缘由，有理由也好，没理由也好，我认识到这都是我迟到的结果。我没有按照学校、导员的要求按时到校，违反了规定，我真心接受您的批评。我不会为自己辩解，也不会找各种不着边际的理由，因为我确实做得不对，没有给同学们做表率，今后我一定会认真改正，按时返校，其他工作也会努力做好。老师举的相关例子我也都懂了，别的学生干部能按时到校、能遵守规定，我也能。作为一名大三学生，日后我一定不会降低对自己的要求。我会确立远大的目标，也会谨遵师言，严于律己，不断提升自己，争取在未来成为党和国家需要的人才！我不会忘记自己身为一名学生党员的使命，这次的确过于贪图安逸，有些放纵自己。学生会认真反思自己，请老师放心！愿老师安好！

××，你好！

能看出来你还是虚心地接受了批评，这也是一种必要的态度。有的人挨了一点批评不是辩解就是感到委屈。你是什么样的人，时间会说明一切。我只是单独给你发了微信谈到你没有按时返校的问题，其他同学是群发的。我是希望你更优秀些，你本来也应当且能够更优秀些！我在见证和伴随你的成长。

这个学生干部很优秀，在同学中有很高的威信。毕业时她成为我们学院第一个学校“十佳大学生”，可以说她做到了承诺的事情。

辅导员切莫“逼着”学生干部反映同学情况。有个学生干部在我的公众号后台留言说，他很苦恼。原因是他的辅导员动不动就“逼着”他反映同学的情况。若是跟辅导员说吧，他担心同学知道了会另眼看他，他和同学就不好相处了；不跟辅导员说吧，又怕得罪了辅导员，辅导员要是找他的“麻烦”怎么办？

学生干部是辅导员工作的助手，应当主动帮助辅导员开展学生工作。有些同学做了错误的事情，作为学生干部，要及时劝说和阻止，不能视而不见。对于有些解决不了的问题，学生干部有必要及时反映到辅导员那里，让辅导员做同学的工作，以避免同学犯更大的错误。这样做有的同学会不理解，但是只要是真心地为同学好，同学一定会理解的，即便一时不理解，时间长了也会理解的。我们有些学生干部处事没有原则，和同学“一团和气”，在一定程度上助长了同学犯错的概率。等许久之后，同学不仅不会感激你，还会责怪和怨恨你。所以，作为学生干部，该向辅导员反映的问题，一定要及时地反映。

做辅导员工作一定要深入细致。辅导员或许做不到对每个学生每时每刻在想什么都心中有数，但是对每个学生一般会想什么还是应当清楚的；你或许做不到对每个学生每时每刻在做什么都了如指掌，但是对每个学生一般会做出什么还是应当知晓的。辅导员可以通过了解学生干部来了解学生的情况，有的学生干部没有原则，工作不主动、不配合，甚至对同学的错误采取包庇态度，对这样的学生干部该批评的要严肃批评，该调整的要及时调整，不然徒有其名的学生干部不仅对我们的工作没有帮助，还可能影响我们的工作。辅导员绝不能让学生干部与我们“三心二意”。同时，辅导员一定要为学生干部着想。他们和同学吃住在一起，如果同学有点事情就反映到辅导员那里，对辅导员来说，可能只是一时一事的事，可是对学生干部来说，有的确实就和同学结下了 4 年的“怨恨”，甚至更久远。辅导员不能工作简单化，能自己了解和掌握的学生情况，一定要自己了解和掌握，千万不要“逼着”学生干部反映学生情况，弄不好还会培养出“投机”分子，整天看着辅导员的脸色做事。教育要为学生的一生负责。若是真培养出了这样的学生干部，等他们走上工作岗位，乃至于做了“大干部”的时候，岂不是很可怕的事啊！

对学生干部要“扶上马，送一程”。我 2013 年做辅导员的时候，我采取公平竞争的办法产生班级和年级学生干部。学生干部产生后，我给学生干部开会，告诉他们一定要解决为什么当干部的问题，然后再解决怎么干好的问题。我让他们写出工作计划，且让他们的计划不要有那些华而不实的东西。我审阅他们的工作计划,帮助他们一起制订工作计划。我参加他们的班会,指导学生干部开展工作。很多学生干部有工作的积极性,但是不知道怎样干。有的学生干部搞不好工作的相互协调;有的学生干部处理不好学习和工作的关系;有的学生干部工作简单化;有的学生干部作风不民主;有的学生干部好大喜功;有的学生干部急功近利;有的学生干部徒有其名……辅导员不要做"甩手掌柜",要多跟学生干部交流,帮助他们克服工作中的不足,以打造团结、严肃、活泼的团队。

昨天在我公众号后台,有个辅导员还给我留下了下面这样一段话,这也是我要谈的一点。

要加强对学生干部的理想信念教育,加强爱国主义教育,引导学生干部把个人的发展同祖国的发展紧密结合起来。要让学生干部们懂得,每代人有每代人的使命和责任,要为祖国而奋斗。要鼓励学生们干大事、扛大梁、担大任。"为天地立心,为生民立命,为往圣继绝学,为万世开太平"。

南方高校,现在更多的情况并不是学生、辅导员不愿意轮换,而是没人愿意当干部。一是多元化时代背景下,学生个人的考虑总是很多,选择也多,平台锻炼机会也多;二是舆论、媒体甚至所谓的用人单位等,放大了某些学生干部、学生组织的不良行为和风气;三是随着大学学业的压力增加,互联网时代下,工作过于碎片化、垂直化,特别是最基层的班团干部确实工作量很大,还要应付很多留痕工作,越是高年级,越难动员学生干部轮换,大多数人都不愿意参选。

我知道的,其实不仅是在南方,在北方的大学里,现在确实也有很多同学不愿意做干部,这是多重因素影响的结果。也不是现在,过去也有不愿意做干部的同学。在此不做原因分析了。我想要说的是,从辅导员这个角度出发,要思考怎样创设积极团结向上的氛围,形成同学间互帮互助的文化。不能让学生"各人自扫门前雪,莫管他人瓦上霜",从学生一入学就要进行这方面的教育。我们不是有奖学金评定吗?不是有助学金吗?不是有入党吗?难道只剩学习成绩这一个方面啦?好好地引导学生,不能让那些为集体、为他人着想、服务的同学"吃亏"。毕业分配不是还有个鉴定吗?用人单位不考察这个学生有没有团队精神吗?一个心中没有他人的人，是不可能受社会欢迎的，也是难以立足于社会的，这是一条“铁律”。

遵从你内心的信念

2021-11-30

曲老师,您好!

我叫××,是一名即将实习的专科生。最近有个问题一直困扰着我,想请教一下曲老师,望曲老师在百忙之中能为我解答。

年后我就要去顶岗实习了。下一步是专升本还是参加大学生的西部计划,这令我十分困扰,也令我十分头疼。我听到了各种各样的声音:有支持我去西部计划的;亦有支持我专升本的,说没有学历去啥西部计划,比你优秀的人多很多,为什么西部计划能让你去?

这二者,其实我还是想报名西部计划的,即便是西部计划去不成,我还是想去“三支一扶”的,让青春之花绽放在祖国最需要的地方。我之所以这样选择,是因为我从小就对思政、时政类的东西感兴趣,我刚入学就向党组织递交了入党申请书,积极向党组织靠拢。我在大学也担任了团学干部,协助老师完成相关工作。当我看到您的学生闫沛兴的相关事迹时,我就立志也要像他一样,到基层去,到祖国最需要的地方去。

归根结底,还是想早日为民族复兴贡献青春力量,像老师说的,举起的右手粉碎了都不能放下。曲老师您认为我的想法对吗?身边真的有太多的声音了,我拿捏不准了,望曲老师指点迷津。

××,你好!

我们是一家人,看到你的姓我就有一种亲切感。

你说你在专升本还是参加西部计划方面犹豫不决，不知怎么选择，我能理解你。人都是这样，有选择的时候最难选择。当然对我们过来人来说，我又觉得你没有什么难选择的，因为你如果现在就去了西部计划，再想读书恐怕就难了；如果专生本了，毕业了还是有机会再去西部计划的。明白我的意思了吗？扪心自问一下，你能不能考上专升本，如果能，那就毫不犹豫地准备专升本；如果考不上，那就去西部计划，年轻人就应当有这种不怕吃苦的精神。每个人的内心信念不一样，你想成为一个什么样的人你自己最清楚。我觉得你的追求没有错，年轻人就应当把祖国的需要当成使命和责任。确实应当向闫沛兴学习，他也有"小我"的东西，但是他把"小我"融入"大我"之中。他要"植大木以立长天，处江湖以忧国民"，在西藏奉献他的一生，展现了当代青年的志气、骨气、底气。我相信闫沛兴一定会大有作为。你好好准备，把自己变得强大，你同样可以在祖国需要的地方做出你应有的贡献。我们保持联系，等你真去了西部一定要告诉我，有我能做到的事情我一定尽力而为。告诉我你的详细地址，我把我的书签名、邮寄给你做纪念。

祝好！

谢谢曲老师，的确我们是一家人，我也是大连人。我知道自己下一步应该如何选择了。我相信我会在今后的学习、生活中，不断地完善"小我"，使自己变得更加优秀、更加强大；使自己"信马、姓党、爱国、为民"的政治理念更加坚定。坚而定之、起而行之、不辱使命、锤炼能力、展现作为，为大有可为的新时代奋斗、奉献。

我的地址是：××××××××。

老师，打扰了，给您留言是因为最近我有一个新的困惑，是关于择校的。我喜欢南开大学，而且一直以来也都是按考南开大学准备的。我的女朋友现在在南方上学，她想让我考中山大学，可是我并不是很喜欢，原来她和我商量过一次，我就答应了，但是我现在发现我对中山大学没有欲望，备考不太积极，我还是想考南开大学。我不知道该怎么抉择，如果我去了南开大学，不能照顾到她，如果我备考中山大学，我现在的状态是考不上的，而且我真的没有那么喜欢。想麻烦老师有时间指点我几句。

你这么年轻,现在摆在第一位的还是以能考上研究生为目的,至于和女朋友的关系还有时间考虑。现在她也在读书,有什么可照顾的,不能让她过于依赖你,她也要把精力放在读书上。

感谢老师教诲,学生谨记。

养成扎实的工作作风

2021-12-01

2021年6月29日,庆祝中国共产党成立100周年"七一勋章"颁授仪式在人民大会堂隆重举行。习近平总书记在"七一勋章"颁授仪式上发表了重要讲话。习近平指出:"'七一勋章'获得者都来自人民、植根人民,是立足本职、默默奉献的平凡英雄。他们的事迹可学可做,他们的精神可追可及。"他们用行动证明,只要坚定理想信念、坚定奋斗意志、坚定恒心韧劲,平常时候看得出来、关键时刻站得出来、危难关头豁得出来,每名党员都能够在民族复兴的伟业中为党和人民建功立业!这些功勋奖章获得者,充分体现了共产党人勤恳扎实的精神品格。事业是干出来的,不是喊出来的。中国革命为什么能够成功?中国共产党一经诞生,就把为中国人民谋幸福、为中华民族谋复兴确立为自己的初心使命。100年来,中国共产党团结带领中国人民进行的一切奋斗、一切牺牲、一切创造,归结起来就是一个主题:实现中华民族伟大复兴。为了实现中华民族伟大复兴,中国共产党团结带领中国人民,浴血奋战、百折不挠,创造了新民主主义革命的伟大成就。我们经过北伐战争、土地革命战争、抗日战争、解放战争,以武装的革命反对武装的反革命,推翻帝国主义、封建主义、官僚资本主义三座大山,建立了人民当家作主的中华人民共和国,实现了民族独立、人民解放。邓小平同志说过:"不干,半点马克思主义也没有。"毛泽东提出:"使马克思主义在中国具体化,使之在其每一表现中带着必须有的中国的特性,即是说,按照中国的特点去应用它,成为全党亟待了解并亟须解决的问题”，这是党内第一次提出“马克思主义中国化”的命题。在此基础上，对其内涵进行了阐述，指出马克思主义是“放之四海而皆准”的真理，不能把其“当作教条”，而应该当作“行动的指南”，不仅要了解其“一般规律的结论”，更要学习其“观察问题和解决问题的立场和方法”，并且大声疾呼“洋八股必须废止，空洞抽象的调头必须少唱，教条主义必须休息，而代之以新鲜活泼的、为中国老百姓所喜闻乐见的中国作风和中国气派”。习近平总书记多次强调：“空谈误国，实干兴邦。”我去英国的时候拜谒过马克思的墓。在马克思的墓碑上镌刻的其中一句话是：“哲学家们只是用不同的方式解释世界，而问题在于改变世界。”马克思的著作浩如烟海，为什么偏偏将这句话写在这里？是马克思生前告诉恩格斯的，还是恩格斯领悟的？我想有一点一定是一致的：真正的马克思主义者都深深地懂得马克思主义的实践性，空谈对现实毫无意义，实践是推动社会前进的力量。毛泽东同志说：“你要知道梨子的滋味，你就得变革梨子，亲口吃一吃。”这里所强调的也是实践性。诗人萧三回忆夏明翰时说：“夏明翰同志党性很纯洁，没有一点花招，扎扎实实，不说假话。要说他的性格、脾气，他的《就义诗》完全可以代表，是真心话，没有做作，很难得的就是他这言行一致。”这里的四句诗指的就是“砍头不要紧，只要主义真。杀了夏明翰，还有后来人。”

辅导员工作关系到培养什么人、怎样培养人、为谁培养人这个立德树人的根本问题。辅导员工作是党的事业的重要组成部分，要想很好地完成此项工作离不开实践的推动。辅导员工作不能成为“花瓶”，只摆设在那里用来欣赏；辅导员工作不能只停留在认识的水平上；辅导员工作不能只是在那里高谈阔论；辅导员工作不能像油浮在水上面那样。辅导员工作必须围绕学生、关照学生、服务学生，在帮助青年学生系好人生的“扣子”，引导学生增强中国特色社会主义道路自信、理论自信、制度自信、文化自信，厚植爱国主义情怀，把爱国情、强国志、报国行自觉融入坚持和发展中国特色社会主义事业、建设社会主义现代化强国、实现中华民族伟大复兴上下功夫。辅导员工作说千道万需要真心实意地去干！辅导员工作必须走进学生中间，必须和学生打成一片，必须想学生之所想，急学生之所急。一句话，辅导员工作一定要落地有声，要管用！只有脚踏实地，才能取得希望的效果。

干，就不能装样子，要拿出“豁出去”的劲头。辅导员每天尽量早点到办公室,晚点离开学校;多到学生寝室看看;多到学生教室看看;多到学生食堂看看;多到学生家里看看;多找学生聊聊……学生在哪,辅导员就应当在哪!我在刚做学生辅导员的时候,男女生不分楼住,这样我每天都要到学生寝室走一遍,跟学生道晚安。可以说,学生的很多问题都是在寝室发现的。现在有的辅导员跟我讲,他们学校以前没有教工食堂,于是他们只能在学生食堂吃饭,每天都会和学生接触,自从有了教工食堂之后,他们再也不到学生食堂吃饭了。这怎么能行呢?多少学生的思想行为是在学生食堂中表现出来的啊!我在做学校党委副书记的时候,还坚持每周最少两次带上学生工作部门的同志或学院做学生工作的同志到学生食堂吃饭,我的许多思想火花都是在学生食堂迸发出来的。我在大连海事大学做辅导员的时候,原本住在一套条件很好的商品房。为了离学生近些,我在学生宿舍边上每月花费2700元租了套60平方米的房子,冬天寒冷,夏天炎热,虽然条件简陋了些,但是学生有事,我方便处理。我多次开车送学生上医院。有一次有个学生患了急性阑尾炎,若不是我及时送她上医院,联系医生,这个学生就会有阑尾穿孔的危险。时间真是过得飞快,那4年的苦日子很快就过去啦!我经常到学生食堂吃饭。现在条件好了,在食堂排队买饭的时候我都会替站在我前边的一两个学生买单。这样一是“省”时间;二是可以跟学生聊几句,他们可以告诉我许多我想知道的学生情况,10元钱就解决问题。工作自然不会舒舒服服的,可是累又能累到哪去?还能累死人?想一想李大钊,38岁就被杀害了;想一想方志敏,“毫不稀罕美丽的西餐大菜”;想一想王进喜,“宁可少活二十年,拼命也要拿下大油田”;想一想雷锋,“把有限的生命投入到无限的为人民服务当中”;想一想,那么多默默奉献的人们。想一想,我们真是汗颜!想一想,我们哪有叹息的份!什么倦怠了、躺平了,真不知哪来的这么多消极的词。

2015年12月10日,屠呦呦因开创性地从中草药中分离出青蒿素应用于治疗疟疾而获得诺贝尔医学奖。这是在中国本土进行的科学研究首次获得诺贝尔奖。1968年,中药研究所开始抗疟中药研究,39岁的屠呦呦担任该项目的组长。经过两年对研究对象的筛选,并受到中国古代药典《肘后备急方》的启发,项目组将重点放在了对青蒿的研究上。1971年,在失败了190次之后,项目组终于通过低温提取、乙醚冷浸等方法,终于成功提取出青蒿素,并在接下来的反复试验中得出了青蒿素对疟疾抑制率达到100%的结果。在没有先进实验设备、科研条件艰苦的情况下,屠呦呦带领着团队攻坚克难,面对失败不退缩,终于胜利完成科研任务。要知道,屠呦呦有时还在自己的身上做实验。青蒿素问世44年来,共使超过600万人逃离疟疾的魔掌。未来,屠呦呦希望通过研究,让青蒿素应用于更多地方,为更多人带来福音。

2016年感动中国人物支月英,是江西省宜春市奉新县澡下镇白洋教学点教师。1980年,江西省奉新县边远山村教师奇缺,时年只有19岁的南昌市进贤县姑娘支月英不顾家人反对,远离家乡,只身来到离家200多千米,离乡镇45千米,海拔近千米且道路不通的泥洋小学,成了一名深山女教师。36年来,支月英坚守在偏远的山村讲台,从“支姐姐”到“支妈妈”,教育了大山深处的两代人。她吃的苦、受的累无法计算。组委会给支月英写下了这样的颁奖辞:

你跋涉了许多路,总是围绕着大山;吃了很多苦,但给孩子们的都是甜。坚守才有希望,这是你的信念。36年,绚烂了两代人的童年,花白了你的麻花辫。

我在我的公众号上推送了《你到底有多难》一文,介绍了刘大铭这个小伙子。刘大铭1994年4月生于甘肃兰州,因基因突变,先后经历9次骨折、11次手术。2019年,他毕业于曼彻斯特大学心理学专业,是中国首位坐在轮椅上,在世界五十强大学取得学士学位的留学生。2013年12月,刘大铭在人民出版社发表长篇个人自传《命运之上》,成为人民出版社建社以来最年轻的签约作者,截至2020年6月,该书全国总发行量59000册。2014年,他作为全国自强模范,受到习近平总书记等党和国家领导人接见。2019年12月,他创立北京市中轴科技有限公司,致力于生产和聚合高质量信息。同时,他也成为中关村首位坐在轮椅上的留学生创业者。2021年4月,他受聘为宁夏理工学院终身教授。我见到过他,对他有着深深的敬意,多么刚强的小伙子!我们分别后,他给我写了下面这段话:

短暂相聚,深受感动。在年龄、经验、成果上,我都远远不如您,但您讲的话、做的事,我却能产生强烈的共鸣。因为疾病,我必须要直面人生,做好自己;因为痛苦,我必须思考人生,寻找幸福。我认为做好自己是应尽的责任和义务,因为每个人都有不同的苦,因此当别人夸我自强不息的时候,我不以为然,只是觉得做了该做的事,没什么不容易和了不起;成全他人,是每个人应该做但又很难做到的事。这是我所理解的,幸福人生的根基:用一个生命的全部,去为无数个生命带来可能性、启迪和爱。因此无论我读书、创业、写作还是成为教授,都围绕这个核心:成为一个能为别人解决问题、创造可能,成全他人的人。这条路很长,但我会坚定不移、不顾一切地走下去。尤其与您见面后,我的信念更强,信心更足了。向您学习,曲老师。

辅导员朋友们,与屠呦呦比、与支月英比、与刘大铭比,我们到底有什么难的?我们应当好好学习他们这种自强不息、脚踏实地、直面人生的奋斗精神。

养成扎实的工作作风(续一)

2021-12-02

我刚留校做辅导员的时候,学校给我分配了一个工作室,也就是一间面积只有8平方米的学生寝室。即便如此,我也没有舍得自己住。我当时带了3个班,我从每个班中选了一个有“特点”的学生和我住到一起。这三个学生一个年龄最小,我怕他管不住自己;一个性格内向,跟他父母都不怎么讲话;一个是非团员,我怕他表现不好。当然,在加强对他们教育引导的同时,我通过他们更多、更及时地了解到了年级学生的一些情况。现在强调辅导员进公寓,我那时就开创了辅导员进公寓的先河,并且我还真进了寝室。我们住的这间寝室与中文系女生寝室在一个楼层。因为给这些女生的起居带来了不便,起初中文系这些女生对我们很反感,尤其是对这三个男学生。为了尽量少与这些女生相遇,像打水、倒垃圾这样的活我就尽量多做些。为了求得她们的理解,我就一个一个房间地去解释。人心都是肉长的。当她们了解了我为什么让这三个男生和我住到一起后,她们打趣地说:“我们辅导员要是这样关心我们,住到我们房间都行。”她们的话语令我感动,更激发了我做好辅导员工作的热情。

有一次家访的情景,几十年了我依然记忆犹新。那天气温能有零下20多摄氏度,我早早地就到了学生家住的县城火车站。怕打扰学生家人休息,我便在候车室待着,想等天亮了再去学生家。我被冻得实在受不了了,便在候车室跑步取暖。值班大爷出来了,说:“你给我出去!”他以为我是疯子。“对不起,大爷,打扰您休息了。”“小伙子,你干什么?”“我要家访，怕打扰家长，没想到打扰您了。”“小伙子，你跑吧。”他刚离开，转向又回来了。“小伙子，我给你生炉子。”炉子是土坯垒的，有一米多长。没有多少柴火，炉子只有一点儿热气。我在炉子周围待了一个半小时！就这样，天亮后我去了学生家。这一个半小时，哪是权力、金钱能换来的！亲爱的辅导员们，你们知道的，就是可爱的人民养育了我们，在我们有困难的时候他们帮助了我们。现在他们把孩子送到了我们的身边，我们能不能为学生多做些什么，点燃学生心中红红的“炉火”！当我找到学生家的时候，学生家长紧紧地握着我的手说：“我应当到学校感谢您啊！我家孩子变了。”后来这个家长真的到学校来了。他在学校主楼张贴了一封感谢信，他说：“这样的辅导员我们家长一千个放心、一万个满意，学校应当早提拔、早使用。”我工作不到3年，便被任命为学院党总支副书记。

亲爱的辅导员朋友们，我们现在不是没有被累死吗？总有些辅导员嘱咐我注意身体。他们说：“身体是1，1没了，后边有多少0都没有用了。”每当听到这样一些关心的话语，我是真心地感谢大家。可是我又在想，1是什么？0是什么？我以为，1是自然生命；0是社会生命，你作为人，1就立起来了，不要想1能立多久，而应当想1后面有多少个0，若是1后面一个0都没有，那1还有意义吗？2005年9月，我因为颅外皮下长了一个恶性肿瘤，先后在大连和北京做了两次手术。我问医生我还能活多长时间。医生说：“治疗好就好了。”“治疗需要多长时间？”“最少一年半。”医生建议我化疗、放疗。我说我知道了，我最少活一年半。我不治了。我要把最后的时光留给学生们。我缠着绷带，流着血水，没有拆线就出院了。我在全省高校纪念“一二·九”大会上给辅导员们讲了5分钟，给大学生们讲了5分钟。我希望辅导员们扎实工作，把学生培养好；希望大学生朋友们珍惜时光，创造辉煌的人生。主管我的省厅领导给我打电话：“你不能把命搭上。”医生对我说：“农民也没有像你这样看病的。”我顾不上那么多了，人总是要有精气神的。

有的辅导员常常会说：“为什么不给我评职称？”“为什么不给我评先进？“为什么不给我提级别？”你真的不知道吗？那是因为，你的“为什么”太多了啊！前面我专门谈过这些问题，一定要不争而得！不是说“是金子早晚都会发光”吗？我要说“是种子早晚都会发芽的”。我调到省里工作的时候，省委组织部部长跟我谈的第一句话就是：“我不认识你，教育厅推荐你，考核的结果不错，好好干吧！”不要总想走捷径，一定以扎实的

工作取胜。很多人讲,不吸烟、不喝酒怎么陪好领导,那还能被提拔了吗?我到今天也不吸烟、不喝酒。我把心思都用到了工作上,不是照样被提拔吗?其实,想陪好的领导怎么陪也陪不好,要相信总有欣赏你工作的领导。

在此我还特别想和辅导员们谈几句全国辅导员职业能力大赛的事。到目前,全国辅导员职业能力大赛已经连续举办了多届,在全国高校当中产生了很好的反响,许多辅导员把能参加一次国家级的辅导员职业能力大赛当成了追求的目标。应当说,大赛组委会精心的设计、良好的组织、选手高质量的水平,都为这样一件赛事增添了光彩。大赛已经成为高校辅导员工作的一个盛会、一个品牌,辅导员们欢聚一堂,共谋辅导员发展大计,推动学生工作的水平不断提升。各高校对大赛也是越来越重视,认真准备,积极参赛,以借大赛展现自己学校的风采;一些辅导员为了取得好的成绩,更是下足了功夫,废寝忘食地加以准备,既想展示自己的能力,又想为学校争光。

广大的辅导员应当怎样看待职业能力大赛呢?我以为,辅导员首先要重视职业能力大赛。因为大赛是一个"标杆",也是一个方向、一个引领,通过参赛,辅导员能够学到许多好的经验,看到自身在职业能力上与他人的差距,进而采取措施,改进自己在职业能力上的不足。当然辅导员不能为了参赛而参赛,不能为了取得好名次,其他工作都不顾了。大赛不是目的,提升工作水平、取得教育实效才是根本目的。因此,不要太看重比赛的名次,那只是"向上"的一点,这里极为关键的还是"向下"的一面,也就是说,要提升辅导员学生工作的普遍水平。因此,在重视大赛的同时,辅导员还是要抓好日常的思想政治教育管理工作,夯实思想政治教育的基础,增强学生教育管理的针对性、实效性。辅导员个人更不能因参赛取得了好成绩便"沾沾自喜",俨然以高人一等自居。总结参赛的经验是可以的,更为重要的是多多总结学生工作的经验,把自身培养起来的职业能力充分运用到学生教育管理当中,将能力培养与教育实效结合起来才会更有示范意义。

现在有种现象需要注意,就是有的辅导员把思想政治教育当成了"演出",形式上热热闹闹的,又是编排,又是预演的,"演员"间你演给我看,我演给你看,你比我精彩,我一定比你出奇。学生有没有人看,有多少学生看,学生喜不喜欢,恐怕并不清楚。思想政治教育需要造势,需要些"场面”,但是最根本的还是要落细、落小、落实。即便是“演出”,也有为谁“演出”的问题,不能孤芳自赏,“演员”间相互捧场。“演出”的最终效果是由学生评价的,要看打没打动学生,走没走进学生的心灵,一定要为学生而“演出”。学生在哪里,哪里就应当是剧场,“演出”就应当在哪里。学生在哪里呢?在寝室、在食堂、在操场、在教室,在校园的每个角落。因为一些高校宿舍归后勤管理,有的辅导员便很少去寝室了;因为有了健身场所,有的辅导员再也不去操场了;有的辅导员端坐在办公室专等着学生找上门,结果还“纳闷”学生为什么不来找他。学生越不来找你,你不是越要去找学生吗?不然你知道他去哪里了?你坐在办公室能放心吗?说了这些就是给大家提个醒,辅导员工作有时需要艺术加工,把它当成“演出”来做,但是说到根本,辅导员工作常常需要“现场直播”,需要“立竿见影”“快刀斩乱麻”,把问题解决在萌芽状态,容不得换下“工作服”,先“打扮”一番,更容不得“彩排”。谁第一时间发现了“素材”,谁第一时间赶到了“现场”,谁的“演技”扎实,谁的“演出”就能精彩。辅导员的“演出”,一定是现实版的、为学生的、走进学生心灵的,这是辅导员“演出”的基本标准,不然就会哗众取宠、劳民伤财,“演员”很累,学生却我行我素。

养成扎实的工作作风(续二)

2021-12-03

辅导员一定要养成扎实的工作作风。在此推送几封我和辅导员之间的微信交流,与辅导员朋友们共勉:

(一)

曲老师,您好!

从2010年研究生毕业至今,我一直坚守在辅导员岗位,工作10年来尽心尽力服务学生,赢得了学生的口碑。但是在事业上没有任何成就,就是一位普普通通、平平凡凡的一线辅导员。因为爱学校、爱学生,未来我还会继续坚守在辅导员岗位,初心不变!

向您致敬!

××,你好!

你硕士毕业十多年了,在高职院校做一名辅导员,能够始终保持这样的心态,你也很不容易。一些辅导员总觉得自己亏了,职称没有得到,级别没上去,整天抱怨这、抱怨那的,这也就影响了自己的工作。辅导员还是要把心思用到培养学生上,不要总琢磨"双重晋级"的事。"双重晋级"是领导的事,是外部条件,辅导员应当多发挥主观能动性,不争而得。我从当上辅导员那天起,就没想过评什么职称,晋什么级别,可是今天什么都有了。辅导员的工作水平不是职称体现出来的,也不是通过级别来评定的。有没有水平还是看把学生培养得怎样，学生忘没忘记你。职称、级别都是身外之物，谁也不可能永远当教授，永远当这个长、那个长的，关键是在学生的心灵上矗立不倒的丰碑，赢得学生的口碑。真做到了这样，恐怕你也就这也有了、那也有了；即便没有，你有了学生也就有了一切。不能说你在事业上没有任何成就、普普通通、平平凡凡，伟大孕育在平凡之中。辅导员工作表面看起来是些平淡无奇的小事、琐事，而就是这些小事、琐事奏响了我们人生的乐章。我有个学生现在是厅局级干部，他给我写过一封近 5000 字的信，题目是《我的精神导师》。他说："于我而言，您恰是我人生成长道路上的一位精神导师。"在信中，他说了许多我根本想不起来的小事、琐事。你热爱学生，这很难得。爱是最好的老师，没有爱，就没有教育；没有爱，怎能坚持到永久！我支持你坚守在辅导员工作岗位上，我为你的初心不改点赞！

（二）

曲老师，您好！

听了您的演讲，我发自内心地感动与受到鼓舞，感谢您！我是 1995 年从××到××读本科，然后 2006 年留校做辅导员的。您的讲话我有很多共鸣之处。所以我有些激动，冒昧加了您的微信。周末您也一定很忙，就不再打扰您了。

××，你好！

本应早些回复你，因为感觉不急，就拖到了今天，我在此表示歉意。

你从 2006 年开始做了辅导员，至今也做了 15 年了，你对辅导员工作还是有感情、有认识的，通过你的话语我就能感受到。一些资格老的辅导员总想离开辅导员岗位，这是我不赞同的。我常讲，如果以前没有干好，今后就把它干好；如果以前干得很好，那就把它干得更好。

（三）

曲老师，您好！

我是××大学的××，特别感谢您做的报告！向您学习。我在到团委工作之前也是一名辅导员，对这份工作有很深的感情和思考，岗位调整后我就像团委老师和辅导员一样，都是在学生成长路上非常重要的人，把他们培养成才应该是我们共同的目标。之前我一直关注您的公众号,很多您写给辅导员和学生的回信都让我受益良多,希望以后能有更多机会跟您交流,特别感谢您让我们看到了一个真正一心一意为了学生的老师是怎样的。

××,你好!

谢谢你的点赞!因为忙,我没有及时回复你,请理解。

是的,在团委工作和做辅导员工作本质上是一样的,都是给学生的心灵种上真善美的种子。这就需要弯下腰来,把学生放在心上。一些辅导员为什么做不好自己的工作,有能力的问题、方法的问题,最重要的还是没有把学生放在心上。你不在乎学生,学生又怎么会在乎你呢?你年轻,一定要养成扎扎实实的工作作风,时刻围绕学生、关照学生、服务学生,这很重要。我们共勉!

(四)

曲老师,您好!

我是××学院的××。麻烦您通过我的微信好友请求,谢谢。今天我非常荣幸能够在现场聆听您的讲座,受益匪浅。我是新入职的一名辅导员,资历浅、经验少,需要学习的东西还有很多。今天的交流,让我了解到日常工作中与学生们沟通的技巧、把握学生思维方式和个性特点的方法。我会牢记您的话,不断提升自己,走近学生,了解学生所思所想,以理服人,以情感人!要学会在细致、具体的工作中达到育人效果,让学生感受到爱;将事务工作和育人功效有机结合,让思政工作落地生根。

××,你好!

应当说有些辅导员还是带着观望的心态从事了辅导员工作,这个问题不解决是做不好辅导员工作的。你年轻,有做好辅导员工作的打算,这是难能可贵的,不过重要的是能够坚守下去。方法重要,比方法更重要的还是信仰问题、追求问题。有了坚定的信仰,脚下才会有力量。所以,只要你不忘初心,再把握好学生工作的规律性,创新思想政治教育的方式方法,你就一定会成为一名优秀的辅导员,希望你为此而努力!加油!我们共勉!

（五）

曲老师，您好！

很荣幸听了您精彩的报告，我深受感动、备受鼓舞，再一次想起7年前毅然决然选择辅导员工作的初心，同时也深知自己肩负的责任与使命。学生在学校里是几万分之一的个体，但是每一名学生都需要我们百分之百地去教育、去服务、去引导，辅导员的工作体现在点点滴滴，而辅导员的育人却是"细无声"，学生的成长成才离不开辅导员。我一直为自己成为一名学生工作人员感到自豪，近几年也有了些许工作成绩，但是我一直认为最高的褒奖还是学生的认可、是学生取得成绩时的一个喜报……学生才是我们胸前最耀眼的勋章。很荣幸在辅导员"中年期"听了您的报告，让我审视了自己的过往，同时也对未来的工作充满期待，背起行囊，一如既往，继续前行。

××，你好！

你写了这么多，我一定要回复你的，只是因为太忙了，回复迟了，请理解。

你也算是资深的辅导员了，难能可贵的是到今天你还信心满满地坚守在辅导员岗位上。现在有些辅导员没干几年便有了"倦怠"，便想离开辅导员工作岗位，这也是一种短视、缺乏眼界的表现，当然从根本上讲还是境界不够造成的。整天患得患失的怎么能安心做辅导员工作呢？辅导员工作是党的事业的一部分，当选择了辅导员的时候，就应当坚定理想信仰，始终保持对党忠诚的态度。看看那些为了党的事业抛头颅、洒热血的先烈，他们献出了生命，他们又得到了什么？我们在和平的年代里为党工作，我们付出了什么？我们又得到了多少？我们想的就是锦上添花的事。你说得对，既然我们做了辅导员，就一定要教育引导好学生，要让他们成长成才。这不只是他们个人的问题，他们怎样，既关系到"国之大计，党之大计"，又关系到他们家庭的幸福。一个学生对我们学校来说是万分之一、几万分之一，对他们的家庭乃至家族来说就是百分之百。不能让一个学生落下、倒下，为此辅导员真应当尽最大的努力，不然我们的良心怎能不受到谴责？你还年轻，我们现在离高素质的职业化、专业化辅导员队伍还有不小的距离，希望你能做到像你说的那样：一如既往，继续前行！我想,坚持得越久,行走得必然越远。你一定会把学生培养得更好,在你的胸前挂满学生送给你的不朽的勋章!

你没有必要读博

2021-12-13

曲老师,您好!

我是大连人,2020年毕业以后去了大西北,参加大学生西部计划,成为志愿者。在服务基层期间,我考上了研究生,带着未完成第二年服务的不舍回到了校园,今年9月就读于塔里木大学,专业就是马克思主义理论。我希望未来有机会继续读博,很想考大连海事大学,成为您的学生,毕业后回到新疆,回到兵团,扎根祖国的大西北。

××,你好!

很高兴我们是老乡。我有个学生毕业后回到了新疆,要为家乡发展做贡献。我曾答应过参加他的婚礼,遗憾的是因为疫情没有参加上。我去过新疆三次,我还会安排时间去看这个学生和这两年陆续毕业回到新疆的学生。

你能够参加西部计划,志愿服务大西北,体现了当代大学生的担当精神,这也是当代青年应有的"志气、骨气、底气"。一谈到大西北,很多学生的第一反应是那里艰苦,因而退避三舍。一个没有勇气战胜困难的人,在哪里都不会有大的出息;反之,那些不惧怕困难的人,在哪里都会有所作为。我读大学的时候,就放弃了考研,想毕业后到西藏、新疆这样的边疆地区当一名老师,培养更多的学生走出来,再走回去,为民族的团结、稳定、发展做点事。我认为本科生到那里就是人才,用不着考研究生。因为

我毕业那年没有支边的计划，我就被留校做了一名辅导员。你现在已经是研究生了，我觉得你的知识已经够用了，没有必要再读什么博士。读博士最少要4年的时间，那要“耽误”多少参加实际工作的时间。前两天我给一个学马克思主义理论专业的研究生写了一封信，谈到马克思主义的实践性问题。马克思主义的本质属性可以看作“改变世界”。马克思主义与空想社会主义的本质区别也在这里：是空想的，还是实践的。我觉得你好好把现在的马克思主义理论专业学扎实就够用了，不必想那么长远，周折一圈，搭上最少4年的时间再回到新疆做贡献。你现在不是已经在那里了吗？知行统一。最为需要的就是用你所学到的马克思主义理论，指导你的实际行动。你需要“向下”深入，而不是“向上”发展。明白我的意思了吧？多向实践学习。“读书是学习，使用也是学习，而且是更重要的学习。”

若是放假回大连，你可以联系我。我若是去新疆了，我会联系你。塔里木大学我还没有去过。

祝好！

这样做不妥

2021-12-14

曲老师,您好!

向您请教。我是高职专职辅导员。我们系从上学期开始允许学生举报学生干部的违纪行为,本学期也可以举报专、兼职辅导员。这原本是监督的一个手段,也算是好事,可是现在匿名举报、实名举报的都有,举报的内容也有真有假。关键是很多举报者举报的动机不纯,举报是为了整人,不是救人。这就导致部分同学专门搜集辅导员,特别是学生干部的违纪行为,在关键节点举报。比如,上学期个别学生干部吸烟,举报者将照片留存,等到这学期学生干部改选时举报。学生干部固然有问题,应该撤职处理,但举报者的这种存心也有问题。您是怎么看待这个问题的?请您指导。

××,你好!

前些天看到了你的这封信,因为忙,没有及时回复你。因为你提出的问题在一些学校不同程度地也存在着,所以今天我通过公众号平台推送给你、推送给大家,以引起大家的思考。

其实在你这封信之前,我写过一篇文章,让辅导员注意一个问题,就是不要“逼着”学生向辅导员反映同学的问题,其中就有不赞同让学生举报同学的问题的意思。首先,从辅导员方面来说,学生干部怎样,一定要心中有数,怎么能让学生举报呢?工作要扎实、细致,对学生干部提出严格要求。辅导员只要注意观察、多深入学生，学生干部怎样一定会清清楚楚，该批评的及时批评，该调整的及时调整，不要使学生到了“忍无可忍”的程度，只能采取举报的方式来反映学生干部的问题，到了这一步，无论是对学生干部还是对普通同学，都是一种“伤害”。让学生举报这种做法就像“钓鱼执法”差不多，辅导员对学生干部不闻不问，只等着学生举报，这种简单化的工作方法，既放纵了有的学生干部的错误行为，也助长了一些同学“嫉妒恨”的心理。这对学生干部的成长不利，对其他学生的成长也无益。年纪轻轻的就养成了如此的心理，将来会是什么样子？教育要为学生的一生负责，对学生干部是这样，对其他同学也是这样。当然，不排除有些同学是从积极的方面“举报”问题，那也要培养学生勇于批评和自我批评的精神，要坚持真理、敢于“亮剑”，光明磊落地做人。对这样的学生要充分地肯定、爱护，要形成班级、年级、学院（系）风清气正的文化环境。对辅导员的举报和对学生干部的举报性质是一样的。从学院（系）层面来说，就那么几个辅导员，大家怎么能不清楚他们的表现情况呢？这也太孤陋寡闻了吧？我做过学院党总支副书记，管过几个辅导员，他们工作怎样、在学生中的威信，我自然了如指掌，怎么还能到了让学生举报的地步呢？同样，对辅导员要严格要求，要关心、爱护，发现了问题要及时地提出，该批评的要严肃批评，不能做“老好人”，这是对辅导员的负责，更是对学生的负责。千万不能等到问题“成堆”了，借学生之口说事，这不是“治病救人”的态度。学院（系）也要致力于形成和谐的文化氛围，大家比学赶帮，积极向上，心情舒畅。今天被举报，明天被举报，整天提心吊胆，再遇上搬弄是非的人，那还有心思工作吗？

当然，无论是从辅导员还是从学院（系）来说，出发点是好的，都是为了建设好学生干部队伍和辅导员队伍，把学生培养好。那就好事把它办好，养成平等、民主的工作作风，形成宽松、融洽的工作环境，创造互帮、互助的文化氛围。

发挥好积极能动性

2021-12-16

曲老师,您好!

我是××学院的辅导员××,之前在浦东校区聆听过您的讲座,很是受益。今天观看了《守望青春》电影,感受到了您作为辅导员的辛苦付出。一朝一夕,一举一动,尽显您对学生的仁爱之心。今年是我工作的第三年,有时感觉自己很适合做辅导员,有时感觉自己做得很失败,我知道自己还有很多不足,无论是学生工作还是科研,都仍需努力,但我总感觉自己做的达不到预期,所以一直在向身边优秀的老师学习,希望自己能够拨云见日,也希望我的学生找工作的都能找到自己喜欢的工作,考研的都能考上目标学校的研究生,出国的都能收到offer,创业的都能顺利!感谢您对我们辅导员这个职业的指引,我会继续努力的!

谢谢你的认同!我们共勉!学生工作需要耐心细致,不要着急,尤其是搞科研。现在因为要评职称了,加上对辅导员工作有考核指标,有些学校把科研看得很重,这就使有些辅导员不得不跟着科研的指挥棒走。但是这毕竟是客观的,主观上还是不要把科研看得太重。带着问题来工作,一个一个问题解决了,你的水平也就上来了,科研也就有了积累、有了方向、有了针对性。重心还是应当放在学生培养上。你很想做好学生工作,这很重要,热爱是最好的老师,这是你做好辅导员工作的前提。可是怎样才能做好呢?重要的一点是不能搞“双重标准”,就是你是学生的时候希望辅导员什么样子，你就按照那个样子去做，就一定能当好辅导员。辅导员是大学生的人生导师。什么是人生导师呢？不是每个学生都能找到自己喜欢的工作、考上研究生、收到出国留学的offer、顺利创业，而是他们都有着正确的人生追求。辅导员一定要注重对学生思想的引领，帮助学生系好人生的“扣子”。

曲老师，我是××大学新入职的辅导员××，关注您好多年了。今天在现场听了您的课，我深受启发和洗礼，您是榜样，向您学习，您辛苦啦！希望您注意休息、注意身体。祝返程顺利。

谢谢你的关注！很多辅导员在新入职的时候都带着满腔的热情，结果干着干着就懈怠了。当然这里有外部的原因，不过作为一名唯物主义者，还是要从自身找原因。外因是变化的条件，内因是变化的根据，外因通过内因而起作用。当前辅导员队伍建设越来越得到重视，但是还有诸多不如意的地方，这就需要辅导员发挥好主观能动性，不要总患得患失。辅导员工作功在当代、利在千秋，踏踏实实地做好辅导员工作很值得，很有价值。

曲老师，谢谢您的分享和指导，真的如您所说，这也是我从入职以来慢慢在工作中体悟出来的认知。现在的我已经从思想和心态上进行了积极的转变，越来越踏实，越来越有获得感和价值感。很庆幸自己是一名高校辅导员，请您放心，未来任重道远，我愿像您一样，将自己奉献给我所热爱的工作，以生为本，立德树人。

好的。我们共勉！到大连联系我。

曲老师，您好！您的事迹是我从事辅导员的动力，您将是我一生的标杆，谢谢您！

谢谢你的点赞！我们共勉！辅导员工作值得一生追求。工作难免有困难，没有困难要我们干什么？只有勇于面对困难的人，才能在拼搏中实现人生的价值，才会被学生记住。

曲老师，我会牢牢记住您的话，更不会停下向您学习的脚步。辅导员工作值得一生追求，这句话将烙印在我心里，谢谢您！

关键是追求什么

2021-12-20

曲老师,您好!

我是××学院的辅导员××,很荣幸认识您。我已经在辅导员岗位上工作了5年,一直在关注您的公众号,也在学校听过您真情流露的演讲,感觉很受用。做学生工作我是感兴趣的,和学生相处,有喜悦、有成长,虽然我也有气愤的时候,不过想想他们就是比自己小很多的弟弟妹妹,也就没那么计较了。今天听了您的讲座,我再次坚定了继续做学生工作的信心,特别感谢您。不过做辅导员也面临着实际困难,收入比较低、不好找对象、继续深造无门,有时候也在怀疑自己的坚持,好在平时能通过锻炼保持健康的身体,通过阅读保持活跃的思想。虽然知道坚持下去很难,但还是希望有朝一日能成为像您一样的人,成为真正能走进学生心里的师者。

××,你好!

你说得很实在,你说的、想的这些问题确实存在。相对来说,辅导员在大学里的地位"低人一等",不被人瞧得起。习惯的看法就是这样:有水平的人还能做辅导员?"好人"还能嫁给辅导员?那不掉进"火坑"里了?这段时间《守望青春》这部电影在全国放映了,看过这部电影的辅导员应当记住这句台词:"我年轻过,你们没老过。"这句话的内涵是比较丰富的。其实你们现在想的这些问题,我在像你们这个年龄的时候都想过,也都遇到过,我与很多人的一个不同在于,我坚持了下来,而很多人放弃了。人生就是一个不断选择的过程,就看你追求什么,想得到什么。我经常讲这样一个观点,当你读书的时候你就应当想到你挣不过那些卖羊肉串的,那你为什么还要读书?你觉得你的人生输给他们了吗?不会吧!你要做个有“大文化”的人。什么叫“大文化”?《大学》开宗明义就讲:“大学之道,在明明德,在亲民,在止于至善。”“大文化”就是一种使命和担当,表现出对民族、对国家勇于负责的精神。从某种意义上讲,从事辅导员工作就是“大文化”的体现。辅导员工作还不被看好,正因为这样,才需要有人站出来、豁出去。辅导员工作是党的事业的组成部分,我们不干谁来干?徐海东说:“一个共产党员不为党工作,是耻辱。”现在一些辅导员产生抱怨情绪,确实有其客观原因,更主要的还是主观方面的、信仰上的。什么别人看不看得起、重视不重视,马克思创立马克思主义的时候、李大钊传播马克思主义的时候,谁来重视?马克思后来被开除了国籍、受到迫害;李大钊被杀害了;国民党南京政府曾把毛泽东、朱德、徐海东并列为通缉悬赏额最高的三个人,他们怕了吗?说到根本就是我开始讲的关键是你选择什么、追求什么,想成为一个什么样的人。

不是一家人,不进一家门。不认同你的不“相恋”不就完了吗?陈铁军与周文雍在刑场上举行了婚礼。你已经在那里了,愿意嫁给你的人一定是认同你人生选择的人。怎么人都把追求物质生活放在了婚姻的第一位?不是这样吧!说起来这些好像都是大道理,其实不然。对事物的认识一定要抓住本质,不然就会被假象所蒙蔽。

强身健体是对的,这是你实现人生追求的重要保证。好的身体也是重要的幸福指数。

有事就联系我!

祝好!

谢谢曲老师耐心的解答,看了有种醍醐灌顶的感觉,之前自己的格局小了,没有上升到为国育人的高度,单纯在想自己一亩三分地上的事情。我会调整自己的心态,继续在辅导员岗位上陪伴学生们成长,我也会在这个过程中不断提升自我,寻找志同道合的伴侣,成为守望学生们青春的见证者,再次谢谢您。

做好自己想做的事情

2021-12-21

曲老师,您好!

我是××大学辅导员××,很荣幸今天能和您一起交流。我于2015年参加工作,2016年1月有幸在北京听了您的讲座,您对这份工作的情怀,使我受益匪浅。在后面几年的工作中,我也十分幸运地能够再次听到您在辅导员工作中的感悟。

我十分热爱辅导员这份工作,也想在这个岗位上做到自己的极致。真的感觉十分幸运,能够在短短几年的时间多次听到您的讲座以及与您进行交流,每每看到曲老师在公众号中给辅导员的回信,我都会想到自己在工作中的困惑,想得到您的指导。

今年4月的时候,我和我们学校3名辅导员在武汉举办的辅导员素质能力提升培训上再一次见到曲老师,我也是第一次有机会和您合影。当时我们学校的辅导员听了您的讲座后都感慨:“要是您能够来给我们学校的辅导员做一次讲座、进行一次交流该多好啊!”曲老师,十分抱歉这么晚打扰您,非常期待能够和您有再一次进行交流的机会,也十分期待您能够帮助我解答关于辅导员工作的一些困惑。最后还是希望曲老师有机会能够到××大学,给辅导员和我们的学生做指导。

谢谢你的认同!

我很感动。每每看到你们辅导员写来的这些发自内心的感言,我都会想:我没有理由不好好工作。就像电影《守望青春》里有句台词说得那样:“我年轻过,你们没老过。”我是过来人,我应当把我的所思、所想、所行、所悟告诉你们,提升你们对辅导员工作的认识,加深你们对学生工作的热爱,成为大学生人生成长的指导者和引路人。想当好辅导员,没有对职业的认同,没有对学生满腔热忱的爱,是不行的。

由于多方面的原因,现在一些辅导员还不安心做自己的工作,这一方面需要外部不断改善辅导员工作的条件,更为重要的还是辅导员自身要有自我革命的精神,发挥好主观能动性。信仰坚定了,还有什么困难能难倒你呢?还哪有时间发牢骚、抱怨呢?你还年轻,但是对辅导员工作有着如此的情怀,这很难得,应当肯定。重要的是你要把这种热情保持下去。辅导员工作没有什么不好,每天和朝气蓬勃的青年人在一起,他们的成长中有你的付出,这多有意义、多有价值!不要总想一切都顺顺当当,那还要我们干什么?也不要怕麻烦,辅导员工作就是在这些麻烦中奏响了育人的乐章,不然学生怎么会记住你?他们为什么不能忘记你!

感谢曲老师给我的回复!今天晚上我感到非常开心!看到您的回复,我感触颇深。我当过辅导员,但长时间在牵头辅导员队伍建设的学工部工作,有时候感觉身边的辅导员们就缺乏对这份职业的认同感,缺乏对学生满腔热忱的爱。现在网上总有一种声音,认为辅导员是进入高校工作的一块“敲门砖”,认为通过做辅导员进入高校后,可以通过做事转行政岗,可以通过考博转教师岗,心一直定不下来,所以在辅导员工作中难以付出自己的耐心和真心,对学生也缺少了那一份真挚的爱,也许这也体现出了我们工作的一些不足。

感谢曲老师对我的鞭策,人生难能可贵的是坚持,我会谨记曲老师的教诲,保持自己的热情。辅导员是一支年轻的队伍,有时候我会觉得,能够从事这份职业十几年是件不容易的事,但这就像曲老师您所说的,只要信念坚定了,又有什么困难不能克服呢?

在备忘录中编辑好消息后,已是深夜12点,不便再打扰您休息,只好明天早上将信息发出。

听到曲老师您说能抽出时间来我们学校和我们的辅导员进行交流,我真的感觉特别开心、特别荣幸,让我们的辅导员有机会聆听一位老辅导员的心声,能够让他们更加坚定自己的信仰,更加坚定对辅导员这份职业的认同。

××,你好!

确实有的辅导员把当辅导员当成了“敲门砖”,希望能通过当辅导员进到大学里,再通过多种办法离开辅导员队伍。其实,人生做不成几件事,这样的左顾右盼既耽误了自己,更耽误了学生。我们现在的辅导员队伍建设还缺乏科学的选人、用人机制,这也是没有办法的事。路都是自己走出来的,往哪走,走多远,只能由他去了。做好我们自己应当做的事情。看得出来,你对学生工作还是抱有深深的眷恋的,那就朝着正确的目标坚定地朝前走。

到大连联系我。

祝好!

我们的心是紧密相连的

2021-12-24

很多人都很关心沛兴,向我询问沛兴的情况。沛兴已经如愿地去西藏那曲做了一名公务员。从上大学到现在,我和沛兴有20多万字的微信交流,我正在整理,准备出一本书,就叫《我和沛兴的故事》,介绍沛兴是怎样由来大学时的犹豫、彷徨,甚至想离家出走,到成为一名马克思主义理论专业的硕士生、共产党员,立志去西藏奉献一生的。我和沛兴的父亲也有很多交流。他是一位农民,但是有着浓厚的爱国情怀,对沛兴的成长有很大的帮助。这是前些天我和沛兴父亲的一次交流,现在推送给大家。

老弟你好!

不知不觉中沛兴已毕业半年了,我们也好长时间没有见面了。本来沛兴去西藏报到时我想过去看看你们,顺便送一下沛兴,但是因为疫情,很遗憾地没能如愿。生活就是这样,不可能事事如意。你不容易,在那么贫困的条件下,让两个孩子都读上了大学,并圆满毕业。常言道:知识可以改变命运。沛兴哥俩就是真实的写照。

想想沛兴刚来大学时的样子,言语不多,比较深沉。特别是他心里比较苦闷,甚至想逃离现实的环境。我那时很担心沛兴出点什么事。好在一切都过去了,沛兴坚强了起来,勇敢地去了西藏,要在那里奋斗一辈子。沛兴成了当代青年的学习榜样,把“小我”融入“大我”之中。沛兴也曾多次对我讲您对他的影响:耿直、勤劳、愿意学习,并且再穷也督促他的哥俩好好学习。他给我写过一封很长的信,介绍他在学校读书时的情况,说您还骑自行车给他送过饭。望着您远去的背影,他流泪了。沛兴很有才气,在您来大连游览返回的时候,沛兴告诉我,他把您送到了机场,他也写了很长的一段文字,想起了朱自清的《背影》一文。我看了这篇文章,写得很感人,我也流泪了。

我们之间通过几次信。其中一封是您在过春节的时候给我写的拜年信。这封信成了我讲学时的“范文”,我可以一字不落地背诵下来。我常跟大家讲:一位放羊的农民能够写出这样一封信,尽管我们硕士、博士毕业,也没有多少人能写出这样一封信。没有最好,只有更好,我们没有理由不把工作做得好上加好。

沛兴如愿地到了西藏工作,离家虽然远了,但是好男儿志在四方。令我感动的是,您说:“感谢我把沛兴培养成爱党、爱祖国、爱社会的人。”这是格局和境界。这也是对我培养更多“有志气、有骨气、有底气”当代好青年的一种激励。您的这种品德值得我学习。

虽然我们距离遥远,但是我们的心是紧密相连的。有什么我能做的事,您千万不要客气。沛兴为祖国服务,我为您服务。等我安排一下,看看我们的身体是否允许,如果可以,我们一起去趟西藏。送给您的茶叶,沛兴说您不舍得喝。您真不要不舍得,这个咱有很多,等春节前我再邮寄一些给您。

我在飞机上。刚才给沛兴也写了封信。飞机马上着陆了,就聊到这里。弟妹的腿没有问题了吧?多保重!

祝一切都是那么的美好!

曲老师,您好!

看到您的微信,心情格外喜悦。您是沛兴的恩师,也是我们家的恩人。我本应该经常向您问候才对啊!诚恐您工作繁忙,未敢打扰。很长时间没给您写信了,希望您能原谅我。沛兴到西藏工作,实现了他的理想和追求。这是青年学子报效祖国,到祖国最需要的地方去奋斗的使命和担当。

我也很想亲自送他去西藏,可惜由于各种原因未能成行。他刚步入社会,阅历尚浅,还缺少实践经验,我们也只能给他以精神上的支持和鼓励。希望您在工作方面给他加以指正和关心,使他真正成为一个不怕困难、思

想先进的新时代的好青年。

古人云:“岂曰无衣,与子同袍。岂曰无衣?与子同裳。”“丈夫志四海,万里犹比邻”。这是我们中华民族的传统美德。

希望沛兴能以优秀的工作表现,回报师恩、回报母校。

若有机会,我们一起去西藏。那应该是一个非常幸福和美好的时刻。

我妻子的腿恢复得挺好的。十分感谢党的好政策!十分感谢老师的关心和帮助!望勿挂念。

祝您阖家欢乐、事事如意!

把学生放在心上

2021-12-29

曲老师,您好!

我是××大学的辅导员××,真诚地向您致敬和学习!之前一直会看到有关您的媒体报道或者文章,我心中想着您到底是怎样的人。今天听了您的讲座,我的感触良多,最深的感受是我坚信您是一位理想信念坚定的人,是敢于表达和影响他人一起坚定理想信念的人,这样的人原来真的可以很"帅"。听报告回来之后,我迫不及待地读了您的著作,虽然还没读完,但思想上坚定了很多,我也想明白了很多事情。我不禁开始深思自己的10年辅导员之路,该往哪里走、要怎么做。

我也是本科留校工作的,10年中有过激情满满,也有过迷茫和倦怠。您的书犹如宝典一样,给了我很多答案,比如要不要继续在学生战线上战斗着、为什么而战斗着、怎样战斗着。正如您说的那样:"浮躁的今天,思想教育好像是演出,你演给我看,我演给他看,结果就是学生都没看。工作是扎实干出来的,少一点形式主义,多一点实干精神。要求别人太多,要求自己太少。"高大上"的太多,实在的太少……"是啊,现在回想起自己的疑惑,何尝不是想要的太多,而干扰到了自己的育人初心和主责主业。10年可能是辅导员的一个坎,我想这个时候的自己,需要静下来、沉下去,让自己变得更加厚重和有真本领,让自己回归初心使命做好"立德树人"根本工作。虽然现实生活还不能让我百分百不去想工资待遇、职称前途,但我要告诉自己尽量别去想那些身外之物,别在意别人说的"你都干10年了，还要干一辈子辅导员吗?”的评议等。做我所爱、行我所行、以生为本、无问西东。我想，见贤思齐，今后我也要尽量让自己成为高尚的人，成为学生更加真心喜爱的人，成为堪当民族复兴大任的人。也只有这样，辅导员才可能去影响、推动自己的学生更好地成长成才。思想上的畅达真的让人神清气爽，一直在等您同意我的好友申请，因为我很想和您说一句感谢您的大实话：感谢您传递的思想和言语，因为它们真的很有力量。

××，你好！

你写了这么多，费了不少的神，谢谢你的点赞、你的认同！

辅导员工作意义重大，关系到培养什么人、怎样培养人、为谁培养人的问题，也关系到办好人民满意的高等教育。所以，我常说，辅导员工作功在当代、利在千秋。辅导员没有理由不把学生培养好。

那么怎样才能把学生培养好? 必须围绕学生、关照学生、服务学生，把学生放在心上。这就要扎实、细致地做好工作。辅导员工作不能“想当然”“拍脑门”，一定要对学生的情况了如指掌。你引用我的那些话，就是我对辅导员们的嘱咐：不能把思想政治教育当成“演出”，表面上轰轰烈烈，却没有深入学生的心灵，最好的思想政治教育一定要触动学生的心灵。

辅导员也有现实的利益，要评职称、晋级别，对此有所考虑是正常的，也没有错，但是这不是出发点，不是初心。辅导员应当“不争而得”，在服务学生成长成才中实现自身的价值。我经常讲，即便我们一无所有，有了学生也就有了一切。

任何人、做任何事难能众口一词，对辅导员工作也是如此。我跟大家交流的内容大家都爱听? 哪有这样的事? 想让大家都认识到辅导员工作的重要性是不现实的，也是不可能的。辅导员还是应当有这样的自信，在帮助大学生成长成才中，我们的地位和作用是无可置疑的。有了这种自信，才会全身心地投入工作当中，才会在服务学生中实现我们的人生追求。

一些辅导员总说到了“倦怠期”。出现这样的问题说到底还是理想信念有所动摇。信仰坚定的人是不会有“倦怠期”的。所以，要想克服“倦怠期”，就要坚定理想信念。辅导员工作可以一生拥有，关键在于有没有这样的勇气、这样的执着。

我说的都是实话。我常讲,我说的每一句话未必都对,但是我说的每一句话都是含有真情的。做你所爱,行你所行。你没有错,做笑到最后的人。

飞机着陆了,就聊到这里。到大连联系我。

祝一切都好!

谢谢您为我指点迷津,我会继续"补钙",认真走好辅导员之路。祝您一切安好,期待和您再次见面。

我们共勉!

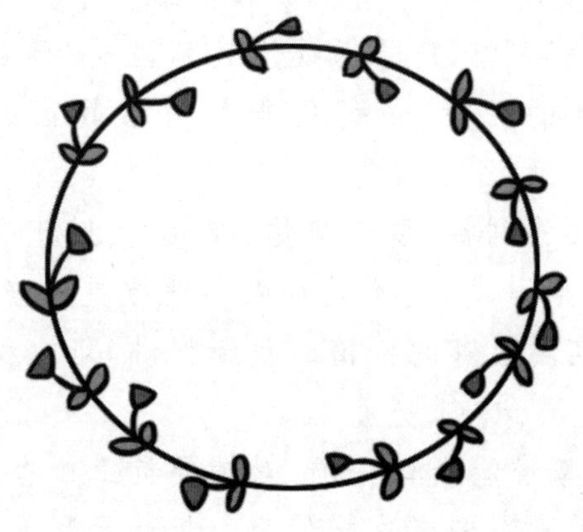

一个迫切需要解决还没有解决的问题

2021-12-30

许多辅导员讲,他们都在上思政课,把大量的时间都用到了上课上。辅导员不是很忙吗?怎么能有时间上思政课呢?他们到底是辅导员还是思政课教师?辅导员上思政课为什么就不"抱怨"了呢?这是"愿打愿挨"的事。这个问题很大,关系到辅导员教师在高等教育中的地位、作用问题;关系到辅导员教师职业化、专业化的问题,说到根本就是辅导员教师队伍的工作(教学)界域到底在哪里的问题。辅导员教师通过怎样的教学途径才能完成立德树人的任务?有些同志也提出过辅导员工作课程化问题,但是还没有触及辅导员教师课程化的核心内容,更有的把上思政课等同于辅导员课程化。前段时间有个辅导员跟我交流,我谈了几句辅导员课程化问题,今天推送给大家,就是希望大家能够深思这个问题。

曲老师,您好!

今天下午的沙龙交流让我很受教育和启发,让我更加坚定从事辅导员工作的信念。辅导员要上属于自己的课,而不是去上狭义的纯粹意义的思政课,如果上纯思政课,那就不是专职辅导员了。我们要开发属于我们自己的,与辅导员实际工作特点相吻合的课。辅导员工作课程化是我们长期的实践与思考,请您指导。

是这样的。辅导员应当有自己的核心课程。这个问题不是你们辅导

员个人能够解决的，这需要专家们来研究怎样构建辅导员的课程体系。像现在这样辅导员上的心理健康课、国防教育课、就业指导课，都不是辅导员的主干课，这些都是辅助课。还有的上思政课，这是不是辅导员的主干课呢？形势政策课，特别是“思想道德与法治课”可不可以划为辅导员的课程？这些都需要进一步探究，还涉及思想政治工作队伍的体系问题。从我的本意上讲，我是主张把思政课教师、辅导员教师、心理健康教师、党校教师（包括组织员）等，统称为高校思想政治教育教师，他们的根本目标一致，只是达到目标的路径不同而已。眼下之所以有的辅导员承担了思政课，那是“愿打愿挨”的事。辅导员为了评职称，需要课时；而思政课教师缺编则用辅导员来顶替。如果思政课不缺编，怎么会用辅导员来上思政课呢？这些课还没有划归为辅导员来上，辅导员来上这些课就是在“种别人的地”，这必会“荒了自己的田”。必须构建辅导员教师的课程体系，这是迫切需要解决的一个问题，辅导员的教师属性、辅导员的学科属性、辅导员的职称评聘标准等都与此有关；现在辅导员评职称认识不统一，标准多样，同样与此有关。当然这个问题要想形成共识，需要一个过程。辅导员应当从学生成长规律出发，探究应当为学生提供什么样的“显性课程”和“隐性课程”，把对大学生的教育引领纳入“课程化”中。随着高等教育的不断发展，随着完全学分制的到来，辅导员课程育人的重要性便会凸显出来。“人无远虑，必有近忧。”从这点来看，辅导员只有把自己的工作转化为教学过程，把工作当成学问做，带着问题来“教学”，才会尊重学生的成长规律、高等教育的发展规律，增强辅导员“教学”的实效性。

你的坚持是值得的

2021-12-31

曲老师,您好!

我是从事学生思想教育工作的辅导员,有幸能有这样的机缘面对面地聆听您的教导,您再也不是只在电视上、书中看到的模范,而是我们身边活生生的榜样。直到现在,云南很多山区的孩子家庭生活仍很困难,在学习了您的先进事例之后,我们学院也涌现出了很多辅导员用爱教育学生的先进事例。我们进行家访,切实感受到了您说的那种家长的爱和给我们的沉甸甸的托付。今天您在讲课中多次提到坚定的理想信念,爱党、爱国,这是我们很多年轻老师不具备的或者说讲不出高度的内容,所以我更希望直接引用您的原话和故事来教育学生,我把您的书赠送给学生,让他们在书中和您直接对话,现在班级学生思想建设达到了高水准。对于学生的教育,我还有一个问题想请教您,越是困难的地区越是很难解放思想,越是想着如何考这样的证、那样的证,如何考取公务员或事业单位。孩子们心中对于国之大者没有特别的概念,而我更不愿意把孩子们培养成走出大山的“城市放牛娃”(只知道学习、考试,找一个钱多事少、离家近的工作,娶妻生子,教育孩子等),那么,应该如何引领他们的成长?我有一些无力感,冒昧向您请教。

××老师,你好!

昨天事情太多,没有及时回复你,请理解。

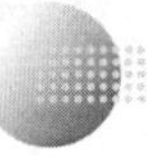

我30多年的思政认识就是这样：辅导员工作是党的事业的重要组成部分，从某种意义上讲，也是核心部分。道理很简单，青年是时代的"晴雨表"，青年代表未来。因此，必须把青年培养好。我多次讲过，辅导员工作绝不是"良心活"，想干就干，想不干就不干；想多干就多干，想少干就少干。辅导员必须始终保持对党的忠诚，坚守理想信念不动摇，更不能忘了党旗下的誓言。只有这样，才能理直气壮、信心满满、竭尽全力地为学生的成长服务。反之，就会患得患失，犹豫彷徨，倦怠、内争。

做好学生工作，需要带着感情。要想到学生的不易、家长的不易，不能辜负了学生的期待、家长的渴望。我从做辅导员那天起就想，一定要把学生培养好，不能因为我的倦怠、失误，使学生犯错。家访是我做好学生工作的一个举措。为此我付出了很多，在我的公众号上也做过介绍。目前，我家访的足迹横跨全国22个省份，从地域上来讲，我应当是中国家访第一人。至今，我仍然和我留校做辅导员时带的有些学生家长有联系，我还去看望他们，他们都是八九十岁的老人了。家访的意义是多方面的，不仅增强了对学生的了解、增强了和学生的情感，也增强了工作的责任感、增强了工作的针对性。当然，家访是要克服很多困难的，我想你们也是付出了很多，学生们、家长们一定不会忘记你们的。

教育是有层次的，也会有差别，不可能千篇一律。我们作为辅导员，就是引导他们朝着我们希望的方向发展。人生的坚定信念也是一步步树立起来的。我刚上大学的时候想得最多的是一定让父母晚年过上幸福的生活。读了大学，我懂得了"小我"可以融入"大我"之中，只有融入"大我"，才能更好地实现"小我"。首先应当鼓励他们走出来，有视野了才能有格局，才能有更大的担当。回报家乡、建设家乡也是有多种方式的，中国女排队员朱婷为家乡做了很多有益的事，前提也是她走了出来。教育学生成为一个有责任感的人。无论身在哪里，心一定不能与父母、家乡、祖国分离。有事就联系我。

祝新年快乐！

曲老师，我是××，没有收到您的信息之前我的心情是矛盾的，怕打扰您工作、耽误您休息，可又希望收到您的回信。感谢您对我们家访工作的认可，家访回来以后，家访过的学生与老师的关系更加融洽，更能够团结在辅导员的周围安排他们的学习和生活，可以说家访使我们收获颇丰。

我今年32岁，做辅导员工作已有10年，在22岁的时候我就留校做了辅导员助理。很多时候我会为孩子们的成长欣喜不已，也会有迷茫不知所措，听到这个同学每个月赚多少钱、那个同学每个月赚多少钱也会羡慕……在××学院工作的时候，我听到了杨洪璋教授的先进事例，现在又有了您作为我的精神导师，使我浑身充满力量。虽然之前的工作缺乏动力，但在这之后我将持续建设自己、打造自己。之前我也为来到云南工作而沮丧，而现在我更加明白教育者神圣的使命，我将用爱带领大家走出去，再引领大家走回来。我也按照您的算法算了我自己的人生账，这么多年有这么多学生和我一起同行，我的付出是值得的。

2015年我去过大连，去了旅顺。在大连外国语学院给学生做素质拓展，待了20天，那是一座历尽沧桑的城市，也是英雄的城市，向英雄们致敬。

新年来临，祝福您新年快乐，在新的一年有更好的身体、更好的精神，造福更多的学生，我也会踏着您的脚步，一步一步向前进。

××，你好！

你工作已10年了，也有了一些收获。相对说来，你还年轻，现在还处在人生重要的发展期。有的辅导员坚持不住了，就放弃了。这真是一个个人选择的问题。每当这个时候，一些辅导员就会说大家都劝说他离开，因此他就动摇了。这关键还在于自己。我从留校做辅导员那天起，劝说我离开辅导员岗位、离开学生思想政治教育的声音便不绝于耳。我非常感谢领导、朋友们对我的关心，但我还是坚持了下来。坚持到现在我真是觉得太值得了。人生做不成几件事，选择对了，就要不离不弃。和学生在一起没有什么不好。我经常和学生在一起吃饭交流，回想那些时光，感到如此的美好。不经历风雨，怎能见彩虹？没有今天对学生的付出，怎么能体验到学生给予你的快乐？

祝新年快乐！

不能搞“双重标准”

2022-01-05

曲老师,您好!

关注您的公众号有一段时间了,我经常会来看看,以汲取精神上的营养。您的很多事迹让我感觉到既崇高又接地气,您所做的正是我未来职业和事业发展的方向。我是农村走出来的学生,研究生毕业后就结婚生子了,现在已经拥有一儿一女了。我时常觉得人生会有很多遗憾,原因就在于求学之路,摸爬滚打,虽然在误打误撞中不断提升专业成绩、担任学生干部、获得更多奖励、在一个二本院校的边缘专业跨专业考研成功,但回首过去,我在面临很多抉择的时候都是毫无方向、束手无措的。正因如此,这一两年我想了很多,感叹学生时代是多么需要老师的价值引领啊!他们多么需要知道应该怎么去看待世界、看待自己啊!于是,在家庭幸福、有一定人生阅历的当下,我投入了考辅导员的浪潮中。一方面我觉得我应该去做辅导员,我想我明白学生需要什么,只有自己淋过雨才更想去为别人撑伞。我不想转什么行政岗,也考不了博士,我就想做辅导员,去做一个学生毕业后还能想起来的辅导员!目前,我已经经历了3次辅导员面试考试,我还没有成功上岸,但作为一个党龄21年的忠诚党员,作为一个对辅导员工作有信念感的人,我会再接再厉,立志走到辅导员的岗位上去发光发热。希望有机会能够站在新的平台上,以辅导员的身份向您学习。

××,你好!

你的信使我感受到你想做一名辅导员的渴望,看到你“屡败屡战”的身影。作为一名老辅导员,我时刻欢迎你的加入。“待到山花烂漫时”,别忘了告诉我一声。我也期盼着在大连、在你工作的学校见到你。

你想得很好、说得很对。我们为什么要做辅导员?“只有自己淋过雨才更想去为别人撑伞”。你体验到了辅导员对你的大学生活,乃至你的人生意味着什么。带着这样的追求,你一定会成为“一个学生毕业后还能想起来的辅导员”!我们有些辅导员总是问怎样才能做好一名辅导员?这是一个需要从理论上认识的问题,更是一个需要从实践上回答的问题。怎样才能做好辅导员?这个问题不难回答,不搞“双重标准”就能做好辅导员。想一想在学生时代、在你成长的道路上,你多么希望能有个人指引和陪伴着你走下去;想一想在你遇到阴雨绵绵的天气、感到孤独无助的时候,多么希望有人为你撑起一把伞!你现在就是一名辅导员,怎么能忘了昨日你那渴望的眼神、无助的样子?我的脑海中经常闪现40多年前我在大学读书时的一个场景:一个学生自杀了。这个学生的母亲哭得死去活来,在亲属的搀扶下从楼上走下来,当时我正往楼上走。在我做了辅导员之后,这件事也从另一面警醒我一定要做好辅导员工作,绝不能让学生在我的面前倒下!不然良心怎么能过得去!做人,一定要将心比心,尤其是辅导员。

辅导员是大学里离学生最近的人,也是大学里与学生最亲的人。我们可以考虑自己的利益,但一定要建立在实现学生利益最大化的前提下。心中只想自己能得到什么,只想自己能飞多高,结果把学生都落下了,这种飞翔又有什么意义呢?又怎么会成为“一个学生毕业后还能想起来的辅导员”!我认识很多退休的辅导员,当谈到在大学做辅导员的经历时,他们的一个共同感受是:如果让他们重新做辅导员,他们一定会更用力、用心、用情地陪伴学生。因为他们更懂得了人生是什么、最值得追求的东西是什么。他们说我很幸福,还在服务学生的路上。我说年轻的辅导员们,最幸福的人生属于你们!你们在启航的时候,就有人走到了你们的终点,在昭示着你们前行的方向,提醒着你们哪些路段有泥泞甚至险滩,省却了你们许多摸索的时间。然而有的辅导员总是希望自己的人生自己做主,总是希望有别样的人生。“创新”是对的,但是一切“创新”都是建立在“继承”的基础之上的。

我赞同你的选择

2022-01-06

我2004年年底做辽宁省委高校工委副书记后,我们厅长问我将怎样开展大学生思想政治教育工作。我说战略上:乘势而上、顺势而进、造势而为;战术上:愿意干、有人干、会干。会干的前提是有人干,有人干的前提是愿意干。为了愿意干、有人干,辽宁省最早出台了辅导员职称评审实行“三单”的政策。当时为了保证由各高校评出的辅导员在全省教师职称评审会上(即“大评委会”)不会成为“分母”,我向厅长提出了“分权”建议,即成立辽宁省思想政治教育学科职称评审分委员会,我做分委员会主任。我们厅长采纳了我的建议,将他担任的全省教师职称评审委员会主任的职权分给了我一部分,辅导员评职称的问题得到了很好的解决。一时间一些机关干部、专业教师纷纷要求转向辅导员队伍。有个高校的人事处处长辞去了处长职务,做了辅导员,接着攻读了思政博士,现在已经是思政专业的教授了。每年辅导员招聘的时候,都会有机关干部、专业教师要求转向辅导员岗位。今天推送的与我交流的辅导员,就是在机关工作了11年后申请转到了辅导员岗位。

曲老师,您好!

我是××学院的辅导员××,想以后多向您请教。我本科毕业于××大学,研究生毕业于××大学,现在是××学院的一名辅导员。之前我在××大学办公室工作了11年,做行政工作,为领导服务。今年是我入职的第11

年，今年暑期后，我选择成为一名高校辅导员。选择成为辅导员，不仅是一种取舍，更是人生的一个选择。我很骄傲能成为其中的一员，我相信只要心里有光，便能成为光，更能释放光。

未来，我要学习的地方还有很多，我一定会以专业的素养和高度的责任心努力赢得学生们的信赖，努力成为学生思想上的领路人、成长中的铺路者、生活中的知心朋友，为每一个学生系好人生的第一粒“扣子”。

今天听了您的课，我深受鼓舞和感动，在此，向在辅导员岗位上默默付出的您致敬……我也想像您一样，把我的热情都给学生，我要向您学习，您就是我的榜样。

祝您身体健康、工作顺利！

××，你好！

首先祝你新年快乐、万事吉祥！

我在整理2021年的微信时，发现你给我写的一段较长的微信我没有回复，十分抱歉，请理解。

你在机关工作了10多年，然后选择做了一名辅导员，而有的辅导员工作了十几年仍想方设法到了机关，谁对谁错呢？这关键看选择什么、追求什么、想实现什么。经常有辅导员问我是不是动一动，离开辅导员岗位比较好。他们说他们工作10多年了，还有的说工作20多年了。我的态度很明确，还动什么呢？以前没干好，用剩余的时间弥补上；以前干得好，就坚持下去。辅导员有什么不好？其实很多人追求的东西都是不靠谱的，到头来发现没有什么意义，用曾经的“辉煌”换回了老年的孤独。我在从省里回到学校做辅导员的时候，领导关心地说：“这能行吗？”我说：“我是聪明人，不会把自己送到火坑里。”有些人总是“隔岸观火”，没有真心地投入，因此对事物就缺乏本质的、深刻的认识。只有真心地投入生活，才能感受到生活的真谛。整天和大学生在一起，他们的成长有你的陪伴，他们的幸福有你的付出，这是多么快乐的事情！现在一个辅导员带好几百个学生，若是真带上十届八届学生那不得幸福爆棚啊！当然你要成为一名学生喜爱的辅导员，是需要付出的，这就是关键。有些辅导员倦怠了、惧怕了、退却了，因而也就失去了；有的辅导员迎了上去，坚持了，因而得到了。你算新兵，还年轻，未来的路长着呢。我赞同你的选择，相信你的坚定追求，你一定会成为学生思想上的领路人。有我能做的事就联系我。

告诉我你的详细地址，我把我写的书签名、邮寄给你做纪念。

曲老师，您好！

首先祝您新年快乐！

收到您的回复我的心情非常激动，谢谢您的祝福，也谢谢您的分享。看了您的事迹以后，我深受鼓舞，这么多年您对学生投入无私的爱与关怀，见证了无数学生的成长成才，付出的艰辛只有您自己最有体会，但是收获的幸福也是无比珍贵的。作为一名新兵，当我踏上辅导员工作岗位的那一刻，我便也拥有了这样一颗坚定不移的育人初心。

3个月的辅导员经历，让我成长了很多，如帮助学生处理心理困惑、处理休学问题、有因学生被网络诈骗去派出所处理问题如帮助学生打120去医院急诊，也有和学生们斗智斗勇……虽然辛劳，但是有太多的欢乐和感动。这份工作让我逐渐明白，辅导员除了要有强烈的责任感外，还要付出真心和无私的爱，我会努力成为学生身处黑暗时需要的那束光，成为他们最需要帮助时伸出的那一双手，在他们最迷茫时做一个灯塔，在他们成长成才时为他们祝福，努力成为一个像曲老师一样深受学生爱戴的好老师。

新的一年，××祝曲老师全家身体健康、平安吉祥、万事顺意，在新的一年收获更多的开心、快乐、精彩，我很开心来到辅导员岗位并能与曲老师结识，以后我会多向您请教，再次祝曲老师新的一年千般皆如意，万般均称心。非常荣幸能得到您的签名书籍，这是我新年里最大的惊喜和礼物啦！我的地址是：××××××××。

谢谢曲老师！祝您新年快乐！

曲老师，您邮寄的书今日我已收到，非常感谢您，我一定认真拜读，学习您的好办法、好经验，祝您工作顺利！

我们是同路人！让我们共勉、同行！

伟大寓于平凡之中

2022-01-12

伟大寓于平凡之中,这句话我们再熟悉不过了。可是日常生活中我们又有多少人忘记了去做那些平凡的事情呢?昨天看了一段视频,真是让人动容,他们俩都很伟大。一个在同学患病的时候,邮寄了“救命钱”,后来却把这件事全然忘掉了;一个为了找到当年给他邮寄“救命钱”的这个同学,费了几十年的周折。建议辅导员们组织一次班会,讨论一下同学之间的交往问题。我们现在有些同学缺少情义,可以说有些冷漠,“一心只扫门前雪,莫管他人瓦上霜”。有一次有个学生跟我讲,有个同学发烧感冒,想让同寝的一个同学帮忙买一份饭,结果这个同学以要去参加考研辅导班为借口,拒绝了那个同学。考研就那么重要?人是社会中的人,人是情感动物,在别人有需要的时候一定要力所能及地帮助别人。大学是一种文化,是精神的家园。离开大学的时候,不能只带走知识,更要带走一个团队,这样在未来前进的道路上才会披荆斩棘、所向无敌。无数事例告诉我们,没有随随便便的成功,也没有独自的成功。其实很多事是能够做到的,只是我们不在乎,或者说心中没有他人而已。同学情、师生情、同事情、亲情、友情……“只要人人都献出一点爱,世界将变成美好的人间”,这不是用来唱的,这是需要我们做到的。今天早上看了这样一条新闻,湖北经济学院大四学生陈斌边准备考研边准备捐献造血干细胞,初试结束后就直奔医院。最终,他为一名5岁男孩儿送去了生的希望。陈斌同学考没考虑给这个5岁的男孩儿捐献造血干细胞会影响到他的考研呢?他一定是把考研放在了给这个5岁的男孩儿捐献造血干细胞之后。陶行知先生说:“千教万教教人求真;千学万学学做真人。”陈斌同学学到了真知。他以文化人,使自己变得伟大。人要活得有尊严!马克思告诉我们:“尊严就是最能使人高尚起来、使他的活动和他的一切努力具有崇高品质的东西,就是使他无可非议、受到众人钦佩并高出于众人之上的东西。”人类社会不断揭示出的一个重要事实就是:“历史承认那些为共同目标劳动因而自己变得高尚的人是伟大人物;经验赞美那些为大多数人带来幸福的人是最幸福的人。”为纪念鲁迅先生逝世13周年,中国现代大诗人臧克家写下了《有的人》这首抒情诗,在此摘录:

有的人活着
他已经死了;
有的人死了
他还活着。
有的人
骑在人民头上:“呵,我多伟大!”
有的人
俯下身子给人民当牛马。
有的人
把名字刻入石头,想“不朽”;
有的人
情愿做野草,等着地下的火烧。
有的人
他活着别人就不能活;
有的人
他活着为了多数人更好地活。
骑在人民头上的
人民把他摔垮;
给人民作牛马的
人民永远记住他!
把名字刻入石头的
名字比尸首烂得更早;

只要春风吹到的地方
到处是青青的野草。
他活着别人就不能活的人,
他的下场可以看到;
他活着为了多数人更好地活着的人,
人民把他抬举得很高,很高。

有的人“学富五车”、证书等身,这又能怎样呢?人要活出人的味道。对我们读书人来说,就是要把知识变成文化、变成情意、变成品行、变成令人赞美的东西!

帮助学生树立正确择业观(一)

2022-01-13

截至2020年年底,我国高等教育毛入学率已经达到54.4%。这意味着我国高等教育已经进入普及化阶段。这说明了什么?说明了社会主义制度的优越性,折射出的是中国共产党人执政为民,不断满足人民新期待、新愿望。如今,我国已经成为高等教育在校人数第一大国。

高等教育规模大了,就业的压力也就大了。党和国家一直高度重视大学生的就业问题。习近平总书记在党的十九大报告中明确指出,就业是最大的民生。要坚持就业优先战略和积极就业政策,实现更高质量和更充分就业。在2020年召开的全国人大会议上也是强调,优先稳就业保民生。特别是针对突如其来的新冠疫情,国家有关部委相继出台了诸多政策推动就业工作;地方政府和高校也是想方设法促进大学生就业。大学生应当相信,国家一定会最大限度地保证大学生的就业。

那么,大学生应当怎样对待就业?有的大学生对就业还是处在被动的状态中,不能主动发力。择业一定要有积极的心态。何谓积极的心态?就是要有挑战的精神,要实事求是。一些大学生总是这里看看,那里望望;总想一口吃个"热馒头";甚至幻想得到一份既舒心又高薪的工作。恐怕这就不现实了。年轻人,一定不要图舒服,要与奋斗为伴。奋斗的人生才有意义。路都是一步一步走出来的,没有随随便便的成功。我一直认为,职业没有好与不好,只有干得好不好。有多少大学生在确定了自己的就业岗位后,完全可以用欢欣鼓舞、奔走相告来形容当时喜悦的心情,可是工作没几日，便烦躁不安，想跳槽走人。也有许多大学生不情愿地走上了被自己，当然也包括被家长、被亲朋、被同学看不上的工作岗位，但是，他们仍默默地在那里耕耘、在那里奉献，还爱上了那里的土地和人们。我刚毕业做辅导员时带过的学生，他们的孩子也都大学毕业了。现在这些学生都在自己的岗位上踏踏实实地工作着，感觉生活过得很惬意。可是当年工作分配的时候，他们可不是这样的心态。一些学生离开大连的时候感觉天要塌下来了似的。而事实上呢？“谁不说俺家乡好！”一些在县城里工作的学生经常在微信群里夸赞他们那里是原生态。他们的儿女有的在大城市居住，但他们却依然热恋着养育自己的那片故土，因为他们远离了城市的那份喧嚣。尤其是现代科技如此发达，有了便捷的通信设备、交通工具，他们生活真是挺好的。

我有个学生，他在走上工作岗位后在给我的信中说：由于学校刚刚建立，一切都在建设中，没有像样的教学楼，图书馆小得可怜，一些基本的教学条件尚不具备，甚至连学校的编制都不齐全，一切都不正规，学校给他的第一印象不是十分理想。到如今这个学生已在这所学校工作了许多年，他已经是这所学校的一个中层干部，现在他对他的工作非常满意。我还有个学生，他在分配时也不满意，但是参加了工作后，她的思想也发生了变化。她在信中说：“要少埋怨过去，一切从今天做起。人总是要有点精神的。我现在是不太如意，但也许是件好事。苦难是人生的财富，我要利用它改变自己的命运。也许我们再见面的时候，我还是那样默默无闻，但您应确信，我曾经奋斗过。”这个学生后来发展成为一名高级教师。

我有个家住农村的学生，毕业时十分想留在大连工作，可是那时若想留在大连工作，除了留校是没有别的办法的，不像现在可以自谋职业，若是当初也有这样的政策，她或许能再考虑一下。现在有许多大学生就是这样，哪怕是在大城市里“蜗居”，也不愿意回到家乡就业，即便是那里很需要他。我跟她说，择业就跟谈恋爱差不多，谁不想找个如意的伴侣呢？有的人找到了，就结合了，过得很不错；有的人起初不太满意，但结合后，时间长了，日子也过得红红火火、有滋有味。现在如果能留在大连就留下，要是留不下，你怎么办呢？“婚”还是要结，日子还得过。回家又有什么大不了呢？那里再不好不是也养育了你吗？现代社会，信息发达，很多资讯通过网络就都知道了。这个学生现在也生活得很幸福。

我还有个学生，他在工作不久后在给我的信中说：“我相信您的话，

‘谁也料定不了自己的未来,但不管在什么情况下,都要勇敢地走下去,这就是我的信念’。我也把它作为我的信念。我非常愿意给这些孩子们上课,看着那一双双大大小小看着我的眼睛,我是非常激动的。站在讲台上,我也觉得很神圣。讲台成了我今后生活的舞台。我知道自己应该怎样走完这一段人生的旅途。我哪里也不去了,我要把自己留在这里,把我的心、我的爱、我的情都奉献给这些天真烂漫的孩子们。我会为他们去努力工作,不去奢望那些本不属于我的生活。只有踏踏实实地为他人做点什么,才是我生活的意义。”

这个学生毕业时我到车站送她。她抱着我失声痛哭,非常不情愿地离开了大连。转眼间34年过去了。现在她和她爱人都是中学高级教师,收入很可观。他们的孩子也参加工作了。现在她总是自豪地说她们那里山清水秀,住的是“天然氧吧”,吃的是“绿色食品”,十分宜居。

朱清时院士在《是什么造就一个人的成功》的报告中讲道:1968年他被分配到青海西部当一个铸造工人,当时看不到从事科研工作的希望。1974年,中国科学院要做一些重大项目,去追赶世界上的一些重大科技发展。青海湖虽然当时条件不好,但青海湖研究所也承担了一项重大项目“激光分离同位子”。朱院士说,这就是他人生的机会。如果他不在青海,他就不能比一般人早5年参与重大科研项目,而且不能一开始从事科研就能够成为项目负责人,这使他的才能得到了很好的发挥,并在科研实践中得到了进一步增长。

我今年64岁了。我毕业留校做了辅导员,当时没有几个人瞧得起辅导员工作。我却偏要在学生工作岗位画上我职业生涯的句号。39年来,我有很多机会离开辅导员工作岗位、离开教育战线,去经商、去一心从政,但是我初心不改。我的同学做什么工作的都有,现在他们都退休了,只有我还在工作着,他们都说我比他们幸福。

辅导员要教育引导学生抱有到祖国需要的地方去的远大理想。现在就业难,其中难在我们一些学生怕苦、怕累上。我常说,什么是人才,被需要就是人才。许多学生毕业后响应祖国号召,到了祖国需要的地方并很快成了那里的骨干,有了自己的事业,有了人生的归属感。我有个学生当年分配的时候去了一个非常落后的县中学教书。后来,国家发展起来了,这个县成为地级市,他也由一名普通教师成长为地方教育局的局长。他说:“比我有才能的人很多,但是他们都待在城里。那里人才济济,我要是当年也留在大城市,估计早就被‘淹没’了。”

有些地方你没去过,如果去了,你就会爱上那里;有些工作你没从事过,如果从事了,你就会喜欢上它。很多机会,容不得你左右摇摆;很多工作,你越做越有机会。说到根本,现在大学生缺的不是工作岗位,而是正确的择业观。

帮助学生树立正确择业观(二)

2022-01-14

择业观,是人生价值观的重要组成部分,反映了一个人的人生追求。马克思说:“如果一个人只为自己劳动,他也许能够成为著名的学者、大哲人、卓越诗人,然而他永远不能成为完美无疵的伟大人物。”今天我们可以再补充一句,不仅不能成为“完美无疵的伟大人物”,弄不好还会走向历史的反面,遭到人民的唾弃。看看多少有能力、有才华、高学历的人,本来都赢在了知识的起跑线上,但是他们却没有赢在人生的终点,这实在是可惜。蔡元培先生在入职北京大学做校长的第一次讲话中,便嘱咐学子们“入法科者,非为做官;入商科者,非为致富”。这句话今天仍具有深刻的启示意义。大学生,乃大文化之人,一定要有“大学问”的样子,就是要“止于至善”。这就要有正确的人生追求。择业观就是帮助大学生实现人生追求的。择业观正确,会使学生找到人生的价值,也会使其清楚地知道怎样才能实现人生的追求。职业,就是学生实现人生追求的一个平台。就像有的学生愿意做公务员,我跟我的学生就讲过,别忘了公务员“姓公”,有全心全意为人民服务的价值选择,公务员会成为你实现人生追求的平台。辅导员必须在解决学生的择业观上多下功夫,发挥好教育引导学生树立正确的择业观的作用。每个大学生都抱有成功的渴望。成功是等不来的,必须把所学的知识运用到实现中国梦的实践中。高等教育的质量不是以就业率来检验的,而是择业观。择业观解决了,就业率上去了,这样的教育才有根本的意义。

辅导员应让学生把“奋斗”始终带在身上。看看中国革命，当时的条件和环境多么艰苦，是中国共产党领导亿万中国人民英勇奋斗，使我们站了起来、富了起来、强了起来，说到根本这也是奋斗的结果。同样，到21世纪中叶，我们要实现中国梦，离开了奋斗怎么可能呢？奋斗，对一个政党是这样，对一个民族、国家是这样，对我们个人也是如此。大学生正处在人生的“拔节孕穗期”，需要阳光、水分，而奋斗就是最好的阳光、水分。离开了奋斗，你就长不挺拔、难以强壮，也就不能结出丰硕的果实。新时代中国青年要继承和发扬五四精神，坚定理想信念，练就过硬本领，投身强国伟业，始终保持艰苦奋斗的前进姿态，同亿万人民一道，在实现中华民族伟大复兴中国梦的新长征路上奋勇搏击。大学生一定要莫负光阴、担当使命，为实现伟大的中国梦而奋斗。

但是应当看到，有的大学生还是缺乏奋斗精神，特别是有的还会被眼前的苦难吓倒，这是大可不必的，也实在是不应当的。

我经常讲，谁的人生会一帆风顺？谁的人生没有曲折？只是奋斗者把这一切都变成了激励自己前进的动力而已。就拿家庭生活困难来说，有的家庭生活困难的学生感到的是自卑；有的学生却把它看成一笔精神财富。多年前我家访的时候，有个学生就跟我说：“我感谢我的父母，是他们让我更早地懂得了责任和坚强。”这个学生后来保研了，毕业后到新疆石河子兵团做了一名教师。我带的很多家庭生活困难的学生，他们现在发展得都很好，有当博士生导师的、有当大学校长的、有当公务员的、有当中学教师的……他们身上的共同特点就是以奋斗为伴，如果离开了奋斗，他们也就不是今天这个样子了。

记得我做学院副书记的时候，另一个学院的一名学生晚上找到我家，要从我这借200元钱。我资助了他，鼓励他要努力奋斗。现在他已经是厅局级干部。他把参加工作后第一个月的工资邮寄给我，说：“父母创造了我的生命，您创造了我的人生。”我还资助过一个孤儿，是个小女孩儿。在她读高中的时候我去看过她，鼓励她考上大学。这个学生在墙上写下了“奋斗成才”四个字以激励自己。今天她也大学毕业了，有了幸福的家庭。

我今年64岁了，想一想我从读大学到现在，不管在什么样的条件下，我都没有放弃奋斗。我利用别人发牢骚、抱怨的时间，去追赶那些走在我前面的人。我至今仍清楚地记得：我读大学的时候，家庭生活算是比较困难的,我母亲说能不能不读大学了,早点工作补贴家里。我理解我的母亲,我说:“妈,就这个我不能听您的,您放心,我将来一定会孝敬您的。”我刻苦读书,努力奋斗,孝敬父母是我的原动力。我们那时大连的学生都“走读”,没有寝室。吃完午饭,大家便在教室里谈论起毕业后的打算,有时争论得面红耳赤。有个同学带着轻蔑的眼神说过这样一句话,深深地印在我的脑海里:“就你家这个背景,奋斗也白搭。”我就不信这一套。

我留校做辅导员后,很多老师劝我早点离开,说辅导员被大家瞧不起,没有发展前途。我用奋斗来回答他们。我们学院给3%的人涨工资,投票结果我排在第一位。我跟书记、院长说我年龄最小、工作年限最短,别给我涨工资了。他们说不给我涨工资就乱套了。“辅导员不能评职称。”这是我做辅导员的时候充斥在我耳边的一句话。我只是笑一笑。笔在我的手里,思想在我的脑海里,评不评职称我说了不算,发不发文章我说了算。后来我评上了教授,当上了博士生导师……

“青春因磨砺而出彩,人生因奋斗而升华。”这个世界不会停下来等你。告诉学生们,不奋斗还等什么?正因为现在“一无所有”,才不能把仅有的“奋斗”丢下。

请记住:你站在哪里,就决定了你能看到哪里的风景;你变化到什么程度,就决定了你能感受到什么样的温度。有谁愿意只待在低谷,不想领略山那边的风光?有谁愿意苟且地活着,只是一味地羡慕别人的生活?你想站到风光无限处吗?你想品味属于你自己的生活吗?那就不要等,带上“奋斗”这个我送给你们的特别礼物,向着美好进发!祖国在等待着你;父母在等待着你;未来在等待着你!

择业是大事。如果调研一下大学生最关心什么问题,择业恐怕应当会无可争议地排在第一位。很多学生把就业如何当成了自己能否成功的标志,当成了幸福的源泉。但是辅导员一定要引导学生认清他们所处的教育背景。

教育总是与社会的发展紧密相连的,简单地说,高等教育的规模是由社会的需要程度决定的。我大学毕业时的教育背景是“精英”教育,国家急需人才,可以说拿到了毕业证就是人才,因为社会各个岗位太需要人才了。那么今天社会就不需要人才了?或者说今天毕业的大学生就不是人才了?当然也不是这么回事。只能说今天的人才有点“相对过剩”。在高等教育普及化阶段,每年那么多毕业生一下子都涌向社会(即便有些继续读研了),社会接纳起来还是有难度的,再加上现在是“双向选择”,不像我们那时候实行“计划分配”政策,有些地方国家需要大学生去,但一些大学生不愿意去,国家又不能逼着他们去,这就更增加了大学生的就业难度。

那么可不可以少招些大学生,按照市场规律办教育,这也是一种很强的声音,从高等教育扩招以来这种声音就不绝于耳。这样恐怕也不行。今天的高等教育不仅担负着为社会输送人才的任务,还担负着满足人民群众日益增长的物质文化需要的任务。为什么不能搞教育市场化?我以为这应当是一个重要原因。如果少招,今天很多学生就接受不了高等教育,或者说就失去了接受高等教育的机会。因此,国家从满足人民群众对高等教育需求的角度,最大限度地保证适龄青年能够读大学。大家应当看到,这是社会主义制度优越性的体现。今天我们如此庞大的高等教育规模,在客观上就势必会造成一些大学生不能“适时就业”,找不到满意的工作岗位。

所以,辅导员应当告诉学生理解国家这个“大家长”的心,国家始终在为学生操劳着,想方设法增加就业岗位。因此,即便有的学生一时没有找到就业岗位、没有找到理想的工作,也不要发牢骚、抱怨,应当理解国家的“初心”,相信“天生我材必有用”。这就像有的家庭经济困难学生,父母省吃俭用也要供他上大学。若是等家里条件好了再让他上大学,他就错过上学的最佳年龄了。

帮助学生树立正确择业观(三)

2022-01-17

我认识一个人,他一心想从政,后来辞掉了学校的工作,到其他单位直至做到了厅局级干部,结果现在他和他的儿子都进了监狱。若是他当初本分地在学校工作,怎么会走到这一步呢?我时不时地就想到他,替他惋惜。医学专业是热门专业。热在哪里?是不是想到了收“红包”?如果这样想,恐怕就做不好医生。做医生,就应当抱着救死扶伤的职业态度,这样才能成为令人尊重的医生。所以,医生职业的好坏,也是看你确立了怎样的择业观。

辅导员要帮助学生处理好职业和幸福的关系。恩格斯《在马克思墓前的讲话》中有这样一段论述:“正像达尔文发现有机界的发展规律一样,马克思发现了人类历史的发展规律,即历来为纷繁芜杂的意识形态所掩盖着的一个简单事实:人们首先必须吃、喝、住、穿,然后才能从事政治、科学、艺术、宗教……”职业也意味着收入、报酬。“贫穷不是社会主义。”自然饿着肚子是没有资格谈论幸福的。问题是“吃、喝、住、穿”达到了什么样的水准才有资格谈论幸福?或者是不是职业越显耀越幸福?钱越多越幸福?

幸福是一种心态:饿不死就读书是一种幸福;干什么像什么是一种幸福;对得起良心、做个好人是一种幸福;“比上不足,比下有余”是一种幸福……至于是公务员幸福还是教师幸福,工人幸福还是农民幸福,空姐幸福还是火车乘务员幸福,谁又能说得清楚?

马云、王健林、俞敏洪，又有谁敢说他们一定就比他们的员工幸福？最幸福的人一定是睡觉最安稳的人；最幸福的人一定是心中有祖国的人。

2019年，国家表彰了278个“最美奋斗者”，我也非常荣幸地被评上了。我参加了表彰大会。我要告诉辅导员的是，在表彰大会上，只念了张富清一个人的名字：决定授予张富清等278人“最美奋斗者”荣誉称号。张富清老人功勋卓著，他隐没功名60余载，服从组织分配，哪里艰苦去哪里。我问他的儿子：“您父亲的这些奖章您以前也没有见过？”他说：“我父亲从来没跟我提起过这些奖章。”记者采访张富清老人的时候问他：“您为什么不把这些奖章拿出来给大家看呢？”老人流着泪说：“我显摆什么，战友都牺牲了。”谁是最幸福的人？恐怕张富清老人最有资格来谈论了。

我在省厅工作的时候，经常到高校去。其实每次我都不想兴师动众，不愿意在校园内看到热烈欢迎之类的标语，可是我左右不了。特别是吃饭，我又不愿喝酒，不愿讲排场，可是我也左右不了。有时候在校内吃饭，端菜的服务员就是在学校实习的学生。这饭吃得真不舒服，这“职业”没给我带来幸福感。

记得2005年年初，有一次我到一个学校做调研，该学院马列部教师一分钱的培训经费都没有。晚上吃饭的时候，全体校领导要请我到当地新开业的一个最高档的海鲜酒店吃饭。我坚决拒绝了。我说把今天晚上的吃饭钱给马列部。后来我较真儿地过问两次，钱确实落实了。其实，我想得很简单，就是不希望师生把我看成高高在上的领导。

我辞去厅级领导职务后便回到了大连海事大学当辅导员。有一次打车从车站往学校走。当司机得知我是大学教授的时候，他先恭维了我几句，又接着说：“其实你们也没有我们司机好。我们愿意拉谁就拉谁；愿意喝茶就喝茶；愿意打牌就打牌。我告诉你吧，秦始皇建阿房宫与老农建茅屋的快乐是一样的。”我说：“秦始皇没有老农快乐吧？”“为什么？”“秦始皇用阿房宫要戒备森严；老农上茅屋说来就来。”我现在自己开车上班，觉得很好。我愿听什么歌就放什么歌。在省里工作的时候，司机放什么歌，我只能“跟着”听什么歌。

经常有辅导员抱怨自己工作辛苦。我留校做辅导员的时候，我的朋友、老师也都让我早点离开这个岗位。我没觉得做辅导员有什么不好。1983年寒假，我到学生家进行家访。有一天早上我在一个豆浆店喝豆浆，我对面坐着一位矿工。他说：“你太幸福了。你是在阳光下工作的人。我每天下到矿里,能不能上来,再看到父母、妻子、儿女都是未知数。”

大家明白我的意思了吧？幸福和职业的确没有太大关系。

有位辅导员要出版一本和择业相关的书,让我写个序。我谢绝了。我谢谢他对我的信任。我说一是我确实没有时间通阅书稿;二是我确实觉得从辅导员这个角度来说,关键是要帮助学生树立正确的择业观,这是根本。

辅导员一定要在教育学生树立正确的择业观方面多下功夫、早下功夫。这是辅导员工作的价值所在。我也非常理解你们。现在一些高校把就业率的压力给了辅导员,这是没有道理的。造成这种状况的一个重要原因是大学制度不完善,辅导员教师的工作界域不清。会永远这样吗？不会的！就业说到根本是生产力发展水平的问题、社会需要的问题。当然这和学校培养的人的质量也有关系,这里首先是教学水平的问题。若是和我们辅导员有关系的话,那也是在择业观教育上,而不是在就业率上。

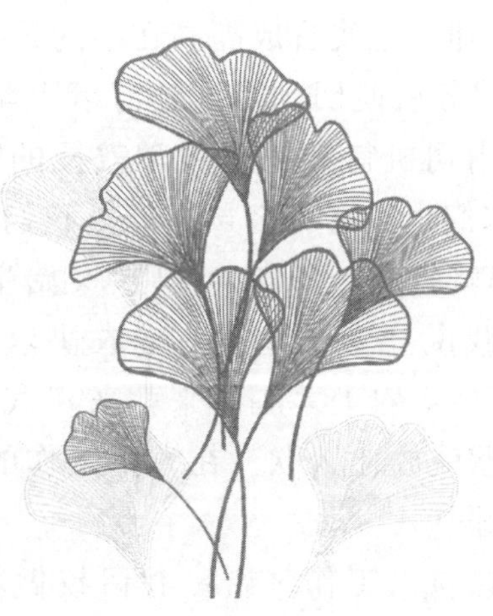

帮助学生树立正确择业观(四)

2022-01-18

在我的公众号上,我推送过我写的《这个大学生真不错》一文,文中的刘秀祥是“中国青年五四奖章”获得者,他的事迹很值得大学生学习。文中写到:

我很感动,不知刘秀祥能不能看到我的推送文章。临沂大学的工作人员可以转告他,让他联系我。我建立的“励志基金”的宗旨是:“你为祖国服务,我为你服务。”我从基金里拿出5000元钱,帮助他更好地培养学生,我真心希望大学生朋友们刻苦学习、培养本领,不忘父母养育之恩,好好报效祖国。千万别像有的“大人”那样,整天夸夸其谈、评头品足。大学生要扎扎实实地走好你们人生的每一步。

在五四青年节来临之际,共青团中央、全国青联共同颁授第二十四届“中国青年五四奖章”,表彰青年中的优秀典型和模范代表。

临沂大学2008级历史学专业优秀校友,现贵州省望谟县实验高中党总支副书记、副校长刘秀祥荣获“中国青年五四奖章”。

刘秀祥,临沂大学2008级历史学专业优秀校友,获得《人民日报》连续两次报道,两次入选“中国好人榜”“第一孝子”千里背母上大学。放弃高薪回大山支教,31岁的年轻副校长。

从小学三年级起,他就和母亲相依为命,被当地人称为“贵州第一孝子”。2008年,他“千里背母上大学”的事迹,被中央电视台及《人民日报》等多家媒体报道,在社会上引起了强烈反响。

在临沂大学读书期间他获得了全国道德模范提名奖、中华新“二十四孝”提名奖等奖项，获得了中国大学生自强之星、山东新闻网十大新闻人物、感动临沂年度新闻人物、临沂市道德模范、临沂大学校园骄子、临沂大学优秀毕业生等荣誉称号。

毕业后，为了激励更多的孩子，他放弃优厚的待遇，毅然决然地选择回到贵州大山里当一名普普通通的教师。这些年来刘秀祥在教学中一直尽职尽责，他曾把中考成绩105分的孩子培养成了大学生，让这些孩子明白人活着的意义和奋斗的价值，让他们积极、乐观地面对生活和未来，同时有责任和担当。

教学之余，他积极开展公益活动，开展公益励志演讲1000多场，一对一牵线资助贫困学生1700多人。

参加工作以来，他获得了贵州省五一劳动奖章、青年五四奖章，以及先进工作者、大孝贵州模范、县级优秀班主任及县级优秀共产党员等荣誉称号。

最后我把两篇有关择业的文章推送给大家。

（一）择业观比就业率重要

曲老师，您好！

我一直关注您的公众号，也从您的身上体会到了辅导员育人的初心和使命，一直在积极践行中。但近期我有点迷茫，现在我带的班级为毕业班，同学面临找工作的问题，很多同学在积极求职，前期我也会给予一些面试指导、简历修改、岗位推荐等帮助。但现在就业率采取“一周一报”制度，就是一周一汇总所带学生的就业率，还要进行学院排名、专业排名，所以很多时候和学生聊天的时候就直奔主题：工作稳定了没？可以签约了吗？什么时候签约？我也不太喜欢这样的工作方式，但是现在顾不了那么多了。还有一部分同学要“二战”，考研、考公，我不知道应该怎么去引导他们。学校近期拟定了学校辅导员年度人物的评定细则，写得清清楚楚，即“毕业班辅导员就业率和签约率低于学校平均就业率和签约率的不得参评”，您认为，就业率和签约率是否可以一票否定一名辅导员呢？身为一线毕业班辅导员，应该如何更好地帮助这些学生呢？

谢谢曲老师，期盼得到您的解答。

××，你好！

关于你提到的问题，我此前谈过我的看法，在这里我再简单地说几句。关于择业，这是学生的大事，学校一定要教给学生知识和能力，为他们准备好“猎枪”，使他们“打猎”时有必要的工具。如果学校只管学生的就业率而忽视学生的择业观，即便学生的就业率再高，也不能说这就是最好的大学。其原因是大学从根本上来讲是解决择业观的，不是解决就业率的。大学要把培养什么人、怎样培养人、为谁培养人作为根本。正是从这个意义上讲，就业率和辅导员没有什么关系。就外部来讲，就业率的高低是经济发展的形势问题，如果形势好，需要的人自然就多；就内部来讲，是学校的教学水平问题，教学水平高，学生知识面广、能力强，择业自然就占有“先手”。学校为什么要有辅导员队伍，从择业这个角度看，是要加强学生的择业观教育，要教育学生到祖国需要的地方去，要端正其择业态度，要使其有好的职业道德观。学校决不能抱有“学生出了校门，学校就无责任”的态度，教育要为学生的一生负责。其实思想政治教育搞好了，也是有助于就业率的。比如，思想政治教育抓得早、抓得实，一些学生就会有强大的精神动力，这无疑是加强学生专业学习的巨大动力。这样的学生就没有不可战胜的困难，恐怕“一战”就解决了问题，根本用不着“二战”，这不就有就业率了吗？我当年带的一个80人的年级中有十几名同学考上了研究生，这个比例还是很高的。他们所在的学院没有硕士点，当时没有就业率要求。还有些同学立志回到家乡搞好建设，不贪恋大城市，这同样会增加就业率。至于把就业率和评选辅导员年度人物挂钩，我看没有什么道理。这只是“临时抱佛脚”的做法。想提高就业率，学校也左右不了外部环境，简单说来学校能做的：一是加强教学管理，提升教学质量；二是要按照职业化、专业化要求建设好辅导员队伍。不能像现在这样“娃娃导娃娃”，这样怎么能教育引导好学生呢？大学一年级的学生都引导不好，到毕业了学生又怎么会听呢？尤其是在择业这样的大事上。学生就要“二战”，我们硬是逼着学生放弃“二战”，这也说不通。另外，每个专业的市场需求也有不同，有的专业就业容易些，有的专业就业要难些，这跟辅导员的工作关系不大。我们应当相信的一点是：一个优秀的辅导员一定会对学生进行全面的关心和帮助。当然我也知道辅导员很难。辅导员可以从实际出发兼顾好各个方面的利益，但是一定要以学生的利益为中心。

谢谢曲老师的耐心解答，感谢曲老师的理解。我下午一直在忙，心想着一定要等到放松心情后，再好好回复您。自从做了就业辅导员，我就莫名有了一种被数字压迫的紧张感，这种紧张感让自己的工作心态和状态都发生了些许变化。其实每一个辅导员都非常努力。对标曲老师的要求，我还有很多做得不足的地方。我会继续调整工作状态，尽最大努力做好自己应该做的。

(二)想提高就业率，就要把功夫下在教学质量上

又到毕业的最后关口了。各个学校都很着急学生的就业率。有些学校对就业率进行了最后的冲刺，誓要再提高多少个百分点。学校抓就业率也没有错，学生要毕业了，却没有就业岗位，这不仅对学生的自身利益有损害，还会影响到学校的招生。怎样抓学生的就业率？现在许多高校通常的做法是把就业率压力给到了辅导员身上。许多高校把学生就业率作为考核辅导员工作的主要指标，把就业率和辅导员的工作绩效挂钩。更有些同志认为现在辅导员增加了工作“补贴”，就业率更应当由辅导员负责。此前我写过文章，应当把现在给辅导员的“补贴”看成辅导员的工作条件费，而不是工作薪酬。这里就不再赘述了。学生就业率是由多个方面的因素决定的，像经济发展的状况、就业的政策、择业的眼前和长远打算等都会影响到就业率，这些辅导员是起不到什么作用的。尤其是与就业率最为相关的教学质量，辅导员对此更是无能为力。单从学校内部来看，简单来说就业率和学生的知识水平、能力高低及其择业观有关。辅导员是管择业观的，他们应当教育引导学生到祖国需要的地方去。至于学生的知识水平、能力高低，主要是教务处的事，而不是学工部的事。所以，要想提高就业率，就要形成扎扎实实的教风，要把功夫下在教学上。现在有些学校把学风建设完全推给了辅导员，这也不对。教风不好，怎会有好的学风？教风好了，学风自然而然就好了。在教和学中，教起着主导作用。学生有学生的问题，比如有些学生不愿学习，可是他们为什么不愿学习？有个重要的原因是我们的教学出了问题。有些课程对学生来说就是“水课”，学不学没有什么用。我们名义上实行学分制，事实上学生根本没有可选的课程；有些老师对学生的学习态度放任自流……学生的知识不丰厚、不扎实，能力不强，择业时自然就失去了“先手”。提高就业率，必须提高教学水平，必须改变科研脱离学生成长需要的价值导向，要把教师

的重心导引到教学上。从教育规律上看，对就业率影响最大的因素是教学质量。从学科属性上看也是如此，就业率属于教育学研究范畴，并不属于思想政治教育学科范畴。

不能把恋爱看成学生自己的事(一)

2022-01-20

总有辅导员、大学生让我谈谈大学生恋爱的问题。这个问题我在此前的公众号文章中写过。前段时间我在写《仍然在路上——一个老辅导员的“新”声》一书,把涉及大学生恋爱的问题做了整理。本来打算一边写一边推送给大家,可是每天粉丝们的问题很多,再加上我对一些问题也想谈谈自己的看法,于是就没有推送书稿的内容。现在书稿已经完成,约35万字,共32章,争取今年暑期出版(届时会有改动)。今天我把第23章关于大学生的恋爱问题推送给大家。这是一个千人千言、千人千面的问题,这里只代表我的一家之言。

当今社会是开放的社会,大学生谈恋爱早已不像我们那个年代很隐秘。那时的大学生即便两人已经相恋许久了,也不承认有恋情;有的都到了“瓜熟蒂落”的时候,才不得不承认谈恋爱了。如今的大学生情感丰富,似乎没谈过恋爱反被看成怪人。于是就有了这样一句流行语:在大学里一定要轰轰烈烈地谈一次恋爱,否则就是失败的。大学生到底应不应当谈恋爱?有的辅导员担心学生因恋爱出事,便说大学生不要谈恋爱,因为他们的年龄还小,这种解释学生并不信服。其实从生理学的角度看,大学生18岁左右,青春萌动,正像《诗经·周南·关雎》所描绘的那样:“窈窕淑女,君子好逑”“求之不得,辗转反侧。”从自然年龄看,大学阶段可谓是最好的恋爱季节。特别是随着物质文化生活水平的不断提高,人的心理年龄也在提前。现在的青少年犯罪，表现出很强的成人特征就是人的早熟的一个证明。问题是人的行为能否由生理年龄来支配？当然我是不同意这种观点的。

如何处理好这个问题呢？这就需要用理智控制情感。恋爱是社会交往的一种方式，人的恋爱情感是受社会文化观念影响的，是由社会的主流价值观支配的。

大学阶段是一个人走向社会化的最重要时期。这个时期需要大学生不断地充实自己、完善自己，时刻准备着迎接未来的挑战。特别是当今世界竞争如此激烈，大学生更不应该懈怠，需要倾注所有的精力才行。如果把大量的时间都消磨在花前月下，那就势必要影响自己的学业。当然不排除有的学生处理得挺好，学业、爱情“双丰收”。有人曾做过调查，大学一年级就谈恋爱的，到毕业时成功率不到3%。这是因为从大一到大四、再读研，要经过的时间很长，这里的变数太大了。在网上有个大学生是这样说的：

我与我男朋友在两个不同的城市，到现在我才发现我们的爱情只剩下了思念。好像这是必然的事情一样，我没有太多惊讶，只是觉得很累了，想要放弃！

但是我是爱他的，他也还爱着我。如果就这样放弃，我们彼此都有些不甘心。我有时觉得我与他谈论的话题都好少了，我们不能分担彼此的快乐与痛苦！真的不知道该怎么办？是该继续还是放弃？

这里还有几个跟帖：

如果没有真话，何必浪费时间！如果没有真诚，何必浪费表情！珍重别人的感情是一种道德！尊重自己的感情是一种修养！好想回到过去，重新开始。

我觉得没有结果。大学谈恋爱的真爱太少，很多人只是无聊，或追随潮流，因为大学谈恋爱太普遍了。看别人谈，自己也谈。

我感觉大学生谈恋爱不太可能有结果。大学毕竟不是社会，大学生对社会认知很少，现在看重的不一定以后就不会改变了，只要是对恋爱的观念改变了，那么恋情就会变得不稳定，所以我认为大学最好不要谈恋爱，保持观望的态度最好。

我认为大学生不应该谈恋爱，两个人都是学生，拿什么来谈啊？我们还有许多事情要去做。

现在很多人靠谈恋爱来消磨时间，以消除寂寞、空虚之感，在我看来那是无意义的，大学生应该有更多更好的追求目标。

我的看法是恋爱到了这个地步，差不多就快要结束了。

在谈到这个问题的时候，有个学生说，她非常欣赏一部外国影片中的一句台词："谁知道一天内会发生什么样的变化？"何况大学四年呢。既然恋爱是一种交往方式，是由社会主流价值观支配的，那么在很多因素还不确定的情况下来谈，这样的恋爱就容易是一种"假恋"、一种本能的需要，就很难成功。

我曾经对我的学生说，假如老师让你们一进学校就必须确定一个你的意中人，你可以在心中把这个意中人设为A，我敢讲不用等到毕业，许多学生的意中人就会变成B、变成C、变成D，有的还会变成X。学生们笑了，从他们的表情中我看得出来，他们认为根本不用等到毕业，恐怕很快就变得差不多了。

我不太赞成大学生一进学校就谈恋爱，还基于这样一个看法：我认为一些学生的恋爱也是没有责任心的表现。恋爱意味着什么？意味着要结婚，要生儿育女。有的学生对自己的家庭不满意，嫌家里穷，可是他们却缺少改变这种现状的责任感。大学为每个人的发展搭建了很好的平台，大学四年学下来努不努力是绝对不一样的。许多优秀的大学生，大学期间努力培养自己，对个人感情问题处理得很晚，大学毕业后他们先立业、后成家，有了孝敬父母的条件，事业和生活都很不错。也有的大学生因恋爱耽误了自己的学业，结果是毕业即失业，不仅没有为家里"解困"做些什么，反而为找工作又给家里添了不少负担。结婚之后，原本两个人的生活就已经很拮据了，可是又偏偏有了孩子。我在想，既然有的学生对自己父辈的家庭生活状况很不满意，怎么能忍心让自己的孩子又出生在一个他将来懂事后也不满意的家庭呢？孩子是无辜的，当他会叫爸爸和妈妈的时候，做父母的不觉得有点对不住孩子吗？有个学生在信中说：

人说爱情能让人变成一个傻瓜，这是千真万确的！在这一变成傻瓜的过程中，我深感最对不起的就是我的父母、家人。我自己一味地强调感情，而不顾他们的劝阻与感受，实在是太自私了。不偏激地讲，婚姻不只是两个人的问题，而是两个家族的问题，甚至是社会的问题。"处人不可任己意，要悉人之情；处世不可任己见，要悉事之理"，但这个道理对于年轻人来说并不是一时一刻就能明白的，对于沉溺于爱情的人来说做起来

又是多么不容易呀！

辅导员应当帮助大学生处理好情感问题，这个问题与他们未来的发展紧密相关。有人统计过，在大学生中发生的一些令人不愿看到的事情中，大多数都与情感有关。我在大学读书期间，学校里发生了这样一件事。一个女大学生，还差半个月就毕业了，结果她却结束了年轻的生命。她为什么要轻生呢？原来她在同年级中处了一个男朋友，她本人条件挺好，大家也都认为她的条件要比她的男朋友优越些。可是，这件事她却很少同别人谈起，在她出事的前一天，她的男朋友在和同学吃饭谈起她的时候，为了显示自己的价值，借着酒劲说是她先追求他的，这样他才同意与她相处。这话传到了这个女学生的耳朵里，她受不了了，一时想不开便选择了轻生。现在谈起这件事，仍然像是虚构的似的，令人难以置信，可是它的的确确就发生了，而且就发生在我的身边。处理后事那天，她的亲属来到了学校，当他们从楼上走下来的时候，我正往楼上去，他们一个个悲痛欲绝的样子，深深地印在了我的心里。

某校有个男生，进大学之后认识了自己的一个老乡。这个男同学借辅导课程为由，经常找这个女同学。放假回家的时候，两人也一起走。过了一段时间，这个男同学提出要跟这个女同学谈恋爱，这个女同学心里很不乐意，可是她没经历过这样的事，不知道怎样处理好，她也没有跟辅导员和其他同学讲。这个男同学陷入了单相思，便纠缠她不放。事情到了比较严重的地步了，这个女同学开始明确拒绝他了，可是这时这个男同学已不能自拔了。他的学业荒废了，被勒令退学。有一天上午，这个男同学又回到学校找这个女同学"摊牌"，让这个女同学最后一次表态，到底同不同意与他谈恋爱。这个女同学拒绝了他。就这样，这个男同学把这个女同学骗回寝室后将其杀害了。

某校有个大四男生，是学校的学生会干部、党员，临近毕业时被开除党籍、勒令退学。他之所以受到这么严重的处分，也与情感有关。这个学生的家庭条件还是不错的，经济比较宽裕，平时花销也比较大方。他交了女朋友后，起初以各种借口从家里要了些钱。两人花得也很过瘾，上饭店、唱 KTV、喝晚茶……后来他手头拮据了，又没有理由从家里要更多的钱，怎么办呢？他想到了偷。一天他将同寝室同学的存折偷走，取了近千元。事情败露后，他的大学生活就以这样的结局结束了。

还有两个学生，平时陶醉于花前月下，学习时间抓得不紧，结果考试时着急了,两人因作弊双双被留校察看。

每当这类事情发生的时候,当家长的都是撕心裂肺的,假如你是他的辅导员,你又会做何感想呢?或许有些事情是不可避免的,可是你想过没有,如果我们以积极的态度去对待这类事情,有些事情又会是什么结果呢?

我又想起了这句话:没有不愿意接受教育的学生,只有不会教育的教师。别说刚入校的大学生,就连我们已经参加工作多年,在处理个人情感问题的时候又有几人是按自己的意愿来的?我想如果辅导员早一些做好对大学生处理个人情感问题的教育、引导,一些问题就不会发生或少发生了。

不能把恋爱看成学生自己的事(二)

2022-01-21

总有辅导员、大学生让我谈谈大学生恋爱的问题。这个问题我在此前的公众号文章中写过。前段时间我在写《仍然在路上——一个老辅导员的“新”声》一书,把涉及大学生恋爱的问题做了整理。本来打算一边写一边推送给大家,可是每天粉丝们的问题很多,再加上我针对一些问题也想谈谈看法,于是就没有推送书稿的内容。现在书稿已经完成,约35万字,共32章,争取今年暑期出版(届时会有改动)。今天我把第23章关于大学生的恋爱问题推送给大家。这是一个千人千言、千人千面的问题,这里只代表我的一家之言。

做辅导员时,我比较关注学生们在恋爱方面有什么样的思想变化,特别是对女学生,就更加注意一些。我觉得一些男学生在情感方面出了问题,他们的抗打击能力要比女学生强一些,一些女学生要是在情感方面出了问题,就比较难办。

怎样了解学生们这方面的思想状况呢?总的说来要取得学生的信任,要让学生感到你之所以关心这个问题,确实是为了他们好,这样一些学生还是会跟你探讨这样的问题的。这是一个无法回避的问题,而许多学生又不愿过早地让家里人或同学知道自己情感方面的事情,怎么办呢?这时辅导员如果在学生的心目中占有一定位置的话,学生就会与你交谈这个问题。

辅导员要用心当

我做辅导员时与学生的关系还是很融洽的，学生有什么事也愿意跟我说，包括她们个人的情感问题。有个女生认识了一个其他学院的男生，她征求我的意见，问我是否同意她与这个男生谈恋爱。我问他们是怎样认识的。这个女生说，她到食堂买饭的时候，这个男学生总是在那里等她，见她来了就主动帮她买饭。这个男学生提出要和她谈恋爱，她又挺感激他，不知怎样才好。现在的大学生不理解，在恢复高考后的很长一段时间，大学里的食堂都比较拥挤，许多学生买饭不排队，为此还受到过学校的处分。一些女学生不好意思挤，买饭就成了一大难题。我说这个男同学是对你挺好的，可是你仔细想过了吗？恋爱可是件大事，仅凭着一时的冲动和感激是不行的，一旦处理不好要影响终身的，你必须慎重考虑。我问她看过《青春之歌》没有？她说看过了。我说书中的男主人公余永泽救过林道静的命，这个恩情大不大？正是出于一种感激之情，为了报答他，林道静与余永泽结婚了。可是后来他们为什么又离婚了呢？其实原因很简单，他们的价值观不同。恋爱不仅仅是情感世界的事，它也归属于理性世界。我个人的看法是，她和这个男同学保持正常的同学关系还可以，若确定恋爱关系则比较轻率。她认为我说得有道理，表示一定会把个人的问题处理好。

也有的女生在个人情感方面属于内向型的，跟谁也不愿意谈论这个问题，这就需要辅导员格外费些心，对这类学生多做些观察和了解。有一天早上，我站在教室后面观察，有个女生看了一会儿书后，抬起头来愣了好长时间的神，我走了过去。我瞥了一眼她桌子上摆放着的一本词集，她看的是温庭筠的《望江南》这首词。

梳洗罢，独倚望江楼。过尽千帆皆不是，斜晖脉脉水悠悠。肠断白蘋洲。

这首词是我国唐代的一篇名作，表现的是一位因心上人远行而独处深闺的女子的生活状况和内心情感。她清晨梳洗后登楼远眺，盼望着自己的心上人早些归来，但是“千帆过尽”却仍旧不见归人，她被相思折磨得柔肠寸断。由这首词我推测这个女学生谈恋爱了。又过了一天，我来到这个女生的寝室，看到这个女生的床边放着一副羽毛球拍。我想，凭我对她的了解，她平时不爱好体育活动，绝不会买副羽毛球拍放在那里摆着，恐怕是她的男朋友送给她的吧。接着我继续观察她。大学生都比较浪漫，注重情感，因此初恋中的学生一般都十分在意双方的第一个生日怎样过。

恰巧再过几天就是这个女学生的生日。她的生日那天上午全年级有课，她在教室上课；下午我先到教室看了看，她没在教室；接着我去了图书馆，她也没在；我又去了寝室，她还是不在。她到哪去了呢？我判断她一定是与她的男朋友到校外去了。我决定到汽车站等她。那时交通不像现在这样畅通，从市里到学校只有一个车站。计算着时间她应该回来了（学校有规定，学生21:30前必须归寝），我就去了车站。等了大约20分钟，这个女学生同她的男朋友从车上下来了。怕她觉得不好意思，我说我有点事要出去，随即便上了车。

第二天，这个女学生主动找到我，要同我谈谈她和她男朋友的事，她说她开始恋爱了。我也同她谈了许多。其中谈到，恋爱要把握好自己的情感，许多女孩儿都是因为受到情感的伤害而耽误了自己的青春。出乎我意料的是，这个女学生毫不思索地说："那有什么，如果他对我无情，我就对他无义。"我一看，这个女学生还是很有"思想"的，解决不好是容易出事的。我说这样吧，时间不早了，谢谢你信任我，谈了这么多你内心深处的想法，我们约个时间再好好谈谈行吗？她说行。我们后来又长谈了几次。这个学生说："我知道老师是为了我好，谢谢老师对我的关心，我一定处理好这个问题。"后来她同她的男朋友分手了。

工作多年后，我到这个学生的家乡开会，她来看我。我们谈到了大学时期的那几次谈话。她说她在成家后，又工作了这么多年，感到当初的许多想法很幼稚。她还对我说："老师您现在还在做学生的思想教育工作，现在的许多学生都很任性，他们把恋爱完全看成个人的事情，这样容易出事。学校应当开设这方面的讲座，引导一下大学生的恋爱问题，如果说的有道理，学生还是愿意接受的。"她现在是一名中学教师。她说她经常同学生交流恋爱方面的问题，学生都认同她的看法，听从她的引领。

前面提到，现在的大学生思想更加开放了，恋爱在当今的大学生中已十分普遍，尽管如此，恋爱绝不单单是个人的事情，辅导员在这方面还是要做工作的，要把一些道理讲给学生们听。即便他们是真的恋爱了，也要提倡文明恋爱。现在有的大学生恋爱不分场合，在校园里、在众目睽睽之下便拥抱亲吻，这实在是一种不雅之举。

2021年9月17日，以我为原型拍摄的电影《守望青春》在全国上映。很多辅导员谈到影片对他们的教育，认识到辅导员工作的意义和价值。这部电影的主题很鲜明，就是揭示广大辅导员在大学生成长中所担负的使命和责任,讴歌广大辅导员的辛勤付出。影片中描述了一个女大学生因失恋欲自杀的场景:她到了楼上,正在犹豫中,辅导员出现了,一场危机化解了。影片就是影片,带有艺术加工的色彩。现实生活中需要广大辅导员注意的是,一个优秀的辅导员不是等学生站到了楼上再去化解危机,而应当是不能让学生站到楼上,要将矛盾消灭在萌芽之中,甚至要铲除生长这种萌芽的土壤。我在省厅工作的时候,经常到高校与大学生交流。结束后我都会把电话号码告诉他们,让他们有事找我。有一天我在办公室接到了一个学生的电话,我刚接起她的电话,她便号啕大哭起来。"别哭,别哭,你冷静些,慢慢说。""我不想活了。"我经历的事比较多,我很平静地说:"你既然如此地信任我,我们先见一面谈一谈好不好?"我让她到学校门口等着我,我马上过去。我接上她,我们一起到了必胜客。我点完餐问她:"孩子,告诉我,你为什么不想活了呢?""我男朋友抛弃了我。"我直起身来,拍了一下她的肩膀。"孩子呀,这是'好事'。你不是尽早地知道了他是一个什么样的人吗?自杀是什么?自杀是把痛苦留给了最爱你的人——父母,把'欢乐'留给了你最应当恨的人——抛弃你的人。未来的路长着呢。好好活着,自有爱你的人在等着你。你还想死吗?""老师,我不想死了。"第二天是星期天。为了巩固成果,我陪她去沈阳世博园参观。后来我又请她吃了一次饭;约她参观了几所沈阳的大学。她彻底改变了。毕业时她给我打电话说:"老师,我是学高护的。您若是病了需要护理,千万要告诉我,我辞职也去护理您。"这是多么令人后怕的一件事!辅导员若是能够早些介入她的生活,取得她的信任,成为她的人生指导者和引路人,怎会有如此危险的事情发生?

既然来到人世就要好好活着

2022-02-07

年又过完了。早上站在窗前,看到了又似年前那般川流不息的车辆,为了活着、为了好好地活着、为了幸福地活着,人们匆忙地行走在路上。

问题是怎样才算好好地活着、幸福地活着?这个话题恐怕就像“一千个人心中会有一千个哈姆雷特”一样;像大家谈起教育那般众说纷纭。每个人的感受太不相同了,这也太正常不过了。不同的经历、不同的环境、不同的年龄,甚至不同的性别都会对这样的问题产生不同的看法。这里我谈到的只是我个人的人生感受。我经常跟我的学生讲:“我所说的每一句话未必都是对的,但是我所说的每一句话都是含有真情的。也可以说就是为了让你们能好好地活着、幸福地活着,我来到了你们的身边。”回过头来看,怎样才算好好地活着、幸福地活着?其实这个问题很简单,根本用不着如此地“匆忙”,做好自己能左右的事情就好。那什么是自己能左右的事情呢?

一是好的身体。基因里带来的疾病是我们无法改变的,不过有些疾病是我们加以注意能够延缓、减弱的,糖尿病就属于这样的一种疾病。为什么不管住自己的嘴呢?年轻的时候一定要为老年着想。身体是自己的,你对它怎样,它就对你怎样。我嘱咐我的学生最多的就是和操场“交朋友”,这是最划算、最值得、最需要优先做的一件事。从这个意义上讲,身体才是“1”。没有好的身体,怎样攀登科学的高峰?没有好的身体,学了那么多的知识、培养了那么强的能力怎样使用?没有好的身体,吃啥都不香;没有好的身体,世界那么大,怎能去看它……身体好,少遭多少罪;身体好,少花多少钱;身体好,才能陪伴相爱的人终身到老;身体好,就是为儿女的发展创造条件;身体好,会给社会和他人减少多少麻烦。不要糟蹋自己的身体。生活要有规律。特别是在青少年时期,身体也是在生长期,需要“阳光”“雨露”。你是身体的主人,一定要关心、爱护它。很多人熬夜打游戏,这是多可怕的一件事啊!

二是好的心态。有多少钱算有钱;有多大的权力算有权。做人,就是尽其所能,得其所得,一定要培养“不被欲望所惑”的定力。知足常乐啊!什么内争,拼死拼活、不择手段地争抢这、争抢那的,得到了又能怎样?我早就看透了这些。我总是抱着知足的心态。与在“青年点”的生活相比,我读了大学就是幸福;与那些躺在病床上的人相比,我健康地活着就是幸福;与那些生活在战争年代的人相比,我活在今天就是幸福;与中东有战乱国家的人相比,我生活在中国就是幸福。不是不可以得,而是要不争而得,得之有道。最幸福的人应当是睡觉最安稳的人。我现在每天只要睡下了就一觉睡到天亮,不起夜、不做梦。每天都能做自己想做的事情,这怎能不是幸福呢?关键在心态。

三是好的人缘。人,要有人的情感,有关爱他人之心。只有关心他人的人,才能被他人关心,不然老年的时候会很孤独的。我不懂医学,据我观察,有好多老年疾病都是因为孤独造成的。好的人缘不需要有多大的能耐,只需要在别人有需要的时候力所能及地给予帮助即可。做人千万不要“只扫自己门前雪,莫管他人瓦上霜”,更不能嫉妒、坑害别人。好的人缘既是为自己积德,也是为儿女造福。特别是年轻人,不要总觉得用不着别人、能够万事不求人。这太短视了。摔倒了,不得有人扶啊!生病了,不得有人送你去医院啊!人无远虑,必有近忧啊!

做到这三点难吗?其实我们每个人都可以拥有幸福,只是我们每个人的认识、感受不同罢了,因此也就有了行走在路上的千差万别的“匆忙”。

坚持离成功最近

2022-02-15

徐梦桃赢了！她站到了北京冬奥会的领奖台上，经历四届冬奥会的拼搏，她终于实现了奥运的梦想。徐梦桃说她能拿到这个冠军是因为有大家的帮助、支持，更有强大的祖国做后盾。这都是外部条件。其实一切的成功都离不开主观的努力。没有人会随随便便地成功，坚持离成功最近。为了奥运梦，徐梦桃付出了很多很多。

尼克·胡哲，大家也不陌生吧。他出生时便没有四肢，只在左侧臀部下面的位置有一个带着两个脚指头的小“脚”。在他父母的精心养育、教育下，他学会了用仅有的“小鸡脚”打字。10 岁时，他曾试图在家中的浴缸溺死自己。后来他坚强了起来，奋斗！奋斗！奋斗！坚持！坚持！坚持！这成了尼克·胡哲人生的主旋律。他成功了！他在澳大利亚布里斯班市的格里菲斯大学毕业。这是一所很不错的大学，我 2015 年夏天去澳大利亚考察大学时去过这所大学，该校将尼克·胡哲坚持不懈的奋斗故事作为激励学生们成长的榜样案例。

我的坚持与徐梦瑶、尼克·胡哲无法相比，但是通过坚持所得到的那种感觉在某种程度上和他们应当是一样的。

我 1978 年入大学读的是政史专业。1982 年毕业的时候，历史专业已经从政史专业分出来了，学校成立了历史系。因为历史专业没有毕业生，学校党委就把我派到了历史系做辅导员。历史系党总支书记非常欢迎我，他认为我来了是加强了“政工”力量。我们系主任是从政史系过来的，教过我中国古代史。他知道我学习很好,对我很不错。于是,我在历史系做辅导员的时候,他明面上不说,私下几次劝我改教专业课。

他说我是把教学“好手”,当辅导员是浪费人才。包括后来我们系新来了一位党总支书记,他也对我很好。他说:“你要有长远打算。辅导员不能干一辈子,以后还是搞专业教学好。”他们对我的好意我都理解,也很感激。可是,我却偏偏看好了辅导员、看好了思政课。那时全国高校思政课的开设还不普遍,没有像现在这样受重视。我们学校却一直开设思政课,当时叫“共产主义思想品德”课。我在做辅导员的时候,还兼上这门课。我认为我就是在搞学问。在大学里辅导员多重要啊!辅导员是大学生的人生导师,关系到大学生走什么样的路的问题。思政课多有价值啊!它关涉到大学生带着什么样的价值观离开大学。在大学还有比育人更重要的学问吗?我不像有的同志那样想方设法要离开辅导员队伍、要放弃思政课教学,我是坚定地选择了辅导员、选择了思政课。我无怨无悔,39年不离不弃学生思想政治教育工作。我以我的坚持赢得了学生的爱戴。我在辞去厅级领导职务回到学校做辅导员、当思政课教师的时候,我有个厅局级干部的学生给我写了一封近5000字的信。信的题目是《我的精神导师》。其中提到:“的确,在大学里与学生接触最多的应该是辅导员,彼此之间的距离也应该最近,但实际做起来则要看他的心是否愿意真正贴近学生,是否愿意把时间花在学生身上。我们当然不能期望总是在老师的护佑下生活,我们终要独立地成长起来,然而在这成长过程中,无疑需要一位精神导师的正确指引。于我而言,您恰是我人生成长道路上的一位精神导师。”

2013年我来到学校做辅导员的时候,我告诉学生们,我会每天给他们发微信。从那时开始,每个学生过生日我都给他们送上少则几百字、多则一两千字的生日祝福;社会上、校园里发生了较大的事情,我都会把我的看法及时地通过微信群告诉他们;我还把历史上出现的重要人物和发生的重大事件加以点评发给学生们。我每天给学生发一两千字的微信是常态,最多的时候一天发过五六千字。我老眼昏花的,就在手机上一个字一个字地写着。我坚持了,我成功了。4年里我和学生有200多万字的微信交流。有个学生在大学二年级的时候和我已经很熟了。有一次他跟我说:“老师您刚开始说每天给我们发微信,我在心里可瞧不起您呢。”“为什么?”“因为我觉得您是在吹牛。现在我相信了,也知道我应当怎样做了。”

学生毕业后，我开通了公众号。起初是每天推送一篇公众号文章，后来考虑后台负责推送的人忙不过来，便改为除节假日外每天推送一篇原创文章。到今天我又坚持了4年半，推送原创文章1634篇，又和大家交流了300多万字，粉丝有135802人。我将我与学生的交流已经整理出版了8部专著，到昨天又整理了6部书稿待今年出版。

很多人问过我："你是怎么坚持下来的？"大道理就不讲了。我内心不变的信念是：昨天能够过去，今天就能过去，明天照样能过去。把一生当成一天过！再难又能难到哪去！也总有辅导员想离开辅导员队伍，他们有的已经在辅导员岗位上工作了20年。都工作这么长时间了还要离开？如果以前做得很好的话，就坚持下去，不然割舍了多可惜？如果以前做得不是很好的话，那更要坚持下去。要利用今后的时间塑造自己新的形象，成为一名让学生记在心上的辅导员。这就够了。不然，又能转到哪去？什么工作能"天然"地得到别人的尊重？

"坚持数年，必有好处。"这是毛泽东同志说过的一句话，我很熟悉，也早已把它融入血液里。天上不会掉馅饼，哪来那么多的便宜事。坚持！坚持离成功最近。一切都在坚持之中。

怨着怨着就把自己变成“打杂”的了

2022-02-21

我在1982年毕业留校做了一名辅导员，和我同期毕业，比我晚好多年做辅导员的，他们早都退休了。我今年65岁了，因为我是博导，所以还在工作岗位上。我见得多了，一些辅导员怨着怨着就把自己变成“打杂”的了。我不是说我怎么样，我要说的是现在的辅导员仍然是这样两种状态：一种属于“怨者”状态，整天牢骚满腹，这也不好、那也不对；另一种是“乐者”状态，整天围绕学生、关照学生、服务学生，从未感到这个世界对不起他。结局一定是这样的：前者，变成“打杂”的，被大浪淘沙；后者，会成为行家里手，得到学生的爱戴。人生就像滚滚向前的洪流，只有勇者，才会体味到“惊涛拍岸”。

昨天北京冬奥会结束了。我从来都是这个观点：体育绝不是育体的问题，而是一种精神，一种不抱怨、永不服输、舍我其谁的精神！对一个民族、一个国家是这样，对个人又何尝不是如此？徐梦桃的父母是卖羊肉串的，她从小就与火炉为伴，全家住在不足40平方米的房子里。她的两条腿都做了十字韧带手术，第一次做手术时15岁，她瞒着父母。她一边训练，一边帮助父母。范可新的父亲是修鞋的，过年的时候邻居给可新一碗饺子，她父亲号啕大哭：“孩子太可怜了。”可新小时候常穿从垃圾堆里捡来的裤子，10岁左右时，她被选拔到哈尔滨市体育队。她与10多个孩子挤在地下车库里一起生活，借用的是市体校的冰场，每天只能在凌晨两三点练午夜冰，很辛苦。获得冠军那一刻她太激动了，俯下身子亲吻冰面，

“我觉得我等这块金牌等待好长时间了”。谁不为之动容！徐梦桃、范可新好样的！没有抱怨、没有服输，用刚毅坚卓塑造了自我，托起了家庭和民族的希望。

此时我想起《星光大道》节目里一个盲人歌手说过的一句话：“虽然我看不见这个世界，但总有一天这个世界会看到我！”我联想到我们每个人所从事的千行万业，没有哪一个职业好不好，只有我们做得好不好。想一想我们在党旗下的誓言；想一想应聘时的承诺，到底是谁对不起谁啦？做人，一定要有格局、有境界。什么是格局？什么是境界？格局、境界就是一种精气神，就不是围着自己说话，这会让人瞧不起，辅导员更应当如此。我们面对的是正处在“拔节孕穗期”的青年学生，他们需要陪伴、需要引领。“如果一个人只为自己劳动，他也许能够成为著名的学者、大哲人、卓越诗人，然而他永远不能成为完美无疵的伟大人物。”“历史承认那些为共同目标劳动因而自己变得高尚的人是伟大人物；经验赞美那些为大多数人带来幸福的人是最幸福的人。”人类的长河就是这样，人生就是如此！

把科研聚焦到问题上

2022-02-22

总有辅导员问我辅导员怎样搞科研的问题。我以为这里首先要解决的是科研的目的性问题。很多辅导员搞科研的出发点就是为了评职称,如果是这样的科研初心,那就会把目光聚焦到论文上,争取发C刊。因为大家都懂,目前很多高校都把发表相应级别的论文作为辅导员评职称的重要标准,甚至一票否决,说是破"五唯",落实起来确实需要一个过程,不过这是不可逆转的趋势,这就看辅导员怎样把握眼前与长远了。

我还是主张辅导员搞科研一定要注重学科属性。辅导员教师依托的主要学科是思想政治教育学,实践性是这个学科的重要属性,因此,辅导员搞科研,需要理论的探究,更重要的是实践的建构,要把科研聚焦到问题上,也就是我们讲的要有问题意识,有解决问题的能力。我从留校做辅导员那天起,就没感到辅导员工作不是学问,反而我认为这里学问大着呢。把自己的思想装到别人的脑子里多难啊,怎么能不是学问呢?这是高深的学问!我围绕学生、关照学生、服务学生,从学生的实际出发,一个问题一个问题的研究,一个问题一个问题的解决,日积月累,就有了学问。我工作14年后,在《中国高教研究》上发表了我的第一篇国家级论文《新老生同寝对大学生角色确立的意义》,对我在学院建构多年的"新老生同寝模式"进行了理论上的阐释、实践上的概括;我工作24年后,第一次主持了国家社科基金重点项目《学校教育与家庭教育相结合模式研究》,我将我多年家访过的上百个学生家庭和我在省里工作时组织推动的"千名辅导员万家行”活动(那时全省辅导员先后走进4万多个学生家庭)从理论上进行分析、实践上加以总结,深化了大学生思想政治教育的开展。我先后主持了《建构辅导员工作长效机制研究》等3个国家社科基金重点项目、6个一般项目,应当说这些研究从某种意义上讲都带有“唯一”性,也就是说这些研究都是我在思想政治教育理论、马克思主义理论指导下所从事的思想政治教育实践活动。2019年3月18日,习近平总书记主持召开了学校思想政治理论课教师座谈会。会议结束后,我在《求是》上发表了《践行“六要”铸魂育人》一文,结合我几十年思政课教学的实践,谈了我的体会和认识。辅导员搞科研,一定不要急于出成果。我多次讲过,科研是“溢出来”的,不是“挤出来”的;是我有话说,不是我找话说。辅导员科研的优势是实践探索,不要总想着“高大上”,要扬长避短。我也说过,不是谦虚,“拼”理论,有很多人超越了我,若论起思想政治教育建构,我还是有发言权的,我几十年追求的就是后者。从我们辅导员角度看,通过微信、公众号与学生进行文字交流,就是一种十分有效的思想政治教育载体,要充分利用好。在我已经出版的著作中,有好几本都是我和学生、辅导员、思政课教师的书信交流。仅从我2013年来到大连海事大学做辅导员、上思政课算起,8年的时间里,我与大学生思想政治教育相关群体通过微信、公众号平台,有500多万字的书信交流。昨天我又整理完了6部今年要出版的专著,其中《与大学生交流于2021年》《与辅导员交流于2021年》《聚焦“思政课”》《聚焦“拔节孕穗期”》《我与沛兴的故事》《关于辅导员那些事》主要收录的都是我和上述群体的书信交流,这些书信反映了我从事思想政治教育实践的体会和认识。那是我40年的思考与实践的积攒。很多辅导员说没有时间与学生进行书信交流。发表一篇C刊的时间能写多少书信?这不是时间问题,是眼前和长远问题,是学术认识和学术追求问题。习近平总书记讲,要把论文写在中国大地上,辅导员一定要把论文写在学生的心坎上。辅导员的水平不是由论文评定的,是由学生的成长证明的。搞科研,一定要有自己的话语权。

一定把握好心理健康教育与思想政治教育的“界限”

2022-03-02

现在我们把学生的心理问题看得过重,似乎学生的其他问题都是心理问题造成的。思想是行为的先导。我始终认为,许多学生的问题都是思想偏颇引起的。即便有些学生确实出现了心理问题,也与思想教育不及时、针对性和穿透力不强有着关联。从加强辅导员队伍建设这个视角看,增强思想政治教育的本领远比增强心理健康教育的本领重要得多。思想问题解决好了,就不会有那么多的心理问题。我也经常讲,要把功夫下在危机防御上,而不是危机干预上。事实上真到了干预的程度,也是很难干预过来的。而所谓防御,首先是思想的防御。心理健康教育一定要与思想政治教育相结合,要为思想教育服务。下面是我和一位从事心理健康教育的教师的交流。

曲老师,您好!

我是参加今年皖中职项目(心理健康教育)的学员,听了您的课,我的心灵受到了洗礼,谢谢您!

你好!谢谢你的点赞。

我就是今天上午坐在最后一排认真听您讲课的学员,听着听着我落泪了。您的事迹很感人,我含泪听完了您的课。遗憾的是,我要是两年前听了您的课,现在我17岁的孩子也许就不会住在精神病医院进行封闭治疗了。我好痛苦,作为老师,我没有教育好自己的孩子!您说得非常对,我们不能随便说孩子有心理健康问题。我的小孩儿去年6月份被医院诊断为双向情感障碍,我们选择了对其进行封闭治疗。通过听您的课,我深深地感到在孩子发病前期,我们家长没有做好孩子的思想工作,孩子的价值观出现了问题,我们家长是有责任的。作为老师,我感到很惭愧,今后我要向您学习,请您多指教。

××,你好!

看了你的信,我的心也很痛。一些孩子(学生)确实因为我们的教育出了问题,结果孩子(学生)也跟着出了问题。当老师的、当家长的真是要谨言慎行,为孩子(学生)负责。我就是这样认为的,一些学生(孩子)本来是思想问题,只要我们好好引导,孩子(学生)懂得了道理,问题也就解决了,就会阳光向上。结果我们给他们贴上了标签,说他们有多么严重的心理问题,甚至给他们推到了医院,学校的教育责任貌似尽到了,可孩子(学生)呢,有的孩子(学生)被耽误了,甚至被毁掉了。教育,一定要切实担负起应有的责任。即便现在有些孩子(学生)产生了心理问题,那也是思想政治教育薄弱造成的,大力加强思想政治教育,只有思想政治教育搞好了,孩子(学生)大量的心理问题才能迎刃而解。

曲老师,感谢您在百忙之中抽出时间给我回复,增强了我教育好孩子(学生)的信心,您的指点使我受益匪浅。我们要好好地引导孩子(学生),让他们懂得道理,有些学生的心理问题,的确是思想政治教育薄弱造成的。我们要大力加强思想政治教育,我今后要像您一样,不畏天寒地冻,及时家访,同时用您指导我们的正确价值观引导家长,做到家校联合,共同教育引导好学生!曲老师,麻烦您了,谢谢您!

等孩子心情好了,让他到大连看看,这边我来安排。告诉我你的详细地址,我邮寄一些大连烤鱼片给他尝尝。

曲老师，谢谢您对我孩子的关心！您早点休息，身体第一！

再次谢谢你的点赞！我们共勉！

一定为学生的成长负责

2022-03-03

曲老师,您好!

我是安徽省××学校的××。上午听了您的课,我对您很敬佩!

谢谢点赞!我们共勉!

我会以您为榜样,好好学习,努力工作。祝您身体健康、工作顺利、万事如意!

谢谢!你还年轻,一定要规划好自己的人生。"莫等闲,白了少年头,空悲切。"我知道好多人到老年都后悔了:为什么年轻的时候不奋斗呢?换句话说很多老年人不幸福,不也正是因为年轻的时候没有选好人生之路,没有扎实地走好人生的每一步吗?说什么"活在当下",当下有什么不能活的?冻着啦?饿着啦?不能照顾自己啦?到了老年这些还真不好说。好好地培养学生,于国家、于个人都是福事、幸事。

谢谢你的祝福!也祝你一切都好!到大连联系我。

谢谢曲教授的谆谆教诲,我一定努力规划好自己的人生,为社会多做贡献。

曲教授,我很喜欢您的《思政课不是"哄"出来的》一文,我可以转发到

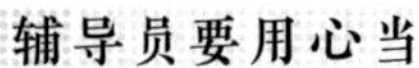

我的朋友圈吗?

可以啊。

好的,谢谢您!

曲教授好,我是国培××老师。今天您的课让我们受益匪浅。思政课是重中之重,它解决了为谁培养人、培养一个什么样的人这样一个重要的问题,应该将它融入课程中,每一位老师都要将思政的内容融入自己的专业课的教学当中。我觉得您说得太对了,回到自己的岗位后,我就把这种思想传递给我的学生,让他们成为坚定的马克思主义信仰者,成为坚定的为祖国奉献的有用的人才! 感谢您的辛苦付出。

××老师你好! 谢谢你的认同! 作为教师,我们一定要有情感。这情感就是教育学生爱党、爱祖国、爱人民。我们有的老师还做不到这一点,这是影响教育效果的主要因素。知识水平、教学方法都是排在情感之后的。正所谓,没有爱就没有教育。

是的,我完全认同。以后我要多向曲老师学习。

我们共勉!

曲教授,我今天有幸领略了一次思想政治教育的盛宴! 您辛苦了! 向您致敬! 通过您的教育,我更坚定了做一位人民教师的信心和决心。我会为之一直努力! 谢谢您!

谢谢您的认同。辅导员一定要为学生的成长负责。我们是人民教师;是人民养育了我们。今天他们把孩子送到了我们的身边,我们都是大文化熏陶出来的人,怎么能跟他们讨价还价呢? 我们付出多了? 我们得到少了? 工人们在干什么? 农民们在干什么? 战士们在干什么? 教师一定要有党性、人民性,要有良知。我常说这样一句话:自己的孩子是孩子,别人的孩子也是孩子。

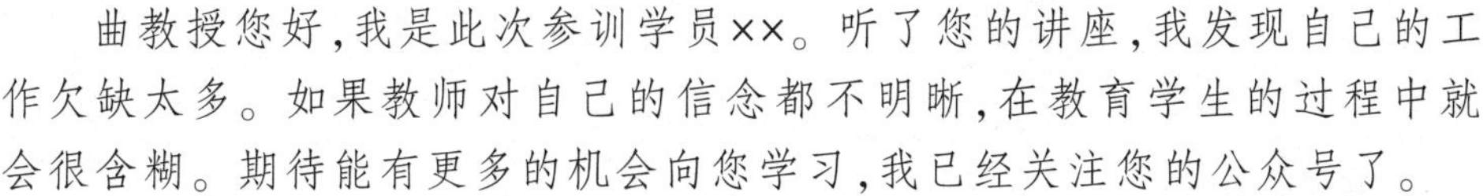

曲教授您好,我是此次参训学员××。听了您的讲座,我发现自己的工作欠缺太多。如果教师对自己的信念都不明晰,在教育学生的过程中就会很含糊。期待能有更多的机会向您学习,我已经关注您的公众号了。

谢谢点赞!我们共勉!现在有的老师确实不清楚自己在做什么,应当怎样做,因此就缺乏工作的主动性、创造性,整天陷入烦恼、被动之中。

您有合适的书籍推荐吗?这次来学习,我很渴望开启一扇窗,首先是提高自身的专业素养和明确自身如何更好地工作,感谢您,打扰您啦。

我出版了许多与老师、学生交流的书,等我送给你们班主任,看看你们有没有需要的。

收到。非常感谢您!

说几句学生干部组织、参加学生活动的事

2022-03-04

网上说了这样一件事:某大学一位研究生导师,声称不招学生干部,理由是学生干部常常递给老师一个假条后便搞活动去了,不学习。导师有这么大的权力?能掌控报考的学生中没有学生干部?事实上能力强的人往往学习也好,因为学习能力是一个人最重要的能力,没有学习能力难有其他方面的能力。当然也有许多例外,但那不是事物的普遍规律。这里我无意去辨别此事的真伪,更不想谈研究生招生的问题,我只想借此说几句学生干部组织、参加学生活动的事。

大学生活难免需要开展这样或那样一些活动,这也是培养学生的一个途径。搞活动,就需要有人来组织、来参加。应当看到,确实有些学生有这份热情,他们当了干部,积极组织、参加学生活动,确实占用了平日里的学习时间。有的活动比较急、任务重,他们便不得不请假(有时也很不情愿)来组织、参加,有时辅导员还帮助学生请假。可以说,有些假是必须请的,对这样一些有公益心的学生干部应当给予肯定。当然这里也有个怎样进一步完善教学管理制度的问题。

现在的问题是学生活动太多、学生活动搞得太随意,有些任课教师对此有意见也是可以理解的。刚才说了,有些必须搞的活动不能不搞,反过来说,有些没有必要搞的活动千万不能搞。搞活动,一定要遵循高等教育发展的规律、遵循学生成长成才的规律。我们一直在提辅导员工作课程化,这个问题现在还没有得到很好的解决,这其中就包含着学生活动(包括实践活动)课程化的问题。哪些活动能搞,哪些活动不能搞;一年级搞什么活动,毕业年级搞什么活动,节假日搞什么活动,都要有设计,不能随心所欲。此前我说过,学生活动千万不能围着组织者的喜好来开展。学生活动应当“瘦身”,为学生“减负”。学生以学习为天职,不能以培养能力为名占用了学生大量的学习时间。特别是有的组织者,爱搞“面子工程”,从代表班级到代表学校就那些人参加,这些参加者成了职业活动者了。有些学生确实因为参加活动而耽误了学习。有时学生自己不好意思说,辅导员、组织活动的相关部门还是应当考虑这个问题的。有的学生干部也有搞活动的欲望,也需要加以注意,不是活动搞得越多越好,一定要追求质量。

从学生干部角度看,一定要处理好组织、参加学生活动与学习的关系。现在有些同学不愿做干部,担心影响学习、不愿操那份心,这也不可取。“不在其位,不谋其政。”在其位,就有了一种责任、一种压力。辩证地看,这种责任和压力会变成学习的动力。我们常说,人的潜力是巨大的。事实上发挥好主观能动性,搞活动“耽误”的学习时间甚至可以加倍弥补回来。由此又需要学生干部注意的是,不能把请假组织、参加学生活动当成天经地义的事,尤其不能主观上把组织、参加学生活动当成翘课的挡箭牌。

“志愿服务”的实质是自我教育

2022-03-07

几年前我在公众号上写过一篇推文《社会实践的目的是什么?》,我讲了这样的观点:

组织大学生参加社会实践活动,是高校对大学生进行思想政治教育、培养高质量人才的一个重要环节。因此,从总体上看,各高校对这项工作还是比较重视的,广大学生也积极地参加。通过社会实践,学生开阔了视野,加深了认识,提高了思想觉悟,从而使自己健康成长。对于成绩,我们应当充分地肯定,这也是我们讨论此问题的起点。但是,如果从问题的角度看,我们应当怎样看待大学生的社会实践呢?这里,我想谈一下大学生社会实践的目的问题。

首先,从高校自身来看。毫无疑问,社会实践的目的是完成思想政治教育的任务,使学生增强时代的使命感、责任感,培养适应社会需要的高质量的人才。这个目的实现得怎样?客观地说,这个目实现的程度与我们的愿望还是有一定差距的。尽管从思想政治教育视域和教学管理层面都强调要重视大学生的社会实践问题,然而,我们还没有将社会实践真正纳入教学环节,培养高质量的人才没有从尊重人才成长规律出发,也可以说必须从尊重教育规律出发来认识社会实践的地位和作用。因此,社会实践就纳不进学校人才培养的“大盘子”中,就缺乏教学的制度设计。这就使社会实践成了思想政治教育部门“单打独斗”的事,成了一项纯粹的思想政治教育活动。既然它是一项思想政治教育活动,就有了“随意性”,

就可以这样组织或那样组织,甚至也可以不组织。也就是说,组不组织,是否组织,完全取决于组织者的认识,取决于组织者想得到什么。例如,许多高校也是积极地开展社会实践活动,其目的是什么呢?这里还是从问题的角度看,一些学校的社会实践活动就是为了评比的需要,也可以说是"应景"的需要。比如,组织了一个"重走长征路小分队",举行了"声势浩大"的出征仪式,即便这些人都得到了实实在在的教育又怎样?教育是为了一切学生。绝大多数的学生想睡觉的照样睡觉,想玩计算机的照样玩计算机,想"放羊"的照样"放羊",这怎么能实现社会实践的目的呢?

再从学生自身来看。对学生来说,社会实践的目的也应当是明确的,就是让学生加深对课堂上所学理论的认识,以确立正确的价值观,刻苦学习,努力成才,报效祖国。从问题的角度看,社会实践的目的还没有完全达到。有一次我在学校食堂门口看到几个学生在卖铅笔。我问他们要做什么?他们说想通过这种方式募集资金,帮家庭经济困难的小学生买书包。我说,通过这种方式你们能得到什么?这几个学生相互看了看没有回答。我给他们100元钱买了一支铅笔。我跟他们说,大学生社会实践的根本目的不是"帮别人",尽管你们可以力所能及地做些事情,你们实践的根本目的是要"帮自己"。大学生正处在人生观确立的关键时期,如何确立正确的价值观,系好人生的"扣子",需要理论和实践统一起来,需要在实践中加深对理论的认识。为什么我们常说"雷锋叔叔三月来了,四月走",就是因为我们没有使大学生的社会实践变成他们成长的内在需要。你去帮助小学生买书包,你是否想到要好好学习,将来成为富翁,安得广厦千万间,让天底下的穷人都住到你提供的房子里?你到医院照顾病人,你是否想到一定要把自己的身体锻炼好,少给他人添麻烦,多为祖国做贡献?你到了革命老区,你是否想到为了你的今天,多少革命先烈献出了生命,你有责任为中国梦的实现继往开来?学雷锋不等于做好事。要从本质上学雷锋,要懂得雷锋精神的当代价值。不然,你做好事去了,那些本应当做这些"好事"的人都去哪啦?他们都喝茶、聊天、打麻将去了?对于这种社会实践,大学生会得到什么呢?他们会在心里嘀咕:我们国家怎么这么落后呢?老百姓怎么这么穷呢?这些人怎么这么懒呢?这样的认识,就有可能给学生的思想带来负面影响,有的学生不正确的职业态度的形成,恐怕就与他参加的一次"社会实践"有关。

盲目的社会实践是没有意义的,甚至适得其反。要想实现社会实践的真正目的,从学校来说,还需要加强正确的引导;从学生个人来看,还要提高正确的认识。现在有些大学生参加社会实践的目的很功利,有的是为了入党,入党是为了择业占有“先手”;有的是为了保研加分;有的是为了获奖学金,给自己增加筹码,这些都与社会实践的目的不一致,十分不可取。

今天又想到这篇文章,想到这个类似的问题,是因为前两天我们学校有个志愿者给我写了一封信。

曲老师,您好!

我是大连海事大学研究生支教团壤塘服务队的队长××,我来自航海学院航海技术专业。之前有幸上过一学期您的思政课,您说过到祖国需要的地方去,这句话对我影响很深。此刻我在四川省阿坝藏族羌族自治州壤塘县支教,这边是藏区,海拔为3285米。近期我们想设立一个大连海事大学“启蒙”奖学金,给藏区的孩子树立一个榜样。奖学金设立在初一年级,分普通班和阳光班两个维度,一等奖各两名,奖金300元;二等奖四名,奖金200元;三等奖六名,奖金100元,共2000元。我们暂时的想法是资金每年由我们团内成员出1000元,现在想寻求您的帮助,前期先把这个项目建立起来,后期的话(过几年)我们团队成员就能负担起这笔资金,然后会慢慢把奖学金覆盖到初二、初三年级,逐渐设立助学金,完善奖助体系,贡献海大的一点力量,恳请您给予一些指导。如果您能回复我的留言,我们倍感荣幸,谢谢曲老师!

我给他做了回复:

××,你好!

我看到你写给我的信了。关于我们学校研究生支教团,我了解一些。我有个学生本科毕业后就到西藏一所学校做了志愿者,现在回到学校硕博连读。在她支教过程中,我还给她所支教的学校一些帮助。我跟我们学校团委老师说过,一直想安排时间到我们学校这几个支教点看看,因为新冠疫情一直没有成行,争取今年能如愿。

当代青年一定要担负起使命和责任。应当说,你们做了志愿者,这也是你们担当精神的一种体现。这个过程,不只是帮助别人,更是培养自身的过程。你们了解了社会,懂得了自己的追求在哪里,这些会变成你们今后的强大精神动力。你们想设立大连海事大学“启蒙”奖学金的想法很好,我支持你们。可以这样做:等我跟学校团委老师商量一下,从今年开始,在大连海事大学所有的支教学校都设立这个奖学金,费用从我的“励志基金”中出。你们还是学生,有的学生家庭生活比较困难,就不用拿这个钱了。你们所应当做的就是“强国有我”。我告诉你们钱学森的儿子钱永刚先生告诉我的一句话:“我爸爸这一辈子就告诉我一件事,就是不能让中国人受欺负。”我在省里工作的时候,钱学森逝世后,省里相关部门组织了学习钱学森事迹展览,我具体负责这件事。我们把钱永刚先生请到了沈阳,这句话是钱永刚先生亲自跟我说的,也始终激励着我奋勇前行。现在仍然有人想欺负我们,仍然有人不想让我们过好日子,你们应当记住这些,一定要让中国人民过上最幸福的生活。我建立“励志基金”的宗旨是:你为祖国服务,我为你服务。空谈误国,实干兴邦。你们一定要把自身培养得强大。

曲老师,您好!

我很荣幸能收到您的回复,很抱歉这么晚还打扰您。之前有幸听过您的思政课,一直将您说过的话铭记于心,所以遇到困难的第一时间便想到向您寻求帮助。非常感谢您的建议与帮助,我们也一定不会辜负您的期望,让壤塘的学生收获知识,过得更幸福。

我在沈阳,等我回去就与其他人商量这件事,之后再联系你。祝一切都好!

我们一定会铭记您的教诲!可以的话,等我回学校再向您汇报奖学金落地以后的工作,我们一定会增强自身才干,也一定会尽力培养这些藏族孩子!感谢您!祝您一切都好,扎西德勒!

××,你好!

前天我跟校团委老师商量了,从今年开始,我们学校的支教点都设立奖学金,以激励学生们刻苦学习,为民族团结做贡献。费用从我设立的“励志基金”中出。对你们来讲,就是在这种“志愿服务”中增强使命感、责任感,把实践过程变成激励自身成长的强大动力。要知道,“志愿服务”的实质是“自我教育”。为什么同样的环境下每个人的成长会表现出极大的差异性,其中一个重要的原因,也可以说是根本的原因,就是主观能动性发挥得不一样,即自我教育不同。你们正处在“两个一百年”的时间交汇点,这是一个大有作为的时代,奋勇前行吧!时代在召唤着你们;祖国在期待着你们,你们怎么样,未来的中国就将怎么样。千万铭记:“绝不能让中国人受欺负。”等我安排时间去看你们。给同学们问好!祝大家一切都好!

希望寄予青年(一)

2022-03-08

习近平总书记在“七一”重要讲话中指出:“未来属于青年,希望寄予青年。一百年前,一群新青年高举马克思主义思想火炬,在风雨如晦的中国苦苦探寻民族复兴的前途。一百年来,在中国共产党的旗帜下,一代代中国青年把青春奋斗融入党和人民事业,成为实现中华民族伟大复兴的先锋力量。新时代的中国青年要以实现中华民族伟大复兴为己任,增强做中国人的志气、骨气、底气,不负时代,不负韶华,不负党和人民的殷切期望!”我始终相信,青年是向往未来的,他们一定会担负起历史赋予他们的使命和责任。我在从省里回学校做辅导员的时候,有的领导关心地说:“能行吗？现在的学生不好带。”我坚决地回来了,这里推送的是我和我带过的一个学生毕业后的几次交流。

××,你好!

这两天确实很忙。我7日就出来了,到过杭州、金华、义乌、长沙、常州等地,现在在北京参加全国辅导员年度人物评审。这些天去几所高校做了交流,特别是考察了瞿秋白、陈望道故居。在陈望道故居,我感受到了“真理的味道就是甜”;在瞿秋白纪念馆,我站在瞿秋白临刑前照的一张照片前凝思了许久。瞿秋白泰然自若,这心中要有多么强大的力量!中国共产党为什么能取得胜利？正是因为有这样一些共产党人,为了共产主义远大理想,为了人民的利益,宁死不屈,公而忘私。转眼你毕业3年了,也走上了公务员的道路。老师告诉过你们,一定要记住公务员姓“公”。看到你的进步,老师为你高兴,也感到很欣慰,你一定要不忘初心,一辈子为人民服务。老师从当辅导员那天起,想的就是教育学生爱国,学生爱国就是我爱国。不用总惦记着老师,要始终把人民放在心上,莫负人民。我本来有个到合肥的行程,这个月没有时间了,争取下个月去,再考察几个地方。到时候我联系你。××到你那里了,太好了。我跟你们说过,大学是个团队,现在你们走到了一起。替我向××问好!有事就联系我。祝工作顺利、诸事如意!

曲老师,您好!

很久没和您联系了,我这里虽然和大连千里之遥,但是我一直通过公众号关注着您,看到您作为“时代楷模”在天安门出席我们党的百年庆典,作为您的学生,我们感到很自豪。我近来工作生活都好,老师不用挂念。这一年来发生了很多事,现在我的主要工作是辅助我们县委副书记当助手,有了更多的机会接触县域发展的谋划和决策,事情更多了,工作更忙了,时间也更少了,但感觉却更充实了。工作4年,特别是跟在领导身旁之后,我深感政府工作千头万绪,做事难,成事更难。每一项工作、每一个决策的背后,都凝聚着许多人的智慧和精力。作为其中的一员,我虽然微不足道,但也深感匹夫有责。我上学时承蒙您照顾,工作后的事业、家庭又一直在党的关怀下,我越来越觉得自己受党教育关怀多年,做得却远远不够。因此,我有件事情还要向老师请求帮助。我的婚礼准备在今年10月举办,我的妻子和我一样,不喜奢华,与她商量之后,我们决定简办婚礼,把婚礼节省下来的钱(8000元)捐给您的基金会,拜托您定向给母校一名家庭困难、品学兼优的大一学生,直到他大四毕业,每年我们都资助8000元。如果他愿意和我们取得联系,成为朋友,那就更好了。我们希望通过这种方式,能够回报一下这么多年来党的教育和关心,希望曲老师能够帮助我们完成这个愿望。最后,老师要保重身体,学生期待有机会和您再次相聚。

××,你好!

我们算是相识8年了。我跟你说过,你有很好的品质,你应当在这个领域好好发展。你现在又有这样好的工作平台,一定要多学习积累,把自己培养好。你是共产党员，我们党能够取得今天这样的伟业，就是因为党的一切奋斗、一切牺牲、一切创造都是为了人民。只要不脱离人民、心中装着人民，就不会犯错，就会无往而不胜。这不是口号，这是党的百年历史留下的宝贵财富。你还年轻，尤其要将人民性牢牢记在心中。有些人最终被人民所遗忘、所唾弃，说到根本就是因为他们脱离了人民。听闻你要结婚了，老师替你高兴。那次去合肥看你，我们还谈到了婚姻问题，你马上就要进入人生的下一个阶段了，这是人生的一件大喜事。特别让我感动的是你们要资助学生这种情怀。很多人说当代青年是精致的利己主义者，这是他们没有看到当代青年的主流。我历来相信“后生可畏，焉知来者之不如今也?”你们的举动也是当代青年积极向上精神风貌的一种折射。我们学校月底开学，等新生开学后，我从全校一年级学生中选一个学生，帮你实现资助的愿望。我设立的基金宗旨是“你为祖国服务，我为你服务”。我会让选中的这个学生填写申请表，对这个学生也是一种激励。到时候我会让这个学生与你们保持联系，你们的读书、工作经验和经历，对这个学生的成长一定会有所帮助。你也应当感谢你爱人对你的支持，这是你走向成功的重要精神力量。也替我谢谢她！等婚礼的具体日子定下来，你再告诉我一下。那时如果疫情情况允许了，我到你们那里当面祝福你们这对新人。生活如此美好，奋斗才能尝到味道。

祝一切都好！

谢谢老师，我和我爱人说了，她也很高兴，让我谢谢您。我们的婚礼定在10月4日，如果疫情有所缓和，我们也盼望老师能来，如果老师能当证婚人，是我们最大的荣幸。资助学生这件事还要多麻烦曲老师，钱虽然不多，但毕竟是劳动所得，归根到底也是人民群众的血汗钱，希望能真正发挥点作用，况且对一个真正家庭贫困的孩子来说，我想这笔钱也是可以解决不少问题的。工作的时间越久，越能体会到老师当初的教导，我们两个人作为党员，又都在体制单位工作，无论是生活保障还是事业发展，可以讲一丝一缕都是党和人民给的，因此想通过这种方式尽一点微薄之力，也是不辜负老师8年的言传身教。曲老师，后续具体的对接事宜，您的基金会是否有具体的负责同志，我和他联系也行。

最后，再次感谢您，老师注意身体，万事顺遂！

希望寄予青年(二)

2022-03-09

曲老师,您好!

中秋节期间我一直在加班准备党代会,凌晨到家想给您发个祝福,又怕打扰您。今天是秋分,也是中国农民丰收节,老师有的时候和农民一样,也是春种秋收,因此今天也祝您节日快乐!

我昨天中午抽空去看了《守望青春》,看着看着就泪流满面了。一是重新身临其境,仿佛又回到母校,坐在教室里听您讲课,回过神来发现毕业已经4年了。二是我看到电影中刘老师劝回跳楼的同学时,眼前又模糊了。有个事情一直没有和老师说,我有一个从小玩到大的发小。2013年他和我一起来到大连读大学。发小的性格比较内向,从小地方来到大连,和电影里的第一个男孩儿一样自卑。2017年我们毕业,他却延期毕业了。之后我参加工作,他还在学校延学,联系的也少了。2018年×月×日,我一直记得这一天。那天我接到通知,我这个发小在学生宿舍里自杀了。所以当我看到电影里这个情节时,脑海里第一时间就是这句话:“谁可以拉我一把呀。”我自认为在学校的时候我认识的人多,又是学生干部,可怎么就没有多帮帮我这个发小,多和他聊聊天,可能某句话就可以拉他一把了。这件事给我带来了许多思考:一是觉得要珍惜生命,蝼蚁尚且惜命,何况一个人呢?一定要好好活。二是在能力允许的前提下,要多帮帮别人,可能一句话、一个小举动就改变了他人的一生。我想,在发小这件事上,自始至终我是有愧疚感的,可能这也是上次我和您说的,想帮助母校一个家庭困难同学的原因之一吧。之前一直没有和您说这个事，是不想消费逝者，但这次看完《守望青春》，我也有感而发。我总是在想，如果当时我和他互换，他来了大连海事大学，遇到了您，事情是不是就不一样了。最后，您是否可以把××老师的联系方式给我，我和他商量上次向您汇报的事情。另外，曲老师，我们定于10月4日在安徽铜陵举办婚礼，一切从简，但也邀请了一些大学同学，如果您也能来的话，将是我们最大的荣幸。

××，你好！

你的婚期越来越近了，我的心也是聚焦到了你那里。现在我还是想安排一下去参加的。不过学校有个规定，国庆期间外出要请假，一般情况下不让离连。再过两天看看，我是想当面祝福你们这对新人的。之所以没让我单位××联系你是因为有这样的情况。如果现在从新生中选，只能根据学生入学时的成绩选择，其表现就不能考察了。我建立这个基金的宗旨是“你为祖国服务，我为你服务”。家庭生活困难只是一个方面，更要看这个学生的努力情况。这样的话是不是就从去年的学生中选一个学生。而如果是优秀的，他们往往又都拿到了国家奖学金或学校奖学金。所以，可不可以这样，从去年的学生中选，也不一定给8000元，我再加2000元，奖励5个学生，每人2000元？你谈到的那个学生确实可惜。我在大学读书的时候，也有个学生自杀了。这个学生的母亲被搀扶着从楼上往楼下走，那凄惨的场景深深地印在我的脑海里。我为什么要努力当好一名辅导员？这也是一个重要的原因，帮助学生系好人生的“扣子”，走好人生之路是我的使命和担当。无论在哪个位置上，我都努力把学生的利益放在第一位，我也帮助或者说尽力挽救了很多学生。你说得对，很多学生就是这样，当他犹豫彷徨的时候，辅导员、同学、朋友的一句话，就有可能改变他的一生。老师很欣赏你这种关爱他人的情怀。这既是一名共产党员人民性的体现，也是做人善良的体现。从现在开始，坚持不懈地做下去，你一定会成为一名名副其实的共产党员，一个精神崇高的人。如果去你那儿，飞到合肥就可以吧？

好的，曲老师。您考虑得太周到了，家庭贫困是一方面，努力情况的确也应该是考虑的重要因素。我和我爱人都很赞同您的想法。我们商量了，这一次我们先资助8000元，按您的想法资助去年的5名学生。之后还要麻烦您帮我们再看看，通过半个学期或者一个学期的时间，筛选一名今年入学的品学兼优的学生，我们再单独资助他8000元，并且坚持4年。主要是因为我们还是想和学生保持联系，我觉得经济上的帮助是一方面，更重要的还有思想心理上的帮助。像困难家庭出来的孩子，一般都有自卑的心理，父母受教育水平不高，有些话也不好和同学、朋友讲，最后就憋在心里了。我们可以作为学长学姐和他多沟通、多交流，心理上可以提供疏导。另外我还有个想法，等到5年或者10年毕业纪念日的时候，发动我们年级有余力的同学，大家一对一，建立一个海事人文学院二〇一七届联系帮扶制度，也是把您当年给予我们的关心关爱延续下来，以帮助更多的人。婚礼的事情，如果您方便的话，10月3日或者4日直接到合肥就行，我去接您，把食宿和行程都安排妥当。您能来的话，我们还想请您当证婚人，希望老师可以答应。

××，你好！

非常遗憾地告诉你，我不能参加你的婚礼了。因为学校4日就上班了，即便国庆节放假三天，老师外出也要有正常的理由。我只能祝福你们这对新人新婚快乐！婚姻是大事，家庭幸福需要经营。愿你们永远抱有恋爱时的情感，每天都像在度蜜月。当然你们都是共产党员，要过好自己的小日子，更要为过好国家的大日子而操劳，国家的强大才是我们小家幸福的根本保证。当然不能忘了父母的养育之恩。老师了解你，相信你一定会把三者的关系处理好，直到永远！虽然此次我们不能相见，但是老师的心已经飞到了你那里。老师的眼前闪现着一对幸福的年轻人在追求人生幸福、实现最大人生价值的路上努力前行，你们一定会走得很远、走得最远！我会安排时间过去看望你们。我给你打1000元钱，聊表心意，敬请收下。大连随时欢迎你们的到来。

祝节日快乐！

希望寄予青年(三)

2022-03-10

××,你好!

今天是你的生日,老师祝你生日快乐!是不是由于工作繁忙,也没有时间过生日啊!转眼你已经毕业5年了。社会生活与大学生活有很大的不同,从某种意义上可以简单地把两者概括为前者是实践生活,后者是书本生活,体验也应当有所不同。你在入学时谈到你的最大梦想是,在能够维持个人家庭的前提下,尽力为社会做些事情,让世界改变一点点。你现在确实在一点点实现着你的梦想。你有爱人民之情怀。这是一名共产党员最基本,也是最重要的品质。凡事都为自己考虑,不可能有大的出息。带着这份情感,扎扎实实地干,定会成为对党、对国家、对人民有所作为的人。我非常遗憾因为疫情没有参加你的婚礼,老师在心里默默祝福你们美满幸福。等疫情结束了我过去考察、讲学时再去看你们。大连这边有需要我做的事就告诉我。

祝你一切都好!

曲老师,您好!

我上午正在为安排会议跑来跑去,匆匆忙忙间收到了您的祝福,感动得掉下了眼泪。下午又陪同领导调研,一直忙到现在,晚饭还没吃。上班后工作忙,个人时间少,很少再过生日,今天准备晚上回去陪爱人吃个饭,实在想不到毕业5年,我过生日这种小事老师仍记挂在心上,更想不到已经过去快10年了,老师仍把我们入学时的愿望记在心上,学生真是感动、惶恐又羞愧。大家都说,参加工作之后,可能想法和上大学的时候就不一样了。对此我深有体会,许多上学时候的想法,现在看来,十分幼稚,但2013年入学时我的愿望(感谢老师的提醒),我还记得一点。“穷则独善其身,达则兼济天下。”首先感谢党能给我一个养活自己和家庭,并且体面的工作,不至于让父母担心;其次也是给我一个机会,和企业工作的同学、朋友相比,我这个工作,可能会纯粹一点、有意义一点,也更能实现我当初的愿望——让这个世界改变一点点。上周陪领导去西安、邯郸出差,从西安到邯郸的高铁上,我一边看着手机定位,一边看着窗外的大好河山,火车从汉朝都城长安出发,沿着滔滔黄河,驶出郭子仪守过的潼关、老子遇阻的函谷关,平坦的关中平原上突然闪出墨绿的华山,最后到达北宋的大名府。第一次走这条路线,像是走过了中国五千年的历史,我想我是爱我的祖国的,也希望这份爱可以让我的祖国变得更好一点儿。因此,我想之前和老师说的捐助的事情,也是改变的一种方式,还要麻烦老师帮我安排好。我近期工作实在太忙,早八晚十,一周单休,回复老师太慢还请海涵。如果有机会回大连,我一定去看您。我们这边一切都好,请您放心,有需要学生做的事情,还请告知。也盼望老师再来合肥,学生希望再有机会当面聆听您的教诲。

祝老师工作顺利、身体健康!

××,你好!

看到你的信我很感动。常有人把当代青年看成精致的个人主义者,认为一代不如一代。因为年轻,一些年轻人身上难免表现出这样或那样的缺点,但这不是主流,青年人总是积极向上的。青年人看的都是明天,而老年人看的只是现在和过去。社会能够不断向前发展,从某种意义上讲,正是因为有年轻人对未来的渴望和追求。正所谓,一代更比一代强,道理就在这里。年轻人工作累点没有什么,关键要动脑,要有问题意识,要常思考。你这么年轻就有这么好、这么多的锻炼机会,这对你今后的发展大有裨益。你要珍惜这难得的机会。记住老师曾经嘱咐你们的话:对领导最好的尊重就是把工作做好,这也是与同事交往的前提。来日方长,一定要扎扎实实。上次我跟你说过,你年轻,有许多地方需要花钱,你就不必为我的“励志基金”打钱了。我建立“励志基金”主要考虑的是我是“时代楷模",现在的收入比以前好多了,这是党和人民给的,我要拿出一些钱力所能及地帮助那些需要帮助的学生,这样我的心才能够安稳很多。当年我刚参加工作的时候,家里经济条件不好,个人收入不多,家访的时候、平时学生有需要,我都尽力帮助。有个学生现在是厅级干部了,他说:"老师我吃过您半根黄瓜,怎样还您?"我说:"你好好为党工作。"人不能只想自己,那样会让人瞧不起,还是要做个有益于祖国、社会、他人的人,要在乎别人的感受。可是你还是把钱打了进来。我很矛盾,如果满足你的心愿,你也不富裕;如果不满足你的心愿,你还有这份情怀。特别是你的爱人,她也很了不起,她坚决支持你的这种做法。在当下很多人把物质追求看得很重的情况下,她追求的是帮助那些需要帮助的人。我考虑了一下,那就满足你的愿望。不过你现在的想法是每人5000元,资助两个人,还是每人1000元,资助10个人呢?这两天我就安排这事。工作忙,往往会忽视锻炼身体,这需要注意。我从上大学到今天,40多年没有忘记锻炼身体,出差的时候我都带上运动服。年轻人要看长远些,必须紧绷"锻炼身体"这根弦。还在忙工作吧?你也要协调好家里。给你父母、爱人问好!

曲老师,您好!

我刚下班到家,谢谢老师的教诲,我仿佛又回到了大学时光,坐在教室里听老师上课。老师的教诲我一定记在心里,好好工作,好好生活。捐助的事情我也考虑过了,我虽然现在背着房贷,还有其他花钱的地方,但是我和我爱人物质欲望都不高,生活费够用就行,吃饭在食堂,穿用也不要什么名牌,一年10000元省省可以承受。我们一定会量力而行,请老师放心。上次您讲得对,这次就每人1000元,资助10名同学吧。但我还是希望,明年的10000元可以从这10名同学里找2名品学兼优的,一人5000元,也许能解决点大问题嘛。另外,被资助的同学如果有想了解职业规划,愿意和我们取得联系的,我们也十分愿意,就当有了个远方的弟弟妹妹。关于锻炼身体,我一定努力向老师学习。现在没时间,天天回来得晚,一般我就从单位跑步回家,大概2000米,就当锻炼身体了。再次感谢老师的关心,您有机会来合肥,一定要告诉学生。您多保重身体!期待来日相聚!

××，你好！

这两天我就把这10名学生选出来。你可以给他们写几句鼓励的话，我推送给他们。昨天沛兴也给我写了很长一封信，老师以你们为傲。你们都是共产党员，都是刚毕业的大学生，在你们身上体现了当代青年知识分子的担当精神。何为君子？君子要有知识，但是有了知识并不一定是君子，君子是“止于至善”的人。有些知识分子，整天夸夸其谈，不能脚踏实地，心中没有他人，就不能称为君子。你们生长在大美的中国、大有作为的时代，这么年轻，能为党和人民做多少有益的事情啊！把人民放在心上，锤炼自己，坚持不懈，你们一定会成为让人民记住的人。有事就联系我。

祝一切都好！

工作一定要脚踏实地

2022-03-11

有多位领导因为对新冠疫情防控形势认识不足,督导检查不到位,对辖区内学校的疫情防控工作指导检查不力,而受到处分。

可以说,这些领导之所以受到处分,根本原因在工作“不实”上面。在此我还是想提醒一下辅导员朋友们,要从中得到启发,工作一定要做得扎扎实实。首先辅导员对所带年级学生的自然情况要了如指掌,各地区有多少学生;单亲家庭、孤儿家庭、干部家庭、农民家庭、党员家庭、军人家庭、私营企业主家庭各有多少;学生们和父母、老师、同学(尤其是寝室同学)、朋友的关系怎样;学习状况怎样;有什么兴趣爱好……有的辅导员总强调自己带的学生多,熟悉不过来,这不是理由,关键是主观上要有这个意识。一个河北的学生,如果你把他说成黑龙江的,你的思想政治教育就要大打折扣了。如果你对某个学生家乡的人文历史有所了解,就会一下子拉近你和这个学生的距离。我留校做辅导员的时候,有个学生去报到处报到。他的衣服扣子系串了。我说:“××,你衣服扣子系串了。”两年后我调到另一个学院做党总支副书记,他说我当时给他的印象是:这个人,不是工作认真,就是难对付。他是我们年级唯一一个非团员,一年后就入团了。辅导员是大学生的人生导师,当然最重要的是帮助学生系好人生的“扣子”,找准前进的方向,这就要了解学生的思想状况:想不想入党?想不想当干部?想不想考研(专升本)?想不想出国?想不想恋爱?想从事什么工作?想在哪里工作,为什么?对此,你都做了什么?“知己知彼,

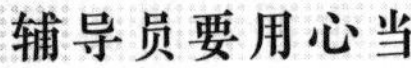

百战不殆。”如果不知道学生在想什么、做什么,辅导员怎么能做实、做好学生思想政治教育工作呢?现在各种技能大赛挺多,还有课题、论文的考量,客观上使有的辅导员慌了手脚。辅导员还是要静下心来。大赛也好,课题、论文也罢,你的水平最终还是体现在对学生的教育培养上。思想政治教育不能搞“假大空”,一切要从有利于学生成长成才出发,是金子总是会发光的。

给学生最有价值的东西

2022-04-06

这是前些天我和我的一个已经毕业5年的学生的交流。

曲老师,您好!

我现在回到局里工作了,在办公室当主任呢,虽然是个科室主任,没有什么职级,但是每天工作都很充实。机关和乡镇还是很不一样的,在机关感觉分工更明确一些,一个萝卜一个坑,也体会到当主任的责任与担当。最近这边开始暖和了,今天都20多度了,突然想到大连春天盛开的樱花,本来想"五一"回趟大连,结果近期甘肃、内蒙古、西安这些周边省市疫情又暴发了。我们这里的疫情防控措施比较严,不知道"五一"还能不能出省。我还想和老师分享一件事情,就是我现在和一个汉族同事谈恋爱了,也得到了家人的支持,可能明年会结婚。老师最近身体怎么样,还经常出差吗?

××,你好!

看到你的微信,就像看到你在学校教室里听课、你过生日我们一起聚餐、你读研我去看你时你送我到车站的身影,我的脑海里闪现出的是你每天忙碌的样子。8年多了,时光荏苒,岁月如梭。而正是时间使这个世界、使我们每时每刻都在改变。

你担任办公室主任了,这是领导对你的器重,所以你要珍惜,要感谢领导群众的信任。的确是这样,每个岗位都会有不同的内容、不同的要求,不变的是无论在什么岗位、什么位置都要保持对工作精益求精的态度。老师在公众号中推送过十几期文章,其中谈到我的成长过程,我的主题思想就是“不争而得”。做事要有进取心,要扎实。至于能得到什么,这还真不是一加一等于二那么明确。毛泽东讲过这样一句话:我们应当相信群众,我们应当相信党,这是两条根本的原理。一些人就是急,总觉得做多了(当然还有“假大空”的),结果不择手段地往上“爬”,因为根基不牢,最终一败涂地。所以,我们在年轻的时候一定要养成好的心态,这很重要。

婚姻是大事,是人生的重要组成部分。我不赞成独身主义,严格说起来他们没有完整的人生,还有丁克家庭也是这样。人生幸福的长河由多渠道汇成,其中就有来自夫妻、儿女的,没有体验到这种家庭的快乐,总是人生的一种缺憾吧?你年龄也不小了,抓紧处、好好处,这也是做儿女应当给予父母的快乐。恋爱要抓大放小。其实婚姻是否幸福,关键还在于婚后的经营。很多人恋爱的时候拿出“放大镜”,看得没错,为什么结婚后没过多久就散伙了呢?人无完人,谁也不是神。婚姻就包含着相互理解、相互包容、相互促进。结果有人把婚姻当成了“长线投资”,买进来就丢在那里不管了,想一劳永逸,这怎能不贬值呢?祝你们早结良缘。看来疫情还要持续一段时间。你不用“五一”过来,等你结婚的时候你可以带上你的爱人来大连旅游,这边的费用自然由我出了。我不是跟你们说过嘛,我们是四年的师生,一生的朋友。你们要结婚的时候告诉我,如没有疫情,我还可以到你们那里,当面祝福你们这对新人。

我一切都好,谢谢挂念!因为疫情,我现在不外出,不给学校、学生带来麻烦。我现在生活更规律了,每天下午都锻炼身体,很多人都看不出来我已经是个65岁的老人了。你年轻,一定要注意锻炼身体。我就是年轻的时候养成的习惯。强身健体这也是人生的一堂必修课。好的身体可以为党多做工作,为社会、亲朋减少麻烦,到老年了,就更能体会到好的身体就是为儿女发展创造条件;好的身体才能陪伴相爱的人终身到老。

你思想基础、工作能力都不错,好好干。等疫情结束了,我还会到你们那里去,到时候我联系你。

不知不觉就到深夜了,但愿没打扰你。

有事就联系我。

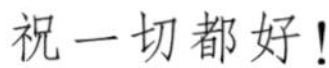

祝一切都好！

谢谢老师语重心长的教诲，明天就是“3.15”国际消费者权益日了，今天单位事情有点多，回复您晚了。我很怀念听您教诲的那些时光，每次和您交流我都特别受益，就像灵魂得到洗涤一样，越来越纯净，内心越来越强大，充满了斗志。可能是成长环境的原因，我一直都很不自信，很害怕和他人交流。上大学时我最大的改变，就是我的性格变得开朗了。以前我很害怕和老师说话，但和您聊天我一点都不紧张，还会说很多和家里人不会说的话题。感谢在漫漫人生中让我遇到您这样的老师，我真是太幸运了！在理想信念和为人处世上，您为我树立了榜样，是我学习的标杆，是您影响着我的品格和人生的道路选择。我和身边的同事、朋友说起您的时候，她们都非常羡慕我有您这样的老师。我会把您给我们讲的“帮助别人就是帮助自己的故事”分享给他们，会给他们讲您建立了“励志基金”以帮助困难同学，节假日总是陪伴在我们这些离家远的孩子身边，我也想像您一样，做一个对社会有贡献的人。我的优点就是很踏实，这是我无论从小学还是到现在，大家对我的一致评价。干部，“干”字当头，就像老师您说的，要把基础打好。我现在会参加党组会等一些议事决策会议，能够学习语言的艺术、领导的艺术，同时也发现自己存在的不足，正在学习改进。老师提醒得很对，我现在坐时间长了，会觉得腰有点疼。最近天气暖和了，我一有时间外面跑步和跳绳。我知道，身体是1，其他是0，无论干啥都得先有个好身体，感谢老师一直惦记着我。老师平时也要早点休息，熬夜总归是对身体不太好的。

××，你好！

因我这段时间事比较多，就没有及时回复你。

看了你的微信，我能够感觉到你成熟多了，说的话已经不像学生时代那样带着打探世界的口吻，现在也变得自信了。

要相信自己。这不是狂妄，这是成就事业的基础。我最欣赏的一句广告语就是“我能”。由此可给自己增加动力，努力地实现追求的目标。只有心存希望，才有希望！你是共产党员，硕士毕业于国内一流大学，又考上了公务员，这足以表明你是优秀的。只要扎实肯干，虚心向群众学习，坚持不懈，你一定会变得越来越优秀。

有了学生就有了幸福。我只是做了我应该做的事情，你们却心存感激。我也很感谢你们的陪伴，使我的晚年充满了快乐。

因为疫情我不能出去考察、讲学了。我还会到你们那里去的，届时我们见面好好聊聊。

祝一切都好！

好的老师，祝您身体健康，期盼我们重逢的那天早日到来。

为民族团结培养骨干力量

2022-05-16

这是我校一个新疆少数民族学生的来信，她有追求，肯努力，今年考上了山东大学的硕士研究生。

曲老师，复试成绩刚刚发布了，我考上了山东大学经济学院！

××，你好！

总算落实了，老师的心也踏实了。祝贺你！你能考出这样的成绩很不容易，这再次证明了天道酬勤的道理。当然这也预示着你又有了一个新的开始。

到秋季研究生开学还有半年时间，你从现在开始就不能放松，要保持“战斗”状态。研究生阶段的学习与本科生阶段的学习有所不同，前者更侧重于研究性学习，自主性更强些。你一定要增强主动性，充分利用好节假日时间。成功的人都是利用比别人更多时间的人。新疆多需要你们。你现在就要好好准备，将来为新疆的发展、祖国的强盛做出应有的贡献。我建立了“励志基金”，其宗旨是“你为祖国服务，我为你服务”。我承诺新疆少数民族学生、孤儿学生，考上研究生就每人赠送一台计算机。你不用买计算机了，我拟于5月份举办“励志基金”颁奖仪式，到时候送给你一台。我也常去山东大学。等你到了那里，我过去的时候会去看你。这段时间有需要我做的事情就联系我。

祝好！

曲老师,您好!

虽然拟录取通知下来已经一个多月了,但是我的心情久久不能平复。每次想到自己被山东大学录取,总感觉这很不真实,就像是在做梦。因为我太想考上这所学校了,我也为此付出了全部努力。我们今年本科毕业答辩时间是5月28日,最近这段时间我在写毕业论文。因为我是经济学专业的,毕业论文要用到数据统计、变量分析等软件,这就需要我主动学习之前未曾接触过的软件。我觉得认真写好毕业论文也是我在9月份研究生入学之前一个很好的磨炼。我暑假的计划是读一读跟我专业相关的文献,学习可能会用到的统计软件,然后帮我母亲看店。我父亲是在那拉提景区开摆渡车的,但今年疫情反复,导致景区没几个游客,我爸也没工作,一直待在家里。所以我在家的时候,我妈有时候会做一些零工,这时候就需要我帮她看店了。您公众号的文章我也经常读,尤其是您说的把"小我"融入"大我"之中特别触动我,我觉得不管我能力如何,我就是想尽我所能地为家乡的发展、为新疆的发展做贡献,为中华民族伟大复兴献出自己的一分力量。我现在打心里觉得这才是最伟大的事情。打铁还需自身硬,我现在要做的是提升自己的个人价值,才能在日后更好地实现社会价值。但是"少干计划"研究生是签定向合同的,按理说毕业后我们应该会被分配到新疆工作5年,具体是什么样的工作我还不得而知。如果能在山东大学见到老师真的太好了,我会好好学习,期待着和您的见面!我也希望您能来一趟我的家乡——新疆伊犁。如果以后疫情结束了,有机会的话老师一定要来。我父母也非常想跟您见面,并且邀请您来家里做客,而且我们伊犁有很多美景美食,我想带您去好好逛一逛。临近毕业总是有好多感慨,毕业论文也接近尾声,距离答辩就剩两周了,4年时间过得很快。最近大连也是疫情反复,希望老师您保护好自己。

××,你好!

4年的时光成就了现在的你,你还有漫长的人生之路要走,你会把自己塑造成什么样子呢?老师相信你一定会为民族团结奉献出你全部的力量,成为一个无愧于伟大时代的筑梦人!

老师陪伴了你们4年,看到你今天的样子,老师感到十分的欣慰。你不仅极大地丰富了专业知识,更重要的是你坚定了人生的正确方向。把对的事情坚持做下去,你的人生价值就会得以实现。等疫情结束了,我一定会去伊犁。本来××结婚的时候我答应参加他的婚礼，因为疫情我没有去成。但愿今年你暑期放假的时候我可以前往新疆。

你的本科阶段很快就要结束了。“你为祖国服务，我为你服务”，我从我的“励志基金”里给你打1000元钱，用于补贴你毕业前的花费。有需要我做的事就联系我。

祝好！

党员不能成为“花瓶”

2022-05-18

上个星期六，我线上参加了海南省高校工委组织的辅导员素质能力大赛的评审工作。在谈心谈话环节有这样一道题：

你是毕业班辅导员，你所带的学生小王是一名中共预备党员，他大四第一学期正在备考研究生，同时还有一门选修课要上。但小王以自己要备考研究生为由，每次的党支部会议都请假不参加，且经常不去上课，并在期末考试前请求老师给自己通过。你作为小王的辅导员，如何与其谈心谈话？

这里我不想谈怎样回答这个问题，我想提醒辅导员的是，学生党员发展一定要注重其在思想上入党，成熟一个，发展一个，眼下为你的辅导员工作助力，未来为党和人民的事业添彩。

前两天有个辅导员跟我讲，因为疫情，学生的一些情况都是通过学生党员、学生干部来反馈的。一个学生党员居住的寝室有个学生违反学校规定，几次溜出校园，后来被发现了。学校对这个学生给予了处分，他的辅导员也受到了批评。此前这个学生党员一直隐瞒这个学生的情况，若不是被发现，这个学生还会继续下去。

现在有些学生党员成了“花瓶”摆设在那里，需要的时候站不出来、关键的时候冲不出来、危险的时候豁不出去，这有他们自身的原因，也暴露出我们党建中的一个问题，即我们没有很好地遵循“知行合一”的原则。发展学生党员，既要看其对党的认识、知识能力水平怎样，更要看其在实践中能否自觉践行党的宗旨。我多次推送过列宁的这句话:“徒有其名的党员白给也不要。”苏联在共产党员数量最少的时候建立了苏维埃政权,恰恰又是在共产党员数量最多的时候丢掉了苏维埃政权,这是极其深刻的教训。从某种意义上完全可以这样讲,学生党建质量如何,直接关系到党和国家的前途和命运。所以习近平总书记一再强调,教育是“党之大计、国之大计”,教育要“为党育人、为国育才”。辅导员一定要从战略意义、政治高度上认识学生党建工作。这也是对学生发展负责、对自己的工作负责。一些干部犯了错误,如果追根溯源的话,他在大学阶段价值观就不正确,就没有解决思想上入党的问题。现在一个辅导员带那么多学生,本来工作就已经很忙碌了,结果一些学生党员不仅不能助力,反而还添乱,没有发挥其应有的作用,辅导员一定要从根本上解决这个问题。当然,也有个别辅导员没有原则性,依据个人的好恶、贪图眼前的个人利益,把本不成熟的学生发展到党的组织中来。有的辅导员自身就应当自觉加强党性修养,坚定理想信念,始终保持对党的事业的忠诚。这样,学生党建工作才能体现出价值所在,思想政治教育才能做出“味道”。

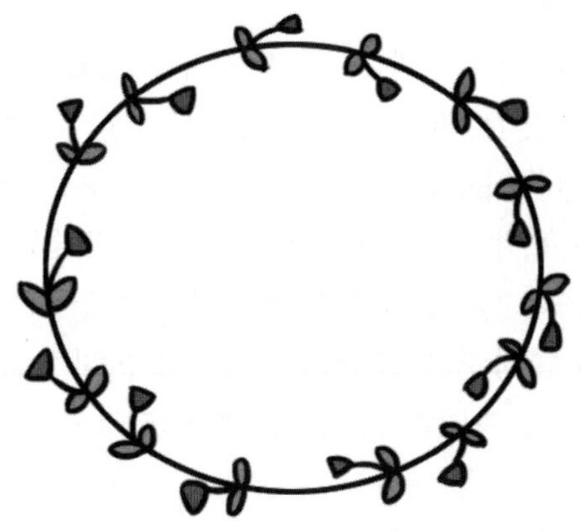

杜绝此类问题的发生

2022-05-19

这是某省辅导员素质能力大赛中的一道题：

王同学是一名成绩优异的大三学生，最近在备战某名校的硕士研究生考试。近日，王同学的母亲打电话给你，向你反映了一个情况：王同学同寝室的两名同学经常打游戏到凌晨一两点钟，影响到王同学的日常学习和生活，因此王同学向母亲提出想在校外租房，以便安静专注地复习备考。王同学母亲很担心自己孩子的生活和学习状况，以至于在家里寝食难安。作为王同学的辅导员，你将如何就此问题与王同学的家长谈话？

对此给出的参考答案是：

(1)对王同学全身心备战名校硕士研究生考试的行为提出赞许，并告知其家长自己会全力支持和帮助王同学，且自己会尽快走访宿舍了解相关情况，尽量宽慰王同学的家长。

(2)向家长详细介绍学校陪读、走读、外宿等相关管理规定与政策，告知家长必须办理好完备的手续，王同学才能外宿。

(3)为家长分析王同学外宿的利与弊，对王同学外宿时可能产生的安全责任进行明晰。同时，提醒家长若王同学选择外宿，还需签署家长告知书和安全责任书。

(4)针对王同学反映的舍友打游戏到凌晨一两点的问题提出解决方案，可以调换宿舍，为王同学在宿舍正常的学习生活创造条件。

(5)提醒家长要引导王同学遇到问题时先自己寻求解决办法。如遇到这样的问题时,可自己先与舍友沟通协商,若沟通无果,再亲自向辅导员老师或班主任寻求帮助以解决此类问题,而不是直接让家长来沟通解决问题。

我想,每个辅导员对此都会有自己的答案。不过会有多少辅导员能首先向家长道个歉:没有教育管理好学生,为每个学生的发展创造和谐的环境;工作不深入,家长若不反映,根本不知道这种情况。辅导员应当从这件事想到这样几点:一是思想教育一定要落细、落小、落实,要重视寝室文化建设。二是辅导员一定要深入学生、了解学生,主动发现问题、解决问题,把问题消灭在萌芽之中。三是辅导员工作一定要抓好党建、抓好干部队伍建设,充分发挥他们的模范带头作用,像我昨天推送的那篇文章讲到的那样,学生党员不能成为"花瓶",同样,学生干部也不能成为"摆设"。要使学生党员、学生干部成为辅导员工作的左膀右臂。四是辅导员工作一定要形成家校合力。不能学生出事了就把问题推到家长那里;家长反映了,才想起怎样解决问题。辅导员要主动跟家长联系。现在的家长很多都有高等教育的背景,有的也在从事着辅导员工作,可以通过家访、信访、座谈会等多种形式来了解学生的情况,征求家长对学生工作的意见、建议,不断改进自身的工作,提升工作水平。五是国有国法,校有校规。学生守则不能只是一纸空文。对于那些只图满足个人利益、漠视他人利益的学生,要有个说法,这既教育其本人,也教育大家;既体现了教育对学生今天的负责,也体现了教育为学生的一辈子负责。

遇到此类问题应当注意的一个问题

2022-05-20

这是某省辅导员素质能力大赛中的一个案例题：

学生小王代表学院参加学校院际篮球比赛，在争抢篮板时与对方球员发生冲撞，双方都无犯规动作，但是小王摔倒导致小腿骨折。小王虽被及时送往医院救治，但花掉医疗费1万元，腿上还留下伤疤。小王的父母到校后要求当事人及学院承担责任。作为小王的辅导员，你将如何处理？

组委会给出的解题思路是：

一、关键信息：小王；无犯规；及时送医；医疗费1万元；学院赔偿。

二、法律依据：《中华人民共和国民法典》第一千一百七十六条规定：自愿参加具有一定风险的文体活动，因其他参加者的行为受到损害的，受害人不得请求其他参加者承担侵权责任，但是其他参加者对损害的发生有故意或者重大过失的除外。活动组织者存在过错的，承担补充赔偿责任。

三、处理步骤：

1.调查清楚事情的经过，保留相关证据，积极沟通，向小王父母说清楚事情的来龙去脉。

2.关心小王伤情，提供力所能及的支持，通过医保减轻小王的经济负担。

3.根据法律规定，小王参加篮球赛属于自甘风险行为，对方当事人和学院并无过错，无须承担民事赔偿责任，学院可以给予一定的慰问金。

4.如与家长协商不成,可以建议其向法院提起民事诉讼,通过法律渠道解决问题。

四、经验启示:

1.学院组织具有对抗性的体育比赛之前,要向学生做好培训,签订风险告知书,购买意外保险。

2.要加强对全体学生的安全教育和法治教育,面对突发情况要及时处理,保留证据。

对此我不做评价。我想提醒辅导员们注意的是:集体主义教育是社会主义核心价值观教育的一项重要内容,也是辅导员工作的首要任务。这样的比赛活动有助于学生集体主义精神的培养。辅导员应当积极调动学生的主动性,因地制宜地开展集体活动,以培养学生的集体主义精神。应当说,主观上谁也不希望类似小王这样的情况发生,但事情一旦发生了,辅导员应当首先对小王和那个无意中造成小王受伤的学生能够关心集体、积极参加集体活动给予充分肯定。然后要耐心细致地做好小王和那个学生的思想教育工作,不能因此使他们俩产生怨恨,亦不能造成其他同学对再参加此类集体活动望而却步、退避三舍,消减了同学们参加集体活动的热情。学生教育管理不要简单地"依法处理",尽量把问题解决在情理之中,以理服人、以情感人。法律手段只能在不得已的情况下使用。即便如此,也要让当事者心服口服,不能让学生带着怨恨离开学校,否则就是教育的失败。大学是个团队。当学生离开学校的时候,如果能够集合起一批志同道合的同学共同进步,那将会产生多么强大的力量!

我从来没有抱怨过客观环境

2022-05-23

我小时候家庭困难，12 岁时随父亲到庄河一个非常贫困的生产队生活；每天上学要翻一座大山，走很远的路，但是我每天都是第一个到学校；回城几年后，我又下乡当了两年知青；1978 年上大学的时候，学校各方面条件不是很好，我一开始还“走读”；1982 年毕业留校做了一名辅导员，对比今天可以想象到 40 年前辅导员会是什么样子……但几十年来我每天都信心满满地开启新的生活。今年我 65 周岁了，我懂得了奋斗的意义、懂得了坚持的意义、懂得了一切抱怨毫无意义。世界不会以我们个人的意志为转移；世界也不会停下来等你。常有人谈到“内卷”，我真没有工夫去想这个问题，我的内心信念就是做最好的自己。前两天有个“粉丝”谈到这个问题，我简单地回答了几句，今天推送一下。

曲老师，您好！

您说现在的教育内争，应试教育该如何破局呢？是尽量不受外界影响，只做好自己的事情吗？

自然首先要做好自己的事情。说现在竞争激烈，主要在出口端，也就是在就业的压力上。我当年读大学时的招生数量跟现在每年招的博士生数量差不多，想上大学犹如过“独木桥”，那时没有竞争？现在有人主张别招这么多的大学生。显然这是坐上了大学这班车的人说的。这与每个人的处境、出发点不同有关。大学到底应不应当招现在这么多学生？我们真不用操这么多的心，国家有大战略、大数据，招与不招自有道理。从个人的角度，我是这样看的：这就像在寒冷的冬天里，大家都在车站焦急地等待着公交车的到来一样。车来了，大家蜂拥而上，都想挤上这班车，那谁等下班车呢？这时，车上的人会喊："别挤了，根本没有位置了。"车下的人会想："让我上去躺在座位下面也行，绝不能错过了这班车。"应当说车上车下的人都有道理。那么谁来协调这种利益关系呢？自然是交通部门。对交通部门来说，他们的想法就是创造条件，尽量增加车辆，满足更多乘客的需要。简单说，高等教育的规模就这样扩大了，现在的研究生招生规模扩大也是这个道理。实事求是地讲，在我们这样的发展中国家，办如此规模的高等教育还是有些吃力的，所以，我们还要收些学费做补充。等将来中国梦实现了，国家很有钱了，会不会还收费？我想不会了，何必那么麻烦？国家何必将钱发到个人手里，再收回来，没有这个必要，统一支付就完事了。应当看到，在我们这样的国力下办起了如此规模的高等教育，也是奇迹，这也充分体现了我们社会主义制度的优越性。到2021年年底，印度的高等教育毛入学率为30%，我们达到了57.8%，这仅仅是GDP的问题吗？本质上还是社会制度不同。就像美国，国力已经很强了，但是很多穷人家的孩子读不起哈佛、斯坦福这样的一流大学，说到根本也是社会制度问题。美国的好大学几乎都是私立大学，收取高额的学费，大学已经市场化了。相信党、相信政府，中国的明天一定会更好，现在这些问题都是发展中的问题，都是可以逐步解决的。西方国家出现的很多问题都是制度性问题，只有改变制度才能解决，这是我们和西方社会最本质的区别、根本的不同。当然这也是个时间的问题。别浪费了那么多宝贵的时间想那么多没用的事情，做最好的自己，争取不断在原有的台阶再上一个台阶，这就是人生的价值所在。

谢谢曲老师！

您这么忙还要解答我的问题。我不消极，我们的发展任重道远，在前进的道路上还有曲折，我只是有点着急而已。

学生工作需要爱心、热心、细心、交心、恒心

2022-05-26

曲老师，您好！

非常冒昧在您百忙之中打扰您。思之再三还是想向您求教，主要是最近遇到一个学生工作上的难题，我想向您取经。

事情大致是这样的：我负责的大二空乘专业有个女生，来自安徽农村，家中有一个哥哥和一个姐姐，父母已年迈。该生是从一所民办中职院校通过单招考到我校，上学期期末成绩一般，水平中等。总体来讲学生自身外在条件不错，也非常自立，有个爱好是当平面模特，常常在外面做兼职赚取生活费，时常以不想给家里增加负担为由找我请假出去拍摄。作为辅导员，我本身也比较心软，起初念在她的自立与真诚上给过几次假，但后来我发现她这方面的活动很多，就开始控制她的请假次数，怕影响她的学业、影响她将来的发展。为此，我也和她聊过多次，引导她以学业为主，利用寒暑假去做兼职，等顺利毕业后才会有一个更好的平台。她也向我承诺今后尽量在不影响学习的情况下去做兼职，并再次告诉我由于父母年事过高，她不想让他们再为她操心，平时都是哥哥在管她。由于哥哥和姐姐也有自己的小家，她也不想过多增加哥哥的负担。她昨晚说近期生活费快没了，哥哥给她转了300元，所以她又接了一个兼职，需要请假外出拍摄一天(报酬1000元)，可以满足她本学期余下几周的生活开支。她告诉我无论如何这次她都要出去，但是我拒绝了批假。我告诉她如果确实因为生活费紧张我愿意资助她(但学生自尊心强，不接受)。为了进一步开导她,我和她哥哥、姐姐在微信上做了交流,她的哥哥、姐姐在言语中也有些内疚,因为家庭条件问题对妹妹的关心不够,表示会进一步好好关注、关心她。学生过于懂事、态度坚定,加上我自身的同情心,导致我优柔寡断。我现在很纠结到底该不该支持她利用非专业课的正课时间出去做兼职?该不该支持她以学业为代价的孝心?如果给她批了假,是否会将她推向错误的道路并使她越走越远;如果不同意她的请求,是否会增加学生的思想负担,上课心不在焉,同时也影响到她自身的学习成绩。我已不知该如何同她做思想交流。曲老师,您见多识广、经验丰富,希望您能给我指点一二,不胜感激!

祝:身体健康、工作顺利!

××,你好!

昨天忙,没有及时回复你,请理解。对于学生勤工助学,我们应当支持,我们的教育也应当鼓励学生勤工俭学,特别是结合专业学习的勤工俭学,即便家庭生活条件好的学生,适当地做些勤工俭学也是可以的。勤工俭学可以使学生更多地了解社会,有助于增进专业学习、培养学生能力、缓解家庭生活压力和增强责任意识等。但是,对勤工俭学一定要有本质上的认识,从根本上看,勤工是为了助学,如果事与愿违、本末倒置,那就失去了勤工俭学的意义。就像有的学生,本来生活条件还可以,却贪图虚荣,即使物质生活改善了,知识能力却受到了影响,这就太不应该了,这也是短视的结果。所以,对勤工俭学既要鼓励,又要引导。

当然,对学生来说,勤工俭学一定要服从学校的管理制度,违背学校的管理制度是不可以的,在制度面前没有特殊性。对你来说,这个学生是个体,对班级、年级、学院、学校来说就是整体。无规矩,不成方圆。对学生教育管理,确实有个情和理、情和法的问题,情、理不能大于法,做事一定要有原则,不然就乱套了。这个学生的情况没有特殊性,应当跟她讲明道理,你坚持了,她就退让了,违背学校的管理是不行的。这点你做得对,与她哥哥、姐姐沟通,尽力帮助解决她的生活困难问题。你可以再跟这个学生深谈一下,出于对她的负责,即便在允许的时间里勤工俭学,你也可以到她工作的地方了解一下实际情况,如果她不愿意就算了(但我们心中要有数,有时学生越不愿意让我们做的事,越是要做,只是需要注意一下方法,思想政治教育要掌握主动权、主导权),但是你还是要尽量关心她、打动她，让她把你当作成长路上的知心朋友，及时解决她思想上的困惑。

知道您特别忙，我原期望一周内能够得到您的回复，没想到这么快，甚是惊喜！让您费心了，接下来我将按您的指点再和她进行谈心。

学生工作需要爱心、热心、细心、交心、恒心。我们共勉！

辅导员“管”多啦？

2022-05-27

昨天推送了《学生工作需要爱心、热心、细心、交心、恒心》一文，当事人又在微信回复说：

再次感谢您在百忙之中为我答疑解惑，让我找到了信心和方向。周二下午我已经按照您的指点，单独与这个学生真诚交流了近两个小时。在晓之以理、动之以情的谈话中，她颇有感触，眼泪几次夺眶而出，表示今后会认真对待学业和“事业”，不再本末倒置。她说自己将主动询问老师和同学，加倍努力弥补落下的课程知识，保证正常完成学业。同时，她会利用周末、节假日去做兼职，继续锻炼自己，培养自己自力更生、吃苦耐劳的品质，为将来的发展奠定基础。

在公众号后台还有这样两条留言：

一条是：该生十有八九会被诱导，改变不了，不多言。

这一条当事人的回复已经做了回答。这里我就不多言了。

另一条留言是：

曲老师，我看很多人都说现在的辅导员像保姆一样伺候大学生，而大学生是成年人了，需要这么面面俱到，把他们当成宝贝一样呵护吗？感觉这种情况下学生更喜欢甩锅给辅导员，对自己的责任意识不强，主动解决问题的能力不强，我个人认为这并不利于他们走向社会，更不利于社会的发展。不知道您是怎么看的？谢谢老师！

我不认同这个观点。辅导员“管”多了吗？从某种意义上讲，我们对学生有些放任,看看这次疫情中暴露出来的问题,许多都反映了我们工作中教育管理不严的问题。例如,某学校发生的某大学生冒名顶替室友做核酸的事情,这样的事都敢做,平时上课冒名顶替同学签到那一定是小菜一碟。我跟学生们讲过,什么是朋友?朋友是关心、帮助你的人,他想做错事、做错了事,让你“同谋”、让你“背锅”,这是“挖坑”让你跳,这还算朋友吗?今天你不以为然,明天走向了社会,遇上了这样的同事,你会怎样?遇上了这样的领导呢?辅导员是过来人,管一管学生,给他们提个醒有什么不好?能算“管”多了?自己的人生要自己负责。但是这些不能都由学生自己来摸索,不然要学校干什么,要辅导员干什么?社会确实比较复杂,相对说来大学生又比较单纯,辅导员多嘱咐一下,管一管他们的事完全是应当的,也没有什么不好。我就常“管”学生。有的学生翘课,我就“管”过,没有纪律观念、缺少法治思维,学生将来会是什么样子?有的学生当家教,我“管”过,不能谁给的钱多就到谁家去;有的学生谈恋爱,我“管”过,那么晚了,还忘情地待在僻静处多危险;有的学生勤工俭学,我“管”过,那个企业合法不?签订协议了吗?有的学生懒惰,我“管”过,要有责任担当;有的学生讲究穿戴,我“管”过,赶什么时髦,永远入不了社会主流……大学是学生走向社会的最后一个准备阶段,正是这些琐碎的“管”,使学生间接地了解了社会,使他们将来能够更好地适应社会。为什么有些学生到了社会上就懵了,在学校学到的很多东西用不上了,从某种程度上讲,也是因为我们“管”少了,该“管”的没有管,而不是因为“管”多了。人这一生总是要借鉴别人的经验的,不是什么都要自己闯、自己做的。就像我在问卷中问学生最喜欢的名言是什么?有的学生说:“走自己的路,让别人说去吧。”我就“管”了他。我找他聊,若是到了悬崖边上,还“让别人说去吧”?来不及了,怕是要掉下去了。在走自己的路时,一定要问一问、看一看别人是怎么走路的。辅导员是大学生的人生指导者、引路人,一定要“管”学生走在什么路上。

再说辅导员素质能力大赛

2022-05-30

关于辅导员素质能力大赛,我在公众号中专门说过,有些文章也有所涉及。这段时间又有辅导员问这个问题。昨天凌晨有个辅导员很痛苦地给我写了下面这封信,我早上给他做了回复。这里把我们的交流推送给大家,也算是给关心这个问题的辅导员的回复。

曲老师,您好!

很抱歉这么晚打扰您,因为我确实失眠有一阵子了,我也关注您很久了,基本上您的文章我都会温故知新。我几次想给您留言、与您交流,但最后都因怕耽误您的时间而没有发送给您。我在读本科时就开始做辅导员,距离现在已经15年了。我最难忘的就是大学生活,所以我也特别想帮助我的学生,希望能通过自己这微薄的能量去照亮他们前进的路。我也因为想给孩子们做榜样,所以努力地在专职辅导员的工作学习中做到知行合一,更希望做学生的引路人。因此不管学生学什么、考什么证,我都是自己先学会,自己先试验,然后分享给我的学生。我拿过国家奖学金、评过省级先进个人,我很喜欢看书、很喜欢艺术,所以我的学生都会以我为榜样!但我更喜欢去帮助学生突破自我,喜欢去关爱学生的生活点滴。但是我最近很迷茫,这源于我参加了辅导员素质能力大赛,我以校赛第一名的成绩被选中去参加省赛,但是在这近一个月的闭关培训中我特别迷茫,我本来以为参加比赛是为了更好地做好辅导员工作,最后却变成了应试技巧大比拼。由于学校和我个人都没有比赛经验,所以我感觉压力特别大,大到天天睡不着觉,我找不到方向,心里特别崩溃,最后因为我的育人案例分享环节对评分标准理解不当而发挥失误,我校只获得了全省(100多所高校)第二十四名,没有机会去参加国家比赛了。我特别自责、特别难受,因为为了参加比赛,我这个月都没有关心学生(领导要求专心比赛,工作全部交接)。我考前更是通宵看书复习,就是希望能够做学生的榜样,为我校争光!这个成绩确实让我很难面对我的学生,我自己更是无法接受,可能是我过于要强,还有就是我没有参赛经验,心态不太好。但是领导希望我们在2024年可以像其他优秀学校一样闭关3个月,但是我真的不想再参加比赛了。因为我觉得参加比赛好像已经背离了我的初衷,也有悖于我知行合一的工作原则,我总认为学生是第一位的,而不是去学应试比赛技巧。比赛场上真的很"卷",各校辅导员也真的是拼尽全力。我很纠结,我是否应该答应领导继续参加比赛?希望您能给我一些建议。

××,你好!

我理解你的心情,每个选手都是这样,既然参加了比赛,就想取得好成绩,为学校争光,为更好地培养学生,为自己的发展铺路……关于素质能力大赛,我此前在公众号上多次谈到,学校、个人一定要正确地看待。大赛对辅导员的素质能力的确有检验作用,也有益于推动高校重视辅导员队伍建设,促进辅导员提升自身的素质能力水平,但是如果把它看得太重、太偏了,则会适得其反。

从学校来说,一所学校有几万人,有个素质能力大赛冠军就说明学校的思想政治教育搞得好?哪是这么回事?我讲过,思想政治教育一定要围绕学生、关照学生、服务学生,为了学生的一切,为了一切学生,这就要把工作落细、落小、落实。像你说的,许多学校搞突击,集中准备,还配助手,我在想,就在封闭准备阶段,学生出事了怎么办?辅导员的素质能力是赛出来的?这是学生的实际表现检验出来的。

从辅导员来说,要把素质能力大赛当作提升自己能力素质的一种途径。辅导员必备的理论知识,实际的工作能力,无论参不参加大赛,辅导员都应当掌握,不然你怎么教育引导学生?事实上我们有许多辅导员怕是连辅导员工作的9条职责都答不全,还谈什么理解?至于思想政治教育的理论知识、习近平总书记关于教育的重要论述,有些辅导员恐怕掌握得更不全面,何谈运用自如?你参加了大赛,你理论知识部分就满分了?恐怕也不是吧?靠封闭培训是解决不了这个问题的,需要日积月累。“封闭”出来的知识只适用于大赛,赛后就忘得差不多了。为什么很多辅导员理论素养不够?有很多个理由和原因,其中有个重要的原因,就是定位不准。辅导员工作的主要职责是什么?像你谈到的,不管学生考什么证你都要先学习,有这个必要吗?从辅导员这个角度来说,你所要做的恰恰是要“化解”学生考证的压力,跟学生讲清楚思想素质和能力素质的关系。品德永远要比技能重要。辅导员的作用就在这里。我在大学考试的时候,填空题基本都满分,就是平时都掌握了,哪是突击学出来的,明白我的意思了吗?

你不用纠结,做好平日功,就是扎扎实实把学生工作做好。如果可以不参赛的话,就没必要争取参赛,把学生培养好才是根本。一个都不能少,不让一个学生犯错,这是真水平,每个辅导员都应当为此而努力。你也要正确看待参赛的名次。大赛和平时水平不会那么等值,确实有发挥好的,也有发挥不好的,这只是一个过程,重在参与。怎么能因为纠结参不参赛而抑郁了呢?如果出这样一道题:有个学生参加学校创新创业大赛,因没有取得满意的成绩而寝食不安、闷闷不乐,作为辅导员,你如何解决这个问题?你因为参赛没有取得好成绩便陷入这样的境地,是不是说明你作为辅导员的素质能力还有待加强呢?舞台上的强大,也是在实践中练就的。凡事不要找客观原因,要从主观上寻找,弥补短处,这样才能不断进步!你到大连可以联系我。告诉我你的详细地址,我邮寄一本我签名的书给你做纪念。

祝好!

您说得很对,学生考试考不好,我会帮助他分析原因,也会安慰他、鼓励他,跟他父母了解情况……怎么轮到自己就不会处理了呢,只能说是自己看待考试的方向出现了问题,以后我一定要多学习积累,把理论知识用于实践,把学生培养成才!

辅导员要练内功。这两天小学教材的事网上传得沸沸扬扬,也反映了这个问题。相信这家出版社出版了很多优秀教材,可是这次就露出了“短板”。辅导员工作的确不是一朝一夕的事。书,我已经安排邮寄了。你挺优秀,再接再厉!

谢谢曲老师的鼓励和指导,内功心法需要我慢慢地在实践中获得,更要勤于思考,我会围绕学生的成长苦练内功,耽误您时间了!

“管”和“不管”也是相对的

2022-05-31

曲老师,您好!

我是一名高职院校的辅导员,从事辅导员工作刚五个年头。我十分热爱这份有意义的工作,也一定会坚持做下去!今年的省辅导员技能大赛,我还取得了好成绩,现在动力十足,我会继续在这个岗位上努力工作!

前几天看到您推送的文章《辅导员“管”多了?》,其实当时我看到这篇文章的时候,恰巧就因为工作而产生了一些负面情绪,所以我第一时间就将它转发到了朋友圈。很长时间以来都有一些领导、老师、学生和我说,我不应该做这么多、管这么多,而我始终觉得自己应该这么做。今天,我刚结束一天的工作,坐在家中回想起自己刚才给没有参加考察课考试的同学打电话说的那些话。打这个电话之前,我刚给全体班长开了一个视频会议,强调了马上要开始的网络期末考试的要点,以及针对那些不在意网课学习、需要别人反反复复催促才会认真完成学习任务的同学采取的应对措施。我很了解他们,就算我这样强调,他们也一样不会在意和重视网络期末考试。我也第一次说了不想过多关心他们的话,想让他们对自己的行为负责。然而,会议刚结束,我就听到一名平常表现还算不错的同学没有参加考察课考试的消息,怒火瞬间涌上心头,我也很想拿这件事“杀一儆百”。结果,我还是没这么做。静下心来,我和这个学生谈了半个小时。这个学生主动联系了老师,承认了错误,老师同意单独进行补考,然后他用微信给我发了很简单的四个字“谢谢您了”,我回复他“我尽力

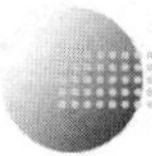

了”。

其实我知道,有这种情况的不仅仅只有他一人,我也知道我这个尽力也不可能让所有同学都认识到这个考试的重要性,就像是有些老师和学生干部和我说的那样,不让他们吃点亏,他们永远不知道自己要对自己的行为负责,总觉得辅导员会帮自己解决一切困难和问题。我现在不知道自己应该如何把握这个度,不知道自己做的这些是否是正确的。有些时候我会怀疑自己是不是仅仅能帮助他们拿到毕业证,但是对于他们个人的成长没有太多的助推作用? 曲老师,我应该是公认的全校对学生最好的辅导员,听过太多“你的辅导员太好了”这样的话语,有的时候我甚至会为了学生做一些违反小原则的事情,虽然我换来了同学们都能理解我、听我话、各方面排名都在学校前列的结果,但是我现在真的有些怀疑这样做会不会让小部分不太懂事的学生错认为一切都是理所应当的,“反正辅导员最后能提醒我们”“反正辅导员最后都能帮我们想办法”。我也常和他们说,以后到社会上,没有人会这样管你们,没有人会为你们服务,也没有人会这么有耐心地给你们机会成长。但是真正能听进去的同学又有多少? 所以我现在不知道自己是不是真的“管”多了。

××,你好!

你写了这么多,我一定要回复你几句。这也是“管”和“不管”的关系。许多人给我留言,我仅仅给辅导员这个群体就已经回复了上百万字。我很累、很忙,有这个时间和精力的投入,我写两篇C刊好不好? 既有名又有利,但是我坚持“管”了你们。一劳永逸的教育是不存在的。我“管”了你们,对你们的工作或许就有帮助,对学生就是间接的教育。我在省厅工作的时候,在辅导员培训会上常讲这个观点:我为什么愿意“管”你们,为你们做事,就是希望你们能够为培养学生尽量地少想自己的利益,谁爱学生我就爱谁。你们都需要“管”,况且处在“拔节孕穗期”的学生,像中专上来的学生,他们就是孩子。为什么学生出了那么多的事? 从某种意义上讲就是我们的教育,我这里说的是整个的教育,家庭的、社会的、学校的,缺少了人文情怀。自己的孩子是孩子,别人的孩子不是孩子;对自己的孩子百般疼爱,对别人的孩子撒手不管。有的教育工作者,对学生更是抱有让他们“栽跟头”,以此来让他们“长记性”的心态。怎么能让学生拿青春赌明天呢? 有些跟头摔在那里,也就很难爬起来了。

当然“管”和“不管”要有度。“管”，不是什么都管，应由学生自己做的事要由学生自己来做。“管”和“不管”是相对的。比如，班级干部的产生，这件事本来应由学生自己来做，辅导员可以不管，谁想当干部谁在学生面前演讲，大家投票选举就完事了。可是谁来定这些规则，这就要求辅导员“管”这件事。干部选举完了，开展什么活动，可以让学生集思广益、求实创新，辅导员没有必要“管”，可是国家、学校有什么要求，要让学生知道，活动的开展要围绕要求来进行，这就涉及辅导员的“管”。辅导员是学生干部出身，有开展班级活动的经验，管一管学生，把经验传授给他们，让他们节省了摸索的时间，这没有什么不好。恐怕有的辅导员恰恰愿意“管”干部，一言堂，甚至不公平，这对学生的教育没有好处。为什么有些干部没有成为我们的左膀右臂？更有的成为我们工作的阻力？其中一个重要的原因就是在干部队伍建设上该管的没“管”，不该管的“管”了。我在班级、年级干部产生上，就没有发言权，更没有选举权，由学生自己“管”。

什么该“管”，什么不该“管”？其原则是对学生的成长是否有利。有利的，自然要“管”；没利的，自然不能“管”。我算“管”得多的，“管”得也宽。1985 年 5 月，学校党委任命我做党总支副书记负责学生工作的时候，我和学生的第一次见面，就是召开学生干部大会，讲了学生干部不准吸烟这个条件，学院的风气由此好转。现在他们有的做了省部级、厅局级干部，有的当了博导、教授，有的当了基础教育的教师，他们仍然不吸烟、不喝酒，我“管”了他们，影响他们才能的发挥了？我个人也有一万个理由吸烟、喝酒，可是我就不吸烟、不喝酒，我做过正厅级干部、现在是二级教授，影响什么了？

学生犯了错，该批评要批评，该教育要教育，决不能袒护学生。我昨天为什么写了《再说辅导员素质能力大赛》一文，为的是让我们把工作做实、“管”到位。你看你是技能大赛的优胜者，本来就很优秀了，可是高标准严要求，学生怎么也是总出错啊？取得了成绩应当肯定，该改进的地方也一定要改进。以我为原型拍摄的电影《守望青春》，里面有许多艺术加工的成分。为了体现我对学生的关心，有的学生打架了，我到学生处说情；有的学生失恋了要跳楼，我到天台劝说，这不是现实中的我。我说过，一个优秀的辅导员不是学生出了问题再解决问题，而是要预防学生出这样或那样的问题。不是去说情，而是决不能让学生发生打架这样的行为。

“管”,也是一种爱的体现,只是注意不要该“管”的不管,不该“管”的乱管了,更不能什么都不“管”,这本身就不符合事物发展的辩证法。人,是有思想的动物,思想错了,行为就错了。人的正确思想是从哪里来的呢?是头脑里固有的?其实都是从外部接收来的。人,从小到大,从生到死,永远处在被教育和自我教育中,被别人“管”和自己“管”自己这样一个统一体当中。

好了,先聊到这吧。九点半我要参加一个活动,我准备一下。把你的地址告诉我,我邮寄一本我签名的书给你做纪念。选择做辅导员是对的,关键是要从根本上解决把对的事坚持做下去的问题。你才工作5年,还没到真正的考验期,希望你能经得住考验,把辅导员工作当成对党忠诚的一份事业去做!

祝好!

“一个优秀的辅导员不是学生出了问题再解决问题,而是要预防学生出这样或那样的问题。”

曲老师,这句话会成为我未来工作努力的方向和动力。虽然我们听过这句话,但是在忙碌的工作中真正能做到并不容易,我坚信自己一定会永葆初心,坚守对学生成长有利的原则,坚持做好“管”学生的每一件事,“管”中带爱,“管”中带批评和教育,“管”中必有成长!即使再忙、再累,我也要把学生的事情放在首位、把预防问题的发生放在首位。我会在这条路上不断努力,经得住一切考验,抓住职业教育的特点,遵循高职学生的成长规律,为党和国家培育更多更优秀的技能人才。

曲老师,我们学校在丹东,我也是丹东人,现在丹东疫情依旧严重,我们还收不到快递,您送给我的签名书,我想先邮寄给我2020级的一个学生干部,让她在疫情结束之后转交给我。我曾经多次和她说过您和您的学生的故事,目前她在准备专升本的考试。她是在一个家庭氛围特别不理想的环境中成长起来的,是一名自立自强的大学生,我想借此机会给予她鼓励,想让她成为我带的越来越多的从专科学校走出来的研究生!

感谢曲老师!希望您多注意休息。

谢谢你的理解!

在“管”中育,让学生“团结、紧张、严肃、活泼”,把培养个性与社会性

统一起来。

我再给那个学生邮寄一本《我和大学生的交流》做纪念！

谢谢曲老师，您快休息吧，每次听您的报告和讲座我都知道您太辛苦了。

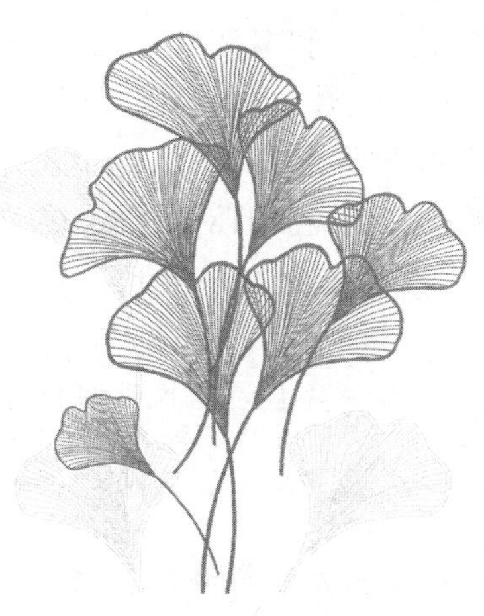

说到根本还是人生定位问题

2022-06-01

曲老师,您好!

我最近在看您的公众号文章,刚才在一篇文章中看到您的联系方式,非常激动,希望以后有问题能向您请教。我是××学院(民办)一名辅导员,2021年8月入职,理论水平和实践能力还有待提高。因为带的是专科学生,加上××校区管理比较松散,我每天都陷入日常事务的处理中,身心很疲惫。最近有好几位辅导员都离职了,我也感觉挺迷茫的,心浮气躁,自己的能力没有得到提升。我是2018年硕士毕业,此前在别的单位工作了几年,最近也在准备公办学校的应聘考试。希望老师在职业上、工作上给我一些建议。

曲老师,《我和大学生的交流》这本书在哪里能买到?

××,你好!

我理解你的处境。怎么说呢?得到的往往就不珍惜了,这与你为什么要得到、到底想得到什么有关。一些辅导员为了走上辅导员工作岗位,也是下了很大功夫,做了充分的准备,终于做了辅导员。有的辅导员到了公办高校,有的则到了民办高校。你是到了民办高校做辅导员,现在不满意了,想离开。那些到公办高校做辅导员的就都满意了?显然不是。这里有多方面的原因,当然主观原因是第一位的。当年我做辅导员的时候,想的就是这项工作有意义,把学生培养好最重要,这也是实现我人生价值的途径,所以我无怨无悔,我从来没有觉得做辅导员有什么不好。我多次说过,正是学生那些琐事,才奏响了我们人生的乐章。

可以说现在许多辅导员的问题不是出在职业本身,而是出在人生境界上,你也是这样。谈来谈去就是辅导员辛苦,辅导员待遇低。大家都想找舒服的、收入好的职业,这就难了。民办也是国办,也要按照国家的办学方针来办,也是要培养社会主义事业建设者和接班人,你干好了同样可以有出息。有个教育集团的董事长就联系过我,要给我丰厚的报酬让我到他们集团工作,还让我兼任一所学校的校长。但是我不能去,因为我不是商品,不能买卖。我不就是个辅导员吗?你不可以好好干吗?就像有的人找工作,张口就是给我多少报酬,你要问问你能给企业带来什么效益。做人、做事一定要看长远,要让自己强大。

人的行为都是受思想支配的,都体现了一种价值观。思想政治教育要润物细无声,要贯穿在学生日常生活当中。比如,我多次讲过,助学金发放不就是事务性工作吗?这里有多少思想政治教育工作要做?仅仅是填个表吗?每项工作都用心做,做到最好,日积月累,你就成了专家,你的学问就大了。谁不是慢慢长大的?理论水平如何与责任心有一定关系。我做辅导员的时候就要求我自己,绝不能让学生在思想上犯错。这就要不断学习,可以说为此我学习了一辈子,放弃了很多个人的娱乐、休闲时间。你要自觉学习,一定要比学生看得远、看得深、看得透,这样学生才能信服你,才能听你的。越有不足,越要抓紧弥补。

不要动不动就讲身心疲惫,累又能累到哪去?现在一年多少假期?不自觉些,恐怕有些人要闲废了。年轻人一定不要图安逸。有些辅导员离开了那也是正常的。这里虽有外部的原因,但根本还是个人的定位问题。哪里也不会有尽善尽美的环境,因为地球不是为你转的。不是说态度决定一切吗?

我可以邮寄一本《我与大学生的交流》给你做纪念。告诉我你的详细地址。

希望你能够成为一名合格的、优秀的辅导员。到大连联系我。

祝好!

曲老师,非常感谢您在百忙之中抽空答复我。我认真反省自己,感到很惭愧,确实在心态定位上存在问题,这山望着那山高,迷恋公办学校事业编制,希望轻松安逸。我现在做事情也带有功利性,这与我在学生时代的初心是背道而驰的。就比如看书,也要看是否能给我工作带来什么好处,导致生活没有了趣味性。接下来,我会好好思考下,想清楚后重新出发。我的地址是:××××××××。

你能认识到你自身的不足,这难能可贵。其实我们说一些人总长不大、不成熟,一个重要的标准就是这些人总强调客观环境,从来不承认自己的短处。不要为自己说话,不要总想着自己能得到什么。做人、做事一定要有益于民族、有益于国家、有益于社会、有益于他人,这才会最有益于自己。

我们共勉!

在高职院校做辅导员怎么啦?

2022-06-08

曲老师,您好!

冒昧打扰您了。我是一名工作了一年的辅导员,我的本科是在××大学读的,我看了您的一本书,您之前也是在××大学读书,这让我有了一种亲切感。我最近有一些困惑,看了您的公众号文章,我觉得您说的道理我都能理解,也能说服我,所以想咨询您一下。

我研究生毕业之后,在一家企业工作了一年,后来考入一所高职院校做了辅导员。我觉得在学校里面做辅导员比在企业里面更有成就感,我骨子里没有那种对金钱的渴望,所以我现在的职业更让我快乐。工作了一年之后,我想人都是要往上走的,我也应该往上走,所以我又参加了另一所本科院校的招聘考试。在通过了笔试、面试之后,到了政治素质考察环节,就是在这个环节,我产生了巨大的困惑。考察的老师一直在追问,我现在已经是辅导员了,为什么还要考他们学校的辅导员?我犹豫了一下,说出了真实的原因,也就是我觉得本科院校的辅导员可能相对来讲平台更好一些,我觉得这个答案他们好像并不认可。后来我没有通过这个环节的考察。

我现在有一些迷茫,对于个人发展的追求,与辅导员思政的身份,这两者会产生冲突吗?我现在产生了一些自我怀疑,怀疑自己是不是过于利己主义。但是从小到大的经验告诉我,人还是要往上走的。我家里的条件一直都不是很好,小学时经历过校园的欺凌,我是咬着牙走过来的。

我走到今天,现在已经比我的父母那一辈生活好很多了,但我还想再往上走一走。今年我已经26岁了,如果不趁着年轻努力一下,可能以后都没有机会再走出去了。谢谢曲老师,希望能够得到您的回复!

××,你好!

我们还是校友呢!你写了这么多,我自然要回复你。考虑你谈到的这个问题具有普遍性,我通过公众号来回复你。

"人往高处走",高处是何处?本科比专科高?专科比中职高?这说的是学历吧?所谓"高处",应当指的是人的品德、社会价值、追求。而这些和学历、学校层次没有什么关系。我多次讲过,庆祝中国共产党成立100周年,评选了29位"七一勋章"获得者,他们几人有学历?几人有像你这样的人认为的发展平台?他们有的是踏踏实实的工作作风,有的是牢记初心、不忘使命,誓死践行党旗下誓言的实际行动!

很多辅导员提出这个问题:在高职院校当辅导员平台低,要到本科院校当辅导员。高职院校平台怎么低了?怎么影响你的发展啦?你们学校不需要优秀的辅导员?你们学校不需要优秀的共产党员?你们学校不需要机关干部?你们学校不需要党委书记?我知道很多在高职院校做辅导员的,他们干得都很出色,有的已经成为学校的领导;有的成为学校的中层干部;有的当上了教授,成为学校思想政治教育的骨干力量。

看看现在有的辅导员,本科阶段就设计好了,当干部、入党、读硕、毕业做辅导员,然后再考博,转专业教师……有的辅导员毕业时没有到本科高校做辅导员的机会,便先到高职高专"占"上辅导员位置,然后再费尽心思往本科院校去。就像你现在这个样子,有什么好迷茫的?说到根本就是为自己想得太多了。你才做了一年辅导员,学校鼓励你这样做?这样会给你现在的学生带来好处?会有益于你们学校的工作?应聘辅导员时你说了什么?做人、做事一定要遵守承诺,要有坚定的信仰。想发展是好事,往高处走也没毛病。但是一定要找准"高处"的位置,找准前行的方向。到了本科高校做辅导员就实现你的人生价值啦?是这样吗?又有多少本科高校的辅导员想离开?这里固然有客观的原因,主观的因素还是第一位的。道理很简单:你是一个什么样的人,取决于你想成为一个什么样的人。

今年正好是我从事辅导员工作40周年。想一想当年有多少老师关心我,说我的发展平台低了。我要是想离开辅导员队伍,比你们现在的理由要充分百倍。我没有迷茫,因为我只坚信一点:和学生在一起是人生最快乐的事情,无论在本科、专科、中专(中职)都是如此。我毕业时的志愿就是去西藏、新疆这样偏远的地方当老师,因为没有计划,我的愿望没有实现,我被留校做了一名辅导员。现在来想,当年我若是去了呢?就没有发展啦?绝对不是!我培养了一批又一批学生,他们服务于祖国、感恩于父母、实现了人生的价值,这是多么值得追求、多么有意义的人生啊!

你还年轻,要有自我革命的思想。想一想人生到底需要什么、应当做什么。把价值观的问题解决了,然后一步一个脚印地走下去,就一定会有大的发展。今天看这里,明天望那里,摇摆不定,人生就废掉了,能有什么出息!

"忠言逆耳利于行",现在的年轻人,听顺耳的话太多了,这不利于你们的成长。我说的话未必都对,但我是负责任地跟你说了这些话。我希望你能反思、借鉴,对你未来的发展有所帮助。到大连就联系我。我请你吃我们学校五食堂的烤鱼。

祝好!

要想怎样把学生培养好

2022-06-10

曲老师,我还是有些困惑,也许是我的思想高度还不够,我确实想自己想得太多。可是为什么许多好学校的老师,他们不去基层,不去边疆,不去更需要好老师的地方,为什么社会上还是人为地把学校分为双一流,做各种排名呢?我不懂,我从小因为家庭条件不好,父母没有什么文化,受尽了所谓城里孩子的歧视,甚至老师也觉得我素质不好,更愿意与那些素质好的学生交流。我第一次感受到来自老师的温暖,是上大学的时候,我的第一个辅导员老师,她没有歧视我,我刚到大连的时候因水土不服生病住院了,她去医院看望我,给我争取助学金,所以我很努力,一定要为自己争口气,为父母争口气,我才能一路走到现在。我能理解您说的所谓"高处"的定义,但是我依然觉得有些问题让我困惑。

我怎么能不知道你说的这种境况呢?我当年读大学的时候,家里也很穷,我母亲让我早点工作补贴家里。我说:"妈,就这个我不能听您的,您放心我将来一定会孝敬您的。"我大学期间刻苦学习,努力培养自己。我学的是政治历史专业,我更懂得了一个知识分子,不仅要有小家,更要有大家。我工作也很投入,得到了大家的认可。我很早就当上了处级干部,评上了教授。当时谁瞧得起辅导员?记得院长介绍新员工的时候,说我是留校的辅导员,搞专业的老师瞧不起我,那些年轻的女老师织毛衣的织毛衣,看杂志的看杂志,她们根本不看我。我心里想,你当你的教授去,我就当我的辅导员。

我评上教授的时候,许多教过我的老师都排在我后面,更不用说和我差不多时间参加工作的,教过我的老师有的就是副教授退休的。我父母去世的时候,我出资买了块墓地,把他们体面地安葬了。在大学读书时,我们班有个同学指着我说:“就你家这个背景,奋斗也白搭。”我说:“我知道奋斗未必成功,但是如果不奋斗,我立马就死定了。”他比我早退休了10年,我还在工作岗位上。

让谁瞧得起?怎样让人瞧得起?我已经说得很明白了,想让人瞧得起不是由学历、学校决定的,是你的付出、作为决定的。到了本科高校就让人瞧得起了?在专科学校当个优秀辅导员就低人一等?好好努力,不管别人怎样,关键看你想怎样。没有格局在哪里也做不成大事,也不会有大的出息。人,总强调客观环境是不行的,这样基本就决定了你的格局,也就不会有大的出息。前天推送了我们之间的交流后,有些辅导员在我的公众号后台留言,他们说:“曲老师说得真对,我就是高职院校辅导员,和学生在一起是最快乐的事情,尤其看着一批又一批学生成长成才,非常有成就感,高职与本科有什么区别,都是为国家建设做贡献,大国工匠看的不是学历,看的是能力。”“我就在高职院校做辅导员,20多年了,高职学生可能生源差,但越是这样,辅导员工作越有意义!”这些辅导员就没有出息啦?被人瞧不起啦?

你年轻,珍惜现在拥有的,这个平台够你施展的了。你要看到自己的不足。从你的学科背景来看,你有“短板”,思想政治教育的专业知识要弱一些。要真想做好辅导员,你还真要好好弥补这方面的知识,如果不努力,也难能成为思想政治教育领域的佼佼者。

年轻人,不要好高骛远,扎扎实实地把眼前的事做好最重要。把眼光放长远,想想10年后、20年后……你再不明白,我也真的无法让你明白了,我说得够直白了。当然,你的人生你做主。我祝愿你的人生顺心如意,一切都好!

辅导员要坚定理想信念

2022-06-13

曲老师,您好!

感谢您在百忙之中回复学生的信息。我是河南省××学院辅导员××,我已经从事专职辅导员工作 10 年了,研究生毕业后就一直奋战在思想政治教育工作第一线。我很早就开始关注您的公众号,从您的分享中汲取智慧和力量,并运用到我的实际工作当中。2019 年我有幸现场聆听了您的教诲,感触很深,领悟很多。蒙受您教导多年,我今天终于和您“单线”联系上了,很激动、很兴奋,感觉和您的距离更近了,做好学生思想政治教育工作的干劲更足了。与您“神交”多年,您早已成为我学习的榜样、奋斗的目标(虽然您的高度我很难达到,但我愿意竭尽所能为学生成长成才服务),我早已坚定了做好学生工作的信念,我会一直在辅导员岗位上耕耘下去、战斗下去。曲老师,您工作忙,不占用您过多的时间了,以后工作中我有问题再向您请教,谢谢曲老师。

××,你好!

因为忙于一些其他的事情,没有及时回复你,请理解。

常有辅导员说,他进入了“倦怠期”。什么时候是“倦怠期”呢?工作了 3 年、5 年、8 年,还是 10 年?有的辅导员刚做了一年就进入了“倦怠期”。我在和辅导员交流的时候常讲这句话:“党章”里有“倦怠期”这个词吗?大家应聘辅导员的时候又是怎么表态的呢?也说“倦怠期”吗?

“党章”里是没有这个词的;相信应聘时哪个辅导员也不会这么说。为什么工作后进入了“倦怠期”? 说到根本,问题还是出在“初心”上。我们讲“初心”是作为一名共产党员,要对党的事业负责,为实现共产主义奋斗终身! 有的辅导员的“初心”是把辅导员工作当成跳板,然后再想办法离开辅导员队伍,这自然是“身在曹营心在汉”,也就不安心辅导员工作,很快就进入了“倦怠期”。可谓素养不够、准备不足。

辅导员一定要坚定理想信念。习近平总书记指出:坚定理想信念,坚守共产党人精神追求,始终是共产党人安身立命的根本。对马克思主义的信仰,对社会主义和共产主义的信念,是共产党人的政治灵魂,是共产党人经受住任何考验的精神支柱。形象地说,理想信念就是共产党人精神上的“钙”,没有理想信念,理想信念不坚定,精神上就会“缺钙”,就会得“软骨病”。现实生活中,一些党员、干部出这样或那样的问题,说到底是信仰迷失、精神迷茫。辅导员一定要补足精神之“钙”。无论在工作、学习,还是生活等方面,大家都面临着这样或那样一些问题,但是这不能成为我们“倦怠”的理由。我们教育学生要处理好“小我”和“大我”的关系,首先我们就要解决好这个问题。

我为你点赞! 你早已坚定了做好学生工作的信念,虽然工作10年了,但还是坚定地在辅导员岗位上耕耘下去,战斗下去。我认为你是对的。把对的事坚持做下去! 辅导员工作意义重大。把辅导员工作当成党的事业的重要组成部分、当成终身追求。在学生的心灵上耕耘,其乐陶陶。告诉我你的详细地址,我把我写的书签名、邮寄给你做纪念。到大连就联系我。

祝好!

辅导员工作的重心在学生的“德”的培养上

2022-06-16

曲老师,您好!

我是××大学应届毕业生,毕业后我想要做一名辅导员。我常看您的公众号文章,深有启发。我最近有一个问题想不通,想请教一下您。我对辅导员的认识是从2021年担任了一年兼职辅导员开始的,当时书记跟我们讲的最多的四个字就是“立德树人”,当时只是听听,对“立德树人”四个字只知其表而不知其里,只知道尽量帮助学生,努力完成各项工作。后来我自己琢磨,想这四个字会不会是要拆开来解释:立德是要先立自己的德,树人就是用自己的德行来培养人。从做兼职辅导员开始我便喜欢上了这份职业,便开始看一些文件、讲话和文章,知识面广了一点,理解的层面也稍微深了一点。立德树人指的是要培养学生崇高的德行,把德育放在第一位,而辅导员是开展德育的重要角色,要把育人思想落实在与学生接触的点点滴滴上。但是我感觉还是不得要领,没能纲举目张,对这个概念模模糊糊。我总结了一下我的问题:我想清楚地知道“立德树人”指的是什么,这个“德”的内涵和范畴是什么,或者说有哪些维度呢?我想思考清楚这个问题,才能更好地去思考辅导员应该怎样落实立德树人,怎么把立德树人融入日常教育管理之中,把立德树人精准落实到学生身上,打通育人“最后一公里”。麻烦您了。

××，你好！

你提的这个问题具有普遍性，我在公众号上统一给予回复。

现在很多大学生毕业后选择了辅导员工作，这折射出这些年大家对辅导员工作的重视。但是一些新辅导员，也是抱着各种想法加入辅导员队伍，没有把辅导员工作当成职业、事业来做，因此缺乏长远打算。你还是认真地思考了这个问题的，想把辅导员工作做好。这很重要，不是说态度决定一切吗？你是一个什么样的人，取决于你想成为一个什么样的人。我当年有很多条路可以走，但我坚定地选择了做辅导员，做大学生人生成长的指导者和引路人。40 年了，虽然我的工作岗位几经变动，但是我的初心未改，没有离开一天大学生思想政治教育工作。我 2013 年回到一线做学生辅导员，转眼过去了 9 年，实践再次证明：这条路能走通。坚定的信念，是你做好辅导员工作的前提。我在《光明日报》上发表过一篇文章，就谈到过这个观点：信仰比知识重要；情感比方法重要；践行比说教重要。现在一些辅导员把问题看得过重，从这个角度讲，就是信仰上出了问题。希望你能够坚定这样的信念：把辅导员工作看成党的事业的组成部分，始终保持对党的事业的忠诚；把辅导员工作当成人生的追求，始终保持旺盛的工作精力。

“立德树人”，你理解得过于复杂，你有点书生气。简单来说，德既有公德私德之分，也有大德小德之别，我们这里说的“德”，自然是大德，“治国平天下”之德。立德树人，就是培养以德为先，全面发展的人。中华民族五千年的文化告诉我们四个字：厚德载物。没有德，人承载不了知识、能力的重负；没有德，人也不会自觉担当使命和责任，因而也难能“为中华之崛起而读书”。所以，思想政治教育首先必须帮助学生解决这个问题，也就是帮助学生系好人生的“扣子”。在价值观解决了的前提下，还必须让学生有知识、有能力，这样立德树人的任务才算得以完成，这样才能使青年学生担负起实现中华民族伟大复兴的时代重任。辅导员是大学生的人生导师，工作的重心在学生德的培养上，离开了这一点，辅导员工作也就失去了根本意义。从客观上讲，现在辅导员的杂活、杂事太多，对辅导员完成立德树人根本任务有些影响，这个问题必须解决好，但是需要一个过程。在这种情况下，从辅导员自身来说，就要发挥好主观能动性。再忙，也不能偏离辅导员工作的重心。发牢骚、抱怨是毫无意义的。

告诉我你的详细地址，我把我写的书签名、邮寄给你做纪念。

祝好！

教育要融入情感

2022-06-20

昨天是父亲节，很多学生给我送来了祝福。这个学生是我来大连海事大学做辅导员时带的一个学生。她和她妹妹是双胞胎，都很优秀，同年保送读博，都是共产党员。这是她俩昨天写给我的祝福。

曲老师，您好！

父亲节快乐！我很喜欢这个表达爱与感恩的节日，它让我重温了许多美好回忆，提醒我珍惜这仍然被父母疼爱着的时光。何其有幸与您相识，又承蒙您的关心，让我偏得了一份父爱。我的父母尽其所能地给了我们最好的爱，他们放弃外出务工而选择在家务农，只是为了花更多时间陪伴我们。他们省吃俭用、节衣缩食，却没让我们受一丝生活之苦。他们善良朴实、为人正直，教会了我们做人最基本的道理。我以前不觉得这有多么难得，直到进入大学之后遇见您，您充满人性关怀的教育和一次次暖心的举动让我意识到自己的富有。

记得您当时总是提醒我们不要心存侥幸，人生没有捷径可走，要一步一个脚印。我发现这和我的父母一直教我们的东西一样。您也提到自己小时候家里的一些艰苦时光，可那丝毫没有减少您对生活的热爱。相反，您那么积极向上、勤奋学习，每天风雨无阻跑 10 千米以强健体魄、磨炼意志。我听到这些时深受震撼，也自此有了榜样。还记得第一次跟您一桌吃饭，您在众多同学中注意到胆怯又自卑的我，亲切问起我家里的情况。

还记得正月十五您在家煮好汤圆,然后开车带到学校和我们一起吃的温馨画面。您给了我那么多温暖,让我意识到自己是多么幸运。

现在每次看到那些与老人有关的视频,我都会不自觉地眼角湿润。想象您和我的父母垂垂老矣的样子,真让人难过。但我们到了该承担责任的年纪,也应该变得坚强一些。你们老了,我们年轻一代就顶上去,这既是时代的要求,也是每一个小家的希望。我会带着你们的爱与希冀勇敢前行,再努力一些,变得更优秀、更有担当一些。

您要好好照顾自己呀,在没有与您相见的日子,我都在心里默默祝福,希望您每天都健康幸福!父亲节快乐!爱您!

××,你好!

每年的父亲节都会收到你和××送来的长长的祝福,让我感动。你们真像儿女一样牵挂着我,你们的这份情我记下了,这也是激励我把学生教育工作做好的精神动力。

人都是一点点长大的。想想你刚来学校的样子。我跟××还说了,你们是懵懵懂懂。今天,你们成为共产党员,即将双双博士毕业。你们懂得了感恩、懂得了责任。老师相信你们一定会孝敬父母、服务祖国,把"小我"融入"大我"之中,在奉献中实现你们的人生价值。

习近平总书记讲,教师要成为大先生。我今年正好从事思想政治教育工作40年。回想这段历程,我提醒自己,绝不能让学生在我这里犯错,要让他们懂得责任和担当。这就要关心学生、服务学生,把学生的成长放在心上,这就要下功夫,想方设法把学生培养好。作为教师,我在尽我所能做着我应当做、能够做的事情,不然对不起人民教师、共产党员的称谓,对不起家长的托付。

我刚留校做辅导员的时候,有一次到一个家住山里的学生家家访。当我临走的时候,学生的家长拽着我的袖口说:"谢谢您对孩子的关心,孩子交给您了。"那一刻我眼角湿润了。家长把孩子交给了我们,我们怎样让家长放心,对得起家长这份期待?一路上,我的脑海里总是闪现出这个场景,我更加坚定了做好一名辅导员的决心。

40年过去了,我付出了,也得到了。昨天是父亲节,有许多学生像你一样,送来了他们的祝福。我感受到了作为一名教师的荣光和幸福。我确实老了,做不了更多的事情了,但是我会奋斗不止。未来属于你们。你们恰逢其时,定将在大美的中国做出你们应有的贡献。这也是老师对你们的期望。有事就联系我。

祝一切都好!

以真心换真心,所有美好的祝福就该送给您!我和××会继续努力奋进,在这美好时代实现“小我”和“大我”的价值!

好的。照顾好自己,你们一定会实现你们美好的追求!

给你父母问好!

曲老师,您好!

祝您父亲节快乐!

我的祝福姗姗来迟,请原谅。您最近好吗?马上入夏啦,您要注意防暑哟。

时间过得真快,从2015年的夏天第一次来大连见到老师,到现在已经七个年头了。记得第一次见老师,我就感到十分亲切。您工作虽然繁忙,可一直对我们姐妹俩很照顾,您还曾开车带我们逛大连的著名景点、街道。那时候坐在车上的我既兴奋又惶恐,我何德何能呢,您是那样平易近人,在我成长过程中我还从没感受过来自老师这样的关心。在这7年里,您一如既往,对我们关怀备至,特别是2017年我来到大连读书,逢年过节您怕我一个人孤单,都会叫我去大连海事大学吃饭。后来由于疫情,见一面都很困难,但是只要有机会,您总会请我吃烤鱼,给我带各种好吃的,让我带回家给爸妈尝尝。去年中秋节,您开车来给我带了好多月饼,我带着大包小包回了教研室。那天因为和同学约好去吃饭了,所以没能跟您一起吃饭,您给我送完月饼就开车走了。看着您离开,我眼泪在眼眶里打转。您是我和××的第二个父亲啊,我们是多么荣幸,能够成为您的学生,成为您的孩子。

近几年我感觉自己成长了许多,爸妈也不像以前那样担心了。我们长大了,你们就变老了。想想曲老师在我这个年纪,早就已经立志做好辅导员工作,可贵的是您坚持初心几十年如一日,您的信念是如此坚定。您坚持写公众号,以您的亲身经历,帮助学生、辅导员答疑解惑,帮助我们树立正确的三观。在您的文字里,我感受到了太多的鼓舞。除了您,我还从没见过一个人,能每天坚持做同一件事,并且坚持数年,您是我心中永远的榜样。我想对您说一句,您辛苦啦!您不仅是了不起的辅导员,更是我们心中亲切的父亲!

我在国外一切都好,生活和学习都有条不紊,也一直坚持锻炼。您不用担心我,我一直盼望着回国的那一天,与亲爱的家人、亲爱的曲爸爸团聚。祝您健康平安、一切顺利!

××,你好!

我今天一直在忙,所以才回复你,请理解。

我几次忍住不让眼泪掉下来,最后还是没有忍住。每年的父亲节你和你姐姐长长的祝福都会如约而至,尽管今年你身在异国他乡。我也很感动,我想了很多。我是通过你们,想到教育应当给予学生什么,应当让学生带走什么。

9年前,你和你姐姐懵懵懂懂地上了大学。那时的你们对大学还缺乏深刻的认识,在你们的心里,把大学主要看成学习知识、培养能力的地方,想到的只是回报父母的养育之恩。今天你们长大了,你们不仅懂得了你们有孝敬父母的义务,更懂得了作为当代知识青年应当把个人的发展融入祖国发展当中。你和你姐姐都是共产党员,双双“保博”,每天都在努力学习,强大自身,为中国梦的实现做出你们的贡献。我很高兴、很欣慰,我相信你们一定会实现人生的最大价值。

算是缘分吧,我们相识这么多年了。我也很感谢你和你姐姐对我的这份真情、这份祝福。和学生在一起,努力为学生成长服务,是我人生的选择和追求,已经融入我的血液。所以,为你们做事是我非常愿意的事情。我建立的“励志基金”,其宗旨就是:你为祖国服务,我为你服务。我不是只签订个协议就完事了,我会认真地兑现我的承诺。我尽量地和你们在一起,也是希望能不时地激励你们,给你们前进的力量!我之所以能够不惧怕困难,克服许多困难,坚持做下来,动力源也在这里。

青年是祖国的未来。你们好了,国家就好了,我们就好了。在自然年龄上我是你们的父辈,在社会年龄上我不敢说我是你们的父辈,但是我会努力成为你们的父辈。你在国外一定要照顾好自己。来日方长啊!锻炼身体,开阔视野,学好本领。父母需要你,祖国也需要你。

转眼你就毕业了,希望你学有所成,早日归来,我在祖国欢迎你。有需要我做的事情一定联系我。

把辅导员工作坚持做下去

2022-06-21

曲老师,您好!

我是××大学从事学生工作的辅导员××,现在正在听您的讲座。

今天听了您的讲座我很感动,之前也知道您对学生非常好。我在校从事学生工作有17年了,从未离开过这个岗位,我觉得这份工作的价值和意义很深远。尤其是听了您的事迹,我觉得自己要做的事还有很多,我会继续在这条路上深耕,向您致敬。

××,你好!

你在辅导员工作岗位上已经坚持了17年,很不容易,说明你的初心比较坚定,情怀比较深厚。当然还需要再坚持,有的辅导员都做20年了,结果离开了,我认为比较可惜,这也不是明智之举。都干20年了,又转岗了,人生有几个20年?这样能干成什么事呢?人生能把一件事做好就行了。我在省里工作的时候,领导想让我管高校班子建设,后来又几次想安排我到高校做党委书记,我没有同意,其根本原因是我不想离开学生工作。我如果到高校做党委书记,即便50岁做上了,也只能干10年。等我退休了,人们再评价我的时候就是我这党委书记干得怎么样。那我前几十年的学生工作就被淡忘了。而我坚持做学生工作就不一样了。我留校就做辅导员,虽然岗位多次变动,但是我40年没有离开一天学生工作,就这一条,就足够了。所以我经常劝说像你这样工作快20年的辅导员,赶紧把根扎牢吧。以前如果干得很好,那就坚持下去;以前若是干得不好,那就赶紧利用剩下的时间弥补,不然就来不及了。不要管别人怎样看,关键是自己怎样看。你自己的思想都会左右摇摆,若再加上一个、两个、一群人,那会是什么样子。我总结我这一辈子,每当做大的选择的时候,我都会征求一下大家的意见,包括家里人的意见,但是最后我还是坚定了自己的选择,毫不动摇。了解你的人一定是你自己。

辅导员工作本身没有什么不好,只有干得好不好。希望你能像你说的那样,继续在辅导员这条路上深耕细做,给学生的心灵埋下真善美的种子,使他们长成参天大树,在青春的赛道上跑出最好成绩。

祝好!

曲老师,我会以您为榜样,扎根到学生中,与学生共成长,在他们成长的路上贡献自己的力量,谢谢您的鼓励。

我们共勉!

真正的教育是让学生懂得成为什么样的人

2022-06-22

曲老师,您好!

我是××学院的年轻教师××,希望有机会向您请教。

昨天看到您的消息已经很晚了,就没有打扰您。昨天听您讲课,我几次都听到落泪。我希望今后能多向您请教,能给学生带去实实在在的帮助。

××,你好!

习近平总书记在中国人民大学考察调研时,希望我们教师都立志成为大先生,在教书育人和科研创新上不断创造新业绩。这简单来说,就是要求我们,教师不能把自己当成教书匠、把教师职业当成“饭碗”、视作“名利场”。作为一名教师,教育过程如果只是传授知识,那就失去了教育的根本。

如果读了那么多的书,心胸还那么狭窄、那么没有眼界、没有格局、没有担当,那读的什么书啊?读到硕士、博士能说明什么?读书与不读书就要不一样。不一样在哪?显然在使命和担当上。苏格拉底为了捍卫真理被处死,哥白尼遭受了火刑,屈原自投汨罗江,秋瑾梳洗打扮上刑场,谭嗣同仰天长笑慷慨赴死,瞿秋白唱着《国际歌》英勇就义,闻一多做完最后一次演讲在回家的小路上被暗杀,钱学森冒着生命危险回到百废待兴的祖国,黄大年怀有报国有我的信念累死在教书育人中……读不懂这些,怎么能行呢？

现在的学生需要什么？他们都很聪明，学习能力都很强，他们最需要的应当就是这些洗涤灵魂的东西。每次听到哪个大学生出事了的时候，我的心都会为之战栗。难道我们的教育真的无能为力吗？难道我们做教师的真的就束手无策吗？从某种意义上讲，一些问题的出现，与我们的教育、我们的老师某种程度上忽略了对学生价值观的塑造有关。我们往往看重的是就业率；鼓励学生考研、考证、考级、专升本，没有从根本上讲清楚学生为什么要有知识、有本领。这不是真正的教育，到头来不仅帮不到学生，甚至会耽误学生、毁掉学生。

党的十八大以来强调教育的根本任务是“立德树人”，也可以说是对一个时期以来我们在教育上存在偏颇的矫正。教师要高度重视这个问题。培养什么人、怎样培养人、为谁培养人，这确实值得我们深思。今日之中国正行进在实现“两个一百年”历史交汇点，“我们对高等教育的需要比以往任何时候都更加迫切，对科学知识和卓越人才的渴求比以往任何时候都更加强烈”。卓越人才一定是全面发展、又红又专、德能统一的人。教师应当唤起学生对知识的渴求，丰富学生的本领，但是比这更重要的是一定要让学生把劲儿使到对的地方，把知识和能力用到正确的地方。“当学生离开学校的时候，不只是一名专家，更是一个和谐的人。”

你是一名年轻的教师，一定要有“为党育人、为国育才”的责任和自觉，不然就培养不好学生，就是失职，就完成不好教育的根本任务。

谢谢你的认同！到大连联系我。

祝好！

谢谢曲老师跟我分享这么多，到大连我一定去拜访您。

思想政治教育必须用心做

2022-06-23

上周日,我在由中国高等教育学会主办、山东师范大学承办的“做大先生,育时代新人——加快新时代教师队伍建设”网络论坛上做了主题为“当好培育时代新人的大先生”的报告。会后许多老师加我微信与我交流。这是我与其中一位老师的交流。

曲老师,您好!

父亲节能听到您的讲座对我来说是莫大的幸福!在此我向您致敬,也会努力向您学习:心怀学生,争做大先生!

1992年我在父亲的鼓励下报考了南京师范大学,选择了教师职业,从1996年8月起满腔热情地工作到现在!不幸的是父亲因病于2022年4月16日离世,他离去的这段日子我非常难过,甚至影响了工作。今天听到您的讲座犹如听到了父亲对我的谆谆教诲,让我充满了继续前行的力量!谢谢您曲爸爸,您的讲座充满了父爱,有机会我一定去大连看望您,再聆听您的教诲!也欢迎您有机会来连云港!

祝您平安健康,父亲节快乐!

××,你好!

这两天没有及时回复你,一是因为忙,二是没考虑好跟你说什么。每次做完报告后,都有学生、老师、社会其他人员给我点赞,我从心里感谢他们对我的认同,这使我更加坚定了沿着“为党育人、为国育才”这条路前行。但是除了学生,像你这样直呼我“曲爸爸”的,你还是第一人,这让我不知如何是好。

我选择了思想政治教育工作,当辅导员、上思政课,就是要尽自己所能把学生教育引领好,点亮学生理想之灯,照亮学生前行之路。我所做的都是我应当做的。2021 年是建党百年,我把我的《入党志愿书》借了出来,重温了很多遍。我在对照我是否对得起党旗下的誓言,是否对得起我走向工作岗位时的承诺。我经常跟有些思政课教师、辅导员交流。我说怎么没工作几天、入党没有几年,便倦怠了?“党章”里有这个词吗?你们应聘时都怎样说的?说到底是我们有的同志忘记了在党旗下的誓言,把应聘时说了什么也丢到了脑后。

我们是思政人。思政育人最显著的一个特点是理论与实际相统一,也就是要知行合一。这既是对学生的要求,更是对我们自身的要求。要求学生什么样,我们自己就要成为这个样。正如习近平总书记在中国人民大学考察调研时指出的那样:“对教师来说,想把学生培养成什么样的人,自己首先就应该成为什么样的人。”思想政治教育说简单些,就是给学生“打样”,这就要走在学生的前面。我常举这样的例子:看看电影里描写国民党军队打仗的时候,都是指挥员弯着身,用枪顶着士兵的腰,让士兵“给我上”,可是士兵不仅不上,还往后退;而描写共产党军队打仗的时候,都是指挥员挺身站在战士的前面,挥舞手臂让战士“跟我上”。这一“给”一“跟”是截然不同的。

现在思想政治教育还没有取得完全令人满意的效果,其中一个重要的原因就是说得太多,做得太少;要求学生的太多,要求自己的太少。一些思政课老师在科研上下了很大的功夫,这没错,但是必须处理好科研和育人的关系。习近平总书记说要把论文写在中国大地上,对我们来说,就是要把论文写在学生心灵上。科研如果不围绕学生、关照学生、服务学生,那还有意义吗?我也常说这个观点:不是老师有一桶水,学生就会有一杯水的,关键在于老师为谁准备了一桶水。为自己,为了当大家、当学者,老师有再多的水,学生也不会有一杯水的。为什么有些老师都是博导了、教授了,还占有学生的成果,让学生帮他“打工”,其中就有这个问题。这是不行的,不改变这些,思政课就不会走进学生心里,学生就不会喜欢,自然就不会终身受用。当然这也有客观的原因,有个外部评价问题。主观和客观总是处在统一体中,不要总抱怨客观环境。

看得出来你有教育的情怀。你毕业于师范院校,又在师范院校工作。你已经做了26年教师了,一定有很多的体会。不管怎样,教师一定要在教书育人上下功夫,首先解决好帮助学生成为一个什么样的人,也就是解决好为谁学、为谁服务的问题,这是教育的出发点和落脚点。只有将这个问题解决了,教育的根本任务才能得以顺利完成。

我2020年去过连云港,那是一座美丽的城市。我还去了花果山,感受孙悟空身上那种不屈的拼搏精神,回味四大名著带给我们的中华优秀文化。你来过大连吗?这里随时欢迎你的到来。有需要我做的事情就联系我。告诉我你的详细地址,我把我的书签名、邮寄给你做纪念。

祝一切都好!

别把“双重晋级”看得太重

2022-06-24

总有辅导员为“双重晋级”而烦恼。前两天有个辅导员给我写了一段话，借此我再说几句“双重晋级”这件事。

曲老师，您好！

今天下午听了您的讲座，我深受感动。是您让我感受到辅导员这个岗位虽然看似平凡，但也能做出不平凡的事情。在今后的工作中，我会将您的教诲铭记在心，在辅导员这一岗位上贡献自己的一分力量，从多方面关注学生、帮助学生。

最后祝您万事顺意、身体健康！

××，你好！

这两天我比较忙，没有及时回复你，请理解。

我也正想借你的留言跟辅导员说几句话。辅导员工作确实可以体现平凡中的伟大。大家常讲这句话：教师是蜡烛，燃烧自己，照亮别人。在今天，应当说辅导员工作是对这句话最好的诠释。大学里，辅导员是与学生最近的人；是学生接触最多的人；是学生最信任的人，因而可以说辅导员是为学生服务最多、付出最多的人，自然也是学生最能记在心中、最想感谢的人。

为什么校庆的时候辅导员会成为学生最想见的人？为什么一些专业

教师的名字,学生早都忘记啦?为什么学生记住了上过什么课却忘记了给他们上这门课的老师的名字?原因就在这里。

我们有许多辅导员,他们做了一辈子学生工作,由学生的哥哥姐姐熬成学生的长辈,他们得到了什么?他们没有高级职称,也没有行政职务,但是他们赢得了学生的尊敬和爱戴。这里关键要看他们追求的是什么了。马克思很了不起,他 17 岁时就看透了这个问题。

马克思夫人的哥哥是普鲁士王国部长级干部,夫人出身于贵族家庭。马克思若想成为高官、大学者,贪图个人名利,过荣华富贵的生活,应当不难。但马克思恰恰放弃了这些令许多人终身都求而不得的东西,他因坚持理想而贫困潦倒,陷入被取消国籍的境地。大家常提到这句口头禅:“看透人生。”有几人能看透?马克思年轻时就看透了,真可谓洞穿人生,足见真理的力量有多强大。

现在辅导员队伍建设有了“双重晋级”的路径设计,辅导员可不能把它当成终极追求。你的水平、你的品格,不是由课题、论文、级别证明的,学生心里这杆秤是最公正、最准确的。我常讲这个观点:千万别职称评上了,学生落下了;级别上去了,学生疏远了。职称、级别也是如此,早一年、晚一年没有那么重要,但是耽误了学生,那就无法弥补了。有些事需要经历了再回头看,可是又没人能让时间倒流,我们也没有马克思那样的水平,这怎么办?这就需要借鉴别人的经验。应当说那些成功的人都是善于借鉴别人经验的人。一些人总是固执己见,总想事事亲自去体验,哪有那么多的时间让你彩排人生?别把自己活得那么复杂、那么累。对得起良心、对得起党性,也就是对得起学生,那就行了。有了学生就有了一切。

一定找到鼓舞自己前行力量的本源

2022-06-27

人生漫长,不可能事事如意。战胜困难也好,除去烦恼也罢,必须找到力量的本源,这就是人生的追求,要有坚定的理想信念。现在一些辅导员想尽办法从高职院校、民办院校进入公办本科院校做辅导员,这无可非议。问题是这样人生所面临的困难、烦恼就迎刃而解啦?不是这样的。追求什么、理想信念的东西没解决,是解决不了这些问题的,甚至问题会越来越多。专升本、事业编制只能给予人们一时的快乐,须臾就会离去,接下来许多人又会陷入困难、烦恼当中。怎么办?再逃离,再面对,一生便总处在这种恶性循环当中。前两天一个成功实现了身份转换的辅导员给我写了一封信,我把我们的交流推送给大家。

曲爸爸,我也想这样称呼您!

自从上次跟您交流沟通后,我想了好久,重新找回了辅导员的初心和使命:立德树人,这应当是我从事这个职业最重要的信念。

您告诉我"在民办高校,干好了同样可以有出息,同样可以得到领导的赏识"。但我最近还是参加了几所省属公办本科院校的考试,并且通过笔试、面试后成功上岸。不久我就要入职了。

这段时间看了一下您送给我的两本书《我与大学生朋友们的交流》《我与辅导员的交流》,以及您给我推荐的两本书《思想政治教育学原理》《习近平总书记教育重要论述讲义》。对照自己的现状,我发现了两个很严重的问题:其一,我学的是广播电视新闻专业,因而我的思想政治理论水平不够,知识匮乏。其二,我的业务能力有待提高,我感觉自己不是很专业。这两方面都需要补功课,不断积累经验。

看到您在大学生思想政治教育工作中有快乐感、成就感,每天都很充实,而我似乎很少有这种感觉,甚至因为这些民办专科生的日常琐事,让我感到很糟心,学生对我依赖性太强了。尽管我这次考上公办院校,但并没有让我喜出望外。如果说是为了事业编工作稳定、有良好工资待遇福利、公办院校比民办院校轻松,那说明我的思想还没有觉悟。做辅导员不是为了培养社会主义合格建设者和可靠接班人,而是为了一己私利,就更南辕北辙了。那我就很难有您的快乐感、成就感和充实感。

周边的辅导员似乎也忘了初心和使命,他们抱怨这种管理模式,以及学生给他们带来的烦心事,只能通过发牢骚、吐槽来解决,看上去很煎熬,但却又乐享其中,毕竟对他们来说,无论是在理论还是在实践方面对自己要求都很低。也正是因为这种氛围,促使我要换个环境。辅导员抓的都是一些鸡毛蒜皮的事,目的是服务好学生,以对得起他们的学费和住宿费,但在管理和教育上明显缺失。

您是前辈,是广大辅导员们学习的榜样和楷模,更是我从事这个工作的指路明灯,想到您工作在一线,我就有了前进的方向和希望。

我也给自己提出了问题:新时代要坚持和发展什么样的大学生思想政治教育工作?怎样坚持和发展大学生思想政治工作?在未来我要提升三种本领:思想理论、业务水平、传播媒介(本硕专业),把专业捡起来,用于理论和实践之中。

××,你好!

我上次跟你聊了那么多,核心意思就是,你面临的问题想通过考试,转到本科院校做辅导员、有事业编制是根本解决不了的。凡事要对症下药。你的问题还是对辅导员工作的认识问题,人生选择、定位问题。很多在名牌大学做辅导员的,和你遇到的是同样的问题,他们也想改变环境,离开辅导员队伍。为什么?说到根本还是没有把辅导员工作当成党的事业来做,没有找准人生的追求。你还是需要从使命、责任、担当上认识辅导员工作,从人生追求上来认识辅导员工作。你说的思想理论、业务水平,以及你的专业知识对做好辅导员工作都有帮助,但是这些知识性、技术性的东西再丰富、再强，未必就能做好辅导员工作，因为做好辅导员工作的根本素养还是政治上的，也就是理想信念方面的。理想信念就是人的精神“之钙”，如果理想信念动摇了，就不能行稳致远。一些辅导员想离开辅导员岗位，并不是能力上不够，而是在理想信念上出了问题。不要以为到了本科院校做辅导员、成了有事业编制的辅导员就“一劳永逸”了。只有把理想信念问题解决了，才会信心满满地投身到学生工作当中；理想信念问题不解决，干着干着就倦怠了，就想离开了，不能离开，便开始应付了，又陷入了烦恼之中。愿你能够解决好这个问题，做一名优秀的辅导员。

以辅导员工作为主

2022-06-30

曲老师，您好！

我今天听了您的报告，之前也一直关注您的公众号，您总是不断给我前行的力量。我是2020年入职的博士辅导员，是理工科专业毕业，现在在××师范大学教育学部负责研究生工作。我想问问您在专业跨度大的情况下怎么能找到契合点给学生更多的帮助，怎么样像您一样给学生讲好思政课，希望您给指点一下，让我找到今后努力的方向，感谢您。

××，你好！

现在一些学校选聘了博士生做辅导员，这不是不可，关键是其要有辅导员的素养，有职业化、专业化的打算。这些学校之所以选聘博士生做辅导员，主要有两个方面的原因：一是可以应急，完成上级的比例要求；二是提高教师队伍的学历层次，待适当的时候把这些博士辅导员转到教学领域。从博士辅导员自身来看，他们做了辅导员也是不得已而为之。学校专业教师没有编制，通过辅导员编制进到教师队伍，然后等待机会再转到其他教师队伍，很多博士辅导员自身也没有长期做辅导员的打算。你有这样的打算吗？想当好辅导员首先还是政治素养问题。要把辅导员工作看成党的事业的重要部分。辅导员是理应为党和人民的事业培养矢志不渝跟党走的人。你自身理想信念坚定，就会克服一切困难，想方设法把辅导员工作做好。辅导员是大学生的人生导师，是帮助学生系好人生“扣子”的人，自然首先就应当清楚“扣眼”在哪里。这就要加强马克思主义理论学习、思想政治教育专业知识的学习，把握学生成长的规律。辅导员工作要以理服人，更要以情感人。战争年代，指挥员常到战士房间查铺，给战士把蹬掉的被子再盖上，没有什么更多的大道理。学生也是如此，要把他们放在心上，力所能及地给予他们一些帮助，学生就会把这些关心、帮助转化为成长的动力。

关于辅导员上思政课的问题要把握好。我刚留校做辅导员的时候，学校开设了思政课，当时叫“共产主义思想品德课”。学校有专门的教研室，配备了专职的教师，因为忙不过来，便从辅导员中选聘一些有教学能力的兼上思政课。现在辅导员上思政课的背景和我们那时也不一样。我们那时带的学生少，多的也就百八十人，教学要求也不像现在这样规范，更没有那么多的课题、论文要求。现在一个辅导员要带几百人，教学要求又很高，实际上是很难既完成辅导员工作任务，又完成思政课教学任务的。特别是现在对辅导员和思政课教师又有明确的比例要求。可是现在为什么普遍存在着辅导员上思政课的现象呢？最根本的原因是思政课教师缺编。如果思政课教师都没有课上了，还会让辅导员上吗？还有就是“愿打愿挨”。一些辅导员为了评职称凑课时。本来辅导员工作已经忙得不可开交了，还“不得不”兼上思政课，这正好填补了思政课教师缺编的“漏洞”。以前我说过，辅导员教师、思政课教师、组织员教师，还有心理健康教师等，可以统称为高校思想政治教育教师，他们应当教学(工作)界域清晰。大家常说“辅导员是个筐，什么都往里边装”。思想政治教育教师的教学(工作)界域是不清晰的。辅导员是教师了，应当围绕学生，体现高等教育人才培养规律、思想政治教育规律、学生成长规律，开设属于辅导员教师的课程。这方面虽然有了很多探究，但还是缺乏深度性、广泛性、规范性，还有大量的工作要做。你要是真有兴趣，可以对此进行深入研究。当然，有些辅导员上思政课也是为了转为思政课教师，那就是另一个问题了。等思政课教师配备足了，辅导员兼上思政课的现象也就消失了。

思想政治教育要触及心灵

2022-07-01

时间转眼过去了一年。2021 年“七一”,我在北京参加了庆祝中国共产党成立 100 周年纪念活动,参观了中国共产党历史纪念馆;在天安门聆听了习近平总书记《在庆祝中国共产党成立 100 周年大会上的讲话》,至今习近平总书记那洪亮的声音还萦绕在我的耳旁。

今年的“七一”我过得也很有意义。新疆塔城是辽宁的援建单位。上午,在省里的安排下,我到塔城职业技术学院上了一堂思政课。

下午我去看望了“七一勋章”获得者魏德友老人。

魏德友,1940 年 11 月生于山东省临沂市沂水县,中共党员,新疆生产建设兵团退休职工。58 年来,魏德友在萨尔布拉克草原巡边放牧,总里程达 20 多万千米,相当于绕赤道 5 圈,成为边境线上的“活界碑”。

魏德友的妻子和女儿也很伟大、很了不起。妻子陪伴了他一辈子,女儿魏萍接过了父亲的放羊鞭。魏德友老人前些天因为担心院子里升起的国旗在风雨中破损,在护旗时摔倒,导致膝盖骨折,出院后在床上养伤。在魏德友家的东侧,建了魏德友爱国主义教育基地,详细介绍了魏德友的感人事迹。我参观后深受教育。为了祖国的安宁,魏德友在这里守候了一辈子。

今天是中国共产党成立 101 年纪念日。此时想起美国前国防部部长拉姆斯·菲尔德说过的一句话:共产党不会活过 100 年。中国共产党正以强大的力量领导中国人民奋进在实现中国梦的伟大事业中。毛泽东说:“小小寰球,有几个苍蝇碰壁。嗡嗡叫,几声凄厉,几声抽泣。蚂蚁缘槐夸大国,蚍蜉撼树谈何易。正西风落叶下长安,飞鸣镝。多少事,从来急;天地转,光阴迫。一万年太久,只争朝夕。四海翻腾云水怒,五洲震荡风雷激。要扫除一切害人虫,全无敌。”习近平总书记在庆祝中华人民共和国成立 70 周年大会上的重要讲话时说:“今天,社会主义中国巍然屹立在世界东方,没有任何力量能够撼动我们伟大祖国的地位,没有任何力量能够阻挡中国人民和中华民族的前进步伐!”

希望你能被永远鼓舞下去

2022-07-04

曲老师,您好!

太意外了!我只是抱着试一下的心态给您发消息,哇,竟然成功了,我太开心了!

冒昧打扰您了,还请您见谅!我是2022级××大学心理学院毕业生××,我自己找工作的方向一直是高校辅导员,也参加了近10场的辅导员考试,但都失败了,慢慢开始怀疑自己是不是有资格和能力做辅导员。近期我意外进入了××学院辅导员的面试环节,但是当初立志成为辅导员的初心和能够成为辅导员的信心却有了动摇。我现在很迷茫自己为什么要成为辅导员,“成为学生成长成才的人生导师和健康生活的知心朋友”这句话也让我觉得很空洞,不知道要用什么样的内容去填满它,也怀疑自己现在是否还能够热泪盈眶、信心百倍地去说出这句话。

处于这种状态下的我去看了您的公开课,受到了您的鼓舞,因此才有了这段跟您诉说的心里话。

打扰到您了,望见谅。

××,你好!

谢谢你的信任,你说出了自己的心里话。

我先讲一件事情。我在省厅做高校工委副书记的时候,从2005年暑期开始,我便对所有新上岗的辅导员进行培训。所有费用均由省教育厅承担。每期第一讲都是我来讲。我跟大家交流的主题就是怎样认识辅导员工作和怎样做好辅导员工作。一次在我讲的过程中,有个辅导员一直在下面看书。因为有500多人在大报告厅里,他以为我看不到他了。休息的时候,我走过去问他:"你看的什么书?"我心想,若是看和辅导员工作有关的书就算了。他不好意思了,没有回答我。我说我这个人是很较真的。他只好把书递给了我。他在看一本经济学方面的书。"你想考博士吧?"他点点头。我要来他的姓名和学校。我说这样,我跟你们学校领导说一下,你就别当辅导员了,辞职回家专心考博士。培训结束后,我真跟他学校领导说了。学校领导说他做了深刻的检讨,表示一定要做好辅导员工作,这事就过去了。我为什么要这样做?我常跟辅导员们讲,辅导员工作含糊不得,既关系到培养什么人、怎样培养人、为谁培养人的问题,也关系到学生个人和家庭乃至他们后代的幸福。既然选择了做辅导员,就要把工作做好,不能三心二意的。你可以耽误你自己,怎么可以耽误别人呢?这要受到党性和良心谴责的。有的辅导员就是这样,要当辅导员的时候绞尽脑汁,当上了便忘记了在党旗下的誓言、应聘时的承诺。而之所以会这样,就是个人想得到的和现实给予的有了差距,具体点就是觉得个人付出多了,得到的少了,不等值。

辅导员工作是党的事业的重要组成部分。做好辅导员的第一素养就是思想政治素质,需要有坚定的理想信念。从某种意义上讲,辅导员工作真正体现了蜡烛精神,燃烧自己,照亮别人。很多辅导员没有认识到这一点,总想个人能得到什么。这就不能安心做好辅导员工作。你开始的表现就像很多辅导员一样,当上了辅导员,就想怎样离开辅导员队伍。好在你现在受到了我的鼓舞,有了做好辅导员的打算。不过我还是有些担心,一时的鼓舞能坚持多久?你一定要好好考虑一下,如果确实觉得辅导员不适合你,那真要赶紧离开,千万别"身在曹营心在汉"。当然,我还是希望你能够坚持下去。做辅导员没有什么不好。正是在服务、陪伴学生中,奏响了我们人生的乐章。有些事需要回过头来看。一些人的成功是吸取了别人的经验;一些人的失败是凡事总想按照自己设计的轨道运行。我现在正在新疆家访。听说我来了,学生和他们的家长热烈欢迎。我们一起畅想着学生的未来,我向家长承诺着我能做到的事情。辅导员,就像辛勤的园丁,春天,在学生的心灵埋下真善美的种子;秋天,必将硕果累累,获得丰收的喜悦。在乎别人的人,才能被别人在乎;给予别人幸福的人,才能得到真正的幸福！希望你能心想事成，挥洒汗水，成为一名优秀的辅导员，桃李满天下。

祝你一切都好！

曲老师，您好！

非常感恩您在百忙之中抽出时间回复一个素未谋面的学生。

我认真读了您的来信，深思熟虑后决定尽全力准备面试，并将辅导员作为我的毕生事业。我想我也像您的学生一样，是“自己选择的路跪着也要走下去”的人，正是因为我在进行的是“一生的事业”这样重大的抉择，才会有些不确定和不自信，担心自己是否能够走进学生心中并跟他们成为朋友（因为我不笑的时候面相有点凶，感觉自己亲和力不够），但是现在我明白了这些都不重要，真正重要的是我这颗心，是对学生的爱和付出，只要我用行动来表达，他们一定会感受到的！

如果我有幸最终成为一名辅导员，一定来向您报喜，并承诺一定紧紧跟随您的脚步，播撒爱和真善美的种子！

祝你成功！更祝你成为一名优秀的辅导员！我们共勉！

要不断学习

2022-07-07

曲老师,您好!

我是2022年9月即将入职的辅导员,想添加一下您的微信,请教一些问题,不知是否方便。

自从我确定了自己在辅导员方面的职业发展路径后,我一直关注您公众号的推文,聆听您的讲座报告,这使我受益匪浅,也给我顺利考取辅导员岗位提供了很多有益的借鉴。我是美术专业毕业的硕士研究生,9月份要到一个三本的民办院校做辅导员,被分配的院系是语言文化学院。在此,我想请教一下您,作为一名新辅导员老师,怎样开展新生入学教育工作呢?怎样做才能像您一样给学生更多的帮助呢?曲老师,打扰您了,请见谅,谢谢您!

××,你好!

看得出来你怀着急切的心情等待着学生的到来。你有这份情怀,想把学生培养好,这一点很重要。热爱是最好的老师。在此我也祝愿你能够有个好的开局。

但是,想做好与能做好确实不是一码事。这需要真心投入,需要有辅导员的职业素养。应当看到,在这方面你还是有“短板”的。辅导员是大学生的人生导师,也就是说需要为学生及时解疑释惑,为学生指明前进的方向。这其中难免与学生有思想上的碰撞,有不一致的地方。谁说服谁?

谁听谁的？不能说我是辅导员就得听我的。辅导员要讲道理，在真理面前人人平等，不然学生就会疏远你。常有辅导员说和学生有代沟。其实，真有代沟的话，一个重要的原因是有的辅导员讲不出道理，所以学生就不愿接近你。你是学美术专业的，学生又是学中文的。要知道，相对来说，学中文的学生思想要更活跃些，讲话更愿意较真，这就使得你想要改变学生的一些思想会更难些。那怎么办？你可以先用情感来弥补。一定要让学生感受到他们在你的心上，你在时刻关心、关爱着他们。一些家长把孩子培养得很好，并不是因为家长有多么高深的理论，只是因为孩子认同家长的情感，不愿意惹家长生气。作为新生辅导员，你一定要尽快熟悉学生，了解学生的所思所想，区别轻重缓急，有针对性地与学生开展谈心谈话。要培养好骨干力量，搞好班集体建设，发挥好学生干部的作用，让他们成为你的左膀右臂，为你的工作助力。要落实好学校针对学生制定的各项管理制度。“没有规矩，不成方圆。”要让学生一开始就打下遵纪守法的烙印。风气坏了，学生就不好管、不好带了。要排除一切干扰、克服一切困难抓紧时间学习。要带着责任来学习，要把学习当成一种追求，当成一种生活方式。我工作 40 年，可以说没有一天停止过学习。首先，要学好习近平总书记关于教育的重要论述、学好思想政治教育学科知识、学好教育学相关理论、学好形势政策。其次，还要向实践学习，尤其要向最美辅导员、辅导员年度人物学习，学习他们的工作精神、工作态度、工作经验。还要关注中国大学生在线和教育部思想政治工作司网站，由此可以更多地了解国家对辅导员的要求和相关政策，掌握辅导员工作的“进行式”，为你的工作带来启发和提供帮助。

飞机着陆了，先聊到这里。大连有事就联系我。

祝好！

曲老师，您好！

由衷地感谢您在百忙之中花费时间回复一个素不相识的学生。

首先，我认真地读了您的回信，回信内容可以作为我如何利用好这个假期，准备、规划未来辅导员工作的行动指南。从辅导员应该具备的职业素养到与学生出现思想碰撞该如何处理，从分析我未来工作中可能出现的具体问题到遇到相应的问题该如何解决，从走上工作岗位如何从小处、实处开展工作到工作中如何从大处、高处学习以提升自己，您都给了我十分清晰明确的指导。再次感谢您给予的宝贵经验。

其次，我知道对您说再多的感谢都不如我脚踏实地地做好辅导员工作来得实在。所以，我也很期待未来能多多地与您分享我在工作中的好消息。

最后，祝您工作顺利、身体健康！老师，时间不早了，您早点休息。

我刚下飞机。我们共勉！

老师，谢谢您！辛苦了！

能做就多做些

2022-07-08

曲老师,深夜多有打扰,请见谅。加您微信后第一次发信息给您,是因为我确实有一点工作中的困惑想要听听您的想法。我是2018年入职的辅导员,大三时因为很喜欢学生工作,就立志要成为一名辅导员。我对工作抱有很大的热情。但是有一件事让我很困惑,我所带的2020级新生在第一个学期结束后,100个人里面有将近50%的学生绩点没有达到2。因为我们学院是中外合作办学的,所以我们就无法第一批注册美方学籍,领导让我再多做做工作,看看怎样带能使学生成绩好一些。我当时表达了我的看法,我认为学生的成绩和他们的高考成绩、个人努力、教师教学、家长监督和辅导员的思想教育都有关系,并不能把主要原因归结到辅导员这里。就像学生考试作弊,作为辅导员,我真的是强调到位了,但是仍然还有学生违反纪律,有时候我自己会感到无力。说这么多,真是打扰您了,其实我是想听听您对这个问题的看法,如果是我想的有问题,我也想及时改正过来,这也有利于我今后的工作。

××,你好!

从根本上讲,辅导员不是管就业率、考研率的。《普通高等学校辅导员队伍建设规定》(2017年9月21日中华人民共和国教育部令第43号)中也是这样定义的,排在第一位的就是思想理论教育和价值引领。从这个意义上来讲,学生愿不愿意学习,这不是辅导员的主业,辅导员是管学生为什么学习的；就像找工作，就业率不是辅导员的事，择业观才是辅导员要关心的事。当前大学教育管理还不是那么精细，一些工作界域和职责还不十分清晰，因此就出现了“辅导员是个筐，什么都往里面装”这种情况。辅导员要关心学生的学习、就业率，那是在解决了学生学习目的、树立了正确的择业观的前提下要做的。学习目的明确了、择业观正确了，这必然会使学生的精神力量转化为实际行为。现在加强了辅导员队伍建设，那是从培养什么人、怎样培养人、为谁培养人的角度出发的，为的是完成立德树人的根本任务。这也正是对那种单纯重视就业率、考研率、过级率的一个矫正。而我们一些同志还缺乏这方面的认识，个别的高校，辅导员配备了 1∶200 的比例。这下抓就业率、抓学风好办了。从学校视角看，抓就业率、抓学风，最为根本的是抓教风、抓教学质量，靠辅导员解决学风问题是治表不治里的。

考试作弊和抓学风还是有所不同的。从理论上讲，考试过程也是教学过程，实行怎样的考试形式对学生是否作弊会产生影响。教学过程严谨，考试方式恰当，自然会避免作弊行为的产生。比如，我在北京师范大学读博士的时候，外语考试有一道题，读一段外文资料，翻译过来，然后谈认识，开卷考试。仅翻译就忙不过来，还要谈认识，根本不能作弊。当然，考试作弊属于遵纪守法的范畴。增强法治思维是辅导员工作的一项重要内容。怎样对学生进行有效的法治教育？效果如何？辅导员还真应当把这项工作抓实。不能说你让学生学习《学生守则》了；你跟他们强调纪律了，学生再出现问题似乎和你就没关系了。平时教育管理是否细致、认真、严格，对学生养成遵纪守法的习惯会有直接的作用。

你理解我的意思了吗？工作不要带着情绪做。在大学制度还不是十分完善的情况下，只要对学生的培养有利，能多做就多做一些，千万不要斤斤计较。“牢骚太盛防肠断”，有些人就是在发牢骚、抱怨中把自己耽误了。

感谢您的回复，深夜我忽然有了一些困惑，就给您发了信息。这两年多的工作确实磨掉了我的一些干劲，时间的推移确实也需要对自己的状态进行阶段性调整。很多时候我不能改变自己无法改变的事情，但是我可以改变自己的工作思维和方式方法，做好自己，培养好自己的学生，尽量避免郁闷的情绪出现在工作里，不管结果怎样，把学生放在第一位，教育的过程是十分重要的。总而言之,我还是心态出现了问题,正好利用这个假期好好调整,新学期又是新的开始。

再次感谢您在百忙之中的回复,祝您身体健康、工作顺利,期待以后再次和您见面。

谢谢你的祝福！有事就联系我。

把辅导员工作做好

2022-07-12

曲老师,您好!

我叫××,来自××大学。听完您的讲座后,我心潮澎湃,备受鼓舞,我想永远当一个纯粹的奋斗者。

我做辅导员3年了,就在2022年6月份送走了第一届毕业生。在担任辅导员的过程中,一些琐碎的事情,可能动摇了我一辈子从事专职辅导员的信念,包括我身边的一些同事也是如此。今天有幸听到您的讲座,我第一次从心底认识到辅导员工作不是普通工作,其是与党之大计、国之大计紧密的联系。我印象最深刻的是:您鼓励学生当公务员,为党工作,并持续关注他们的健康发展;您做少数民族学生工作的向导是为党和国家培养民族团结骨干等,这些都是我此前没有看到的一些更为深刻的点。我确确实实心情很激动,结束之后,我和同事们也一直在交流,您的这次讲座就是一场精神洗礼,让我们真真实实地感受到了辅导员责任重大、使命光荣!

向您学习!祝您健康!感谢!

××,你好!

辅导员工作功在当代、利在千秋。无论是从“为党育人、为国育才”的视角来看,还是从人生幸福追求的视角来看,这一职业都值得一辈子拥有。国家强大了,我们就什么都好了;学生幸福了,我们怎么能不快乐?

国家不强大，我们的住宅就是一堆水泥，家里的存折就是一张废纸。幸福是一种精神感受，欲壑难填就很难幸福。辅导员工作要琐碎一些，也就是麻烦一些。麻烦又能麻烦到哪里？关键是看你的追求在哪里。很多辅导员干着干着就倦怠了，想离开，说到底还是没有搞明白人生的追求在哪里、理想信念不坚定。

我的学生问我："可不可以考公务员？""怎么不可以考呢？"但是我告诉他们，一定要记住公务员姓"公"，不然考公务员干什么，那不是要犯错吗？年轻人选择职业的时候，一定要从公共利益出发，不能个人利益至上，要处理好"小我"和"大我"的关系。

做好少数民族学生的工作十分重要。我们中华民族是个大家庭，56个民族只有像石榴籽那样拥抱得紧紧的，一切敌对势力才奈何我们不得。所以，要把教育引导少数民族学生健康成长放在思想政治教育的重要位置，让他们学有所成、学有所用，为民族团结做贡献。我带过一个新疆少数民族学生，他刚来学校时思想上有些困惑，后来在我的帮助下他改变了。我秉着教育要为学生的一生负责的理念，在他毕业后仍然与他保持联系，我们之间有七八万字的微信交流。前两天我到新疆塔城参加我们省里的一个活动，家访的时候，我还到伊宁看了他。"七一"那天，我参加了他们社区的升旗仪式。他现在已经是社区居民委员会主任了。他说："老师您放心，我一定不辜负您的期望，为民族团结做出贡献。"

谢谢你的认同！我们共勉！希望你能在辅导员工作岗位上走得更远。常有辅导员问我为什么能够坚持到现在，在诸多因素中有这样一点：我想，人生就是由无数个日日夜夜、时时刻刻组成的，昨天那么难我都走过来了，怎么能轻易地放弃今天呢？

大连有事就联系我。

祝好！

感谢曲老师的耐心回复！我一定会谨记肩上的责任和使命，永远保持赤子初心，祝您一切都好！

不能搞“双重标准”

2022-07-13

曲老师，您好！

我是这次培训的学员，作为一名年轻辅导员，我从您的课里收获满满、受益匪浅，不仅深深被您对辅导员岗位的热爱和责任感所感染，也被您全心全意教育服务学生的精神所感动。您的公众号和书籍我一直都特别喜欢，对我的日常辅导员工作给予了极大的帮助，真心谢谢您。

作为一名青年辅导员，我深知我的职责是光荣的，责任是重大的。为了更好地做好学生服务祖国的教育引导者和知心朋友，我希望可以在日常工作中向您请教，从而不断提升自己的各方面能力，更好地做好学生的思想政治教育工作，为新时代人才的培养贡献自己的一分力量。作为一名青年辅导员，随着时间的推移，很容易出现职业疲惫感或者职业发展“瓶颈”期。我今天上午听了您的讲授，被您对辅导员岗位的坚守精神和热爱之情所触动，这重新激励了我在今后的工作中不断努力提升的信念。我已经从事辅导员工作 6 年了，遇到了一些困惑和问题，请问曲老师，作为青年辅导员，我们应如何在日常辅导员工作中克服职业疲惫感和度过职业发展“瓶颈”期，从而更好地做好学生的思政工作和自身能力的提升呢？

很多辅导员谈到职业倦怠期。为什么会进入职业倦怠期？说到根本还是一个理想信念、人生追求的问题。我们有些辅导员才入党几年、工作几天,怎么就倦怠了呢?理想信念是人的精神之“钙”。坚定了,就会挺直腰板,再苦、再累,也不会被压弯腰。看看那些“七一勋章”获得者,有多少可以说是为党工作了一辈子,他们倦怠过吗?他们为什么能够这样?就是因为他们的理想信念从未动摇过。你才工作了6年,怎么能倦怠呢?

辅导员千万不要搞“双重标准”。你在学生时代希望辅导员什么样,你现在做辅导员了,就照那个样子做好了。不能做了辅导员,便开始只想自己的得失,忘了家长的期待、学生的渴望。有情感、有责任,就会有担当,就会少想自己,就会想方设法围绕学生、关照学生、服务学生,也就没有工夫倦怠了。

好的,曲老师,谢谢您,我明白了,也对职业疲惫感有了正确的认识。正如您所说,我缺乏的就是习近平总书记所说的坚定的爱党、爱国理想信念,对自己的岗位职责和使命仍然缺乏真正的理解和认识。在以后的工作中我会针对自己的不足,不断提升自己的政治理论水平,补“钙”强体。围绕学生脚踏实地地做好学生的思想政治教育,关照和服务好学生。

我们共勉!到大连就联系我。

引领学生健康成长

2022-07-15

曲老师,您好!

今天听了您的讲座,我受益匪浅。您是吾辈楷模,是辅导员们的发展方向和灯塔。听了您的讲座,我顿感愧疚于学生、家长、祖国。在今后的工作中我一定会脚踏实地,一点一滴做好思想政治教育工作。您今天辛苦了,好好休息。

祝您身体健康、事事顺利!

好的。做人要有骨气、有尊严,尤其是辅导员。既然选择了,就不能发牢骚、抱怨。谁也没逼着你举起右手向党宣誓;谁也没逼着你应聘辅导员。若觉得亏大了,那就早点离开,千万不要耽误了学生。

谢谢你的祝福!相信你一定会成为一名对得起党旗下的誓言、对得起学生的辅导员。大连有事就联系我。

好的,我一定会谨记您的教诲!做好辅导员工作,无愧于心,无愧于学生!

曲老师辛苦啦!我听过您两次授课,收获满满,也坚定了我对育人工作的信心和决心。打铁还需自身硬,我也要努力提升思想觉悟和业务能力,将来也敢于向学生喊出“向我学习”!我希望下次能邀请您来我们学院授课。

祝您身体康健、万事如意!

青少年正处在人生的“拔节孕穗期”,有着极强的可塑性,所以要下功夫培养和塑造他们。我们有些在高职院校工作的辅导员,缺乏两个信心:一个是对教育的力量缺乏信心,觉得教育没有什么用;另一个是对教育的对象缺乏信心,觉得高职院校的学生都是学习差的学生。教育怎么能没有用呢?不然教育就不会走到今天,教育和不教育绝对不一样。知识多少、学历高低和品德一点关系都没有。“七一勋章”获得者好多都没有学历或没有高学历,他们却为党和人民做出了巨大的贡献。在高职做辅导员,必须增强这两个信心。

信心问题解决了,接着就是方法问题。榜样引领法是思想政治教育的重要方法。思想政治教育一定要用身边的典型事例教育身边的人。从辅导员这个角度看,辅导员就是学生身边的人,理应成为学生人生成长的引领者!《焦点访谈》栏目的记者采访我的时候让我用一句话概括一下我几十年思想政治教育的体会,我说我用四个字来概括,就是“向我学习”!

你好好努力!“你为祖国服务,我为你服务”,这是我建立“励志基金”的宗旨。有事就联系我。大连随时欢迎你。洛阳我去过多次。看中华文化五千年,河南是代表,我每一次去那里都是接受一次熏陶、洗礼。我再去,一定到你学校看看。

飞机着陆了,就聊到这里。祝好!

曲老师,您好!

我早上听了您的课,真的是感觉自惭形秽,对于辅导员工作理解得也不到位,很多工作都停留在表面,单单是育德这一块一定是德先行。对于学生干部的培育,我也想了很多,这个时候选择他们当学生干部,未来他们也可能是国家干部,所以对于他们更应该注重德育。总之,我还有很多深受启发的地方。再次感谢您的授课。

未来属于青年,希望寄予青年。历史的法则就是这样。现在的大学生必然走上历史的舞台,他们中的优秀分子,必将走上党和国家的各级领导岗位,他们今天怎样,祖国的明天就将怎样。所以习近平总书记讲,教育是国之大计、党之大计。从这个意义上讲,辅导员的责任、使命重大,必须教育、引领学生矢志不渝跟党走。一些干部犯了错误,进了监狱,细分析起来,他们有的在大学阶段就没有系好人生的“扣子”,也就是没有解决好为什么要入党、为什么要当干部的问题。培养什么人、怎样培养人、为谁培养人，辅导员必须时刻牢记在心。

以曲老师为榜样，向您学习！

谢谢认同，我们共勉！

曲老师，我是××学院的辅导员××，正在听您的讲座，非常受触动，希望以后能多向您请教学习。您竟然通过我的微信申请，我很激动，因为知道您平时很忙，所以我抱着试一试的态度加了您，打扰您了。上午的讲座让从事了11年辅导员工作现在却处于迷茫期的我找到了努力的方向。我会努力向您学习，知行合一，服务学生，关爱学生，引导学生成长成才。听说您昨晚很晚才到学校，而且站着给我们上了3个小时的课，真心佩服您，希望您好好休息。祝您身体健康、万事顺心！

知行合一首先是教育者要知行合一，这是思想政治教育的一个重要特点，就是说想让受教育者成为什么样的人，教育者必须成为这样的人，不然思想政治教育就会大打折扣。想想实现中国梦多么需要人才；想想我们培养的学生怎样，关涉千千万万家庭的幸福，我们真没有理由倦怠、发牢骚、抱怨。不是不可以想个人的利益，而是千万不能忘了学生的利益。为了学生的利益，我们应当尽量地少想自己的利益。不然学生就瞧不起我们，就会指责我们。这样我们的党性、良知怎么能过得去呢？

受教了，曲老师，其实我们辅导员也很需要精神方面的指引，今天您的讲座就像给我们打了一针强心剂。在实际工作中，很多时候我们确实是用心做了学生工作，但是效果却很难凸显，时间一久我们内心深处就会觉得没有动力，觉得自己平日里所做的工作好像意义不大。今天您的讲座对我触动非常大，我对照检查自己，发现我需要提升的地方还有很多。今后我会摆正心态，努力完成自己的职责，用心培育和引导学生。

好的。我们共勉！

对学生好一点、再好一点

2022-07-21

现在有很多辅导员想离开辅导员队伍,这里有多方面的原因。从辅导员自身来看,就是一个到底想要什么的问题,是权力、物质生活,还是有学生就有一切?非常幸运的是,我在一当辅导员的时候就想明白了这个问题:和学生在一起就是最快乐的事情。现在可以肯定地讲,我再也没有动摇过自己、迷失过自己,没有被外界环境所左右。一些辅导员总是强调这或强调那的,说到根本还是内心不够强大、不够自信、不够"自我"。40年前我做了辅导员,那时是什么环境?比今天一些辅导员所抱怨的环境不知要差多少倍!我走了过来,走到了今天。昨天是我65岁的生日,我收到了来自四面八方的无数祝福,我感谢所有祝福我的人!同时,我想得最多的还是辅导员,你们一定要相信:最幸福的人一定是给予学生幸福的人。像我现在这样年龄的人,很多人开始变得越来越"孤独"了,因为他们没有学生。你们拥有学生,就是拥有幸福,怎么能放弃、抛弃幸福呢?对学生好一点、再好一点。我在学校做党委副书记的时候有个习惯,每周都要约上学生工作部门的同志、辅导员到学生食堂吃几次饭。有一次当电视里播放《同一首歌》的时候,我流泪了。团委书记问我:"您怎么啦?"我说:"我想到两点,一是生活很美好,但是需要认真地投入;二是一定对学生好一点,能好到什么样就做到什么样。我当年到一个学生家做家访,那个学生家非常困难,临走的时候我给了他的家长10元钱。现在想一想,我当初为什么不给11元钱呢?"我坚决辞去厅级职务回到一线做辅导员,从某种角度讲,也是对我心灵的一种补偿,我做得还不够好,有些事本来能够、应当做得更好。昨天晚上我没有睡好,脑海中总是闪现学生的身影,总在想我还能为学生做些什么。学生的祝福让我感动。有个学生6月底就送来了祝福。我不是在吹嘘什么,我只是真心希望辅导员把学生的成长放在心上,在服务学生中实现人生的崇高理想,得到真正的幸福!

曲老师,您好!

××从这个月27日起就要去出会考题了,时间是一个月左右,其间完全与外界隔绝,不能碰手机和其他电子设备,可能刚好错过您的生日了。所以××提前为您准备了生日礼物,只是一份心意,是智能血压手环,为您的健康做好实时监测。今天手环就到了,您记得收一下。爱您!

曲老师,您好!

明天是您的生日,预祝您生日快乐、身体健康、万事如意!看到您在新疆调研考察的照片,看到×××等大连海事大学的新疆少数民族同学一个个从当初的懵懂到今天的学有所成,从以一双双迷茫的眼睛探索世界到今天更加坚定地投身时代潮流,我总会想起近平总书记在学校思想政治理论课教师座谈会上的重要讲话:“青少年正处在人生的‘拔节孕穗期’,最需要精心地引导。”“拔节孕穗期”的我们遇到“禾下乘凉梦”的您,坚信大家一定会更上一个台阶。常言道“十年树木,百年树人”,而今一晃您陪伴我们已经快10年了。以圣人心为心,能够时刻不忘入党初心,以百姓心为心,能够分秒牢记时代使命。同一片热土,同一份情怀,同一个梦想。这些年,老师您辛苦了,感谢您为我指引人生航向,也很遗憾未能在这个7月与您相见。祝老师和师母一切安好,期待早日相见。

曲老师,您好!

今天是您的生日,××祝您生日快乐!真心地祝愿您平安喜乐、幸福安康!也希望您能多保重身体,多给自己一些时间去休息,别让自己那么累了,学生时刻牵挂着您!

看到近期您在公众号中发布的照片,学生心里五味杂陈。看到了久别的恩师,我心里是亲切、是开心、是满足,但看到您仿佛又苍老一些的模样,我心里是心疼、是伤心、是不舍。仔细一想,您今年都已经65岁了啊!

是一个不折不扣的老人，可仍然每天都奔波在路上，写公众号文章、出差讲学、进行家访、看望学生，您怎么有这么旺盛的精力啊！您多留一些时间去休息吧！您56岁那年来到我们身边，一晃9年过去，时间如白驹过隙一般。我们从一个个懵懂无知的少年成长为奋斗在各行各业的青年，这其中少不了您的谆谆教导与精心呵护。毕业那年，本以为把我们都送走了，您终于可以安心退休了，您说您就在这里等我们，一直等到连一杯水也端不起来的时候，可是您却食言了。您并没有静静地等待我们，您总是利用一切机会去看望我们这些您带过的学生、关心我们的近况，您总是在我们遇到挫折、困惑无助时还像从前那样去帮助我们，因为您太爱自己的这些孩子了！时光慢些走吧！就像自己的父亲一样，看着您逐渐苍老的模样，我打心底里难受，祈求时间这把刻刀对您温柔以待，不要再让您变老了，我多想用自己的时光换您岁月长留！

曲老师，您好！

祝您生日快乐！您辞去厅级领导职务来到大连海事大学的时候56岁，转眼就65岁了，是您看着我从18岁长到现在27岁的。如今您到了快退休的年纪，而我也即将步入社会，有种接力赛的感觉。“十年树木，百年树人”，对我来说，长大的感觉自然是欣喜的，因为未来蕴藏着无限希望，而您和我的父母却不可避免地一天天变老了，这大概就是时间最无情的地方。但我相信您会很从容地面对变老这件事情，因为有所追求的人，肯定不会服老的！

前几天看到您去新疆的推文，有个小细节让我很惊讶，您说起第一次和新疆同学过“古尔邦节”的时候没有买哈密瓜。那么琐碎的事情，您竟然都记得呢。把学生放在心上，以心换心，收获的也必定是真心！愿您一直幸福下去，衷心祝愿您以后的每一天都身体健康，越活越年轻！

祝亲爱的曲老师生日快乐！今天看到老师发的公众号文章了，您提到您要为培养好学生直到连端一杯水的力气都没有，我想到那个画面眼里就噙满泪水。您一直不忘那个在您20多岁年纪就立下的为学生服务的初心，就这样坚持了几十年，您把全部心血都奉献给了您热爱的事业，这么多年风风雨雨您没有一句怨言，坚定初心如磐石，怎能不让人动容？令人开心的事就是您现在依然年轻，您充满活力，身体健康，所以我觉得我们仍然还有很长很长时间可以陪伴您！您也说过很多次，即便是退休也不会闲着，所以退休的年龄对您来说并没有什么影响，您依然为学生奉献自己，为辅导员队伍建设建言献策，为我们国家的教育事业发光发热。

今天是您的生日，是您坚持初心、不懈奋斗的又一个年头。每个人都有自己在这个世界上存在的价值，大多数微不足道，但您是那个耀眼的存在。您不仅自己感受到为学生奉献的幸福，您也用您的正能量影响了很多人，这是多么有意义的人生啊！

再次祝愿亲爱的曲老师生日快乐，祝愿您可以一直这样充满活力、健康平安！

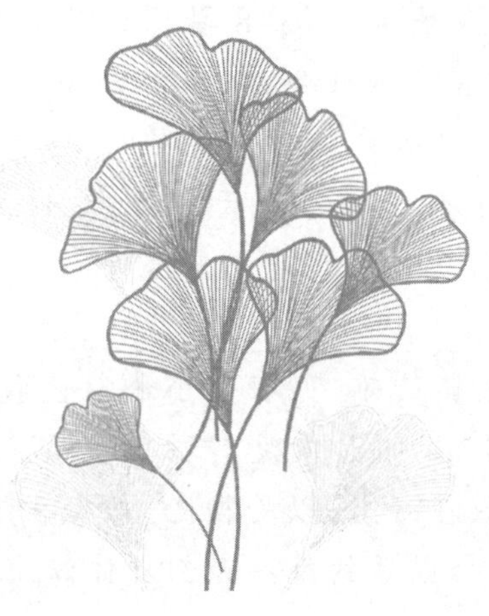

但我选择了另外一条路

2022-08-15

我是在1978年8月上的大学。我的高考成绩还不错,本可以考到经济类院校,但是我不喜欢。我想当老师,把知识传授给学生们,像个园丁一样,在学生的心田播下美好的种子,期待着满园春色、姹紫嫣红,这岂不是最幸福的时刻?就这样,我报考了师范院校。

我还不愿意读中文,尤其不愿意读外语,于是我读了政史。阶级、国家、政党、社会制度、民主、法制……我对此很感兴趣。我较早地读了《共产党宣言》《社会主义从空想到科学的发展》等著作,也读了一些西方学者的著作。以往的学说不是为少数人说话,就是说空话;马克思主义学说不仅是为最广大的人民群众说话,而且马克思、恩格斯亲自去实践了他们所创立的学说。马克思由此得到了什么呢?他被开除国籍,3个孩子在疾病、饥饿中死去。马克思主义的实践性特征深深地印刻在我的脑海里。

我参加工作后,在我的一本工作手册的扉页上,我写下了马克思的这句名言:如果一个人只为自己而劳动,他也许能够成为有名的学者、绝顶的聪明人、出色的诗人,但他绝不可能成为真正的完人和伟人。我坚信:为自己说话绝对说不出真理!

我看着《共产党宣言》写下了入党申请书,我要成为共产党员。我相信共产主义必然胜利,资本主义必然灭亡。只是我看不到而已,社会发展的规律不可改变。我的愿望是到西藏、新疆等地方当老师,那里需要人才。1982年8月毕业时,因为没有计划,我的愿望没有实现,我被留校做

了一名辅导员，由此开始了我的辅导员职业生涯。

今天辅导员的地位有了极大的提升，但是还没有达到应有的程度，还在“攻坚克难”。大家可以想象40年前辅导员会是什么样子。我留校后，教过我的老师都劝我考研究生，去教法学、社会学、经济学等专业课，他们说我一定能搞好学问，别耽误了自己。我很感谢他们对我的关心。我们那时毕业就是国家干部，有公务员身份，可以直接进机关，但是我没有这样选择。我的一个老师对我很好，他在任学校党委副书记的时候，对我的评价是：“党的事业后继有人。”我说这些话的意思是，摆在我面前的不只是辅导员这一条路。正像罗伯特·弗罗斯特在《未选择的路》中描绘的那样：

黄色的树林里分出两条路，
可惜我不能同时去涉足，
我在那路口久久伫立，
我向着一条路极目望去，
直到它消失在丛林深处。
但我却选了另外一条路，
它荒草萋萋，十分幽寂，
显得更诱人，更美丽，
虽然在这条小路上，
很少留下旅人的足迹。
……
从此决定了我一生的道路。

我相信我如果做别的事情也能做得很好，可是我不能分心。人生最好一心一意做好一件事。我笃定了做一名辅导员。我认为这没有什么不好。我记住了中华文化中“厚德载物”这四个字。没有德，承载不了知识的重负；没有德，会把知识和能力用到错误的地方。看看那些在监狱里的高官，他们是没有知识、能力吗？他们是德不配位。辅导员是大学生的人生指导者和引路人，是帮助学生把握人生方向的人，辅导员怎么能没有用呢？把自己的思想装进别人的脑子里是最难的事，这怎么能不是学问呢？这应当是所有学科中最难、最难的学问！

我每天迎着属于我的那缕谁也剥夺不去的阳光信心满满地走在校园的小路上。“老师早！”“老师好！”那一声声来自学生们的问候使我心情荡漾、激情无限,使我懂得了没有付出就没有收获这个最朴素的道理。“把幸福给你的人”,一定是最幸福的人。我本想做一辈子辅导员,因为我做得不错,总是被提拔,一直做到了省委高校工委副书记的职位。在我 56 岁的时候,我坚决地辞去了厅级领导职务,回到学校做了一名辅导员。有人不理解,当时网上还有“这人一定是犯了错误”的声音。我的选择错了吗?我知我心。和学生在一起是多么快乐的事情,有了学生就有了一切。

只有真心地投入了,才能真正品尝到生活的味道。在组织的培养、大家的关心、个人的奋斗下,我也有了点学问,先后主持了九项国家社科基金项目;在《求是》《新华文摘》《人民日报》《光明日报》等报刊上发表了上百篇论文;独立出版了 1300 多万字的专著,我还获得了“时代楷模”“最美奋斗者”“道德模范”“万人计划教学名师”等诸多荣誉称号。事实证明,辅导员这条路能够走通!

辅导员工作功在当代、利在千秋。“辅导员工作麻烦”“辅导员工作辛苦”“辅导员工作不被重视”,其实“麻烦”“辛苦”也是挑战。正是这些“麻烦”“辛苦”才让学生记住了我们。人生没有彩排,每天都是现场直播,为何总想舒舒服服呢?“青春,现在是用来奋斗的;将来,青春是用来回忆的。”别人重视不重视是别人的事,我们自己必须重视。“地上本没有路,走的人多了,也便成了路。”辅导员这条路已经走了很长、很长,还需要我们再继续努力。辅导员要不争而得,把学生培养好就是最值得追求、最有价值的事情。我知道我还有很多地方做得不好,我知道我怎样才能做得更好。

大学是人文教育起家的。大学必须加强人文教育,而思想政治教育是大学人文教育的核心,这就是辅导员教师立足的根本。大学不是应不应有辅导员教师的问题,而是应怎样建设高素质的辅导员教师队伍的问题。

40 年前的今天,我当上了一名辅导员,从此我便没有一天离开大学生思想政治教育工作。今天写下这段文字,算作一份纪念吧。

思想政治教育要抓早

2022-08-23

曲老师,您好!

我是××职业技术学院的辅导员××,今年新加入辅导员队伍中。听闻您的经历,我深受感动,我也体会到了辅导员育人的力量。我有两个问题想请教您:一是对于高职院校的学生管理有没有什么秘诀?该如何开展第一步工作。二是对于辅导员新手,您对我们有没有一些嘱托,如有打扰,万分抱歉!

××,你好!

思想政治教育要抓早。辅导员首先必须对学生了如指掌。现在新生一入学,学校便对学生进行心理排查,既有意义,又没有根本的意义。关键是要对学生思想状况进行排查,要清楚学生到底在想什么,分清轻重缓急做好工作。学生的问题主要是思想问题,"通则不痛"。如果思想问题解决了,就没有那么多的其他问题了。

要发挥好学生骨干的作用,让他们成为你的左膀右臂。千万不能让这些学生干部当面一套,背后一套。这就要公平地对待每一个学生,不能因为家庭背景搞亲疏远近。

无规矩不成方圆。养成学生遵守管理规定的习惯,不能把管理规定当成摆设。习惯养成了,管理教育就得心应手多了。要特别抓好寝室文化建设。大学生活是从寝室开始的,许多问题都是在寝室酝酿产生的。

许多辅导员在对学生的思想引导上还弱些，必须用情感来弥补，让学生感受到你把他们放在了心上。学生认同了，有些事就好办了，学生就会听从你的教导。

尊敬的曲老师，晚上好！能够收到您的回复，我真的是很惊喜，感恩您在百忙之中真切的解答，让我面对新工作时忐忑的心有了方向，我也会牢记您的嘱托，走近学生身边，走进学生内心。祝您身心安康、万事顺遂！

将“经师”与“人师”统一起来

2022-08-25

曲老师,您好!

我是××学校的××,是一名数学老师,参加了东软的培训。这样冒昧地给您发微信,不知道有没有打扰到您,还请您谅解!

我从教26年,今年51岁了,一直奋战在教学一线,教学中时时刻刻都在进行着课程思政,但是以前没太关注到这些,只是近几年正式提出来课程思政了,我反倒感觉不会做了,不知道该怎样进行了,平时课堂上的点点滴滴感觉都是微不足道的,在有意无意中渗透的,真要是提升高度,把课程思政要素提炼出来感觉有些困惑和迷茫,如果我自己都做不好,就更没有办法带领团队去做了。所以想请曲老师能在百忙之中给我指点迷津。我深知舞台是属于年轻人的,但是我有不服输的干劲,我有吃苦耐劳的精神,我要尽自己的最大努力去做好,争取给自己的职教生涯一个完满收官!给您添麻烦了,曲老师,千言万语汇成一句话:诚挚感谢您的不吝赐教和指导,向您致以最崇高的谢意!

××,你好!

谢谢你的认同!你今年51岁了,还有这样的教育思考、教育追求,令人尊敬!

我常讲,广大的教师是有情怀的,都想把学生培养好,这是我们教育力量之所在。关于课程思政,我有两方面的问题:一是来自教育管理者的,也就是作为教育部门,一定要科学合理地设置课程,一些本应开设的思政课程必须开足;二是来自我们教育者自身的,也就是不能只把自己当作“经师”,必须把自己当成“人师”,在传授知识的同时,一定要帮助学生解决学习目的问题。

要实现这样的教育效果,除了挖掘、讲授教材内容外,还要增进和学生的情感,也就是习近平总书记说的,做到“人格要正”。正所谓:“亲其师,信其道。”要关心学生、爱护学生,把学生放在心上。比如,我上课前,都要力所能及地了解学生的情况,有的学生家庭生活困难,我还要想怎样才能帮助他们;有的学生思想有困惑,我在想怎样为他们解疑释惑。我上课的时候都和学生讲,自然年龄上我是他们的父辈,社会年龄上我不敢说我是他们的父辈,但是我会努力地成为他们的父辈。有的学生穿的衣服不是我的,就是我爱人、我孩子的,他们说我是把他们放在心上的人。学生只有认同你这个人,才会认同你传授的知识。所以,课程思政,一定要把课上与课下统一起来。再到大连可以联系我。

祝好!

曲老师,您好!

这么晚了还得打扰您,收到您发自内心的朴实的回话,我非常感动,真的有些控制不住了,没想到您这么高层次的教授还能抽空给我回信。反复看了几遍您的这段话,我品味出了其实您这就是给我上了一堂生动的思政课啊。我原本认为课程思政就是在课堂上做的,经过了您的指点我才明白,其实我的认识程度还有欠缺,还没有把课上与课下统一起来,有时候还会自觉不自觉地埋怨学生。课上时间我会格外珍惜,课下时间在我做班主任时会关注学生多一些,而作为任课老师时了解学生就少多了,好在这两年我校有党员教师和贫困学生结对子活动和关心关爱抗“疫”一线人员的子女活动,我都积极报名参加了,但也仅限于关心这几个学生,所以感觉还是为了做而做,并不是像讲课那样得心应手。听了您的指点,我明白了,一定会在今后的工作中加以改进,真正用心关注学生的生活和学习,在教育教学活动的点点滴滴中渗透课程思政,使之真正融入自己的教学中,不负您的谆谆教诲,再次感谢曲老师!以后有机会到大连,我一定去拜访您。打扰您了,曲老师晚安!

课程思政不仅要挖掘教材的内容，也要挖掘教师自身的潜能，更要找到学生需要帮助的地方，从而将“经师”与“人师”统一起来。

为学生成长服务好

2022-08-26

曲老师,您好!

非常不好意思您先跟我打招呼,而我回复间隔时间有点久,请您原谅。因为听完您的讲座,我一直在回顾我这八年的辅导员工作,在梳理自己的思绪。您是我辅导员工作的启蒙老师,当我入职培训时,您的那一堂课让我时刻记着,要真心对学生好。后来几次听您的课,都是对我思想的一次次洗礼,让我对辅导员这个职业充满敬意。

2021 年,我有幸得到您当面的辅导,备战全国辅导员素质能力大赛。也正因为您给了非常关键的指导,我获得了三等奖。今天,又一次聆听了您的报告,我很激动,眼泪几次在眼圈中打转。我羡慕您的幸福,也希望像您一样桃李满天下。虽然我知道我根本无法像您一样,但我会以您为榜样,向您一点点靠近。其实,从这个月开始,我就要暂时告别辅导员岗位,开始负责学校共青团工作,但是我内心对辅导员工作的那份情怀丝毫没变。面对新的工作岗位,曾经的辅导员工作经历,是我未来工作的底气,您的每一场报告,都是我未来工作的指南。

其实,我也在想,以后我还有机会回到辅导员岗位上,现在我仍然想在思想政治教育工作中走得更远。最后,谢谢您,曲老师,感谢您的指引。祝您身体健康!

××,你好!

我一直忙着,没有及时回复你,请理解。谢谢你的认同。你做了8年辅导员工作,也取得了一些成绩,不然也不会让你到校团委工作。虽然你的工作岗位有所变动,但并没有离开学生,还应当算辅导员队伍中的一员,只是你服务学生的方式发生了变化,由一线到了学校层面,更宏观了一些。

共青团工作是学生工作的重要组成部分,在学生工作中具有举足轻重的作用。下面这几项工作你一定要抓好,这对学生工作有着直接的影响。

一是抓好青年马克思主义者的培养教育。要通过各种途径解决学生思想上入党的问题,使青年学生矢志不渝跟党走,真正成为青年学生的榜样。

二是抓好学生会干部队伍建设。要建立公平公正选拔学生会干部机制,切实发挥好学生干部的作用。千万别培养一批“空头的革命家”,整天只想“做大官”,不想干实事。

三是清楚把握青年团员思想脉搏,搞好理论学习,帮助学生解决思想困惑。

四是开展丰富多彩的实践活动,培养学生的道德情操,增强学生的知识本领。

五是真正实现“寓教于乐”。不能“乐而有余”“育而不足”,失去了思想性。

有爱学生的心是非常重要的。只要不忘初心,无论在哪个岗位上,都要为学生成长服务好。相信你一定会努力工作,把学生培养好。

祝好!

曲老师,谢谢您!您说得对,虽然岗位变了,但是我服务学生的目标没变,初心使命没变。感谢您对我未来工作的指导,我一定继续努力,好好工作!

就业观比就业率重要

2022-08-30

曲老师,您好!

我作为一名职业院校的辅导员,最近思量了很久,还是有些困惑想跟您聊聊,主要是学生就业问题。学院领导乃至学校领导都觉得我工作没做实,说我没开展工作,就业率低,一句话就否定了我的全部工作。我是多么希望我的学生都能够真实就业,找到一份满意的工作。我对应届毕业生基本隔个三五天就会全部联系一遍,问问他们进展如何,有什么困难。确实疫情和就业形势严峻双重叠加,加上我们专业的学生社会需求本来就有限,造成就业率低。还有一部分学生的家庭情况特殊,确实暂时没法就业,但我也鼓励他们早就业。跟每个学生聊天,我都认真倾听他们的想法,有的想考编,想把家里病人照顾好,我都觉得这是真实正常的情况。我能理解他们,也对他们进行引导,但是我现在很矛盾,压力也大,学生步入社会不是有个过程吗?如果达不到学校要求的应届毕业生的就业率怎么办?

××,你好!

这些天太忙了,没有及时回复你,抱歉。你提到的这个问题带有普遍性,现在很多高校都把就业工作压在了辅导员身上,有的辅导员不得不与学生做些"手脚",把就业率提上去。

此前我多次讲过,辅导员首先应当帮助学生解决就业观的问题,只有这个问题解决了,就业率才有意义。说到根本,就业率的高低从社会层面来讲,取决于大的就业形势;从学校层面来讲,取决于学生培养的质量。由此可见,如果单从就业率来考量,一定要抓好教学环节,提升学生的培养质量。辅导员只是解决了学生的就业观问题,进而增强了其使命责任感,让学生把精神力量转化为物质力量,增强能力水平。

当然,就业是学生的人生大事,辅导员是大学里最熟悉学生的人,也可以说是最关心学生的人,要督促学生,该就业的早就业,能帮助学生找到就业岗位,就要不辞辛苦地帮助学生。从这点看,辅导员还真不能简单地把就业率"一推了之",认为学生就业与自己无关。工作不要带着情绪,竭尽所能就好。能做到什么样,就尽力做到那个样子。一些学生就是要"二战",就是要从长计议,我们还真没有办法。领导批评你就听着,不能只顾一时,这就失去了我们教育的目的和意义。

好的,谢谢曲老师。没关系的,我知道您很忙,其实我做各项工作一直很积极,我也一直想坚持这么做。因为我们也是从本科、研究生过来的,各个阶段都有就业的人,有时候找工作还真不是那么容易,特别是一份令人稍微满意点的工作。我很理解学生,经常与他们进行电话、微信沟通,更多的是鼓励他们、开导他们,举自身例子给他们。有部分学生确实很努力,一直在投简历,奈何就是石沉大海。我也跟有关老师沟通,提供了些点对点精准就业岗位,就业学生的数据也是实实在在的。

让学生带走最有价值的东西

2022-08-31

2019年3月18日,习近平总书记在学校思想政治理论课教师座谈会上指出:“用新时代中国特色社会主义思想铸魂育人,引导学生增强中国特色社会主义道路自信、理论自信、制度自信、文化自信,厚植爱国主义情怀,把爱国情、强国志、报国行自觉融入坚持和发展中国特色社会主义事业、建设社会主义现代化强国、实现中华民族伟大复兴的奋斗之中。”这是办好中国特色社会主义大学的根本要求。大学不能将就业率作为价值追求,必须解决好培养什么人、怎样培养人、为谁培养人的问题,对学生来说,就是帮助学生树立正确的人生观,这是学生离开学校时所应带走的最有价值的东西。下面这个学生是我带过的一个本科生,她在国内一所著名高校读完了硕士,回到家乡西北做了一名公务员。前两天她去井冈山培训考察,结束时,给我写了一封信。阅后我的第一感想就是:读书读到这个份上,所学到的知识才会派上用场。

曲老师,您好!

这次来到井冈山,我感到信仰不再是抽象的概念,它是具体的,支配着我们的行动。我也深刻理解了为什么说理想信念是精神之“钙”。来之前,我对这片红色土地感到很新奇,并且很向往,经过5天的学习考察,我感受到的是历史的厚重感和沉甸甸的责任。老一辈革命家不顾个人安危,在当时“红旗到底打得多久”的争论中,依然坚持理想。历史总会筛选人才、淘汰一批人，只有意志坚定的人才能走到最后。革命先烈的选择是关乎生死的，而我现在面临的选择无非就是辛苦与不辛苦。作为一名共产党员，我做得还远远不够，要向老师学习，多做公益事业，多做好事。

祝老师身体健康、事事顺心！

××，你好！

我去过井冈山三次，每次都是对自己精神上的一次洗礼。现在罗霄山脉风光无限，当年是“敌军围困万千重”，生活十分艰苦，还要与敌人周旋。因此，一些革命意志薄弱的人便离开了革命队伍。毛泽东写下了《星星之火，可以燎原》一文，激励全党同志。他说：它是“站在海岸遥望海中已经看得见桅杆尖头了的一只航船；它是立于高山之巅远望东方已见光芒四射喷薄欲出的一轮朝阳，它是躁动于母腹中的快要成熟了的一个婴儿。”没有坚定的理想信念就无法应对任何艰难险阻。2019 年国庆前夕，我在北京参加“最美奋斗者”颁奖大会，见到了毛泽东的孙子毛新宇将军，我对他说：“您爷爷是我最敬佩的人。”

理想信念是精神之“钙”，理想信念坚定才能挺直身板，才能走向远方。确实是这样：为什么我们有些人会患得患失、认为这难那难的，说到底，就是理想信念不坚定。我去过许多烈士墓地，烈士真是太伟大了，他们用血肉之躯铸就了中华人民共和国，我们就是流点汗、少睡点觉而已。

你们在大学的时候，为什么我常跟你们讲要从思想上解决入党的问题，就是让你们坚定理想信念，不然即便加入党的组织中来，也经不起惊涛骇浪的考验。你年轻，确实应当加强党性修养。要不忘初心、牢记使命，始终用共产党员的标准要求自己，踏踏实实做事，坦坦荡荡做人，淡泊名利，不争而得。有了这种境界、这样的格局，就一定会成为一个名副其实、顶天立地的共产党人。我们共勉！有事就联系我。

谢谢你的祝福！也祝你一切都好！

不惧怕困难

2022-09-02

人生不会一帆风顺,“狭路相逢勇者胜”。整天怕这怕那、这难那难的,能有什么作为?还会有什么出息?昨天在环球网上看到了这篇文章《歼-15首飞前夜,他们为何要请试飞员吃饭?》。试飞员李国恩说:“我当时想,既然从事了这个职业,就算遇到风险,也认为自己是值得的。此生选择试飞,终生无悔。”我真是敬佩他,可谓真正的勇士!扪心自问一下,我们到底有多难?人生就是这样,考虑自己多了,一定处处有难事;若是考虑国家多了,那就时时无难事。

曲老师,您好!

我是××学院的辅导员××,今天上午听了您的讲座,我感到受益匪浅,心胸也开阔了很多。之前一直在自己的一亩三分地里,不知道方向在哪里,听了您的讲座以后,我真正理解了干一行爱一行,爱一行精一行,做到极致。把辅导员工作当作一份事业去做,多读书,做好自己,才能更好地引导学生、影响学生。以后工作中如果遇到困难,我还会麻烦您并向您请教,还请您不吝赐教!感谢!

谢谢你的认同!

辅导员一定要有格局,要有担当精神。我们有的辅导员总是抱怨环境如何,总是把困难放大,这是不应该的。正是因为有这样或那样一些困难，才需要我们去改变。别人越不重视辅导员工作，我们越要重视。应当说现在是辅导员队伍建设的最佳时期，一切都在向着好的方向发展，只是需要一个过程，我们每个人都应当为建设一支高素质的职业化、专业化、专家化辅导员队伍而努力。发牢骚、抱怨是无济于事的。

曲老师，您好！

给我们做了一天的讲座，您辛苦了！我是××学院的辅导员××，刚参加工作时就听过您的讲座，还拜读过您的《识读大学》，今天又有幸再次听到您的真情分享，我又受到了一次鼓舞。感谢曲老师对教育事业的奉献，更感谢曲老师能把您的宝贵经验与我们分享，今后还要多多向您学习！

再次感谢曲老师对我们的倾情指导！祝您身体健康、万事顺意！

谢谢认同！我们共勉！读别人的故事，写自己的故事。每个人都有自己的潜能，关键是要挖掘出来。我时常感到有的老师浪费了自己的才能，实在是可惜。

谢谢曲老师从正反两个方面出发的教导，您说的话精练、朴实无华、意义深远又有很强的指导性，听您一句话，胜读十年书。在今后的工作中我虽不知自己的潜能有多大，但我会全力挖掘，向您学习，把您的精神传承到更多的方面。有您这样的榜样，我做起工作来更是信心满满，再次感谢曲老师！

也有些老师看不起自己，缺乏自信。自信不是狂傲，是一种不服输的精神。打倒自己的只能是自己。没有拼尽全力怎么就能认输呢？奋斗的人生才有意义、才不后悔。

是的，曲老师，青春也在于奋斗，人的一生都应该有一颗拼搏之心。谢谢您的鼓励，您的经历让我们觉得您一直在实现个人价值的道路上，今天与您的对话更坚定了我在工作上的信心，我会找到自己的个人价值，并努力实现，做一名好老师！谢谢曲老师的激励！

思想教育要给学生思想力量

2022-09-20

曲老师,您好!

祝您教师节、中秋节快乐!

从井冈山培训考察回来以后,我就到区团委挂职锻炼了,投入紧张、充实的快节奏工作中。刚来一周,部里就给我们发了习近平总书记《论党的青年工作》这本书,让我们深度研学。我用空闲的时间把这本书从头到尾读了一遍,其内涵丰富、意义深远。我还精读了关于共青团工作和青年寄语篇章,从中收获很多;我结合日常工作来理解这本书,这又为我的下一步工作指明了方向。

目前我在统战与社会联络部负责民族团结和青联工作。习近平总书记提到,要高扬爱国主义、社会主义旗帜,不断巩固和扩大青年爱国统一战线。共青团很重要的一项任务就是引领青年思想,为党的事业育人育才,成为党联系青年最为牢固的桥梁纽带,把最大多数青年紧紧凝聚在党的周围。我也在工作实践中探索,如何更好地联系、引领、服务青年,发挥自己同为青年人的优势,团结更多的青年。目前我在筹备青联换届、成立区青年科技工作者组织、开展民族团结进步宣传月活动事宜,发挥组织团结的作用,每天都能学到新知识。感谢老师对我的教导,帮我系好人生的第一粒“扣子”,让我能一直走正路。

衷心祝愿老师身体健康、万事顺意、阖家幸福!

××,你好!

我这两天忙,今天才回复你,有些迟了。教师节我收到了许多祝福,使我感受到作为一名教师的荣光。古人云:“得天下英才而教育之。”此乃人生一大幸事,人越老越能够品味出其中的道理。我算从事了一辈子教师职业,培养了无数学生,现在回头看,真是一生的财富。我来到大连海事大学后,与你们相伴,力所能及地做我能做的一切。今天,你们像一只只雄鹰翱翔在祖国的蓝天,老师感到很欣慰。

我们很多人,总想个人怎么样,没有使命和担当,这怎么像读了大学的样子?未来属于你们,你们与祖国的命运息息相关。你是硕士毕业生,又毕业于国内著名学府,知识能力没有问题,需要的是不断塑造自己的品格。你是共产党员,一定要不忘初心、牢记使命,这也是大学文化“止于至善”在当代的某种诠释。确立为民执政的理想追求,这是成就事业最重要的思想基础。工作要扎扎实实,不要急于求成。虚心向书本学习、向实践学习、向他人学习。任何时候都不能觉得自己行,别人不行。事业是大家齐心协力干出来的。

本来我安排这两天去你们那里考察,因为疫情没有成行。等疫情结束了,我就过去,我们又可以见面了。到时候你再说说你现在的恋爱情况,结婚的时候我争取参加你的婚礼。

祝一切都好!

曲老师,您好!

我也才忙完手头工作,刚下班,老师您要注意身体啊。我现在越来越感悟到锻炼身体的重要性,每天总要抽出时间锻炼一会儿,老师也要坚持锻炼呀。受疫情影响,我也出不去,要不然“十一”我是非常想回大连一趟的,看看母校、看看老师。我结婚应该在明年,今年工作比较忙,也没时间准备,确定好了一定告诉老师。老师教诲的是,干工作要踏踏实实,多学习多思考,多做事少说话,坚守自己奉献的初心,想群众之所想、急群众之所急,不能脱离群众,学生都记下了,并将为之而努力奋斗。

祝老师身体健康、万事胜意!

告诉我你的详细地址,我邮寄几本我写的书给你,书里有些关于民族团结的内容。

教育就是爱

2022-09-21

习近平总书记在北京师范大学考察调研时指出:“教师重要,就在于教师的工作是塑造灵魂、塑造生命、塑造人的工作。一个人遇到好老师是人生的幸运,一个学校拥有好老师是学校的光荣,一个民族源源不断涌现出一批又一批好老师则是民族的希望。”“国家繁荣、民族振兴、教育发展,需要我们大力培养造就一支师德高尚、业务精湛、结构合理、充满活力的高素质专业化教师队伍,需要涌现一大批好老师。”

教师就应当“捧着一颗心来,不带半根草去”。在和老师们交流的时候,我常说这句话:“即便我们不能让学生感到幸运,也绝不能让学生感到倒霉透了。”人生很多事是无法弥补的,过去了也就过去了。为了给自己“锦上添花”,置学生于不顾,值吗?只要有点党性、人民性,到老年的时候一定会后悔的。自己的孩子是孩子,别人的孩子也是孩子。这是我体悟的并经常用来自省的一句话。既然选择了做教师,就应当努力成为让学生感到幸运、让学校感到光荣、让民族感到希望的好老师。今年教师节的时候,学校让我谈一下我对教师职业的感受,我写了下面这段话。

我天生就喜欢教师职业。高考报志愿的时候本来我可以去大家很向往的经济类院校,我却偏偏选择了师范院校。我还特别愿意学很多人都避之不及的政教专业。这使我在大学读书时就比较系统地学习了马克思、恩格斯、列宁、毛泽东的著作,也读了西方一些学者的著作,我在比较中相信了马克思主义。我坚信“两个必然”的结论，我看着《共产党宣言》写下了入党申请书。在毕业选择去向的时候，我向学校申请去西藏、新疆这样偏远的地区当老师，那里太需要人才了。可是因为没有计划，我被留校做了辅导员，上“共产主义思想品德课”（就是现在的“思政课”）。

我想当一辈子辅导员，上一辈子思政课。自夸一句，因为我的工作比较出色，总被组织提拔，我从一名辅导员一直做到了省委高校工委副书记一职；但上一辈子思政课我做到了。我到省里工作的时候，分工上我可以管干部，可是那样就不能上思政课了。于是我负责了大学生思想政治教育，这样和我带的博士方向就一致了，我可以继续上思政课，适当的时候我还可以回到学校做辅导员、上思政课。2013 年 7 月，我辞去了厅级领导职务，没有保留级别，回到了大连海事大学。

我又做了辅导员、上了思政课，我要在学生工作岗位画上我职业生涯的句号。学校领导很关心我，让我把编制放到马克思主义学院，不用当辅导员、上思政课，去做科研。我说：“我就是为了当辅导员、上思政课才回来的。”许多记者采访我的时候都问到这个问题：“为什么能够放弃厅级领导职务回学校当辅导员、上思政课？”我说：“就是爱，爱党、爱祖国、爱人民，具体体现在爱学生。”

“中国共产党一经诞生，就把为中国人民谋幸福、为中华民族谋复兴确立为自己的初心使命。一百年来，中国共产党团结带领中国人民进行的一切奋斗、一切牺牲、一切创造，归结起来就是一个主题：实现中华民族伟大复兴。”

中华民族是伟大的民族，我们必须教育引导学生肩负使命和责任。中国人民从来没有欺负、压迫、奴役过其他国家人民，过去没有，现在没有，将来也不会有。同时，中国人民也绝不允许任何外来势力欺负、压迫、奴役我们，谁妄想这样干，必将在 14 亿多中国人民用血肉筑成的钢铁长城面前碰得头破血流！“江山就是人民、人民就是江山，打江山、守江山，守的是人民的心。中国共产党根基在人民、血脉在人民、力量在人民。中国共产党始终代表最广大人民根本利益，与人民休戚与共、生死相依。”没有人民就没有今天的成就，没有人民我们什么也不是。邓小平说：“我是中国人民的儿子，我深情地爱着我的祖国和人民。”作为一名教师，我也是中国人民的儿子，也必须深情地爱人民。教育是人民幸福的源泉。我们必须教育培养好学生，让他们感恩父母，用知识改变家庭的命运，这也是我们对人民的回报。

从1982年毕业留校工作到今天,我正好从事了40年的教育工作,我始终把对党、对祖国、对人民的热爱之情记在心间。为了教育引导好学生,我开创了高等教育家访的先河,我家访的足迹横跨全国20多个省份,我去过150多个学生家庭。我确立了"每逢佳节倍思'贫'"(生活困难学生)的工作理念,和学生在一起度过了无数个节假日,我应当是中国教师中请学生吃饭次数最多的人。我用我的报告费、稿费、公众号打赏费和得到的奖金,建立了"励志基金",其宗旨是"你为祖国服务,我为你服务"。该基金于2019年教师节建立至今,已经表奖和资助了600余名优秀的大学生。我要求自己绝不能让学生在思想上犯错。我和学生建立了微信群、开通了公众号,及时回答学生的问题,为学生解疑释惑,我和学生之间的微信交流达300多万字。围绕学生、关照学生、服务学生,我不断探索学生的成长规律,先后主持完成9项国家社会科学基金项目(3项重点);独立出版专著30余部,有1300余万字;我曾经患过癌症,我放弃了化疗、放疗等治疗,缠着绷带、没有拆线就出院了,我要把最后的时光留给学生……

我是一个园丁,春天播下了种子,秋天有了收获。我的学生可谓桃李满天下,他们在祖国的四面八方、各条战线为祖国服务。我带的一个学生,来大学的时候,犹豫彷徨,要离家出走。我改变了他。他说:"就像冥冥中注定,和您相遇,您来化解我内心的矛盾,治愈我遭受的伤痛。您拯救了我,拯救了我的家庭。我曾经几乎想要放弃我的家庭,逃离那个令我绝望的环境。而您,抚平我的伤痕,点燃我的希望。"毕业时他选择了去西藏工作。他要"植大木以立长天,处江湖以忧国民",放下尘世繁华,做个勇敢的人。为了解除他的后顾之忧,我们俩达成了协议:"祖国的事你来管,你家的事我来管。"我帮他家盖了房子,帮他母亲做了股骨头坏死手术。有个任厅级干部的学生给我写了一封近5000字的信,信中说:"于我而言,您是我人生成长道路上的一位精神导师。"上个月我到新疆家访、考察、看望毕业生,有个家在石河子的学生和她父亲赶到乌鲁木齐,在新疆农业大学门口等了我一个多小时,就为了给我献上一束鲜花。学生们不忘我对他们的教育引领、感谢我的陪伴。学生说:"不是每一朵鲜花都代表爱情,玫瑰做到了;不是每一棵树木都耐得住饥渴,白杨做到了;不是每个人都这么想您啊老师,我做到了。""我能舍小我而成就众我,能有好男儿立志天地间，纵横四海，驰骋边疆的雄心壮志，都是老师爱的灌溉，学生无以为报。唯有传承这种爱，使之绵绵不绝，以光大之。”

教师，多么美好的职业，功在当代、利在千秋。这是在积“止于至善”之德，值得一生追求、一生拥有。教师，就应当充满对党、对祖国、对人民的满腔热爱；教师，就应当像蜡烛一样，燃烧自己，照亮学生。

焉知来者之不如今也?

2022-09-22

曲老师,您好!

今岁中秋夜,喜连教师节,很幸运在19岁踏入大学校园之时就成为您的学生,也无比感恩您在我成长、求学路上的指引点拨和如父亲般的悉心关怀,带我考察学习,给我鼓励资助,还总是在大大小小的节日想着我,学生倍感幸运、无以为报,一定会矢志奋斗,服务祖国,不辜负您的培养。虽疫情相隔,但祝福不减。致敬师恩,祝曲导教师节快乐!也祝福您和家人中秋佳节快乐,月圆人圆阖家团圆,人顺心顺诸事都顺。正值换季,您多注意身体,大连疫情严重,您注意防护,期待早日回到学校团聚。

××,你好!

这两天比较忙,没有及时回复你。

没想到这疫情会持续这么久,到现在还没有结束,确实给我们带来了不便。不过我还是能够适应,每天都规律地工作、学习、生活。这段时间我又把中小学语文教材、政治教材看了一遍,找回了许多知识点,背诵了许多已经忘却了的古诗词、名言警句、文章段落,在忙碌中感觉到学习的快乐。每天都能学习、了解未知的事物,生活多么美好!我总是替一些学生惋惜,生在多么美好的时代,拥有多么美好的时光、多么美好的前程,却不知珍惜,整天发牢骚、抱怨。

和你们在一起我很快乐,缘分使我们相遇。我都到晚年了,没有什么追求了，就是力所能及地帮助你们成长，这是我十分愿意做的事情。未来属于你们，希望在你们身上。你们强大了，祖国就强大了；祖国的强大才是我们老年幸福的根本保障。"你为祖国服务，我为你服务"，你努力前行，我尽力相助。你是博士、共产党员，会有多大的作为啊！老师为你骄傲，感到欣慰！

快点开学吧！到时候我们又可以吃学校食堂的烤鱼啦！家里都好吧？给你父母问好！大连随时欢迎他们。有我能做的事就联系我。

祝一切都好！

感恩曲导，家里一切都好。您每天都更新公众号，还有您每天都在规律地工作、生活、学习，这默默地激励着我在家也要保持规律作息和锻炼，有计划地自主学习。期待能够早日顺利开学，祝您和家人一切都好。

好的。我们共同期待！

把价值引领放在首位

2022-09-29

前两天我在一所高校以“涵养崇高师德　培育时代新人”为主题，与部分老师和学生代表做了交流。有个学生给我写了很长的一段话。这使我再次感受到：思想政治教育一定要把价值引领放在首位，提升学生的思想力。大学，要丰富学生的知识，增强学生的能力，但是更为重要的是帮助学生把握前行的方向，使他们把知识、能力用到祖国需要的地方。

曲老师，您好！

我是××学院的学生，今天下午听了您的讲座，我很难忘，我第一次认识到作为一名教师应该为人民服务，为祖国服务。从前以为教师就是一个职业，是一种谋生手段，认为做好自己分内的事情就可以，为国家做出很大的贡献是不可能的，现在您改变了我的看法。如果以后自己能光荣地成为一名人民教师，我也会像您说的那样，到祖国最需要的地方去，而不是像以前一样总想往大城市跑，到条件好的地方去。真的很敬佩您，我以后会多向您学习，争取多为祖国做一点贡献，还有您下午给我们讲的那些个人经历太感人啦。

××，你好！

谢谢你的认同！看得出来你是一个有责任感、肯担当的好青年，让我感动。我多次来江西，为了新中国的建立，江西人民做出了巨大牺牲，这对我也是教育和激励。今天先辈们把接力棒交到了你们手里，作为当代青年，你们一定要接续奋斗，为中国梦的实现努力拼搏。这不是空洞的口号，这是摆在你们面前现实而迫切的任务。

你是学师范教育的，一定要把自己的品德培养好，将来做一名好老师，教育引领更多学生与你一道在青春的赛道上跑出最好的成绩。你读大学几年级了？很多学生像你说的那样，把就业目标定在大的城市，贪图安逸，这是没有勇气的表现，也不会有大的出息。我很赞同你的选择，到祖国最需要的地方去，把服务人民作为人生的追求。好好准备，坚持下去，你一定会有所作为。

我建立了宗旨为“你为祖国服务，我为你服务”的励志基金，有需要我会尽力帮助你。告诉我你的详细地址，我把我写的书签名、邮寄给你做纪念。我还会去南昌的，到时候联系你，我们好好聊聊。

祝好！

我现在才大一哦，就是那种想法改变的一瞬间，我父母都觉得我长大了。我很开心，希望以后能实现自己的诺言，我也挺想去边疆支教的，看看那里的孩子，多教给他们一些知识，让他们长大以后也为祖国服务。青年学生应该具备国家意识和责任意识，我也一样。我会好好努力的，在大学四年中充实自己、提高自己。

我的地址是：××××××××。能收到教授的赠书我很开心，也很感动，我会好好品读的。

好好培养自己。到大连联系我。

要成为“大先生”

2022-10-09

前天晚上在线上,我以“当好培育时代新人的大先生”为主题,与北京邮电大学新入职的老师做了交流,很多老师加我的微信,谈他们的体会。让我感动的是,这些专业老师心中都有着美好的愿望:把学生培养成时代新人。

(一)

曲老师好,昨晚听了您的课,我很震撼,受到了教育!感谢!

谢谢你的认同!我们共勉!我老了,所以总想告诉你们年轻人,你们付出了那么多读了博士,又当上了大学的老师,一定要有君子的样子,不然读那么多的书干什么,就是为了个人的物质生活?那样的话,很多没读书的人恐怕要比你们富裕得多。我们做老师的“谈笑有鸿儒,往来无白丁”,我们怎么可以输了呢?所以,古人把“得天下英才而教育之”当成人生一大幸事是有道理的。当老师,就应当像陶行知先生说的那样“捧着一颗心来,不带半根草去”,培养无数为民族、为国家担当的人,这多有价值!不值得一生追求吗?这样才对得起夜灯下的苦读、严寒酷暑里的付出。有事就联系我。

祝好!

我刚当上老师,正在学习和领悟如何当好一位老师。曲老师昨晚的宝贵分享,让我找到了方向。后面在任教过程中,肯定还会遇到这样或那样的问题,到时候我再向您请教!再次感谢曲老师!

(二)

曲老师,您好!

您的课让我受益匪浅,让我对职业的选择有了新的思考,希望能成为像曲老师一样心中有学生的老师。

谢谢!我们共勉!你说得非常对。现在很多老师是当上了老师,但只是“应急”的需要,身在这里,心不知跑到了哪里,这就不会把学生放在心上,也就难能成为大先生。教师一定要努力做到像陶行知先生说的那样“捧着一颗心来,不带草根草去”。习近平总书记指出:“教师重要,就在于教师的工作是塑造灵魂、塑造生命、塑造人的工作。一个人遇到好老师是人生的幸运,一个学校拥有好老师是学校的光荣,一个民族源源不断涌现出一批又一批好老师则是民族的希望。国家繁荣、民族振兴、教育发展,需要我们大力培养造就一支师德高尚、业务精湛、结构合理、充满活力的高素质专业化教师队伍,需要涌现一大批好老师。”教师就应当做到像习近平总书记要求的那样:成为让学生感到幸运、让学校感到光荣、让民族感到希望的好老师。中华民族伟大复兴正处在关键期,我们一定要下功夫把青年学生培养好。青年兴则国家兴,青年强则国家强。国家好了,我们就一切都好了。

谢谢曲老师!我觉得看到学生们受老师的影响,有正确的三观,愿意到祖国最需要的地方去是件特别有意义的事情!我希望自己能在工作岗位上发光发热,给学生带来正能量。

只要用心教,就会达到希望的教学效果。

好的!期待下次跟曲老师交流时我会有更大的进步。向曲老师看齐!

(三)

曲老师您讲得太好了,您是我们的榜样和楷模!听了您的讲座,我有了更深的责任感和使命感,我一定会做好教师,立德树人从脚下的每一步做起。

好的。小伙子,看到你微信头像,有那么一股精气神。未来属于青年,也属于你们。你们多年轻啊!陪伴学生多么值得、多么崇高、多么有价值!古往今来,真正的知识分子都是把“得天下英才而教育之”当成一大乐事,希望你也能这样。要成为“经师”,给学生知识、能力;更要成为“人师”,给学生指引前行的方向。到大连就联系我。

谢谢曲老师的鼓励和指引,我会砥砺前行、加倍努力,不辜负您的期望和教诲。

(四)

曲老师,您好!

我是××师大的思政博士,也是××书记的学生。我一直特别崇拜您,在学校就经常听您的讲座,终于加上偶像的微信啦!

谢谢!昨天我还和××书记通电话了,我们是几十年的好朋友,到大连就联系我。

我去年入职北京邮电大学,今年刚开始讲思政课,讲授“思想道德与法治”,今天听了您的讲座,感觉您对学生真好,是我辈远远不及的,不过我也是把学生看得很重,经常鼓励、肯定他们,希望他们有朝一日成为国之栋梁!我觉得自身资质愚钝,不像您那么优秀,但我还是要争做大先生,“为党育人、为国育才”,就是我此生最重要的追求!谢谢曲老师!我感觉有了您的微信,自己也会不自觉地受到熏陶和感染。您刚刚讲了那么久,一定很累啦,快休息吧!曲老师,希望以后有机会能和您见面。

有这份情怀很重要,慢慢来,扎扎实实地做。只要心中有学生,就一定会成为学生喜欢的大先生。

谢谢曲老师的鼓励，我会坚守初心的。曲老师快休息吧，晚安！

我们共勉！

少数民族学生思想政治教育尤为重要

2022-10-18

曲老师,您好!

听完您的讲座,我备受鼓舞。你先吃饭,等您休息好了,我再与您交流下心得。我也在内地读大学,受大学辅导员的影响,我可以留在内地“985”“211”高校,但我还是义无反顾地回到家乡,为新疆的发展出力。我先后在南疆幼儿园支教过两年,我还有一年的阿瓦提县“访惠聚”驻村工作经验。今天听您的家访故事,我深受触动,回忆无限。作为辅导员,我们该如何提升自己?进修第二学历,或如何努力才能有机会在党校进修呢?辅导员的第二个五年规划,重点应该在哪里,是总结经验还是实践创新?还望曲老师给我指点迷津,万分感谢。

××,你好!

这两天我有些忙,所以回复你有点迟了,抱歉!

看得出来,你是很热心辅导员工作的。你谈到你有这样一份情怀,爱党、爱国,这让我很感动。我算是做了一辈子学生思想政治教育工作。我十分重视新疆少数民族学生的思想政治教育工作。我当年在省教育厅任职的时候,考虑到很多高校有新疆的学生,我还让这些学校各派一名辅导员,由思政处一位处长带队,集体到新疆家访,了解学生的一些情况,形成学校和家庭教育的合力,教育引导学生成长。我今年暑期还特意去了新疆伊犁、和田、乌鲁木齐、石河子、塔城等地方,看望了我带过的新疆学生,和他们的家长进行了交流。新疆学生都有这份情怀、这份坚定,纷纷表示要回到家乡为民族团结做贡献。新疆学生的思想教育工作非常重要。你如此爱党爱国爱疆,做了这么多学生教育工作很重要、很有意义,值得称赞,希望你能够坚持下去。不管别人怎么看我们,我们自己定要不忘初心、牢记使命,把学生放在心上,为中华民族的伟大复兴培养更多优秀的人才。

至于你谈到的学历提升和学生教育之间的关系,我一直是这样看的,工作需要不断地学习,学习也是为了工作。就你目前的情况来看,我认为学历提升还不是主要的,主要的是我们的工作出发点、着力点在哪里,也可以说要明确学习的追求在哪里。现在一些辅导员去追求高学历,这一方面有他对思想政治教育规律性、科学性进一步提升的需要,但从另一个方面也应该看到,一些辅导员提升学历的目的未必是真要把辅导员工作做好,有的是为了评职称,而有的是为了转到专业教学岗位去。这些年培养了很多辅导员专项博士,但是现在真正在辅导员工作岗位上的寥寥无几。也就是说,这些辅导员提升学历的目的,从我们制度设计的角度讲,是让他们职业化、专业化、专家化,但是从他们自身的选择上,这种设计恰恰助推了他们离开辅导员队伍。所以这里就不是一个简单的学历提升问题,而是一个"不忘初心、牢记使命"的问题。我认为你不要着急,也不要恐慌,还是踏实点、安下心来,一心一意把学生工作做好。

辅导员工作的关键是要用心。毛泽东同志讲过这样一句话:"读书是学习,使用也是学习,而且是更重要的学习。"辅导员工作的水平,一定不是体现在他的学历上,而是体现在对学生的培养教育上。你有这么多年的实践经验,又有这份情感,我想你一定会带好学生,这就够了。至于学历提升,我常讲要有学习意识,要终身学习,要有真才实学,这就够了。并不一定非要通过学历才能提升自己,我常跟一些辅导员讲,实际我们很多辅导员博士的学习就是取得一个学历,学习的很多知识跟辅导员工作并不一致,取得的学历也只是一个"光环"。如果有读博士的这种时间付出,我想其工作可能会做得更细致、更扎实、更有成效。比如,写一篇C刊,其实是很难的,如果有这个工夫,可以和100个学生每人谈一次话;几个假期"忙活"不出一篇文章,一个假期就可以到多少个学生家家访?所以我说,你不要着急,踏踏实实把工作做好就可以了。你们以什么方式去党校学习,我想你们那里会有一些规定、一些条件,不要把它当成目标,把学生工作做好了，组织上也会考虑你的发展。

告诉我你的详细地址，我有几本关于学生工作的书籍可以邮寄给你，供你参考。

祝好！

聆听精神导师解惑，我真的是受益匪浅。曲老师，我一定会初心永存，顶住环境的压力，继续为党育人、为国育才，把重心依旧放在学生身上，尤其是放在少数民族学生的思想政治教育上，做好广大青年学子的领路人，看淡个人职称、职务晋升机会，让服务学生、帮助学生成为我追求的目标，戒躁，脚踏实地做个好辅导员。

我为能在××大学聆听您的讲座而庆幸，更为能受到您的鼓励而倍感幸运。我现在能量满满，我要为新疆的稳定和谐发展不留余力地奋斗，尤其是跟您交流后，我感悟到伟大的真谛，那就是做好点点滴滴，放下功名，做好教育学生的每一件小事，由点滴积累的小的量变最终带来大的质变。我会持之以恒地坚持与加油，也由衷地祝您健健康康、诸事顺心顺意。

谢谢！到大连联系我。

知识就是力量?

2022-10-19

在牛津大学附近一面墙壁上有一个雕塑,以纪念培根在牛津大学教过书。2005年,我到牛津大学考察,在导游的帮助下找到了这个地方。培根喊出了“知识就是力量”的口号。这在当时,如闪电划破夜空,猛烈地抨击了神学家、信仰占星术和炼金术的人们。培根也因此被冠上“传播异端邪说”的罪名。

时代在变。今天我们应当给这个口号赋予新的释义:知识不会天然地就是力量。“知”“识”是统一体,不“识”之所“知”,知识不仅不会成为力量,或许还会成为魔鬼。知识成为力量需要有“中介”,这就是价值观,也就是要知其所学之所用。一些官员进了监狱,不是没有知识、缺乏能力,而是德不配位,“识”上出了问题。

习近平总书记在党的二十大报告中提出,要“着力培养担当民族复兴大任的时代新人”,就是要求我们把学生学习知识、增强本领,与“让青春在全面建设社会主义现代化国家的火热实践中绽放绚丽之花”统一起来,在实现中华民族伟大复兴事业中建功立业。

这就需要我们思政人在关心学生就业的同时,更要关心学生的择业观。如果人生的方向错了,再丰富的知识、才能,带来的不仅不是福音,还可能是灾难。

一代更比一代强

2022-11-21

党的二十大开启了全面建设中国式现代化新征程。当前,全党上下都在认真学习党的二十大报告,我们思想政治教育工作者同样如此。实现美好的蓝图需要当代青年赓续奋斗。因此,在我们明白这些道理的时候,一定要下功夫让学生们也明白,这是根本!

曲老师,今天听您的演讲我流泪了,这是一次心灵的洗涤,给了我极大的启发,我当时就让我爸妈扫码听了,演讲结束后又听了6次您的演讲录音,现在仍觉得心潮澎湃。您崇高的品格、您的精气神、您的事迹深深地感染了我,让我第一次在内心审视自己,并坚定了我要成为一个什么样的人。我要是能早点听到您今天这番话就好了。在今后的日子里,我立志向您学习,怀着爱国之心,认真踏实地求知、做人、做事!十分期待老师能再次莅临我校!

××,你好!

看到你这些诚挚的话语,我也很感动,得有多么美好的心灵才能发出这么优美的声音啊!古人曰:“后生可畏,焉知来者不如今也?”一代更比一代强!你这么年轻,正是为未来打基础的时候,怎么能说晚了呢?习近平总书记在党的二十大报告中指出:“当代中国青年生逢其时,施展才干的舞台无比广阔,实现梦想的前景无比光明。”“广大青年要坚定不移听党话、跟党走，怀抱梦想又脚踏实地，敢想敢为又善作善成，立志做有理想、敢担当、能吃苦、肯奋斗的新时代好青年，让青春在全面建设社会主义现代化国家的火热实践中绽放绚丽之花。”你正处在青春的“拔节育穗期”，一定要把自己培养好，不负时代，不负光阴，在实现中国梦的伟大事业中做出应有的贡献。

告诉我你的详细地址，我把我写的书邮寄给你做纪念。有机会来大连可以联系我。

祝好！

能收到曲老师的鼓励与祝福，我真是喜悦万分！老师您说得对，我们青年正生逢其时，施展才干的舞台无比广阔，实现梦想的前景无比光明，我们是幸运的一代人，是生在红旗下、长在春风里的一代人。我定不负曲老师所嘱，努力沉淀自己，不负光阴、不负时代，以爱国的初心自觉担当起社会责任，成为祖国的创新人才！我的地址是：×××××××××。我衷心感谢曲老师的关心，也衷心祝愿曲老师身体健康、桃李八方！

好的！谢谢你的祝福！扎扎实实走好人生的每一步！

谁的环境都不会尽善尽美

2022-11-22

曲老师,您好!

其实我一开始并没有报名听此次的演讲,因为我听过学校太多的演讲,演讲的内容都是千篇一律,所以我对此次演讲也没有抱太大的希望,并没有期待您的演讲能给我带来什么。但是您让我见识到了不一样的演讲。我想把您当作朋友,跟您讲讲我的经历。

我出生于一个贫困家庭,虽然生活很贫困,但是我很快乐!和我一届的同学有的已经回家种地,有的已经被迫嫁为人妻。虽然我的父母文化水平低,可是我很感谢他们给了我上学的机会,让我看到了外面的世界。我印象很深刻,有次我的父亲喝醉了,他迷迷糊糊地跟我说,你好好读书,钱的事情你不用管,你考上我就供你继续念书,就算是贷款、卖房我都供你读书。我特别感动,从此就发誓我一定要好好读书,一定要孝敬父母。现在我的父母已经老了,但是他们还在过着面朝黄土背朝天的日子,一想到这些我就特别心疼。他们不但要承受着靠卖辣椒赚点小钱的辛酸,还要承受身体的不适继续劳作,这都让我一次次下定决心要好好读书。

从小学开始我的梦想就是做一名优秀的医生。但是在小学,我对梦想这个词并没有很大感触,一直没想好我到底要成为一个什么样的人。到了中学,我的外婆生了一场很严重的病,但是由于交通问题,我的外婆不方便去城里医治,城里的医生也不想来这个山里,我们除了看着她痛苦地呻吟,其他什么也做不了。这时我想做一名医生,我可以并且有能力为我的家人治病，让他们不用那么痛苦。后来我看到了一个纪录片，讲的都是关于医生救治病人的过程，也讲了穷苦人家因为没有钱放弃治疗的故事。我义愤填膺地在笔记本上写下了“以后要是他们没有能力去支付手术费，可以让他们先欠着，要是实在没有能力，就不让他们还了”。

后来我考上了高中，做一名医生仍是我的梦想。在新冠疫情暴发后，我看着一天天增长的病例，我很愤恨自己的无能，甚至因为自己的无能而偷偷掉眼泪。我太喜欢这个职业了，我太想帮助他们了。后来我买了一些医学类的书，天天看，尝试着去掌握那些知识，并把这些知识讲给我的小伙伴们听。但很遗憾的是，我在报高考志愿时，并没有选择我一直热爱的医学专业，而是听了我姨的意见选了小学教育。

录取通知书到了以后，我一遍遍地问自己为什么不选择自己所热爱的专业。到了学校后，我也是特别后悔，每天都不想学习，极度嫌弃自己的专业。学校教会了我一个道理：既来之，则安之。我就想，要不然我就好好学学，或许当一个合格的人民教师也不错呢！后来我就不再焦虑，想象着一群小朋友围着我转，我给他们讲爱国的故事，给予他们缺失的爱，等等，好像也挺不错。哪里需要我，我就去哪里。我想到新疆燃烧自己的青春。曲老师，谢谢您能来给我们做演讲，我真的很喜欢您。您把一辈子的时光都奉献在教育事业当中，真的很令我们敬佩，值得我们学习，您永远是我们学习的榜样！我一定会在教师事业中不忘初心、铸魂育人，争做“四有”好老师。

××，你好！

你写给我的两封长信我都看到了。我现在在飞机上，我先回复你第一封信，下飞机发送给你。

人老了，愿意伤感。看了你的信，我流泪了。我在想，有多少像你这样的学生如此不容易啊！会不会有辅导员根本不知道像你这样的学生的情况？谢谢你的信任，和我说了这么多心里话。你确实应当感谢你的父母。在那样的环境下，你的父母仍坚持让你读书。我曾经资助过某校一个来自凉山彝族自治州的困难家庭学生，她的父母在她很小的时候就把她许配给了别人家。她懂事后，抗争着读了书。后来我还把她请到大连，让她在我设立的“励志基金”颁奖会上发言。她的求学之路被拍成了电视片。我常想到这样一些学生，他们在抗争着、奋斗着，从来没有低下不屈的头颅。你的信,又使我的脑海里闪现出像你这样一些学生的身影。你能从你那样的环境里走出来,这本身就说明你是一个强者!难能可贵的是,虽然你没有处在良好的生活环境当中,你却不仅没有抱怨,而且养成了刚毅的品格和关爱他人之心。你把“坏事”变成了好事。人,就应当这样来想:谁的生存环境都不可能尽善尽美,只是需要我们发挥好主观能动性,去弥补那些不足,谁的主观能动性发挥得好,谁的生存环境就会被更好地改善。这已经被无数实例证明。

没有学医也不必遗憾,将来能当个教师也很好。鲁迅最初学的是医学,后来他弃医从文,“横眉冷对千夫指,俯首甘为孺子牛”,用笔呐喊,唤醒了无数的国人。在与你们的交流中你们应当了解到,我爱我的祖国,可是拿什么来爱呢?我选择了教师职业。我觉得教师可以培养一批又一批学生投身到祖国建设事业,我的爱国就是教育学生爱国。当一名教师真是很好,像蜡烛一样,燃烧自己,照亮别人;给学生温暖,给学生指明前行的方向。你要好好培养自己,学好专业知识,博览群书,丰富自己的人文世界。同时要注意强身健体,这是你成就人生梦想的重要保证。我建立了“励志基金”,其宗旨是“你为祖国服务,我为你服务”。你可以申请加入,我会力所能及地给你提供帮助。谢谢你对我的认同,你的认同也是对我的激励。

祝你一切都好!

谢谢老师对我的认可。

有了爱就有了一切

2022-11-24

曲老师,您好!

我是××大学的辅导员××。曲老师,不好意思在您百忙之中打扰您。2021年下半年,我十分荣幸地在昆明现场听了您的讲座,感触颇深。在听讲座之前,我就关注您的公众号了,很多生动、鲜活、用心用情的案例令我十分动容。我也真切地感受到了作为辅导员的光荣感和使命感,以及在这些故事中汲取到的智慧和工作方法。

在两年的辅导员工作中,我逐渐找到并明确了自己将来的职业规划。每每看到学生因我的指导有所成长时,我内心深处的光荣感和成就感爆满。当然,有时候我也会因为同事之间的比较(如课题申报)和工作分配的不均(别人干得少,我干得多)而感到不公,但是您的公众号真的给了我极大的鼓舞,我从中领悟到了一辈子坚持做好一件事一定会很了不起;凡事应该守住初心,心无旁骛地做好思政育人工作才是这份职业的价值所在。

我十分热爱这个职业,我也要更加坚定我的意志,持之以恒地为学生提供力所能及的指导与帮助。我在思政理论方面的知识还有所欠缺,今后也会有针对性地补一补。希望曲老师今后不吝赐教!这些话也是在我工作间隙发的,条理不太清晰,还望曲老师海涵。如曲老师再来昆明,有任何需要我出力的地方您尽管吩咐,我也争取能够跟您有更深入的交流和学习!感谢曲老师!

××,你好!

很对不起,你写的这段微信我给漏掉了。今天早上我在群里搜索“云南”这个关键词时,才又看到了。你写了这么多,我若把它石沉大海,那实在是“来而不往非礼也”。不知你现在是怎样想的。许多辅导员像你一样,起初做辅导员的时候信心满满,没做多久便没有了往日的热情,感到工作的劳累、杂乱无章、做得多了但得到的少了……这些都是主观方面造成的,与你追求什么、想得到什么有关。

马克思当年为什么创立马克思主义?他是为了评职称?马克思非常清楚他会陷入怎样的境地。他被开除国籍,受到迫害,3 个孩子在疾病饥饿中死去,但是这些丝毫没有影响马克思的斗志,他为解放全人类战斗到生命的最后一刻。李大钊当年在北京大学做图书馆主任的时候,每月收入 200 多块大洋;李大钊用他的收入来从事革命活动,办《每周评论》,资助困难的学生,为建立中国共产党创造条件。李大钊不清楚他会得到什么?他随时都有生命危险。李大钊牺牲时只剩下 1 块大洋。马克思、李大钊没有现实的需要?他们不可以买房子?他们没有妻子、儿女要照顾?历史没法假设,如果没有当年李大钊的努力,马克思主义在中国又会怎样?

做辅导员最根本的追求就是要把学生培养好,这是利国、利民、利己的事。有了学生就有了一切。毛泽东说过:“读书是学习,使用也是学习,而且是更重要的学习。”现在很多辅导员一参加工作就被评职称等一些外在因素所累,说到根本还是主观所致。你不要着急,一定先把工作做扎实。围绕学生、关照学生、服务学生,把心思用在学生身上,就有话说了,就知道怎样说了。不然,为了评职称“挤出来”的学问没有多大的价值,即便职称评上去了,学生却被落下了,也不值得。

人这一生到底应当追求什么,还真是个问题。我们很多人太忙碌了,从来没有认真地想这个问题,也没想明白这个问题。工作一定不要斤斤计较,有工作做这是福分。年轻人不要图清闲。很多人,都是闲坏的,不是累坏的。我刚做辅导员的时候,系里很多杂活都给了我,因为我最年轻,我还主动承担了一些杂活。我们系资料室刘老师年龄大了,北方冬季寒冷,常常冰天雪地,取报纸非常不方便。我担心她摔倒,我就跟刘老师说:“我以后帮您取报纸。”这样,我成了业余资料员,成了每天我们系第一个看报纸的人。刘老师非常感激我。她的孩子也到系里来感谢我对他母亲的帮助。组织部来考核我做党总支副书记的时候,刘老师跟组织部的同志说了这样一句话:“你们怎么才来,小曲早该被提拔了。”我们系办公室有两个人,主任年龄大了,住址离学校远;还有一个同志因为家庭琐事每天不按时上班。老师们上课喝水成了问题,办公室主任很着急。我跟办公室主任说:“您不要着急,我每天给办公室打扫,为老师们准备上课喝的水。”那时没有微信,我们主任走到哪里都给我造“舆论”:“我们系小曲可好呢。”我到机关工作的时候,一些同志就说:“我们都知道你。”我工作一年后赶上了学校给3%的教工涨工资,我们学院1.7个名额。为了公平,系里决定实行票决制。结果虽然我工作年限最短,却排在了第一位。我找我们书记、院长,我说:“不能给我涨,好多老同志等着工资升级退休,我以后有的是机会,我不是为了涨工资才这样工作的。”我们书记、院长做我的工作,说:“你拿着吧,不然的话就乱套了。”我才被迫涨了工资。

“会当凌绝顶,一览众山小”,登高才能望远。很多事看清了,看明白了,也就释然了。不要总放大自己的难处,常想那些不如自己的人,每天保持快乐的心情。

不能让学生在思想上犯错

2022-11-28

曲老师,您好!

我是广西××学院的辅导员××。我是挺喜欢辅导员这个岗位的,可以跟学生在一起,尽管有时候学生有烦琐的事情,但是最后帮助学生解决了问题,就感觉挺好的,也想着以后能陪伴更多届的学生,陪伴他们成长。我知道自己的理论水平不够,每次想表达自己的观点时感觉很难。我应该从哪些方面去提升自己的理论知识水平呢?

××,你好!

思想政治教育确实需要提升自己的理论水平,也就是要比学生看得远些、明白些,“不畏浮云遮望眼,自缘身在最高层”就是这个意思。

常有辅导员说和学生有代沟,即便有,这代沟又是怎样形成的呢?一方面是情感不够,学生不信任你;另一方面就是理论不够,学生不信服你。这样就无法教育引导学生。应当看到,这些年辅导员队伍人数增多,但我们只是考虑了数量的问题,还没有完全考虑辅导员的职业素养问题,尤其是理论素养,当然这与我们对辅导员的定位有关。我们现在还是过于注重辅导员的管理能力,没有做到把辅导员的思想引领放在首位。辅导员是大学生人生成长的指导者、引路人,管理要为思想政治教育服务,人生前进的方向要是错了,能力越强、走得越快越危险,辅导员队伍存在的根本意义也在这里,要帮助学生系好人生的“扣子”。

一定要加强理论学习，但是不能着急，不可能“一口吃成胖子”。先学一下思想政治教育基本原理；再看一下党和国家对思想政治教育的相关要求；系统地学习习近平总书记关于教育的重要论述；阅读思想政治教育相关报刊；学习优秀辅导员事迹；涉猎群书，养成读书的习惯；带着问题意识工作，多问问为什么；注意积累……当然，这里的前提是要爱学生，始终警醒自己不能让学生在思想上犯错。这也是我从当上辅导员那天起对自己提出的要求。如果你把对辅导员工作的热爱保持下去，坚持学习下去，就会成为辅导员工作的行家里手。告诉我你的详细地址，我把我写的书签名、邮寄给你做纪念。

祝好！

曲老师早上好，谢谢曲老师的答疑解惑。昨天晚上我在班会上尝试着将习近平总书记的一段话结合学生实际问题，口头表达出来，感觉还不错。我也会根据曲老师的建议慢慢积累自己的职业理论素养。我的地址是：××××××××。非常感谢曲老师，我有机会到大连就去拜访您。

追求精神生活的人烦恼最少

2022-11-29

曲老师,您好!

这是我第二次听您的讲座了。上一次是在广西师范大学线下的报告厅,每一次聆听,我都觉得内心澎湃,工作上的疲惫和懈怠都会被一扫而光。向您看齐!

谢谢!

人的成长一方面要不断接受外部教育,另一方面成年后更要自己教育自己。一些人犯了错,受到的外部教育并不少,关键是从来不自己教育自己。接收到的正确的东西就要坚持和保持下去,读别人的故事是为了写自己的故事。

我大学毕业做辅导员的第一个假期,自费去了北京考察,坐了差不多一天一夜的硬座火车。因为家里穷,在火车上我也不舍得买一口吃的,饿着肚子到了北京。我现在给学生花钱“大手大脚”,给自己花钱还是掂量着的,尤其坐火车,从不在车上买水喝,我嫌贵。我也不是“差钱”,就是穷的时候落下了“病根”。我站在圆明园断壁残垣前,脑海中翻滚着我们中华民族耻辱的昨天,闪现出无数仁人志士为雪耻抛头颅、洒热血的身影。我在想:我拿什么爱自己的祖国?我应当为祖国做什么?我暗下决心,把学生培养好,学生的爱国就是我的爱国,从此我再没有动摇过。

到今天,我已经坚持了40年,不离不弃,无怨无悔。2006年,教育部在上海召开了全国高校辅导员队伍建设工作会议。我当时任省委高校工委副书记一职。为配合这次会议的召开,《光明日报》有位记者采访了我。他问我的最后一个问题是:“如果从头再来,您还会做辅导员吗?”我毫不犹豫地回答:“我一定会!”

2013年7月,我辞去了领导职务,回到学校做了一名辅导员,我要在辅导员工作岗位画上我人生的句号。“你没有了级别,看病怎么办?”领导关心地劝我不要放弃正厅级职务。我很感谢。2021年在北京参加党的百年庆祝活动,我参观了党的百年历史展览馆,馆里有一张红军第三十四师师长陈树湘的油画。陈树湘在红军长征时,率领三十四师掩护主力部队转移,经过浴血奋战不幸被俘。在押送途中,陈树湘趁着敌人不注意,从伤口处把肠子掏出来折断英勇牺牲。习近平总书记几次提到学习陈树湘。相比较而言,我们能活着就已经很幸福了。

现在也有记者问我:“如果有来生,您还会做辅导员吗?”对于这类问题,我的回答是:“如果真有来生,我要一辈子和学生在一起,培养一批又一批学生,岂不快哉?这样的人生值得拥有。”我从无数实例中得到了一种教育:追求物质生活的人永远得不到幸福,追求精神生活的人烦恼最少。我们共勉!到大连联系我,我请你吃我们学校食堂的烤鱼,味道很不错。

祝好!

辅导员要增强问题意识

2022-12-02

现在的辅导员“杂活”太多,这是不争的事实,一些本不应当由辅导员做的事都交给了辅导员。学校有关部门应当尽量为辅导员“减负”,这样可以使辅导员留出更多的时间做学生的思想引领工作。学生中出了那么多的问题,说到底,还是思想上出了问题。学生思想政治教育工作,一定不能建立在以“堵”和“防”为先的基础上,要以“疏”和“导”为基点,“通则不痛”。思想问题解决了,就不会有那么多“乱事”了。做好学生的稳定工作尤其如此,思想的稳定才是根本的。当然,从辅导员自身来说,一定不要太较真,我们毕竟还处在大学制度进一步完善的阶段,尽善尽美的工作环境只是一种愿望。对学生成长有利的事,我们能做的尽量多做,要发挥好我们的主观能动性。

曲老师,您好!

我昨天有幸在现场聆听了您的精彩报告,对您的事迹和传奇经历早已通过各种媒体有所了解,百闻不如一见,您在现场声情并茂的讲解,给我的心灵带来了巨大的冲击,久久难以平静,为您的大爱所动容,为您的情怀所感触,为您的坚持所折服!感谢您为我们树立了楷模,感谢您为我们指明了方向,感谢您给我们力量!相信在您的精神指引下,我们会把学生的服务和思想教育做好!为学生学有所成、身心健康贡献一份自己的力量!一个人的力量是有限的,一群人的力量可以很强大,无数人的力量可以无穷大！谢谢曲教授！

××，你好！

谢谢认同！我们共勉！我讲过，许多辅导员不是没有选对，而是没有在选对的事情上坚持做下去。做辅导员没有什么不好，为什么总想离开这个岗位呢？说千道万还是人生追求问题。

“辅导员忙、累、杂活多。”这成了很多辅导员的口头禅。年轻人一定不能斤斤计较，这样是不会有出息的。退一步想，多干点又有什么，从积极的方面看，多活动活动对身体也有益处。再说，多干点又能多到哪去？现在一年这么多节假日，还不够娱乐的？不够搞研究的？况且很多学问就在“杂活”当中。只是我们没有问题意识，没有把辅导员工作当成学问做。很多辅导员谈到有的学生申请助学金造假，怎么解决？怎样保证公平？学生的很多问题都与寝室文化建设相连，到底怎样建设寝室文化？这里都是有学问的。要把学问做到学生的心坎上。希望你能把辅导员工作当成学问坚持做下去，为实现中国的现代化培养更多担当民族复兴大任的时代新人。

祝好！

谢谢曲教授的勉励和指点！不忘初心，坚持不懈，做好工作！

谁说学生都是“精致的个人主义者”？

2022-12-09

要相信学生，相信明天。不要把学生的问题都怪罪到学生身上。我们不“精致”，学生怎么会“精致”？一次我给某校新生做了一场主题为“爱党、爱国”的报告，报告结束后，有个学生给我留言说：“从我懂事到今天，没有一个人告诉我要为祖国而学习，包括我的爸爸、妈妈。您还告诉我无论在北京大学还是在我们学院，心在哪里祖国就在哪里。您放心，我一定会做个爱国的大学生。”下面这个学生和她的哥哥都是我带过的学生。我家访的时候知道了她的情况。她父母在外打工，租住的房屋十分简陋。在一间屋子的破旧墙壁上，这个学生写下了“自立、自强、帮助别人”几个大字，以此激励自己。我到这个学生所在的中学看过她、鼓励过她。后来她考上了大学，我也到她读书的大学看过她。我们之间有五六万字的微信交流。每次她都表示要刻苦学习，成为对祖国有用的人。

××，你好！

这些天比较忙，因为不想只回复“看到了”，所以拖到今天才回复你，抱歉。昨天我给我今年授课年级的学生上了第一课。我向他们介绍了大学是怎么来的，大学的使命与担当，也就是让他们清楚他们来到了什么地方，应当怎样读好大学。大学是一种文化，塑造的是一种品行，培养的是责任和担当精神。知识、能力，只有在解决了价值观的前提下才有意义，不然适得其反。想想转眼我们也认识快5年了，从到你读书的中学看你，到去你家家访,再到让你来大连参加“励志基金”颁奖会,还有通过我们之间几万字的微信交流,我感受到你是一个不怕困难、勇于追求、有责任感的人。在你家破旧的墙壁上,你写下的“帮助别人”那句话,深深地印在我的脑海里。在如此的环境下你能说出这样的话,足见你内心的强大。老师愿意帮助你,既基于你哥哥是我的学生,也缘于你的人生追求和不惧怕苦难的勇气。时间过得太快了,你已经大四了,年底就要参加硕士研究生招生考试。是考试就有考上和考不上两种结果,只要认真准备了就好。你和我带的新疆、西藏等学生一样,如考上研究生,我就从我建立的“励志基金”中拨款资助你一台计算机。等上班了我给你打2000元钱,保证你冲刺这段时间的营养需要。不要忘记每天锻炼身体。因为疫情,我好长时间没有去济南了。希望疫情早点结束,我去山东的时候过去看你。有事就联系我。给你父母问好!

曲老师,您好!

感谢您一直以来对学生的关心和指导,能有幸认识老师是学生的荣幸。学生会记住老师说的话,好好学知识,做到学以致用,并树立正确的价值观!老师您多注意疫情防控,好好保重身体,注意休息。期待与老师的下次见面。

××,你好!

考研到了倒计时阶段,我仿佛看到你走进考场、奋笔答题的身影。可谓“十年磨一剑”,从上小学到上中学再到上大学,多少日日夜夜,多少酷暑寒冬,勤奋好学成了你的主旋律。不管怎样,你追求过、付出过,要放平心态。因为疫情,我们好长时间没有见面了,你现在什么样子了?应长成亭亭玉立的大姑娘了吧。5年前我到你读书的中学看你,那时的你,脸上闪现的是既真诚又稚嫩的微笑。从我的“励志基金”里给你打的2000元钱,办理手续麻烦些,总算办完了,这一两天就能打到你的卡里,一点心意,只是有点迟了,算是为你的考研助力、加油!祝你心想事成!祝你一切都好!有事就联系我。

谢谢老师!

非常感谢您一直以来对学生的鼓励、指导和帮助,坚持学习了一年,看到身边的很多朋友陆陆续续放弃,我却越来越坚定了向前的信念,或许是心里埋下的那颗“博学济世,经学致用”的种子,让我越发坚定地一次又一次走过校园里的那条“崇学路”,一次又次思考为什么要考研,为什么要一次次卷入应试选拔的大流。上了本科我才发现,我跟身边的人在很多方面都有差距,但也感谢当年高考努力的自己,让自己能够走出县城和乡镇,拓宽了视野,得到了综合的提升。我好像看到了人更多发展的可能性,人与人之间的差距固然大,但最重要的是无论取得何种成就,都要不忘初心,回报社会,对社会和他人做贡献。我一定会竭尽所能,争取成为一名学硕,用更多的时间、更多的理论武装自己。因为疫情,我也好久没见老师了,老师要注意保重身体呀,成长的路上有您的指导变得明朗了很多,希望自己不负韶华、砥砺前行。

给学生向上的力量

2022-12-15

青少年正处在人生的“拔节孕穗期”，对其怎样教育、引导非常重要。思想政治教育工作者一定要相信教育的力量，无论在什么样的环境（个人和社会的环境）下都要坚守教育不变的信条：唤醒美好的心灵、止于至善。

××，你好！

老师在讲学的时候常提到你，我说你是学经济学的，是共产党员，将来要为人民讲话。这的确是老师的期望。只有为人民讲话才能讲出真理。马克思主义是科学，一个重要的特征就是马克思为最广大人民的利益说话，并且亲自去实践这一学说。由此也告诉我们，真正的知识分子不只是有知识，更要把知识运用到社会发展进步事业当中。一些知识分子，总讲对自己有利的话，这也就算不上真正的知识分子，其可以哗众取宠一时，绝不可能得宠一世。你现在有点真正知识分子的样子了，继续努力，把自己的发展融入实现中国梦的伟大事业中才会有更大的担当、更大的作为，也才能彰显一名真正知识分子的本色。

现在有些大学生成天夸夸其谈、评头品足，缺乏脚踏实地的精神，这是不行的。爱国要从自己做起、从身边做起，爱国是不能讲条件的。我还记得你父母来大连时我和你父亲的对话。你父亲说：“老哥，××从今天起就是你的儿子。”我说：“××是党和祖国的儿子。国家强大了，我们晚年才能幸福安康。”

你在家好好调整一下,学习无疑不能放松,这不用嘱咐你,重要的还是别忘了锻炼身体。从一定意义上讲,成功拼的是身体。所谓看谁笑到最后,身体素养亦是重要的因素之一。家里有什么事就联系我,欢迎你父母再到大连来。冬天来了,春天还会远吗?我们见面的脚步声越来越近了。

曲老师,您好!

学生一定会听从您的教诲,做一个顶天立地的人。自进入大学以来,在您的言传身教之下,一颗为共产主义事业而奋斗的种子已在我心中生根发芽,做一名真正的马克思主义者也成为我的追求。我要像您一样,做一个心怀祖国、孜孜以求的知识分子,做一个脚踏实地、知行合一的马克思主义者。

正如您说的那样,真正的知识分子不只是有知识,更要把知识运用到社会发展进步事业当中。一个人的学识只能是其认知这个世界的工具,他的道德品质和价值追求才最终决定其人生高度。17 岁时的马克思就曾指出要选择最能为人类谋福利而劳动的职业。马克思是伟大的,因为他选择把“为人类服务”作为自己的人生理想,他是一个真正的知识分子,更是一名真正的马克思主义者。但马克思的伟大更在于他的伟大实践,他为人类的解放不懈奋斗了一生。学生一定牢记空谈误国、实干兴邦的道理,只有脚踏实地、勤苦奋斗,才能练就真本领,才能真正将自己的所学融入祖国的建设当中。学生一定学习您那种“一万年太久,只争朝夕”的奋进精神,抱有“苟利社稷,死生以之”的家国情怀,做一个顶天立地的知识分子!

中华民族伟大复兴进入了不可逆转的历史进程,每一个真正的知识分子都应踔厉奋发、勇毅前行,我们共勉!

爱是可以传递的

2023-03-06

2月13日,我在公众号上推送了《只要人人都献出一点爱》一文,介绍了我们学校李嘉树同学用他获得的奖学金在他读书的小学设立奖学金的善举。前两天我们学校官网对其做了报道,接着《人民日报》《中国青年报》等国内主流媒体又把他的事迹推向全国,引起了极大反响。李嘉树用实际行动践行社会主义核心价值观,展现了当代青年向雷锋学习的风采。在《纪念白求恩》一文中毛泽东说了这样一段话:"一个人能力有大小,但只要有这点精神,就是一个高尚的人,一个纯粹的人,一个有道德的人,一个脱离了低级趣味的人,一个有益于人民的人。"大学生应当培养自己热爱党、热爱祖国、热爱人民的情怀,这是个人成长的强大精神动力。

李嘉树成为"网红"后,我们又做了交流。

曲老师,您好!

××小学的奖学金已经发放完毕,再次感谢您能在线上和××小学的孩子们交流。前些天我与孩子们视频,他们说在您的演讲中学到了很多,希望自己以后也能考到我们学校来,聆听您的教诲!

这段时间以来,随着《人民日报》《中国青年报》的相继转载,这件事传播得越来越广。真诚地讲,我本来只是想做一件力所能及的好事,但没有想到会有这么大范围的传播。刚开始的时候我感到蛮开心的,这件事的最大意义应该是让更多的人得到启发,使更多的人也能够想到回报家乡、回馈母校。不过,随着越来越多的媒体来采访报道,我担心会耽误一些学习时间,但是我觉得如果这样能够让更多的人看到,并行动起来传递这份爱,我是愿意付出这些时间配合媒体宣传的。我们学校、学院的领导、老师都很关心我的生活,怕我会有压力、会焦虑。他们跟我谈话时让我放轻松,我感到非常温暖,因为我知道他们是真心关心和爱护我的。学生的第一要务是学习,在以后的学习生活中,我一定要以更高的标准要求自己,塑造更好的自己!

最近流感比较严重,您一定注意防护,保重身体。

再次感谢您!

××,你好!

开学初我到学校学工部介绍你把奖学金拿出来资助你小学读书学校的事,让他们搞个宣传,学习你这种践行雷锋精神的实际行动,这件事引起了媒体的关注。

我前段时间在我的公众号上发文提到你的善举,我认为当代青年就应当有这种达济天下的情怀,读书不能只为自己,要力所能及地帮助他人。只要人人都献出一点爱,这个世界就会是美好的人间。

要把媒体的宣传当成一种动力。我们不图名利,只是坚守我们的本心,做新时代的新人,为中国梦的实现发光、发热,实现人生的最大价值。

我很遗憾上次没能参加你们学校的颁奖会,只是在线上跟学生们做了交流。有机会我一定去你的母校看望这些学生。你可以先转告他们,让他们把考大连海事大学作为一个目标,届时我会力所能及地在思想、生活上帮助他们。

我下周一在学校,中午你有时间吗?我请你吃烤鱼,我们见面聊。

祝好!

曲老师,您好!

我一定把您对孩子们、对学校的关心转达给他们,也欢迎您有机会到现场跟孩子们交流。很期待能向老师面对面请教,我下课直接过去找您。

当代青年堪当大任

2023-03-13

这个学生是我来大连海事大学带过的一个学生。他于2017年7月毕业,现在已任县区级副局级干部。2022年他结婚的时候本来我答应为他证婚,因为疫情没能成行。他和他爱人商量,从结婚那年起,每年给我设立的"励志基金"打10000元钱,资助我们学校两名学生(每名学生5000元)。这是前两天我与他的微信交流,我推送给大家。

曲老师,您好!

跨过凛冽寒冬,终迎春暖花开。合肥天气已经转暖,大连应该也转暖了吧。转眼已经工作5年多了,工作单位也换了3个,不仅工作环境变化大,内容变化也大。现在虽说工作时间比在办公室自由,但办公室秘书工作承担的责任不大,只要写好材料、做好协调即可。现在我来到业务局,特别又是与老百姓打交道最多的农业部门,事多而杂,过手的项目每年资金过亿,这些对我来说都是挑战。但我想,只要心里有他人、有底线,至少不会犯错,在这个基础上,如果还能使他人有一点改变,我就心满意足了。

曲老师,上次和您说过,和去年一样,今年我还继续给基金会捐赠10000元,用于资助品学兼优的家庭贫困学生,最好就两名,并且让他俩能和我们取得联系。我们希望他俩:一方面,在物质上可以稍有改善;另一方面,在心理和职业规划上得到帮助。还望曲老师能帮助我们完成这个心愿。

今天在朋友圈看到老师在三亚做讲座,您一定要保重身体,上次和您

见面是在2019年盛夏，转眼已经将近4年，如今疫情已过，学生期待和您再次相见！

××，你好！

转眼你毕业快6年了，你现在做到了副局级的位置，发展得还是很顺利的，这首先根本在于你个人的努力，但是也离不开领导和同志们的关心、帮助、信任。你一定要谦虚谨慎、戒骄戒躁，多向同志们学习，踏踏实实做好每一项工作。

工作压力大也是好事，可以更好地锻炼自己。年轻人就是要迎难而上，这样才能更快地提高自己。你说得对，心中一定要有他人，也就是要有人民，这是你工作动力的源泉。一些党员干部之所以犯了错误，进了监狱，说到根本就是心中没有了人民。权力是人民给的，一定要用来为人民服务，这不能只当成口号，每个党员干部要自觉地践行。

关于资助学生的事，老师会按照你的要求来做。下周一我找学校学生工作部部长商量一下，看看有没有安徽合肥品学兼优的学生，就选两个，没有的话就从其他地区选。老师对你和你爱人的这一善举表示由衷地敬佩。你们刚成家，也不富裕，却要每年从工资收入中拿出10000元资助两名学生，激励他们为实现中国梦而刻苦学习，这充分展示了你们心中有“大我”的情怀，这是你们以实际行动践行雷锋精神的体现。有人说现在的青年都是“精致的个人主义者”，我从来不这样看，当代青年大有可为、大有作为。前两天我们学校有个学生，他把获得的5000元奖学金捐给了他读书的小学，他说那些学生比他更需要这笔钱。我常讲这样的观点：读了这么多的书，不能心中只有自己，要展现大学文化的至善性，要热爱祖国，力所能及地帮助他人，不然就没有读懂大学。

我非常遗憾因为疫情没能参加你的婚礼。现在方便了。我这个月下旬会到南京讲学，届时看看能不能安排，争取到合肥去看你。有事就联系我。

祝好！

谢谢老师，我一定不辜负您的期望，期待与您再次见面。

要理直气壮地讲爱国

2023-03-16

青少年正处在“拔节孕穗期”,需要精心地栽培。青年是祖国的未来,一定要相信青年。有一次我在河南平顶山学院做报告,有个学生给我留言说:“从我懂事到今天,包括我的爸爸妈妈,没有一个人告诉我要为祖国而学习,您告诉了我。您还告诉我无论在北京大学还是在平顶山学院,心在哪里,祖国就在哪里。您放心,我一定会做个爱国的大学生。”我每次给大学生做完报告,都会有学生给我留言,他们向我表决心,要做个爱国的大学生。思想政治教育就是要突出思想政治教育,要理直气壮地对学生进行爱国主义教育,这是思想政治教育的首要任务。如果学生不爱国,那还办大学干什么?那还要我们思政人干什么?前些天我到海南三亚崖州湾科技城给500多名研究生做报告。我讲的第一件事就是大学生要热爱祖国。有个研究生跟我做了交流。谁说现在的大学生都是“精致的个人主义者”?焉知来者不如今也?习近平总书记指出:“我们相信长江后浪推前浪,朝气蓬勃的年轻人,一定能够成为中国特色社会主义事业的建设者和接班人!”

曲老师,您好!

您今天讲的爱国我十分认同,我觉得现在我们青年人很缺少这种情怀,您今天说的让我对我们的祖国有了一个重新的认识,前辈们打下的江山,我们必须好好坚守,谢谢您,曲老师。

大学就是爱国的产物，中外大学都是如此。所以，你们一定要厚植爱国主义情怀，把个人的发展融入祖国的强大之中。要做君子，不能整天围着自己转，这多没有出息，多让人瞧不起。你们不能让先辈白白付出，要接过接力棒，砥砺前行，在实现中国梦的伟大实践中实现人生的最大价值。

告诉我你的详细地址，我把我写的书签名、邮寄给你做纪念。你是学什么专业的？到大连联系我。

我是学习生物医学的，我的家也在东北。放假如果去大连，我一定去拜访您。

好好学习。我不是建立了“励志基金”吗？其宗旨是“你为祖国服务，我为你服务”，有需要我的地方就联系我，你砥砺前行，我鼎力相助。

学生收到，我会努力在研究生阶段做出一些成果。

届时告诉我，我向你表示祝贺！

有了学生就有了一切

2023-03-28

曲老师，您好！

我是××学院辅导员××，向您学习！

我刚刚在云上研学，听得入神，没有及时回复您，请见谅！您今天的发言，我很有感触，也很有收获，在听的过程中内心澎湃、百感交集。

我已研究生毕业12年，做了8年辅导员（兼团委、组织员）、2年专职组织员，又在组织部工作2年。我刚刚才带着组织的期待回到学生工作一线（担任学院党总支副书记）。我对学生工作有感情、有热情，也愿意在这条路上坚持走下去，做一名专业化的学生思政工作者（与职务无关）。

感谢您能抽空来到××，近距离地传递正确的价值观，教育引导我们要理直气壮地开展好思政工作。以您为榜样，向您看齐！

××，你好！

谢谢你的认同。你算是有资历的辅导员了，你也很出色，当上了学院党总支副书记。这副担子还是很重的，那么多学生的成长都与你的工作有关。

我当过学院党总支副书记，负责学生工作。你说你热爱辅导员工作，与职务无关，这是对的。整天想“双重晋级”，就会把学生落下，要“不争而得”。我看得多了，一些人绞尽脑汁，甚至争这个抢那个，最终又怎样了？在我看来，有学生就有一切。我能放弃正厅级职务回到学校当辅导员，想的就是培养学生多有价值,真可谓功在当代、利在千秋。

辅导员工作就是要理直气壮地对学生进行爱党、爱国教育。现在我们的教育很多都关注学生的就业率,如果定位不高、格局不大,又怎么能培养出担当民族复兴大任的时代新人呢?为什么辅导员工作的第一项职责就是对学生进行价值引领?其根本就在这里。到大连联系我。

祝好!

曲老师,您好!

谢谢您的鼓励、肯定与鞭策!最近几个星期,的确如您所说,睡得不踏实。我半夜总会醒来,有太多事情需要思考与琢磨,也有好几个刚刚结识又牵挂不已的学生。由于工作角色切换成学院党总支副书记,这几个星期以来,生活和工作节奏瞬间切换了。学校和学院层面各类会议繁多,每天不是在开会,就是在开会的路上,能花在学生和辅导员身上的时间少得可怜。小结如下:(1)抽空走访了宿舍、教室,初步把握了总体情况,但距离"个个了解、充分了解"的目标还很远。(2)辅导员们整日陷入事务性工作中,工作重心并没放在对青年学生的价值引领上,我心里干着急。(3)接替我完成组织部岗位工作的老师还不熟悉业务,需要我每天挤出时间手把手传帮带。在这个岗位背后,是与我一起摸爬滚打两年多的组织员队伍。我深深地期待接手工作的老师能早日融入他们,真正带好这支队伍。所以这些日子,每一天我的心里都不踏实,都有焦虑忧心的成分。

对标您提到的"辅导员工作的第一项职责就是对学生进行价值引领"。到岗的第一个星期,我就开始琢磨怎么推动开展思想引领工作;第二个星期在学生宿舍楼下组织学院师生代表畅谈雷锋精神的新时代内涵与价值;第三个星期组织全院师生们践行志愿服务精神、进行全校卫生清洁劳动,旨在"知行合一"。由此,在推动价值引领方面算是迈出了第一步,给辅导员们做了一次全程完整的示范。

我很感恩在这种角色转换适应期遇见您,您发自肺腑的分享,您传递的价值观、分享的故事,每一个都对我起到了强心剂的作用。对于思政工作者而言,把学生培养成才当真是最有意义的事,功在当代、利在千秋!接下来,我会牢记您倡导的"理直气壮地对学生进行爱党、爱国教育",不仅自己做到,也会努力让价值引领成为辅导员们的日常工作习惯。

再次感恩!祝好!

辅导员可以帮助学生选择职业,但是比选择职业更为重要的是帮助学生树立正确的价值观。

告诉我你的详细地址,我邮寄一本我的新书给你做纪念。

思想政治教育不能夸夸其谈

2023-04-03

习近平总书记在中央党校建校 90 周年庆祝大会暨 2023 年春季学期开学典礼上的讲话中指出:“各级党校要为宣传阐释党的创新理论尽职尽责。现在理论宣传上有一种现象值得注意,那就是照本宣科、不求甚解、浮在面上的多,以理服人、以情动人、入脑入心的少。”习近平总书记这段话切中当前理论宣传上的时弊,我以为,我们高校思想政治教育亦应深刻反思。

这些年高校思想政治教育不断加强,取得了较大的成绩,但是与我们的愿望还有一定的差距,原因何在?一说原因我们就归结到社会教育、家庭教育、基础教育上面,难道我们高校思想政治教育就完美无缺?显然不是这样。思想政治教育是什么?思想政治教育就是给学生“打样”,希望学生什么样,我们就首先应当成为这个样。现在无论是辅导员还是思政课教师,因为各种论坛、大赛太多,他们把精力都投入论坛和大赛中,把思想政治教育当成了“赛场”,把自己当成了“演员”。一些学校为了有“声音”、有名次,甚至举全院、全校之力包装、打造“选手”,若是有了“声音”、有了名次,俨然一副胜利者的样子。我并不反对论坛、大赛,我只是想说思想政治教育的重心不能偏移,辅导员、思政课教师要处理好能力和工作的关系,有没有水平不是体现在论坛上、大赛中,而是由学生的表现证明的。思想政治教育必须围绕学生、服务学生、关照学生,要接地气。无论是辅导员还是思政课教师,一定要解决好“向上”还是“向下”的问题。何

谓“向上”“向下”？简单说来，所谓“向上”，就是一味追求成为理论家；所谓“向下”，就是执意成为教育家。毫无疑问，追求前者，就会使理论浮于表面；执意后者，才会使理论入脑入心。我又想起习近平总书记在纪念马克思诞辰200周年大会讲话中引用的毛泽东同志1938年讲过的那段话：“如果我们党有一百个至二百个系统地而不是零碎地、实际地而不是空洞地学会了马克思列宁主义的同志，就会大大地提高我们党的战斗力量。”实践性是马克思主义的根本属性。党的事业是干出来的，不是喊出来的。全党一定要牢记空谈误国、实干兴邦的道理。大学生思想政治教育亦是如此。辅导员、思政课教师千万不能把自己培养成空头马克思主义理论家，这样思想政治教育就不会走进学生心灵，我们的教育效果就难以达到。

把学习当成使命和责任

2023-04-10

曲老师,您好!

冒昧加您微信,多有打扰。我叫××,是××大学的一名辅导员,2012 年入学××师范大学,2016 年到××大学读研究生,2018 年毕业的时候,我没有报考过其他任何考试,我只报了辅导员,也只想当辅导员,最终也成了辅导员。今天听了您的讲座,我受益匪浅!前几天看到大连海事大学将在 5 月承办第十届习近平新时代中国特色社会主义思想论坛,我还期待在论坛上能见到您,没想到今天在学校能有幸聆听您的讲座!

首先,我想对您表达感谢。不怕您笑话,我刚参加工作的时候就带新生,也学着您,给学生发生日祝福短信,收集学生一寸照片贴在笔记本上,发现学生有什么特点,就马上记在笔记本上,也正是通过这种方式,我很快和学生熟悉起来。我一直感觉您的文字很朴实又很有力量,在工作中偶尔感觉到倦怠的时候,看一看您的文章、您的公众号,感觉找到了“组织”,像被打了强心剂一样,又充满了干劲。您是我们很多普通辅导员的榜样!

其次,是工作中的一些反思。我工作时间还不满 4 年,发现自己身上需要改进的地方还很多,尤其是在理论学习方面还存在很多的不足。我经常羡慕一些老师能侃侃而谈,一些好的观点能脱口而出,能随时随地给学生上思政课,所以从工作的第二年开始,我慢慢养成了看原著、读原文的习惯,希望能通过丰富的理论指导实践,提高开展思想政治工作的能力。

最后，再次感谢您今天的分享。毕业后，我每次回大连都特别想去拜访您，但是又不敢冒昧打扰，在学校70周年校庆的时候，看见您回母校给2021级新生做报告，我心里羡慕极了，今天听完您的讲座，确实收获满满。等学生下次去大连，一定亲自拜访您！

××，你好！

很高兴我们还是校友呢！我也十分感谢你对我的认同，我们共勉！

人各有志。辅导员确实没有什么不好，等退休了，培养了一批又一批学生，可谓利国、利民、利己，只要你真心关心和陪伴他们，他们怎么会忘了你？祖国怎么会忘了你？那时你就会感受到幸福来自哪里，什么是真正的幸福。

辅导员是大学生人生成长的指导者和引路人。要想当好指导者和引路人，就要比学生看得远、看得清，就要加强学习，把学习当成使命和责任，当成一种追求。我就要求我自己，决不能让学生在思想上犯错。你年轻，不要着急，有学习的意识、紧迫感就好。要读好马克思主义原理，更要学透习近平新时代中国特色社会主义思想，尤其要学习好习近平总书记关于教育的一系列论述，还要学习思想政治教育学原理，学习教育学、社会学、伦理学、法学、管理学等相关知识。

毛泽东说过："读书是学习，使用也是学习，而且是更重要的学习。"要注意向实践学习。每年教育部都要评选出许多优秀的辅导员，多学习他们的好经验。要从问题出发，一个问题一个问题思考、一个问题一个问题解决，日积月累，必有所获。

再到大连的时候联系我。我们学校食堂烹饪的烤鱼味道不错，我可以请你品尝一下。

祝好！

谨遵老师教诲，非常感谢您一直以来对辅导员队伍的关心和肯定。最近天津海棠花盛开，您若有时间，周末您可以继续去五大道、民园广场转转，感受一下天津的春天，看看天津青年学生的风貌，欢迎您下次再来天津。

祝老师身体健康、工作顺利！

谢谢！我们一定还会见面的。

和学生在一起的时光最快乐

2023-04-12

曲老师,您好!

我刚听了您的讲座,您对学生的情怀太令人震撼了,很多故事触及了我内心最柔软的地方。我从学生时代就做了学生干部,后来留校成为一名辅导员,最初在就业指导中心工作,当有机会竞聘到学院的时候,我毅然选择到基层。当时我在就业指导中心的老领导不希望我离开,帮我向组织部申请了正科岗,我经过再三考虑谢绝了领导的好意,还是决定到一线。这一干就是9年,就像您刚才说的,和学生在一起的时光是最幸福的。这期间有很多同事不理解,大家觉得我不求上进,但我不这么认为,我感觉离学生最近的地方虽然是困难最多的地方,但也是最有温度的地方,您的讲座让我更坚定了信心,向您致敬!

××,你好!

我理解你,也赞同你的选择,做辅导员没有什么不好。我带的第一届的一个学生给我发了这样一段短信:“不是每一朵鲜花都代表爱情,玫瑰做到了;不是每一棵树木都耐得住饥渴,白杨做到了;不是每个人都这么想您啊老师,我做到了。”这是金钱买不到的,权力换不来的。我现在更加觉得做辅导员是最好的职业,也是人生幸福的源泉。

许多记者在采访我的时候常问我这个问题:“如果让您重新选择,您还会选择做辅导员吗?”每逢此时我都会坚定地回答:“我一定会的。”每每想到我给予学生们的那些帮助,想到他们在为祖国做出他们的贡献,想到他们的幸福,我就觉得我是最幸福的人。

学生工作是麻烦一些,那又怎样呢?正是这些麻烦才奏响了我们人生的乐章。年轻人一定不要惧怕困难,只有那些不畏劳苦的人,才能实现人生的最大价值。我在从省厅回到学校的时候,有几个人理解?甚至不了解我的人还以为我犯了错误,一晃10年过去了。自己的人生自己做主。最了解自己的人一定是自己。选择了和学生在一起,就是选择了和党的事业在一起,就是选择了和崇高在一起,就是选择了和幸福在一起。希望你能坚持下去,把辅导员工作当成事业来做,为实现中国梦培养一批又一批赓续奋斗的接班人。

告诉我你的详细地址,我邮寄一本我写的书给你做纪念。到大连联系我。

祝好!

谢谢曲老师的肯定和鼓励,听您的讲座真是意犹未尽。知音难觅,我一定把这份崇高的事业坚守下去、深耕下去!感谢您的赠书,我一定会认真拜读。曲老师下次来天津一定要告诉我,我带您在天津转一转,感受一下津沽大地的魅力。

祝您身体健康、万事顺意!

谢谢你的祝愿!书已经邮寄出去了。期待你在学生的心灵上不断耕耘,结出丰硕的成果。

思想政治教育是干出来的(一)

2023-04-18

曲老师,您好!

我是××大学辅导员××。我非常热爱辅导员工作,现在已经积累10年辅导员工作经验了。今天听了您的讲座,我感触颇深,热泪盈眶。我们在工作中确实有时候会放大自己的难处,您了解我们的酸甜苦辣。今天我其实很受启发,我想到要从知足与不知足这个角度给学生做一个专题的沟通。我们在生活条件、待遇方面要知足,而在学习中的自我要求和工作中的艰苦奋斗应该永不知足。作为年轻的辅导员,我们确实需要您这样的前辈指引,我会继续以您为目标,深耕下去。再次感谢您。

××,你好!

谢谢你的认同!

我一参加工作就把邓小平同志"少说空话,多做工作,扎扎实实,埋头苦干"这句话写在了一本工作手册的扉页上。做任何事情都应当如此。我相信马克思主义,因为马克思主义代表了最广大人民的根本利益;马克思主义强调实践性;马克思亲自去实践他所创立的学说。今天,我们的思想政治教育还没有取得令人满意的效果,其中有家庭的原因、基础教育的原因、社会的原因,也有我们自身的原因。习近平总书记前些天在中央党校讲话中指出:"现在理论宣传上有一种现象值得注意,那就是照本宣科、不求甚解、浮在面上的多,以理服人、以情动人、入脑入心的少。"这对我们来说要深刻反思。思想政治教育一定要接地气。这就需要我们思想政治教育工作者不只是做马克思主义理论的宣传者,更要成为马克思主义理论的践行者。我们希望学生成为什么样子,自己首先就要成为这个样子。思想政治教育是干出来的,不是喊出来的。

工作必然有困难,没有平坦的大道可走。为了建立新中国,能查出名字的烈士有370多万,还有1700多万烈士查不出名字。新中国是他们用生命换来的。中国梦不会轻轻松松、敲锣打鼓地实现,需要我们进行伟大的斗争,培养赓续为党的事业奋斗的战士。从某种意义上讲,辅导员工作是辛苦些,可是辛苦又能辛苦到哪里?想一想工人们、农民们、战士们在干什么,就不觉得我们苦、我们累了。你已经有10年辅导员工作经历,付出了很多,一定要坚持下去,做大学生人生成长的指导者、引路人、陪伴者最有意义、最有价值,值得一生拥有。踔厉奋发、勇毅前行吧!

到大连联系我。把你的详细地址发给我,我邮寄一本我写的书给你做纪念。

祝好!

"我们希望学生成为什么样子,自己首先就要成为这个样子。思想政治教育是干出来的,不是喊出来的。"我记住了,我要把这句话作为我新的工作信条!2021年我取得了辅导员职业能力大赛二等奖,近年来大赛要求了基本工作年限,对我们这种老辅导员友好了很多,考察内容也越来越接地气。我很自豪的是我没有因为比赛请过半天假,我始终认为每天踏踏实实地工作就是最好的备赛过程。坦白地说,我工作了10年,一起入职的同志们很多都转岗了,要坚守挺难的,特别是疫情防控期间,好像只有学工才会无休止地值班。听您讲座之前我的坚守是因为热爱。我确实热爱这份事业,每天都充满希望,心中有火,眼中有光,脚下有风。听了您的讲座,我觉得光有热爱是不够的,还要坚定信仰,不仅做马克思主义的坚定信仰者,还要做习近平新时代中国特色社会主义思想的忠实践行者。只有这样,在遇到困难的时候才能更加坚定,继续坚守!再次感谢您!

把心安下来(一)

2023-04-21

曲老师,您好!

我是来自××学院的一名新入职的辅导员,非常有幸能够现场聆听您的工作经验分享。早在参加工作之前我便通过自己导员的介绍关注了您的公众号“仍然在路上”,通过公众号不断地认识、了解了辅导员岗位职责与分工。今天是我入职辅导员岗位满两个月的日子,就如您在会上所说,无论是在公办学校还是在民办学校,我们都要坚守初心。您的幽默、聪慧、友爱,润物无声却充满力量。我有幸听完您的讲座,收获满满,会后匆忙与您合影,非常荣幸。期待与您再次相遇。祝您身体安康、工作顺利!

××,你好!

谢谢你的认同、你的祝福!我们共勉!

许多年轻的辅导员跟我讲,他们入职的时候激情澎湃,当上辅导员不久便开始动摇了。于是,有的想尽一切办法离开了辅导员岗位,有的离开不了,便每天应付着工作。造成这种情况的原因是多方面的,确实有外部的原因,一些学校的领导还缺乏学科意识,没有把辅导员队伍建设真正按照职业化、专业化、专家化的思路考虑,在工作条件、发展路径和生活待遇上,还没有提供应有的保障。外因是变化的条件,内因是变化的根据,外因通过内因起作用。这里关键还在于辅导员自身对辅导员工作的认识、对人生幸福的理解,以及对自己职业的定位。

辅导员是大学生人生成长的指导者和引路人,是“为党育人、为国育才”,是办好人民满意的高等教育不可或缺的力量,这也正是辅导员队伍存在的客观必然,相信这支队伍一定会建设得越来越好,辅导员队伍建设方面存在的问题定会逐步解决,这是不由某些人的意志为转移的。作为辅导员一定要相信自身的价值所在。

辅导员工作相对来说是麻烦些,但正是这些麻烦才奏响了我们人生的乐章,让学生记住了我们,感恩于我们。工人不麻烦?农民不麻烦?战士不麻烦?我们在大学里工作,我们是辅导员,我们要想到学生比我们更不容易。辅导员没有什么不好,为学生点亮理想之灯,照亮学生的前行之路。学生多需要我们,我们多有存在感,有学生就有了一切,学生的幸福就是我们的幸福!别人重视不重视,怎么看我们,那是别人的事,自己的人生自己做主!人生没有彩排,每天都是现场直播,为什么不精彩地活着?依赖谁?巴结谁?人生还能靠同情、怜悯度过吗?希望你能坚定理想信念,坚定人生追求。成功从来都是属于那些在正确的道路上踔厉前行的人!

告诉我你的详细地址,我把我写的书签名、邮寄给你做纪念。到大连联系我。

祝好!

尽其所能地做

2023-04-25

曲老师,您好!

我是今年新入职的辅导员××。今天听了您的讲座,对我启发良多,也在一定程度上解答了我入职以来被学生日常事务裹挟的困扰。

作为辅导员的领头人,您是我们辅导员发展路上的一面旗帜,向您致敬,也希望以后能更多地跟您学习。

因为今天一直在开会,所以我现在才给您发消息,实在不好意思。

××,你好!

辅导员工作的确杂乱一些,眼下也难能分得十分清楚。年轻人要保持一种朝气蓬勃的状态,把领导交办的工作做好,千万别养成事还没做,一开始就想该不该做的习惯。我刚做辅导员的时候也是这样,干了很多"杂活"。比如,那时每家都没有电话,学院经常有哪个老师的同学从外地赶来看望他,这时就要到这个老师家把他找来。谁去找?按道理讲这个活应归办公室,可是我们办公室只有两位老同志。这样,我们院长就把这个活给了我,每次都像下命令似的让我去叫人。我怎么办?我跟院长理论这个活该不该我做?我高高兴兴地做了。我在学院的人缘很好。当然不仅仅是因为这个。我工作第一年,赶上给3%的人涨工资,我根本没想到我能涨,结果大家投票给我涨了一级工资。我找书记和院长说:"别给我涨了,我这么年轻。"领导劝我说:"你拿着吧,不然就乱套了。"

人间自有真情在。不要相信老实人会吃亏,最终吃亏的还是那些不老实的人。同志们在一起,能帮别人做些事说明你有用,不要斤斤计较,谁的心里都有一杆秤。其实你能不能得到大家的承认,不完全取决于你工作的能力水平,还需要处理好和大家的关系。每天快快乐乐地上班,高高兴兴地回家,有多大的劲使多大的劲。我说了这样一件事,是想告诉你能处理好看似与学生工作并不相关的杂活,那和学生相关的杂活你就一定也能处理好。只要对学生成长有利,那就尽量去做。

告诉我你的详细地址,我邮寄一本我写的书给你做纪念。

祝好!

感谢曲老师的回复,您的回复其实可以解答我一个一直没有说出来的困扰。

这学期由于种种原因,我自己承担了两个学院1000多人的学工和研工工作。繁重的工作让我经常觉得这不是入职半年的新人可以承担的。

您告诉我们“要向下看,与学生站在一起”,我深深认同并会用行动去践行。再次感谢您的教导。我的地址是:××××××××。感谢您的赠书,我会好好学习!

你遇到的是一种特殊情况,也是会改变的、应当改变的、必须改变的。现在辅导员流动性大,动不动就出现“代管”的情况,有的还会“代管”很久,这也是不重视辅导员队伍建设的一种表现。机关若是缺人,恐怕很快就安排好了,那么多学生“丢”在那里不管啦?别人又能“代管”成什么样?

关键在怎样定位

2023-04-28

曲老师,您好!

我是××大学马克思主义学院的一名研二的学生,今天听您的讲座后我内心受到了很大触动,很佩服也很向往您无私奉献的教师生涯,学生也有志毕业从事教师职业,但现在在面临一些人生道路的选择上还有些困惑,想请教老师的主要是考博和就业的问题。

看到您提到有学生立志报效祖国,扎根偏远地区,很佩服这些前辈,我也是从小受家庭影响立志去祖国最需要的地方工作,现在在××大学上学发现这里人才流失挺严重的,经济也没发展起来。去年暑假去农村做社会调研,觉得这里就是祖国需要人才的地方,但是我感觉自己现在很渺小,以一人之力似乎改变不了什么,也发挥不了什么作用。但是看到您的一些学生凭借毅力考上了博士,在您的指导下去实现自己的理想抱负,从而更好地发挥了自身作用,我就想着要继续考博深造。请问老师,作为马克思主义学院的学生,如何才能发挥更大的作用呢?是考博还是毕业后扎根基层,从基层一点点做起呢?我想听听老师您的建议。

××,你好!

这要看你怎么定位和追求什么。我在大学读的是政治教育专业,系统地学习了马克思主义理论。我也学习了西方一些思想家的学说,在比较中相信了马克思主义。马克思主义代表了最广大人民的根本利益。我大学毕业后想去西藏当老师，便没打算考研究生，我觉得本科学历就够了。毕业时因为没有计划，我就没有去成。我留校做辅导员后，也面临着选择，是从事马克思主义理论教育，还是从事马克思主义理论研究？两者的侧重点是不同的。虽然我的理论功底还可以，但是我却选择了前者。今天也是一样，我们很多学马克思主义理论的研究生，能读博的基本都读博了，选择到基层的很少。若是我处在你们今天这样的环境，我还是会选择到基层建功立业。这也源于我对马克思主义理论的认识。邓小平同志说过："不干，半点马克思主义都没有。"干比说还是要辛苦些，正因为如此，我宁愿吃苦也不想夸夸其谈。自己的人生只能由自己做主。

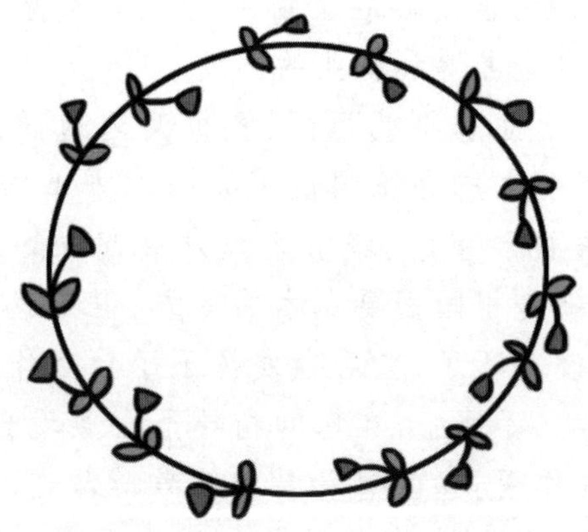

把心安下来(二)

2023-05-23

曲老师,您好!

我是浙江××大学的辅导员××,感恩遇见您,每次在不同的场合听到您的讲座都如沐春风,对我也是一次心灵的洗礼。

曲老师,我想请教您关于辅导员职称评审方面的两个问题。一是辅导员职称评审单列。很多学校虽然已有辅导员职称评审,但是评审过程中真正落实单列不够到位,总与其他思政和文科系列对比,导致单列不实。二是辅导员可能因为工作的需要,被学校调离(提拔)辅导员岗位,如何过渡性考虑职称问题?如果不给继续评辅导员系列,那前面很多年的积累就"白准备"啦?是否有继续保留一两年或多少年的评审资格的必要性?想听听您的建议。

××,你好!

这些年辅导员队伍建设有了很大的发展,尤其是相关部门出台了有关文件,明确辅导员是高校培养人才不可或缺的一部分教师,要给予辅导员"双重晋级",这在制度层面有力地保证了辅导员队伍建设。现在很多辅导员都有教授和副教授职称,很多辅导员安心自己的工作,再不用像以往那样,每天担心自己的出路了。

但应当看到的是,辅导员队伍建设还存在着很大的认识不统一、发展不平衡问题。一些省份、一些高校发展得好些,一些省份、一些高校发展得差些,特别表现在辅导员职称评审方面。辅导员职称评审大体可以分为这样一些情况:由原来不给辅导员评职称,到给评职称;由原来不单独评审,到单独评审;由原来给评也因为名额限制评不上,到单独比例;由原来评上了也兑现不了岗位,到岗位兑现……哪个方面出了问题,都会导致你说的不实问题。现在一些辅导员不安心自己的工作,最为主要的原因就是职称问题没有得到很好的解决。

最理想的状态应当是建立合理的职称结构,在 1 : 200 的基础上设置固定的教授、副教授、讲师、助教岗位,并且职称结构要保证合理,这样才能从根本上解决"娃娃导娃娃"的状况,保证辅导员队伍的素质。

你说的第二个问题与第一个问题紧密相关。离开了辅导员队伍怎么还能给评职称呢? 辅导员评职称不能"吃着碗里,望着锅里",这要看你的选择了。至于你说的保留,不应当是保留多长年限的评审资格,而应当是哪天你又回到了辅导员工作岗位,可以连续计算你的辅导员工作年限。给不给在学生工作部门工作的机关干部评职称,我认为可以评,但是应当解决好两个问题:一是一定要有一线辅导员工作的经历,一些在学校机关从事学生工作的同志,正是因为辅导员工作优秀才调到机关的学生工作部门;二是这些人评上了职称,不能占一线辅导员的职称岗位数。当然,如果辅导员职称结构合理的话,这些辅导员或许就不会轻易到机关学生工作部门工作了。

我是不赞同"优出"这个说法的,应当建立"优留"的辅导员队伍建设机制,让优秀的人留下,让不胜任的人离开。如果让没有一线辅导员工作经历,在学校学生工作部门的人评职称,那就会出现很多人想尽办法要进学校学生工作部门工作的情况,一些在学校其他部门工作的人,也会以各种理由被安排到学生工作部门"镀金",评上职称后又调离了。

辅导员队伍建设是个大问题,任重而道远!

曲老师,早上好,感谢您的专业建议。有时在面临实际选择的时候,确实很让人为难。"调离或提拔",特别是"提拔",很多时候是组织行为,我们基层辅导员面临这样选择的时候,左右为难,选择不"提拔",好像是"不服从"组织安排;选择"提拔",就没法继续评辅导员职称。

上面说了,可以给从专职辅导员提拔或调动到学校学工部、团委的辅导员评定辅导员职称的机会，但是不能占一线辅导员职称岗位数，要保证“优留”。如果真是这样，就不会每年有那么多辅导员涌向机关，学校也不会拿出更多的岗位来满足调到机关工作的辅导员评职称。

增进与学生的情感

2023-06-06

曲老师，您好！

我是××大学2023年新入职的辅导员××。我今天非常开心能够到现场聆听您的讲座，以前都是在公众号里默默关注您，今天在现场感受，更能切身体会到您对辅导员工作的热爱和对辅导员的关爱。我在读研究生期间做兼职辅导员的时候，就下定决心做职业化、专业化的辅导员，像您所说的，和学生在一起就是最大的快乐，和学生在一起就拥有了一切。我很幸运现在在××大学做辅导员，但我时常会担心做不好，误人子弟。现在对即将到来的秋季2023级新生，如何做好他们整个大学四年期间的培养教育规划我有点迷茫。是否能够体系化、品牌化设置主题班会等培养教育系列活动？希望能够得到您的指点。

××，你好！

谢谢你的信任！

想把辅导员工作做好很重要，正所谓爱是最好的老师。只有想做好，才能想办法做好，才能真正做好。做好辅导员虽然有能力、方法的问题，但最为根本的是要有情感，想学生之所想，急学生之所急，把学生放在心上，有了情感上的认同，学生就愿意接受你的教育了。

你刚做辅导员那会儿还缺乏教育管理经验，做兼职辅导员时的感受和真做了辅导员的感受是不一样的。你可以把自己在大学本科阶段4年的成长过程加以梳理，看看那时都在想什么，希望辅导员帮助你做哪些，然后大体做个规划，不要祈求一开始就建立“体系化”。要从问题出发、从现实出发，一个一个地解决学生需要解决的问题，在解决问题的过程中加以总结、概括，将最有效、最简便易行的教育方法积累下来，形成自己工作的特色，思想政治教育千万不能急于求成。

要在第一时间了解、熟悉学生。比如，在拿到了学生名单的时候，你就要对他们来自哪里、有什么样的家庭、高考的成绩、在中学的表现等有基本的了解，尤其要熟记学生的名字，一定不能叫错学生的名字，了解这些也是为了很好地划分班级。

大学生活是从寝室开始的。分配寝室一定要公平合理，千万不要“开后门”，通过关系找到你的，就给安排在阳面屋，等学生来校后，什么都知道了，这样你的教育引导就缺少信服力了。

从学生入学开始，辅导员就要在第一时间接触每一个学生。可以通过深入食堂、宿舍、军训现场，搞调查问卷，找学生谈话等多种方式对每个学生有基本的了解，尽量清楚他们的想法、追求，区别轻重缓急，对学生进行及时教育引领。

建设好班级干部队伍非常重要。要让学生干部成为你的左膀右臂。从学生入学开始，就要观察每个学生，特别是要培养好学生干部，给他们创造平台，形成威信。千万不能任人唯亲，这样就不能形成班级的凝聚力，你的工作就不好开展了。

这段时间可以看看思想政治教育学方面的书籍、文章，丰富一下理论知识，同时，到网上查找一些优秀辅导员工作案例，从中得到一些启发。火车到站了，就聊到这里。到大连联系我。告诉我你的详细地址，我邮寄一本我的书给你做纪念。

祝你成为一名优秀的辅导员！只要是对的事，就要坚持做到底，左右摇摆、半途而废，终将一事无成。

收到，非常感谢曲老师。这么大信息量的金玉良言，我要认真阅读并用于指导我接下来的辅导员工作，后面如有想法再向您汇报和请教。再次拜谢，衷心祝您身体健康！

思想政治教育是干出来的(二)

2023-07-07

曲老师,您好!

我是今天下午负责接待您的工作人员××。知道您是“时代楷模”,但真正认识您可以说就是在今天下午。今天上午,我们处长安排我和××老师去接您,当时我非常激动,随即又开始担心起来。因为,您在我心目中的形象太高大了,您是思政名师,是“时代楷模”,更是无数辅导员心中的偶像。如何面对您?我脑海中有无数种想象,心中也有着无数次的预演,生怕您会问我很多问题,我却无从答起;同时自己心中也有很多问题,却又不知从何问起。您在吃饭时,随口提了一句关于“好”辅导员的标准,让我这个有着12年多学生工作经历的人感同身受!比如,您提及晚上10点这个时间节点的问题,我就曾数次守在学生宿舍楼下直至凌晨等待夜不归宿的学生返校,而不是简单地只给处分,用您刚刚提及的“示范效应”告诉我的学生“班级契约”的重要性;对于您刚刚提到的学生党员组织发展的“融入日常生活世界”,我同样感同身受,不自觉地为您竖起了大拇指,表示由衷的赞同。对于您刚刚提到的很多很多,我都认真地在比照自身,是否有相似的体悟。总之,我今晚很幸运,提前聆听了很多教诲,让我受益匪浅。

我是完完整整地带了两届学生,前年因工作需要,我又被调整到职能部门。其实这一转型,我内心也曾经有过很多挣扎,我知道自己内心是爱学生的,而且爱得很真切!所以,最近我也在尝试整理给学生发的每一条短信，以及给学生写过的每一首诗，抑或是最简单的提醒，老是想从中找出一些经验，搞清楚自己和学生朝夕相处的 8 年是如何呵护学生、帮助学生抑或还有哪些做得不够、干得不好，但这些终归都是碎片化的、不成系统的、没有体系的。我开始反思，我现在愈发想将“学生成长与发展”作为这辈子要深耕的领域，愈发想将自己锻造成为一名有知识底蕴、教育情怀的学生工作者。基于此，我也曾报考了××大学的“思政专项”博士，但没有被录取，至此也就没再能够重拾重整信心。直到今天有幸当面听了您的一些教诲，我好像瞬间又被重新点燃。虽然我今年已经 37 周岁，但我还有一种想再读读书、再深耕下“学生发展与教育”这一领域的想法，我想再读一个能让自己有更足勇气和底气面对学生、能够真正帮到学生的专业方向博士！

曲老师，我之所以冒昧地向您倾诉那么多，只是觉得自己内心总是不够坚定，即部门领导对我无论曾经 8 年的专职辅导员工作经历，还是现在我所从事也还在不断学习中的专任心理健康教师工作，都是肯定且支持的！但在自己未来究竟如何能够更专业、更实效、更让学生满意的问题上，我觉得自己还很迷茫。

××，你好！

因为比较忙，今天才回复你，抱歉！

思想政治教育工作不是总结出来的，是干出来的。我们现在需要注意的是，有些辅导员（包括有些学校）过于重视各种比赛，把思想政治教育当成了“演出”，这是做不好思想政治教育工作的。思想政治教育工作一定要脚踏实地、细致入微、入心入脑。现在有些辅导员感到工作很忙、很累，原因是多方面的，其中一个原因就是学生干部、党员不得力，一些干部、党员成了“花瓶”，摆设在那里，这也是不实的表现。任用干部、发展党员，一定要“听其言，观其行”，不能只看学习成绩，要看现实表现，更不能搞“亲疏远近”，对于徒有其名的学生干部、党员，要加强管理，该调整的调整，该批评的批评，这既是对学生干部、党员的负责，也是对党和人民事业的负责。我说的学生干部、党员要起作用，不是看他们说得怎样，而是看他们在各个方面起的带头作用，这样学生干部、党员在同学中才会有威信，才能成为辅导员的左膀右臂，替辅导员担负更多具体的工作。

我多次谈到辅导员考博的问题。我既赞同，也不赞同。赞同的是真想把辅导员工作做好，提升自己的理论水平，这不是不可以；不赞同的是有些辅导员考博名义上是为了做好辅导员工作，实际上是为了解决学历问题，便于转向专业教师队伍。看看这些年毕业了的辅导员专项博士，有多少还在辅导员队伍中，就是这个问题。增强学习意识很重要，考不考博都要加强学习，应把学习当成一种追求，当成一种生活方式，尤其是辅导员。辅导员是大学生的人生导师。辅导员只有自己清清楚楚，学生才能明明白白。我们有些辅导员“本领恐慌”，不能为学生解疑释惑，自然和学生就有了代沟，当然这还不完全是理论引导的问题，还有个情感问题。理论再丰富，没有情感，学生也不愿意接受你的说教。你想考博可以。现在一般都实行审核制，这要做充分的准备，竞争也很激烈。既想把工作做好，又要创造读博的条件，还是有一定难度的。

飞机着陆了，先聊到这里。大连有事就联系我。谢谢你对我的认同！

祝一切都好！

曲老师，谢谢您！学校 4 日已经放假，但我们一直都在岗位上，为暑假留校考研的学生们“保驾护航”。此时此刻，我也正和我的同事在办公室加班。您对我说的话，我要回去逐字逐句消化，认真反思体悟。还有，您无论去哪儿，路上都要注意安全，平时要保重身体，我们学工人都爱您！

谢谢！我们共勉！

培养好少数民族学生骨干

2023-07-11

曲老师,您好!

我是××。可能因为我是云南人的缘故,对于少数民族文化和学生一直有一种天然的亲近感,也保持一种纯粹的热爱之情。尤其是从2012年××大学毕业至今,已经10年了,每次回家都更能感受到云南多元文化碰撞的那种惊艳美。

我依稀记得2020年报考××大学辅导员的点滴,至今都觉得是命运的眷顾。正因为有师友的关切自己才能顺利入职。入职三载,内心一直感恩自己选对了职业,同学们热烈的青春和真挚的情感一直在温暖着我。我自己也在做一名以德服人的好老师的路上不懈努力。但随着工作年龄的增长,我发现自己独立思考的能力还很欠缺。此次能听您的讲座荣幸之至,让我受益匪浅,我会继续坚定自己的职业理想,在辅导员这条道路上自信地走下去,找准自己作为少数民族专职辅导员的定位,去感染更多的学生,让他们走得更高远。同时,我希望能有幸拜读您关于少数民族学生教育方面的著作,为我的职业生涯注入思想力量。感谢曲老师今日的倾情指导!

我的地址是:××××××××。劳您费心,期待拜读您的著作!祝您顺心顺遂!

××，你好！

一直忙忙碌碌的，才回复你，抱歉。

看得出来你对做好少数民族学生思想政治教育工作怀有浓厚的情感。中华民族是一家，只有紧紧地像石榴籽一样拥抱在一起，各民族才能团结强大，社会才会稳定，国家才会发展。尤其是做好新疆少数民族学生的教育引导工作，意义格外重大。

近年来，各高校都为新疆少数民族学生配备了专职辅导员，这使得做好新疆少数民族学生的思想政治教育工作有了组织上的保证。做新疆少数民族学生的思想政治教育工作一定要发挥好骨干作用。新疆少数民族学生有个明显的特点，比较“抱团”儿，他们都愿意听从他们老乡中“主心骨”的意见。因此，你要找到这个“主心骨”，把他的思想政治教育工作做好，让他成为你工作的左膀右臂。同时，你要多深入学生群体当中，了解和把握学生的思想脉搏，和学生交朋友，分轻重缓急与学生谈话，有的要重点谈、反复谈，直到他们说出心里话，从思想上解决问题。思想政治教育既要以理服人，又要以情感人。你要与学生打成一片，成为学生的良师益友，力所能及地帮助学生解决其在生活上遇到的困难。只要学生感受到了你对他们的关心、关爱，就会悦纳你的教育。

我写过和少数民族学生的交流(《民族一家亲》)一书。有我签名的一本，我已经让出版社邮寄给你了，注意查收。来大连就联系我。

祝好！

熟知辅导员工作需要的理论知识

2023-07-12

曲老师,您好!

今天聆听了您的讲座,我深感震撼、备受鼓舞。我是一名一线辅导员,2022年考取了思政队伍培训研修中心的博士,学习马克思主义理论专业,思想政治教育方向。因为我是理科生出身,专业基础相对弱,我想向您请教两点:一是如何稳步提升思政专业素养,原著、论文、著作、相关公众号推送等信息源哪些更有效;二是如何把理论切实转化成学生喜闻乐见的灵活教育手段,做好学生的思想引领工作。望您在百忙之中不吝赐教、指点迷津,向您致以诚挚的敬意和谢意。

××,你好!

现在很多辅导员读了马克思主义理论专业的博士,有的本科、硕士阶段学的就是马克思主义理论专业,这些辅导员的理论基础还是可以的;有的或本科或硕士阶段学的是马克思主义理论专业,这对读博士也能够提供相应的马克思主义理论知识。像你这样学理科的考上了马克思主义理论博士生,读起来确实要更难一些,这就更要下功夫补上马克思主义理论的基础课。而要做到这一点,最好的办法就是读原著、学原理,吃透辅导员方向所需要的相关理论著作和原理。只有吃透原著、原理,才能用活原著、原理,才能把大道理变为学生喜欢的话语,才不会在与学生交流的时候夸夸其谈。

感谢老师的教诲。

我一定认真读原著、悟原理，争取早日把原著、原理吃透、用活，让学生乐于接受。您早些休息，今天时间匆忙，只留下一张自拍照，期待下次和您见面再拍一张正式的合影。

曲老师，您好！

今天听了您的讲座，我深有感触，希望今后能向您多学习，成为像您一样优秀的辅导员，还望您多多指导。

××，你好！

谢谢你的认同！

路都是一步步走出来的，谁能走得最远？关键看谁能坚持到最后。有些人走着走着就停下来了，也就领略不到最终的美好。希望你能够在辅导员这条路上走得更远。

曲老师，您好！

我是××工商学院的辅导员××。"师者，所以传道受业解惑也"，您不仅仅是学生们的大先生，更是我们青年教师的大先生。您的报告，让我在浮躁的工作中更加牢记自己的初心使命，日后必将以立德树人的奋进之笔谱写聚心铸魂的育人之作。

××，你好！

谢谢你的认同！我们共勉！

辅导员一定要成为学生的人生导师，比就业率更重要的是择业观。就业只有在解决了择业观的前提下才有意义。辅导员的初心和使命就是"为党育人，为国育才"。这就要做好深入细致的思想政治教育，把学生的思想困惑消灭在萌芽中，只有思想正确，行动才能正确。

曲老师，您好！

我是××工业大学的辅导员××，目前是思想政治教育专业的博士研究生。今天有幸聆听了您的报告，我感到受益匪浅，同时也深感差距很大！

接下来我会继续在学生工作的路上砥砺前行，感谢您今天的指导！

好的。谢谢你的点赞。

你现在还是思想政治教育专业的博士研究生，更要对辅导员工作有些理性的认识。要深刻认识辅导员工作的地位和作用，要探究思想政治教育的规律，围绕学生、服务学生、关照学生，把学问做到学生的心坎上。千万不要为了评职称而追求高学历，那样就失去了读博的意义。

曲老师请放心。我热爱学生，我所做的都是为了一切学生、为了学生的一切。今后在学工问题或学术问题上也恳请曲老师不吝赐教。谢谢！您辛苦啦，早点休息，晚安。

曲老师，您好！

我是××大学数学与计算机学院的辅导员××。您通过了我的好友申请，这让我十分感动，也万分激动。您那么忙碌，我还冒昧打扰，真是不好意思。我是2017年9月开始从事辅导员工作的，还记得是在入职培训时，我知晓了您的故事，您那句“一生不求名利收，唯愿学子各有为”深深触动了我，也成为我成长路上的“清醒剂”。近6年的育人工作，我深刻感受到辅导员这份事业的成就感和价值感，看到学生从懵懂稚嫩到敢于突破自我，从迷茫无畏到方向清晰，再到行动觉醒，点点滴滴都让我更加坚定了这份选择。虽然您和我素未谋面，但是我一直关注着您的公众号，主动学习着您的育人经，期待线下有机会拜访您，跟您面对面学习和交流，愿您一生平安喜乐。

谢谢你的认同！

几年前我去过你们学校。学校面朝洱海，背靠苍山，很美，给我留下了很深的印象。

你做辅导员也快6年了，有了很多体会。辅导员是大学生的人生导师，一定要陪伴好、引领好学生的成长。

有的辅导员，当上了辅导员后便忘了初心，为自己着想，结果让学生瞧不起，被学生所遗忘。

辅导员工作意义重大，功在当代、利在千秋。既然当上了辅导员，就应当把辅导员工作当成党的事业来做，就应当为学生负责，就应当尽量地少想自己。辅导员一定要围绕学生、关照学生、服务学生，帮助学生系好人生的“扣子”。

告诉我你的详细地址，我邮寄一本我的书给你做纪念。到大连联系我。

祝好！

曲老师，谢谢您的鼓励。

我会继续加油，也期待您有时间带着家人来风花雪月的大理走走，我一定做个称职的向导。我的地址是：××××××××。

正确发挥主观能动性

2023-07-17

曲老师,您好!

我是2022年入职××大学的一名专职辅导员,我叫××。非常荣幸能有机会聆听您今天的讲座,让我感受颇深。本科学习外语的我因为对教育事业后有着后知后觉的热情,考研时选择了思想政治教育专业,在经过了3年的理论和实践学习后,我如愿进入了××大学的辅导员大家庭。这一年来,我对着初入大学一脸懵懂的学生始终坚守着,但也偶尔因为周围的复杂环境迷茫过。感谢您这次的讲座,像及时雨一样解答了我工作一年以来在理想和现实之间的困惑,让我更加深刻地理解了辅导员工作的责任与价值。大合影结束后怕耽误您的时间,我便没留下来跟您单独合影,线下冒昧添加了您的微信,希望有机会能继续向您请教。

这段话从添加您微信的时候就编辑好了,谢谢您能通过我的好友申请。最后祝愿曲老师及家人身体健康、万事胜意!

××,你好!

你写了这么多,我一定要回复你。因为最近很忙,今天才回复你,抱歉。

我几次去延安,接受红色文化的教育。在中华民族到了最危险的时候,中国共产党人担负起拯救民族危亡的重任。为了培养需要的人才,我们党创办了自己的大学。国内四五万青年冲破重重阻挠,奔向延安。毛泽东说:“要造就一大批人,这些人是革命的先锋队。这些人具有政治远见。这些人充满着斗争精神和牺牲精神。这些人是襟怀坦白的,忠诚的,积极的,与正直的。这些人不谋私利,唯一的为着民族与社会的解放。这些人不怕困难,在困难面前总是坚定的,勇敢向前的。这些人不是狂妄分子,也不是风头主义者,而是脚踏实地富于实际精神的人们。中国要有一大群这样的先锋分子,中国革命的任务就能够顺利的解决。""中国不能亡,因为有陕公!""青年强,则国家强",这就需要我们培养一批批矢志不渝跟党走的时代好青年。为什么要有辅导员?难道就为了解决就业问题,为了学生的就业率?为的是让辅导员担负起"为党育人、为国育才"的使命和责任,为的是让青年学生把个人的命运与祖国的命运结合起来,在服务祖国中实现人生的最大价值。所以,辅导员一定要有格局、有胸怀,自己的利益可以想,但是更要想党、国家和人民的利益,这是实现我们个人利益的根本保证,国家强大了,我们就都好了。辅导员一定要把人民放在心上。没有人民,我们算什么。把人民放在心上就是把学生放在心上。我们说教育是幸福的源泉,那就要把学生培养好,学生培养得不好,人民能幸福吗?我常说这句话:自己的孩子是孩子,别人的孩子不是孩子?辅导员千万别只想自己的"双重晋级",结果把学生落下了,让学生瞧不起。

你在××大学做辅导员,有着天然的红色基因,要把延安精神发扬光大。这首先就要自己教育好自己,也就是进行自我革命。人,不能总是被别人教育,这不会有大的出息。要把延安精神深植于心,贯穿在学生教育的全过程。毛泽东在延安时期要求干部、战士埋头苦干,这是党的实事求是作风的具体体现。辅导员工作同样离不开埋头苦干。要养成扎实的工作作风。思想政治教育不是演出,身影不应只在舞台上、大赛中,而是哪里有学生,哪里就有我们的身影。

你才做了一年的辅导员,对辅导员工作的认识还需要不断加深。辅导员工作意义重大,但相对来说辛苦一些。可是想一想那些战争年代牺牲了的战士,我们这点困难算什么?既然选择了辅导员,就应当坚定理想信念,发挥好主观能动性,把学生培养好。把学生培养好应当成为你的价值所在和幸福源泉。

飞机着陆了,就聊到这里。告诉我你的详细地址,我把我签名的书邮寄给你做纪念。

为学生做榜样

2023-07-18

曲老师下午好,感谢您拨冗对一个还不成熟的辅导员这么用心地回复。

看到您在回复中引用了毛泽东同志的话,再想到您在讲座过程中能将学生写给您的信一字不差地背下来,我深感震撼。您坚定的信仰和对学生的爱令我由衷地感到敬佩,这样的精神更值得我们所有辅导员学习。

我想我开始找回了初入职时想带着学生们过有意义的大学生活的“初心”。我们是离学生最近的人,我们在日常中的言语以及行为都被学生看在眼里,可以直接影响到他们的价值观。我们不能走错路,我们要为他们树立良好的榜样。您说得很对,人不能总被别人教育,只要一直朝着对的方向坚持,就不应该怀疑自己。付出和得到会成正比,就像您说的那样,一定程度上我们比那些人更加“富有”,因为我们有学生!

我会谨遵您的教诲,在工作中始终把学生放在首位,继续带着我的初心不断学习,在自己的岗位上为教育事业发挥我的一份光和热。

我的地址是:××××××××。虽然在讲座结束后我购买了您的《爱是教育的灵魂》一书(已经在寄回来的路上了),但私下里还是想得到您的签名赠书,所以还是厚着脸皮把地址发给了您。

舟车劳顿,愿您能得到好的休息,再次感谢您!

我在大学读书的时候,因为想要去西藏当老师,便没有考研的打算。

于是我每天早上在操场跑完步后，便背诵马克思、恩格斯著作和《毛泽东选集》中的一些论述，我养成了背诵的习惯，到今天也是如此。我认为一些重要的著述，能背下来的尽量背诵下来，这样用起来才方便。我告诉过我的学生这样一句话：知识不是存放在硬盘里，而是存在脑子里。这就是要读书，更要背书的道理。

辅导员是大学生的人生导师。人生导师首要的是为学生指明前行的方向，方向要是错了，知识学得再多也没有意义。《焦点访谈》为我做了一期节目，题目是《一个敢于喊出“向我学习”口号的辅导员》。该栏目记者在采访要结束的时候，问了我最后一个问题：“如果用一句话概括您的几十年思想政治教育，您怎样说呢？”我毫不犹豫地说：“向我学习！”我为什么这样说呢？我告诉我的学生们，老师离雷锋还有很远的距离，走到老师身边来，我们一起学雷锋。看看我们今天的思想政治教育，从问题的角度看，说得太多，做得太少；“高大上”的太多，形而下的太少；要求学生的太多，要求自己的太少，这怎么会让学生信服呢？思想政治教育一定要让学生“跟我上”，而不是“给我上”。我们是离学生最近的人，我们日常的一言一行学生看得最清楚，我们一定要给学生正能量，时刻激励鼓舞学生走在正确的人生道路上。

相信你在服务学生的路上一定会走得很远，也一定会取得令人称赞的成绩，加油！这也是一名老辅导员对你的期许！

曲老师，赠书已收到，不胜感激。

我打开包装的第一时间便迫不及待地读了前言才给您回信，我想引用您的一句话：“作为一名思政人，我深感使命光荣，责任重大。”800余页的书，远不及您对学生们的爱深厚。我希望自己通过阅读您的文章能不断学习进步，坚守在“品德线”上，先努力让自己成为一个走得更远的人，也为我的学生们树立良好的榜样。

我有多么幸运，收到这本珍贵的赠书。感谢曲老师！

不要被别人所左右

2023-08-18

曲老师,您好!

我从2014年研究生毕业后就开始当辅导员了。2020年我来到现在的学校继续当辅导员,其间还下乡两年参与乡村振兴工作。今年5月我回到学校,下学期将继续担任辅导员。我两年没在学校,生怕做不好了。我不想把辅导员当成机械式的工作,但又不知道辅导员的创新该从哪里着手。这些年无论做什么我都努力做好,但是在辅导员岗位上总会被其他人的一些异样看法所左右。有时候我很困惑,为什么在别人看来辅导员就是万能的,什么工作都应该承担。我该怎么调整心态呢?

××,你好!

首先把握住自己。谁也不能代替你走路,选择好自己要走的路,你想往哪里走,就坚定地朝那个方向走,不要被别人所左右,那是自己的人生。没有一个人的人生被百分之百地认同。你创新,有人会说你张狂;你谦和,有人会说你虚伪;你善良,有人会说你作秀;你坚持,有人会说你固执;你成功,有人会说你显摆……这些是防不胜防的。我登上泰山的时候,想到杜甫《望岳》里的诗句"荡胸生层云,决眦入归鸟。会当凌绝顶,一览众山小"。真可谓大千世界芸芸众生,尽收眼底。人生就是一场旅行,看到的不都是美好的风景,还会有杂草、泥泞,甚至乌云密布。罗曼·罗兰说:"世界上只有一种真正的英雄主义,就是在认清生活的真相后依然热爱生活。”自己的人生自己做主，哪有时间去管那么多不切实际的闲言碎语，更别说那些不怀好意的说三道四了。

辅导员工作主要就是两条，一是以理服人，二是以情感人。要多学习，“不畏浮云遮望眼，自缘身在最高层”。自己清清楚楚，学生才会明明白白。辅导员是大学生的人生引领者，如果起不到解疑释惑的作用，学生就会疏远你，那还何谈思想政治教育？理论不足先用情感弥补。不要总想自己怎样，要把学生放在心上。只有把学生放在心上，学生才会把你放在心上。教育过程是爱的过程，没有爱就没有教育。要急学生之所急，想学生之所想，力所能及地帮助学生解决大事小情。想做好辅导员工作，得到学生的认同是很重要的前提。

告诉我你的详细地址，我把我写的《我与大学生的交流》这本书签名、邮寄给你做纪念。

祝好！

谢谢曲老师的教导！

年轻人做人做事容易随波逐流，我希望我做辅导员能随一股清流。我希望以后能够多聆听您的教诲，在您的指导下能成为一个有情怀的辅导员，培养更多有德有才的年轻人。

我的地址是：××××××××。

不要把“累”和“难”写进我们的字典

2023-08-21

曲老师,您好!

我是来自江苏××大学的一名辅导员,我叫××。2020年一次偶然的机会,我了解到您的事迹:放弃厅级职务,回归一线做回一名辅导员;您的家访足迹遍布全国20多个省份,与学生的聊天记录达300余万字,您说过:“一生即便一无所有,有了学生便有了一切。”您还对您的学生说过:“你为祖国服务,我为你服务。”我被您的事迹深深地感动,经过两年的备考(江苏这边辅导员选拔考试竞争还是蛮激烈的),其间也经历了很多次失败,也曾想过放弃,但一想到您的事迹,我便一直坚持备考,因为我是真心想成为一名辅导员。

在2022年5月我终于成功上岸,转眼间一年时间过去了。在工作期间,我也听到了很多声音,比如:“你转到辅导员岗位有没有后悔啊”“现在的工作比之前的工作还辛苦吧”,等等。但我想说的是:我真的很爱这份职业,所有为学生做的事情,即使会花费很多时间,我也愿意用心去做好,去为学生解决一个个困难。虽然我辛苦了些,但想想还是很幸福的,学生愿意找我,说明我做的工作得到了他们的信任。成为一名辅导员,是我做得最正确的决定,我也会一直坚持。

和学生相处的这段时间,我遇到了很多优秀的学生,有件事情特别想和您分享下,是关于一名党员同学的事情。我最近遇到了一名连续两年降级、准备放弃学业的学生。我做了大量的思想工作,才让他重新有了毕业的想法,但困难很多,他的诉求是希望有人能带带他,还有帮他换个宿舍,因为同宿舍也有降级的同学,他感觉比较压抑。我找遍了他们同年级的学生宿舍,也没有找到合适的。当我要走的时候,遇到了他们年级的一名党员,同时也是他们年级专业排名第一的同学,我把这名学生的情况和他大概说了说,问他能否帮帮他。让我没想到的是,他说:“老师,您让我搬到他们宿舍,我能帮他。”我迟疑了下,又问他:“你现在是年级第一,又有保研的想法,不怕过去之后他们会影响你吗?”他坚定地回答:“没问题的,您放心!”在这名党员同学的帮助下,这名学困生逐渐重拾了学习热情,从一开始都是党员同学叫他去上自习,到现在慢慢地他自己经常主动约党员同学去上自习,有了很大的改变。在利益面前,这名党员同学首先想到的是帮助他人,而不是自己的成绩会不会下降等个人利益,这让我很感动。

我一直想找您的联系方式,找了很久才找到了您的邮箱,但尝试了很多遍总是发不出去,也不确定您能否看到这封信。为了方便向您请教,可否加下您的微信呢?如果有机会的话,我也非常想去大连拜访您,当面和您交流下。

最后,祝您身体健康、万事如意!

××,你好!

辅导员工作是做人思想的工作,人是有感情的,特别是青年学生,在他们有需要的时候,你帮助了他,他会感激你一辈子,这有什么不好?我有个学生现在是正厅级干部,他给我写过一封近5000字的信,说我是他的精神导师。这个学生就是在上大学的时候,一有思想困惑,就与我交流。你只管默默地做,哪里有学生,哪里就有你的身影,学生是不会忘记你的付出的。

相对来说,辅导员工作是累些,可是累又能累到哪里去呢?疫情防控期间,有的辅导员说:“我几个月没看到孩子、父母了。”这又怎样呢?战争年代,多少年轻的战士牺牲了,他们再也没见到自己的父母。辅导员,不要把“累”和“难”写进我们的字典。我们一定要有人生的境界。

你说的这个学生党员表现很好,说明他从思想上入了党,体现了党的全心全意为人民服务的宗旨。辅导员一定要发挥党员的带头作用,这就要做好党员发展工作。列宁讲过:“徒有其名的党员白给也不要。”有的辅导员说:“为什么有的学生党员入党前后不一样?”我说:“他本来就是那个样子,只是我们考察不严,没有看到他的本质。”

飞机着陆了,就聊到这里。告诉我你的详细地址,我把我写的书签名、邮寄给你做纪念。

祝一切都好!

谢谢曲老师的教导!

您太辛苦啦!回家路上请您一定注意安全,到家早点休息,保重身体!“哪里有学生,哪里就应当有我们辅导员的身影”,您的话我会铭记在心,我会用心陪伴好学生,专心来做一名对得起学生、问心无愧的辅导员,当好学生成长成才道路上的引路人。

我的地址是:××××××××。

再次感谢曲老师!

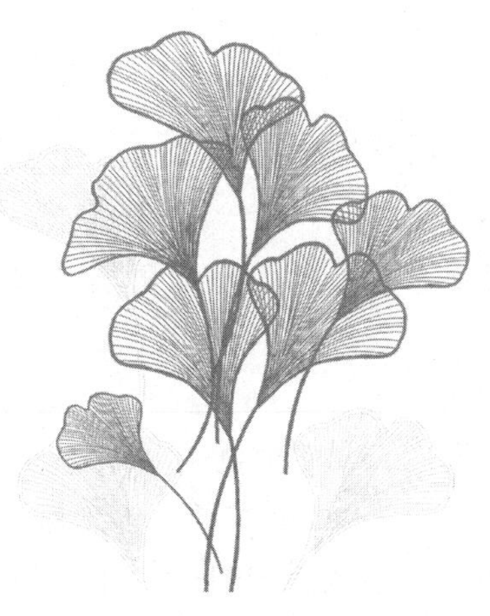

引导学生向榜样学习

2023-09-05

曲老师，您好！

我是今天听课的学生，感触颇深！先自我介绍一下，我是××大学的一名辅导员，其实做辅导员工作时间不长。2021年下半年我们学校成立了士官学院，因为工作需要，将我调至士官学院负责学生管理工作。能深入学生工作，我也觉得很开心。今天听了您的授课，我真心希望能有机会邀请您来我们学校，来给我们士官学院的军士生们讲讲课，鼓励鼓励孩子们，携笔从戎、报效祖国！

谢谢你的认同！

你说得对，尤其是对你们士官学院的学生，教育引领更为重要。为谁培养人？士官生更应当搞明白。作为辅导员，你一定要在价值引领上多下功夫，让学生为祖国而学习，把报效祖国当成使命和责任，在奉献中实现人生的最大价值。

是的，孩子们一进校门，我们和他们讲的就是报国信念和理想，党指挥枪，他们就是祖国军队的未来，有信仰、有目标，才有学习、训练的动力。我们也在不断摸索和改进，学校从2016年开始培养定向军士生（海军），从一开始的一步步摸索，发展到现在3个军兵种，也很不容易。我2009年大学毕业后，服役过两年，也是在部队入的党，对部队怀有深情。现在在士官学院，我也会和孩子们提起我在部队的经历，虽然说得不多，但可以给孩子们帮助，帮助他们了解部队。我会向您学习，开导和教育孩子们，带好每一届士官生。

带学生学习一下党史，让他们向先烈学习。中国革命能够取得胜利，那是千千万万革命先烈用鲜血换来的。

告诉我你的详细地址，我把我写的书邮寄一本给你做纪念。

我会这么做的，和孩子们一起学习、一起进步，陪伴他们成长，让他们知道中国的不易，多鼓励，也多敲打他们。

感谢曲老师赠书，我会认真阅读，让学生们也学习，同时以后也让我的两个儿子学习。我的地址是：××××××××。

一生一事　育人育才

2023-09-11

致2035年的自己：

你好啊！

2035年，一直为教育强国而奋斗不息的你，应该见证了教育兴则国家兴、教育强则国家强的伟大图景。

党的二十大报告明确提出："从现在起，中国共产党的中心任务就是团结带领全国各族人民全面建成社会主义现代化强国、实现第二个百年奋斗目标，以中国式现代化全面推进中华民族伟大复兴。"由此使得我们对高等教育的需要比以往任何时候都更加迫切，对科学知识和卓越人才的渴求比以往任何时候都更加强烈。这就需要我们必须建设教育强国，为全面推进中华民族伟大复兴培养一代又一代德智体美劳全面发展的社会主义建设者和接班人。

"强国必先强教，强教必先强师"是你心中坚如磐石的信念。正如习近平总书记指出的那样："教师重要，就在于教师的工作是塑造灵魂、塑造生命、塑造人的工作。一个人遇到好老师是人生的幸运，一个学校拥有好老师是学校的光荣，一个民族源源不断涌现出一批又一批好老师则是民族的希望。"我今年66岁了，一辈子就做了一件事，"为党育人、为国育才"，做大学生人生成长的指导者和引路人。现在的我深深地体会到，要想成为一名让学生感到幸运、学校感到光荣、民族感到希望的好老师，必须"坚定理想信念、陶冶道德情操、涵养扎实学识、勤修仁爱之心，树立'躬耕教坛、强国有我’的志向和抱负，坚守三尺讲台，潜心教书育人”，这样才能点亮学生理想之灯，照亮学生前行之路，教育引领学生坚定不移地听党话、跟党走，立志做有理想、敢担当、能吃苦、肯奋斗的新时代好青年。

你还记得吗？曾经有一个学生，刚来大学时，他感到忧郁、迷茫，无知而幼稚，几乎想要逃离家庭那个令他绝望的环境。硕士毕业时，他成为一名共产党员，主动申请去了西藏工作。他要“植大木以立长天，处江湖以忧国民，放下尘世繁华，做个勇敢的人”，在西藏奉献一生。他说：“是您，抚平我伤痕，点燃我希望。”为了转变他，你用党的百年奋斗史激励他，让他坚定理想信念，补足精神之“钙”；为了给他解疑释惑，你和他之间交流了20多万字；为了开阔他的视野、提升他的格局，你资助他考察了十几个红色景区；为了解决他赴藏的后顾之忧，你建立了“励志基金”，帮助他母亲做了股骨头坏死手术、结合新农村建设帮他家盖了房子；虽然他家离大连有上千公里的距离，你先后3次到过他的家。这个学生现在已经是一名共产党员，他说：“新时代的蓝图已经绘就，新征程的号角已经吹响。我一定牢记嘱托，做堪当民族复兴大任的时代新人，成为堪当民族复兴重任的党的好干部。”

你始终坚信路是走出来的，事业是干出来的。到2035年，你将见证教育强国的建成，多么鼓舞人心、多么让人奋进！习近平总书记说：“我将无我，不负人民。”这一直鼓励你为建设教育强国踔厉奋发、勇毅前行，“烈士暮年，壮心不已”。等到教育强国实现之时，那时的你可以问心无愧地大声说：为此我奋斗过、付出过，这一生值了！

工作哪会舒舒服服

2023-09-27

曲老师,您好!

我是××大学辅导员××。今天是我第二次听您讲课。记得2019年您曾来过我们学校交流,那时我刚参加工作不到一年,面对着陌生的职业和陌生的学校,我甚至有点儿慌,但是听了您的分享,我深受触动,只有信仰的力量才能把平凡的事情做到非凡。在之后的几年里,我和其他一些同事一样,有时也会感到存在职业认同感不高、安全责任压力大、职业发展目标不明确、理论学习渠道不足等问题,但我不是在这里抱怨和诉苦,只是想跟您说这几年来我的工作思路越来越清晰,处理重难点工作更加游刃有余,思想政治教育效果越来越明显,直到今天作为骨干学员再次听您授课,仍然深受触动!感谢您在我职业生涯"拔节孕穗期"给予的指导,感谢您对辅导员群体的关爱和支持,我也将和同事们一道,立足本职推进民族复兴,党的事业必将薪火相传,后继有人。祝您接下来旅途平安。

××,你好!

谢谢你的认同!我们共勉!

年轻人不要怕吃苦、怕出力,只有付出才有所得。辅导员工作多有意义、多有价值。我们常说,教师是蜡烛,燃烧自己,照亮别人,可以说在大学里最能体现蜡烛精神的就是辅导员了。

不要祈求尽善尽美的工作环境,要发挥好主观能动性。马克思创立马克思主义的时候有什么条件?马克思主义不是重视出来的,是斗争出来的。正如鲁迅先生所说:“地上本没有路,走的人多了,也便成了路。”我们有的辅导员缺乏一种斗争精神,也可以说是理想信念不太坚定,这样就必然把困难看得多、看得重,就会打退堂鼓。再就是感觉自己做得多了,得到的少了。记者采访我的时候常问我这个问题:“您不觉得辅导员工作累吗?您是怎样坚持下来的?”我总是这样回答:“革命先辈流的是血,我只是流点汗而已。为了建立新中国,多少战士献出了年轻的生命,我在和平的环境下活着。”人生一定要选好坐标,向先进看齐,向着太阳升起的地方奔跑。你对辅导员工作有了一定的认识,对辅导员工作的规律性有了把握,这很重要,一定要坚持下去。坚持数年,必有好处。成功从来都属于那些在对的路上坚持不懈的人。人生做不了多少事,把学生培养好就值了。有学生就有了一切。一些辅导员整天想这想那的,到头来一事无成。人生没有重来,为什么不奋力地活着?看看自己到底能活成个什么样!

告诉我你的详细地址,我把我写的书邮寄一本给你做纪念。到大连就联系我。

祝好!

谢谢曲老师,我的地址是:××××××××。我和同事们一定会牢记您的嘱托,做好本职工作,也祝您健康平安、工作顺利!

一定要加强学习

2023-10-16

曲老师,您好!

我是××大学的辅导员××。以前我也在线上听过您的讲课,今天有幸又面对面听您讲课,我深受鼓舞。辅导员的职责是思想引领,但我们大多时候在实际工作中反而偏离了主线,很庆幸有您的点醒,谢谢您,向您学习!我是2022年考的××大学的教育学博士,目前在做选题,也想往辅导员队伍建设方面研究,现在在看社会情感能力方面的文献,想试着做辅导员社会情感能力方面的研究。我想请教您,您觉得这个可以作为一个选题研究吗?谢谢您!

××,你好!

辅导员是大学生人生成长的指导者和引路人。辅导员工作的9项职责,排在第一位的就是价值引领。现实情况是很多辅导员主要还是做着事务性工作。这里有客观原因,也有主观原因。客观原因是辅导员太忙,主观原因是一些辅导员"本领恐慌",还缺乏做学生价值引领工作的本事。"不畏浮云遮望眼,自缘身在最高层",辅导员一定要加强学习,提升理论水平。所谓价值引领就是讲道理,要让学生心悦诚服地接受我们的教育。一些辅导员和学生有代沟,一些学生不接受辅导员的教育,其中一个原因,就是有的辅导员讲不清道理。要把学习当成一种责任。我要求自己绝不能让学生在思想上犯错。这就要围绕学生、关照学生、服务学生,及时为学生解疑释惑。“通则不痛”，思想问题解决了，行动就正确了。

现在很多辅导员读博士，这些年也有很多辅导员博士毕业，而真正安心工作在辅导员岗位上的人不多。这里也有两个方面的原因。客观上很多高校要求教师队伍博士学位的比例，主观上一些辅导员读博的时候想的就是有了博士学位后转到专业教学岗位。为什么总想走别人的路呢？辅导员这条路能走通。辅导员有了博士学位，再把辅导员工作当成学问做、用心做，同样会有所作为。如果博士毕业就转教学岗，相当于从“零点”出发，只能跟在别人的后面走，当然也会有超越别人的人，那只是特殊例子。

有事就联系我。

祝一切都好！

曲老师，谢谢您的指导和帮助，祝您身体健康、万事胜意！

关键是自身要重视

2023-10-20

曲老师,您好!

我今天听了您的课很受鼓舞,对您十分敬佩。冒昧打扰您,我对辅导员工作有点小疑惑,还望您指教!

我从事辅导员工作有9年了,还担任了二级学院团总支书记。我们职业院校的工作比较琐碎,学生管理难度也大一些,我们在学院的认同感、归属感很低。虽然现任学生工作部领导比较重视,但是他才来两年,而且马上又要调岗。我们学院整体更注重教学,辅导员思想政治教育的职能实现较低。辅导员的待遇和晋升也没有专业教师的优势。

我现在也处在一个“瓶颈”期,家里人希望我更顾家一些,带好两个小孩儿,毕竟目前也有行政岗位。我自己比较喜欢当辅导员,就像您说的和青年人打交道更有朝气。可是面临无穷无尽的琐事,还有家庭和经济上的压力,我觉得自己坚持不下去。还望您指点迷津,谢谢!

××,你好!

你谈到的问题带有普遍性。这不是什么新问题,我做辅导员的时候就有这个问题,这个问题会伴随着辅导员工作的始终。

我刚留校做辅导员的时候,谁重视过我们?我的好几个老师都劝我早点离开辅导员队伍。我有个老师想给我介绍个女朋友,对方是专业教师。她跟我的老师说能不能让我转成专业教师。为了恋爱放弃我的选择?不是一家人，不进一家门。41年来，我对做辅导员工作、陪伴大学生成长情有独钟。许多记者采访我的时候都问我这个问题："让您重新选择，您还会选择做辅导员吗？"我毫不犹豫地告诉他们："我会的。"我在辞去省厅领导职务回到学校做辅导员的时候，多少人不理解，多少人劝我放弃这个念头，我铁了心，就是要回到学校做辅导员，完整地带一届学生，满足我的一个心愿。马克思创立了马克思主义，是被重视出来的？这里的关键是你到底想做什么、想成为一个什么样的人。我是我，你是你，我不能替你去想，更不能替你去做。我从来没有把学生的事看成琐事、麻烦事，我觉得正是这些琐事、麻烦事才奏响了我人生的乐章。好好审视一下自己够不够坚定，如果不是那么坚定，就不要坚持了，有机会赶紧离开算了，不然会影响到你对辅导员工作的投入，会影响到对学生的培养。你的面前清晰地摆着两条路：一是继续做辅导员，二是转到行政岗位。让我来选择，我自然会选择做辅导员，你要是坚持不下去了，那就转到行政岗位好了。

增强党性、人民性

2023-11-17

曲老师,您好!

我是××大学的辅导员××。我今天下午听您的讲座听得心潮澎湃,感慨颇深!我在心里想如果自己上大学那会儿能听到您的讲座,自己的人生轨迹也许会与现在不同。感恩遇见您,祝您健康快乐。如果您不着急赶飞机,我就跑过去跟您合影了。

××,你好!

一切都来得及,你现在多年轻啊!我不是说了吗?从今天开始,好好规划一下自己的人生,不是规划职业,职业是为人生服务的。我们一些大学生着急做职业规划,还没有想好自己要成为一个什么样的人、不清楚自己未来要走向哪里,这样的职业规划有什么意义呢?大学不仅仅是取得学历、做职业选择,比做职业选择更重要的是确立正确的人生追求。这个问题解决了,即便能力差一点,也可以"后起直追";这个问题没解决,即便已经跑了很远,一不小心就会栽跟头的。辅导员更要规划好自己的人生。我们自己的人生都没有规划好,怎么能帮助学生规划好他们的人生?

告诉我你的详细地址,我邮寄一本我写的书给你做纪念。到大连就联系我。我还会去你们学校的,下次你可以直接找我。

敬爱的曲老师,您这么认真地回复我的信息,而您又那么忙,让我感到内心愧疚。您就是我们的榜样,希望我能越来越豁达,内心越来越平静。我在东北读的大学,在××地方工作过。我感觉跟您很亲近。我的地址是:××××××××。

虽然自己当了辅导员,但是在很多事情上也时常纠结与迷茫,感谢曲老师的教导。

现在有的辅导员还没有从党性、人民性的角度认识辅导员工作。我们要坚定不移地走中国特色社会主义道路。习近平总书记指出:"要把中国发展进步的命运牢牢掌握在自己手中。"从某种意义上讲就是掌握在青年的手里。"青年兴,则国家兴",所以,辅导员一定要把辅导员工作看成党的事业的重要组成部分,必须下功夫把青年学生培养好。虽然我们有个人的利益,但是只有国家强大了,我们个人的利益才能从根本上得以保证。

教育是人民幸福的源泉。辅导员一定要树立正确的幸福观,把学生放在心上,学生的幸福就是我们的幸福。一些辅导员对工作还不安心,没有把心思都用到服务学生上,等想明白了,学生已经离开了学校,这是无法弥补的。辅导员要珍惜和学生在一起的时光,陪伴好学生的成长。这也是为人民造福。我说过,你年轻,看得出来你有很好的思想基础,要不断修炼自己的党性、人民性,在为学生服务中实现自己人生的价值。

到大连就联系我。

祝好!

要有政治上的坚定性

2023-11-23

曲老师,您好!

听了您今天下午的讲座,我感触颇深。您在讲座的前半部分批评我们的时候,我感觉您就是在批评我,我当时特别惶恐。我当辅导员11年了,说实话我特别喜欢当辅导员,虽然我不是学思政的,做学生思想工作的时候讲不出您那么高深的理论,但是我能帮学生解决他们在学习和生活中的实际问题,我觉得我的工作很有价值和意义。我为什么感到惶恐呢?是因为这两年我的工作遇到了"瓶颈",我觉得我好像没有了前几年工作时候的激情。每当我发现我没有激情的时候,我就特别害怕,害怕我失去了最开始工作时的初心,所以今天您这么一说,我感觉我一下子清醒了。我应该还是一如既往地好好工作。曲老师,我还有个问题想听听您的想法。我去年报了个马来西亚学校的博士,因为国内博士挺难考的,我考了好几次都没考上,于是我就报了这个,学的是管理学。我之所以要读博,真的不是要转教学,就是想提高学历,趁年轻多学点东西,增加自己的阅历,但是有的人说辅导员去国外学习不合适,因为学的都是西方的知识,对辅导员没有意义。我想请教一下您,在国外学管理学是不是对于辅导员来说真的没有意义?

××,你好!

你给我发微信的时候,我正和你们校长还有学生处处长在一起,我还提到了你写了这么长的微信。因为比较忙,就没有及时回复你,请谅解。

我其实就是想嘱咐你们,既然选择了做辅导员就安心做下去,这条路能走通,只是需要好好走。所谓的批评是我对你们的爱。我跟你们说什么?唱赞歌?跟你们一起抱怨、发牢骚?这有用吗?辅导员要有一种骨气、志气,即便冰封江面,相信江水仍在涌动。事业都是干出来的,不是照顾出来的。正如鲁迅先生所说:"地上本没有路,走的人多了,也便成了路。"有的辅导员应聘的时候慷慨激昂,聘上了便把曾经的承诺放到脑后了,这怎么能行呢?不仅耽误了自己,还耽误了学生!不想做就别做,做了就好好做。整天这也不对,那也不对的,应聘的时候想什么了?是被别人抬起手向党宣誓的吗?是被绑着来应聘辅导员的吗?党的宗旨变过吗?入党了、当上了辅导员,就要拷问一下我们的灵魂,到底是我们对不起党,还是党对不起我们?到底是我们向党说了假话,还是党向我们说了假话?党的事业一定要发扬光大,作为辅导员、党的一分子,我们一定要为党分忧、为党担当,"为党育人、为国育才",只有一代代青年矢志不渝跟党走,才能使中华民族更加强大。我们怎么能倦怠、躺平呢?为什么干着干着就倦怠了?虽然有外部条件的问题,但根本的还是主观能动性问题。马克思创立马克思主义的时候谁给他科研费啦?不仅如此,马克思还遭到迫害,被开除国籍;李大钊创立中国共产党后被敌人杀害了;我们只是少睡点觉、多流点汗而已。想想这些,工作就有干劲了。

关于考博的事,正好有个辅导员也提到这个问题。此前我在我的公众号上谈过,等我之后跟大家再说几句。

把辅导员工作做好。告诉我你的详细地址,我邮寄一本我写的书给你做纪念。

祝好!

曲老师,特别感谢您能在百忙之中回复我的微信!看了您的回复,我的内心久久不能平静,您说的话我记在心里了,在以后的工作中,我一定会踏踏实实工作。

我的地址是:××××××××。再次感谢您!

辅导员工作要深入细致

2023-12-12

曲老师,您好!

我是××大学的专职辅导员××。今天十分荣幸全程聆听您的讲座,我着实获益良多。

我是2021年开始从事专职辅导员工作的,同时在学院学工办工作。曾经经历过几起不同程度的学生应急突发事件,我十分痛心,导致我时常会自责。如果我把工作做得更扎实些,是否就能避免类似不幸,所以我一直在思考如何能够把学生安全工作做得更有成效。

今天边听边反思,醍醐灌顶,一是没有完全"吃透"学生的实际情况,二是没有更多地拉近与学生之间的距离,三是没有完全融入学生。您的做法给了我很多启示,对于学生工作要主动思考,个人更要沉下心来学习,更要行动落地。

两个小时的高质量分享,您的初心让我震撼,也给我激励。学生工作不是简单的上传下达,也不应被视为繁杂琐事,"留心之处皆学问",这是可以终身研究的课题。

今后若有机会,期待与您多多交流。

××,你好!

到年底了,我在整理今年的微信,发现你10月给我写的微信我没有回复,抱歉。

学生中经常会出现些突发的情况,比如患重大疾病、交通事故等。遇到此类情况我们常常会说:“昨天还好好的,怎么突然就这样啦?”

我20世纪80年代做辅导员的时候,差不多每天都到学生宿舍,问问他们有没有什么事情,跟他们道晚安。有天我见到有个学生在床边的墙上画了问号。她要问什么呢?因为有其他同学在场,我没有当即问她。第二天她下课后我让她到我办公室。我一问,像捅了马蜂窝,她把从懂事到来大学所遭遇的所有不幸一一列举出来。我和她有准备的谈话就达20多次。我帮她一一化解了她思想上的困惑。她转变了,与同学相处得很好,直到顺利毕业。

思想政治教育一定要深入细致,对学生了如指掌,清楚学生在想什么。知己知彼,才能百战百胜。现在我们往往重视学生的心理排查,这是必要的,但是定性一定要慎重、科学,不然反而会促成一些本没有心理问题的学生产生心理问题。辅导员应当加强学生思想的排查,按照轻重缓急对学生的思想状况进行梳理,然后采取有针对性的举措为学生解疑释惑。一些学生的心理问题往往都是因为思想上的困惑没有得到及时有效的解决造成的。思想防御搞好了,危机干预的机会就少了。

告诉我你的详细地址,我邮寄一本我写的书给你做纪念。

得此回复,受益匪浅,对我现在正在开展的学生思想引导工作帮助很大,感谢您!

我的地址是:××××××××。

谨遵您的教诲,我会在“以理服人,以情感人”的实际工作中不断探索实践,用心陪伴学生成长成才,逐渐成为学生遇到困难首先想到的人。再向您汇报一件事,近几年我们学校高度重视辅导员队伍建设,职称评聘“三单”在我校成了现实,就在上个月,我幸运地成为学工队伍里首个副教授,感谢党和国家对我的培养,我将竭尽全力、不忘初心与学工同事们携手共进,为培养担当民族复兴大任的时代新人接续奋斗!

我有幸和您合影留念,这让我充满了力量,向您学习,向您看齐,仍然在路上!

××,你好!

谢谢你的认同!

那天给你们做报告,我感到有点意外。大家的精神面貌都很好,两个小时的报告听得聚精会神。这也折射出你们学校对辅导员工作的重视。在和你们学工部部长交流的时候,他也强调了这一点,学校采取了许多举措加强辅导员队伍建设。你能评上副教授就是学校重视辅导员队伍建设的一个缩影。

当然对我们辅导员个人来讲,还不能把“双重晋级”作为工作的出发点。辅导员的工作水平不是体现在论文、课题上,而是体现在学生成长上。要把学生放在心上,不争而得。千万别自己“双重晋级”了,把学生落下了。电影《守望青春》中有这样一句台词:“我年轻过,你们没有老过。”到老年的时候最怕的是孤独。有学生会孤独吗?当躺在床上的时候,证书能给你倒杯水?还是级别能给你送片药?有学生就有了一切。有的辅导员整天想的就是离开辅导员队伍。这大可不必。以前没有做好的就赶紧弥补上,不然等学生离开了,想弥补也来不及了。

我们肩负着同样的使命和责任:为党育人、为国育才。我们共勉!大连随时欢迎你!我要下车了,就聊到这里。

祝好!

感谢曲老师的鼓励和指导,您是我的精神领袖,为我指明了前进的方向。我热爱辅导员工作,对我而言,它不仅是一份职业,也是一份事业,更是一份志业,为党育人、为国育才,忙碌并快乐着。有机会我去大连拜访您!祝老师身体健康、幸福顺遂!

每代人有每代人的使命

2024-01-24

曲老师,您好!

××大学辅导员××向您报到！不知您是否还记得我。今年是我从事辅导员工作第16年,今天站在台上宣誓的时候看到您,我被深深激励着。我本想会议结束后向您汇报一下我的情况,但是您行程紧凑,未能跟您见面。我想有您这样始终深耕一线的前辈在坚守,就是我们坚持走下去的动力,祝您平安喜乐!

××,你好!

我对你有印象,我们还一起合过影。你在辅导员工作岗位上工作了16年,算是一个老兵了,能够坚守到现在,由此可以看出你的育人情怀、责任担当。当你们站在台上宣读辅导员誓词的时候,我作为一名老辅导员也被深深地感动着。每个时代有每个时代的使命。今天我们要实现中国梦,这就要着力培养担当民族复兴大任的时代新人。谁来担当？我们辅导员义不容辞。为此我们付出了很多,但是值得、意义重大!

谢谢你的认同！我仍然在路上。有需要我做的事情就联系我。

祝好!

谢谢曲老师的惦念和鼓励,万千辅导员中您还能记得我,这真的让我很感动。在辅导员职业化、专业化的道路上，我会始终谨记您的教诲，您多多保重身体。

谢谢！我们共勉！

共勉！您快休息！

常想不如自己的人

2024-01-25

曲老师,您好!

我是××大学2014级轮机工程专业本科生,我上学的时候就听我的辅导员讲过您的故事,正是您的故事让我毅然决然地选择了辅导员这个职业。今天有幸接受您亲自指导,备受鼓舞,更让我发现自己的选择是正确的、有价值的。您是我辅导员职业生涯的榜样,我想去和您合影,但没好意思,希望有机会再得到您的指导。

祝您身体健康、万事如意!

××,你好!

谢谢你的认同!很多人的职业选择没有错,只是没有坚持下来,结果一事无成。什么工作会舒舒服服?关键是自己到底想成为一个什么样的人。事业是干出来的。邓小平同志说过:"不干,半点马克思主义都没有。"辅导员没有什么不好,只是相对学校其他人来说要辛苦些,如果与工人、农民、战士相比呢?一定要保持良好的心态。要向上努力,常想不如自己的人。辅导员工作功在当代、利在千秋,值得一生拥有。

到大连联系我,我请你吃饭,我们可以合影留念。下学期我还会安排时间到你们学校马克思主义学院与研究生交流,届时你也可以过去找我。

"坚持数年,必有好处。"

祝好!

辅导员工作的水平不是体现在舞台上

2024-01-29

曲老师,您好!

我是××大学新任辅导员,我叫××。初次与您相识是2020年在辽宁省高校基层党务工作者培训会议上,您与我们分享了您在西藏支教的细节;第二次是在我原来工作的单位××学院,您与我们分享了教书育人初心和思想政治教育建设经验;这次是第三次,是我个人想向您请教。

2023年,我参加吉林省省直事业单位联考,由沈阳考到××大学。不仅是工作单位、城市的变化,也是身份和角色的转变。今年我已34岁,在行政岗位和组织员岗位工作多年,如今却来到一个陌生的城市,从头做起学生工作,缺少系统的学生工作经验。因此,我想向您请教一下如何用一颗平常心和炽热之心带好学生,让学生们更好地成长成才。谢谢您!

××,你好!

我在整理去年的微信时才看到没有回复你的信息,抱歉。

做好辅导员工作首先要有一种情感,即爱党、爱国、爱人民的情感。康辉采访我时问我这样一个问题:“您为什么能够放弃正厅级职务回到学校当辅导员、上思政课?”我说:“就是爱,爱我们的党、爱我们的祖国、爱我们的人民。”拿什么去爱?学生的爱党、爱国、爱人民就是我的爱党、爱国、爱人民。我陪伴学生40多年从未倦怠过,就是因为我的心中始终装有这份情感。

“不畏浮云遮望眼,自缘身在最高层”,辅导员是大学生人生成长的指导者、引路人,辅导员工作的首要职责就是对学生进行理论教育和价值引领。这就要加强理论学习,及时为学生解疑释惑。只有我们清清楚楚,学生才能明明白白。一些学生犯了错,说到底是思想上出了错。辅导员要把准学生的思想脉搏,解决思想问题不能隔夜。

工作要扎实。我一参加工作就把邓小平同志的一句话写在一本工作手册的扉页上:“少说空话,多做工作,扎扎实实,埋头苦干。”辅导员工作不是总结出来的,是干出来的。邓小平同志说过:“不干,半点马克思主义都没有。”辅导员工作不能含糊,要细致、细致、再细致;认真、认真、再认真!要处理好各种比赛和实际工作的关系。辅导员工作的水平不是体现在舞台上,而是体现在学生的成长中。十年树木,百年树人。学生成长需要精心栽培。

一定要发挥好党员和学生干部的作用。现在一些辅导员感到忙、累,一个重要的原因是党员、学生干部不得力。这些党员、学生干部成了“花瓶”摆设在那里,不仅没起正面作用,有的甚至起了负面作用。要使党员和学生干部成为自己的左膀右臂,就要公平公正地发展党员、选拔学生干部。对党员、学生干部要严格要求。这才是对党员、学生干部的真正关心。今天他们能够为同学服务,明天才能很好地为人民服务。

飞机着陆了,就聊到这里。到大连联系我。告诉我你的详细地址,我邮寄一本我写的书给你做纪念。

祝一切都好!

莫忽视“情”的滋润

2024-01-30

曲老师,收到您的回信我十分兴奋,激动之情难以言表。感谢您在百忙之中的回复。我觉得自己特别幸运,既目睹过您的风采,又聆听过您质朴又伟大的教书育人的事迹,还能收到您的亲自回复。767字的留言中我再次被您能一直坚守教书育人的初心所感动,谢谢您为我的学生工作指引了方向。您的每一个文字都刻进了我的头脑里,未来我也会用实际行动去践行。从您身上我学到了辅导员工作的“四心”:有一颗红心,认真对待每一名学生、每一件小事;时刻用心,建立良好的师生关系,做学生的大朋友和引路人;永葆初心,将思想政治教育贯穿始终,用自己的切实行动引导学生;将心比心,换位思考,热爱学生,服务好学生。在今后的工作中我将以您为榜样,不忘育人初心,努力认真,脚踏实地。希望未来有机会能邀请您到××大学为我们师生上一堂生动的思想政治课。再次感谢您,祝您身体健康!我的地址是:××××××××。谢谢您。

习近平总书记在谈到思政课时说道:“思政课的本质是讲道理,要注重方式方法,把道理讲深、讲透、讲活,老师要用心教,学生要用心悟,达到沟通心灵、启智润心、激扬斗志。”辅导员工作也是这样,只有用心做,学生才会悦纳我们的教育,才会自觉践行社会主义核心价值观。

曲老师,因我周日眼睛做了手术,抱歉才回复您。从您的留言和经历中,我又一次领会了辅导员工作的含义。其实当辅导员就像和学生们谈恋爱一样,而且是一场4年以后注定会分手的恋爱,时间长点的可能是7年、10年。从相识、相知再到相爱、相杀,快乐中也可能会有痛苦,直到学生毕业,走入职场,和学生们之间的情感也由“爱情”升华为“亲情”。而这样的经历,每几年就要经历一次,需要有足够强大的内心。

我爱每一名学生,想让他们都越来越好,但他们有时很懂事,有时很叛逆,有时让我爱不释手,有时让我心灰意冷。但既然爱他们,我就要竭尽全力,善始善终。引导他们、教育他们、管理他们,要把教育管理转变为服务,用心动情服务好每一名学生。

曲老师,您是我学习的榜样,也是我职业生涯的指路明灯,希望未来能有更多的机会向您请教。

再次感谢您,书已收到,待我视力恢复后拜读,然后再向您请教。祝您身体健康、喜乐常宁!

××,你好!

从你的微信中能够看出你是一位有情怀的辅导员,这很重要。教育就是爱,没有爱就没有教育。有了爱,就有了心灵的唤醒,就有了认同,学生就会悦纳你的教育。很多优秀的辅导员理论水平并不是很高,但是学生却很喜欢他,愿意听他的话,原因就是他能够爱生如子,时刻把学生的事放在心上,急学生之所急,想学生之所想。学生心中都有一杆秤,你是在为他们服务还是在为自己着想,学生心里清清楚楚。

现在有些辅导员只注重“术”的研究,忽视了“情”的滋润,结果学生并不认同。多年前我在《光明日报》上发表过一篇文章,文中谈到这样的观点:“信仰比知识重要;情感比方法重要;践行比说教重要。”就是希望我们思政人一定要增进和学生的情感,我们期望学生什么样,首先自己就要做到这个样。

现在聘任辅导员从某种意义上讲还是注重管理能力的考核,因此使得一些辅导员从事学生理论教育和价值引领的能力较弱。这个“短板”需要补上,但不是一朝一夕的事。越是在这样的情况下,越需要用情感来弥补。如果一个辅导员理论水平不够,再没有情感,学生也就没法带了。

我写的书都是些工作感悟,没有什么大道理。辅导员要学会积累。把每天的思考记录下来,时间长了,就有话说了。“不积跬步,无以至千里”,

前两天我整理了去年我和辅导员、思政课教师、大学生、学生家长等群体的交流，共46万多字，又可以出版几本书了。不知你有没有这个习惯？要养成积累的习惯。

我要出差了，就聊到这里。

提前给你拜个年，祝新春快乐、万事如意！

到底应当追求什么

2024-01-31

曲老师，您好！

我听过您很多次讲座，每一次都有新收获。尤其是昨天见到了您，感受更加强烈。会后领导们跟您交流，我也没敢多占用您的时间。但我确实心里有很多想法想要跟您汇报。

我是2010年硕士毕业留校担任辅导员的，本硕都学的管理学，做辅导员完成事务性工作没问题，但如果要提高站位，看得更远，还是缺乏专业能力，所以2017—2020年我读了北京师范大学的思政博士。现在我主要研究人工智能和思政创新，取得了一点收获，但也会有很多挫折和磨难。说实话，这段时间也因为一些挫折导致心情不好，但是昨天您的讲座就是一场及时雨。其实我有很多次机会转岗，但我一直没走，就是舍不下对学生工作的热爱，舍不下自己这么多年的积累和那些想实施还没来得及实施的工作想法。我听了您的讲座，更加坚定了自己的信念，重新认清了自己的初心。谢谢您，曲老师！

××，你好！

这两天很忙，没有及时回复你，抱歉。

现在很多辅导员读了博士，毕业后仍然在辅导员工作岗位上的不多。原因是多方面的，一方面，在很多高校只有博士学位才能有资格转向其他专业课教学，所以有些辅导员为了离开辅导员队伍想尽一切办法攻读博士学位。另一方面,现在很多高校马克思主义学院要求思政课教师也必须有博士学位,于是有些辅导员博士毕业后便“愿打愿挨”地到了马克思主义学院。如果马克思主义学院如果不缺编,还会让辅导员博士做思政课教师吗?

博士毕业快4年了还能在辅导员岗位上的还真不多,由此说明了你对辅导员工作的这份情感。我是赞同辅导员博士继续留在辅导员工作岗位上的。现在辅导员博士还算凤毛麟角,从毕业做辅导员读到博士的尤其少。如果能安下心来把理论与实践结合起来还是有一定优势的,沉淀久了也就成为专家型辅导员了。

有些辅导员感到“闹心”。这与其人生追求有关。人生到底要追求什么?如果整天想着“双重晋级”能不“闹心”吗?不是不可以“双重晋级”,而是要不争而得。陪伴好学生、对得起学生就好。电影《守望青春》里有这样一句台词:“我年轻过,你们没有老过。”到了老年,人最怕的是孤独。但辅导员不应感到孤独,因为我们有学生。党的一大代表董必武参观一大会址后用《庄子》里的一句话为纪念馆题词:“其作始也简,其将毕也必巨。”这就需要我们把“小我”与“大我”统一起来,在为学生服务中实现我们人生的最大价值。

告诉我你的详细地址,我把我写的书签名、邮寄一本给你做纪念。

祝好!

谢谢曲老师,我会平心静气,努力培养学生,充实自己!不跟前辈您客气了,我的地址是:××××××××。我会从您的文字中继续汲取前行的力量。

曲老师好,书已收到,周末收到短信通知,我就迫不及待地到学校取了,回家后刚好孩子去上课,我就开始研读,谢谢曲老师的精神食粮。

辅导员的价值就是有学生

2024-02-01

曲老师，您好！

我今天特别荣幸能够坐在最前排近距离与曲老师交流。听曲老师讲座，我感觉很震撼！您不仅给了我们很大的工作动力，让我们对学生工作的价值感、幸福感感受更加强烈，同时，也让我们知道了以后努力的方向！希望以后有更多机会跟曲老师交流，请曲老师多多指导！

××，你好！

这两天太忙了，没有及时回复你，抱歉。

你坐在第一排，虽然戴着口罩，但你的表情我还是能感受到的。看得出来，你几次要鼓掌，因怕打扰我的交流而把抬起的手又放了下去。

你也是老辅导员了，对辅导员工作还是有情怀的，不然做不到学院党委副书记的位置。谢谢你的认同！

我毕业后做了辅导员，之所以能够40多年陪伴学生无怨无悔，说到根本还是把辅导员工作当成了党的事业，把“为党育人、为国育才”看成一名思政人应有的使命和担当。

我经常到学校跟辅导员交流。学校希望我能跟大家谈谈怎样提升辅导员的工作能力素养。每次我都会谈到理想信念问题，讲到一名共产党人对党的事业的忠诚问题。现在有的辅导员不安心，说到根本就是缺乏对辅导员工作的深刻认识。到底想得到什么？比什么？想有钱？从事辅导员工作怎么可能成为富翁呢？辅导员的价值就是培养学生，有学生就有一切。想舒服？辅导员工作怎么会舒舒服服呢？青少年正处在“拔节孕穗期”，需要精心栽培，辅导员义不容辞。解决问题的方法总比问题多。思想问题解决了，能力就跟着上去了。

谢谢你的点赞！有事就联系我。

祝一切都好！

谢谢曲老师，那天我感冒未彻底好，怕传染给同事，所以戴了口罩，下次跟曲老师见面一定不戴口罩。我是2003级本科生，毕业后保研（担任两年辅导员），研究生毕业后留校，先后在学生处、学校办公室、人事处工作，不久前到学院做党委副书记。让我感到幸福的是，我仍葆有对学生工作的热情和做好学生工作的情怀，想踏踏实实为学生成长成才做些实实在在的事情，恰巧这个时候听到曲老师的分享，感到荣幸至极，再次唤起内心强烈的责任感和使命感！受曲老师感召，追随自我内心，这几天与许多学院的学生建立起联系，深入了解学生情况，掌握学生需求，以便更好地谋划和开展工作，真正做学生的引路人和知心人。我会以曲老师为榜样，踏实做事，期待以后有许多开心的事跟曲老师分享。祝曲老师一切顺利、平安快乐！

思想政治教育一定要知己知彼，才能百战百胜。这就要深入学习，与学生打成一片，成为学生的知心朋友，取得学生的信任，让学生说出心里话。

多多关心学生

2024-02-02

曲老师,您好!

今日××同学已经收到了您给予他的资助金11000元,其中10000元用于其母亲的疾病治疗,1000元让××买些年货,跟家人过好春节。您考虑得细致周到,我代××同学向您表示感谢。

在您的帮助与关怀下,目前××同学的母亲病情控制得很好,状态也比较好,××也能在家帮助家人做一些力所能及的事情。她在家也能学习专业文化知识,本学期她的绩点为3.96,专业排名第十九名(总人数328人),为未来的发展打下了坚实的专业基础。

我也会将您的期望化为动力,努力进取,不断培养能堪当民族复兴重任的时代新人,决不让一个家庭经济困难的同学因经济问题放弃学业,不辜负您的信任和期望。同时,我也会将您的善举传递下去,关心帮助更多需要帮助的同学。

再次感谢曲老师对××同学的关心和帮助,祝愿您身体健康,事业蒸蒸日上,家庭幸福美满!

××,你好!

很抱歉,这两天忙忙碌碌,忘了及时回复你。

收到捐款后××同学给我写了封信,我给她回复了。令我们欣慰的是,她的母亲病情已逐渐稳定。我们的心愿都是一样的,希望她母亲能够早日康复。

这个学生的学习成绩很不错,学业应当没有问题。我给她回信嘱咐她的是政治上要积极要求进步,锻炼好身体,这样才能不断攀登科学的高峰,实现人生最大的价值。这次她母亲患病,社会上无数素不相识的好心人纷纷伸出援助之手,这对她是最好的教育。她也谈了她的感受,表达了要好好培养自己的决心。现在她的思想基础很好,学业优秀,你要继续多关心她、鼓励她,让她把科学精神与人文精神统一起来,相信她一定会把自己塑造成堪当民族复兴大任的时代新人。开学后我们再一起与她聊聊。你跟她要个地址,我把我写的书给她邮寄两本。

教育就是爱,没有爱就没有教育。思想政治教育必须充满爱意。这种爱不是说要给学生花多少钱,而是要求我们一定把学生放在心上。我们也有我们的个人利益,但是绝不能为了我们自己的利益忘了学生的利益,要处理好两者的关系。

现在很多高校都落实了辅导员"双重晋级"的政策。有些辅导员一入职就奔着这个来了,整天琢磨着怎样拿课题、发论文、考博士,心思没有放到学生身上。退一万步讲,即便"双重晋级"了,学生却落下了,这值得吗?

你刚入职,一定要带着爱意扎扎实实地做好自己的工作。你要急学生之所急,想学生之所想,力所能及地帮助学生,做到哪里有学生,哪里就有你的身影。要坚信一种教育理念:有了学生就有了一切!

有需要我做的事就联系我。

谢谢你的祝福!春节快到了,提前给你拜个年,祝新春快乐、万事吉祥!

要有民主的工作作风

2024-02-09

曲老师,您好!

我是××大学蚕桑纺织与生物质科学学院党委副书记××。

我今天有一点感冒,戴着口罩,不好意思。我之前一直在学生管理部门工作,也是今年刚到现在这个岗位的新兵,今天听了您的报告,我非常震撼、深受启发。用心做好学生工作,富情怀、有热爱、能坚持是关键,还要坚定走好走踏实这条路,向您学习。再次感谢您的分享。

××,你好!

本来想早点回复你,结果拖到现在,十分抱歉。也好,正赶上要过春节了,提前给你拜个年,祝你新春快乐、万事吉祥!

你是学院党委副书记,负责全院的学生思想政治教育工作,这个位置很重要。前两天我在微信公众号“仍然在路上”推送了一篇文章,就是和一个学院党委副书记的交流,浏览量已经超过3万,说明大家对党委副书记这个位置的关注。

我做过学院党总支副书记,这个位置承上启下。所谓承上,是说学校有关部门布置的学生工作,都是由学院来落实的;所谓启下,是说学校布置到学院的工作,主要是由学院负责学生工作的领导来组织辅导员落实的。因此,副书记首先要考虑怎样结合学院的实际情况安排好学院的工作,同时要协调好与学院辅导员的关系,形成工作的合力。学院党委副书

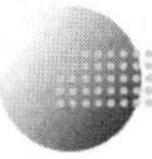

记一定要有民主的工作作风。有的辅导员反映,他们学院(系)负责学生工作的领导个人说了算,辅导员只有服从的份,影响他们工作积极性的发挥。副书记一定要带好他们,只有他们的工作积极性得到彻底的发挥,学校布置的工作任务才能得到较好的完成。

你虽是一名新兵,但是只要用心、上心,学生工作就能做好。踏踏实实地做,耐心细致地做,形成好的工作作风,学生思想政治教育工作就一定会取得实效。

告诉我你的详细地址,过完春节我把我写的书签名、邮寄一本给你做纪念。到大连联系我。

飞机要着陆了,就聊到这里。

感谢曲老师认真回复。上次听完您的报告后我做了两件事。第一件事是关注您的公众号并拜读里面的文章;第二件事是整理并誊抄了听报告时的笔记。

“为党育人,为国育才”、承上启下、发挥合力、用心上心,我记住了,感谢您不吝赐教和对我的鼓励,我会用心做好。

我的地址是:××××××××。

荣幸且期待收到您的著作,再次感谢您。

和学生的“距离”不是身份决定的

2024-03-11

曲老师，我不想用其他称呼来称呼您，在我心里，您就是所有教师的榜样。今天，我很激动，现场聆听您的推心置腹的话语。我是您的粉丝，关注您的公众号很久了。刚才找您签名时，我说了一句“现在没时间看书，但是每晚睡前我都会看您的公众号文章，从中汲取力量”。我坐在中间位置，在您讲话的过程中，有三次让我动情至深：您说到大学，厚德载物；您讲到草莓送到嘴边；您自豪地说起沛兴，沛兴的故事我一直在追。可以说学生工作您是做到极致了，我们后辈要想办法追上您，即使还有好长的路要走。

我入职 10 年，前几年一直是做辅导员，这两年多做了二级学院党委副书记。我感觉没有更多时间和学生交流了。我敢说，之前我是一个有情怀的辅导员。您说的辅导员的价值我也有同感。毕业生每次看我，我们聊天说的话，都让我深有体会。做了副书记，我想带好辅导员团队，更想跟学生交流。让我困惑和害怕的是我和学生之间的距离疏远了，您能为我指点一二吗？当时党委找我谈话时，我拒绝过，我是真的想在一线。

您是不是已顺利抵达北京？下午您还有报告，先休息一会儿，保重身体。

××，你好！

辅导员工作一定要有情怀，不能让学生在我们的面前倒下。这就要熟悉学生、了解学生、关爱学生。辅导员工作要打主动仗，不能等着学生找上门。有的学生会疏远我们，越是不找我们，我们就越要主动找他们，以心换心。只要我们真心地对待学生，学生就会听从我们的引领。

和学生之间的距离不是由身份决定的，是由我们的主观意识决定的。我做过党总支副书记，也做过学生处处长、党委副书记，无论在哪个位置上，我都主动与学生接触。比如，我经常与学院学生党员、学生干部谈话；召开学生座谈会；深入学生宿舍；深入学生教室；到学生食堂吃饭；参加学生活动……哪里有学生，哪里就有我的身影。要抓好辅导员队伍建设，亦要从学院的角度抓好学生党员、干部队伍建设。党委副书记这个位置和学生还是有许多接触机会的。

谢谢曲老师，我觉得您就是我前进的动力。没有时间都是借口，我会向您学习，中午去食堂，和学生一起吃饭、聊天。只要不开会，课间就去教室转转，给自己立个目标，请您见证。

思想政治教育不是总结出来的

2024-03-13

曲老师,您好!

今天是第二次听您讲座,我感到受益匪浅。自从关注您的公众号后,我每期必看,这也成了我做学生工作的精神源泉。去年听了您的讲座后我在思考,今年是我从事辅导员工作的第11年,基层工作有很多和您报告中讲的不一样,更琐碎、更量化,说白了完成指标的导向性更明显,虽然我达不到您的高度,但我庆幸这些年也是按照这样的理想信念和情怀在做为党育人的工作。工作时我会有取舍,会更偏向于为学生树立正确的价值观等方面。在这几年改变工作思路后,我发现学生越来越理解我的工作,越来越配合我,就像习近平总书记说的那样,扣好人生第一粒“扣子”。解决了学生的思想问题后,其他问题便迎刃而解了。这些话我只敢和我的家人分享,不敢在公共场合说。所以我一直想请教您,我这样做对吗?

我理解你的意思。现在一些辅导员违心地做了一些不愿意做的工作。辅导员工作有9项工作职能,排在第一位的就是理论教育和价值引领,可是某些领导往往最关心的是就业率。择业观若是错了,就业率上去了又有什么意义?不论是本科还是专科,首先要让学生清楚应当成为一个什么样的人。要关心学生的就业,更要关心学生树立了什么样的择业观,一定让学生把就业用来为“成为一个什么样的人”服务。

不管学校怎样要求,辅导员心中要有数,一定要在帮助学生树立正确的价值观上下功夫。《大学》曰:“仁者,以财发身;不仁者,以身发财。”知识再多,能力再强,用错了地方又有何意义!你没有错。行为受思想的支配,思想上的问题解决了,行为也就不会出问题了。不然你管住了学生的行为,管不住学生的心,学生早晚还是会出问题的。所谓“通则不痛”就是这个意思。

告诉我你的详细地址,我把我写的书签名、邮寄一本给你做纪念。

这会儿您应该刚做完讲座吧,您辛苦了!这一段回信让我深受触动,也让我更有力量去坚持自己正确的想法。

2023年我刚评上××市十佳辅导员,至今我也牢记您对这类比赛和荣誉的叮嘱:“这些都不重要,不要总盯着比赛的成绩,要踏实教育学生。”我曾经是这么做的,今后也依然会这样做。当我收到学生给我发微信说您的学生没让您失望时,我才意识到原来我可以和曲老师一样,培养这么多为人民服务的优秀学生。

您在全国做过无数场讲座,真心希望能够长久地激励高校教师认真落实立德树人根本任务。

我和您的博士生××是好友,在不能和您见面的时候我经常和他聊天,通过他去感受您对学生的爱。

祝您身体健康、万事如意!

我又从北京去邯郸了。

思想政治教育是做出来的,不是总结出来的。辅导员工作的水平不是体现在大赛上,而是体现在学生的成长成才上。有的辅导员说自己没有参加大赛的机会,这不重要,你的水平怎样,早晚会被检验出来。

我能想象到学生给你带来的快乐。我们的幸福不在物质追求上,学生的幸福就是我们的幸福!有学生就有一切!辅导员真应当想想这个问题:到了老年,谁还会想着我们?只要我们真心地陪伴了学生,学生就会记住我们!

到大连联系我!

好的,曲老师。您多注意休息,期待下次再聆听您的教诲。

曲老师,您的书我收到了,又有好书看了,谢谢您。

我写的书都是我的一些思考和实践的积累。辅导员一定要养成积累的习惯。要忙于做,不要急于说。做到一定份上了,也就有话说了,并且不容易说错话。

这几年我一直想读这类的书但没有找到,可能是认识您晚了。再次感谢您。您保重身体,等我读完了再和您分享感悟。

辅导员工作就是培养学生的“向党力”

2024-03-25

曲老师,您好!

我是××大学辅导员××,请多指教!非常有幸能当面聆听您的讲座,两个半小时的分享,您一气呵成,行云流水,真是让人敬佩!感谢曲老师!您的分享非常真诚、非常感人,我很受触动、很受感染。有几句话让我印象尤其深刻,“我这一辈子就做一件事,陪伴学生”“把牢骚当成学理来研究,研究透,让它成为学问”“老师要‘打样’,你想让学生成为什么样,首先自己就要做成什么样”……您的分享给了我很多启发和力量。向曲老师致敬,向曲老师学习,做好大学生人生成长的指导者和引路人!

××,你好!

辅导员这条路能走通,只是需要用心来走。有些辅导员刚开始也是信心满满,走着走着便走到另一条路上了。这里有很多原因,其中一个原因就是内心不坚定,一开始就没想清楚为什么要做辅导员。有学生就有一切。我能辞去厅级领导职务回到学校做辅导员,也是缘于我对辅导员工作的认识。我在1983年写的入党转正申请书中就提出,辅导员工作就是要培养学生的“向党力”。辅导员工作是党的工作的一部分。我们说爱党,对党忠诚,通过辅导员工作可以充分地体现。辅导员工作是学问。把自己的思想装进别人的脑子里最难。这就要下功夫做。整天发牢骚、抱怨能做成什么事呢?可以好好研究为什么会发牢骚、抱怨?怎样解决这

些问题？把发牢骚、抱怨的原因研究明白了、克服了，也就有学问了。

思想政治教育就是“打样”。希望学生什么样，辅导员就要成为什么样。辅导员要敢于喊出“向我学习”的口号。

好的，感谢曲老师百忙之中的抽空指教，字字珠玑，××谨记在心。您经常辗转奔波讲学，一定要注意饮食，劳逸结合。祝老师身体健康、万事如意！

在服务学生中实现人生最大的价值

2024-03-29

曲老师,您好!

我很冒昧地加了您的微信!很激动!您真的是用自己的信仰和行动在为我们辅导员“打样”!我也是年轻的辅导员之一,也想像曲老师一样永远保持对学生的爱!向您学习!祝您健康幸福!

××,你好!

电影《守望青春》里有这样一句台词:“我年轻过,你们没有老过。”我在你们这个年龄也思考过辅导员工作到底有没有价值。我们党建党百年的时候,因为记者要采访我,让我谈谈我的初心。我把我的入党申请书借来了。我写了13页稿纸,其中有4页是关于我对辅导员工作的认识。那时我就非常坚定地认为,辅导员工作大有作为,辅导员可以培养学生的“向党力”,这与我们今天提出的“为党育人、为国育才”是一致的。

现在有些辅导员还认识不到这一点,因而工作的主动性就不够,也就教育引导不好学生。你年轻,还有很长的路要走。在这个过程中不可能都是一帆风顺的,坚持下去还是需要决心和毅力的。希望你能深刻地认识辅导员工作的意义,增强志气、骨气、底气,做好大学生人生成长的指导者和引路人,在服务学生中实现人生最大的价值。

谢谢你的认同!我们共勉!

告诉我你的详细地址,我把我写的书签名、邮寄一本给你做纪念。

祝好！

曲老师，您好！

我之前一直在关注您的公众号，现场听了您的讲座之后，有种追星成功的感觉。榜样的力量具象化在我的面前，使我充满力量！我选择辅导员岗位的初心，也是想成为像您这样的老师，然后带动我的学生。

我曾经是我们学校研究生支教团的队员，在广西金秀的山中服务了一年。支教团有一句话："支教一年，自教一生。"这一年可以说改变了我的人生。这一年我认为我的所做所为、我的想法真的可以改变很多人。我感觉到自己的力量在立德树人的岗位上被无限放大。这也使我认识到自己能力的不足。虽然担子很重，但是天下事难不倒共产党员！有像曲老师一样的战友、导师、前辈，我的脚步会越走越踏实！

感谢曲老师的"精神食粮"，我一定认真学习，在书中与您对话交流！我的地址是：××××××××。

祝您平安喜乐！

人一定要学会自己教育自己。《礼记·大学》曰："……此谓诚于中，形于外，故君子必慎其独也。"君子要每日三省吾身，哪些该做、哪些不该做、还应当做什么，要清清楚楚。要诚于心，不能总被别人督促着，这样就不会有大的出息。

书已经给你邮寄了，注意查收。到大连联系我。

书已收到，谢谢曲老师！

不要把“双重晋级”看得过重

2024-04-01

曲老师,您好!

我是您忠实的“粉丝”,关注您的微信公众号已经很久了,一直在手机上看您的事迹,今天现场听您的报告觉得收获更多。

我这个学期初刚进入学工队伍,很多工作都还在学习阶段和适应期。这回加了您的微信,终于有机会可以向您多学习和请教了。

××,你好!

“惟其幼小,所以希望就正在这一面”,你要做好大学生人生成长的指导者和引路人。

有的人当上了辅导员便忘了自己是怎样当上的。多少人竞聘一个辅导员岗位!不能搞“双重标准”,自己在当学生时希望辅导员一个样子,自己当上了辅导员却是另一个样子,这多让学生瞧不起!我的工作岗位也是多次变动。不论怎样变动我都要求自己,既然同意变动了,就不能辜负领导和同志们的期望,就要扎扎实实地把工作做好,再苦再累又能怎样!

年轻人忙些没有什么,忙又能忙到哪去?我常说,我们就是少睡点觉、多流点汗而已,先烈们献出的是生命,我们要向他们学习!人生只有一次,还是应当追求崇高,不要把“双重晋级”看得过重,要不争而得,不然就会患得患失,有的人就是这样影响了自己才能的发挥,平平淡淡地度过了一生。

告诉我你的详细地址，我把我写的书签名、邮寄一本给你做纪念。

祝好！

谢谢曲老师，谨记您的教诲！我的地址是：××××××××。学生工作的道路漫漫亦灿灿，我一定认真学习，努力工作，向您看齐。

发挥好主观能动性

2024-04-02

曲老师,您好!

我是××大学辅导员××,因为参加了省辅导员交流项目,近期就在××大学工作交流。我很早之前就听闻了您的事迹,这次非常荣幸能有机会在现场聆听您的讲座。两场讲座让我受益匪浅,也让我对辅导员工作有了很多思考。希望以后还有机会向您学习和请教,也欢迎您有空来徐州。

××,你好!

谢谢你的认同！一定要坚定信心把辅导员工作做好。这些年辅导员队伍建设有了长足发展,但是离辅导员要完成的工作职责还有一定的距离。这里除了需要科学的制度设计外,亦需要辅导员发挥好自身的主观能动性。事物都是两个方面的。从某种意义上讲,一些学校领导对辅导员不重视,与我们有的辅导员还没有起到辅导员应起的作用有关。有为才有位。从这点来看,辅导员工作做得越好,越会得到重视;辅导员越是不重视自己,越不会得到别人的重视。

告诉我你的详细地址,我把我写的书签名、邮寄一本给你做纪念。

祝好!

曲老师,您好!

我非常赞同您说的。往前看,我在开展学生工作时,主观能动性不足，更多的只是为了完成事务性工作。对学生也是如此。我和学生之间的关系是比较紧密的，但仍有很多地方做得远远不够。您在讲座中提及的家访、和家长保持联系、给学生发生日祝福、全方位关心家庭贫困学生、帮助学生树立正确的就业观等，我后续都要反思学习。

往后看，辅导员工作大有可为，而我也有很长的路要走。想起2020年备考辅导员时，我曾写下这样一句话：辅导员的工作总有遗憾和缺失，但我仍想用初心和爱心帮助每个年轻人拥有可以期盼的未来。我会继续坚定当初的选择，尽己所能陪伴、教育、引导学生。

非常感谢您的赠书，我一定认真拜读。我的地址是：××××××××。

看到您一直奔波在路上，我心中不免有所触动。希望您劳逸结合、注意休息，您的背后还有千千万万名辅导员的支持。

给学生做出样子

2024-04-03

曲老师,您好!

我是今天在××大学听您讲座的辅导员。很幸运我有这样的机会向您学习。今天听了您的讲座,我非常感动,原本在辅导员岗位上迷茫的我明确了辅导员岗位的意义,爱人爱己,在学管工作中下功夫,向您看齐!

谢谢你的认同!

辅导员工作确实辛苦些。什么工作不辛苦呢?工作不会像喝饮料那样舒服。我常跟大家讲,实在不想干就别干了。几百个学生的命运掌握在我们的手里,耽误了他们就是耽误了学生的幸福、祖国的明天,这是多大的罪过啊!辅导员工作真是马虎不得。

辅导员工作没有什么不好,和青年人在一起,就是和未来在一起,就是和幸福在一起。等学生成长了、祖国强大了,我们多么自豪、多么光荣!

告诉我你的详细地址,我把我写的书签名、邮寄一本给你做纪念。

曲老师,您好!

我是××大学的一名辅导员,今天听了您的讲座,我受益匪浅、感触颇深,思想政治教育首先要育己,然后才能育人。我觉得您不仅是学生们的好老师,更是我们刚刚步入大学校园不久的青年辅导员的引路人。

您的讲座内容我会好好消化和思考。您今天的行程紧张,我就先不打扰您休息了，今后遇到想不通的难题我再向您请教。

××，你好！

推己及人很重要。《大学·第十章》里有这样一句话："君子有诸己而后求诸人，无诸己而后非诸人。"思想政治教育就是给学生做出样子，希望学生什么样，我们就要这个样；不让学生做的，我们首先就不能做。你年轻，一定养成扎实的工作作风，一步一个脚印地朝前走。

告诉我你的详细地址，我把我写的书签名、邮寄一本给你做纪念。

曲老师，您好！

今天是我从事学生工作13年以来第一次如此受触动，人生之价值何在？我似乎已经找到答案，感恩遇见，坚定了我的初心。高山仰止，景行行止，虽不能至，心向往之，希望我未来可以成为像您一样的人！

谢谢你的认同！我们共勉！

辅导员工作意义重大。一定要从对党忠诚、对人民幸福高度关切的视角认识辅导员工作；从把辅导员工作看成我们人生幸福源泉的视角认识辅导员工作。既然选择了做辅导员，就要安下心来，把辅导员工作做好。不然既不利于发展党的事业，也会耽误学生的成长，何谈办好人民满意的教育？到大连就联系我。

辅导员这条路能走通

2024-04-07

曲老师,您好!听您的讲座真的收获满满,非常感谢您对我所提问题的解答。通过您的分享,我对于辅导员事业又有了全新的认识,也增加了工作的成就感和幸福感,希望以后能有更多的机会向您学习。祝您身体健康、一切顺利!

××,你好!

谢谢认同!

其实当了辅导员之后,确实不能想能挣多少钱。如果比有钱,有的人没有上大学也很有钱。有的人说我们输给了他,显然我们不能认输。那拿什么证明我们的成功呢?这就是《陋室铭》里说的:“谈笑有鸿儒,往来无白丁。可以调素琴、阅金经。无丝竹之乱耳,无案牍之劳形。”辅导员一定要把功夫下在“为党育人、为国育才”上。这就是我们的价值所在,这就是我们的成功。

曲老师,您好!

下午听了您的讲座。我是2022年的退役士兵,原来就在大连服役。您对大学生的教育引导鞭辟入里,讲得非常精彩,尤其是价值观和人生观的塑造,让我们受益终身。谢谢您,曲老师!

××,你好!

谢谢你的认同!

读大学,最要紧的是选择和确立正确的价值观。这是人生的总开关,是管人生方向的。为什么上大学,想成为一个什么样的人,这样根本的问题都没有解决,即便知识再多、能力再强又有什么用呢?一定要把自己培养成全面发展的人,不仅要有知识、能力,更要有正确的人生方向,懂得个人和社会的关系,把个人的发展融入祖国建设当中,做大写的人,也就是做一个有益于祖国、有益于人民、有益于他人、有益于父母、有益于自己的人!

告诉我你的详细地址,我把我写的书签名、邮寄一本给你做纪念。

祝好!

感谢曲老师在百忙之中对我们的教诲!读之又读,倍感激励。莲,“出淤泥而不染,濯清涟而不妖”。在生活、学习中,总会遇到或多或少的烦心事,朋友们的误解,一些人的恶意中伤,曲老师的教诲振聋发聩。我愿做一股清流,做一个正直的人,做一个对社会有贡献的人,于己有益、于父母有益、于他人有益、于社会有益。听到您讲恶性肿瘤时,我不禁感叹,好在您凭借毅力与信念战胜了病魔。您是辅导员、是老师、是领导干部、是凝聚我们信念的“时代楷模”!

感谢曲老师,祝您健康顺遂、阖家幸福!

再次感谢曲老师赠书,您引领我们航向,给予我们力量,指引我们前行。我的地址是:××××××××。

曲老师,您好!

我今天何其有幸再次听到您的讲座,又是一次灵魂的洗礼。我坚信我会在做一名好老师、一名称职的辅导员这条道路上毅然前行!感谢您,向您学习,您辛苦了。祝您身体健康、工作顺利、万事胜意!

谢谢你的认同!

不是辅导员这条路不能走,而是我们有的辅导员没有用心走。办中国特色社会主义大学,没有一流的思想政治教育教师队伍怎么能行呢?而辅导员就是这支队伍的重要组成部分。坚定地走下去,做好大学生人生成长的指导者和引路人，在服务学生中实现我们人生的最大价值。

告诉我你的详细地址，我把我写的书签名、邮寄一本给你做纪念。

要珍惜自己的工作岗位

2024-04-08

曲老师,您好!

今日所学,获益匪浅,思考良多!您说得太对了,改变他人人生轨迹的职业并不多,辅导员恰好是一个。一名学生一辈子只会上一次大学,拥有一位人生导师是一生之幸。今后我会以曲老师为榜样,不负学生。

××,你好!

古往今来有很多人选择一生为师,追求“得天下英才而教育之”,并把它作为人生的一大乐事。

辅导员是大学生人生成长的指导者和引路人,能够在学生的“拔节孕穗期”帮助学生系好人生的“扣子”真是一件快乐的事情。人要将心比心。在我们当学生的时候多么希望辅导员能帮我们一下。现在我们做了辅导员,怎么能忘了来时路呢?在与辅导员交流的时候我常这样讲:“既然已经选择了做辅导员,就要珍惜这个岗位,好好地引导学生,不能让学生失望;如果确实不想做,那就早点离开,绝不能耽误学生。”可以说辅导员工作真是痛并快乐着。虽然当上了辅导员,就一定努力成为一名让学生感到幸运的辅导员。

谢谢认同!我们共勉!到大连就联系我。

祝好!

工作扎实,麻烦就少

2024-04-09

曲老师,您好!

在美丽的哈尔滨遇见您,并聆听您的讲座不仅是一种缘分,对我也是一种鞭策,我是带着问题和思考来的,和您近距离接触,也帮助我寻找到了答案。一个人的成长、发展,终究是离不开"三观"的,而这又与个人的思想息息相关。我应当一直向您学习,努力投入教育事业中。祝您身体健康!

××,你好!

谢谢你的认同!

我们说要帮助学生系好人生的"扣子",那么我们自己的人生"扣子"首先一定要系好,不然怎么帮助学生系好人生的"扣子"呢?

我在大学读的是政治教育专业,这使我在我的"拔节孕穗期"系统地学习了马克思主义理论。我也学习了一些西方思想家的著作,在比较中相信了马克思主义。马克思主义是我们党的指导思想,也是我们的行动指南。我毕业后当了辅导员,42年了,我对马克思主义从来没有动摇过。只有理论上的自信,才有行动上的自觉。辅导员一定要加强理论学习,只有把握好思想这个"总开关",才能满腔热忱、信心满满地投入到辅导员工作中,才会切实担负起"为党育人、为国育才"的使命,真正成为大学生的人生导师。

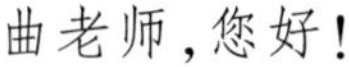
曲老师,您好!

我是××大学的辅导员××。扶贫返校后,从“做有志气、有骨气、有底气的时代新人”到“在青春的赛道上跑出当代青年的最好成绩”,今日得以再次聆听您的报告,丰富的人生阅历润色于独特的见解,精湛的分析引导浸润于独有的解答,精彩的演讲深深地感染着我。

曾经听过这样一句话:“大学,不在于大楼,而在于大师。”来到辅导员岗位后,让我收获颇多的莫过于您的讲座了,从台前听讲到幕后听讲,每一次讲座,都增长了我的见识,更激起了我对自己人生的思考,也更加充分地理解了辅导员的职责和使命。

再次感谢您传递的正能量,也期待再次与您相逢。

××,你好!

辅导员是大学生人生成长的指导者和引路人,对学生的成长有重要的影响。身在其位,要谋其政。我经常讲,既然已经选择了做辅导员,就要把辅导员工作做好。有的辅导员想尽一切办法当上辅导员,又想尽一切办法离开辅导员岗位,这能做成什么大事?很多事要回过头来看。一些人付出诸多努力想得到的、追求的,未必是值得的。辅导员这个平台真是挺好,陪伴学生成长,等你老的时候,学生还年轻,你就不会感到孤独寂寞。当然你得对学生好,得关心他们,力所能及地帮助他们,没有付出就没有回报。有的辅导员说学生尽是麻烦事。可是你想过没有,为什么会有麻烦事呢?这里固然有客观的原因,难道就没有我们主观的原因吗?一心想着离开辅导员队伍,就不会安心做好辅导员工作,工作的基础就不牢固,这样学生的麻烦事就多,辅导员工作做得扎实,麻烦事自然就少了。到大连就联系我。

祝好!

不要这山望着那山高

2024-04-10

曲老师,您好!

我是××大学的辅导员××,目前已经工作了一年半。我刚入职的时候就关注了您的公众号,一直从推文中汲取力量。

我今天见到您本人非常激动,您的动人事迹让我很受震撼——原来辅导员可以做到这种程度!您站立两小时做讲座的精神也让我深受鼓舞。期待后续能够多与您交流。

××,你好!

你坚持一年半了,还能坚持多久?有的辅导员都做十几年了还想离开。离开了又能做成什么事呢?我认为能做辅导员就很好了。不要这山望着那山高,人在一生中能做成几件事?把辅导员工作做好就可以了。等老的时候,会有学生想着你、祝福你,这是一件多么幸福的事情!

我每次和大家交流,主持人都怕我累着,给我安排座椅让我坐着讲,而每次都是我主动要求站着讲。站着讲一是对大家的尊重,二是为了锻炼身体。只有好的身体才能为党多做工作,才能陪伴相爱的人到老。体育不只是锻炼身体,而是一种精神、一种追求、一种力量。我有个学生在北京大学读完博士后到河南研究历史了。他到大连看我,给我带了一匹唐三彩骏马。他说在大学里,我就像一匹骏马,给他方向、给他力量。辅导员不能出现懒惰之态,要意气风发地出现在学生面前。

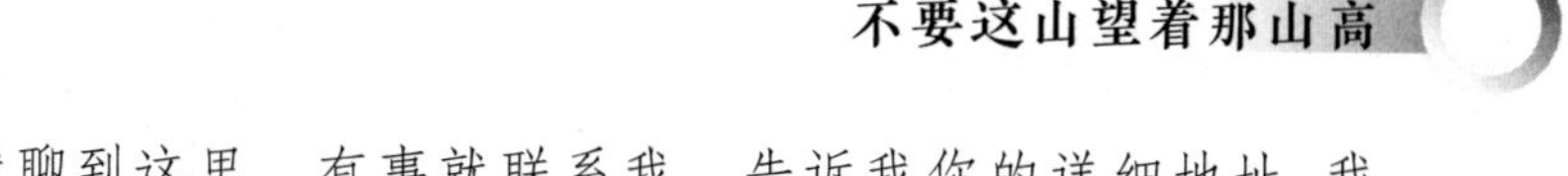

飞机着陆了,就聊到这里。有事就联系我。告诉我你的详细地址,我把我写的书签名、邮寄一本给你做纪念。

祝好!

天哪!万万没想到曲老师能给予如此亲切温暖的回复,询问地址、邮寄书是您在公众号上回复辅导员的时候常说的话,没想到我也可以幸运地拜读您的著作。

谢谢您的鼓励,我会以更投入的状态面对我的辅导员工作。通过自己的努力让学生有向善的改变,这件事让我很有成就感。工作后我也意识到体育锻炼的重要性,有好的体魄才有精力面对工作和生活!

再次感谢曲老师,期待您能多多指点我。

祝一切都好!

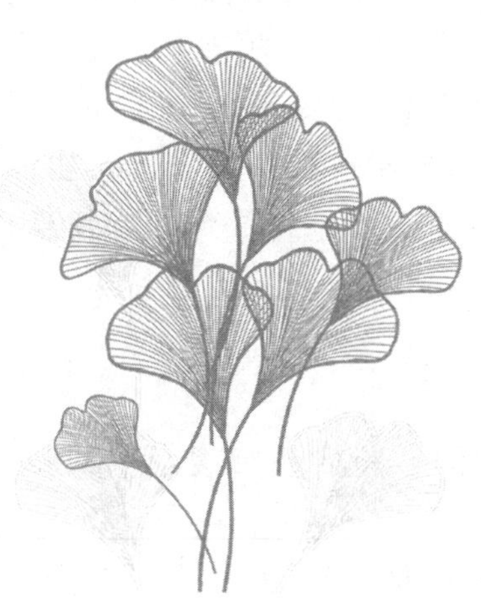

不能让学生在思想上犯错

2024-04-15

曲老师,您好!

我叫××,是××大学的辅导员兼学院团总支书记。感谢您今天上午给我们做的报告。我是一名体育专业(网球)专项毕业的辅导员,目前做辅导员也有5个年头了。我一直关注您的公众号和文章,今天上午也感受到了您为学生工作所秉持的初心、责任与担当。对我而言,之前确实一直把握不好自己的职业定位,也想做自己本专业方向的工作,比如体育教育工作。这几年做学生工作以来,每每看到学生的成长和成才,我也备受鼓舞和感动。2023年我很荣幸地为亚运会贡献出了自己的一份力,实现了自己的梦想,同时也看到了自身的不足。后续我还想多向您请教一些学生工作方面的经验,甚至有机会也想跟您切磋一下网球,非常感谢您!

××,你好!

谢谢你的认同!本应当早些回复你,忙来忙去拖到今天,实在是抱歉!

你做辅导员已经5个年头了,对辅导员工作应当有了一定的认识,但是还未必能完全安下心来,内心还有离开的念头吧?一些辅导员都工作十多年了还是想离开。我的观点是,如果以前工作做得挺好,就坚持下去;如果以前工作做得不是很好,就趁机赶快弥补,不然等学生离开了就没有机会了。

你是体育专业出身,这符合青年学生活泼好动的特点,也会受到学生的喜欢。但是辅导员工作不能总是寓教于乐。须知辅导员工作9项职责,排在第一位的是理论教育与价值引领,而在这方面你是有“短板”的。现在对辅导员主要还是基于管理能力来选拔和聘用的,我们希望把学生管理好,不能出事。思想是行动的引领,如果思想错了,行动必然出错。一些学生表面上看起来“风平浪静”的,其实内心已是“波涛汹涌”。“智不足者多疑,识不足者多虑”,只是我们本领不够,不能及时发现学生的思想苗头,即便发现了也不能有效地为学生解疑释惑,因此使有的学生陷入绝望之中。我说这段话的意思是一定要加强学习,靠着应聘辅导员时背诵的那几条理论和专业知识是起不到对学生进行理论教育和价值引领作用的。

我打网球是为了锻炼身体。我都是练习单打。我58岁时参加我们学校网球男子单打比赛,不分年龄组,我打了6盘,获得冠军。我是业余水平,参加比赛也仅限于我们学校范围内。自那以后,我怕受伤,就再也没有摸过网球拍,和你不知差多少个档次了。

辅导员工作很好,希望你能坚持下去,即便是去做了体育专业的工作又能怎样呢?把学生陪伴好,一生值得!

到大连就联系我。

祝一切都好!

身份不能协同

2024-04-17

曲老师,您好!

您辛苦了!我是××大学的辅导员××,也是××大学马克思主义学院的一名在读博士研究生。我一直都有关注您,学习您的文章,今天能见到您本人,我更是深受鼓舞。

××,你好!

谢谢你的认同!

现在很多辅导员读了博士,可是毕业以后还有几人坚守在辅导员岗位上?这里有学校的原因,有的学校思政课教师缺编,于是让有博士学位的辅导员转到马克思主义学院,也有双跨的,还美其名曰"协同育人"。工作内容、方法路径可以协同,身份怎么能协同呢?

你博士毕业能否在辅导员岗位坚守下来?我觉得辅导员读了博士,再继续在辅导员岗位上,发展的空间一定比在马克思主义学院要大些。你"半路出家",人家马克思主义学院都是"科班"出身,今天马克思主义学院缺编让你过去了,明天不缺编了呢?后天人事制度改革了呢?第一个淘汰的会不会是你?马克思主义学院轻松?有了博士学位,有了辅导员工作的积累,把理论和实际结合起来,能为学生成长做多少有益的事情。当然有的辅导员就是把辅导员工作看成了麻烦,读博就是为了离开辅导员队伍,那就是另外一回事了。

要登机了,就跟你聊这几句。有事就联系我。

祝好!

感谢曲老师,我会慢慢调整心态,等毕业了再重新梳理一下自己的人生目标。辛苦曲老师了,祝您一切都好!以后有机会去大连,我会拜访您!

脚上的泡都是自己走出来的

2024-04-19

曲老师,您好!

听了您的课,我感受颇多,更加坚定了我做好一名辅导员的决心。尤其是您说的要抓好学生党员队伍,这一点我觉得非常有实际意义,要建设好学生党员队伍,让他们去带动其他同学。

××,你好!

现在一个辅导员带200多名学生,有的则更多,加上辅导员工作界域不是很清楚,有的学校把凡是与学生有关的事都推到了辅导员身上。学校里还有不与学生相关的事吗?这是造成辅导员很累的一个原因。从辅导员自身来看,我们发展了那么多学生党员,他们起什么作用了呢?战争年代20多岁的人都可以当军团长了,怎么现在就带那么几个学生就带不好呢?一些党员就像"花瓶"一样摆设在那里,不仅没有成为辅导员的左膀右臂,有时还起负面作用。

"徒有其名的党员白给也不要。"党员一定要在思想上入党。怎么叫在思想上入党?这是要在实践中检验的。发展学生党员不能只看流程,要深入他们的宿舍、教室、食堂,看看他们日常表现如何。比如,床铺铺得乱七八糟、床头摆放的都是低层次的书籍、墙上张贴的都是影星的画报……这样的实践检验能不能判断出这个学生是否在思想上入党啦?

脚上的泡都是自己走出来的。有的辅导员不能公平、公正地对待每个学生。学生给了好处,就把他列为入党积极分子,就给他安排入党了。这样的党员怎么能发挥榜样引领作用呢?辅导员一定要从战略高度认识学生党建工作的重要性。今天,党员学生在同学服务中坚定了理想信念,明天,等他们走向社会才能更好地为人民服务。

谢谢你的认同!飞机着陆了,就聊到这里。到大连联系我。

祝好!

搞好辅导员的定位

2024-04-22

曲老师,您好!

我是××大学的辅导员××,很高兴认识您。很荣幸我在岗前培训入职之前就听过您给全国辅导员做的报告,对于您的学识、才华和情怀,我们很敬佩。有机会想和您多交流,还望多多指教。

谢谢你的认同!我们共勉!告诉我你的详细地址,我把我写的书签名、邮寄一本给你做纪念。

我的地址是:××××××××。谢谢曲老师,祝您身体健康、阖家幸福!

××,你好!

辅导员工作是党和人民事业的组成部分。辅导员是共产党员,做好辅导员工作是对党和人民事业忠诚、有担当的体现。虽然这些年辅导员工作得到了加强,但是还有很多不完善的地方。这就需要辅导员们发挥好主观能动性,克服工作中遇到的方方面面的困难。有的辅导员总在那发牢骚,这无济于事,更干不成事。“地上本没有路,走的人多了,也便成了路。”我是42年前大学毕业后做了辅导员,你们可以想象一下那时辅导员工作环境是什么样子。我为什么选择做辅导员?是因为被重视了?除了诸多原因之外,与我的性格有很大的关系。我愿意做别人不愿做、做不到的事情。

送给你的书都是我对辅导员工作的一些体会、认识，虽然学术性不强，但是实践性还是比较明显的。我本科学的是思想政治教育专业，夸口点讲，我的马克思主义理论基础还可以。但是我对自己的定位是，既向理论攀升，又向实践深入。现在很多辅导员也有定位的问题，那么到底怎样发展自己？我还是主张在走进学生心灵上下功夫。这也是学问，而且是高深的学问。因为把自己的思想装进别人的脑袋里是很难的。

周恩来说："活到老，学到老，改造到老。"要把学习当成追求，当成生活方式。当然这里的学习既包括书本知识，也包括实践知识。这是理论学习应有的内涵，也是辅导员工作的应有之义。

谢谢你的认同！

祝好！

谢谢曲老师赠送的亲笔签名书《仍然在路上》，我已收到。

是的，曲老师，作为一名辅导员，我们仍然在路上，一直在路上，时刻在路上。学生需要我们，家长需要我们，学校需要我们，祖国更需要我们啊。曲老师，请您放心，我会言行一致，谨记分享会上您的谆谆教诲，用尽毕生精力去影响我的学生，引导他们成人成才。

我不会放松学习，既要向书本学，也要向前辈们学，向同事学，向社会大学学。

生命不息，奋斗不止。教育工作者，永远年轻！

每天高高兴兴上下班

2024-04-23

曲老师,您好!

我是××大学的辅导员××。今天非常荣幸能听到您的讲座,我也非常有感触。我担任辅导员将近4年了,从刚开始的满腔热爱到渐感倦怠,可以说我也经历了“职业倦怠期”。后来我又重新进入角色,努力回溯初心,而今也在默默坚持中。

细想一下,我的工作的幸福感来源于学生,痛苦感来源于不得不完成的庞杂且巨量的事务性工作和形式主义。

所幸现在的我能更平和冷静地处理好各种事宜,但我也感觉到这份热爱在逐渐消弭。

听了您的讲座,我深深被您的情怀所感染,也感觉到自己无论在哪个方面都需要不断修炼和学习。只有不断精进,才能做好学生的引路人,也才能为自己争取相对自由的空间,做辅导员真正想做的事。

谢谢曲老师,我爱人也是一名辅导员,他也是您忠实的粉丝,我替他一并表达敬意。

“知止而后有定,定而后能静,静而后能安,安而后能虑,虑而后能得”,现在一些辅导员,没有静下心来好好考虑自己到底应当追求什么、想要得到什么,因此整天感到忙忙碌碌,把自己置于烦恼之中。“怎么又开学啦?学生又来了。”“怎么还不放假,学生还不离开学校?”想想我走过的

42年,我能每天高高兴兴地上班、下班,重要的原因是我从来没有对学生感到厌烦,我把陪伴学生成长看成我人生幸福的源泉。我为什么能这样看?因为我感觉很知足!多少人没有读过大学?多少人从事着比我们还艰苦的工作?多少人没有我们的收入多?“德不足者多欲”,欲壑难填必然烦恼无限。平平淡淡才是真。辅导员工作真是挺好的,你付出了辛苦,赢得了学生。老年人最怕孤独,有了学生,你就不会孤独。人生做不成几件事,把学生陪伴好就值了。不然终将一事无成。如果只想自己,即便“双重晋级”了,学生却落下了,这又真的值得吗?

谢谢你对我的认同!我们共勉!

告诉我你的详细地址,我签名、邮寄一本我写的书给你做纪念。

祝一切都好!也向你爱人问好!

感谢曲老师的勉励!有此机缘,倍感荣幸,也祝您平安喜乐、万事胜意!曲老师,我的地址是:××××××××。

曲老师好!我已收到您的书,再次感谢曲老师!我一定会认真阅读,好好学习,在这条育人路上踏实地走下去,希望能像您一样,无悔于选择的这条路,愿我能一路生花。

现在有些辅导员重视科研,但是有点着急。科研是“溢”出来的,不是“挤”出来的;是我有话说,不是我找话说。这是我的一些体会,也是长期积累的结果。

学生教育是有规律的

2024-04-28

曲老师,您好!

您今天的讲座令我受益匪浅,更加坚定了我继续在辅导员这条职业道路上深耕的决心。我在大学时期因受当时辅导员的影响有了很大的转变,才在毕业后毅然决然地成为一名辅导员。未来我将继续提升自身素质,脚踏实地工作,关心呵护学生,更好地服务学生,帮助他们成长为有理想、有本领、有担当的新时代青年。

××,你好!

谢谢你的认同!我们共勉!

辅导员对学生会有很大的影响,就像你成为今天的样子受到你的辅导员的影响一样。既然你感受到了这一点,在你做了辅导员之后,一定不能忘了自己的初心:当你在做学生的时候,希望辅导员是什么样子,你就要做到什么样子。有的辅导员当上了辅导员就忘了初心,搞“双重晋级”,这就带不好学生,会被学生瞧不起。要把学生放在心上,千万不能只想着自己“双重晋级”,结果把学生落下了,这样级别、职称就失去了意义。路是走出来的,事业是干出来的。希望你能在辅导员这条路上扎扎实实地走下去,做好大学生人生成长的指导者和引路人。

告诉我你的详细地址,我签名、邮寄一本我的书给你做纪念。

祝一切都好!

没有过不去的坎

2024-04-29

曲老师,您好!

您的讲座振奋人心,令我热血沸腾。我从事学生工作14年了,有时候感觉自己有些倦怠,会有“瓶颈”期,觉得学生一直都是正青春。您今天的讲座很激励我,您植根学生的爱国主义教育、40多年来以爱陪伴学生、桃李满天下的育人成果、羡煞旁人的满满幸福感,这些都让我很有感触,向您致敬,向您学习!

××,你好!

谢谢你的认同!我们共勉!

你在辅导员岗位上奋斗了14年,为学生的成长成才付出了辛劳。职业期能有几个14年呢?有些辅导员总把“难”字放在嘴边,总想离开辅导员队伍。有什么难的?昨天能过去,今天就能过去,明天照样能过去。你14年都过去了,下个14年,下下个14年不是照样可以过去吗?快乐也好,辛酸也罢,没有过不去的坎,没有受不了的累。等老的时候想想自己培养了那么多学生,他们的成长有你的陪伴,岂不是十分快乐的事情!珍惜和学生在一起的时光,学生离开了,就很难再见了。

告诉我你的详细地址,我签名、邮寄一本我的书给你做纪念。

祝好!

让学生干部得力

2024-04-30

曲老师,您好!

我是××大学的辅导员××。今天听了您的课,我感到受益匪浅,除了学习到学生工作上的方法外,我还意识到在家庭关系上,不论工作多忙,一定要给家人足够的爱,特别是配偶。谢谢您的分享。

其实有一个问题已困扰我很久,想请您帮忙答疑解惑。背景:我是从大二开始接手A班的,班级凝聚力不强,部分班委、同学之间存在矛盾,未开展过团建活动;B是该班生活委员,家庭比较困难,学习成绩中游,性格比较敏感、脆弱,与宿舍成员关系不好,家庭关系淡漠,在高中时期曾有过轻生念头。

我的做法:1.我找了班上大多数同学谈心谈话,想做团建活动,但大家积极性不高,所以没有做成;2.我经常找B交流并主动邀请她参与活动,但她曾因主动邀请别人被拒后也拒绝了我,然后我找了部分班委帮助她,但班委也有自己的朋友圈子,所以效果也不是很好。

问题:如何提高班级凝聚力?如何更好地引导B同学?

想请教下您有没有更好的办法,期盼您的回复。

××,你好!

思想政治教育需要解决问题,更要防止问题的发生,后者做好了,前者就省心了。

很多辅导员喊累，而造成辅导员劳累的原因又是多方面的，其中一个原因就是学生干部不得力。辅导员一定要建设好学生干部队伍，使他们成为你的左膀右臂。建设好学生干部队伍要注意两点：一是要公平公正，不能任人唯亲。二是要严格。所谓严格就是按照要求来，做不到、违背了，要有说法，该怎样就怎样。

要相信学生，积极向上是他们的主流价值观。你可以有言在先，学生起不到干部作用的要进行调整，让愿意为学生服务、在同学中有威信的学生做干部。把干部队伍调整好了，再发挥他们的积极性，结合学校和学院的要求开展活动。

感谢曲老师的解答，我会在日后的工作中融会贯通，边运用边调整，希望能像您一样成为学生的知心朋友。

带着问题意识工作

2024-05-06

曲老师,您好!

我是××大学的辅导员××。我非常荣幸能够现场聆听您的讲座,回来后我一直在回味、审视、反思,终于鼓足勇气向您请教。

特别崇拜您的专业成果、职业收获与育人成效,更钦佩您的人生境界、处世态度和情怀格局。虽然在多个场合听过您讲课,接受熏陶,也一直关注您的公众号,不断学习,让我深受启发,但这是第一次我在自己的学校现场聆听您的讲座。您的事迹、精神、思想让我找到了自己12年职业坚守的归因解释,也为接下来的职业坚持再次增添了情感动力。

每个人的人生际遇不一样,每个学校的制度环境也不一样。面对思政课、专业课教师的科研教学发展路径和背景优势,我们辅导员的专业化发展自信来自哪里?核心竞争力如何提升?辅导员工作只有坚持梦想、脚踏实地才能做出突出的业绩,然而,我们时常还是被现实所困、被生活所迫、被选择所惑,在实现职业理想之路上,这些实际的问题该如何面对和处理?

再次感谢您的经验分享与答疑解惑!祝您身体健康、生活顺意!

××,你好!

现在很多辅导员都有这种烦恼:科研比较弱,评职称时没有其他专业老师成果多。这里有两个问题,其一是辅导员评职称要落实国家“三单”

的政策，辅导员与其他专业教师一起评不科学，更不能拿评其他学科的条件（论文、课题）来衡量辅导员；其二是辅导员评职称尤其要破“五唯”。辅导员的科研、教学、日常工作水平说到底体现在学生培养上，要有相应的论文、课题等条件，但是有没有水平最终还是应当看辅导员业绩怎样。一个辅导员获得了国家级、省级等荣誉，是不是有水平？一个辅导员带出了国家、省部级先进集体、先进个人，是不是有水平？现在一些省份、许多高校在辅导员职称评定时都落实了“三单”政策，并且按照辅导员教师的特点评职称，较好地解决了辅导员在评职称时的烦恼。当然从各省和各高校的实际情况看，辅导员评职称还存在着参差不齐的问题。在这种情况下辅导员应当自我摆脱烦恼。职称重要，可是这不是你能解决的问题，但是要相信这是早晚能够被解决、必须被解决的问题。不管别人怎样认识，我们自身一定要认识到辅导员工作的意义和价值，认识到辅导员工作的科学性和学术性。我们说要办中国特色的“世界一流”大学，特色体现在哪里？没有一流的人文教育怎么会有一流的大学？没有一流的思想政治教育怎么会有一流的人文教育？带着问题意识做工作，才能处处留心皆学问。我以为最难、最高深的学问就是把自己的思想装进学生的头脑里。每个辅导员培养的学生不一样，原因就在于其水平不一样。这是能够衡量出来的，要不争而得。一定不要一心只想“双重晋级”，结果把学生落下了。

飞机着陆了，就聊到这里。

祝一切都好！

曲老师，您好！这段时间我非常忐忑又非常期待能收到您的回复！刚刚终于收到了！您亲切的话语，令我特别感动。

曲老师的解答让我一下子警醒了！我再次想到这句话：不忘初心，回归本真。职业发展机遇来了，更不能忘了本职工作，职业选择机会多了，提升境界、锤炼本领才能行稳致远。坚守初心、保持定力，才能从积淀中获得更高的职业成绩。

再次感谢曲老师为我指点迷津！祝您身体健康！期待有机会再向您请教。

关键是增强责任感

2024-05-08

曲老师,您好!

今天听了您的讲座,我感到受益匪浅。我今年刚毕业就做了辅导员,在对待学生和处理学生事务时还需要不断学习。我希望今后能从您那里学习更多教人、育人的经验,为党和国家贡献出一份微薄的力量。

××,你好!

谢谢你的认同!

辅导员工作意义重大。目前对于辅导员工作还没有形成全社会的共识。就辅导员自身对辅导员工作的认识也是千差万别。有的辅导员也是不得已才当了辅导员,总想离开辅导员队伍。你既然选择了这份职业,我建议你还是安下心来把学生陪伴好。相对说来,辅导员要辛苦些。可是没有付出就没有回报。学生离开学校的时候,最难忘的还是辅导员。辅导员心中一定要有学生,不能只图自己的发展而把学生落到了后面,这样会被学生瞧不起。

要多浏览教育部思想政治工作司的网站,那里有工作要求、有政策法规,也有许多优秀辅导员工作的案例,这些可以为你做好辅导员工作提供借鉴。

到大连就联系我。

祝好!

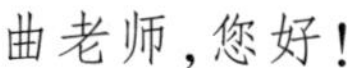

曲老师,您好!

今天听了您的讲座,我真的受益匪浅。我是××大学的留校生,现在才带第一届学生,他们目前是专科大二。我现在是本科学历,我想提升学历以更好地服务学生,但目前的工作又比较忙,我平衡不好工作和学习的时间,经常因为忙就忘了学习。

××,你好!

谢谢你的认同!

这两天忙,没有及时回复你,抱歉。

现在很多辅导员都想提升自己的学历。这不是不可以。话说回来,学历提升了,工作水平就上去了?毛泽东说过:“读书是学习,使用也是学习,而且是更重要的学习。”有机会提升学历不是坏事,一心只想提升学历,那就会影响辅导员工作。

要增强自己工作的责任感,不能让学生在思想上犯错。我常讲,学习就像谈恋爱,爱他,会有一万个理由;恨他,也会有一万个理由。要注意向实践学习。要有问题意识,多问问为什么。有了问题,再梳理文献,结合实际,一点点就有学问了。

祝好!

要平等地对待学生

2024-05-20

曲老师,您好!

我是刚刚提问的××大学美术学院的辅导员××。不好意思这么晚给您发微信,今天是我第二次听您的讲座。第一次听您的讲座是在2023年7月的"全国辅导员提升政治能力培训班"。听了两次您的报告,我深受启发。

2023年9月我进入××大学担任美术学院辅导员,目前带了156名学生,9个小班级。经过接触了解,我发现艺术类专业学生的个性以及思想方面都与其他专业的学生不同,学生比较追求个性化,善于自我展现。学生们单纯善良、注重情谊,敢于表达情感。因此我一直在思考从什么角度和同学们相处,目前自己的思政理论水平还有很多不足,因此我希望和学生建立好情感基础,拉近我和学生之间的距离,例如放寒假前给学生们准备手写新年贺卡。今年有个小目标,准备请所有学生在食堂以寝室为单位吃顿饭,在吃饭聊天中做好学生的思想引领工作,同时进一步增加我和学生的情感基础。因为我发现谈心谈话的效果好坏有很大一部分取决于辅导员与学生的感情程度。

我目前还在考虑是否在每天下班后留15分钟,做一个"一日一谈"板块,每次能够有针对性地和一个学生沟通,帮助学生做好职业生涯规划,了解学生的真实想法,第一时间解决学生急难愁盼的问题,帮助学生正向发展,努力成为堪当民族复兴重任的时代新人。

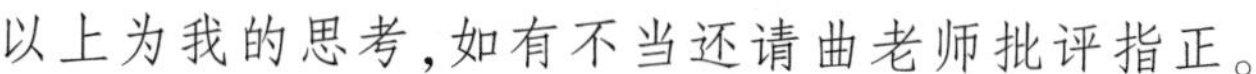

以上为我的思考，如有不当还请曲老师批评指正。

××，你好！

思想政治教育一定要用心、上心。看得出来你就很用心、上心，思想政治教育就应当这样做。

思想政治教育需要以理服人、以情感人。现在有些辅导员理论水平还是欠缺的，因此教育起学生来便有困难。这没有好的办法，也不能一时加以解决，只能用情感来弥补。辅导员一定要让学生感受到他们在你的心上。要时时为学生着想，及时为学生排忧解难。

思想政治教育有什么方法？谈话法简单易行。不要总想着创新，把谈话法运用好就会解决很多问题。谈话要有准备、要有针对性，要分轻重缓急，要平等地对待每个学生。你尊重了学生，学生就会尊重你。

告诉我你的详细地址，我把我写的书签名、邮寄一本给你做纪念。

关键是配强的问题

2024-05-21

曲老师,您好!

我是××学院学生处的××,我今天上午聆听了您的报告,收获很多,向您学习!

曲老师,感谢您加我的微信,很荣幸能和您合影。我一直关注您的公众号,学习您与学生、学生干部的交流,您是用心、用情关爱、帮助每个学生成长,您无私的育人精神值得我们学习。我从事学生工作21年了,原来在××学院学生处,现在在××学院分管学生工作。我一直在民办高校工作,对民办高校辅导员队伍建设有很多困惑,今天您的报告点亮了很多辅导员心上的灯。我一直期盼聆听您的报告,今天听了,很受启发,这给了我持续从事学生工作的力量!以后有机会再向您请教,非常感谢您!

××,你好!

谢谢你的认同!我们共勉!

这些年来辅导员队伍建设得到了加强,但是发展还不平衡,有的说起来重视,做起来仍有不到位的地方。无论是公办还是民办,都是党办,都要把“为党育人、为国育才”放在首位。现在高校都在为“双一流”“双高”忙碌着,若是辅导员队伍不一流,建“双一流”“双高”又有什么意义呢?一定要以职业化、专业化、学科化的视野建设辅导员队伍,辅导员可不是谁都能做的。辅导员队伍要有合理的职称结构,不能像割韭菜一样割了一茬又一茬。现在学生中出了那么多事,原因是多方面的,其中一个重要的原因是一些辅导员“本领恐慌”,不能为学生及时地解疑释惑。思想混乱,行为必然出错。总体来说,现在辅导员配齐的问题基本解决了,关键是要解决好配强的问题。你负责学生工作,一定要在配强上多做文章,一流的辅导员队伍是提升高等教育人才培养质量的重要保证。等找机会我到你们学校看看。

告诉我你的详细地址,我签名、邮寄两本我的书给你做纪念。有事就联系我。

祝好!

只有跳出“小我”才能安心工作

2024-05-22

曲老师,您好!

听了您的讲座,真是受益匪浅,我要向您学习,爱党、爱国、爱学生,做有理想、有格局、有大爱的教育工作者。我要沿着您走过的路走下去,一直在路上!

××,你好!

谢谢你的认同!我们共勉!

有的辅导员不安心自己的工作,说到底还是缺少情怀。辅导员工作体现的是对党的事业的忠诚,对人民幸福的关切。只有跳出“小我”,才能感受到辅导员工作的意义和价值。工作怎么会像喝饮料那样舒服呢?什么工作没有麻烦呢?有格局、有视野,就不会觉得麻烦了,每天就会期盼着黎明的来临,高高兴兴地到学生中去。

告诉我你的详细地址,我签名、邮寄一本我写的书给你做纪念。

到大连联系我。

曲老师,您寄过来的书我已经收到了,里面的内容非常丰富,涉及了思想政治教育的方方面面。我真的十分喜欢!

从书的字里行间就可以感受到您的知识渊博、阅历丰富、积极上进。衷心谢谢您曲老师,祝您身体健康、工作顺利、阖家安康!

××,你好!

谢谢你的认同!

那都是我工作中的一些体会,是日常积累的结果。现在有些辅导员也重视科研,但是有点着急。科研是“溢”出来的,不是“挤”出来的;是我有话说,不是我找话说。要学会积累,积累多了,也就容易把握教育规律了。

理论与实际相结合

2024-05-24

曲老师，您好！

我是××大学的辅导员××，关注您的公众号已经很多年了。每次迷茫之际，我总会看看您的公众号文章。非常有幸，今年能在西安听您的讲座，并与您合影。我会以您为榜样继续激励自己，向您学习。

曲老师，我和我爱人都是辅导员，您也是我们两个人的精神导师。在此我向您咨询一个问题。我爱人，29岁，已婚未孕。她是会计专业毕业，硕士研究生，目前在高职院校做一名辅导员，已考取注册会计师证书。我想问问您，她想去读博士，现在让她再读与思政相关的博士研究生，有必要吗？麻烦曲老师，不忙的时候能够解答一下。

××，你好！

谢谢认同！你和你爱人都是辅导员，算是为培养学生做出了你们家庭的贡献。

能够提升一下学历不是不可以，如果她有实力，想读就能读，那也没有什么好犹豫的。现在读博士基本都是审核制，业绩、科研、学历、专业、职称、级别等都是综合考核因素。博士毕业有大小论文要求，还是比较难的。这要看她的定位，如果就是为了把学生工作做好，目前与读不读博关系不大。从某种意义上讲，读博解决的是学历问题。如果有学习意识，注意平时学习就可以。从实践中来，到学生中去，围绕学生、服务学生、关照学生，理论与实践相结合，就能把学生培养好。

我们共勉！告诉我你的详细地址，我签名、邮寄一本我写的书给你做纪念。

祝好！

谢谢曲老师！

总看困难就挪不动步了

2024-05-30

曲老师,您好!

我是××大学的辅导员××,很荣幸聆听了您的讲座!

我从事辅导员工作3年了,在这个过程中,我成长得很快,在教育引导学生过程中也被学生治愈,职业幸福感还是比较强烈的,但是在工作过程中也遇到了各种各样的困难,时间长了会产生各种各样的消极情绪,会迷茫,会自我怀疑,但听了您的讲座,学习了您的故事,我真心觉得我还有很远的路要走,您是我的榜样,感谢您的指导和鞭策!

××,你好!

谢谢你的认同!我们共勉!任何工作都是如此,没有平坦的大路可走,都是在解决矛盾中前进的。要调整好心态,凡事都要从积极方面想,总看困难那就迈不动步了。我42年前留校做了辅导员,那时没有困难?只是我从来没有胆怯、犹豫、彷徨过。辅导员工作相对来说学生的事多一些,也正是这些事情彰显了我们的价值,也正是在为学生的服务中奏响了我们人生的乐章!人应当清楚自己这一生要追求什么。“诚于中,行于外”,从心里想把事情做好才能做好。告诉我你的详细地址,我邮寄一本我签名的书给你做纪念。

祝好!

关键是帮助学生树立正确的择业观

2024-05-31

曲老师,您好!

我是××大学的××,今天听了您的报告,深受启发,在辅导员日常工作中一下子就把格局打开了。我们有近10个“海大人”在黄土高坡上坚持搞航海教育,真希望您能有机会到延安给我们再指导指导。这次培训让我对辅导员有了一个新的认识,对辅导员的工作方法有了新的理解,谢谢!

××,你好!

我们是校友啊!我感到很亲切!

延安是革命圣地,我从小就向往,我多次去过延安,用革命文化熏陶自己。去年我还去延安大学讲学了,我住过窑洞客房,感受延安精神。

辅导员是大学生人生成长的指导者和引路人,也可以说是延安精神的传承人。辅导员要把理论教育和价值引领放在首位,只有青年学生听党话、跟党走,思想政治教育才算做到了家。辅导员要帮助学生树立正确的择业观。

告诉我你的详细地址,我签名、邮寄一本我写的书给你做纪念。

祝好!

太感谢了,曲老师,我的地址是:××××××××。

不用谢！老师就是希望你们能在学生的人生“拔节孕穗期”帮他们系好人生的“扣子”，做有理想、敢担当、能吃苦、肯奋斗的新时代好青年。

人生要向“高大上”看齐

2024-06-03

曲老师好，恕我冒昧地添加了您的微信。早上听了您的讲座，我感到受益匪浅，以后有机会还请您多指教。我加入辅导员队伍时间较短，平时工作中会遇到很多问题，有时候也不知道如何处理。今天听了您的讲座，的确收获很多，也引起了我很多的思考，对辅导员这一岗位也有了一些新的认识。

××，你好！

辅导员工作意义重大。不过就像你说的，我们有些辅导员还没有认识到这一点。有的虽然认识到了这一点，但却被辅导员工作的麻烦、辛苦所吓倒，总想离开辅导员队伍。

人生从某种意义上讲就是挑战自我的过程，看看自己到底能走多远，能看到怎样的风光。一些辅导员犹豫来犹豫去的，一心想走别人的路，是想叫别人无路可走？辅导员还是应当安下心来。“知止而后有定，定而后能静，静而后能安，安而后能虑，虑而后能得。物有本末，事有终始。知所先后，则近道矣。”我常想，如果我不做学生处处长、不做学校党委副书记、不做省委高校工委副书记，到今天就能做42年辅导员工作，人生的意义是不是更大？相对高校其他工作，辅导员工作是辛苦、麻烦些，可是若是与那些革命先烈相比，这又算得了什么呢？我们可能永远达不到先烈们的高度，但是我们可以缩短与他们的距离。

有事就联系我。告诉我你的详细地址，我签名、邮寄一本我写的书给你做纪念。

祝好！

谢谢曲老师的教导。我的地址是：××××××××。

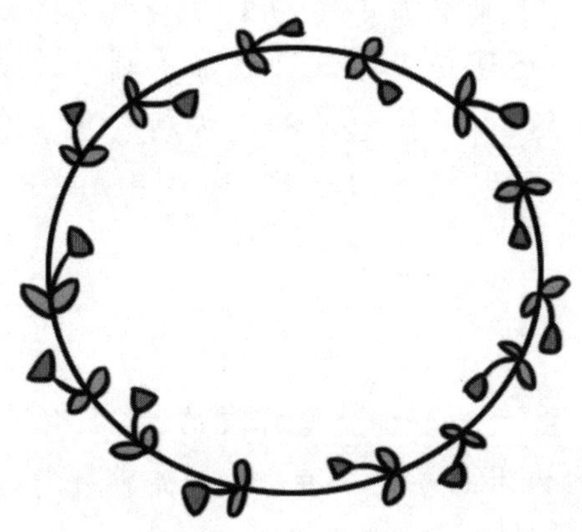

工作不会像喝饮料那样舒服

2024-06-04

曲老师,您好!

我今天聆听了您的报告,受益匪浅,感触颇深。您让我更深刻地理解了辅导员工作不仅有温度、有情怀,更有价值。您为学生的付出和努力让我感动,我想以您为榜样,不忘选择学生工作的初心,与学生亦师亦友亦家人,做好学生成长成才的人生导师和健康生活的知心朋友,我愿为之奋斗!以后也想多与您学习沟通。感谢您!

××,你好!

谢谢你的认同!我们共勉!

辅导员工作为党育人、为国育才,关系到千千万万个学生家庭的幸福。做好辅导员工作可谓功在当代、利在千秋。一些辅导员不安心做辅导员工作,说到根本还是“小我”的东西多了,“大我”的东西少了,站立的平台不高。学生工作相对来说麻烦一些,但是麻烦又能麻烦到哪去?正是这些麻烦才彰显了学生对我们的需要。辅导员要做好大学生人生成长的指导者和引路人。

告诉我你的详细地址,我签名、邮寄一本我写的书给你做纪念。

祝好!

谢谢曲老师。我的地址是:××××××××。

把辅导员工作坚持做下去

2024-06-06

曲老师,您好!

我是××学院的一名辅导员,入职至今已有十六年头,目前是一个二级学院分管学生工作的副院长。去年暑假我在思想政治教育教师线上培训班听过您的讲座,今天有幸在现场再次听您的讲座,收获颇丰。

热爱可抵岁月漫长,您用实际行动告诉我们辅导员如何做好职业化、专业化、专家化的职业生涯规划。您是我们的榜样,也让我们坚定了继续奋战在学生一线的信念。

学生的笑脸,毕业后的问候,回校看望老师……这些就是我们学生工作者的力量源泉。

××,你好!

爱是最好的老师,因为热爱,便有了渴望。我每天都是怀着急切的心情等待黎明的来临,迎着属于我的那缕谁也剥夺不去的阳光到学生中去。"老师早""老师好",一声声来自学生的问候使我既有了存在感,又感受到了生活的快乐!42年,我没有一天离开大学生思想政治教育工作,刚参加工作时的一幕幕就好似发生在昨天。经常有记者问我:"您从来没有厌倦过、烦恼过吗?""我真没有。"我把学生的需要当成了我幸福的源泉,正是这些需要奏响了我人生的乐章。你做了16年辅导员,看得出来,你对辅导员工作很有感情,学生也喜欢你。把辅导员工作坚持做下去,陪伴学生一辈子值得！辅导员工作痛并快乐着，当然快乐大于痛！

告诉我你的详细地址，我签名、邮寄一本我写的书给你做纪念。

思想政治教育一定要看实效

2024-06-12

曲老师,您好!

昨天在××大学听了您和几位老师的报告,我有些感触,想和您交流一下。首先,很多名师、工作室专家都讲了工作室的建设成果和工作室的老师都建立了哪些品牌,更多的是成就了他们自己。可能在当今的环境中对于辅导员成才、成名有非常大的帮助,有利于辅导员的成长,但是像您所说的工作室就是一个载体,参观工作室和一站式学生社区,我感觉真的形式大于内容,形式的东西太多,内容相对没有那么多。我很认同您说的,做实辅导员工作,对学生来说最重要,这也是我一直在坚持做的,不搞太多形式上的东西,但是现在大家都重形式,所以我也很困惑。我是一名专科学校的辅导员,我们每天和学生接触,学生几乎天天找我,我听到本科学校那些老师的交流,感受到专科和本科学校辅导员工作的差别还是很大的。我听完昨天上午的报告有点感触,真不知道现在辅导员缺少的东西在哪?应该去哪里找?这些就是我的一点感受,不知道和谁说,想到有您的微信就和您交流交流。

××,你好!

思想政治教育有着丰富的载体,现在的工作室建设总体上还是推动了辅导员队伍建设,提升了辅导员工作的能力水平,增强了辅导员工作的针对性。

但是从问题的角度看,工作室的建设还是有需要改进的地方。有的工作室太“高大上”,研究的问题是校党委、省委教育工委应当要研究的问题;有的工作室虚张声势,拉这个“大家”、那个“大咖”来撑门面;有的工作室研究的不是辅导员工作的主业……总之,工作室应当聚焦在学生价值引领和成长成才方面。

有的辅导员想建立工作室想得头疼。这也大可不必。工作室只是思想政治教育的一个载体,不管什么载体,只要能够把学生培养好就是好的载体。思想政治教育就是要以理服人、以情感人,坚持了这两个原则、体现了这两个原则,思想政治教育就能做好。你的理解是对的,思想政治教育一定要看实效。习近平总书记在中央党校讲了这样一段话:“现在理论宣传上有一种现象值得注意,那就是照本宣科、不求甚解、浮在面上的多,以理服人、以情动人、入脑入心的少。”工作室建设也有必要认真地审视一下,凡是华而不实、假大空的地方要坚决改掉。

谢谢你的认同!我们共勉!到大连联系我。告诉我你的详细地址,我签名、邮寄一本我写的书给你做纪念。

祝好!

因为刚做辅导员不久,可能想法不是很成熟,我认为辅导员的职业素养可以通过很多方法和途径提高,但是辅导员有没有责任感、使命感取决于辅导员自身,需要自身发自内心的热爱。只有真正的热爱才能做好,因为热爱才能使辅导员把工作做实,所以像您所讲的,辅导员坚定理想信念有多重要。再次谢谢您能在百忙之中回复我的信息,我也承诺将以您为榜样,坚定地做好、做实辅导员工作。最后祝您身体健康!

我的地址是:××××××××。谢谢曲老师!

用实际行动引领学生

2024-06-13

曲老师,您好!

我是××大学的辅导员××,您的报告使我又进一步坚定了信心!

非常感谢曲老师的分享,想向您汇报下我的个人情况。我是一名中共党员,烟台人,1991 年出生,硕博是理工科方向,回烟台后在研究所工作了一段时间。我于 2023 年 9 月入职,成为一名辅导员。我读书时本科期间担任班长,硕士期间担任研究生会主席,博士期间志愿服务做得多些,现在也一直在做。前一段时间我因救助群众受到学校表彰。

我很喜欢跟学生在一起,走入学生内心,帮助学生、引导学生,使学生成长成才。听完您分享的事迹,我感触很深,您是我学习的榜样和努力的方向,心中有国,胸怀"大我"。您用行动将热爱祖国、建设祖国、振兴中华民族写在祖国大地的每个角落。

我也一直在思考如何更好地开展工作,如何开展学生、社会、国家真正需要的工作,如何带动更多的老师开展好工作,如何开展适应时代的学生工作,等等。我也一直在努力开拓,助力学生成长成才。希望您有好的建议分享给我,能给予我一些指导,我将万分荣幸,定会更加努力。

××,你好!

你是博士毕业后做了辅导员。现在一些高校要求辅导员必须是博士学位,因此一些高校招收了不少博士毕业的辅导员。总的来看,这些有博士学位的辅导员并不安心做辅导员，他们只是在辅导员工作岗位上过渡下，好的有机会便转到专业课教学了。像你这样有博士学位却主动选择做辅导员、这么安心做辅导员工作的并不多。

其实做辅导员没有什么不好，每天陪伴学生成长，学生的价值就是我们的价值，学生的幸福就是我们的幸福。辅导员工作就是一个人生定位、人生追求问题，关键看自己想实现什么。如果只想自己应当怎样，那就没有工夫想学生；如果把有学生就有一切当成自己的价值目标，就会全身心地投入学生工作中，哪里有学生哪里就会有辅导员的身影。

没有共产党就没有新中国；没有共产党就没有中国特色社会主义道路。青年强，则国家强。辅导员就是要培养当代青年听党话、跟党走。这就要为学生做出样子，用我们的实际行动引领学生。思想政治教育一定要克服“三多三少”：说得多，做得少；“高大上”的多，形而下的少；要求学生的多，要求自己的少。只有这样，思想政治教育才能走进学生的心里。

你是博士毕业，容易得到学生的认同。你要利用好你的优势，帮助学生、陪伴学生，引领学生成长。学校无闲人，人人都育人。如何带动更多老师开展工作？我想只要你安心工作，把学生培养好，就是对其他老师最好的影响、最好的带动。

我的祖籍是山东牟平，我们是老乡。大连这边有事就联系我。

祝一切都好！

谢谢曲老师，想学生之所想，急学生之所急，从自身做起，脚踏实地。融入学生、服务学生、助力学生、成就学生，有机会我会当面向您汇报工作，感谢您的指导。

累能累到哪去

2024-06-14

曲老师,您好!

我是××大学的辅导员××,已在学生一线工作14年,目前还在这个岗位坚守!上次在西安听了您的讲座,让我对这个岗位有了全新的认识,在别人看来烦琐而又缺少技术含量的辅导员工作,值得我们一直努力和奋斗!您是全体学工人的骄傲和榜样!我很期待再次聆听您的故事!

××,你好!

谢谢你的认同!

人生要有挑战精神。我能走到今天,原因是多方面的,其中一个原因是与我的性格有关。我非常愿意做别人不愿意做、认为做不到的事情,当然前提是做对的事情。我42年前做的辅导员,那个时候很多人认为是什么都做不了的人才做辅导员。许多辅导员像现在一样,总是想离开辅导员队伍。我的老师也劝我早点离开。我却正相反,别人不愿意做,我偏偏要做。你当你的教授,我做我的辅导员,哪里有学生哪里就有我的身影。

辅导员工作是麻烦、辛苦些,这又能怎样呢?工作哪能舒舒服服?累能累到哪去?先烈们流的是血,我们只是流点汗而已。

人,一定要有理想信念,有了理想信念就会无所畏惧。希望你在学生心田耕耘一辈子,为祖国培养出更多堪当大任的时代新人。

告诉我你的详细地址,我签名、邮寄一本我的书给你做纪念。

祝一切都好！

曲老师，这么晚您还没休息！跟您相比，我对辅导员工作的认知还太肤浅，但路是一步一步走的，希望我能无限接近您的高度，做个简单、纯粹，不计名利、得失的人，让自己能做学生的榜样！有机会拜读您的书，是我的荣幸！我的地址是：××××××××。

把辅导员工作当成党的事业来做

2024-06-18

曲老师,您好!

非常荣幸能听到您的授课。这是我第二次见到您,第一次是4月在××大学,当时我内心就有了不小的触动。上次就挺想要您的联系方式,奈何我有点胆小,今天凑巧如愿了,真好。

我刚参加工作3年,对辅导员岗位还挺迷茫的,但我很热爱这个职业,今天的课程让我更加坚定了对辅导员工作的信心。

××,你好!

谢谢你的认同!

辅导员工作意义重大,关系到"培养什么人、怎样培养人、为谁培养人"这个立德树人的根本问题。一些辅导员还缺乏这样的认识,总把自己的工作看成"杂活""麻烦",因而不能全身心投入,要想方设法离开辅导员队伍。你还年轻,一定要不断加深对辅导员工作的认识。"诚于中,行于外",要把辅导员工作当成党的事业来做,看成一名共产党人对党忠诚的体现。只有这样,才能信心满满地投入辅导员工作中,才能做好大学生人生成长的指导者和引路人。

告诉我你的详细地址,我邮寄一本我写的书给你做纪念。

祝好!

谢谢曲老师,我一定谨守初心,好好学习,做好学生人生成长的指导者和引路人。

我的地址是:××××××××。

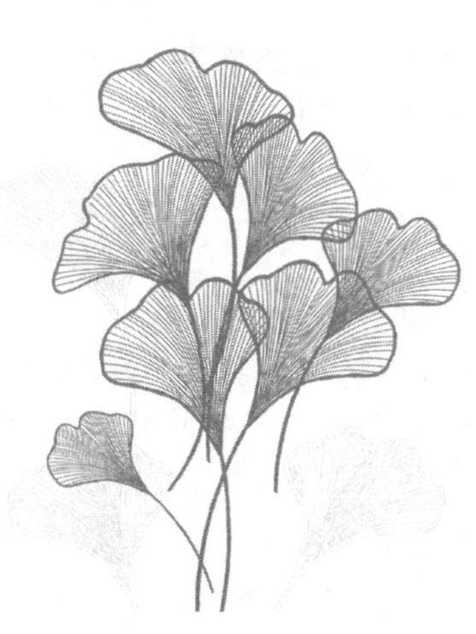

要把学生培养好

2024-06-19

曲老师,您好!

我是××大学学工处的辅导员××。我曾经服役于中国人民解放军驻香港部队,今天听了您的授课,心里感慨万分、十分激动,很久没有听到这战斗动员一样的讲座了,向您致敬!

××,你好!

谢谢你的认同!

你曾经服役于中国人民解放军驻香港部队,对“保卫”“捍卫”“战斗”“胜利”这些词汇理解得会更深刻。我到过香港3次,每次我都到举行香港回归交接仪式的地方,回味那激动人心的历史性一幕。而每每这时,我的脑海里又会浮现出我大学毕业留校做辅导员的第一个假期,我自费到北京,我站在圆明园断壁残垣前立誓的情景:要把学生培养好,学生的爱国就是我的爱国,有学生就有一切。

我们培养好学生,让他们强大自己,只有这样,他们才能应对一切艰难险阻,无往而不胜,从而使祖国更加强大。到大连就联系我。

告诉我你的详细地址,我邮寄一本我的书给你做纪念。

祝好!

感谢曲老师,我一定牢记嘱托,向您学习,努力成为像您一样的老师!

向您致以一个曾经当过兵的人的最高敬意！有机会去大连我一定会拜访您！这是我的荣幸！

我的地址是:××××××××。感谢曲老师,我会珍藏一辈子,我一定要和我的学生讲起您的故事！

千万不能误导了学生

2024-06-20

曲老师,您好!

我是××大学的辅导员××,也是一名辽宁的学子,一直聆听您的故事,今天终于有机会加到您的微信,向您致敬,向您学习。提前祝您春节快乐、身体健康!

我今天又一次聆听了您的讲座,是在新疆大学主办的"经典照耀青春讲堂"活动中,全新疆高校的教师和大学生代表都参加了。我又一次受到了精神的洗礼,对您讲的"对学生成长负责,讲负责任的话,做负责任的事"深有感触,对您讲的"大学是来学精神、学文化的,要做文化人"深有体会,对您执着于教育事业、奉献培养学生的初心由衷敬佩。向您致敬,祝您身体健康!我在××大学,欢迎您来指导!

××,你好!

谢谢你的认同!

教师一定要谨言慎行。

习近平总书记指出:"教师重要,就在于教师是塑造灵魂、塑造生命、塑造人的工作。"青少年正处在人生的"拔节孕穗期",需要精心栽培和引导,而教师给予他们的教育最直接、最有效。因此,教师一定要谨言慎行,时时刻刻给予学生的都应当是正面的、积极向上的,有助于在学生的心灵埋下真善美的种子。

实际工作中,我们有的老师还做不到这一点,讲话比较随意,在学生面前想说什么就说什么,还美其名曰“言论自由”“学术无禁区”,这是不对的。

教师一定要讲对学生负责的话。也就是说,讲话要分时间、场合、地点、受众,学术讨论可以“百花齐放,百家争鸣”,课堂上要有纪律,要按照教学大纲教学,不能信口开河。“传道授业解惑”是教师的天职。教师理应帮助学生及时消除他们头脑中产生的一些错误的东西,不能让这些错误的东西滋生蔓延,更不能因为我们,使学生的头脑装进了错误的东西,否则就是一种对学生成长极不负责的表现。

你是辅导员,是大学生的人生导师,更要高度重视这个问题。一言一行自然要给予学生正确的引领,帮助学生点亮理想之灯,照亮前行之路,千万不能误导了学生。对学生最好的负责,就是谨言慎行,给学生“打样”,走在学生的前面,塑造学生的灵魂,使他们最大限度地培养好自己,在实现中国梦的伟大事业中发挥出最大的作用。

谢谢你对我的认同!我们共勉!借你这条微信,我讲了这段话。常有学生反映××老师讲话不负责任,在此也是希望大家能够加以注意。到大连联系我。

祝好!

曲老师好,此次大连之行,我的收获颇多。对于我来说,机会非常难得、非常宝贵。在结业当天,我在分组讨论会上有一些想法,并和与会的领导老师做了分享,也想向您汇报一下。培训期间,通过专题报告、辅导报告、实践教学、案例教学和现场教学等形式多样的教学模式,我感到教学内容和自身需求非常匹配,自己的党性得到了锻炼、能力素质得到了增强、业务水平得到了提高。一是培养学生定位要高,在××大学的实践教学过程中,××大学秉持“全面发展、分类卓越、多元成长”的原则,要把学生按照“学术大师、工程巨匠、行业精英、治国栋梁”的方向去培养,给我启发很大。运动员要跑好400米,必须有跑800米的实力。在学生成长成才的过程中,我一定要帮助学生立大志,把学生培养好。二是做好思政工作视野要广,冯培教授的辅导报告,让我深刻认识到自己能力素质上的“短板”,在理论研究上要进一步下功夫,只有深刻把握党的创新理论和思政工作的学理性,才能让辅导员队伍科学化、专业化、专家化。三是学工队

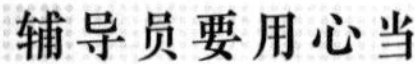

伍建设特色要鲜明,在培训期间我跑遍了××大学的东山校区和西山校区,出了南校门,“航海家摇篮”的标语非常醒目,守牢行业特色,是我切实的体会。经师易得,人师难求,我想优秀的辅导员就是难得的人师,无论是队伍建设、思政精品项目建立还是年度人物评选,其最终落脚点就是“把学生培养好”。最后祝曲老师身体健康!希望您多来新疆、常来新疆。

不能把学生看扁了

2024-06-21

曲老师,您好!

我是来自××大学的辅导员××。

今天听了您的讲授,感受颇多。一是很敬佩您,我从您的一言一行中感受到了您的信仰是如此坚定、有力量,难怪会培养出那么多为党、为国奉献的栋梁之材。二是有点沉重,我感觉我们这些后辈的职业思想水平还有待提高。您的境界至高,实实在在贯彻了“高校辅导员的誓言”,属实是辅导员“天花板”级别的人物。三是很幸运,我能在入职辅导员3年之际有机会接受您的谆谆教导。

上午开会前我冒昧去和您合影,是因为我的同事××之前自费去北京大学听过您的讲座,让我很羡慕。我饱含期待地听完您的讲座,受益匪浅,会后我很后悔没向您要一个签名。您说辅导员要向榜样学习,我感觉我今天找到了职业生涯路上的榜样。感谢您培养了莘莘学子,同时感谢您对建设专业化辅导员队伍做出的巨大贡献。

祝您健康平安、万事胜意!

××,你好!

谢谢你的认同!

心中有信仰,脚下有力量。我们有信仰,学生才会有信仰。辅导员担负着“为党育人、为国育才”的使命,一定要保持对党的事业无比忠诚的精神状态，努力培养担当民族复兴大任的时代新人。不能把学生看扁了。学生心中有团火，需要燃烧。辅导员一定要做“助燃者”，千万不能做“熄灭者”。现在有的辅导员还缺乏格局，把辅导员工作只是当成了“饭碗”。辅导员要把自己的工作看成对党忠诚的体现。党的事业是干出来的，我们前进的路上还有许多不如意的地方，这正是需要我们去克服和战胜的，一切都十全十美了，怎能显出英雄本色？

我们共勉！

有事就联系我。我赠送了两本书给你们，上面有签名。今天晚上我请你们吃饭，咱们可以一起照张相。

祝好！

曲老师早上好，非常感谢您的回复！

您所言甚是，目前我们辅导员的目标普遍停留在关爱、服务学生，希望学生健康平安这一层面，肩上的使命担当越来越被淡化，教育的根本任务是“立德树人”，这必须牢记于心，并切实贯彻到工作的方方面面。

感谢您的鼓励和对基层教育工作者的关怀，也欢迎您来广州游玩指导。

不能卷着舌头说话

2024-06-25

曲老师,您好!

我是××学院的辅导员××。您辛苦了!这近3个小时的讲座,您都没有喝一口水,对于我来说,这本身就是一种精神。非常感谢您的讲座,让我受益匪浅。这是我第二次听您的讲座,第一次是在××大学,是个冬天,我早早就去了,像我的学生等偶像明星一样等您。这次是在北京,在来北京的前一天我不小心把腿弄伤了,同事说要不就别参加了。可我知道您要来,再艰难我也要参加这次培训,所以我拖着这受伤的腿来北京了。相比能见到您,这点伤算什么呢?我会带着这份感动的心,继续回归到光荣的辅导员工作中,再次感谢您,祝您身体健康!

××,你好!

谢谢你的认同!

你的文字不多,却使我看到你对辅导员工作的执着。真应当这样,既然我们选择了做辅导员,就要对得起我们把学生培养好的承诺。人,既不能张口就为自己说话,也不能卷着舌头说话,要有尊严,有尊严就是不能违背诺言,不能让学生看不起我们。

你还带着伤病来听讲座,这让我很感动。人,总是要有点精神的,只有不惧怕困难,才能战胜困难。把这种精神运用到工作中,相信学生一定会在你的引领下健康成长。

告诉我你的详细地址,我把我写的一本书签名、邮寄给你做纪念。大连有事就联系我。

祝你一切都好!

谢谢曲老师的鼓励!今年是我在辅导员岗位上工作的第十六年,这十六年里我始终在辅导员岗位上坚持着,困难真的很多,对于我这个没有编制的辅导员,工作就更难了。可面对我的学生,我是骄傲的,也是自豪的。我的学生都是大专生,学习能力相较本科生是弱了一些,但他们实践能力强,情商高,能吃苦,我对我的学生也是有信心的。今天的讲座让我信心满满,更坚定了我的选择是对的。我要坚持下去,尽自己的最大努力去帮助需要帮助的学生。再次感谢曲老师能在百忙之中翻看短信并回复,也期待老师亲笔签名的书。

我的地址是:××××××××。

你确实不容易,在没有正式编制的情况下,你却在高职院校工作了十六年,可以想象你克服了多少困难,向你学习!我们共勉!

曲老师,是您一直指引着我,让我有勇气去面对现实。现实真的太残酷了,但我愿意相信信仰的力量,能做多少就做多少。谢谢您的回复,时间不早了,我就不打扰您了,早点休息,祝老师身体健康!

首先是工作不能出错

2024-06-28

曲老师,您好!

2010年,我入职一所二本院校当辅导员。刚工作时,理想与现实之间的严重失衡,面对学生困惑和迷茫的无力感,面对人生落差带来的无助感,使我陷入深深的思考中。我必须改变现状,突破自己认识和思维的局限,在工作中不断自我精进、自我突破。我尝试与书为友、与生为友。我走近他们,并了解他们,可是随着时间的推移,面对学生的至暗时刻,面对学生的焦虑抑郁,面对学生的手机依赖,我似乎也很难影响或者改变他们。最恼人的是我个人的职称问题,目前依然没有解决,评职称的痛远远大于工作的白+黑、5+2,甚是苦恼,请曲老师为我答疑解惑。

××,你好!

没有爱就没有教育。首先要对学生有情感,要看到学生的主流。学生没有想当学生干部的、想入党的、想得奖学金的、想考研的?都不懂得感恩,都自私自利?这是不可能的。教育是有力量的,不然还要学校干什么?辅导员就是要做好应当做的。每个学生都愿意接受我们的教育?那也不一定,但是只要我们给予了他们真正的教育,每个人都会在原有的台阶上再上一个台阶。要建设好干部队伍,发挥好他们的骨干作用;发展党员一定要注重其在思想上入党,徒有其名的党员白给也不要。若是学生干部、党员成为你的左膀右臂,学生工作就会让你省不少的心,更会取得我们满意的效果。

你把评职称看成了最重要的事，这是你烦恼的主要原因。你要改变自己，否则这样下去你会变得焦虑。职称固然重要，但是不能为了评职称而把学生放下。按照要求去做，无非就是科研和工作两个方面，首先是工作不能出错，科研可以尽力而为，不要着急。现在辅导员职称评审在一些高校还没有完全按照辅导员工作的特点来评，尚有改进的空间，这些早晚会科学化、规范化。你一时达不到科研要求那也没办法，评职称只是锦上添花的事，不能忘了为学生雪中送炭。一定要调整好心态。

告诉我你的详细地址，我签名、邮寄一本我写的书给你做纪念。

祝好！

莫错过和学生在一起的时光

2024-07-01

曲老师,您好!

您的事迹十分鼓舞我,我是来自××大学的辅导员××,从事学生工作10年了。我在2014年入职××大学理工学院,开始做辅导员工作,从不熟悉到熟悉,从适应到喜欢。2019年我参加了辅导员招聘,如愿应聘到我现在的学校。来到新学校工作也5年了,从带本科生到带研究生,我一直坚守在辅导员岗位上。

我一直在阅读公众号“仍然在路上”里的文章,今年加入了“高校辅导员工作室”团队,能够和全国热爱辅导员岗位的老师一起交流分享,我感到十分荣幸。

今天一个偶然的机会在群里看到您的微信号,我冒昧地添加了您,十分想得到您的指导。再次感谢曲老师,祝您身体健康、工作顺利!

欢迎您来××大学指导工作。

××,你好!

谢谢你的认同!

喜欢是最好的老师。一些辅导员总是喜新厌旧,干着干着便离开了。你做了10年还有这样的激情说明你是真心喜欢,但是有的辅导员工作快20年了还是想要离开,但愿你能够坚持下去。都已经做了十几年、快20年了怎么还想离开呢?如果以前干得很好,那就应当坚持下去;如果以前干得不好,那就赶紧弥补,错过了和学生在一起的时光,想弥补也来不及了。正像《后来》里所唱的那样:“后来,我总算学会了如何去爱,可惜你早已远去消失在人海。后来,终于在眼泪中明白,有些人一旦错过就不再。”你真心地爱下去,就一定会得到学生的拥护和爱戴。

有事就联系我。

祝好!

学习需要“慢火炖豆腐”

2024-07-02

曲老师,您好!

我是刚听完您讲座的辅导员××,很高兴您通过了我的好友申请!我从事辅导员工作多年了,也想要一直从事下去。我听了您两次讲座,每次都有新的启发和震撼!我希望能获得您亲笔签名的著作,来学习和鞭策自己,进而影响更多的学生!谢谢您!

我的地址是:××××××××。非常感谢曲老师!祝您身体健康、生活愉快!

××,你好!

辅导员这条路能走通,关键是要用心走。有的辅导员还没走两步便被难住了、吓到了、跑掉了。“无限风光在险峰”,其实辅导员工作就像农民种地一样,春天撒下的是种子,还没到收获的季节怎么能体验到丰收的喜悦呢?我很赞同你能在辅导员这条路上走到底,真正体验到辅导员工作的美好。

当然,想当好辅导员仅凭勇气和志气是不够的,还需要智慧,这里最重要的是要有理论素养,而具有理论素养的前提是要有丰富的理论知识,这就要学习。特别应当看到,现在我们对辅导员的选聘主要还是从学生管理方面考虑的,还没有从辅导员工作的属性上考虑。因此一些辅导员存在着“本领恐慌”的问题。为什么学生中出现那么多的舆情和思想困惑，一个重要的原因是我们不能及时为学生解疑释惑，我们对学生的有些回答还显得苍白。辅导员一定要把学习当成使命和责任，要好学乐学。有的辅导员总借口工作忙，因而忽视学习。我以为，学习就像谈恋爱一样，你恨他有一万个理由，你爱他也有一万个理由。辅导员要改变研究生阶段的学习思维，总希望有整块的时间用于学习，这已经不可能了，要充分地利用碎片化的时间。学习需要"慢火炖豆腐"。"不积跬步，无以至千里。"坚持数年，必有好处。科研是"溢"出来的，不是"挤"出来的；是我有话说，不是我找话说。

这两天我就把我签名的一本书邮寄给你做纪念。飞机着陆了，就聊到这里。

祝一切都好！

不能自己看不起自己

2024-07-03

曲老师,您好!

我是××大学辅导员××。我很崇拜您,好多年没有听到如此醍醐灌顶、触动内心的课了,150分钟的讲座,您一直站着,为了我们您身体力行,言传身教。向您学习,向您致敬!

××,你好!

谢谢你的认同!我们共勉!

辅导员工作极为重要,辅导员队伍不仅要源源不断地吸纳新人,更要职业化、专业化、专家化,具有高素质人才。不断努力,提升自己,为党育人、为国育才,着力培养更多让党放心、爱国奉献、担当民族复兴重任的时代新人,这就是我们辅导员的价值所在。辅导员怎么能自己看不起自己呢?怎么能说自己没有用呢?不管别人怎样看我们,我们都要有志气、骨气、底气,切实担负起使命和责任,在服务学生中实现我们人生的最大价值。

告诉我你的详细地址,我签名、邮寄一本我的书给你做纪念。

祝好!

一定要公正公平地建设班级干部队伍

2024-07-04

曲老师,您好!

今天听了您的讲座,为入职不久的我提供了很多宝贵的指引,也解答了我对辅导员一职意义的疑惑。在这里我想请教一下曲老师:遇到凝聚力差、不愿意配合辅导员工作的班级,辅导员该怎么进行管理呢?您有什么建议吗?

××,你好!

这里关键是你怎样建设班级干部队伍。一定要公平公正地建设班级干部队伍,既然当上了干部,就要让他们“在其位、谋其政”,不能像花瓶一样摆在那里。一个班级那么多干部,一个干部带几个同学就会带动整个班级。对于普通学生,也要培养他们的集体观念,对于必须参加的集体活动要求学生必须参加,不参加就要有说法。比如,有各项评比奖惩要兑现;再比如,对于不配合的学生,在其鉴定表中写上不能积极参加集体活动,这样学生就会在乎了。

曲老师,您好!

刚才听了老师您生动的讲座,我深感敬佩,也深受鼓舞。曲老师的故事和精神,让我认识到坚持和奉献的力量。我感悟您的故事并反省自己,衷心感谢老师的精彩分享,您的教诲我会铭记在心,努力践行。谢谢曲

老师！

××，你好！

谢谢你的认同！

看问题、做事情，一定要有格局、有境界。为自己想，处处是困难；为学生想，事事有着落。有的辅导员就是站立的平台高度不够，被遮挡了双眼。登高望远，才有格局，才不会囿于自我的狭小天地，才会朝气蓬勃地投身到学生工作当中。

曲老师，您好！

今天太有收获了，听了您的报告，感觉我的思想被洗礼了，至少思想信念更加坚定了。这几天正好是我校毕业生答辩，一直以来我都觉得自己的学习过程是励志的，都是以自己为榜样去引导学生，但效果确实不好。我今天有点感悟，回去好好消化一下，以后还要向曲老师多学习和请教！

××，你好！

谢谢你的认同！思想政治教育要以理服人、以情感人，把道理讲透，把爱意写满。没有不愿意接受教育的学生，只是我们要给予学生真正的教育，春风化雨、润物无声。

一切行为都是思想导致的结果

2024-07-05

曲老师，您好！

我是××大学辅导员××，今天上午有幸聆听了您的教诲，感触很深。

我是2023年才入职的辅导员。我经常思考这份工作的责任和使命，深感自己育人工作责任重大。愿以您为指路明灯，引导自己越走越远，做好孩子们的思政工作。

××，你好！

谢谢你的认同！

辅导员工作就是为党育人、为国育才。什么重视不重视，关键在于我们自己重视不重视。自己没有坚定的信念，一心想离开这支队伍，怎么能不找理由呢？又怎么会用心做好辅导员工作呢？一些辅导员在谈到辅导员工作时，都是从自身的利益出发，没有跳出小圈子，因此就没有格局，就这个难、那个难的。应聘的时候怎么就不感觉难了？那时都是从党和国家需要人才来说的，说的是字面文章，到了实际中，就患得患失了，开始为自己说话了。马克思不是因为别人重视才创立马克思主义的，这是一种信仰、一种追求。当他们做出这样选择的时候，他们知道自己就彻底地告别了高官厚禄、荣华富贵，他们要实现的是“面对我们的骨灰，高尚的人们将洒下热泪”。说到根本，你是一个什么样的人，是由你想成为一个什么样的人决定的。

我42年前做了辅导员,是因为别人重视吗?从某种意义上讲,正是别人不重视,我才重视。辅导员工作多重要啊!42年前我在我的入党申请书中写到,辅导员工作就是培养学生的"向党力"。我志愿加入中国共产党,我把辅导员工作看成对党的事业忠诚的体现,看成对人民幸福关切的体现。我从来没觉得自己得到的少了,先辈们流的是血,我们只是流点汗而已,先烈们得到了什么?我们都在争着"双重晋级","诚于中,行于外",关键在于我们的内心世界到底是怎么想的,是"小我"战胜了"大我",还是"大我"战胜了"小我",一切行为都是思想导致的结果。

成功从来都属于坚持不懈的人

2024-07-08

曲老师,您好!

我是××学院的××,今天向您自荐案例的后辈。听了您的讲座,我受益匪浅,像是给我再次打了一针思想强心剂。今年是我辅导员生涯的第十一年,其中7年在××大学当劳务派遣制辅导员,为此我还深深苦恼过、痛苦过自己的身份问题。但是当我跟着丈夫从太原搬家到重庆的时候,面临再择业,我依然义无反顾地报考了现在单位的辅导员岗位,因为我割舍不掉对这个工作的热爱。当我坐在面试现场流利地回答问题的时候,我非常感谢自己没有一刻因为非编身份而自暴自弃。2023年我拿到了重庆市辅导员素质能力大赛一等奖,我大哭了一场,这个奖对我来说肯定远大于荣誉,这证明我10年来一直坚持的一线辅导员工作是对的,只有扎实的日常工作才能在赛场平稳应对。再次感谢您的倾情分享,我会继续坚守在学生工作阵地并当好"护花使者"。

××,你好!

成功从来都属于坚持不懈的人。你很优秀,希望保持下去。

现在有的辅导员囿于自身的编制问题,不安心工作。其实这不应当成为放弃辅导员工作的理由。公办、民办都是党办,有编制、没编制都是在为党育人、为国育才。许多道德模范、"时代楷模"、"最美奋斗者"都没有事业编制,但是这并没有影响他们成为伟大的人。做工作最为重要的是要扎实，既然做了辅导员就要全身心地陪伴学生，只要有能力、有责任、有担当、有付出，在哪里都可以做出成绩。

告诉我你的详细地址，我把我写的一本书签名、邮寄给你做纪念。

祝一切都好！

辅导员工作一定要扎实

2024-07-10

曲老师,您好!

今天在会议室看到您的名字,知道您来做专题辅导,我心里非常激动。我非常敬佩您,因为一个月前在辽宁听过您的专题辅导,而且有幸看过以您为原型的舞台剧,受益匪浅。一直想邀请您到我校做专题辅导,但考虑到一是路途比较远,二是怕您会有高原反应,所以一直没有实现。但是没想到今天见到了您,心里格外激动。整场讲座对我校辅导员、教育工作者的心灵触动都很大,特别是对今后如何开展学生管理服务工作起到了至关重要的作用。辅导员岗位神圣无比,您的讲座教会了我们如何去理解这个岗位,如何用心担当这份责任。非常感谢您在百忙之中抽出时间到西藏,到西藏××学院做专题辅导。如果以后有时间来西藏,诚挚邀请您到我校指导工作。祝您身体健康!扎西德勒!

××,你好!

谢谢你的认同!

辅导员工作一定要做扎实。昨天与你们交流时谈到了一站式服务。我去过很多高校,谈到一站式服务,大家主要集中在为学生提供事务性服务方面,学生不用出大厅就可以办理各种事务。一站式服务的确为学生的事务办理提供了便捷。但问题是一站式服务的出发点和落脚点到底在哪里?如果仅仅是为了学生办理事务方便,投入这么大的人力、物力,有没有必要？现在学生够懒了，有的都依赖外卖了，能不能让他们“走两步”？“一站式服务”一定要体现为学生思想政治教育服务的及时性和便捷性。思想政治教育要进公寓，更要进寝室，要了解学生在寝室的行为表现。常来大厅的学生一般不会出事，出事的往往是从不来大厅的。思想政治教育要脚踏实地，对寝室来说，就是要加强寝室文化建设，千万不能只图大厅的“热热闹闹”，留下了寝室的“孤单寂寞”。

你们在西藏高校做学生思想政治教育工作任务更重些，也更辛苦些，由此更加凸显了你们的担当，向你们学习、致敬！我答应给你们每人赠送一本我写的书做纪念，就不单独给你邮寄了。我安排好了，这两天就邮寄过去。

不知我以后有没有机会去你们学校。我跟你们书记说了，我会争取通过线上和线下的方式多与你们联系，为你们学校的学生思想政治教育尽我的一点力量。大连有事就联系我。

飞机着陆了，先聊到这里。

扎西德勒！

事业是干出来的

2024-07-12

曲老师,您好!

我冒昧地添加您微信,打扰您了。今天值班时处理一下学生之间发生的小冲突,直到现在入住学生宿舍才给您发消息。

我是今天听您讲座的受益者××。今天您在讲座里说的每一句话似乎都有背后的故事,引导我重新去认识、打破和塑造自己。

您说“对我来说,没有时间浪费”“人生没有重来,有多少时间让你左右摇摆?”振聋发聩!我是重庆人,2013年到2016年在××大学读研,毕业后通过公招回到母校成为一名辅导员。弹指8年,我一直希望做一名好老师,但我不知道自己有没有做成一名好老师。在孩子8个多月的时候我就离开了家。如今孩子4岁了,我从来没陪他过过一个生日,没陪他参加过任何活动。8年,我总在反省自己有没有浪费时间?我似乎很忙,沉溺于学生的琐事,还不知道对学生有没有用。我算是运气很好的老师,还比较受学生欢迎,但我总觉得自己离好老师差得太远。不知道自己在这个岗位坚守值不值得,下一步究竟应该怎么做?我想既然已经不能陪伴自己的孩子,总得陪伴好别人的孩子。谢谢您!

您说“是锁,就有打开的钥匙”,我之前不确定,总疑惑,觉得学生都是好的,但总有个别学生反复违规违纪、学业永远不佳……我用尽全力却无能为力。在真正的案例面前那把“钥匙”总是没找好,通过您今天的讲座,我相信“是锁,就有打开的钥匙”,没打开是因为我还没找到。

您说“自己教育自己”,这是我今天感到最震撼的地方:您 67 岁了,近半个世纪的教龄,在海拔近 3700 米的地方,您每一分钟都站着讲,PPT 上的每一句的引用都烂熟于心、脱口而出、倒背如流。

您说“科研是‘溢’出来的,是我有话说”,但我好像规划不好时间,总感觉没时间,反而从“有话说”变成“要我说话”。

您说“做好学生干部教育引领,干部一定要得力”。但是我当了 8 年辅导员,总是不能很好地运用和锻炼学生干部,所以总是忙忙碌碌,又似乎一事无成。

您说“我买 100 万的车,学生就少了 80 万”!厚德永远载物且载人。向您看齐,虽然成不了您,但是我希望自己能做一个好辅导员,做一名对学生有益的辅导员。

您说“形成家校合力”,您家访的足迹遍布 20 多个省市。我看到了差距,找到了方向,谢谢您!

您说“以情感人,强身健体”。我才知道为什么您能在 67 岁甚至将来更高龄时站在世界海拔最高的××大学,为我们讲如何成为大学生人生成长的指导者和引路人。

我一直关注您的公众号“仍然在路上”,直到今天才从您口中知道,它的上半句是“鞠躬尽瘁,死而后已”。

谢谢您,是您令我意志坚定,像受您影响的那么多辅导员一样,我仍然在路上。我会努力做一名对学生有用的辅导员,坚定不移地走下去!

因为激动,话有点多,但是真的很感谢您。

××,你好!

你谈了这么多,你是真听进去了,这让我很感动。每次与辅导员交流后,都会有辅导员谈他们的体会,而你是谈得比较多的,这也是我愿意与大家交流的一个原因。辅导员工作是党的事业的重要组成部分,需要一支高素质、职业化、专业化的队伍。现在很多辅导员并不安心自己的工作,这里虽然有客观的原因,但是说明我们还缺乏有效的辅导员职业化、专业化制度设计,当然也有辅导员自身的原因,一些辅导员还没有把自己的人生追求定位在“为党育人、为国育才”上,没有认识到自己的一生到底应当追求什么。我是希望通过与大家的交流能够使辅导员发挥好主观能动性。事业是干出来的,不是被重视出来的。我 42 年前毕业后做了辅导员,那时辅导员哪有今天这样的发展环境?“其实世上本没有路,走的人多了,也便成了路。”我老了,我能够影响一个人就影响一个人,这是党的事业的需要。

42年前我在入党转正申请书中就写道:总之,辅导员工作是一项于细微处见精神的工作,这种精神就是把党的关怀贯穿在他们成长的方方面面,使他们产生一种“向党力”。我从此没动摇过。我觉得辅导员工作意义重大、使命光荣,值得一生拥有。一些辅导员缺乏这种坚定性,干着干着就想离开(有的是不情愿、不得已做了辅导员,从入职时就想离开),说到底是没有找准人生定位。辅导员这条路能走通,只是需要勇气和坚持罢了。人生做不成几件事,有的辅导员摇摆不定,到头来能做成什么事呢?

辅导员是大学生人生成长的指导者和引路人,一定要把价值引领放在首位。如果人生的方向错了,知识再多、能力再强也没有意义了。现在有些辅导员“本领恐慌”,还做不到及时为学生解疑释惑,因而学生就绕着他走,他也不敢直面学生。这就要抓紧时间学习。有的辅导员总是借口忙而忽视学习。学习是一种责任和追求。有些辅导员也重视学习,这里的学习主要是从评职称需要出发的,不能围绕学生、关照学生、服务学生,也显得着急。科研是“溢”出来的,不是“挤”出来的,是我有话说,不是我找话说,科研需要积累。

要相信教育的力量。没有不愿意接受教育的学生,只是我们要知道应当怎样教育他们。“只要功夫深,铁杵磨成针。”真正的教育一定会使学生在原有的台阶上再上一个台阶。不然还要学校干什么?还要我们辅导员干什么?

人一定要自己教育自己。社会并不完美,真善美与假恶丑并存,关键在于我们能够发现和追求什么。要向“高大上”看齐。黄大年揣着药片工作,就怕领导知道,因为领导知道了就会让他看病治疗。黄大年就一个愿望,要使中国的地探技术超越美国。他做到了,为此献出了生命。“振兴中华,乃我辈职责”,黄大年大学毕业时就立下如此誓言!还有出现在我们身边的许多辅导员最美人物,他们都是学习的榜样,辅导员要用榜样教育自己、对照自己,他们能做到这样,我们应当怎样做?

教育需要家校合力。不能等学生出了事,我们才联系家长。家访只是家校合力的一种形式。有的辅导员说学生不让去家访,但是愿意接受家访的学生家你都去了吗？有的辅导员说没有经济条件，但是学校所在地、学校周边地区的学生家你都去了吗？家访还可以顺访，辅导员放假回家的时候也可以到学生家看看，你去看了吗？关键要有家校合力育人的意识。可以将受到表彰学生的证书复印件邮寄给学生家长单位和学生家里，也是形成家校合力育人的好方法。

有些辅导员工作忙碌，与学生干部不得力有关。要公平公正地选拔学生干部，要严格要求他们，让他们言行一致，起表率作用。

思想政治教育要有情感，要力所能及地帮助学生。我刚做辅导员的时候，经济条件也不好。学生病了只能跟着着急，能做好的也就是买点水果看望一下，拿不出钱。现在条件好了，我可以为学生做更多的事情。我用我的部分收入建立了“励志基金”，其宗旨是“你为祖国服务，我为你服务”，为的就是激励更多的学生为实现中国梦而奋斗！车就是代步工具，20 万的车和 100 万的车，在我看来起的作用是一样的，把钱用到培养学生上多有意义。昨天我说把报告费给你们学校的孤儿学生过中秋节（今天在农牧学院做报告我也会这样），就是希望辅导员们要带着情感做工作，把爱融入思想政治教育全过程。

西藏是我十分向往的地方。当年大学毕业时我就申请来西藏当老师，因为毕业时没有计划，未能如愿。这次来西藏我主要是想去巴青看看闫沛兴。但非常遗憾，因为连天有雨，道路有险情，加上我年龄大，那曲那边坚决不送我去，我的这个愿望便没有实现。我做报告都是站着，以我这样的年龄站在海拔最高的大学做报告还是第一次。我又经历了一次挑战，我交上了一份合格的答卷。

一辈子只做一件事：做大学生人生成长的指导者和引路人，是我一生的追求。我现在还没有退休，退休了我也会继续做大学生思想政治教育工作。我的公众号名字为“仍然在路上”，我的宣言是“鞠躬尽瘁、死而后已”。

你很有情怀，也很投入，扎扎实实地走好每一步，做好大学生人生成长的指导者和引路人。一生即便一无所有，有学生便有了一切！

告诉我你的详细地址，我把我写的书签名、邮寄给你做纪念。

祝好！

谢谢曲老师！

您在百忙之中还发数以千计的回复,我好像再次重温了您昨天的讲座。谢谢您,向您学习。

我的地址是:××××××××。

谢谢曲老师:令公桃李满天下,何用堂前更种花!

曲老师您忙,不用给我回复了。

辅导员工作没有什么不好

2024-07-15

曲老师,您好!

您今天早上的讲座非常精彩,也很感人,我都情不自禁地流下了眼泪,非常感谢您!

我在辅导员岗位工作了15年,当然这期间我脱产去攻读了博士学位。说实话,当时去读博就是为了转岗当老师(有点惭愧),但是博士毕业后由于各种原因我未能如愿转岗,所以一直在辅导员岗位“挣扎”,也是一直处于怨天尤人的状态,但是今天听了您的讲座,我似乎看到了我的初心。我感慨万千,非常感谢您,在我无助与糊涂的时候,让我看清了自己的内心。当然,从之前的挣扎、埋怨到新的开始还需要我自己再沉淀、再思考。总之,谢谢曲老师今天带来的精彩讲座。

××,你好!

你能读完博士真是不容易!这需要强大的动力支持。你的动力是什么?你很实在,动力来自要离开辅导员队伍。现在很多辅导员博士离开了辅导员队伍,有其客观的原因,如马克思主义学院缺编,更有其主观的原因——当初读博士就是想离开辅导员队伍。所以,有的辅导员说读博士是为了更好地做好辅导员工作,我说要是把读博的劲头用到辅导员工作上就不用读博了。

“既来之,则安之。”辅导员工作没什么不好,在陪伴学生、服务祖国中

实现我们人生的价值。人生的定位很重要,关键看自己想得到什么。我常讲,辅导员“双重晋级”了,结果学生落下了,这真的值得吗?人要想到自己的老年,等你老了的时候,职称能给你倒杯水,还是级别能给你送片药?有了学生就不会孤单,有了学生就有了一切!

实现中国梦需要培养更多让党放心、爱国奉献、堪当民族复兴重任的时代新人。这是辅导员神圣的使命和责任,这是伟大的事业。“待到山花烂漫时,她在丛中笑。”想一想中国梦实现的时候,有我们的贡献,岂不感到无比自豪与光荣!人的伟大和学历一点关系都没有。辅导员不会影响人生价值的实现。

把辅导员工作看成最高深的学问。要带着问题意识工作。你都工作15年了,安下心来,不要再左右摇摆,把学生陪伴好,学生的发展就是你学问的体现。

告诉我你的详细地址,我签名、邮寄一本我的书给你做纪念。大连有事就联系我。

不要总想走别人的路

2024-07-16

曲老师,您好!

我是××大学的辅导员××。刚才听了您的讲座,感受颇丰、受益良多,我要向您学习,失意的时候为自己加油鼓劲,得意的时候不以物喜。感谢曲老师的授课,我会继续努力深耕辅导员工作。

××,你好!

谢谢你的认同!辅导员工作意义重大,尤其在你们××大学做辅导员工作,又具有特殊的意义。民族团结至关重要,而西藏高校的思想政治教育如何,直接关系到我们培养的人是否能够为民族团结贡献力量。辅导员要安下心来,踏踏实实地把学生陪伴好。人这一生做不成太多事,把学生引领好就可以了。

告诉我你的详细地址,我把我写的一本书签名、邮寄给你做纪念。

曲老师,您好!

我是××大学软件学院的辅导员××。今天已经是第二次聆听您的报告了。您是我们这支队伍的前辈,是我们的楷模,向您学习,向您致敬!到今天我从事辅导员工作整整20年了。我做了17年本科辅导员、3年研究生辅导员。这20年中工作压力、生活压力都让我动摇过,最初我也问过自己为什么、怎么办,但就是像您这样的榜样给我在黑暗中提供了光明指引，我才没有放弃。特别感谢在这特殊的日子，再次获取到宝贵的“精神食粮”，给了我在辅导员岗位做下去并做好的信心和底气！再次感谢您！也欢迎您到济南做客，有机会我会当面向您请教。

××，你好！

这两天忙，没有及时回复你，抱歉。

你做了20年辅导员，经历了什么我能想象到。面对压力，你动摇过，但是你没有放弃，你走了过来。我常跟辅导员们讲，人生就是挑战，不要总想走别人的路。走自己的路，让别人跟着我们走。你在辅导员这条路上已走了20年，把它坚持下去，走到底。这条路能走通，这条路值得走。

告诉我你的详细地址，我签名、邮寄一本我的书给你做纪念。

祝好！

把辅导员工作当成学问来做

2024-07-17

曲老师,您好!

我是××大学机械工程学院辅导员××。今天我听完您的报告后有很多感触和启发。我于2023年通过保研成为一名辅导员,当教师一直是我的一个梦想,您的报告又让我再一次坚定了未来在辅导员岗位深耕的决心!之后我会向您多学习!

××,你好!

我这些天比较忙,没有及时回复你,请见谅!

现在一些研究生做了兼职辅导员,有的毕业时选择了做辅导员,有的选择了其他。其实做辅导员也挺好的,陪伴学生,这也是学问。

我大学毕业留校做了辅导员。我学习成绩挺好,有的老师就劝我上专业课,做学问,他们认为做辅导员没有出息。我觉得辅导员工作就是学问。帮助学生树立正确的价值观很值得,今天我也是这样认为的。我无怨无悔地从事了42年大学生思想政治教育工作。从现在开始你就要明确自己的定位,把辅导员工作当成学问来做,这样你才会安心做辅导员工作,才会做出真学问。

告诉我你的详细地址,我签名、邮寄一本我的书给你做纪念。

祝好!

曲老师,您好!

非常感谢曲老师,虽然我一直在阅读您的书籍,阅读您的公众号文章,但今天有幸现场聆听您的讲座,我还是特别激动,您的思想、精神、情怀都是我学习和进取的力量。

××,你好!

我这两天比较忙,没有及时回复你。谢谢你对我公众号的关注,谢谢你的认同!

思想政治教育需要情怀,更需要爱自己的学生,厌烦学生是做不好学生思想政治教育工作的。辅导员尤其要有政治意识。我们追求的不是就业率,而是择业观。教育关乎党之大计、国之大计。

我们共勉!

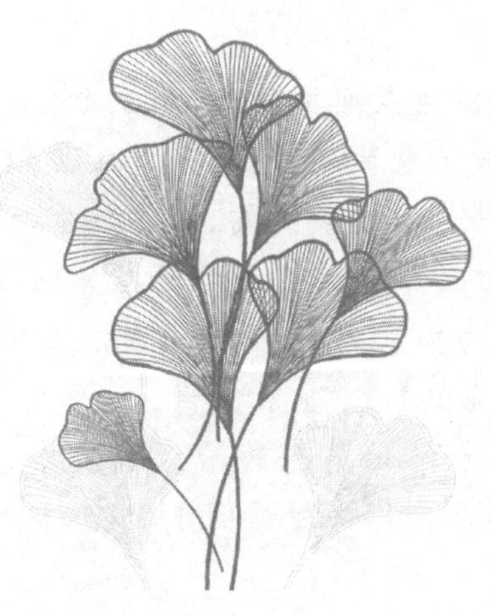

以学生为中心

2024-07-18

曲老师,您好!

我是××职业学院的辅导员××。今天当面聆听您的讲座,给我的内心带来极大的触动,尤其是您讲到去学生家进行家访,长途跋涉到达学生家中,学生家长的反应,学生所受到的激励,以及后续这名学生的成功,都证明了家访是一条非常有效的学生思想价值引领的重要途径。您提到的要引导学生孝敬父母、爱党爱国、报效国家,这些不是空谈,而是告诉同学们应该怎么做,应该将什么作为首要的追求,这些都是我应该向您学习的!

"科研是表达的需要,而不是生硬的编造""与同学们相处,谈心谈话,真正关心学生的成长发展",等等,这些都是课题或专著的素材来源,这些话都对我有很大的启发。一方面我们要真正地关爱学生,好好工作;另一方面也只有这样才能够写出真正有用的东西!

去年暑假我跟学生们一起去做"三下乡"活动,我们拜访了济宁当地的王老先生。他今年80多岁了,退休之前一直是站在讲台上讲授物理学知识,退休以后就用抖音等平台继续讲授他热爱的电工知识,2022年他被评为"中国银发知播"。关于名和利,他也阐述了自己的观点,只管做好自己喜爱的事情,坚持在一个领域取得一定的成绩,先让自己感到满意,名和利都是成绩之外的东西!曲教授,您一生热爱辅导员工作,舍去功名利禄,帮助的学生无数,令人敬佩!我要向您学习!

我们每年都听很多讲座，也邀请过来很多专家。但是像您这样说心里话、说真话的专家不多！谢谢您，辅导员前辈，辅导员老大哥！

××，你好！

我这些天忙来忙去的忘了及时回复你，抱歉！

辅导员工作要形成合力，家校合力就很重要，千万不能等学生出了问题，学校再联系家长，那样家长很难与我们配合。到学生家家访只是家校合力的一种形式。到学生家家访，不仅可以更多地了解学生的情况，还可以增强辅导员工作的责任感。我42年前去过一个学生家，临走的时候家长拽着我的衣袖说了一句话："孩子交给你了。"我当时26岁。孩子交给我了，我能不能对得起家长的期盼。我迈着沉甸甸的步子离开了学生的家。可以说我带着这种责任工作了一辈子，不论在什么岗位上，我都要求我一定以学生为中心，把学生陪伴好。

因为辅导员可以评职称，现在辅导员对科研还是比较重视的。但是一些辅导员太着急，总希望立马拿到国家课题、发表C刊文章。科研是"溢"出来的，不是"挤"出来的；是我有话说，不是我找话说。我的第一个国家级课题是工作17年后获批的；我的第一篇国家级论文是工作14年后发表的。辅导员要学会积累，每天带着问题意识工作，将一个一个问题解决，再把这些问题进行梳理，进行学理阐释，就是好的文章，积累多了就是专著。

现在实行"双重晋级"，这是好事，但这是领导的事。辅导员要淡泊名利，不争而得。名利心重，就不会想学生的事了。评职称早一年、晚一年没有什么了不得。千万别职称、级别上去了，把学生落下了，这不值得。

飞机着陆了，就聊到这里。告诉我你的详细地址，我签名、邮寄一本我的书给你做纪念。

祝一切都好！

曲教授，我此刻真的非常感动，谢谢您这么耐心地给予我指导，我一定将您的谆谆教诲铭记于心、实践于行！

能收到您亲笔签名的著作，我实在是荣幸之至，我想更重要的是将您书中的育人理念和思想吸收并落实到工作中。我的地址是：××××××××。

如果可以的话，您也发个地址给我吧，我以后以书信形式向您汇报工作、请教经验。

再次感谢您，曲教授！

想想那些不如我们的人

2024-07-19

曲老师,您好!

我是××大学的辅导员××。您辛苦了,一直站着为我们分享您的宝贵经历!很感谢!

作为一名工作了5年的辅导员,我更换了两个工作单位,从大专到本科,从合同制到有了编制,我一直从事分院的学生工作。听了您的报告,我对自己从事的工作有了一些新思考。

我是2023年年末来到××大学的,和您一样,我觉得做学生工作是幸福的,但能像您一样坚持走下去的人并不多。因为我为考编制迷茫过,为评职称苦恼过,也曾因学生的不理解而伤心过,所以我很佩服您,能够把辅导员做成了事业而不是工作!向您学习!

听到您说您陪爱人的时间不多,我心头一酸,是啊,只有真正做学生工作的人才能懂得这辛酸。辛苦您了!再次向您表示感谢,向您致敬!

××,你好!

谢谢你的认同。

不只是做辅导员工作有烦恼,做什么工作都有烦恼,关键是你怎么看。都被人理解?怎么可能呢?烦恼都是自找的,什么编制问题、职称问题、级别问题,看开了就好了。人生也是陶冶情操、修炼品性的过程,把物质利益看重了,烦恼就躲不掉了。凡事看开些,想想那些不如我们的人,做一名辅导员真是挺好的，在服务学生中彰显了我们的人生价值。我始终抱着知足的心态来工作，总觉得应当为学生做得更多、更好。学生的幸福就是我的幸福。

我能有今天确实应当感谢我的爱人，没有她的理解和支持是不可能做到的。我60岁的时候就开始弥补，我会尽量多地陪伴她。

告诉我你的详细地址，我签名、邮寄一本我写的书给你做纪念。

祝你一切都好！

谢谢曲老师的开导！

我这会儿忙完单位的事刚到家，还没上楼，回到家就被3岁可爱的女儿缠身，做不得别的。

一代人有一代人的不易，我在听您报告的时候还在思考，年轻人不为物质而烦恼，是何等不易，房贷、车贷、孩子的教育、老人的身体、工作的进步……压力好像把自己都搞扭曲了。随着年龄的增长，感受幸福的机会和时间越来越少了。

听了您的话，我感受颇深！学会知足，看看生活、工作、身体、家庭不如自己的人，好好珍惜当下才是我最应该做的。

挺起身板，继续前行，家里、单位都需要生龙活虎、朝气蓬勃的中年力量，我会继续加油的！

再次感谢曲老师的教诲，也祝您和您的爱人身体健康！您多保重身体，别太操劳了，要对自己好一点，一定要身体健康！我们需要您！

尽快熟悉学生

2024-07-22

曲老师,您好!

我是××大学××学院团委书记××。曲老师,西藏之行如何?想向您取经怎么带好学生。

××,你好!

这是我第四次去西藏。这次去西藏原本是想到巴青县看我的一个学生。他硕士毕业后主动到了这里,要"植大木以立长天,处江湖以忧国民",为民族团结贡献力量。他很有理想和抱负,我也很佩服他。可是遗憾的是我在的那两天那曲到巴青的公路出现了泥石流,再加上要翻过一座5000多米的高山。我事先联系的一个司机为我的安全考虑,不送我去了,这样我去巴青的愿望便没有实现,给我这次西藏之行留下了很大的遗憾。不过我顺便考察了西藏大学、西藏藏医药大学、西藏农牧学院这三所西藏本科高校,与大家进行了交流,也算有些收获。

怎样带好学生?这个题目很大,几句话说不清楚。简单说来,一是要尽快了解、熟悉学生,知道他们在想什么,分轻重缓急与学生进行交流;二是尽快建设好学生干部队伍,让他们真正成为辅导员的左膀右臂;三是让学生守规矩,有法治思维。要让学生熟知校规校纪,对于违反者要严肃处理;四是抓好寝室文化建设,尤其要让每个学生都懂得尊重别人,绝不允许把个人利益的满足建立在损害他人的利益之上;五是要有情感,关心学生的生活,力所能及地帮助学生。

带好学生还需要我们有专业知识,起到价值引领的作用,还需要率先垂范……总之,用心、用情、用力,就会把学生带好。

告诉我你的详细地址,我签名、邮寄一本我写的书给你做纪念。

祝一切都好!

谢谢曲老师!

您真的是很用心在带学生,我由衷钦佩您。我会按照您的指引用心去做,带好学生,感谢您的指导!

先使自己明明白白

2024-07-23

曲老师,您好!

我是××大学××学院的辅导员××。今天非常有幸聆听了您的讲座,您在工作中真正做到了读万卷书、行万里路、育万千学子,您做学生工作的情怀、思考和成就都达到了我们难以企及的高度,让我非常敬佩和感动!今天也终于有机会向您当面请教,虽然时间不长,但是您的见解瞬间拓宽了我的视野,打开了我的格局,启发我有了更深的思考。今天您的行程很紧,我还想向您多多请教,以后再跟您电话联系或者微信联系,请您不吝赐教。

目前,我的教育部人文社科辅导员研究项目的主题是"学习型大国建设背景下高校辅导员核心素养培育路径研究",接下来我会仔细阅读您的公众号文章,进行梳理和思考,再向您请教。再次感谢您的指导,祝您工作顺利、身体健康!

××,你好!

"不畏浮云遮望眼,自缘身在最高层",要想使学生清清楚楚,就要先使自己明明白白。现在一些学生不愿听辅导员的话,跟辅导员的见识有一定关系。辅导员不能将马克思主义与优秀传统文化结合起来,知道的少、看到的少,思考的就少,真知灼见就少。我常告诉我的学生:一定要读书、走路、做人。要读有字的书,也要读无字的书。视野宽了,心胸就开阔了,谈论问题就不会总围绕自己这个小圈子。很多事不是做不到,而是我们从来也没想那样做。我们与那些伟大人物的差别就在于当我们还在想能不能做的时候,他们已经做了,或者说他们已经做了很多,或者已经做完了。

谢谢你的认同！我们共勉！

祝一切都好！

非常感谢您的回复,辅导员的格局应该也是见自己、见天地、见众生,就像您说的:我们需要跳出“小我”,融入“大我”,让思想定下来,让内心静下来、让工作沉下来,才能走下去、走得远,成就学生也成就自己。今天您的话语让我拨开迷雾见月明,接下来我需要学习和努力的地方还很多,我会继续前行的。再次感谢您！

一定避免高谈阔论

2024-07-24

曲老师,您好!

我是××大学的辅导员××。非常激动能来听您的讲座!

求学期间我也曾感到迷茫,走了很多弯路才确定了职业目标。回顾高考、考研的专业选择,我考虑了就业机会、发展前景、社会环境等很多因素,却没有考虑自己的职业兴趣和能力倾向。这就导致自己虽然始终在努力,却总是缺少前行的航标灯。

读研后,遇到一位老师,和他多次交流后,我逐渐找到了人生方向,选择成为一名辅导员。一次偶然的机会听了您的线上演讲,很受触动,那句“大学生朋友们,不要只为他人鼓掌,也要为自己点赞”一直激励着我努力前行,最终我如愿成为一名辅导员。

这段探索的经历让我深刻地体会到职业生涯规划的重要性。这也是我工作后深耕的方向,希望可以帮助更多的学生择己所适、达己所长,走出与众不同的人生路。

入职后,我看到办公室的书架上放着《我与辅导员的交流》和《我与大学生朋友们的交流》两本书,才了解到您曾经来我们学校做过演讲,非常可惜我没能赶上,这次终于弥补了遗憾。

现在这两本书就放在我的桌旁,我时而拿起看看,组织班会或谈心谈话都有了灵感和切入点。有时担心自己的感染力不足,我就在班会上播放您的视频、朗读您的文章,和同学们一起观看、一起学习,看到同学们脸上流露出认可的表情、敬佩的眼神,我便又多了一份要坚持下去的决心。

今天我再一次被您的情怀点燃。这场讲座让我以更加饱满的状态迎接下面的课程,也让我更加坚定地想要在辅导员这条路上走下去。谢谢您,曲老师!

××,你好!

习近平总书记在北京师范大学与师生座谈时指出:"教师重要,就在于教师的工作是塑造灵魂、塑造生命、塑造人的工作。一个人遇到好老师是人生的幸运,一个学校拥有好老师是学校的光荣,一个民族源源不断涌现一批又一批好老师则是民族的希望。"我们都当过学生,哪个学生不希望能幸运地遇到一名好老师。既然我们当上了辅导员,就要努力成为让学生感到幸运的好老师,不然多让学生瞧不起。我们都是在党旗下宣过誓的人,我们都是志愿成为辅导员的人,千万不能违背了我们的诺言。有的辅导员也是信誓旦旦地加入辅导员队伍,但当上了辅导员以后便这也不对、那也不对了。到底谁不对了?有被别人逼着应聘辅导员的吗?做人不能违背良心,尤其是我们辅导员,是离学生最近的人,也是学生最信任的人,不能让学生失望,一定要尽力为学生服务好,尽量少想自己的利益,在为学生服务中实现我们人生的价值。

我去过你们学校。我的书都是从围绕学生、关照学生、服务学生出发来写的,回答了大学生读大学所遇到的一系列问题,这些都是我个人的实践和思考。现在很多辅导员也有写论文的兴趣,需要注意的是一定要避免高谈阔论,不能只为了评职称而写论文,要确实解决学生成长中遇到的问题。

谢谢你对我的认同!辅导员这条路能走通,只是需要坚持不懈,走着走着就不走了,自然就不通了。希望你能坚定地走下去。告诉我你的详细地址,我把我新出版的书签名、邮寄给你做纪念(邮寄两本,其中给你和学工部部长各一本,你替我带给他)。

祝一切都好!

感谢曲老师！

非常敬佩像您这样的人。您的嘱托我会牢牢记在心上，时常在工作中拿出来拷问自己，督促自己不忘初心、牢记使命！

我的地址是：××××××××。

要处处为学生做榜样

2024-07-25

曲老师,您好!

我是××大学的辅导员××。上午我听了您的讲座感触很多,像您这样用心陪伴学生、坚守初心的辅导员是我们年轻辅导员学习的榜样。我感受特别深的有两点:一是要重视学生思想政治教育,引导他们树立远大理想抱负,树立家国情怀,把“小我”融入祖国发展建设的“大我”中。二是要提高自己的能力。认真思考辅导员这个工作,用爱做好育人这件事。非常感谢您这次近3个小时的报告,报告过程中您也是一直站着,为我们树立了优秀教师的榜样。希望以后有机会多听听您的交流报告。

××,你好!

那么多人应聘一个辅导员工作岗位,竞争太激烈了。既然当上了辅导员,就要珍惜这个岗位,就要兑现曾经许下的诺言,不能让学生失望,也要对得起党性和良知。

辅导员是大学生人生成长的指导者和引路人。指引什么?就是为学生的成长把关定向,这就要帮助学生树立正确的价值观,如果价值观错了,人生的方向就错了。所以,辅导员不能只关注学生的就业率,一定要关注学生的择业观,让学生懂得为什么要有知识,自己的知识应当用到哪里,立志做有理想、敢担当、能吃苦、肯奋斗的新时代好青年,把个人的发展融入国家的发展之中。

现在一些辅导员整天忙于事务性工作。这里有两方面的原因，一是我们的大学制度还不完善，工作界域不是很清晰，有的本来不属于辅导员做的事情也推到了辅导员这里。二是“本领恐慌”。辅导员工作的第一职责就是理论教育和价值引领。而由于我们现在选聘辅导员还主要是基于一种管理，这就使得有些辅导员在学生出现思想问题的时候不能及时地为学生解疑释惑。一些学生出了问题，原因是多方面的，从我们辅导员自身来说，还缺乏真功夫，说服不了学生。辅导员必须加强学习，弥补自身的不足，在大学生人生成长中真正起到人生导师的作用。

辅导员工作是党的事业的重要组成部分。培养什么人、怎样培养人、为谁培养人，这关系到党之大计、国之大计。辅导员必须增强政治意识、大局意识，自觉担当起“为党育人、为国育才”的使命和责任。一些辅导员倦怠、发牢骚，说到底还是格局不够，理想信念不坚定。有格局、有理想信念，就不会得“软骨病”，就会努力地培养更多让党放心、爱国奉献、担当民族复兴重任的时代新人，就会尽最大努力把学生陪伴好。

教育必须要有爱，没有爱就没有教育。有时候不是我们没讲道理，而是我们缺乏爱的情感。思想政治教育不能一味地讲道理，要用爱为理论润色。“亲其师，信其道”，学生信任你了，才会悦纳你的教育。

我做报告从来都是站着讲，一是尊重大家，二是锻炼身体。辅导员一定要注意强身健体。阳不足者多病。我们每天无精打采的，学生怎么会挺胸抬头呢？体育不只是运动，体育折射的是一个人不懈的精神追求。我在大学就很注意锻炼身体。每天都要跑少则几千米，多则上万米。后来我成了万米业余运动员。我有个毕业生当上了教授，他到学校看我时说：“老师在大学就像一匹奔腾的骏马，给了我方向和力量。”做辅导员，要处处为学生树立榜样。

飞机着陆了，就聊到这里。

告诉我你的详细地址，我签名、邮寄一本我的书给你做纪念。

祝一切都好！

感谢曲老师！

曲老师，能够收到您的回复我非常激动，没想到您这么认真回复我的消息，这给予了我莫大的力量。我一定会认真思考，更好地做辅导员，更好地做教育。

我的地址是:×××××××××。期待有机会您能来我们学校为我们做一场精彩的报告,祝您身体健康、万事顺意!

把问题消灭在萌芽状态

2024-07-26

曲老师,您好!

我是××大学辅导员××。今天很荣幸聆听了您的教诲。我好几次眼泪夺眶而出,是感动,也是激动。

跟您一样,我热爱这份职业,当老师是我的梦想和追求。高考填志愿,我填的全部都是师范类院校,也如愿学了汉教专业,虽然大学毕业阴差阳错,没有站到三尺讲台上,但是来到高校教学管理岗位,也算是为教育事业服务,我也踏踏实实干了18年。

2021年学校在校内招聘辅导员,我毫不犹豫地递交了转岗申请,当时我是全校唯一一个申请全职辅导员的,终于圆了自己的梦想。

当时很多人质疑我,说我傻,辅导员工作又忙又累,问我之前干得好好的转岗图什么。我当时是另外一个学院的分工会主席,跟领导、同事相处非常融洽,师生评价都很好,也获得了很多荣誉和奖励。转岗要离开原来的单位,我内心还是很不舍的。但是想到能从事自己热爱的事业,能为国家的教育事业尽一分力量,能跟这么多年轻的生命在一起,为他们领航,我就觉得很值得。

刚转岗时遇到很多困难,又刚好赶上新冠疫情,工作忙碌不堪,但是那时我就像打了强心剂一样兴奋。有人说我三分钟热度。但现在转眼3年了,我依然热情不减,更加庆幸自己当时的决定。

我可能永远做不到像您那么好,但是我会努力做更好的自己。不断学

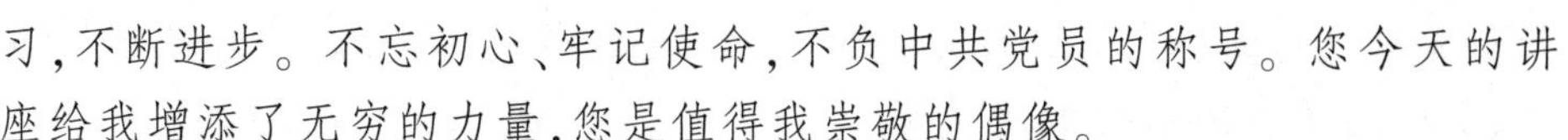

习,不断进步。不忘初心、牢记使命,不负中共党员的称号。您今天的讲座给我增添了无穷的力量,您是值得我崇敬的偶像。

遗憾的是今天没能跟您合影留念。因为会后领导要安排一些任务,临时开了个小会,便错过了机会。祝您身体健康,如果您有机会再到我校来,我一定弥补上这个遗憾。

××,你好!

想当一名教师的心愿,我们是一样的。当年以我高考的成绩可以被录取到其他类高校,但我选择了师范院校。我觉得天底下最好的职业就是教师职业,可以把自己的知识传授给学生,帮助学生树立正确的人生价值观,学生的幸福就是我们的幸福。毕业时我本来申请了去西藏做老师,因为没有计划,我没有去成,被留校做了一名辅导员,我觉得这也好,可以继续做老师,和学生在一起。工作后,我有很多机会,也可以创造机会离开辅导员队伍到机关工作,但我没有。在学校工作就是要和学生在一起。有的同志在学校工作了一辈子,却没有一个自己的学生,这应当是一种遗憾。这些年国家加强了辅导员队伍建设,每年都有在机关工作的同志申请转到辅导员队伍。我认为这就是个人的选择问题。我辞去厅级领导职务回到学校的时候当时多少人不理解,今天都理解啦?不是这么回事。这都是正常的。领导曾关心地问:"这能行吗?"我说:"我是聪明人,不会把自己送到火坑里。"脚长在自己的身上,想往哪里走要听从自己大脑的支配,和别人没有关系。其实在机关也不轻松,只是机关的忙碌和辅导员的忙碌不一样,辅导员除了要处理事务性的工作外还更加累心,尤其是遇到一些有特殊问题的学生,这也是辅导员动不动就想离开的一个重要原因。特殊问题学生的出现也是多方面原因造成的,对辅导员来说思想政治教育要抓早、抓细,把一些问题消灭在萌芽状态中。我理解、认同你!到老了的时候会证明你的选择是对的。你有成为一名教师的思想基础,就一定会把学生放在心上,就必然被学生接受,你对学生的教育引导定会入脑入心。我们还有机会见面的,到时候再合影。大连有事就联系我。告诉我你的详细地址,我签名、邮寄一本我写的书给你做纪念。祝一切都好!

感谢曲老师!

真是没想到您会那么详细地回复我,还送书给我,有您这样的前辈领路,真的是给我的前行加满了油。

我的地址是:××××××××。

注重学生骨干作用的发挥

2024-07-30

尊敬的曲老师,您好!

我是××大学的辅导员××,刚才听了您的讲座,受益颇丰。您讲得有幽默感、有厚度、有质感,娓娓道来,循循善诱,我很感动,也让我充满了力量。细细想来,我所在的土木学院是学校最大的学院,最不缺的就是人,老师最多,学生最多。从学生工作来看,只要把学生调动起来,就可以做成、做好很多事,这也回到了教育的根本,为谁培养人、培养什么人、怎样培养人。我会继续沉下心来,向下扎根,向上学习,向内发力,向外拓展,不断充实完善自己,忠诚、担当、坚持、务实、忍耐、拼搏,做出更多实绩,创造更多价值,不断超越自己,成为更好的自己,陪伴好学生,培养好学生。虽然我不能成为像您一样优秀的楷模,但我会更加努力拉近跟您的距离。感谢您的精彩讲座,学生受教了。

××,你好!

抱歉,我今天回看信息时发现你的这段话,当时忘了回复。

少年强,则国强!少年是祖国的希望和未来。实现中国梦,就是要培养更多让党放心、爱国奉献,堪当民族复兴重任的时代新人。辅导员是大学生人生成长的指导者和引路人,辅导员理应自觉担负起自身的使命和责任。不管别人怎样,如果我们都不愿意教育引导学生,那还有谁愿意?

辅导员要认识到自身的使命和价值。做好辅导员工作就是一名共产

党员对党的事业忠诚的体现,就是一名人民教师对人民幸福关切的体现。

辅导员工作需要扎扎实实地做,容不得形式主义的东西存在,只有“走心”的思想政治教育学生才能喜欢,教育才有效果。

要发挥好学生干部、学生党员的作用,不能让他们像花瓶一样摆放在那里。这就要公平、公正地选拔干部、发展党员。同辈群体的影响最大,只有学生干部、学生党员与我们同心协力,起到带头作用,我们的教育才会不折不扣地影响到每个学生。

谢谢你的认同!我们共勉!

告诉我你的详细地址,我签名、邮寄一本我的书给你做纪念。

祝一切都好!

和学生在一起有什么不好

2024-07-31

曲老师，您好！

我是××职业学院的辅导员××。感谢曲教授，今天聆听您的讲授真是太受益了，这改变了很多我对辅导员工作的不准确认知，我也自愧在这项工作中做得远远不够，甚至偶尔会产生职业倦怠，心生烦闷，想逃离这个岗位。今天您的讲授真是醍醐灌顶，希望以后可以多从您身上汲取力量和知识，在辅导员这条道路上走得越来越远，做得越来越好。也祝您身体健康、一切顺遂！

××，你好！

今天回看微信看到了你的这段话，抱歉，没有及时回复你。

辅导员工作的地位和作用还没有真正被认识到，辅导员工作的外部环境尚需要不断改善，形成强大的合力还需要一个过程，在这种情况下，辅导员自身的主观能动性是非常重要的。

从主观上讲，不是辅导员工作重不重要，是辅导员如何去担当？如何实现人生的价值？相对来说，辅导员工作要忙碌些，可是什么工作不需要努力去做呢？和学生在一起没有什么不好，能为他们的成长做些事情，于党、于祖国、于人民、于自己都是值得的。又怎么会倦怠呢？从某种意义上讲就是想自己的事多了，想学生的事少了。

谢谢你对我的认同！我们共勉！

告诉我你的详细地址，我签名、邮寄一本我的书给你做纪念。

祝好！

要相信教育的力量

2024-08-01

曲老师,您好!

我是××学院大数据与人工智能学院的一名新辅导员,今年刚工作满一年,带的是2023级大一的学生。非常感谢曲老师今天给我们带来的精彩分享。我一直觉得作为一名新人辅导员,拥有最多的就是对工作的热情,做好一名辅导员也是源于对学生工作的热爱和对学生的喜欢,但往往热情会被时间和困难所冲淡。在这一年里,我遇到过各种各样的学生,也遇到过各种各样的难题。遇到调皮、心里有问题的学生,很多时候都让我束手无策,想要解决问题但没有方向,有的时候也觉得自己太过于较真,使自己身心疲惫,也曾有过"要不然就这样吧""不管了"的想法。但是通过这几天的培训,通过各位专家老师还有您讲述的亲身经历,我不仅重拾了学生工作的信心,也更加坚定了自己的工作使命,即为学生服务!哪怕再难、再辛苦我都不怕!

昨天阅读了您写的书,其中有一篇关于《放假不代表休息》的文章让我陷入了思考,不仅是学生,我们辅导员也是如此,之后我也在我的学生群里分享了这一学年我的小小感悟和想对学生说的话。通过这次培训,我也要捡起书本,多读书、读好书,提升自己,这样才能更好地为学生服务!就像您说的,搞好思想政治教育价值引领,从思想上教育学生,思想问题解决了,学生的问题也就解决了,我会真心投入学生的工作中。向您学习!向您致敬!

××,你好!

谢谢你的认同!我对你有印象,昨天做完报告之后我们还合影了呢。

相对学校里其他工作来说,辅导员工作要辛苦些,但若是相对那些工人、农民、战士来说,我们又是轻松的。辅导员再忙,还有寒暑假和那么多的节假日。这就是一个追求的问题。心中有理想,脚下有力量。如果想自己多了,烦恼就多了;如果想学生多了,烦恼就少了。学生在成长期难免有这样或那样一些事情需要我们帮助解决,不要把这些事情都看成麻烦事,正是这些"麻烦"才奏响了我们人生的乐章。

要相信教育的力量。没有不愿意接受教育的学生,只有不会教育的老师。只要进行了教育,每个人都会在原来的台阶再上一个台阶,不然还要教育干什么?只是因为多方面因素的影响,同样的教育在不同的个体身上达到的效果是不一样的,甚至有的学生到了社会上才感受到你当年对他的关爱。

从我们自身来看,有的学生不听辅导员的,与辅导员还缺乏理论知识有关。只有自己清清楚楚,学生才会明明白白,不然学生怎么会花那么多的时间跟辅导员聊天呢?

所以,辅导员一定要加强学习,提升理论水平。辅导员有了理论水平,对问题看得深、看得透、看得准,就会及时为学生解疑释惑,学生就会跟着我们走。一定要多读书。读书不只是工作的需要,也是生活的需要。人生最可靠的"伴侣"就是书籍,养成了读书的习惯,无论你在哪里、无论你处在怎样的境地,书籍都会忠诚地陪伴在你的身边。

告诉我你的详细地址,我再签名、邮寄一本我的书给你做纪念。我们都在大连,你有时间可以到我们学校看看,我请你吃我们学校食堂做的烤鱼,味道很不错。

祝一切都好!

要不断地提升自己

2024-08-02

曲老师,您好!

我是××大学的辅导员××,我是2023年年底刚刚开始做辅导员工作的,很幸运在刚走上辅导员这个岗位的时候,就能听到您的授课。今天上午听完您的讲授,受益匪浅,您课上讲的有些话也直抵我的内心,这些话也将是激励我不断学习和进步的力量,希望后续有机会多多向您请教!

××,你好!

人一定要自己教育自己。现在很多人都有明哲保身的心态,包括领导也不愿意批评下属,即便下属是错的也不说。现在有些辅导员当上了辅导员后便这也不对、那也不对了。到底是谁不对啦?是党不对了还是我们不对啦?党的宗旨变过吗?没有被逼着当辅导员的,没有被别人抬起手向党宣誓的,不对的只能是我们有的辅导员忘了初心、使命,这是明摆着的事。有些事别人不说并不意味就是对的。自己要"慎独",要每日三省吾身。一定不要自欺欺人,要在思想深处觉醒。只有不断地警醒自己、提升自己,才能看到自己的不足,才能不断督促自己把工作做到更好。

告诉我你的详细地址,我签名、邮寄一本我写的书给你做纪念。

我们都在大连,方便的时候你可以到我们学校来,我请你吃我们学校食堂做的烤鱼,味道很不错。

祝一切都好!

关键看你想成为什么样的人

2024-08-06

曲老师,您好!

我是一名新生辅导员,下午有幸能在××聆听您的讲座,感触颇深,很久没有听到过像您这样发人深省的讲座了。这也再次印证了实践出真知这个道理。

在您的讲话中,我感受到了您对这份职业的执着、热爱,和对我们广大高校辅导员的殷殷期许,这也引发了我的一些思考。

我仔细想想,我之所以投身辅导员这一职业并非出于热爱学生工作,而是首先基于我对一份稳定工作的需要,其次才是我对于服务学生一种"朦胧"的热爱。之所以称为"朦胧",是因为我帮学生处理完一件件事情,看着他们开心,如释重负,我也会有成就感。但这种热爱,我觉得更多的是基于这份职业,这个岗位的本职工作职责所衍生的,而不是像您那样发自内心地对学生工作的热爱。所以我打算像您说的那样,尽可能多地去学生在的地方,融入他们、理解他们,在和学生一起成长的过程中找到自己真正的热爱。

现在我的心还是浮起来的,没有安定下来。看着专业教师的诸多成果,看到行政干部的级别,我也会羡慕。虽然明白淡泊名利的道理,"夫唯不争,故天下莫能与之争",但是我自己没有丰富的经历,只是明白一些浅显的道理,不能像您那样切身体会。所以心还在挣扎中逡巡,具体的方向始终未能确定,希望能在不断学习实践的道路中找到答案。

××,你好!

你很坦诚地说出了你的这些想法,这是正常的,很多辅导员也是像你这样想的。

一些辅导员考博士没考上,考公务员没考上,去机关没去上,当专业老师没当上,所以不得已当了辅导员。怎么办?那他就只能先忍着,以后一定会想办法离开辅导员岗位。爱是最好的老师。抱着如此心态怎么能做好辅导员呢?

“诚于中,行于外”,做事要有内心的信念,不能自欺欺人。选择了做辅导员就要好好想想自己为什么要当辅导员,如果整天患得患失,会很难受的,最终既耽误了自己,更耽误了学生。

当上了辅导员,就不要比职称、比级别,要比就比学生,也就是对不对得起学生,学生会不会记住你。职称、级别,都是不争而得的东西。早一年或者晚一年没有什么了不起。辅导员工作做好了,那些会自然得到。论文要围绕学生、关照学生、服务学生,积累多了,感受就会多,再用学理进行分析,就会写出好的论文。科研是“溢”出来的,不是“挤”出来的,是我有话说,不是我找话说。

一千个读者眼中就会有一千个哈姆雷特。不要管别人怎样看。腿长在自己的身上,往哪里走要用自己的大脑来支配,不要让别人来支配。辅导员这条路没有错,也能走通,只是需要用心来走,遇到困难就不走了,想绕开,怎么可能走通?工作就是斗争,不会像喝饮料那样舒服,关键看你怎么面对。你年轻,有资本,静下心来好好琢磨琢磨。你是一个什么样的人,取决于你到底想成为一个什么样的人。

告诉我你的详细地址,我签名、邮寄一本我的书给你做纪念。

祝一切都好!

在服务学生中实现人生的最大价值

2024-08-07

曲老师,您好!

我是毕业后就入职高职院校的一名辅导员,今天听了您的课受益匪浅、获益良多。

我很幸运第一份工作就是辅导员,我要向您学习,把辅导员这个职业当成终身事业来做。

祝您身体健康、工作顺利!

××,你好!

谢谢你的认同!现在一些辅导员还没有从党性、人民性上来认识自己的工作,只是把辅导员岗位当成了“跳板”,不得已而为之,这是当不好辅导员的。但愿你能够选好人生定位,把辅导员工作当成终身追求的事业来做,在服务学生中实现人生的最大价值。

曲老师,您好!

我是本次培训班的学员××,今天听完您的讲座感悟颇深,感觉到辅导员这个岗位是一个有意义、责任重大的岗位。经过您的传授解惑,我成长了不少,也明白了很多,感谢您给我们带来这么有意义的讲座。

××,你好!

辅导员工作意义重大。42年前我在我的入党转正申请书中写了这样一段话:总之,辅导员工作是一项于细微处见精神的工作,这种精神就是把党的关怀贯穿在学生的方方面面,使他们产生一种“向党力”。今天辅导员工作就是要“为党育人、为国育才”。这关系到党之大计、国之大计。一些辅导员不安心自己的工作,说到底还是格局不够。谢谢你的认同!希望你能在辅导员这条路上坚定地走下去。

告诉我你的详细地址,我邮寄一本我写的书给你做纪念。

祝一切都好!

犹犹豫豫是不行的

2024-08-13

曲老师,您好!

我是××学院的辅导员××。我经常在公众号上看您的文章,您对学生的情怀、对学生工作的高度热爱,非常令人佩服。

我先大概跟您介绍一下我的情况。我本科就读于一所“211”院校,毕业后在家乡的一所私立高中任教,后来读了硕士,考到了一所本科高校做了辅导员,现在是科级。目前我正读博士。我30多岁了,说心里话,在新的岗位从零开始做起,内心满是不甘。辅导员这个岗位的工作又很琐碎,可以说在高校处于“底层”,我现在对未来还是挺迷茫的。

第一,到底是坚持长期做辅导员,还是博士毕业想办法转做专业教师?做辅导员吧,感觉心有不甘。转专业教师岗吧,又舍不得级别,另外也很难转,我也没有任何科研基础。

第二,从当下看,肯定还是要先把辅导员工作做好。我还喜欢写作,但工作10来年忙碌于琐碎的事情,便写得少了。我在思考,怎么发挥我的特长,助力我的辅导员工作,做出亮点。我也是个不甘平庸的人,不过现在困于家庭、工作,时间上不得空,也没有好的想法。

第三,我最近也在思考,尽管是做辅导员,也应该给自己一个小的、值得攻的研究方向,比如大学生网络思政、学业规划等,但我又无法清晰地根据自身条件确定发展方向。

以上问题,还请曲老师指点迷津!

××,你好!

谢谢你的信任,说出了这么多内心的想法。

想清楚你到底想要什么,职业就是一块面纱,深藏其中的还是职业态度、人生追求,也可以说是幸福观。把幸福建立在级别、职称上是不会幸福的。你为什么要当辅导员?是为了摆脱中学的环境;你为什么要读博士,说到底是为了摆脱辅导员的岗位。如果就是为了把辅导员工作做好,去考辅导员还会犹豫不决吗?因为你的目标是清晰的。你还没有取得学位呢,如果取得了学位你还会坚持做辅导员吗?“诚于中,行于外”,谁能替你想?更没谁能替你做。当然你还是有一定的做辅导员的思想基础的,如果能够安下心来扎扎实实地做,会做出一些成绩的。但是这不是由学历决定的,而是由你的人生定位决定的,是由能否坚定“即便一无所有,有了学生就有了一切”的追求决定的。职称、级别可以想,但要不争而得。至于想研究什么不重要,像我一开始讲的,你若是连到底想实现什么都不清晰,那你还会全身心地投入你的研究中吗?确定了人生方向、职业定位,再来研究具体的问题。犹犹豫豫是不行的。

祝好!

谢谢曲老师,您说得很对。我也感觉自己给别人分析问题都很清晰,可面对自己的未来,时常感到迷茫,更多的还是被现实推着走。读博,当时并没有明确的指向,只是想提升学历,赶上学校的人才引进,算是锦上添花吧。在当下,至少三五年,我肯定会专心做好辅导员工作。我本科就是思政专业,并不排斥辅导员工作,甚至我也比较擅长学生工作,入职辅导员半年来,我也感觉多数时间并非在学生身上,而是在应付各部门的事务上。

我最近也想通了一个问题,无论我未来如何选择,至少现在要百分百投入辅导员工作中。我也坚信,一个优秀的人,在很多岗位都能做得很出色。曲老师对此有什么建议吗?

你的专业基础很好,既然当上了辅导员,就不要想这想那的。陪伴学生没有什么不好。你是一个什么样的人是由你想成为一个什么样的人决定的。

祝好!告诉我你的详细地址,我把我写的书签名、邮寄一本给你做纪念。

注重与家长的日常联系

2024-08-14

曲老师,您好!

我是一名入职3年的辅导员。去年我有幸听到您的讲课,由衷地感谢您为广大辅导员们指点迷津。看到您一直在跟学生、辅导员交流,引导一代代的青年向善求真,对您由衷敬佩。今日偷得半日闲,我想跟您倾诉一下工作中遇到的苦恼。

在2023年,我的一个学生由于成绩不佳面临二次留级,或者可能与家长有些矛盾而想不开出了事,因为事发突然,家长没有透露过多信息。家长情绪激动,来到学校侮辱、威胁我,写大字报污蔑我,出手伤害我。虽然现在事情已经平息,但是这种无妄的攻击和学生家长的偏激行为,让我感觉心理负担依然非常沉重。我现在不敢批评学生,不敢错过学生、家长的任何一个电话和消息,而且很容易胡思乱想,总感觉有人跟踪我。虽然我也时刻提醒自己不要被这件事一直牵绊,自己确实在当时已经做到一个辅导员应该做的事了,但是这种不良情绪和心态一直在侵蚀我。我在努力调整状态,也非常感谢您给予我这样一个倾诉的机会,如果有幸能得到您的指导,我会非常开心和感激!最后祝您身体健康、万事如意!

××,你好!

既然问题已经出现了,就要正确地面对。首先是你要审视你工作中有没有漏洞,需要注意什么问题。如果你百分之百的正确,那你就可以理直气壮地对待这件事,没有必要缩手缩脚,该怎样管理就怎样管理。不能一朝被蛇咬,十年怕井绳。人间自有公道在。

家长"闹校"反映出两方面的问题:一方面是一些家长没有素质,借孩子出事了,对学校施压,希望能够得到最大的补偿;另一方面也反映出平时我们与家长的交流不够。从学校来说,要营造家校合力氛围;从辅导员来说,要保持与家长的紧密联系。我从20世纪80年代留校做辅导员就开始家访,我辞去省厅级领导职务回到学校做辅导员也是坚持了这个做法。过春节我还给家长写拜年短信,平时也经常与家长沟通。幸运的是我带的学生确实没出过什么事。如果真的出了事,家长会来闹?我想不至于,因为在全体家长心里我是得到了认可的,他们认为我是一个对学生关心、负责的辅导员,没有闹的理由。当然,无论怎样,家长是不能"闹校"的,实在协调不了,可以走法律程序。有关部门应当加快法治建设,尽快出台相关法律。

保持良好的心态

2024-08-16

曲老师,您好!

我出生在江西一个贫困的农村家庭,条件不太好。大学几年我也读得磕磕绊绊,幸得遇到了不错的老师和同学才能得以顺利毕业。在校时我便想着进入社会后找一份能够踏实地帮到别人、为人民服务的工作。但是毕业后才发现真实的社会远没有自己想象中那么理想和美好。为了生存,我先去民企而后到了现在的工作单位。随着时间的推移,在工作中我越来越发现体制内的一些不好的现象和做法,这些污秽的东西与我从小到大受到的教育相矛盾、相冲突,因此我时常感到迷茫。在人生的道路上我逐渐看不清楚自己要走的路,不知道自己要成为什么样的人,感受不到成就感与获得感,也不明白工作的意义,缺乏内在的驱动力。

在毕业至今的日子里,我接触了许多不同的人。但他们的行为和努力似乎都是向钱看,我知道金钱对于人非常重要,但是我总觉得人不能只是为了钱而活,而应当拥有更高的理想信念。环境造就人,在向钱看齐的环境中与自己并不高的收入一对比后,我自己也难免会动摇这种理想信念,理想与贫困现状的对冲也常常让我的内心得不到安宁。

因此我想请教曲老师,正确的道路在哪里?面对诸多问题与矛盾,我又该如何化解与抉择?

××,你好！

我很欣赏吉鸿昌说过的这句话:“路是脚踏出来的,历史是人写出来的,人的每一步行动都在书写自己的历史。”腿长在你自己的身上,往哪里走就看自己的大脑怎样来支配。

你所遇到的问题是每个时代的青年人都会面临的问题。哪个时代的人们不喜欢钱？关键是怎样对待钱。被称为我国留学生之父的容闳,在美国高中毕业后想读耶鲁大学,但他没有钱。有个美国人说:“我资助你,但是有个条件,你只能读神学,毕业后回国传教。”容闳说:“神学不是不好,它可以改变我的命运,改变我家庭的命运,但是它改变不了我祖国的命运,我的祖国不需要神学。”容闳勤工助学,自费读了法学。毕业后,他回到了危难中的祖国,他把一生奉献给了祖国。我去过容闳的故居,那里只剩下一段残壁。

2022年我去新疆家访。听说魏德友老人病了,我去看他。魏德友老人是“七一勋章”获得者。他一辈子待在祖国的边疆巡逻,每天往返几十千米。他就住在十分简陋的房子里,从来没有想过离开。他献出青春、献子孙,如今把女儿叫到身边,接过牧羊鞭。

你是一个什么样的人,取决于你想成为一个什么样的人。社会和课本本来就不一样。教育要告诉学生的是追求真善美,摒弃假恶丑。眼睛是用来发现光明的,不要总看那些低矮的、丑陋的东西,这样会影响你前行的方向、速度。我从来不会因为社会上那些负面的东西影响我的人生选择,从来不发牢骚、不抱怨,做好自己应当做的,在自己选择的人生道路上坚定地朝前走。我做过16年厅级干部,我始终守心明性,我坚信人间正道是沧桑。

我家当年也很困难。我结婚的时候请不起客人,在自己家的后院搭炉灶做饭,娘家来的人是客人,我们家的人都是厨师。我非常感谢我的爱人,她嫁给了我。

你想的是对的,人不能为了金钱活着,“仁者以财发身,不仁者以身发财”,读书人不能为五斗米折腰。要干什么就像什么,踏踏实实做事,明明白白做人。生活本来就是这样,没有那么多的轰轰烈烈,酸甜苦辣自在其中。保持好心态很重要。无论在什么环境下,能够做到不泯灭自己的良知就很了不得了,这一生也就可以了。

干什么要像什么

2024-08-19

曲老师,您好!

我之前听过您的讲座,一直关注着您,从您的公众号里得到了许多正能量。但最近,我所在的院校提拔干部,由于一些原因我未能被提拔,心态有些调整不过来,一线辅导员工作的尽头会是什么?希望能获得您的鼓励和指导,谢谢!

××,你好!

说到根本你不是唯一,当然也会有其他的一些因素。你应当怎样看?把工作做好,不争而得。我在我的公众号上写了十几篇关于我不争而得的事例。我从当辅导员的时候就没想过当领导、当教授,我想的是一定要对得起学生,不能让他们在我的面前"倒下"。学生的爱党、爱国就是我的爱党、爱国,有学生就有一切。

我刚留校的时候,每年暑假我们系承担批全省高考历史卷的任务。那时批卷的报酬还是很可观的:半个月的时间可以挣73元钱,供应餐食,发一条毛毯,而我那时的工资是每个月48元钱,一些老师都盼着能够假期参加批卷(那时不是每个老师都有机会的)。系主任对我很好,暑假前就嘱咐我:"暑假别出去了,参加批卷。"我谢谢他想着我。但是暑假我家访去了、自费学习去了。我是大连人,就在海边长大,可是直到参加工作我也不会游泳。你想象不到,我是在上海学会了游泳,具体点说,是在××大学的游泳池里学会了游泳。那年暑假我自费到××大学参加邱伟光教授领衔举办的“青年学”培训班。上海的天气太热，我根本适应不了。夜里浑身是汗，躺不到一个小时，我就到水房的水龙头下冲洗。午间也无法休息，我花一角钱买一张游泳票，到游泳池里泡。培训班应当是办了半个多月，我就这样在游泳池里学会了游泳。星期天的时候，我又到杭州考察。我想去的不是“断桥”“花港观鱼”，而是秋瑾墓、岳王庙。假期的学习，使我增长了知识，开阔了视野，提升了能力。我今年67岁了，回过头来看，我想的是对的。干什么要像什么，把本领变得强大。不要局限于一时一事的得失。是金子早晚会发光的。辅导员工作的尽头会是什么？从根本来讲，是“为党育人、为国育才”，为中国式现代化培养一批又一批让党放心、爱国奉献、担当民族复兴重任的时代新人。从你自身来讲，可以“双重晋级”啊！你真想得到吗？那就真心地投入，都是早晚的事，吃亏的不会总是你。

告诉我你的详细地址，我签名、邮寄一本我写的书给你做纪念。

祝好！

一定要加强学习

2024-09-02

曲老师,您好!

我是××职业学院的辅导员××。今天下午非常荣幸聆听了这场精彩感人的讲座,情深动人处我热泪盈眶。您甘愿平凡,却给祖国播下希望光明的种子,我脑海里第一想到了孔老先生,您是当代的大先生,是我们精神的引领者!我们备受鼓舞!在今后的工作中我会铭记今天的这份情缘,努力认真做好学生工作,以德育人,修己践行。谢谢您,让我们得到了一次精神和心灵的洗礼!在以后的工作中我会谨记您的教诲,坚持学习,让自己保持活力,带好学生。祝您生活幸福、身体健康!期待有缘再见!

××,你好!

谢谢你的认同!

人生要有榜样。我去了许多名人的故居和墓地,就是为了教育自己向他们学习。

现在有些辅导员不安心自己的工作,说到根本是格局问题、追求问题。总觉得自己付出的多了,得到的少了。不是这么回事。辅导员工作大有可为、大有作为。

做好辅导员工作一定要加强学习。"不畏浮云遮望眼,自缘身在最高层。"一些学生不听我们的,并不是学生不愿意接受我们的教育,而是因为我们有些辅导员"本领恐慌",讲不清道理,因此学生就绕开我们,我们也不敢直面学生。辅导员一定要重视学习,像习近平总书记说的那样:“把学习作为一种追求、一种爱好、一种健康的生活方式,做到好学乐学。”有了理论素养,再融入我们的情感,学生就悦纳我们的教育了。

告诉我你的详细地址,我签名、邮寄一本我写的书给你做纪念。

祝一切都好!

曲老师晚上好!谢谢您的回复,现在的我把自己陷在各种烦琐的事务里,我一直觉得自己是学生的保姆,在这个岗位上看不到自己的价值,看不到前进的方向。正如您所说,我是“本领恐慌”,忘记了自身职业岗位的职责。犹记得给学生解决了大大小小的事情后自身那种成就感,感叹教育的神奇力量,用生命去影响生命,为迷茫中的孩子们拨开云雾,这也许就是教育的自我修行吧!今天在回来的车上,我们一直沉浸在您的讲座中,互相探讨,我想自己也似乎更加懂得了教师的真正意义!感恩遇见!感谢曲老师!

曲老师,我的地址是:××××××××。辛苦您了!期待能收到您的著作,不胜感激!

珍惜眼下的时光

2024-09-03

曲老师,您好!

我是××大学××,是今天向您请教的女辅导员。每次听您的讲座都深受感动、受益匪浅!我在入职时,听了××大学××老师的报告,她提到您对她的职业乃至人生的启发,当时就对您生出崇敬之情。直到在2023年全国辅导员网络培训班听到您的报告,直接给我这名新手辅导员树立了明确的目标!今天终于有幸在现场聆听您的讲座,还向您请教了问题,心情非常激动!我将以您为榜样,珍惜辅导员工作,以“为党育人、为国育才”为终身使命!我也会不断地提升自己,也非常希望有一天自己能够格做您的学生!

××,你好!

谢谢你的认同!

辅导员工作需要用理、用情、用心、用力。我一参加工作就把邓小平同志“少说空话、多做工作、扎扎实实、埋头苦干”这句话写在我的一本工作手册扉页上,它陪伴我快半个世纪了。我也荣幸地评上了最美奋斗者,参加了颁奖会。会上只念了一个人的名字,“授予张富清等278人最美奋斗者荣誉称号”。张富清没有学历、没有职称,有的就是共产党员对党的事业的忠诚。隐没功勋60余载,哪里艰苦哪里去。人生短暂啊!珍惜眼下的时光,把学生陪伴好,错过了和学生在一起的时光就无法弥补了。

从你那天的提问能感受到你在辅导员工作上还是用心的，很想把辅导员工作做好，那就坚持下去。有的辅导员整天想干这个、想干那个的，这能干成什么事呢？

书已经邮寄了，注意查收。到大连就联系我。

祝一切都好！

谢谢曲老师，您的指导与叮嘱我定将铭记于心，祝您身体健康、万事顺心！期待有幸再次聆听您的讲座！

要深入学生当中

2024-09-04

曲老师,您好!

我叫××,毕业于××大学,二〇二二届硕士研究生,今年刚入职××职业技术学院少数民族学生辅导员岗位。

我刚听了您的报告会,深受触动,原本我就对辅导员这个职业,尤其是少数民族学生辅导员岗位比较迷茫,不知道如何着手干好这份事业,您的这次讲座为我指明了方向;同时,也让我找到了今后努力的方向和动力!感谢您!您辛苦了!

××,你好!

做好少数民族学生的教育引导工作十分重要,民族大团结是中国梦实现的重要保证。你是少数民族学生的辅导员,责任在肩、任务艰巨。要深入学生当中,了解学生情况,越细致越好。了解学生是为了更好地为学生解疑释惑,帮助学生树立正确的价值观。这就要加强学习,以理服人。现在一些辅导员还缺乏这方面的本领,因此,学生就不愿意听他的。辽宁有个少数民族学生辅导员,留校工作后知行合一,得到了学生的认可,今年被教育部评为优秀教育工作者。

选择了做辅导员就坚定地向前走,犹犹豫豫就会耽误自己、耽误学生,这是党性、人民性所不允许的。

告诉我你的详细地址,我找一本我写的关于少数民族学生教育的书签名、邮寄给你做纪念。

祝一切都好！

感谢老师，收到您的回复，我激动的心情难以平复，同时也更深刻地认识到我这岗位的使命和职责，期待您下次的报告会。我定将全力以赴做好少数民族学生辅导员的工作，深入学生，搞好民族团结工作，同时努力提升自己，向您看齐！祝曲老师身体健康、工作顺利、阖家幸福、万事如意！

我的地址是：××××××××。再次谢谢曲老师，万分感谢！祝曲老师身体健康、阖家幸福！

谢谢你的祝福！你们年轻人一定要注意锻炼身体，这是为党多做工作的重要保证！

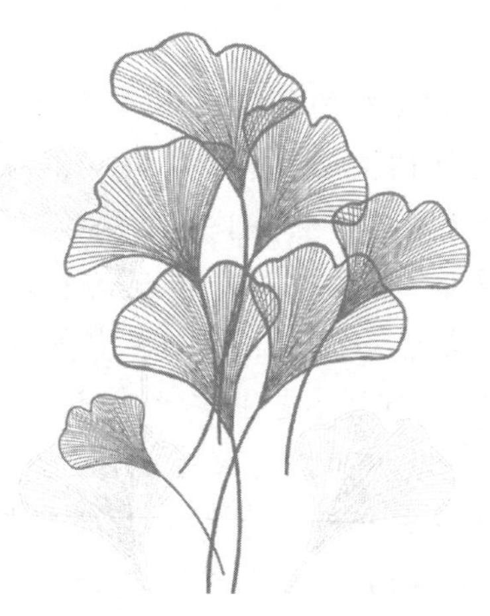

绝不能耽误了学生

2024-10-09

曲老师,您好!

听了您的讲座,感触很深,我也是因为我大学的辅导员老师才选择辅导员这条道路的,因为自己被照耀过,更想用自己的力量去帮助孩子们成长成才,做他们的知心朋友。

××,你好!

辅导员是大学生人生成长的指导者和引路人。你是一个懂得感恩的人。你把当年辅导员对你的关心、关爱用到了你现在的工作上,相信你一定会成为一名合格的、优秀的辅导员!

有的辅导员工作平平,甚至得不到学生的拥护,其中一个重要的原因就是"双重标准",要求自己一个样,要求学生另一个样,忘记了自己做学生的时候希望辅导员什么样了,这让学生瞧不起。辅导员要遵守应聘时的诺言,怎么说的就怎样做。

昨天在一个职业院校做交流。学校学工部部长告诉我,他们学校今年只招一名辅导员,结果有800多人报名。交流的时候我让这名辅导员站了起来,我说:"你当着大家的面表个态,绝不能辜负了学校的信任。我签名、邮寄一本我写的书给你做纪念,激励你在辅导员道路上坚定地朝前走。"她站了起来,表示一定把辅导员工作做好。

我在高校做报告的时候经常讲到这一点:作为一名辅导员,既然已经选择了这份职业，就不要放弃，陪伴学生有什么不好！退一步讲，辅导员可以耽误自己，但绝不能耽误了学生。

你还年轻，辅导员工作有意义、有价值，但是做起来还是需要下功夫的。一定要不忘初心、牢记使命，努力培养更多让党放心、爱国奉献、堪当民族复兴重任的时代新人，在服务学生中实现人生的价值！

告诉我你的详细地址，我把我写的书签名、邮寄一本给你做纪念。

祝好！

思想政治教育就是给学生“打样”

2024-10-10

曲老师,您好!

感谢您的讲座,我还记得我2013年入职,2014年、2015年参加辅导员培训听了您的讲座,这对我的辅导员职业生涯有很大启示和帮助,我也是一直按照您说的去做的。辅导员的工作要充满爱,以爱育人,这次特别荣幸能把您请到我们学院,希望以后能继续和您交流。听了您的讲座,我觉得自己在爱国教育上还是有欠缺的,觉得给独立学院的孩子讲爱国太大,其实爱国就是平时的点点滴滴。

××,你好!

辅导员工作9项职责,排在第一位的就是理论教育和价值引领。什么是价值引领?其核心就是让学生听党话、跟党走,热爱祖国,把个人发展融入实现中华民族伟大复兴伟业中。

辅导员一定要注意这一点,对青年学生要理直气壮地进行爱国主义教育。大学就是爱国的产物,今天我们要实现中国梦,就是要教育引领青年学生为实现中国梦赓续奋斗。我现在常给大学生做题为“在青春的赛道上跑出人生最好的成绩”的报告,第一个问题讲的就是热爱祖国。很多学生给我留言,说他们懂得了为什么读大学、为什么爱国的道理。有一次我给一所高职院校学生做报告,报告结束后,一个学生跑上来递给我一张卡片,上面写满了字。他说:“我知道了为什么爱党、为什么爱国。我要到图书馆借书去了。”学生心中有团爱国的火焰需要燃烧，辅导员一定要做“助燃者”，绝不能做“熄灭者”。

希望学生成为什么样的人，我们首先就要成为这样的人。思想政治教育是什么？简单来说就是给学生“打样”，让学生“跟”我上，而不是“给”我上，这一“跟”一“给”是不一样的。让学生爱国，我们就要爱国。爱国不是喊口号，它体现在具体的实际行动中。对学生来说，就是要为实现中华民族伟大复兴刻苦学习，待走上工作岗位后，无论在哪里、无论做什么，心在哪里、祖国就在哪里，把爱国体现在平时的点点滴滴；对辅导员来说，就是爱学生，做好大学生人生成长的指导者和引路人，在平凡的岗位上尽心尽力、尽职尽责。我常讲，最好的教育不是以就业率来衡量的，而是以择业观来衡量的。高等教育不仅要有数量的发展，更要有质量的提升。若是学生不爱国，还办大学干什么？若是学生不爱国，还要辅导员干什么？

告诉我你的详细地址，我把我写的书签名、邮寄一本给你做纪念。

祝一切都好！

辅导员工作是党的事业的一部分

2024-10-11

曲老师,您好!

我是一所211高校的二〇二五届毕业生,一直在备考辅导员,内心很是焦虑。其实复习了很长的时间,但总是感觉自己对一些复习内容记得不准确。目前陆续有高校在发招聘通知,我也报名了,还在等初审结果。其实我很确定自己未来要从事辅导员职业。作为一名从农村出来的孩子,这一路我真的经历了很多。研究生期间,我接触了更多的人,好事、坏事、各种圈子,我多多少少都经历、听说过,有了更开阔的视野。因为自己淋过雨,所以我想为学生们撑把伞,我想以我的亲身经历避免学生们走弯路,我想影响更多人,我想实现自己的价值……您是辅导员的榜样,我从备考开始,就了解了您的光辉事迹。接下来,希望我能如愿考上,加入辅导员队伍,用我的爱心、耐心、责任心、赤子之心、敬畏之心与我的学生相处,让他们在大学四年成长得更好。加油!希望可以给您报喜。曲老师,您可以鼓励我一下吗?

××,你好!

谢谢你的信任,说出了你的真实想法。

你想当辅导员,这个选择我赞同。我现在也是这样认为的,千行万业,最好的职业应当就是辅导员了。因为,辅导员和一群富有朝气、聪明智慧的年轻人在一起,他们是民族的希望和未来,和他们在一起,就是与

未来和希望在一起。

你能不能当上辅导员，这里有多方面的因素，首先你要过考试关，这只能由你自己来努力了，要放平心态。辅导员工作是党的事业的组成部分，考上了那就在辅导员岗位上为党努力工作，考不上也没有什么关系，一是可以继续考，二是无论在哪里、无论做什么，只要以党的旗帜为旗帜，以党的方向为方向，始终不忘自己是一名共产党员，你就会在平凡的岗位上做出不平凡的业绩。张富清老人是“最美奋斗者”，没有学历、没有职称，有的就是对党的事业的忠诚，隐没功勋60余载，哪里艰苦哪里去，成为最伟大的人。你年轻，恰逢伟大的时代，格局大些，不要焦虑，只要真正做到不忘初心、牢记使命，就一定会实现一名共产党人的最大价值。

告诉我你的详细地址，我把我写的书签名、邮寄一本给你做纪念。

祝顺心如意！

努力培养担当民族复兴大任的时代新人

2024-10-28

党的十八大以来,习近平总书记高度重视青年工作,发表一系列重要论述,鼓励青年努力成为堪当民族复兴重任的时代新人。党的二十届三中全会通过的《中共中央关于进一步全面深化改革、推进中国式现代化的决定》指出:“教育、科技、人才是中国式现代化的基础性、战略性支撑。”这凸显了教育在推进中国式现代化进程中的地位和作用。高校是人才培养的重要阵地,必须担负起立德树人的根本任务,努力培养更多让党放心、爱国奉献、担当民族复兴重任的时代新人。

1.高校党委要切实担负起领导责任

办好中国的事情,关键在党。“党政军民学,东西南北中,党是领导一切的。”我国的高校是党领导下的高校,是中国特色社会主义高校。加强党对高校的领导,加强和改进高校党的建设,是办好中国特色社会主义大学的根本保证。党的十八大以来,以习近平同志为核心的党中央高度重视加强党对高校的全面领导,做出一系列重大部署,为新形势下办好我国高等教育提供了根本遵循。今日之中国正意气风发地前行在以中国式现代化全面推进中华民族伟大复兴的征途上,我们党立志于中华民族千秋伟业,必须培养一代又一代拥护中国共产党领导和我国社会主义制度、立志为中国特色社会主义事业奋斗终身的有用人才。

加强党对高校的领导,最为集中的体现就是牢牢把握社会主义办学方向,从根本上解决好培养什么人、怎样培养人、为谁培养人这个根本问题。

当今世界百年未有之大变局加速演进，国际局势中不稳定、不确定、不安全因素增多，高校党委要深刻领悟“两个确立”的决定性意义，增强“四个意识”、坚定“四个自信”、做到“两个维护”，从政治和全局的高度来认识主体责任、担当主体责任，坚定不移地坚持和加强党对高校的全面领导，全面贯彻党的教育方针，紧紧围绕“为党育人、为国育才”这个学校工作的重中之重，充分发挥党的领导政治优势，确保党的教育方针政策和党中央决策部署扎扎实实地在高校贯彻落实，确保高校始终成为坚持党的领导的重要阵地，确保青年学生始终以党的旗帜为旗帜、以党的意志为意志、以党的使命为使命，听党话、跟党走，把爱国情、强国志、报国行自觉融入以中国式现代化全面推进强国建设、民族复兴伟业的奋斗之中。

2.充分发挥广大教师的育人作用

教师是立教之本、兴教之源，强国必先强教，强教必先强师。习近平总书记强调：“教师重要，就在于教师的工作是塑造灵魂、塑造生命、塑造人的工作。一个人遇到好老师是人生的幸运，一个学校拥有好老师是学校的光荣，一个民族源源不断涌现出一批又一批好老师则是民族的希望。”对教师来说，想把学生培养成什么样的人，自己首先就应该成为什么样的人。思想是行动的先导，行动是思想的具体实践。只有道德情操高尚、理想信念坚定，行动才能自觉、方向才能正确。广大教师要认真贯彻落实党的教育方针，深刻认识教育工作是党和国家事业的重要组成部分，自觉弘扬教育家精神，以德立身、以德立学、以德施教，严爱相济、润己泽人，以人格魅力呵护学生心灵，以学术造诣开启学生智慧，坚持教育者先受教育，努力成为先进思想文化的传播者、党执政的坚定支持者，更好地担起学生健康成长指导者和引路人的责任，教育引导学生健康成长。

广大教师要发挥好课程建设“主战场”和课堂教学“主渠道”作用，深度挖掘高校各学科课程蕴含的育人资源，推动思政课程与课程思政协同育人，将学生的学习与祖国的发展、民族的命运结合起来，增强学生为实现中华民族伟大复兴而读书的动力，确保落实立德树人的根本任务。思政课教师必须自觉做到政治要强、情怀要深、思维要新、视野要广、自律要严、人格要正，坚定不移地用习近平新时代中国特色社会主义思想铸魂育人，坚持从党的百年奋斗重大成就和历史经验中汲取智慧和力量，以透彻的学理分析回应学生，以彻底的思想理论说服学生，用真理的强大力量引导学生，帮助学生回答好“世界怎么了”“人类向何处去”的时代之题，教育引导学生正确认识世界和中国发展大势，正确认识时代责任和历史使命，坚定马克思主义信仰、中国特色社会主义信念、中华民族伟大复兴信心，立报国强国大志向、做挺膺担当奋斗者。

3.注重教育引导，将抓实践融入日常

培养担当民族复兴大任的时代新人要注重学生日常养成教育。一是注重网络教育引领。当前，互联网已成为意识形态斗争的主战场、主阵地、最前沿，高校要充分利用网络创新思想政治教育，不断巩固壮大主流思想舆论，弘扬主旋律，提高网络育人能力。二是强化榜样引领。榜样的力量是无穷的，每个时代都有每个时代的英雄。多年来在祖国各条战线涌现出大量的先进模范人物，他们以自己的理想信念和价值观给社会带来深刻影响，他们的先进事迹是鲜活生动的教科书。高校应邀请英雄模范人物到学校为学生讲述他们的故事，激发学生爱党爱国热情。同时，要积极利用学生身边的典型事例开展教育活动。三是注重实践育人。实践是真理的来源，实践是检验真理的唯一标准。事实证明，坚持从实践学习中获得知识、向人民群众学习，是大学生成长成才的必由之路。高校要把组织开展社会实践活动与组织课堂教学摆在同等重要的位置，不断丰富实践内容，拓展实践形式，教育引导青年学生用脚步丈量祖国大地，用眼睛发现中国精神，用耳朵倾听人民呼声，用内心感应时代脉搏，使青年学生在实践中找到问题的答案，教育培养青年学生养成知行合一、脚踏实地的品德，立鸿鹄志、做奋斗者，在青春的赛道上跑出当代青年的好成绩。

辅导员应当有学习危机感

2024-10-29

曲老师,您好!

我是您的粉丝!十分荣幸今天能和您这么近距离接触,接受您的指导。十分抱歉,晚上我接孩子下课,没能和大家一起继续听您的教诲。我前阵子写了一个工作思考,今天听完您的课后,觉得思考还不够深入,差距不小,特别是在辅导员需要学习提升理论素养方面。我虽然工作时间挺长了,但还是忙管理工作多于思想引领。

××,你好!

谢谢你的认同!我们共勉!

辅导员一定要重视理论学习。我在从省厅回到学校的时候,领导关心地说:“能行吗?现在的学生不好带。”我说:“我的心情就像足球队员,我要下场踢球,我不相信球踢不进对方的门,再不回去比赛就结束了。”

现在辅导员和学生之间有没有沟壑?从某种程度上讲我认为是有的。但是这个沟壑不是由年龄造成的,而是由思想引领不够造成的。我们现在的辅导员队伍建设,还是从管理出发的,有理论考核,但主要还是看管理能力。由此一些辅导员一开始便存在着“本领恐慌”问题,回答不清学生的世界之问、中国之问、时代之问、人生之问,这样学生就疏远了我们,我们也不敢直面学生。对此,辅导员不能视而不见。辅导员应当有学习危机感,带着使命和责任学习,做到把学习当成人生追求、人生存在的方式，好学、乐学，与时俱进，确立终身学习理念。

有的辅导员张嘴就是没有时间学习。“你的时间都去哪啦?”学习就像谈恋爱一样，爱他，有一万个理由；恨他，也有一万个理由。不要找借口搪塞自己，时间很快就会过去。辅导员也要惜时如金，不断丰富自己的理论知识，这样才能为学生解疑释惑，帮助学生选准正确的人生方向，辅导员才能真正担负起大学生人生成长的指导者和引路人的责任。

大连有事就联系我。

祝好！

向着太阳升起的地方奔跑

2024-10-30

曲老师,您好!

我是××大学的大一新生,来自河南,专业是农学。大家常说这个专业是一个“天坑”专业,学得多,就业难,工资低。不过我觉得这都是一些世俗上的观点,我也常常在无人的时候思考未来的我要做些什么。爱因斯坦有句很著名的话:“不要努力成为成功者,要成为有价值的人。”而我就一直在这两种人中摇摆,一段时间想要很成功,有很高的社会地位;一段时间又想成为有价值的人,为国效力、为民做事。我曾经摇摆了很久,后来我想通了,我觉得这两种人好像并不冲突。所谓的成功,并不取决于所拥有的资源与地位,这是狭义的成功,成为一名有价值的人本身就是一件很成功的事。自从我报考了农学专业后,我常常思考农学的未来,显然农学的未来一定是自动化、现代化、智能化。在中国,这个进度比较缓慢,原因是方方面面的。我的爷爷辈就是农民,现在我家里还有田地,小时候的我也下过地。我很清楚农民是社会的底层,干着最累的活,挣着最少的钱。我很想改变这个现实,或者说,我愿意尽我的绵薄之力帮助农民过得更好。

海南岛的地理位置特殊,位于南海,面对东南亚各个国家,近些年来,以美国为首的帝国主义一直在南海搞小动作,不断在边缘试探,这意味着海南岛将要承受巨大的外部压力,但是习近平总书记也提出了“一带一路”“人类命运共同体”等理念,作为打破外国封锁的重要措施,海南岛自贸港必将在其中发挥重要的中转作用。基于以上认识,我觉得将来海南必将有一阵时代的东风,我想要抓住这阵风。

习近平总书记也有一句话,“我将无我,不负人民”。我也想达到这种境界,至少目前而言我还有很长的路要走,有很多的苦要吃,可是那又如何,我才18岁,我的人生才刚刚开篇,我的青春必将大有可为,我的未来还有无限的可能。

我今天在讲座上提出的问题是,人生目标是什么时候确立的,我之所以问这个问题,是因为我心里有自己的目标,我希望我可以不忘自己的初心,一直朝着自己的人生目标走下去,就像老师您一样,在大学期间就明白了自己的人生目标,并为之奋斗了一生。

以上的文字都是我的拙见,可能存在不成熟的地方,我希望曲老师可以给我一些建议,或者可以指出信中观点的不足之处。

祝曲老师身体健康、万事如意!

××好!

给你邮寄的书收到了吗?很抱歉,这几天太忙了,今天才回复你。

看得出来你是一个有追求的人。人生就应当有理想、有目标,想都不敢想还能做什么呢?你们生逢其时,施展才干的舞台无比广阔,一定莫负时代、莫负韶华,立志做有理想、敢担当、能吃苦、肯奋斗的新时代好青年,在青春的赛道上跑出当代青年的最好成绩!

你说得对,成功和有价值是一致的。所谓成功就是有价值,为祖国、为社会、为他人做有意义的事,而不在于金钱和地位。最美奋斗者张富清老人,没有学历、没有职称,隐没功勋60余载,哪里艰苦哪里去,在平凡的岗位上忘我工作,不计个人得失,成为伟大的人,自然也是最成功的人、实现人生价值最大的人。你们正处在人生的“拔节孕穗期”,一定要好好培养自己,向着太阳升起的地方奔跑!

读大学读的是文化,培养的是品格。《大学》曰:“自天子以至于庶人,壹是皆以修身为本。其本乱而末治者,否矣,其所厚者薄,而其所薄者厚,未之有也!此谓知本,此谓知之至也。”什么学校、什么专业都培养过成功的人、有价值的人。爱是最好的老师。你喜欢你的专业,这是你学好专业、强大自己的前提。空谈误国、实干兴邦。要惜时如金,刻苦学习,以真才实学服务社会,以创新创造贡献国家。

每个人的贡献有大有小，关键是要有奉献的精神。习近平总书记说："我将无我，不负人民。"我在北京参观党史百年纪念馆的时候，站在写有这句话的一幅习近平总书记画像前沉思：我也要用习近平总书记这句话激励自己，为人民谋幸福、为民族谋复兴，鞠躬尽瘁、死而后已。你这么年轻，能为党和人民做多少有价值的事情啊！老师相信你说的："我的青春必将大有可为！"

飞机要着陆了，就聊到这里。

祝一切都好！

把育人当成乐事

2024-11-01

××,你好!

你博士毕业,现在做了兼职辅导员,我想也是不得已而为之吧?现在很多高校辅导员缺编,要求新入职的教师都要做班主任、辅导员,不然缺了这个环节就不能评职称。因此,很多教师并不情愿地走上了辅导员工作岗位,“身在曹营心在汉”,这怎么能做好辅导员工作呢?

我常讲这个观点,即便学校没有要求,作为一名教师,也应当主动接触学生,了解学生的所思所想,我们要吃透教材,更要吃透学生。你是博士毕业,我想在你们学校学生会对你有一种天然的仰慕,要利用好这个优势,最大限度地发挥好教书育人的作用。读了这么多年的书,一定要像个读书人的样子。读书人是什么样子?乃把“得天下英才而教育之”当成人生一大乐事也!古往今来,真正的知识分子哪有一个想从学生身上捞钱的、想通过教育致富的?我国留学生之父容闳,从美国留学回到祖国,收入最高的时候每个月300银圆,他把人生的财富奉献给了危难中的祖国,其故居只剩下一段残壁;陈独秀,民国政府曾想让他做劳工部长,每个月300大洋被他拒绝,最后在贫困潦倒中逝去;李大钊每个月200大洋,但牺牲时只剩下一块大洋;吴怡芳女士,民国时期两次被劝做教育部部长她都没有动心,一辈子陪伴学生,终身未嫁。今天一些知识分子总是抱怨环境如何,似乎自己也是不得已才想多捞点钱。捞多少才能够,才会给学生花点钱?关键还是想不想做一名真正的知识分子。学生是被教育的对象,我们是教育学生的人,如果我们不"精致",学生怎么会"精致"呢?你年轻,也是一名知识分子,一定努力做一名真正的知识分子。人生有两座山峰,一座是物质的,另一座是精神的。"仁者以财发身,不仁者以身发财。"要做仁者,极力攀登精神的高峰,看看自己到底能走多远!

我去过孔子的故里,在一座小山丘上,矗立着一座孔子的高大塑像,我站在这里,体味"'高山仰止,景行行止。'虽不能至,然心向往之"的意韵。我知道我永远达不到孔子的高度,但是我可以努力缩小与他的距离。

飞机着陆了,就聊到这里。我们共勉!

祝一切都好!告诉我你的详细地址,我把我写的书签名、邮寄一本给你做纪念。

祝一切都好!

要以德立业

2024-11-06

曲老师,估计您还在忙。我希望成为像您这样的人。3 年前我就给自己定了一个目标,希望为大学生综合能力提升做出自己的贡献。我也是这样实践的,我带领同学们做了一个提升活动。3 年了,同学们收获非常多,我没有问学校要一分钱,全凭自己的热血和对学生工作的热爱。希望得到您的指点。

××,你好!

看得出来你是一位努力工作的辅导员,为了做好辅导员,你想了很多办法,这很不错。如何检验自己的工作效果?最终还是体现在价值观引领上。什么意思呢?就是作为辅导员,我们要解决好学生的人生目标问题。辅导员工作 9 项职责中,为什么把理论教育和价值引领放在首位,就是这个道理。应当培养学生的能力,前提是帮他们解决"德"的问题。五千年中华文化概括了"厚德载物"四个字,深刻揭示了"德"与"能"的统一,两者不能分离。要以德立学、以德立业、以德立身,这样知识越多、能力越强,越有意义。

要珍惜辅导员工作岗位

2024-11-28

曲老师,您好!

我是××体育学院的辅导员××,1997年生人,入职两年半,今年刚刚评选完讲师,送走二〇二四届毕业生,现在带的学生是2022级和2024级。我个人性格比较开朗、活泼,我的学生是体育生,孩子们性格也都很好。

上次听了您的讲座,我受益匪浅,回去消化了很久。我喜欢您的讲课风格,对您和您学生的故事感到羡慕。我在培养学生时心里一直想着您,回想您和您学生的故事,我希望我能做得更好。

目前,我在学校的宣传部挂职,学院工作也在继续做,但是我深深地感受到自己的文字功底不好,我想提升提升,希望曲老师给我一些建议并推荐一些书籍。

××,你好!

我这两天比较忙,没有及时回复你,抱歉。

辅导员一定要用心当。我们都当过学生,我们当学生的时候希望辅导员什么样子,当上了辅导员就要成为那个样子,不能搞“双重标准”,不然让学生瞧不起。

有一次我到一所学校做报告。他们学校的学工部部长告诉我,今年学校只招一名辅导员,结果有800多人报名。做报告时我叫这名辅导员站了起来,我让她重复一遍我说的话:“我一定当好一名辅导员。”她红着脸重复了我说的话。我说会后和她一起照张相,等过几年我来找她,看看她还在不在辅导员岗位上。我还让她加了我的微信,告诉我她的详细地址,我签名、邮寄了一本我的书给她做纪念,鼓励她当好一名辅导员。

辅导员岗位竞争激烈。当上了辅导员就要珍惜。人要懂得感恩知足,不要总想自己难。我们的办公场所,天热了,放冷气,天冷了,放热气。谁看过农民背着空调种地、战士背着空调巡逻、工人背着空调做工?辅导员不能只想着锦上添花,一定要为学生雪中送炭。不要管别人重不重视,首先是我们自己要重视。

加强学习是对的。一些辅导员说和学生有代沟,我是不承认代沟的。我和学生年龄差多么大,我没有感觉有代沟,学生也很愿意与我交流。应当说一些辅导员和学生有思想上的“沟壑”。当回答不清学生的世界之问、中国之问、世纪之问、人生之问的时候,思想的“沟壑”就产生了。只有我们清清楚楚,学生才会明明白白。你可以找一本思想政治教育原理认真读一读,找教育学、心理学、伦理学、法学、社会学等相关知识学一学,特别要学习好习近平总书记关于教育的重要论述,熟知习近平总书记到高校考察的一系列会议精神,还有学好“四史”等。要把学习当成追求、爱好,当成生活方式,做到好学、乐学,活到老、学到老。不要管住了学生的行为管不住学生的心。思想政治教育一定要进行价值引领,思想问题解决了,其他问题就迎刃而解了。

告诉我你的详细地址,我签名、邮寄一本我的书给你做纪念。

祝一切都好!

感谢曲老师的细心回复,也很感谢您给予我的一些建议,我认为您说得很对。我也真正明白了辅导员工作说到底就是做“人”的工作,对于您给我讲的一些故事,和原先在讲座中听到您和您学生的故事,我自己也会“脸红”,因为我为学生做的远远不如您。但是今天看到您给我写的这些内容,我受益匪浅,也深深觉得个人发展固然重要,但是做好学生工作更重要,只有真心实意为学生考虑,真正做到雪中送炭,方可一路前行。曲老师,时间不早了,这个时间给您发消息,打扰您了,希望不辜负您的期待,不辜负您的培养和指导,我会一路前行,真正做好青年大学生成长成才的人生导师和健康生活的知心朋友,让自己成为有责任、有方法的辅导员，真正有能力为青年大学生注入“强心剂”，架起“连心桥”，铺就“爱心路”。

以后在工作中遇到一些解答不了的问题我会及时和您沟通，您在不忙的时候回复我就可以。

您早点休息，曲老师，祝您身体健康、一切都好！我有机会一定去亲自拜访您。

我的地址是：××××××××。

把握好思想政治教育与心理健康教育的关系

2024-12-05

曲老师,不好意思,打扰您了。我今年带的大一新生中有一名患有非常严重心理问题的学生,后来我就找她了解情况,她有几年没好好上学,发病的原因是父母离异,还有其他一些事情。我也和家长沟通过多次,从开学到现在我也和她交流过多次。从孩子的角度,我感觉她想努力融入学校,她自己也做了很多尝试,和我也交流了很多。很多人劝我:这样的学生不行就让她休学吧,可我不想放弃任何一个想自救又努力的孩子,当然这个过程中肯定会付出很多精力,做出很多努力。我现在很纠结,不知道该怎么办,该如何开展接下来的工作。我以您为榜样,以您为导师,所以我想听听您的建议!打扰您了。

××,你好!

现在一些大学生有心理问题,有的是来大学前形成的,有的是来大学后形成的。你说的这个学生是来大学前形成的,这为思想政治教育增加了难度。我认为,心理问题从根本上来说,主要是思想问题,“通则不痛”,思想不通畅,久而久之就形成了心理问题。思想教育能不能解决心理问题?一些严重的心理问题需要药物治疗,但是同样离不开思想疏导,单纯靠药物是很难治好心理疾病的。教育要为一切学生,一切为了学生,为了学生的一切。作为辅导员,不能让任何一名学生掉队,越是这样的学生越是要多关心、关爱他们,不能视之不管。这个学生内心向上的精神没有泯

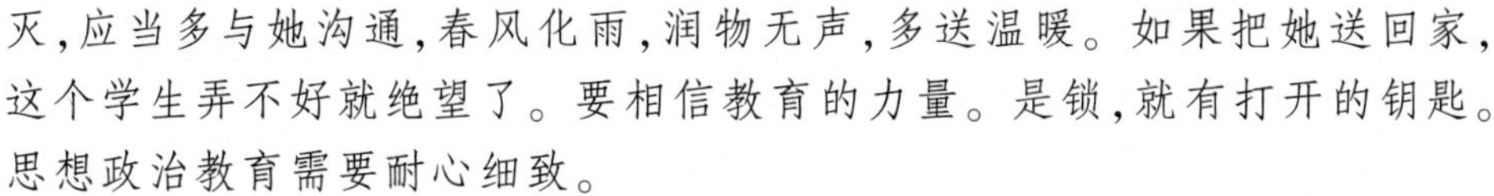

灭,应当多与她沟通,春风化雨,润物无声,多送温暖。如果把她送回家,这个学生弄不好就绝望了。要相信教育的力量。是锁,就有打开的钥匙。思想政治教育需要耐心细致。

辅导员不要把重心放在危机干预上,要放在思想防御上。学生一入学,就应当在第一时间了解每个学生的所思所想,然后分轻重缓急有针对性地做学生的教育引领,为学生解疑释惑,这样就会避免许多心理问题的产生。

告诉我你的详细地址,我签名、邮寄一本我的书给你做纪念。

大连有事就联系我。

祝好!

充分发挥主观能动性

2024－12－11

曲老师，您好！

今天我又一次听到您的授课。听到您今天上课的开场白，批评我们辅导员，我很受触动。我目前在××职业技术学院工作。我们系部男生多，有278名学生，其中有273名男生。2020年我把系部团总支书记和组织委员职务都辞掉了，回到专职辅导员的岗位做本职工作。现在学生都离开学校实习，我的直属领导觉得我不应该把团总支书记和组织委员职务辞掉。现在我就想把这届学生完美地送到毕业，我就很开心。可是事情轮到自己头上，我真的很迷茫，不知道怎么办了！而且我还没考硕士！

××，你好！

我不是批评辅导员，我是在激励你们把工作做好。辅导员队伍建设需要两方面的积极性，一方面是外部的，另一方面是自身的。外部的积极性你们左右不了，自身的积极性是可以把握的。一些辅导员总希望处在尽善尽美的客观环境当中，这是不可能的，或者说需要一个漫长的过程，那怎么办？这就要发挥好自身的主观能动性。发牢骚、抱怨、彷徨、等待、躺平都无济于事，相信冬天已经来了，春天还会远吗？明天一定更美好。辅导员要带上使命责任，增强政治意识开展好工作，努力培养一批又一批让党放心、爱国奉献、担当民族复兴时代重任的时代新人，怎么能发牢骚、抱怨、彷徨、等待、躺平呢？

从实际出发,既然你已经当上了辅导员,就安心陪伴好学生,一心只做辅导员没有什么不好。你应当知足,没有硕士学位就当上了辅导员,要是现在你根本当不上。不要想这想那的,你不是已经在大学工作了吗?学生需要什么?他们需要雪中送炭。一些辅导员就是不知足,这山望着那山高,把辅导员工作当成了跳板,不安心工作,只想自己发展,把学生落下了,这并不是明智之举,违背了曾经的承诺,多让学生瞧不起!没有学历没有什么,你现在不是已经是辅导员了吗?把工作做好,成为一名学生喜欢的辅导员,待到了因为学历淘汰你的时候,你也快退休了,车到山前必有路,静下心来,不要给自己增加烦恼。

辅导员工作是党的事业的组成部分

2024-12-13

曲老师,您好!

我是××学院的一名辅导员,今天虽然来晚一点坐到最后,但是我一直伸着脖子听,越听越有感触,中途几次流泪,您对思想政治教育的理解太深刻了,对于学生的教育实践让人受到感染、鼓舞、震撼。我对于教育的认识还很浅显,期望跟随您的脚步,带好每一个学生,努力做好教育工作。

××,你好!

谢谢你的认同!我们共勉!

辅导员是大学生人生成长的指导者和引路人,辅导员要下功夫把学生培养好。

辅导员工作不是"良心活"。有的辅导员把辅导员工作看成了"良心活",这是不对的。什么是"良心活"?"良心活"是可干、可不干;可多干、可少干。辅导员是党的事业的组成部分,只能多干,而且必须干好。

辅导员不能搞"双重标准",要求学生一个样,要求自己一个样。我们都当过学生,我们在做学生的时候希望辅导员什么样子,今天我们当上了辅导员,就要按照我们做学生时希望的样子做。自己的孩子是孩子,别人的孩子不是孩子?如果不好好做,多让学生瞧不起。千万不能只顾自己的"双重晋级"而把学生落下。要知足感恩。我们再不满足,如今也是在大学里。学生呢?他们会去哪里?有些事对我们来说却是锦上添花,而对学生来说是雪中送炭，谁的利益更重要？辅导员要安下心来，辅导员工作有什么不好？有学生就有一切。等我们老了，有那么多的学生还想着我们，岂不快哉！

增强使命感和责任感

2024-12-16

曲老师,您好!

我是今天和您合影的穿棕色衣服的辅导员。您真的很亲切,能和您合影我感到万分荣幸。我去年毕业入职××学院,成为一名辅导员,这也是我梦想的职业。

幼儿园老师主要是照顾小孩子的生活起居,缺乏与他们的交流感;中小学老师迫于升学指标和成绩考核,不得不以应试为导向;但是大学辅导员既可以朝夕与学生相处,又可以在帮助他们学习的同时,参与他们的生活,与学生一起成长,感悟人生哲理。这是我觉得做辅导员最大的乐趣之一。但是今天我又发现了一个身为辅导员的"福利":就是还可以见到以前在文章中或者电视上出现的大人物。总之,非常感谢您给了我和您合影的机会。听了您的讲座我也颇有启发,我以后会以您为榜样,做一个更加简单、纯粹的辅导员,做好手头的每一件工作,服务好每一个学生。如果以后还有机会,希望我能向您多多请教。衷心祝您生活愉快、身体健康!

××,你好!

我能想起你的样子。

每个阶段都有每个阶段的教育特点。相对说来,中小学阶段学生思想更单纯一些,可塑性更大一些。大学阶段,从某种意义上讲,一些学生的思想已经定型，转变起来要更难些。你年轻，刚做辅导员，对辅导员工作还处在感性阶段。辅导员工作还是比较辛苦的，尤其是在遇到一些比较特别的学生的时候。有的辅导员干着干着便倦怠了，这是其中的一个原因。希望你能安下心来，好好思考自己到底为什么要做辅导员，应当怎样做辅导员。要从辅导员工作是党的事业不可分割的一部分的角度，从建立一支职业化、专业化队伍的角度，看待辅导员工作，锤炼自己的党性，增强使命感、责任感，弥补自己理论知识的不足，扎扎实实地做好学生的思想政治教育，为党育人、为国育才，培养更多担当民族复兴大任的时代新人。

告诉我你的详细地址，我签名、邮寄一本我写的书给你做纪念。

祝好！

把学生放在心上

2024-12-19

曲老师,今日有幸聆听您的报告,给我满满的正能量。教育工作者,立德树人,培根铸魂,是需要有情怀的。这个情怀,可能是信念,可能是承诺,也可能是忠爱,无论哪一种,坚守情怀是首要的。不知我理解对否?我很崇敬您这么多年来的坚守,用情怀做事。给您点赞。

××,你好!

谢谢你的认同!

思想政治教育工作者,就是要有爱的情怀。康辉采访我的时候问过我:"您为什么能够放弃正厅级职务回到学校当辅导员、上思政课?"我说:"就是爱,爱我们的党、爱我们的祖国、爱我们的人民。"具体说来,就是爱我们的学生。思想政治教育过程,也可以说是爱的过程,没有爱就没有教育。这就要把学生放在心上,无论是思想上还是生活上,作为一名思政人,一定要力所能及地为学生服务好,要让学生感受到他们时刻在我们的心上。有了这样的认同,有了这份情感,学生就会悦纳我们的教育。

曲老师,您好!

我是××学院的辅导员××,负责学院党建及学生管理工作。我今天上午听了您的报告,受益匪浅,感触颇深,特别是您带着情怀深入学生群体开展工作的态度,让我感受到了前辈及榜样的力量,也增强了我做好学生思想政治教育工作的信心和决心！

××，你好！

“威不足则多怒”，为什么我们有的思政人在学生中失去了威信呢？其中一个原因就是对学生情感不够。自己的孩子是孩子，别人的孩子不是孩子？我常说：我们都是从学生时代过来的。我们在学生时代希望老师们什么样子，我们现在成了学生的老师，就要做到什么样子。所谓情感，就是把学生放在心上，急学生之所急，想学生之所想，力所能及地为学生服务好。有情感，就会有威信。思想政治教育需要润物细无声。

告诉我你的详细地址，我把我写的书签名、邮寄一本给你做纪念。

谢谢您，我牢记您的嘱托，以学生为中心，服务好学生，助力他们成长成才！

我的地址是：××××××××。

做辅导员工作值得(一)

2024-12-20

曲老师,您好!

我是××大学的××,很荣幸能够加您的微信。我曾多次通过线上的方式聆听您的讲座,每次都感觉获益匪浅,并且特别感动,感动于您40多年都在做学生工作,感动于您长期以来坚持以学生为中心,为各民族的大学生付出,感动于您放弃官位仍然回到一线担任辅导员工作……我今天在职业院校共同体"同上一堂课"活动中又一次听到了您的讲座,倍感荣幸。作为学生工作者,身为思政人,我会将您当作我的偶像和榜样,踔厉奋发,向您学习,希望以后有机会能邀请您来新疆,来××大学为我们的辅导员和大学生授课。

××,你好!

谢谢你的认同!电影《守望青春》里有一句台词:"我年轻过,你们没有老过。"我留校做了辅导员,从此和学生结下了深厚的情谊。我42年就做了一件事,陪伴大学生成长。回头看,真是值得!现在一些辅导员不安心于自己的工作,就是看得太短、太浅,想自己的事太多了。学生工作没有什么不好,在服务学生中才能实现我们人生的价值。老年人就怕孤独,有学生就不会孤独。不要怕麻烦,正是学生的麻烦事才奏响了我们人生的乐章。

我去过新疆多次。那里地大物博。今年我还会安排时间去。届时联系你，到你们学校看看。

告诉我你的详细地址，我邮寄一本我的书给你做纪念。大连有事就联系我。

祝一切都好！

感谢曲教授，我的地址是：××××××××。

非常欢迎曲老师来我们这里，聆听了您的讲座，对我们思政人真的帮助很大，希望您保重身体。2022年您参加××组织的讲座时，我有幸成为线上会议的主持人，那时和您有过短暂的交流。我们学校还在学校辅导员论坛上专门播放了您的纪录片，号召广大辅导员向您学习，期待您来新疆，期待能和您面对面交流，更期待有机会能请您给我们新疆的辅导员授课。

做辅导员工作值得(二)

2024-12-20

您好,曲老师,我是××学院的××,这次能有机会现场聆听您授课太荣幸了!您对学生的深厚关爱,对教育事业的忠诚担当,让我由衷敬佩,深受鼓舞,让我更加坚定了从事辅导员工作的决心!衷心希望并热烈欢迎您有机会能来我们学校授课!为我们一线的辅导员老师传道、授业、解惑!祝您工作顺利、身体健康!

××,你好!

我本科学的就是师范教育。不是我考不上其他院校,而是我骨子里就愿意当老师。所以留校工作后,我非常珍惜自己的工作。我很知足,没有想这想那的,能有这份陪伴学生的工作我很幸福。对于我来说,每一天都是一个新的开始,我从来没有气馁、懈怠过,不然也走不到今天。

非常感谢您分享您的故事和心路历程,您辞去厅级领导职务重返学校,陪伴学生成长,这份对教育事业的热爱、执着,本身就是一件非常幸福和令人佩服且有意义的事情,满满的正能量,向您致敬。

辅导员要有吃苦耐劳精神

2024-12-27

曲老师,您好!

我之前一直关注您的公众号,昨天听完您的讲座深受感动。作为一名高职院校辅导员,今年是我工作的第六年了。最初面对学生的不理解,我有过很多困惑和纠结,也有理想主义者的痛苦。听完您的讲座,我会觉得能够和学生在一起,本身就是一件幸福的事情。我会以您为榜样,坚持做好当下的每一件事。祝您身体健康、一切顺利!

××,你好!

我这两天在整理今年的微信,发现没有回复你,抱歉!

电影《守望青春》中有这样一句台词:我年轻过,你们没有老过。你们现在想的问题我当年都想过。与一些辅导员不同的是:我从来没觉得辅导员有什么不好。怎样度过人生?陪伴学生应当是最好的选择。辅导员工作的意义不在现在,而在未来。当学生走向社会,在各自的工作岗位上有所贡献的时候,我们的价值就实现了。一些辅导员觉得辅导员工作麻烦、劳累,杂活多。什么是杂活?我刚参加工作的时候,每天第一个到单位。我们辅导员办公室在三楼,资料室、系办公室、团委、会议室也在三楼。我从来不"自扫门前雪",每天都把三楼走廊用拖布拖一遍。我得到了大家的认可。我工作一年后赶上了为3%的人涨工资。我们书记、院长为了公平,实行投票制,结果我排在第一位。我找他们说:"千万别给我涨工资。”我们书记、院长说：“你就别推辞了，不然就乱套了。”我被涨了一级工资。资料室刘老师年龄大了，每天到学校传达室取报纸成了她的难事。特别是冬季的时候，北方冰天雪地，她最担心一不小心摔倒。我说刘老师以后你不用犯难了，每天我给你取报纸。我工作不到3年，学校党委组织部到学院找老师谈话，刘老师说：“小曲早该被提拔了。”我们教育学生要有吃苦耐劳精神、集体主义精神，我们却整天斤斤计较，会给学生造成什么样的影响？润物细无声。思想政治教育无处不在。思想政治教育最有效的方法就是为学生做榜样。辅导员工作没有什么不好，安下心来做。人生做不成多少事，把学生陪伴好就值了。

告诉我你的详细地址，我签名、邮寄一本我写的书给你做纪念。大连有事就联系我。

祝一切都好！

非常感谢您，曲老师，在百忙之中您还抽空回复我，我感觉很惊喜。最近有可能面临工作的选择，我也一直感到迷茫和困惑，您的话对我来说是一种莫大的鼓舞。我会始终以您为榜样，在这条路上坚持走下去。祝您身体健康、工作愉快！我的地址是：××××××××。

你若再来大连就联系我。安心把辅导员工作做好就可以了。

关键看怎样定位

2024-12-30

曲老师,您好!

我是刚才向您汇报辅导员工作室情况的××,希望在辅导员工作上得到您的指导。感恩遇到您和××院长这么好的导师,让我在辅导员岗位上可以更加坚定地走得更远,为国家培养出更多的人才。

××,你好!

我这两天在整理微信,发现没有回复你,抱歉!

辅导员工作怎样?关键看你怎样定位,如果把它看成是党的事业不可或缺的组成部分,不忘“为党育人、为国育才”的初心使命,辅导员工作就会做好。如果把辅导员工作看作饭碗,就不会全身心地投入到辅导员工作中。愿你能够坚定理想信念,在辅导员工作岗位上走得更远,为国家培养出更多的人才。

告诉我你的详细地址,我签名、邮寄一本我的书给你做纪念。

祝一切都好。

太感谢您了,曲老师,我太荣幸了,听了您的讲座以后我更加坚定了我的辅导员职业理想。目前我不仅是学院副书记,我更是一名一线的辅导员,带了235名学生。每次遇到困难的时候,我都会想起您,您的事迹一直激励着我。曲老师,谢谢您的回复,我的地址是:××××××××。也想请您给我一个地址，我把我们学生设计的文创产品邮寄给您做纪念。

曲老师您好，书已经收到了，谢谢您，我一定认真地看，作为我的指路明灯。

那都是我的一些工作体会，没有什么大道理。现在一些辅导员也重视科研，但是研究的问题太大。习近平总书记说要把论文写在中国大地，辅导员要把论文写在学生心坎。要围绕学生、关照学生、服务学生，从学生中来，到学生中去。一些辅导员也太着急，总想靠科研一鸣惊人。科研是“溢”出来的，不是“挤”出来的，是我有话说，不是我找话说。还有一个问题是，一些辅导员没有问题意识，总觉得自己干的都是杂活，带着问题意识工作，辅导员遇到的所有问题都大有学问可做。

谢谢认同！我们共勉！

祝新年快乐、万事如意！

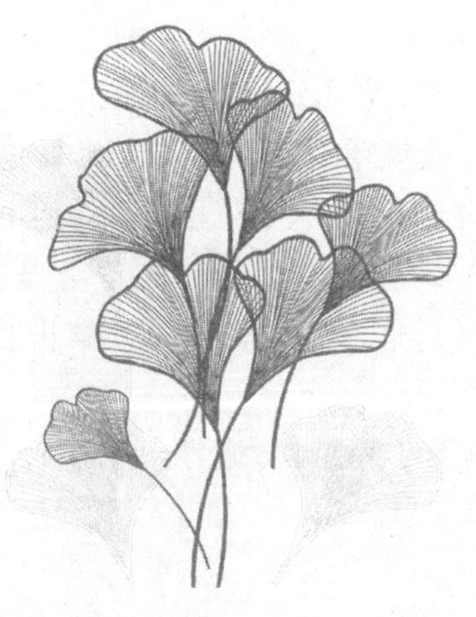